U0920600

# 北京工业大学年鉴

## 2010

《北京工业大学年鉴》编委会

北京工业大学出版社

1月9日，北工大聂祚仁教授（二排左一）负责的项目获国家技术发明二等奖，获胡锦涛总书记接见

5月17日，北京市委常委、市委教育工委书记赵凤桐（左一）一行来校调研学习实践活动情况

12月15日，市委常委牛有成（右二）一行调研指导新农村建设工作

3月21日，北京市副市长夏占义（左二）来校调研节水型单位建设情况

12月11日，北京市副市长苟仲文（右三）来校调研指导科技工作

10月28日，承办全国博士研究生学术会议

5月15日，与朝阳区、北京经济技术开发区签订战略合作协议

4月11日，北京教育考试院院长王健等视察高招咨询会现场

5月25日，北京市教育纪工委书记周燕带队来校调研指导

7月7日，顺义区委书记张廷昆一行来校考察

9月23日，原国务院副总理吴仪(前排右四)、原北京市委书记焦若愚（前排右五）、原全国人大副委员长何鲁丽（前排左四）等北京市老领导来校

3月13日，召开深入学习实践科学发展观活动动员大会

3月25日，学习实践活动中，王守法等带队到北一机床厂调研

3月28日，范伯元、王守法等与学生座谈

4月10日，院级党委学习调研汇报会

3月30日，王守法等与基层支部座谈

4月13日，校领导与老领导座谈学校科学发展

4月20日，王守法等在矿冶总院调研

22日上午，范伯元等到市发展和改革委员会调研

5月31日，王守法等赴京城控股集团开展调研

6月4日，召开服务北京行动计划研讨会

7月9日，召开深入学习实践科学发展观活动总结大会

北工大国庆游行方阵演练

10月1日，北工大参与国庆群众游行广场联欢全体人员合影

9月29日，北工大国庆游行活动人员誓师大会

10月1日，群众游行广场联欢北工大合唱团合影

10月1日，北工大学生组成的游行方阵通过天安门广场

6月26日，北京高校纪念建党88周年暨党建工作论坛在北工大举行

12月17日，北工大与青海民族大学签订合作协议

9月9日，召开庆祝第25个教师节表彰大会

7月3日，承办全国工科研究生教育工作研讨会

6月12日，北京阳光体育推进会在北工大举行

1月，北工大承办中国足协工大杯五人制足球赛

5月9–10日，全球职业极限运动中国站在北工大体育馆举行

6月1日，王守法等祝贺老校长李晨(右二)89寿辰

3月18日，北工大教代会开幕

9月23日，召开制度建设工作会议

8月26日，召开全校干部工作会议,部署新学期重点工作

4月26日，召开第十九次学生代表大会

11月17日，北京工业大学奥运纪念馆、荣誉墙揭牌

4月1日，青年教师培训

6月15日，2009年导师培训会新增心理辅导专题

7月10日，启动2009年青年教师社会考察活动

10月21日，北工大2009年新教师岗位培训启动

6月29日，市委教育工委副书记唐立军(左一)慰问市级优秀共产党员刘中良教授(左二)

4月27日，举办导师培训会

国家教学名师彭永臻

机械工程国家级教学团队

材料工程基础综合实验获国家级精品课程

计算机软件基础课国家级教学团队

2009年，北工大五项成果获国家级教学成果奖

国家级实验教学示范中心——土木工程实验教学中心

5月22日，教育部“北工大-Xilinx软件工程联合人才培养模式创新实验区”开园签约

6月24日，北京市实验教学示范中心评审专家参观软件学院数字艺术实验室

5月8日，北工大与高等教育出版社举行教学资源建设座谈会

6月23日，土木工程实验教学中心接受北京市实验教学示范中心评审组现场考察

1月3日，艺术类考生美术加试

5月1日，先进制造学科群建设项目通过市教委验收

12月18日，召开科技工作会议

石照耀“非牛顿流体流变学特性测试技术研究及应用”项目获2009年国家科技进步二等奖

曹万林（右一）等人“新型组合剪力墙及筒体结构抗震理论与技术”项目获2009年国家科技进步二等奖

彭永臻（右一）等人“SBR法污水处理工艺与设备及实时控制技术”项目获2009年国家科技进步二等奖

3月，北工大体育馆获“詹天佑奖”（左）、“鲁班奖”（右）

1月12日，实验室工作先进表彰会

12月22日，北京市委农工委、市农委与北工大座谈新农村建设

6月30日，北工大与北京教科院等单位开展产学研合作教育人才培养模式研究

6月8日，主办可信计算机标准制定会议

7月11日，承办中国密码学会北京市首届会员学术交流会

6月22日，北工大学生获第五届“挑战杯”首都大学生课外学术科技作品竞赛特等奖

1月9日，校领导慰问地震灾区川籍学生

5月19日，北工大与北京市人才服务中心签约共建“大学生就业实践基地”

5月25日，北工大“星火”学生课外科技创新基地、学生就业创业实训基地揭牌

5月11日，举办纪念“五四”90周年青年座谈会

12月24日，举办学生工作表彰会

4月15日，李晨老校长为北工大团校作报告

9月9日，研究生科技文化节开幕

12月9日，中国首席谈判专家高锋教授论文明素质

9月25日，召开各民族学生、家庭经济困难学生中秋国庆茶话会

11月6日，举办第三届杨叔子院士奖学金颁奖典礼

5月12日，召开双困毕业生座谈会

3月12日，举办毕业生就业双选会

8月19日，校领导在“绿色通道”视察新生报到情况

8月19日，2009级新生报到

9月4日，2009级新生开学典礼举行

5月27日，举行丹佛斯奖学金颁奖仪式

7月7日，2009届学生毕业典礼在北工大体育馆举行

参观北京市反腐倡廉警示教育基地

6月24日，举行纪念建党88周年大会

12月12日，举办学习十七届四中全会精神处级干部培训班

6月11日，召开北京工业大学工会工作会议

1月7日，举办中层干部学习培训班

10月9日，校党委召开全委扩大会议传达学习党的十七届四中全会精神

5月21日，召开党风廉政建设工作大会

4月18日，范伯元赴美国纽约州立大学布法罗分校签署校际交流协议

10月14日，王守法视察与波兰奥波莱工业大学合建的北工大孔子学院

12月11日，北工大与韩国忠州大学签署校际交流协议

9月26日，举办"迎国庆、庆中秋暨秋季学期外教迎新会"

10月22日，主办智能脑信息学国际会议

5月29日，主办可再生能源国际会议

4月25日，留学生参加学校运动会开幕式

9月16日，留学生参加北京中俄学生联合演出

4月29日，纪念五四学生合唱比赛

7月10至20日，北工大学生赴荷兰参加“荷兰兰斯塔德地区面临的挑战”国际城市论坛学生设计交流活动

11月1日，北工大学生交响乐团赴俄罗斯圣彼得堡国立技术大学白厅对外交流演出

5月10日，2009年北京市节约用水大会在工大召开，北工大获两项表彰

9月7日，百姓宣讲团报告会进北工大

1月6日，召开学术道德规范会

3月4日，举办三八节庆祝活动

9月16日，观看露天电影“建国大业”

4月，举办第三十五届田径运动会

11月24日，北工大中蓝学生公寓二期工程开工奠基

## 《北京工业大学年鉴》编委会



## 《北京工业大学年鉴（2010）》编辑部

# 编 辑 说 明

《北京工业大学年鉴（2010）》是北京工业大学建校以来的第七本年鉴，汇集了2009年学校事业发展及重大活动基本情况，重点反映北京工业大学党的建设、教学科研、学科建设、人才培养、队伍建设、学校管理、对外合作交流、校园文化等方面的重要活动和所取得的经验、成果等，供全校各个部门及校外有关单位了解和研究学校现状与发展情况时参考使用，同时也是北京工业大学发展概况的历史记载。

《北京工业大学年鉴（2010）》是资料性文献汇编，以文章和条目为基本载体，以条目为主。全书设置新闻图片、学校概述、特载与专文、文件与规章、党政重要会议、机构与队伍、教育教学、科研与开发、“211工程”、国际交流与合作、管理与服务、党建和思想政治工作、学院与教学部、大事记、人物、毕业生名单、奖励与表彰、学校事业发展统计数据、媒体报道等栏目。

《北京工业大学年鉴（2010）》选题基本时间范围为2009年1月1日至12月31日间的重大事件、重要活动及各个领域的新进展、新成果、新信息，部分内容依实际情况向前略有回溯。年鉴收录的统计数据，由学校相关部门审定、提供。

《北京工业大学年鉴（2010）》在学校年鉴编委会主持下编辑。编辑部以校两办人员为主，联合宣传部、组织部、人事处、教务处、研究生部、学生处、科技处、国际交流合作处、基建处、后勤管理处、后勤服务集团、出版社等的有关同志共同组成。主要撰稿人为校内各单位负责同志和熟悉情况的工作人员。

年鉴的编辑出版工作得到了学校领导的支持以及全校各部门的大力协助，在此谨表示深深的谢意。年鉴涉及面广，内容多，加上编辑人员水平所限，年鉴中存在的问题和疏漏敬请读者给予指正。编辑部将不断探索改进，提高年鉴的编纂质量，把年鉴的编辑与出版工作做得更好。

**《北京工业大学年鉴》编辑部**

2010年6月

# 目　　录

# CONTENTS

# • 北京工业大学概述 •

北京工业大学校址：北京市朝阳区平乐园100号。

北京工业大学创建于1960年。1961年北京市土木建筑工程学院、北京工业学院、北京师范大学部分学生转入北工大。1972年，北京工商管理专科学校并入北工大。1981年成为国家教育部批准的第一批硕士学位授予单位，1985年成为博士学位授予单位。1990年，原北京联合大学经济管理学院并入北工大。1993年北京计算机学院并入北工大。2000年，国家建材局管理干部学院（武汉工业大学北京研究生部）、华北水利水电学院北京研究生部和北京水利电力函授学院并入北工大。2005年，北京艺术设计职业学院整体划转北工大。

1993年在北工大教育改革中成立实验学院，2000年至2004年实验学院一度由学校与民营企业合作办学，2004年7月调整为学校全资直属二级学院。2005年，北工大与北京市通州区人民政府签订协议，合作举办北京工业大学实验学院。

1997年起，学校经过学科结构性调整，对学科专业进行了调整、组合、撤并，建立和完善校、院两级管理体制，形成16个二级学院：机械工程与应用电子技术学院、电子信息与控制工程学院、建筑工程学院、环境与能源工程学院、应用数理学院、计算机学院、材料科学与工程学院、经济与管理学院、人文社会科学学院、建筑与城市规划学院、生命科学与生物工程学院、外国语学院、软件学院、实验学院、艺术设计学院、继续教育学院，另有体育教学部、激光工程研究院、固体微结构与性能研究所、循环经济研究院、高等教育研究所，以及与社会力量合作创办的独立学院——北京工业大学耿丹学院。

1996年12月，学校通过国家“211工程”预审，正式跨入国家21世纪重点建设的百所大学行列。此后，北京工业大学在中共北京市委、市政府的关心支持下，在学校党委的正确领导下，坚持社会主义办学方向，确立“立足北京，融入北京，辐射全国，面向世界”的办学定位，紧紧抓住“211工程”建设和奥运场馆建设两个重大机遇，按照“抓好两个建设，实现两个转变”的发展思路，不断深化内部管理改革，以人为本、盘活资源、依法治校、提高质量，在教学、科研、管理、服务等改革和发展各项工作中取得了新成就，实现了从教学型大学向教学研究型大学的转变，从工科大学向以工科为主，理、工、经、管、文、法、艺术相结合的多科性大学的转变，全面完成了国家下达的“九五”、“十五”“211工程”建设的各项任务。经过“211工程”10年的连续支持，北工大重点建设了新材料设计及其制备加工技术、激光与现代制造技术、城市抗震减灾与水环境恢复、新医药与生物工程、信息光电子技术与应用、智能交通技术与系统、环境与能源工程、计算机交互与智能软件、数字化和计量化的经济评价与管理咨询9个学科项目，积极发展了金融、人文社会科学类学科，加强了基础类学科，建设了一个规模、层次、布局及结构合理，重点学科特色鲜明，符合新北京要求的多学科体系。2001年、2006年北工大以优异成绩分别通过“九五”、“十五”“211工程”国家验收，实现了学校发展的新跨越，跻身全国重点建设的高水平大学行列。

建校49年来，北京工业大学已为北京经济和社会发展的各个领域培养了10万余名学生（其中硕士、博士研究生约1万人）。

截至2009年12月，北工大设有16个二级学院和体育教学部、激光工程研究院、固体微结构与性能研究所、循环经济研究院、高等教育研究所。全校共有45个本科专业；81个硕士学位授权点和19个工程硕士授权培养领域；8个一级学科博士学位授权点，37个二级学科博士学位授权点；15个博士后科研流动站。设有光学、材料学、结构工程3个国家级重点学科及14个北京市重点学科、18个北京市重点建设学科，新型功能材料、传热强化与过程节能2个教育部重点实验室、3个省部共建重点实验室，13个北京市级重点实验室或研究基地，以及精密超精密加工国家工程研究中心、国家级产学研激光加工中心和中德激光技术中心、教育部数字社区工程中心、汽车结构部件先进制造技术教育部工程中心等。教职工3 309人，其中专任教师1 511人。教师中有两院院士7人，正高级职称人员323人。

2009年，毕业生总数为7 698人，其中，全日制研究生 1 290 人（博士生 123 人、硕士生 1 167 人），在职研究生 575（博士 0 人、硕士 575 人），普通本专科生 3 056 人（本科生 2 751 人、专科生 305 人），成人教育本专科生 2 610 人（本科生 1 488 人、专科生 1 122 人），留学生 167 人。招生 9 350 人，其中，全日制研究生 1 642 人（博士生 202 人、硕士生 1 440 人），在职研究生 1 298 人（硕士生 1 298 人），普通本专科生 3 169 人（本科生 3 169 人），成人教育本专科生 3 060 人（本科生 1 779 人、专科生 1 281 人），留学生 181 人。在校生 29 692 人，其中，全日制研究生 4 838 人（博士生 852 人、硕士生 3 986 人），在职研究生 3 090 人，普通本专科生 12 551 人（本科生 12 551 人），成人教育本专科生 8 799人（本科生 4 636 人、专科生4 163人）。留学生 414 人。2009 年北工大北京地区录取线，本部：理科 531、文科 538；实验学院：理科 501 、文科 532；艺术设计学院：本科（文化＋专业）理科 641、文科 703。

图书馆建筑面积 26 010 平方米，藏书总计 153.61 万册，电子图书 6 583.23 GB。学校占地面积为 801 236 平方米，建筑面积 805 732 平方米。固定资产总值 23.91 亿元，其中教科仪器设备资产值 12.81 亿元。

2009 年，全校教职员工在市委、市政府的正确领导下，在市委教育工委、市教委的指导下，齐心协力，扎实工作，顺利开展学习实践科学发展观活动；圆满完成国庆 60 周年群众游行等庆典任务；教学水平和人才培养质量稳步提高；科技工作和社会服务扎实推进；校园新区建设稳步实施；信息化建设逐步落实；围绕中心有力推动党建工作，各项工作取得新突破。

（杨文锋　江飒英）

# ·特 载 与 专 文·

# 在中共北京工业大学委员会九届十三次全委扩大会议上的报告

2009 年 2 月 20 日

党委书记 王守法

同志们：

今天我们召开中共北京工业大学委员会九届十三次全委扩大会议。这次会议的主要任务是：学习贯彻落实党的十七大、十七届三中全会、第十七次全国高校党建工作会议、北京高校寒假领导干部会议和北京高校党建工作会议精神，深入贯彻落实科学发展观，总结 2008 年工作，研究和部署 2009 年工作。

我受常委会委托，向大会作报告，请与会同志审议。

**一、2008 年学校主要工作回顾**

2008 年，学校党委坚持以党的十七大精神为指导，深入贯彻落实科学发展观，按照第十六次全国高校党建工作会议和教育部、北京市有关会议要求，解放思想，深化改革，以奥运决战为中心，圆满完成了北京奥运会、残奥会赋予的各项任务；认真落实质量工程、创新工程和“211”三期建设工程；教学、科研和育人工作稳步推进；队伍建设、校园建设和党的建设取得新的进展；全体师生员工，特别是广大共产党员积极参与抗震救灾，为汶川灾后重建贡献力量。在全体师生员工的共同努力下，圆满完成了 2008 年党政工作要点中的各项工作任务。

（一）全面深入学习贯彻党的十七大精神，统一思想、提高认识，为学校各项工作协调发展奠定思想基础

2008 年，学校党委积极组织广大师生员工学习、贯彻、落实党的十七大精神，坚持以科学发展观统领全校各项工作，努力实现学校各项事业的健康发展。学校系统安排和组织了校院两级理论中心组和教职员工学习贯彻党的十七大精神、第十六次全国高校党建工作会议精神，为学校各项工作的顺利开展奠定了扎实的思想基础。

（二）举全校之力，圆满完成奥运筹办、举办各项任务

2008 年，学校党委根据中央和市委的要求把办好奥运赛事作为学校工作的重中之重，举全校之力，以奥运促进学校发展，以奥运展示学校发展，不断提高学校各项工作质量和水平。学校各单位以奥运行动计划为指导，统一思想、服从大局，全面落实“人人都是志愿者”的工作理念，在全校师生的共同努力下，奥运会筹办、举办各项工作及“平安奥运行动计划”顺利实施。

我校专家学者积极投身北京科技奥运，在场馆建设、智能交通、环境治理、信息服务、奥运礼品设计、鸟巢火炬焊接、运动科技、奥运经济与文化创意研究等领域取得多项成果并得到应用。全校各类为奥运服务的省部级以上研究项目达 60 多项。

2008 年 8 月 9 日至 24 日，第 29 届奥林匹克运动会羽毛球、艺术体操两项赛事在北京工业大学奥林匹克体育馆举行并完美落幕。我校共有 6 000 多名师生员工战斗在奥运相关岗位上，在学校党委行政的统一领导下，全校上下全方位部署、全天候职守、全身心投入，确保了场馆建设零故障、组织运行零差错、校园安保零事故、后勤保障零遗漏，奥运赛事和各项志愿服务工作圆满顺利完成。向党和国家兑现了“举全校之力，夺奥运全胜”的庄严承诺！学校的有关单位和师生员工多次受到中央和北京市委、市政府、北京奥组委的表彰和奖励。

（三）着力推进“三大工程”，教育教学改革和人才培养质量不断深化和提高，学科建设取得新进展

学校着力推进“质量工程”、“创新工程”、“211工程”三期建设。学校通过并发布实施《北京工业大学本科教学质量与教学改革工程实施方案》，并取得积极进展。2008年，学校有1个专业入选2008年国家级特色专业建设点，11个专业入选2008年北京市级特色专业建设点；2门课程入选国家级双语教学示范课程，4门课程入选北京市精品课程；1本（套）教材入选国家级精品教材，16本（套）教材入选北京市精品教材；2个教学团队获评2008年国家级教学团队，2个团队获评2008年北京市优秀教学团队；2位教授荣获北京市高等学校教学名师奖；获批1个北京市级校外人才培养基地；学校成为第二批国家大学生创新实验计划实施高校。

科学研究紧密围绕国家创新体系建设再上台阶。2008年，申报科研项目的层次、数量、经费稳步提升，获奖和专利不断增加。获国家科学技术发明二等奖1项，国家科技进步二等奖3项，省部级奖9项，进行教育部鉴定1项，是我校历史上获国家奖最多的一年。

积极推进“211工程”三期建设，学科建设工作得到有力推进。北京市教育委员会、北京市发展和改革委员会、北京市财政局批复同意我校“211工程”三期建设方案及“城市与工程安全减灾”等12个重点学科建设项目可行性研究报告，各项建设工作已经平稳有序展开。

（四）坚持人才强校战略，加强师德建设，完善教师岗位分级设置工作，努力建设高素质高水平教师队伍

2008年是我校的师德建设年。学校坚持以十七大精神为统领，以师德建设为核心，以青年教师为重点，深入开展“红烛工程”，积极开展形式多样的师德建设工作，努力构建和谐向上的大学文化。

2008年，继续落实北京市人才强教和人才强教深化计划，逐步形成多层次人才建设体系。学校在高层次人才与师资队伍建设方面成果显著，新增长江学者2名，杰出青年基金获得者2名，多人进入各类人才计划和资助计划。与国家留学基金委签订“1+1”配比共同资助协议。本年度共21名教师获得国家留学基金委公派全额资助和“1+1”配比资助，资助名额为学校5年来最高水平。进一步拓宽派出渠道，形成国家、北京市和学校公派出国交流模式。专任教师结构更加趋于合理，博士化率继续稳步提高。

完成岗位设置分级工作。制定学校编制管理办法，并在专业技术职务聘任工作中实施。完成了全校人员经费的预算，加强了经费执行进度监督。

（五）以奥运为抓手，大力开展大学生思想政治教育工作

2008年，学生工作坚持以奥运筹办为契机，不断创新学生思想政治教育工作的内容和形式。在广大学生中开展以“五彩奥运、青春榜样”为主题的教育活动和以“我身边的奥运精神”为主题的党日活动，奥运期间在优秀学生志愿者中推进党员发展工作。

在全校范围内开展的“三好”志愿者评选活动，也取得积极的效果，在学生中形成一批学习好、身体好、服务好的志愿者典型。

学校响应市委教育工委红色“1+1”和彩虹“1+1”活动的倡导，在学校范围内进行了有力的组织和协调工作。我校共有10个党支部同北京郊区县村党支部进行了结对共建活动。在汶川地震发生后，学校一方面努力做好在校来自灾区学生的救助和心理辅导工作，同时积极响应教工委彩虹“1+1”活动，我校共两批次20个班级同灾区考生建立了长期的联系。

（六）推进科学管理，提高管理水平，建设文化校园

2008年，以学习实践科学发展观为指导，重点做好科学构建校院两级管理体制和机制工作。经过10个月的基础工作，在学校各方努力下，初步完成校院两级管理体系的整体设计和论证，为全面推进学校的科学管理奠定理论和实践基础。

依法治校工作得到有力推进，在学校各级管理中法治精神明显增强，管理人员依法管理的意识和水平显著提高。学校依法治校工作已经走在全国高校的前列。

国有资产管理在建立健全各项规章制度、实施规范化管理的基础上，实施了以“精密数字化”和“国有资产绩效考核”为核心的科学化管理。财务管理按照厉行节约的精神，压缩行政办公经费，加强经费支出的控制和管理监督。学校统筹资金，集中财力，圆满完成2008年奥运场馆等6个工程的建设资金筹集工作，确保学校基本建设工程进度。

后勤管理以校园环境整治和节能工作为重点，加强基础设施改造和节能工程建设，积极推进节约型校园建设，努力探索解决教职工住房问题的新途径。学校相关部门通力合作，圆满完成奥运后勤保障任务。

学校高度重视安全稳定工作，积极推进科技创安。坚持校领导接待日制度，及时摸排化解群众来信来访。建立了校园安保多维防控综合体系，着力实施“平安奥运行动计划”，全年实现安全保卫零事故。在奥运关键时期，妥善解决了几起影响学校大局的安全稳定事件。

机关职能部门进一步改进工作作风，强化服务意识，规范工作程序，努力提高管理和服务的水平。

学校产业管理进一步推进企业改制、规范化管理，完善科技项目服务平台建设，完成学校投资管理公司的建设，完成学校经营性资产的划转，理顺投资关系。

（七）以改革创新的精神推进党的建设，努力构建和谐校园

2008年，学校党委切实加强领导班子自身建设，按照党的十七大提出的关于要坚持用制度管权、管事、管人，建立健全决策权、执行权、监督权既相互制约又相互协调的权力结构和运行机制的要求，努力完善学校工作的制约和监督机制，注重提高领导班子整体工作效能，努力实现决策的科学化、规范化和民主化。

学校进一步完善和改进党的工作机制，加强常委会自身建设。健全和完善了常委会决策制度；建立了常委会议题计划管理制度；规范了常委会决策方式；完善常委会会前酝酿制度；建立健全常委会工作沟通协调机制。认真执行常委会向全委会负责、定期报告工作并接受监督的制度。结合学校实际，修订了《北京工业大学委员会关于执行“三重一大”制度的规定》、《北京工业大学校务公开实施细则》和《北京工业大学校务公开目录及责任分工》。制定了《中共北京工业大学委员会关于健全和完善党委领导班子工作机制的若干规定》，完善了学校综合议事协调机构。

加强基层支部建设和干部队伍建设。进一步加强了干部的教育管理和培训工作，积极参加市委组织部、市委教育工委等举办的各类干部培训班，2008年共有7位干部参加市里培训。举办了2008年中青年干部培训班和多期中层干部培训班，完成了部分岗位干部配备调整工作，中层后备干部队伍建设工作得到有效推进。

认真落实党建评估检查验收组的反馈意见，把检查验收组提出的建议纳入学校党的建设总体工作之中，切实抓好整改。进一步完善基层党建工作创新的制度和机制，加强大学生思想政治教育工作力度，切实发挥好党组织的政治优势、组织优势和思想优势。

以科学发展观为统领，加强反腐倡廉建设，把构建惩治和预防腐败体系作为一项系统工程，坚持在校党委统一领导下，建立健全适应学校改革与发展、把反腐倡廉要求寓于学校各项管理措施和重要决策中的工作机制。切实把党风廉政建设和反腐败工作纳入党委、行政的总体工作规划，通盘考虑，不断加强贯彻执行党的路线方针政策的执行力度。通过加强对北京工业大学党风廉政建设重点部位关键环节的督促检查，保证党风廉政建设责任制落到实处。

## 二、2009年主要工作任务

2009年是新中国成立60周年，是全面贯彻党的十七大精神、推进首都高等教育改革发展的关键一年。在年初召开的北京高校党建工作会上，市委副书记王安顺做了重要讲话。他指出，2009年各高校要认真学习贯彻第十七次全国高校党建工作会议精神，切实加强思想理论建设，大力加强领导班子建设，切实加强基层党组织建设，不断加强大学生思想政治教育工作，进一步加强作风建设和反腐倡廉建设，扎扎实实做好维护安全稳定工作，确保高校持续稳定。

寒假期间召开的北京高校领导干部会，明确部署了2009年首都高等教育的五大工作。一是以提高教育教学质量为核心，推动首都高等教育科学发展，二是认真开展深入学习实践科学发展观活动，三是认真学习贯彻第十七次全国高校党建工作会议精神，加强高校党的建设，四是全力维护高校安全稳定，五是进一步做好学生服务和管理工作。

北京工业大学作为国家重点建设的高水平大学，必须要按照市十次党代会关于全面推进首都教育现代化的新要求，深刻领会第十七次全国高校党建工作会和北京高校党建工作会的精神，全面贯彻落实北京高校领导干部会的各项要求，以科学发展观为指导，紧密围绕首都高等教育改革与发展的一系列重大问题，认真总结学校改革发展的成就与经验，深入研究新阶段的矛盾、问题和基本特征，准确把握新机遇，积极应对新挑战，进一步明确推动学校科学发展的新思路、新目标、新举措。

2009年学校工作总的指导思想是：以党的十七大精神为指导，以科学发展观统领学校改革发展，深化校内体制改革，完善校院两级管理的体制和机制；坚持以人才培养为根本，着力推进“质量工程”，加强学风建设，深化教育教学改革；稳步推进“211工程”三期建设，实施“创新工程”，不断提升学科建设和科研水平；强化人才队伍建设；加快校园新区建设、信息化建设，积极推进后勤改革；切实加强党的建设，促进学校各项事业全面、协调、可持续发展。

2009年学校党政工作任务主要有以下几个方面：

认真组织开展学习实践科学发展观活动；深化校内管理体制改革，完善校院两级管理体制；扎实推进“211工程”三期建设；继续有力推进“质量工程”，全面提高人才培养质量；启动科技创新工程；加强队伍建设，提高建设质量；启动校园新区二期建设；全面推进“数字校园”和信息化建设；推进后勤改革，建设节能、环保型校园；加强学风建设，提高学生综合素质；进一步加强党的建设。

（一）认真开展学习实践科学发展观活动

在全党开展深入学习实践科学发展观活动，是党的十七大做出的重大战略决策。按照中央和市委的部署，高校属于第二批开展学习实践科学发展观活动的单位，时间大体在3月至8月。开展学习实践科学发展观活动是全党政治生活中的一件大事，是2009年学校工作的首要任务。全校干部、党员、师生员工一定要深刻认识开展深入学习实践科学发展观活动的重大意义，把开展学习实践活动作为用中国特色社会主义理论体系武装学校党员干部的重大举措，作为加快推进学校事业发展的重要契机，作为提高领导班子和领导干部领导水平和治校理教能力的重要战略任务，进一步增强贯彻落实科学发展观的责任感和紧迫感。

要深刻认识这次学习实践活动的总要求，即：全面贯彻党的十七大精神，高举中国特色社会主义伟大旗帜，以邓小平理论和“三个代表”重要思想为指导，组织广大党员特别是各级领导班子和党员领导干部深入学习实践科学发展观，紧紧围绕党员干部受教育、科学发展上水平、人民群众得实惠，进一步解放思想、实事求是、改革创新，切实增强贯彻落实科学发展观的自觉性和坚定性，要着力转变不适应不符合科学发展要求的思想观念，要着力解决影响和制约科学发展的突出问题以及党员干部党性党风党纪方面群众反映强烈的突出问题，要着力构建有利于科学发展的体制机制，提高领导科学发展、促进校园和谐的能力，使党的工作和党的建设更加符合科学发展观的要求。

学校将按照市委教育工委、市教委的总体部署和安排，全面贯彻落实学习实践活动的指导思想、目标要求和主要原则，严格按照学习实践活动的主要内容和方法步骤，扎实开展好学习调研、分析检查、整改落实三个阶段的工作，坚持四个“贯穿始终”：做到深入学习、提高认识贯穿始终，解放思想、改革创新贯穿始终，解决问题、完善机制贯穿始终，依靠群众、发扬民主贯穿始终；坚持四个“结合”：即把学习实践活动同贯彻十七大、十七届三中全会、第十七次全国高校党建工作会议以及市委市政府有关精神结合起来，同开展纪念新中国成立60周年活动结合起来，同“人文北京、科技北京、绿色北京”的建设结合起来，同学校的实际情况结合起来，确保学习实践活动取得实效。

当前，我们要认真学习借鉴第一批学习实践活动开展单位的好经验、好做法，做到思想认识到位、组织部署到位，认真抓好学习实践活动实施方案的制定，建立健全组织实施的领导机构，为学习实践活动做好思想准备、组织准备和工作准备。

全校要紧密结合学校发展的实际情况，深刻把握科学发展观的内涵，提高认识，进一步解放思想，深化改革，找准与科学发展不相符的体制机制问题，破解影响学校科学发展的难题，明确发展的思路和改革措施，建立健全有利于学校科学发展的体制机制，促进学校各项事业的全面发展，通过学习实践科学发展观，真正达到全校广大党员干部受教育、学校科学发展上水平、师生群众得实惠的目的和要求。同时，要结合开展深入学习实践科学发展观活动，总结我校改革开放30年来的办学经验，紧密围绕国家和北京市制定中长期教育改革和发展规划纲要的新要求，进一步明确学校的办学定位、服务面向和人才培养规格，研究和思考学校的中长期发展战略，构思“十二五”规划纲要，走特色发展之路。

（二）深化内部管理体制改革，完善校院两级管理体制

深化学校内部管理体制和机制改革，完善校院两级管理是2009年的一项重点工作。学校进入“211工程”建设以来，实现了跨越式发展，已站在一个更新、更高的发展基点上，进入了改革和发展的关键时期。为建立适应学校新发展的管理运行新机制，学校决定将进一步完善校院两级管理，理顺体制，优化机制，提升管理水平。完善校院两级管理体制是实现学校内涵式发展的重要途径，是在高等教育发展的新阶段、新形势下全面提高学校核心竞争力的必然要求，是学校学习实践科学发展观的重要行动和重大步骤。

学校推进两级管理体制改革的基本目的是：根据学校的办学特点和实际情况，明确校院两级管理职能，降低管理重心，调整管理跨度，规范管理行为，使学院成为相对独立的办学单位，激发各级组织的活力。通过理顺校内管理组织的关系，形成科学决策、规范管理、有效监督的机制，切实提高管理水平和管理效益，为实现北工大的新发展提供有力的体制和机制的保证。

完善校院两级管理体制要按照“两级管理、重心下移；权责一致，规范运作；目标管理、绩效评价”的总体思路。坚持集权与分权相结合，责、权、利相一致，整体设计与稳步推进的基本原则。

在各项工作的推进中正确处理好五大关系：一是在学校与学院的关系上，坚持学校与学院分工协作的原则；二是在学校与内设职能部门的关系上，坚持适度集中与分权管理的原则；三是在职能部门与学院的关系上，坚持条块管理的原则；四是在行政权力与学术权力的关系上，坚持行政权力与学术权力并举，充分发挥行政权力和学术权力的“双塔效应”，强化学术权力在校院两级管理体系中的杠杆

作用；五是在改革与发展、稳定的关系上，坚持辩证统一，坚持把改革的力度、学校事业发展的速度和师生员工可承受的程度统一起来，在稳定中推进改革发展，通过改革发展促进稳定。

完善校院两级管理体制要在明确界定校院两级职责的基础上，根据学校事业发展的规模与需要，按照政事分开、事企分开、教管分开的原则，合理划分管理、服务和经营职能，分离教学、科研辅助机构，规范管理权限和运行方式。

一是要综合规划、科学设置校院两级机构。增设校院两级教授委员会，作为学校办学方针、发展思路、总体规划、学科建设、教育教学、科学研究、学术活动等相关内容的审议、咨询、论证机构。学校教授委员会、学术委员会、学位委员会按各自职能、定位、权限，规范运行程序。学校二级学院建立由行政班子、党委（党总支）、教授分委员会、学术分委员会、学位分委员会以及二级教代会的科学架构，形成学院教授会、党政联席会、院长办公会、教代会既分工明确又相互合作、相互制衡的运行机制。

二是要按照总量控制、合理设置、适度增浮、有所侧重、分层管理的原则，依据全校教职工及学生规模的一定比例，确定校院两级管理岗位，分级、分批组织校院两级管理岗位人员聘任工作。严格遵守公开、公正、择优的工作程序，按照德、能、才、资及岗位职责聘任上岗，调整制定并适时实施新的岗位津贴办法。

三是要深化财务管理体制改革，建立统一领导、统分结合、宏观调整、职责清晰的校院两级财务管理体制，实行“一级核算，两级管理，大收大支，量入为出，自求平衡，超支不补，结余奖励”的校院两级财务管理原则，确立按不同类别确定不同的校院两级经费核定模式。

四是要学校对学院及职能部处以目标管理为主，成立由校领导牵头，党政有关部门负责人组成的校院两级管理工作领导小组，目标责任书由领导小组组织学校相关职能部门，在与学院和职能部门等二级单位沟通协调的基础上拟定，并在三年任期初始向二级单位下达。三年发展目标由二级单位自行按年度分解，报学校审批备案。发展目标与领导干部任期相配套，三年为一个标准任期。坚持任期评价与年度评价相结合。

学校将在广泛征求意见的基础上，进一步讨论《完善校院两级管理体制的意见》，形成比较科学的、完善的，有利于调动校、院和各方面积极性的改革方案和具体措施，并经教职工代表大会讨论通过后，按照统一领导、分层组织、条块结合、统筹兼顾的原则，分阶段实施并在实施中不断完善。

（三）扎实推进质量工程、创新工程、“211 工程”三期建设工程，全面提高人才培养质量和学科建设水平，增强科技创新能力和服务贡献能力

1. 根据北京市发展的新要求、新任务，以建设高水平大学为目标，以重点学科建设为核心，全面推进“211 工程”三期建设。要认真落实学科建设规划，按照建设立项明确的目标、学科方向和建设内容，注重效益，扎实推进。开展“211 工程”学科建设分析与研讨，找准问题与对策、鼓励学科交叉，整合资源，稳步提高学科水平，吸引和培养拔尖人才，进而提升服务国家和北京市经济社会发展的能力。根据市教委、市财政局的部署，组织完成 2010 年度“211 工程”建设项目专款预算申报工作，加强“211 工程”三期建设项目的实地检查和年度考核。同时，从适应首都经济发展方向出发，学校将根据首都产业结构调整和社会经济发展的重大需求，研究学科专业结构调整问题，进一步提升服务地方经济的能力和水平。

2. 以全面推进本科教学质量与教学改革工程为重点，不断深化教育教学改革。加强质量工程基础性建设，全力做好已批准的各项国家级和北京市级质量工程建设项目，特别是国家大学生创新性实验计划、国家人才培养模式创新实验区、北京市校外人才培养基地等新批项目，落实建设目标、内容、进度、措施和主要成果，形成校级、市级和国家级三级建设平台；进一步加强教学团队和教学名师建设，继续探索和完善教师教学能力发展的培训和培养机制，全面提升教育教学水平和人才培养质量。

制定并分步实施北京工业大学研究生教育创新工程，落实教育部研究生教育创新计划和北京市研究生教育创新工程；探索研究生培养机制改革，加强导师队伍建设，发挥导师在指导研究生中的主导作用；加大研究生课程建设力度，做好学校、北京市、国家优秀博士学位论文的培育和选拔工作；积极探索国际合作培养研究生的途径和模式；落实并完善研究生工程实训平台建设，与企业建立产学研联合培养研究生基地，为研究生创新创业提供平台，提高研究生教育质量和创新人才培养水平；抓好新增学科点和博士后流动站工作；做好申报研究生院的工作。

3. 启动学校科技创新工程。制定学校科技发展 3 年规划，规范科技专项经费的立项、预算与考核机制；鼓励学院及部分学科带头人积极参与国家和北京市重大科技项目的策划和组织工作；重点支持一批学科争取承担国家级与北京市重大科技项目和科技专项；选择并全力支持 2—3 个实验室做好冲击国家级重点实验室的准备；建立创新型的产学研合作基地，争取重大工程项目；制定和落实对高水平

基础研究团队和教授的长期稳定支持的政策和实施办法；加强对青年学术带头人，特别是杰出青年基金获得者、长江学者等高层次人才的支持和培养；继续努力改善学校的学术环境，推进国防军工科技工作；保证学校科技工作在主要指标快速增长的前提下又好又快地发展。

（四）启动校园新区二期建设，全面推进“数字校园”和信息化建设

根据校园整体规划，在完成校园规划及建筑功能梳理的基础上，结合中蓝学生公寓二期建设规划意向，统筹规划新、老校区的整体布局，完善功能，局部调整新区二期建设规划方案。启动校园新区二期建设工程。

加强校园信息化建设的整体规划。以提高信息化应用和服务水平为目标，以“数字校园”建设为主线，以信息资源建设为核心，全力推进“211工程”三期公共服务体系建设。重点推进校园一卡通应用系统集成升级改造项目建设和“数字校园”支撑平台以及应用系统集成升级改造项目建设，积极推进教育部下一代互联网示范工程建设和应用。做好主校区无线网的规划和建设工作。

（五）认真学习贯彻第十七次全国高校党建工作会议精神，以改革创新精神加强党的建设，为学校各项事业发展提供坚强保证

1. 认真组织第十七次全国高校党建工作会议精神的传达和学习。第十七次全国高校党建工作会议，是在改革开放30周年之际召开的一次重要会议。习近平同志在会上作了重要讲话，系统总结了改革开放30年高校党的建设的宝贵经验，强调指出，要以开展深入学习实践科学发展观为主线，以培养中国特色社会主义合格建设者和可靠接班人为目标，切实加强高校党建工作，并对高校党的建设重点工作做了重要部署。（今天会议还将专题学习传达习近平同志的重要讲话）。各基层党组织还要认真组织党员和全校师生学习讨论，使会议精神深入人心，达成共识。

2. 大力加强领导班子和干部队伍建设。始终坚持将思想政治建设作为领导班子建设的首要任务，不断加强领导干部党性修养，树立和弘扬良好作风，不断提高领导班子的思想政治素质。大力加强领导班子能力建设，着力提高把握方向、谋划发展的能力，提高改革创新、攻坚克难的能力，提高依法办学、科学管理和民主监督的能力，提高统筹协调、整体推进的能力，提高应对突发事件、驾驭复杂局面、建设和谐校园的能力。加强领导班子制度建设，坚持和不断完善党委领导下的校长负责制，进一步完善集体领导和个人分工负责相结合的制度，进一步增强领导班子的团结，不断提高领导班子解决自身问题的能力。

按照增强贯彻落实科学发展观的自觉性和坚定性的要求，加强干部队伍建设，进一步推进干部人事制度改革，进一步增强干部队伍的政治意识、责任意识、大局意识，努力做到善谋划、会协调、懂管理。完善干部聘任、考核、奖惩机制，实施干部任期制，聘任制。

3. 抓好《高校党建工作2008-2012规划》的贯彻落实。按照市委有关文件精神，在分析学校党建工作基础上，根据市委《高校党建工作2008-2012规划》制定学校党建工作规划，切实加强学校党的思想理论建设和意识形态工作，坚持以人才培养为根本的办学理念，用中国特色社会主义理论体系和社会主义核心价值体系武装党员干部，教育广大师生，牢牢掌握高校意识形态领域的主动权。加强基层党组织负责人队伍建设，不断推进基层党建工作的制度化、规范化，推进党员发展和党员管理工作创新。以健全民主集中制为重点，积极稳妥地推进党内民主建设。贯彻落实十七届中央纪委三次全会精神，结合开展深入学习实践科学发展观活动，切实加强反腐倡廉建设，严格执行党风廉政建设责任制，进一步加强对领导干部的教育、管理和监督，扎实推行廉政风险防范管理，不断提高反腐倡廉建设工作水平，为学校事业科学发展创造良好环境。

4. 进一步做好学生服务和管理工作。

一是大力加强大学生思想政治工作队伍建设，深入推进服务型学生工作体系建设。认真落实《关于加强北京高校辅导员队伍建设的实施意见》。党委要加强对辅导员队伍建设工作的领导，落实辅导员岗位配备要求，为辅导员工作和生活提供保障条件。结合实施“北京高校大学生思想政治工作队伍建设计划”，进一步优化队伍结构，提升队伍研究能力、教学能力和服务能力，加强大学生思想政治工作创新团队建设。努力健全学习生活服务平台，加强资源统筹，提高信息化水平，为学生全面成长提供方便、及时、有效服务。

二是加强就业指导和服务，全力以赴做好毕业生就业工作。2009年，北京地区高校毕业生数量继续增加，将达到21万，加上国际国内经济形势带来的影响，毕业生就业形势十分严峻。由于国家和首都产业结构的调整，用人单位对一些专业和人才的需求也发生了变化，在北京地区，对工科特别是化工类专业人才需求明显减少。我们要高度重视学生就业工作，进一步增强做好学校毕业生就业工作的责任感和紧迫感。要按照北京市提出的“一把手工程”的要求，进一步加强对这项工作的领导，不断完善校、院两级就业工作机制和学生就业指导与服务的工作体系。要以

示范性就业中心建设为重点，规范管理、强化服务，加强职业生涯和就业指导课程体系建设，完善就业信息平台建设，加大对毕业生的创业教育力度。要采取有效办法和措施，积极引导、鼓励毕业生面向全国、面向基层、面向西部就业，鼓励毕业生到中小企业和非公有制企业就业。重点做好就业困难特别是家庭经济困难毕业生的帮扶工作。

三是加强大学生心理素质教育和心理救助。要高度重视大学生心理健康问题。学校要围绕北京市深入推进实施的大学生心理素质教育工程和继续开展高校心理素质教育工作建设评估与督导，进一步推动学校心理素质教育工作的规范化。适应大学生心理素质教育的新要求，建立全方位的学生心理健康服务平台，完善高校心理危机预防和干预工作体系。进一步做好新生入学心理排查和学生心理状况调查，辅导员和班主任要经常深入到学生中间，加强与学生的沟通与交流，及时发现心理和情绪、行为显著异常的学生，通过谈心、心理咨询和心理危机干预等"一对一"的教育救助措施，尽最大努力尽可能防止极端行为的发生。要加强宣传教育，在校园中形成关心学生心理健康的良好氛围。

（六）扎实做好安全稳定工作，确保学校持续稳定

2009年安全稳定工作形势严峻、任务繁重，维护学校稳定工作的复杂性、敏感性、关联性和艰巨性十分突出。当前经济困难对毕业生就业的冲击，意识形态领域渗透和反渗透的复杂斗争，特别是今年敏感时段较为集中，既是国庆60周年，也是纪念五四运动90周年，这些都对做好今年安全稳定工作提出了新的更高要求。我们要按照胡锦涛总书记提出的思想上的弦绷得紧而又紧、对策上的准备细而又细、工作上的力度强而又强的要求，进一步提高认识、明确工作目标、提高工作标准。

1. 强化政治意识、政权意识和责任意识，全力维护学校政治稳定。确保建国60周年庆典活动顺利进行，确保校园"大事不出、绝对安全"。

2. 大力加强"平安校园"建设，持续改善校园环境。进一步完善维护安全稳定的统一领导体制，充实工作力量，完善工作制度，加强工作的协调性和规范化。进一步完善信息通报机制和联动处置机制。不断巩固和丰富"校园多维综合防控"理念，进一步加大对安全稳定工作的投入力度，切实提升安全稳定工作效率和水平。

全面深入贯彻市委、市政府关于"平安北京"建设的重要部署，继续大力加强平安校园建设。大力加强新时期校园治安防范体系建设，进一步深化科技创安，不断提高师生的安全感。继续推进校园环境综合治理，切实做好学校的消防、交通、安全生产、饮食卫生等公共安全工作，不断完善安全管理制度，严防各类事故的发生。深入开展校园及周边治安环境秩序专项治理行动。

3. 持续深入开展安全教育培训，进一步强化师生安全意识。要进一步督促落实安全教育"进教材、进课堂、落实学分"，推进教材、课件和案例库建设，不断增强安全教育课的吸引力和实效性。广泛开展安全疏散演练和技能培训，不断提高师生的安全观念和自救、互救能力。进一步完善应急预案体系建设，加强预案的宣传教育和培训演练，努力提高各类突发事件的应急处置能力。强调要按照北京市重大火灾隐患排查工作要求，做到"六个必查、六个必须"。

同志们，2009年是学校发展的关键一年，面对严峻复杂的形势和艰巨的任务，我们要在中央和市委、市政府的正确领导下，在市委教育工委、市教委的指导下，解放思想，求真务实，开拓进取，扎实工作，不断提高办学水平和教育教学质量，不断提升党建工作水平，形成推动学校发展的强大合力，努力开创学校各项工作的新局面。

# 学习实践科学发展观，积极推进管理体制改革

## ——在第十一届工代会暨第六届教代会第三次会议上的工作报告

2009年3月18日

校长　范伯元

各位代表，老师们，同志们：

今天我们在这里举行第十一届工会会员代表大会暨第六届教职工代表大会第三次会议。这次会议将围绕学习实践科学发展观，分析学校在新形势下

面临的挑战和存在的问题，共同商议涉及学校发展的一些主要决策，意义十分重大。首先我代表校党委、校行政祝贺大会顺利召开。下面，我受校长办公会委托做工作报告，请大会审议。

**一、一年来工作回顾**

正如温家宝总理在政府工作报告中说的，2008年是极不平凡的一年，我国经济社会发展经受住了历史罕见的重大挑战和考验。在党的领导下，全国各族人民迎难而上，奋力拼搏，战胜各种艰难险阻，改革开放和社会主义现代化建设取得新的重大成就。这一年里，北京工业大学坚持以党的十七大精神为指导，围绕党政工作要点中的各项目标，求真务实、积极进取，不断创新。全体师生员工积极参与抗震救灾，为汶川灾后重建贡献力量；以奥运决战为中心，圆满完成了北京奥运会、残奥会赋予的各项任务；认真落实“211工程”三期建设、质量工程和创新工程，教学、科研和育人工作稳步推进；队伍建设、校园建设和党的建设取得新的进展。

总体上来说，2008年我们主要做了以下工作：

（一）与民族共命运，积极投身抗震救灾

2008年5月12日，我国发生震惊世界的汶川特大地震。我校师生响应党中央号召，积极参与抗震救灾。师生员工共为地震灾区捐款人民币104.8万余元；全校2 963名党员交纳“特殊党费”61.5万余元。在首都青少年爱心慈善晚会上，北工大再次捐款200万元。一些教师积极参与科技部、国家减灾委员会等部门组织的有关地震预报、灾后评估、防灾规划方面的研讨会、专家组，发挥专业特长，奔赴灾区，参与灾区重建和灾民心理救济。北工大建筑勘察设计院无偿为灾区人民设计学校。学校各级组织关心家在灾区的师生员工（包括59名受灾学生），及时做好走访慰问和帮扶工作，开展心理辅导，帮助他们解决生活中遇到的实际困难。广大师生在大灾的关键时刻，坚守岗位，尽职尽责，以实际行动为抗震救灾作出贡献。

北工大全体师生在支援抗震救灾中涌现出来的同心同德、万众一心、众志成城、共渡难关的精神，是北工大宝贵的精神财富。我们要继承和发挥这种精神，以最好的状态、最大的热情、最高的标准，投身于学校的各项建设和事业发展！

（二）举全校之力，圆满完成奥运任务

2008年，举世瞩目、无与伦比的第29届奥林匹克运动会，在党中央、国务院的坚强领导下，在全国人民的鼎力支持下胜利结束！

北工大承担着奥运会两项重要赛事和校内外的志愿者工作，学校党政把办好奥运赛事作为学校工作的重中之重，举全校之力，以奥运促进学校发展，以奥运展示学校发展。各单位以奥运行动计划为指导，统一思想，服从大局，统筹协调，落实责任，明确分工，密切配合。全校专家学者积极投身北京科技奥运，为奥运服务的省部级以上各类研究项目达60多项。同时学校以奥运筹办为契机，大力营造校园奥运文化氛围，提升师生思想道德素质，不断创新学生思想政治教育工作的内容和形式，在学生中形成一批学习好、身体好、服务好的志愿者典型。

8月9日至24日，奥运会羽毛球、艺术体操两项赛事在北京工业大学奥林匹克体育馆举行并完美落幕。我校共有6 000多名师生员工战斗在奥运相关岗位上，从场馆建设、赛事组织、志愿服务，到后勤和外围保障以及平安奥运行动，全校上下全方位部署、全天候职守、全身心投入，奥运赛事和各项志愿服务工作圆满顺利完成。学校的有关单位和师生员工多次受到中共中央、国务院和北京市委、市政府、北京奥组委的表彰和奖励。

（三）以“三大工程”为抓手，人才培养和学科建设取得新进展

经过多层次论证，“211工程”三期建设方案及“城市与工程安全减灾”等12个重点学科建设项目可行性研究报告得到市教委、发改委和财政局批复，各项建设工作已经平稳有序展开，学科建设工作得到有力推进。

学校通过并发布实施了《北京工业大学本科教学质量与教学改革工程实施方案》。2008年，学校有1个专业入选国家级特色专业建设点，11个专业入选北京市级特色专业建设点；2门课程入选国家级双语教学示范课程，4门课程入选北京市精品课程；1本教材入选国家级精品教材，16本（套）教材入选北京市精品教材；2个教学团队获评国家级教学团队，2个团队获评北京市优秀教学团队；2位教授荣获北京市高等学校教学名师奖；1人获得北京市人民教师提名奖。此外，学校获批北京市级校外人才培养基地1个，并成为第二批国家大学生创新实验计划实施高校。

积极进行科学技术与研究生教育创新工程启动的论证和前期准备工作，科学研究紧密围绕国家创新体系建设再上台阶。2008年，申报科研项目的层次、数量、经费稳步提升，获奖和专利不断增加。全年到校科研经费5.447亿元（按教育部统计口径），获国家科学技术发明二等奖1项，国家科技进步二等奖3项，省部级奖9项，进行教育部鉴定1项，是我校历史上获国家奖最多的一年。

（四）坚持人才强校战略，拓展对外交流合作

继续落实北京市人才强教计划和人才强教深化计划，逐步形成多层次人才队伍建设体系。获得国

家杰出青年科学基金资助者2名，受聘长江学者特聘教授2名，进入教育部新世纪优秀人才计划3人，多人进入各类人才计划和资助计划。扩大教师培训与学术交流的数量与规模，进一步加强与国外高水平大学的交流合作。专任教师结构更加趋于合理。完成首次岗位设置与分级聘用工作，制定并实施了学校编制管理办法，为学校下一阶段人事制度改革奠定了基础。以师德建设为核心，以青年教师为重点，深入开展“红烛工程”，积极开展形式多样的师德建设工作，努力构建和谐向上的大学文化。

2008年接待来自不同国家和地区的来访近70批次，540多人次；举办和承办国际会议7次；与境外高校新签（或续签）校际合作协议15个；在境外建立了我校第一所孔子学院。对外交流内容更加充实，交流规模逐步扩大。

（五）以奥运为契机，积极推进校园建设

2008年，校园基本建设战胜多种困难，结合2007年测试赛发现的问题，精心做好奥运场馆设施调整和优化工作，实现了奥运场馆建设零事故、奥运设施运行零差错。

完成了国际交流中心、建筑人文外语学科楼、生命环能学科楼、工程训练中心、新食堂、后勤交通中心等项目的建设，共计建筑面积14万平方米；建设园林绿化景观面积8万平方米。为奥运比赛提供了坚实的基础设施保障和优美的外部环境，为实现学校“十一五”建设规划和可持续发展打下坚实的基础。

（六）坚持建设校园文化，努力提高管理水平

2008年，重点做好完善校院两级管理体制的前期工作。在学校各方努力下，初步完成了校院两级管理体系的调研、整体设计和论证。职能部门进一步改进工作作风，强化服务意识，规范工作程序。国有资产管理在建立健全各项规章制度的基础上，实施了国有资产绩效考核管理。财务管理按照厉行节约的精神，压缩行政办公经费，加强经费支出的控制和管理监督，圆满完成奥运场馆等六个工程的建设资金筹集工作，确保学校基本建设工程进度。后勤管理以校园环境整治和节能工作为重点，加强基础设施改造和节能工程建设，努力探索解决教职工住房问题的新途径。

学校坚持校领导接待日制度，及时摸排化解群众来信来访，建立校园安保多维防控综合体系，在奥运关键时期妥善解决了几起影响学校大局的安全稳定事件。在各级管理中法治精神明显增强，学校依法治校工作已经走在全国高校的前列。

产业管理进一步推进企业改制、规范化管理，完善科技项目服务平台建设，积极推动学校投资管理公司的建设，完成学校经营性资产的划转，理顺投资关系。

**二、2009年学校工作的基本思路**

今年是实施“十一五”规划的关键之年，学校工作总的指导思想是：以党的十七大精神为指导，以科学发展观统领学校改革发展，深化校内体制改革，完善校院两级管理的体制和机制；坚持以人才培养为根本，着力推进“质量工程”，加强学风建设，深化教育教学改革；稳步推进“211工程”三期建设，实施“创新工程”，不断提升学科建设和科研水平；强化人才队伍建设，实施高层次人才引进计划，启动教师职业发展规划；加快校园新区建设、信息化建设，积极推进后勤改革；切实加强党的建设，促进学校各项事业全面、协调、可持续发展。

下面，我重点讲三个问题：

（一）学习实践科学发展观，准确把握学校定位

开展学习实践科学发展观活动是全党政治生活中的一件大事。全校师生员工一定要深刻认识这项工作的重大意义，把它作为加快推进学校事业发展的重要契机，紧密结合学校实际，深刻把握科学发展观的内涵，进一步解放思想，深化改革，找准与科学发展不相符的体制机制问题，破解影响学校科学发展的难题，建立健全有利于学校科学发展的体制机制。学习实践活动中，要总结我校办学经验，紧密围绕国家和北京市制定中长期教育改革和发展规划纲要的新要求，进一步明确学校的办学定位、服务对象和人才培养规格，研究和思考学校的中长期发展战略，构思“十二五”规划纲要，走特色发展之路。

科学定位是学校制定规划、配置资源乃至发挥优势和办出特色的前提，是开展各项工作最基本的依据，关系到学校的发展目标、发展战略和发展格局。对于地方院校而言，科学准确的定位尤其重要，不攀比，不贪大，而是科学地分析、主动适应地方社会发展和经济建设及其不同的层次需要，才能发挥优势，办出特色。

早在建校之时，北京市委、市政府就明确指示，北工大要立足北京、服务北京，为首都工业向高、精、尖、新方向发展培养专业技术人才。“九五”期间，学校根据首都社会发展和经济建设的需要，确立了“立足北京，依托北京，服务北京”的定位指导思想，提出了“科学定位、找准目标、办出特色、发挥优势”的办学方针；“十五”期间，我校更加突出了“融入北京，服务奥运”的特色，确立了“立足北京，融入北京，辐射全国，面向世界”的指导思想，并明确提出创建有特色、高水平的教学研究型大学的目标。这一定位是由地方院校的性质、任

务和地位所决定的，是由北京市委、市政府创办北京工业大学的目的和投入所决定的。作为一所市属重点大学，立足北京、服务北京是北工大的立校之本、发展之道。

具体定位内容包括3个方面，一是区域定位，即由我校地理位置和隶属关系所决定，必须为北京市和以首都为中心的区域经济服务；二是层次定位，即在人才培养上以本科教育为主，积极发展研究生教育，并从首都的实际需要出发开展多层次办学；三是学科定位，即每个学科都要找到与首都社会发展、经济建设和科技进步相结合的层面和结合点，并从中找准自身建设和发展的位置、地位和方向，紧密围绕首都重点发展的电子信息、生物工程及新医药、光机电一体化、先进装备制造、新型材料、城建交通、节能环保等高新技术支柱产业及文化创意产业，大力开展应用型、工程型的产学研联合开发。

我们必须克服学科建设中的急功近利思想，克服钻进象牙塔写论文的做法，主动投身于首都科技创新主战场，自觉地服从区域经济建设需要，增强为区域经济和社会发展服务的功能，以服务求支持，以贡献谋发展，为“绿色北京，人文北京，科技北京”做出北工大应有的贡献。

（二）深化内部管理体制改革，完善校院两级管理体制

1. 背景意义

深化学校内部管理体制和机制改革，完善校院两级管理，是2009年的一项重点工作。

改革开放以来，北工大校内管理体制改革经历了实行岗位责任制、工资总额包干制、满工作量聘任制和校、院（系）、学科部三级管理体制等若干阶段。2003年，学校明确提出推进校院两级管理体制改革，并形成了比较清晰的改革思路和目标，在人事、财务管理等方面迈出了重要步伐，取得了初步成绩。随着学校建设高水平教学研究型大学的发展进程，改革有待于深化。如今学校已站在一个更新、更高的发展基点上，进入了改革和发展的关键时期。要进一步提升管理水平、实现内涵式发展，全面提高学校核心竞争力，就必须完善校院两级管理体制，建立适应学校新发展的管理运行新机制，这也是学校学习实践科学发展观的重要行动和重大步骤。

2. 总体思路

完善校院两级管理体制的总体思路是“两级管理，重心下移；权责一致，规范运作；目标管理，绩效评价”。

我们要通过完善校院两级管理体制，明确校院两级管理职能，降低管理重心，规范管理行为，使学校更好地发挥宏观管理职能，使学院成为相对独立的办学单位，从而合理配置、全面盘活各类办学资源，最大限度地调动校院两级和广大师生员工的积极性，为实现北工大的新发展提供有力的体制和机制的保证。

改革中，一是要注意处理好学校与学院分工协作的关系。学校作为主办者，行使宏观管理权力；职能部门是学校党委、行政的办事机构，代表学校行使某一管理领域的管理权限，对学校负责。学院作为具体承办者，拥有微观管理权力，在接受职能部门的指导和监督的同时，在其内部享有自主决策、自主管理的权力，拥有自身发展所需要的人、财、物权，建立自我发展、自我约束的运行机制。

二是要注意处理好行政权力与学术权力的关系，建立健全协调运行的机制，突出并充分发挥学术权力在校院两级管理体系中的重要作用，完善校院两级学术组织构架。

三是要注意处理好改革、发展与稳定的关系，坚持辩证统一，相互促进。全面贯彻科学发展观，坚持把学校改革的力度、发展的速度和师生员工可承受的程度统一起来，在稳定中推进改革发展，通过改革发展促进稳定。

3. 主要改革内容

（1）明确校院两级管理职能，降低管理重心

学校主要职能和权限是对学校建设进行宏观的决策、调控和管理，拥有对全校事业发展、资源配置和日常运行等方面重大事项的决定权、调配权和干预权。校院两级管理体制下，学校对学院的管理以宏观管理为主，微观管理为辅；目标管理为主，过程管理为辅；政策管理为主，事务管理为辅。

学院的主要职能和权限是完成学校确定的工作目标和任务，实现自身良性循环和发展。学院是相对独立的办学单位，拥有与事权相适应的人、财、物权。校院两级管理体制下，学院在增强管理职能、扩大责权利的情况下，应当大力加强民主建设，建立民主参与、民主监督的管理机制。

经过反复研讨，两级管理文件起草小组对学校和学院在事业规划、学科建设、人才培养、科技工作、人事管理、财务管理、资产管理、合作办学等方面的职责分别作了具体划分，请大家参阅《北京工业大学关于完善校院两级管理体制的意见（征求意见稿）》。

（2）调整机构设置，规范管理行为

根据校院两级职能，按照精简、高效的原则，统筹规划、科学设置校院两级机构，实现职能的合理配置、全方位覆盖。

其中，学校机构将按照政事分开、事企分开、

教管分开的原则，划分服务和经营职能，分离教学、科研辅助机构，规范管理权限和运行方式。学院将建立健全行政班子、党委（党总支）、教授委员会、学术委员会、学位委员会以及二级教（职）代会（或教职工大会）之间的既分工明确又相互合作、相互制衡的组织结构和工作制度。

（3）实施目标管理，责权利相一致

学校将成立校院两级目标管理工作领导小组，主要依据校院双方签订的学院三年发展目标责任书对学院整体工作及其领导班子进行绩效评价。学校同时对职能部处等下达三年发展目标责任书并进行绩效评价。绩效评价实行任期评价与年度评价相结合，每年年终进行年度检查与评价，三年期满时全面评价。评价结果是学校对二级单位本年度目标完成情况进行奖惩的重要依据。

在实施目标管理的过程中，各二级单位的目标、责任与享有的权益、资源相匹配。其中：人事权方面，学院拥有自主制定人才战略、用人计划、岗位设置方案的权力，拥有评聘副高级及以下专业技术职务、制定岗位津贴分配方案、聘任并考核本单位工作人员的权力，便于学院有效配置人力资源，提高办学的主动适应能力；物权方面，学院拥有对本单位各类固定资产（包括公用房）的内部调配、管理、维护的权力，便于学院集中资源，统筹管理，实现学院资产的可持续发展；财权方面，学院拥有编制二级财务收支预算方案、制定学院财务实施细则的权力，在保证教学科研正常运行的前提下，学院可以自行调配相关资金，用足用好专款，提高教学、科研水平和综合效益。

4. 实施步骤

学校将进一步制定《校院两级人事管理办法》《校院两级财务管理办法》《两级国有资产管理办法》、《实施目标管理暂行办法》《深化后勤改革实施意见》等配套文件，分阶段逐步完善、逐步实施，暑假前完成机构调整、干部聘任、目标责任书的拟定与下达工作。

（三）大力推进人才战略，创新人才管理机制

“十五”期间，学校实施“人才强校”战略，将师资队伍建设作为“211 工程”建设的一个重点项目，把人才工作与学校的战略规划、学科建设和学校发展紧密结合起来。目前学校已全面实施全员聘用制度，教师岗位聘任以专业技术职务聘任制度改革为重点，强化激励和竞争机制，体现优劳优酬。

2009 年是完成“十一五”建设任务、构思“十二五”规划纲要的关键年，对学校的人才战略和人事工作提出了更高的要求。作为科技进步和知识创新重要载体的高等院校，人才是实现学校发展规划的主要支撑，是学校核心竞争力的第一要素，是一切办学资源中最重要的资源，是学校改革和发展的关键。

要紧紧抓住北京市实施“北京市属高校人才强教深化计划”的良好契机，进一步解放思想，采取有力措施，建立高效的人才工作机制，广开渠道发掘和利用各种资源。特别是建立健全培养人才、吸引人才的管理机制，形成符合学校人才需求的完善的制度保障。对杰出人才、大师级人才要继续实行打破常规的特殊政策，对拔尖人才要给予更充分的发展空间。同时要注重发挥高水平学术人才的影响和带动作用，加强对青年教师素质和能力的培养，逐步形成以学科建设为主导、以学术带头人为核心的结构合理的高水平人才梯队。在引进高层次学科带头人的同时，学校要立足实际，挖掘自身潜能与优势，创造条件，在学校事业发展中加大人才培养力度，为人才发展创造条件，使他们在学科建设、人才培养以及科学研究领域发挥重要作用。实施教师职业发展规划，关心教师成长，进一步改善教师队伍结构，提高整体素质。

要以更广阔的视野、更开放的思路，着眼学校的长远发展制定和实施目标性人才战略规划，根据学校的近期发展制定切实可行的人才工作任务和措施，真正把人才战略摆在高处、落在实处。坚持谋划发展时考虑人才保证，制订规划时考虑人才需求，研究政策时考虑人才导向，部署工作时考虑人才措施，促进人才干事业、支持人才干成事业，逐步形成人才辈出、人尽其才的人才发展环境。

**三、2009 年学校着力要解决的几件实事**

（1）增强学习实践科学发展观的自觉性和能力，进一步明确学校的办学定位、发展目标，在谋划“十二五”学校发展建设上有新思路。扎实推进“211 工程”三期建设，全面实施本科教学质量与教学改革工程，制定并实施《北京工业大学科学技术与研究生教育创新工程实施方案》。抓好新增学科点工作，为申办研究生院凝聚力量，打好基础。

（2）通过完善校院两级管理体制改革，逐步实现校院两级科学决策、规范管理、协调运行、有效监督的运行机制，理顺各种关系，激发和调动学校和学院两个层面的积极性，提升管理水平，提高办学效益。

（3）坚持人才强校，完善人才队伍建设和教师职业发展规划，落实“211 工程”三期师资队伍建设计划。加强师德建设，规范学术行为，完善规章制度，加强宣传教育。

（4）落实“十一五”校园规划，完善新老校区的整体功能布局，启动校园建设二期工程，2009 年

分批完成艺术设计学院、第四教学楼、教学科研楼、学生服务楼的前期工作。推进全员节能减排工作，建设优美和谐校园。

（5）加强学校文化建设和学风建设，完善校园文化建设内涵，改善学校文化软环境，形成尊师重教的良好文化氛围。探索建设学生事务中心，为学生提供服务的部门都要在中心设立窗口，从注册、选课指导、学籍、就业到心理咨询等，提供学生事务一站式服务，方便学生办事。

（6）高度重视学生就业工作，畅通就业渠道，整合社会资源，加强就业指导和服务，落实目标责任制，全力保证有就业愿望的学生实现就业，确保2009年签约率不低于2008年水平。

（7）结合两级管理，改革绩效工资和综合评价机制，增加基层活力，提高教师待遇，2009年全校绩效工资总额有明显增长。预计绩效工资总额比2008年增长不低于2 000万元。

（8）关注校园民生，做好"为群众办实事一揽子事项"：①开展2009年教职员工"健康年"，积极努力做好教职工健康方面的工作；考虑利用工会经费，为全校教职工办理大病医疗保险和意外险。②统筹安排全校体育运动场地和设施的开放与使用，改善师生健身条件；③改善师生食堂就餐环境；④加快"数字工大"建设，启用校园一卡通；⑤做好新区学科楼搬迁和学科楼二期建设工作，使广大教师的办公环境条件得到改善；⑥继续努力帮助青年教师解决好安居问题。

各位代表，老师们，同志们，北京工业大学的建设和发展又站在了新的起点上。2009年是学校发展的关键一年，面对严峻复杂的形势和艰巨的任务，面对日趋激烈的竞争，我相信，我们一定会团结一心，抓住机遇，开拓进取，扎扎实实开展好学习实践科学发展观活动，积极推进管理体制改革，促进学校全面发展！

# 立足服务北京，强化科学定位，建设有特色高水平北京工业大学

## ——在北京高校党建工作论坛上的发言

2009年6月26日

党委书记 王守法

当前，正在全国高校深入开展的学习实践科学发展观活动是推动高等教育事业又好又快发展、实现高校建设有特色高水平大学目标的难得机遇。北工大作为北京市"211工程"建设的大学，在学习实践科学发展观活动中，紧紧抓住这一重要契机，确立了"立足服务北京，坚持科学发展，凝聚全校力量，建设有特色高水平大学"的主题，以落实"十一五"发展规划，推进"211工程"三期建设，构思"十二五"规划为主线，突出强化学校的办学定位，深化服务北京的办学思路，明确学校科学发展的战略，创新学校科学发展的体制机制，着力解决影响和制约学校科学发展的突出问题。

**一、找准办学定位，以服务形成特色，以特色创造优势**

建设高水平大学，科学定位是前提。只有找准学校的科学定位，才能明确学校的办学思路，推动学校事业科学发展。在这次学习实践活动中，我们围绕落实和深化立足服务北京的办学定位，围绕服务建设"人文北京、科技北京、绿色北京"发展战略，学校党政领导班子带队深入走访北京市政府委办局和重点骨干企业，主动征求服务对象的意见，了解北京产业发展需求，搭建校企合作平台，建立合作的机制和渠道，为企业应对当前危机提供技术服务和智力支持，用实际行动将服务北京的科学定位转化为推动学校科学发展的内在需求和正确思路。经过学习调研，学校对服务北京办学定位的内涵、切入点及工作思路进行了专题研究，形成了广泛的思想共识。就北工大立足北京、服务首都经济社会发展需求而言，北京是中国的首都、政治经济文化中心，定位为国际化大都市和宜居城市，北京地区的产业结构、人口资源、城市建设、社会管理与公共服务、交通科技、节能环保、水资源和水环境等领域面临的问题在规模上和难度上是极其复杂的，许多是世界性的难题。如果我们的服务是定位于解决以上领域的尖端、高水平问题，通过我们的服务能够解决北京市经济社会发展所面临的这些问题，那么，在全国，乃至于在国际上我们的办学就具有示范性和引领性，学校的各个学科的发展水平及科

研活动、科研成果、人才培养就是独特的，就是高水平的。因此，以服务形成特色，以特色建设高水平，这是北京工业大学建设有特色高水平大学的必由之路。

**二、立足北京，融入北京，服务经济社会建设卓有成效**

北京工业大学在服务北京方面已经进行了大量积极有益的探索，也得到了北京市和社会的充分肯定。我校的土木工程学科积极参与北京市城市建设，承担了奥运会国家体育馆、羽毛球馆和老山自行车馆的结构实验，特别是羽毛球馆的钢结构体系达到了目前预应力钢结构的国际领先水平；在隧道与地铁火灾模拟与控制方面的研究成果已应用于北京地铁1、2号线的通风排烟系统改造和地铁新线的防火性能化设计，获得了国家科技进步二等奖。

交通学科配合北京奥运会组委会交通部和北京市交通委，完成了《北京奥运会交通战略计划》、《北京奥运会交通行动计划》和《应急交通疏散仿真预案研究》，以及多个奥运比赛场馆的交通运行方案测试。结合我国国情（特别是北京市的情况），系统地建立了适合我国大城市特点的交通影响评价理论方法和实施对策，对缓解首都交通拥堵状况提出了重要对策。

我校的环境科学与工程学科紧密结合北京城市发展中的环境问题，以城市污水处理和水环境恢复、循环利用，大气污染治理，新型清洁能源等为重点，完成了一批国家“973”、“863”课题，为北京市的水环境恢复、大气污染控制提供了重要的科学依据。也因此取得了学科特色，在国内确立了相当的优势地位。

**三、加强领导，整合力量，进一步强化服务北京意识**

如何使学校服务北京的能力得到不断提升，是学校当前重点研究和着力解决的问题。通过学习实践科学发展观活动，我们认为在北京市发展的新起点新阶段，首都经济社会发展对高等学校的社会服务职能需求更加凸显。学校只有服务北京、服务地方经济社会发展，才能孕育自身的特色和优势，才能保持可持续发展，实现新的跨越。为此，我校正在制定《北京工业大学服务北京行动计划（2009—2012年）》。

首先是依托已有的学科优势，围绕解决北京市的先进制造业、信息产业、环境能源、城市交通规划、城市建设等领域的重大问题，以国家和北京市级重点学科、重点实验室、工程研究中心为依托，以学科交叉为基础，建设大学科研究平台；其次是走产学研一体化道路，加强校企联合，共建人才培养实习基地、联合重点实验室、研究中心或研发中心；第三是以服务区域经济社会发展为主导，进一步优化学科专业设置，拓宽人才培养领域，探索建立适应北京经济建设和社会发展需求的人才培养体系和机制；第四是以建立“北京工业大学北京社会建设研究院”为契机，积极为北京社会建设提供政策咨询和智力服务。

总之，主动适应经济社会发展的需要，与区域经济和社会发展实现良性互动，在服务中发展，在服务中赢得声誉和支持，以服务形成特色，以特色建设高水平是北京工业大学实践科学发展观的必然选择。站在新的历史阶段新的起点上，针对首都经济社会发展对进一步提高自主创新能力，进一步转变经济发展方式、优化产业结构，进一步提高城市建设和管理水平等方面的需求，北工大将立足北京市的实际，强化人才培养、科学研究和社会服务功能，适应区域经济社会发展的需要，推动教育改革与创新，加快建设有特色的高水平大学，更好地履行自身的责任和使命，为“人文北京、科技北京、绿色北京”的建设作出更大的贡献。

# 合理构架大学内部管理体制和运行机制

原载《中国教育报》2009年10月12日　第5版

党委书记　王守法

改革开放30年来，中国高等教育改革不断深化，改革破除了束缚教育发展的陈旧观念和体制障碍，促进了高等教育发展与经济社会发展相适应，推动了高等教育迈入大众化阶段，实现了高等教育的历史性跨越。同时，高等教育的进一步发展，又产生出新的改革需求和改革契机。在建设高等教育强国的进程中，继续深化大学内部管理体制改革，通过优化内部结构和创新体制机制来增强内部活力，是大学提高办学效益、提升办学水平、实现科学发展的必由之路。

**完善党委领导下的校长负责制，协调政治权力和行政权力**

从政治学视角考察我国高等学校的内部体制，高校党委是领导核心，党委领导是党的领导在高校的实现形式。党委领导是政治领导，即政治原则、政治方向和重大决策的领导。从管理学角度讲，领导致力于整个组织发展方向的规定，主要体现在决策和目标的制定等方面。领导与管理的功能不同，但又相互连接。领导通过服务、带领、影响，最大限度地团结干部和群众，充分调动一切积极因素，为事业发展的兴旺发达增添力量。管理通过计划、组织、指挥、协调、控制，把人、财、物、信息等资源按合理合法、高效低耗的要求组成有效运作的系统，驱动组织不断前进。

科学区分领导与管理，使党组织处于超脱具体行政事务、驾驭全局的地位，既有利于加强和改进党在高校的领导，发挥政治权力的作用，增强党委对学校的统一领导，又有利于校长独立负责地行使行政权力，发挥行政系统的职能，实现党委领导与校长负责的有机结合。

完善党委领导下的校长负责制关键在于要协调好政治权力与行政权力之间的关系。党委的领导职责主要表现在把好方向、抓好大事、用好干部、出好思路上。党委要完善常委会决策制度、常委分工负责制度，建立健全常委会工作沟通协调机制，完善监督制度。要坚持民主集中制的组织原则，实行集体领导与个人分工负责相结合的制度，对于学校重大问题和重要事项，按照“集体领导、民主集中、个别酝酿、会议决定”的要求，遵循少数服从多数的原则，充分体现党委集体领导。

大学内部行政权力是学校行政机关及其行政人员通过各种方式管理行政事务的权力。行政权力的主体主要是行政机构及行政人员，其客体是行政事务，主要通过法律、政策、指示、指令等自上而下贯彻执行，具有一定的强制性。行政系统具有整体性和层次性，上级对下级具有绝对的控制权。行政组织系统的科层制结构特点决定了只有坚持法治，照章办事，才可以最大限度减少长官意志对管理系统有效运行的干扰，保障管理的科学、合理，实现管理运行有序、高效。

高校党委作为统一领导学校事务的集体，必须坚持依法保障校长行使职权，严格禁止不按程序办事和随意插手越权办事，为校长依法独立负责地解决各种问题和正确行使自己的职权创造良好的外部环境。校长在党委重大决策的基础上，依法独立负责学校行政体系的运转。校长负责规范行政权力，调整行政权力与学术权力之间的关系。校长既要对学校党委的领导和决策负责，又要与内部学术体制相联系、渗透，将学校各项重大决策贯彻执行、予以落实。

**合理设置学术权力运行系统，尊重学术权力，落实教授治学**

学术权力的主体主要是学术人员和学术组织，学术人员包括拥有学术头衔的教授、副教授等专业技术人员。大学的学术权力不是外部赋予的，而是大学内在逻辑的客观要求，是大学本质特性的外化，主要依靠学者自身的权威对客体产生影响。行使学术权力的目的在于求得学术发展，提高学术水平。

计划经济体制下，大学近乎于政府的附属机构，政府对大学的管理以行政命令为主，大学办学自主权十分有限。大学的内部管理基本上也是上令下行的行政管理方式，学术权力没有发挥应有的作用。在大学内部，对行政权力的过度强调势必影响专家学者的积极性和创造性，而过分松散的学术权力则有损于大学效率的提高和整体目标的实现。因此，只有行政权力和学术权力共同发挥作用，才能保证大学在整体稳定有序的状态下不断发展。针对大学行政化色彩浓厚的现实，大学唯有不断探索和建立教授治学的制度模式，积极为教授治学创造条件，切实保障教授治学真正实施，协调学术权力与行政权力，才能更好地推动有特色高水平大学的建设。

首先，要尊重学术权力，完善学校基层学术组织架构。基层学术组织是大学的基本组成单位。大学的学术管理应当根据自身办学特色和实际情况，建立与行政管理相匹配、相吻合的体制机制。学校充分地发挥宏观管理职能，学院建立健全以学术和学科为中心的学术管理运行机制，最大限度地调动专家学者的积极性。

学院应进一步完善党委、行政、教授委员会、学术委员会之间的，既分工明确又相互合作的，职责分明、统一协调的组织结构和工作制度。院党委是政治核心，负责执行党的路线、方针、政策，发挥监督保证作用；以院长为首的行政班子是学院的行政管理的主体，全面负责行政事务，执行学校的指示和教授会的决策；学术委员会等学术机构是学院发展规划、学科建设、专业技术职务聘任、学术管理和学位管理的论证、审议、咨询机构。由于学院是大学办学的实体，是大学办学的根本落脚点，因此，学术权力在学院应当得到高度尊重，得到最充分、最有效的体现。

其次，要强化学术民主，建立学术权力与行政权力合理运行的机制。行政权力以层次性和隶属性为基本特征，而大学是培养高级人才、研究高深学问的地方，工作内容有很强的学术性。学校的许多决策都涉及各学科发展问题，而任何个体都不可能精通所有学科。行政权力的科学运行，必须建立在科学民主机制上，争取得到广大教师，尤其是学科带头人的支持。

学校要在决策层次上整合各类校级组织，确立和发展综合性的议事机构。在执行层上推动行政系统和学术系统适度交叉，强化学术人员在重要领域，例如审议学科、专业设置和教学、科研计划方案，评议教学、科研成果等有关学术事项方面的作用。在学生教育管理和科研管理上，探索建立能主动适应学术组织变迁的灵活化、柔性化的系统，强化管理人员的服务意识，牢固树立教学、科研为中心的观念，从制度上保证两大系统的协调。

再次，要充分发挥大学校长平衡与协调学术权力与行政权力的作用。校长不仅是专业领域的专家，更是政治家、教育家和行政管理方面的专家。校长要借助行政权力高效地实现学术目标，同时也要借助学术权力提高行政权力决策的科学水平。

**构建以教代会制度为核心的民主监督机制，实现民主监督**

民主监督的本质是权力制约，在政治生活和政府管理中如此，在大学内部管理中同样如此。大学内部的政治权力、行政权力和学术权力，是具有“公共性”的权力。

学校凭借高校集体性资源对其内部成员进行管理，行使决策权和执行权。高校教职工既是普通公民，又是履行教育教学职责的人员。作为普通公民，高校教职工享有宪法规定的民主权利；作为教育教学人员，享有高等教育法律法规所赋予的权利。因此，高校教职工有权对这些具有“公共性”的内部权力进行民主监督，对决策及其执行施加影响，以期规范和制约权力运行。

尽管随着我国社会主义市场经济体制改革和高校内部管理体制改革的逐步深入，大学内部民主监督的内容和形式呈现出多元化的特征，但教代会制度作为学校民主管理和监督机制的主要内容和基本形式的地位并未改变。教代会制度经过 30 年的发展，已逐渐形成了一些鲜明的特征，具有充分的法律依据、广泛的代表性和相对完备的组织机构。教代会是教职工参与学校民主管理和民主监督的一项最普遍、最基本的组织形式。

基于此，构建以教代会制度为核心的民主监督机制，积极推行校务公开，是确保高校内部权力正确行使的最佳选择，也是在大学内部充分实现社会主义民主的根本途径。学校应进一步完善教代会具体工作制度，明确教代会工作机构内部管理制度，重点完善教代会代表选举和教代会日常工作程序，充分保障教代会成员的广泛性和代表性，积极探索教代会代表旁听学校重大决策性会议的相关制度。

# 突出服务特色：争创高水平地方大学的必然途径

原载《中国高等教育》2009 年第 20 期

党委书记　王守法

在全面建设小康社会和工业化、现代化建设加速的新阶段，经济、政治、文化、社会建设对高校社会服务职能的需求更加凸显，并具有主导性。地方大学的区域属性决定了学校只有突出服务地方经济社会发展，才能孕育学校特色和优势，才能保持可持续发展，实现新的跨越。在学习实践科学发展观活动中，我们深刻体会到，突出服务特色是地方高校建设有特色高水平大学的必然途径。

**一、从地方高校视角看现代大学的社会服务职能**

大学是根据社会发展的需要建立起来的社会组织机构，大学的职能随着社会需要的发展变化而变化。大学职能的发展历程是社会需求和大学内在规律的统一。现代大学区别于传统大学的显著标志是大学由人才培养、科学研究两大职能拓展为人才培养、科学研究、社会服务三大职能。这三大职能，从根本上讲是统一的，方向是一致的。科学研究是学术活动的直接体现，而人才培养是传播、应用和传承知识及科学研究成果的实践活动，社会服务则是学术成果的应用化和人才培养的实用化行为，它们共同构成一个有机整体。社会服务以科学研究和人才培养为基础，并反过来促进大学的知识生产和人才培养。社会服务成为现代大学的重要职能，是大学适应社会发展需要的必然结果，也是大学生存和发展的重要基础。

然而，大学在社会服务的认识和行动上容易陷入弱化、片面和狭隘的境地，比如常常以直接参与经济活动和以经济利益为取向等，或者简单地等同于科技成果转化，从而引发与大学其他职能的矛盾冲突。当前，我国正处在实现工业化、城镇化的背景下和全面建设小康社会的进程中，长期制约我国经济发展的体制性、结构性矛盾更加突出，经济增长方式粗放，人口、资源、环境压力越来越大。为了保持经济平稳较快发展，推动产业结构升级，转变经济发展方式，建设资源节约型和环境友好型社会，必须紧紧依靠科技进步和提高劳动者素质。大学的社会服务职能也必须放在这个新的历史起点上重新认识，比如各类高校更要以社会需求为导向办学，立足校情，找准办学定位，突出办学特色，更加主动地根据社会需求调整学科和专业设置，紧紧围绕经济社会发展对人才培养的规模、结构和质量的需求，科学规划学校事业的发展和布局。

地方高校多数是地方政府从本地区经济建设发展的需求出发而建立的，是适应地方需要而产生和发展的。目前，地方高校已经成为我国高等教育的主体部分，地方高校作为一种区域性大学，为区域经济社会发展服务是其生存的根本。从发展实际来看，地方政府在政策和经费上给地方高校几乎以全部支持，必然要求这类学校为本地区的社会经济发展服务。区域经济社会发展的需要，地方政府的支持，是地方高校存在的前提。增强为社会服务的功能，既是区域社会发展的需要，也是地方高校自身谋求发展的需要。同时，这种社会服务决不是大学里单一局部或零星被动的行为，而应是一所大学全方位的系统的成规模的自觉意志和行动。既要为本地区社会经济发展培养各类专门人才，结合本地区经济社会的重大理论和实践问题，结合行业生产领域的工程技术难题，开展科学研究，更要通过各种形式为区域社会提供各种直接服务；既要为本地区政府服务，还要为本地区的各行业服务。

作为北京市属高校中唯一进入国家“211工程”建设的重点大学，立足北京、服务北京是北京工业大学长期坚持的办学理念，得到了广大教师的高度认可。学校在服务北京方面进行了大量积极有益的探索，也得到了北京市和社会的充分肯定。面对北京地区率先基本实现教育现代化、建设资源节约型和生态保护型社会且进入后工业化进程的新阶段，针对首都经济社会发展对进一步提高自主创新能力，进一步转变经济发展方式、优化产业结构，进一步提高城市建设和管理水平等方面的需求，学校将继续坚持和强化立足北京、服务北京的办学理念，牢固树立服务地方经济社会发展的思想，以服务区域经济社会发展为主导，积极适应北京经济社会发展的新要求和建设“人文北京、科技北京、绿色北京”的发展主题，充分发挥自身优势，坚持走服务地方、服务社会之路，多渠道、多层次、多方位地融入地方经济社会发展之中。

**二、服务孕育大学发展的特色与水平**

大学特色是指一所大学在长期的发展历程中，形成比较持久稳定的独有性或显著性发展方式和被社会公认的、独有的、优秀的显著特征，是一所大学赖以生存与发展的生命力，是一所大学的优势所在。独有性指有鲜明个性的专有，这种专有意味着人无我有、人有我优。它是在长期历史积淀的基础上形成的，被专业领域、行业和社会广泛认同，并与一所大学的发展相伴随而不断提升、不断丰富和改革，具有与时俱进的时代性。近年来，为提高办学质量，增强学校竞争力，大学特色意识普遍增强，许多大学提出了“特色立校，特色强校”的发展战略。并且制定了一系列有效的办学特色策略。总体上来看，大学特色是一个综合性概念，内涵十分丰富。能够成为特色的属性是多样的，可以是办学理念、大学精神，也可以是学科专业、培养模式等，但其中的核心是学科特色。

建设大学特色，必须首先建设学科特色，学科的特色是大学特色的主要标志，学科的水平代表了大学的核心竞争力，一门或几门学科的优势和特色，能够带动学校的整体提高和全面进步，足以形成学校的社会影响和社会声誉。而学科特色的建设需要依据学校为区域经济社会服务的定位进行顶层设计和布局，并在扎根服务于社会的过程中逐渐形成。特别是对于地方性以工科为主的大学，学科建设要形成特色，必须面向区域经济社会主战场，必须强调社会服务的价值取向和宗旨，才能掌握了解某个学科在其相关行业领域和经济社会发展中的前沿需求和面临的问题，并通过走产学研相结合的道路，加强学校与地方政府、企业、社会的联系，从而培养经济和社会发展所需要的适用性的人才、提供区域经济社会发展所需要的工程技术等科技成果。当大学通过服务地方经济社会显现出巨大效益的时候，学科的学术声誉和社会影响就会随之而来，从而就具有了优势和特色。

就北工大立足北京、服务首都经济社会发展需求而言，北京是中国的首都、政治文化中心，定位为国际化大都市和宜居城市，北京地区的产业结构、人口资源、城市建设、社会管理与公共服务、交通科技、节能环保、水资源和水环境等领域面临的问题在规模上和难度上是极其复杂的，无不是世界性的难题。如果通过学校的服务，能够解决北京市经济社会发展所面临的某些问题，那么，在全国乃至于在国际上就具有示范性和引领性，学校的各个学科的发展水平及科研活动、科研成果、人才培养就是独特的，就是高水平的。

北工大“211工程”重点学科建设走的就是这样的路子。学校本着“立足北京、服务北京”的办学宗旨，为北京市经济建设与社会发展培养专门人才、提供关键技术和相关服务支撑。在调整学科结构和布局、拓宽学科门类和覆盖面的时候，学校就确立了面向学科前沿、融入北京市经济建设和社会发展需求开展学科建设与科学研究的发展方向，大力发展了首都社会和经济发展急需的电子信息、新材料、光机电一体化、生物医药、城建交通、环境能源、经济与管理等学科，促进了新兴交叉学科的发展，加强了基础类学科的建设，同时重视发展人文社会科学类学科，建立起了一个规模、层次、布局及结构合理，重点学科特色鲜明，符合北京经济建设、社会发展需要的学科体系。

根据“新北京、新奥运”的需要，适应北京市产业结构调整和经济社会发展的新形势、新要求，强化拓展建设新兴学科与交叉学科，支持涵盖第三产业的学科发展、培育新的增长点，如，新增了新医药与生物工程、数字化和计量化的经济评价与管理咨询及环境、能源工程作为“211工程”重点建设学科项目进行重点建设和发展。针对北京市需求，强化对区域经济和社会发展问题的研究，在“211工程”三期建设中，新增“区域产业经济协调发展分析理论与方法”的重点学科建设项目。学校的这些“211工程”重点建设学科项目正是在服务国家、服务地方的需求中凝练明确的学科建设方向，形成了一定的特色和优势，保持了学科的生命力、竞争力，也带来了人才培养模式与适应性的改革和创新，提高了教育教学质量使得人才培养质量不断满足本地区的经济和社会发展需求。

学校的土木工程学科积极参与北京市城市建设，通过服务形成了自己在抗震防灾减灾方面的学科特色和优势，并带动其他方向的发展。针对北京市各类建筑物结构复杂、规模庞大，抗震减灾任务艰巨的情况，从2001年至今，北工大以城市综合防灾减灾与重大工程结构抗震减震及工程结构安全与维护为主要研究方向，努力提高工程结构抗震性能的隔震、减震和耗能技术。“钢筋混凝土多层及高层异形柱框架结构成套技术”、“新型组合剪力墙及筒体结构抗震理论与技术”两项研究成果被称作服务北京城市建设的代表，分别获得国家科技进步二等奖和北京科学技术奖一等奖。目前，该学科在国内外逐步建立了较高的学术声望，在已获得土木工程的国家一级学科博士点的基础上建成为国家重点学科。环境科学与工程学科紧密结合北京城市发展中的环境问题，以城市污水处理和水环境恢复、循环利用、大气污染治理、新型清洁能源等为重点突破方向，取得了学科特色。目前，该学科获得了环境科学与工程一级学科博士学位授予权，环境工程专业获得北京市品牌专业称号，“水质工程学”课程被评为国家精品课程，“水环境恢复理论及关键技术”团队成为北京市学术创新团队，培养的博士生连续两年获得全国优秀博士学位论文奖。

学校“九五”、“十五”“211工程”重点建设学科的发展表明地方大学的学科只有站在地方社会发展第一线，以地方政府所关注的城市发展、产业调整、节能减排、环境保护、灾害预防与控制等实际问题，找准社会服务的面向，找到与首都经济建设、社会发展和科技进步相结合的层面和结合点，积极履行面向地方的社会服务功能，构建科技创新的研究平台和基地，开展注重应用的科学研究，密切与地方经济社会发展的关系，才能克服与中央部委院校相比在整体科研实力上的差距，寻找到异军突起的发展道路，在服务中发展，在服务中赢得声誉和支持，经过积累，形成和塑造自己的优势、特色，并引领大学的特色形成和塑造。

**三、突出服务特色，加快建设有特色高水平的地方大学**

在我国建设工业化、城市化的进程中，地方重点大学必须发挥自身优势，承担应有的社会责任。一所地方大学如果能为解决本地经济社会发展所面临的问题提供高质量的服务，那么也就意味着学校的办学是高水平的。通过学习实践科学发展观，北工大将立足北京市的实际，加强社会服务功能，适应区域经济社会发展的需要，努力推动教育改革与创新，加快建设有特色的高水平大学，更好地完成大学的三大历史使命，为“人文北京、科技北京、绿色北京”建设做出更大的贡献。

通过学习实践科学发展观的调研活动和解放思想大讨论，在服务北京方面，我们意识到学校服务的主动性还不够强，服务的水平和方位与社会需求还存在差距，服组织性和系统性还不够。多数教师仍安于传务的整体性统的单一职业角色，不愿或不能直接为地方经济社会服务，往往只将自己看成是某一学科或专业领域的教学工作者和教研人员，缺乏对自身社会综合性身份的足够认识，缺乏对现代大学走向社会中心的认识和准备，这种认知阻碍了学校社会服务职能的发挥。因此，我们必须首先要转变观念，切实从办学的战略高度，从可持续发展的全局认识理解服务北京，发挥社会服务职能的重要性和紧迫性。其次，学校必须进行管理体制机制上的深化改革，建立科学的目标管理体系和政策导向机制，促进这种观念上的转变，为服务北京提供制度保障和激励措施。

目前，通过“九五”、“十五”期间“211 工程”建设的具体实施，学校实现了从教学型大学向教学研究型大学的重大转变，实现了从工科大学向以工科为主，理、工、经、管、文、法相结合的多科性大学的转变。在学科建设、人才培养、科学研究与成果转化、师资队伍建设及总体办学条件等方面都取得了巨大成绩，学科专业特色和体系具备了与区域经济社会发展相结合的高度相关性，学科的实验研究装备条件大幅提升，具备了系统化深度服务地方的条件，当前最需要的是把学习实践科学发展观的成果，尽快转化为学校工作的重要举措、方法和制度。

广大教学科研人员一定要自觉地到生产建设第一线去寻找科研课题，主动地参与城市建设、传统产业改造和新兴产业培育，帮助政府和企业解决工程技术难题，为地方经济社会发展提供服务。同时，学校在搭建服务北京的工作平台、疏通渠道、整合内部组织等方面要更加努力，管理部门要强化主动服务的职能，以校企科研对接为切入点进行科技项目立项、成果转化应用和推广，密切与企业、地方政府以及有关部门的合作，提高服务北京的针对性。

学校要尽快整合力量和资源，针对若干领域，制定服务北京的行动计划，更好地做好服务北京的工作。

其中，特别需要做好两件事，一是依托已有的学科优势，适应区域科技创新体系的需要打造有实力的科技创新和服务研究平台。以国家和北京市级重点学科、重点实验室、工程研究中心为依托，以学科交叉为基础，建设大学科研究平台资源整合共享围绕地区建设和行业的关键技术领域，面向地区工业企业技术改造和产品研发开展技术创新，不断提高学校的服务能力，将已有的强势学科建成一级学科，使学校的人才培养和科学研究工作在一级学科国家重点学科的平台上进行，进一步发挥强势学科，优势学科的作用。同时，瞄准需求，主动进行学科调整与优化、重组，创造学科新的增长点。二是走产学研一体化道路，加强校企联合，共建人才培养实习基地、联合重点实验室、研究中心或研发中心，从进行技术创新到介入其产业化的过程直至提供技术服务和技术保障工作，以全过程的服务与企业结合，在合作中提升学校的科技创新能力，推进产学研合作持续发展。大力加强大学科技园建设、通过这种政府、大学和科技企业三者的交汇，真正使学校的学科建设、教学、科研与产业相结合，促进科技创新、人才培养、高新技术企业和高新技术产业的孵化。

（责任编辑：卢丽君）

## 学习实践科学发展观活动专题

# 北京工业大学深入学习实践科学发展观活动综述

按照党中央和中共北京市委、市委教育工委的要求和部署，自 2009 年 3 月初，学校党委开始了深入开展学习实践科学发展观活动，活动分为学习调研、分析检查、整改提高 3 个阶段，历时 4 个月，到 7 月初基本结束。学校党委紧密围绕“立足服务北京、坚持科学发展，凝聚全校力量，建设有特色高水平的北京工业大学”的活动主题，全面审视和把握学校面临的发展机遇和挑战，着力加强学习提高认识，着力解决发展难题、创新体制机制，着力推动学校全面、协调、可持续发展，学习实践活动达到了“党员干部受教育、科学发展上水平、人民群众得实惠”的目标要求。

在整个学习实践活动中，全校共集中举办学习培训班、研讨班 185 个，举办专题辅导或报告会 107 场；校院两级发放征求意见表 5 341 份；征集意见建议 3 272 条，师生建言献策 1 514 条次；召开征求意见座谈会454次；受邀参加座谈访谈人员6 657人次；参加校院两级领导班子分析检查报告群众评议的人员1 335人，参加学习实践活动群众满意度测评人员1 517人。经过群众评议，对校、院领导班子分析检查报告满意和比较满意率分别达到99.3%和98.84%；对校院两级学习实践活动的满意和比较满意率分别达到97.84%和98.08%。

市委、市委教育工委学习实践活动领导小组高度重视北京工业大学学习实践活动的开展，并寄予殷切的期望。在习近平同志主持召开的部分高校学习实践活动座谈会、市属高校学习实践活动研讨会等重要会议上，学校党委先后5次被指定做交流发言。中央新闻媒体对北京工业大学学习实践活动宣传报道11次。市级新闻媒体对学校学习实践活动宣传报道58次。

学习调研阶段分为学习调研和开展解放思想大讨论两个环节。学校先后邀请北京师范大学校长钟秉林等多位专家学者和李晨、左铁镛两位老校长做专题辅导报告，校领导班子成员带头做专题报告16次，学校党委举办院级党委书记培训班、职能部（处）长培训班、处级干部培训班、党支部书记培训班等多个培训班，参加培训的干部2 532人次，其中党员2 496人次。在这一阶段，校、院（部处）两级组成了21个调研组，围绕“三个北京”建设战略，专访北京市政府委办局和北京高端产业、重点骨干企业，征询意见、了解需求，整理归纳调研意见建议69条。现已制定出台了《北京工业大学服务北京行动计划（2009－2012年）》，并在积极推进。学校党委结合学习调研成果，针对查找出的突出问题，在全校范围内广泛开展了解放思想大讨论活动，组织“我为北京工业大学科学发展建言献策”的征集和评选活动，共收集建言献策表1 919份，其中个人建言献策表1 611份，党支部建言献策表308份；涉及学院（部处）的对策718条，对学校的对策796条。按照学校定位和发展战略，学科建设、校园规划与资源管理等12个方面对学校发展建言献策进行归纳总结，整理出建议和对策总计153条。评选并表彰“我为北京工业大学科学发展建言献策”活动优秀支部39个和先进个人177人。

分析检查阶段分为开好领导班子民主生活会，形成领导班子分析检查报告两个环节。学校党委按照重在分析问题、重在总结经验、重在明确方向的要求，认真组织开好校院（部处）两级领导班子专题民主生活会。紧密围绕学习实践科学发展观活动主题，领导班子成员会前广泛征求教职工的意见与建议，积极准备并认真撰写民主生活会发言材料；班子成员之间，成员与教职工之间开展谈心活动，沟通思想、交换看法。党委领导班子清醒地认识到，在学校的建设发展中还存在着一些不适应、不符合科学发展观要求的思想观念，存在着一些影响和制约学校发展的突出问题，在推进学校科学发展方面还存在着以下不足：一是面向国家和首都经济建设和社会发展需要，推进学校改革创新的力度不够；二是立足服务北京的办学定位需要进一步落实，服务的意识有待于深化，在组织领导和整体设计上需要进一步完善；三是推进教育创新的理念和认识有待深化，促进学生全面发展的体制机制需要进一步完善；四是面向社会建设发展的重大需求，科研创新能力还不强，学科建设水平有待提高；五是人力资源的配置和规划能力不强，队伍建设的保障机制还不完善，改革的力度不够；六是学校管理体制机制改革的推进力度不够，现代大学制度体系建设亟待完善；七是校院两级领导班子和基层党组织建设需要进一步加强，少数党员干部在党性党风党纪方面还存在着比较突出的问题；八是服务师生，解决事关群众切身利益问题与师生的期望还有较大差距。

整改落实阶段分为制定整改措施、解决突出问题和完善工作制度三个环节。校、院（部处）两级领导班子，对梳理出来的突出问题和群众迫切关心的热点问题，认真讨论，制订了整改落实方案。学校《整改落实方案》提出了抓住关系学校发展的重大问题，进一步明确发展思路，扎实推进“211工程”建设，推动学校事业科学发展；加强领导班子建设，推进基层党建工作创新和党风廉政建设，为学校发展提供坚强的组织保证；推进学校管理体制改革，创新体制机制，完善现代大学制度建设；着力解决一些学校运行中的突出问题和涉及师生利益的实际问题四个方面。共18个项目、82项措施。到12月为止，完成了72项，占87.8%。学校已办惠民实事27件。在学习实践活动中，学校制定、修订各类文件制度42项。

通过学习实践活动，学校取得以下主要成果。

一是进一步明确办学指导思想、定位和目标，党员、干部推进学校发展的责任感、紧迫感增强。全校上下进一步增强了使学校综合办学实力位居全国同类大学领先地位的意识；进一步坚定了加快将学校建设成有特色高水平大学的信心，形成了加快推进学校科学发展上水平的凝聚力。

二是推进学校科学发展的举措得到进一步落实。推动“十一五”规划各项任务落实，启动了“十二五”发展规划纲要调研工作；立足服务北京，整合优势科技资源，科技创新服务平台建设进一步落实；全面推进“本科教学质量与教学改革工程”，制定了《研究生创新工程实施方案》；创新人才培养的机制和体系进一步建立和完善，全面构建和推进学生发展服务体系；完成了《科技创新工程实施方案》（草案）的制定工作，初步构建了学科和科技资源共享平台，完成了促进科研成果转化的相关政策和机制建设；进一步加强教师队伍建设和教学科研团队建设，推进落实拔尖人才引进计划；切实落实党的基层组织建设、党风廉政建设和领导班子、干部队伍建设的各项措施，不断提高领导学校科学发展的能力；学校运行中的突出问题和师生的实际问题基本得到解决，向教职工承诺的惠及民生项目已基本兑现。

三是校院两级管理体制逐步完善，进一步形成制度建设成果。建立和完善了惩治和预防腐败体系基本制度，新制定廉政制度 29 项、修订 19 项、废止 17 项，形成了比较完善、规范的学校反腐倡廉制度 73 项。按计划正式启动全校规章制度废止、修订和补充的工作。

9 月，按照中共北京市委，北京市属高校深入学习实践科学发展观活动领导小组《关于做好学习实践活动整改落实后续工作及“回头看”工作的通知》要求，学校党委认真开展整改落实后续工作及“回头看”工作，取得了良好的效果。对照学校整改落实方案确定的目标任务，学校各项工作按照方案提出的具体措施及整改时限有序推进，取得良好的成效。学校的工作获得了检查组的充分肯定，希望学校在党委领导下，按照既定目标积极推进，在服务北京，推进学校上水平上取得更大成效，为“三个北京”建设和国家科技创新体系建设做出贡献。

（周洪芳 纪树兰）

# 立足服务北京，坚持科学发展，凝聚全校力量，建设有特色、高水平的北京工业大学

## ——在开展深入学习实践科学发展观活动动员大会上的讲话

2009 年 3 月 13 日

党委书记 王守法

同志们：

根据党的十七大精神，遵照中央、市委和市委教育工委的安排部署，我校作为第二批开展深入学习实践科学发展观活动的单位，学习实践活动自 2009 年 3 月 13 日正式启动到 7 月底基本结束，历时四个半月。

按照市委教育工委关于《北京市属高校开展深入学习实践科学发展观活动实施方案》的具体意见和要求，学校党委经过认真研究准备，成立了开展学习实践科学发展观活动的组织领导机构和工作机构；起草了《中共北京工业大学委员会开展深入学习实践科学发展观活动的实施方案》（以下简称《实施方案》）；经征求市委指导检查组意见，校党委常委会审议通过发布实施。今天我们召开北京工业大学开展深入学习实践科学发展观活动动员大会。

下面，我代表学校党委，就全校开展深入学习实践科学发展观活动进行动员部署。

**一、充分认识开展深入学习实践科学发展观活动的重大意义，切实增强推进学校科学发展的紧迫感和责任感**

（一）开展深入学习实践科学发展观活动，是党中央作出的一项重大战略部署

科学发展观是中国特色社会主义理论体系的重要组成部分，是我国经济社会发展的重要指导方针，是发展中国特色社会主义必须坚持和贯彻的重大战略思想。党中央对开展深入学习实践科学发展观活动高度重视。党的十七大报告指出：“在全党开展深入学习实践科学发展观活动，坚持用发展着的马克思主义指导客观世界和主观世界的改造，进一步把握共产党执政规律、社会主义建设规律、人类社会发展规律，提高运用科学理论分析和解决实际问题能力”。

党的十六大以来，以胡锦涛同志为总书记的党中央立足社会主义初级阶段基本国情，总结我国发展实践，借鉴国外发展经验，适应新的发展要求，提出在全党学习实践科学发展观。胡锦涛总书记也多次就学习贯彻科学发展观，深入开展学习实践活动作出重要指示。党中央在《全党开展深入学习实践科学发展观活动的意见》（以下简称《意见》）中深刻分析了我们党所面临的形势，着重强调了开展学习实践活动的重大现实意义和紧迫性。《意见》指出：

当前世界正在发生广泛而深刻的变化，当代中国正在发生广泛而深刻的变革。我国既处在一个重

要的发展时期，又处在国际政治经济环境变化较大、面临困难和挑战较多的时期。我国发展呈现出一系列新的阶段性特征，党的自身建设面临着许多新课题新考验。面对我国全面参与经济全球化的新机遇新挑战，面对日益增大的资源环境压力，面对城乡、区域、经济社会发展的不平衡，面对一些地方不时出现的不稳定因素，我们必须更加自觉地增强忧患意识和责任意识，更加自觉地深入贯彻科学发展观，转变发展方式，调整经济结构，推进改革创新，重视节能环保，努力关注民生，坚持不懈地走科学发展道路，奋力开拓中国特色社会主义更为广阔的发展前景。

实践证明，科学发展观对于我国经济社会各项事业的发展起到了巨大的推动作用，越来越显示出强大的真理力量，越来越得到全党全国各族人民的衷心拥护。但也要清醒地看到，一些党员干部贯彻落实科学发展观的自觉性还不高，对科学发展观理解还不深；一些领导干部的思想、作风和能力素质与科学发展观要求还不适应；一些影响和制约科学发展的问题还比较突出，保障科学发展的体制机制还不够健全。这些问题不及时解决，我们就会丧失难得的发展机遇，就无法应对新形势下党所面临的新挑战，就难以肩负起继续全面建设小康社会、加快推进社会主义现代化的崇高使命。党的十七大提出，在全党开展深入学习实践科学发展观活动，是用中国特色社会主义理论体系武装全党的重大举措，是“三个代表”重要思想学习教育活动和保持共产党员先进性教育活动的继续，是深入推进改革开放、推动经济社会又好又快发展、促进社会和谐稳定的迫切需要，是提高党的执政能力、保持和发展党的先进性的必然要求。

根据中央部署，去年 2 月到 8 月，中央在包括北京师范大学、浙江大学在内的 23 所高校进行了试点。9 月 19 日，中央召开了全党深入学习实践科学发展观活动动员大会暨省部级主要领导干部专题研讨班，胡锦涛总书记发表了重要讲话，对在全党开展深入学习实践科学发展观活动进行了动员部署。

按照中央的部署，北京市学习实践活动从 2008 年 10 月开始共分三批进行。我校作为第二批单位，从今年 3 月到 7 月参加市属高校学习实践科学发展观活动。

我们一定要按照中央和市委的要求，深刻认识开展深入学习实践科学发展观活动的重大现实意义和紧迫性。深刻认识学习实践科学发展观是在深刻变化的国际环境中推动我国发展的迫切需要，是落实实现全面建设小康社会奋斗目标新要求的迫切需要，是以改革创新精神全面推进党的建设新的伟大工程的迫切需要；深刻认识学习实践科学发展观是落实“人文北京、科技北京、绿色北京”三大理念，推动首都科学发展不断迈上更高台阶、实现首都高等教育新发展的迫切需要，是开创北京工业大学改革发展新局面的重要契机。我们要把开展学习实践活动作为学校应对新形势、新挑战、解决新问题、促进新发展的强大动力，切实增强责任感和使命感，迅速把思想统一到党中央的决策部署上来，以高度的政治觉悟、饱满的政治热情、严明的政治纪律，开展好学习实践科学发展观活动。通过开展学习实践活动，把党的政治优势和组织优势转化为推动学校事业又好又快发展的强大动力。

（二）开展深入学习实践科学发展观活动，是适应首都经济社会发展新阶段，实现“人文北京、科技北京、绿色北京”建设新目标的客观要求

作为市属重点大学，为首都经济建设和社会发展服务，做出积极的贡献是我们义不容辞的责任。北京工业大学要充分发挥自身的优势，着力为首都经济建设和社会发展提供人才保障和科技支撑。我们要通过开展深入学习实践科学发展观活动，进一步牢固确立和坚定不移地落实“立足北京、服务北京、融入北京”的办学理念。切实落实好这一理念，需要我们自身不断的努力，也需要了解和把握首都发展的新情况、新特点及对高等教育提出的新任务、新要求。

改革开放 30 年来，尤其是筹办奥运的 7 年，北京经济社会保持了又好又快发展的势头，呈现出速度与结构、质量与效益协调统一的发展格局。据统计，2008 年北京地区，生产总值突破 1 万亿元，成为我国又一个地区生产总值达万亿元的地区；人均地区生产总值超过 8 000 美元，达到中等发达国家水平。地方财政收入达到 1 837.3 亿元，连续 14 年保持 20%以上的增长。第三产业比重达到 72.1%，服务型经济更加巩固。对教育科技、医疗卫生、文化体育等公共事业的投入达到 337.6 亿元，增长 19.2%。北京正处在向人均地区生产总值 1 万美元迈进的重要阶段，处在城市化、市场化、国际化、现代化加速发展的过程中。

在快速发展的新阶段新起点上，首都经济社会发展也面临着如何进一步提高自主创新能力，如何进一步转变经济发展方式、优化产业结构；如何继续深化改革、扩大开放；如何进一步提高城市建设管理水平等问题。在推进首都学习实践科学发展观活动中，市委把以人为本、自主创新、生态文明放到了更加突出的位置，提出了以“坚持科学发展，建设人文北京、科技北京、绿色北京”的发展主题。这样一个目标定位，也是我们学校在谋划未来发展

目标中需要明确的重点方向。我们要继续坚持和强化立足北京、服务北京、融入北京的办学理念，在人才培养、科学研究、社会服务三个方面，积极适应北京经济社会发展的新要求。

（三）开展深入学习实践科学发展观活动，是提高党的执政能力，保持和发展党的先进性，推进党的建设伟大工程的必然要求

我们党已经走过了 88 年的光辉历程，执政 60 年了。党员总数达到 7 000 多万，基层党组织超过 356 万个，各级党组织和党员在经济社会建设中起到了中流砥柱的作用，党的建设积累了许多宝贵的经验，形成了光荣的传统和优良作风，这是我们党重要的政治优势，是党的执政能力和先进性的重要组成部分。

进入新世纪新阶段，随着经济体制的深刻变革，社会结构的深刻变动，利益格局的深刻调整，思想观念的深刻变化，我们党的执政环境发生了深刻变化，党担负的历史任务发生了深刻变化，党员干部队伍状况发生了深刻变化。党领导的改革开放既给党注入巨大活力，也使党面临许多前所未有的新课题、新考验。党的自身建设还存在着这样那样的问题。突出表现在：党的执政能力与新形势新任务的要求还不完全适应、不完全符合；一些党员、干部的思想观念、能力素质与党的先进性要求还不完全适应、不完全符合；一些基层党组织的管理手段和创新能力与经济社会发展任务还不完全适应、不完全符合；一些干部缺乏宗旨意识、大局意识、忧患意识、责任意识，作风飘浮、管理松弛、工作不扎实。管党治党的任务比过去任何时候都更为繁重。

党的十七大提出在全党开展深入学习实践科学发展观活动，就是要在世情、国情、党情发生深刻变化的条件下，更好地用中国特色社会主义理论体系这一马克思主义中国化最新成果武装和统一全党思想，动员全党更好地为实现党的十七大提出的宏伟蓝图和行动纲领而团结奋斗。

在建党八十多年的历史进程中，特别是从延安整风开始，我们党始终把党员的集中教育和学习作为统一思想认识，巩固执政地位，保持先进性的重要法宝。改革开放以来，针对复杂严峻的形势和党内存在的问题，我们党更加注重以不同形式开展党内思想教育。如开展了四项基本原则教育、以“三讲”为主要内容的党性党风教育。尤其是 2005 年全党开展的以提高党的执政能力为重点，以实践“三个代表”重要思想为主要内容的保持共产党员先进性教育活动，就是坚持用“三个代表”重要思想武装全党的重要举措，是加强党的执政能力建设，推进党的建设新的伟大工程的一项基础工程。深入开展学习实践科学发展观活动，是“三个代表”重要思想学习教育活动和保持共产党员先进性教育活动的继续。实践证明，这种集中教育学习的形式，是提高党员特别是党员领导干部思想认识、增强领导科学发展能力、保持党的先进性的有效形式和途径。

胡锦涛总书记在全国组织工作会议上强调指出，一个政党过去先进不等于现在先进，现在先进不等于永远先进；党的领导核心地位不是一劳永逸的，过去拥有不等于现在拥有，现在拥有不等于永远拥有。我们党的建设要适应新变化，经受新考验，就必须贯彻落实科学发展观，着力提高党的执政能力，保持和发展党的先进性；着力改进党的执政方式、组织形式、管理方式；着力提高党的组织推动科学发展、推动社会和谐的能力，使党始终成为中国特色社会主义事业的坚强领导核心。

（四）开展深入学习实践科学发展观活动，是推动高等教育事业又好又快发展，实现我校建设有特色、高水平大学目标的重要机遇

在高校开展深入学习实践科学发展观活动，是进一步用中国特色社会主义理论体系武装高校党员干部、教育广大师生员工的重大举措，是破解高校发展难题、推动高等教育事业又好又快发展的迫切需要，是以改革创新精神推进高校党的建设的必然要求。

学习实践科学发展观，必须全面把握科学发展观的科学内涵、精神实质和根本要求，必须联系高校改革发展的实际，把科学发展观这一战略思想放在当前高等教育发展的新阶段、面临的新问题和新任务中来把握，放在高等教育改革发展三十年波澜壮阔的历史进程中来体会，放在未来高等教育事业改革发展的方向、目标、使命中来理解。深化对科学发展观的认识，就要不断总结学校改革发展规律，总结学校的办学规律，研究学校发展面临的形势，谋划学校科学发展的目标与途径。

改革开放 30 年来，我国的高等教育事业实现了历史性的跨越，为现代化建设提供了强有力的人才支撑，使我国迈出了由人口大国向人力资源强国转变的关键一步。1998 年我国高等教育毛入学率仅为 9.8%，2007 年高等教育的毛入学率达到了 23%；2007 年全国普通高等教育招生 566 万人，比改革开放前增长了 20 倍；各类高等教育在学人数达到了 2 700 万人，高等教育的数量规模位居世界第一，高等教育的供给从总量上得到了迅速提升，高等教育资源从稀缺到逐步扩充，极大地满足了人们接受高等教育的愿望，进入了国际公认的大众化阶段。同时，一批大学和重点学科实力进一步提升，缩小了与世界高等教育强国的差距；高等学校解决国民经

济和社会发展重大科技问题的能力大幅度增强。我国高等教育站在了一个新的历史起点上，处在了一个新的发展阶段，呈现出新的阶段性特征。新世纪，党和国家提出的构建和谐社会，建设创新型国家等重大战略，也对高等教育和高校改革发展提出了新要求。

作为北京市属高校中唯一进入国家“211工程”建设的重点大学，首都高等教育中的一员，多年来，北京工业大学立足北京，结合首都经济社会发展需求，不断探索学校建设与发展之路，办学水平不断提高。改革开放三十年来，特别是经过“九五”、“十五”的建设，学校实现了从教学型大学向教学研究型大学的转变、实现了从单一的工科大学向以工科为主，理、工、经、管、文、法相结合的多科性大学的转变，基本实现了高水平大学建设“要素推动，以量为主，重在发展”第一阶段的任务，正在向“内涵驱动，以质为主，重在改革”第二阶段任务的转变，在人才培养、科技创新和社会服务等方面积累了宝贵的经验，实现了跨越式发展，进入了发展的新阶段。

站在新的历史起点上，北京工业大学在未来发展中面临着新的任务：建设高水平大学是学校的根本目标；创新人才培养模式是学校教育改革的基本内容；全面服务区域创新体系、努力跻身国家创新体系是学校科技工作的基本要求；不断深化管理的改革与创新是构建学校科学发展体制机制的必由之路。面向未来，我们改革和发展的机遇前所未有，挑战也前所未有。

面对机遇，北工大应有所作为。党中央和国务院确定的建设创新型国家、建设人力资源强国等重大战略和重要部署，北京市确定的到2010年在全国率先基本实现教育现代化的总目标，为学校工作指明了方向。北京市经济建设的巨大成就为首都高等教育事业提供了有力的物质保障；北京地区教育需求和北京市的大力支持为学校发展奠定了坚实基础；北京高等教育实现区域高等教育精英化向大众化，再到普及化发展的历史性转变，为学校进一步发展提供了巨大空间；我国坚持走和平发展道路，首都北京作为国际化的城市、国家对外交流的重要窗口，为学校国际合作与交流开辟了良好的外部环境。

面对挑战，北工大要迎难而上。北京部委属重点高校众多，实力雄厚，科技文化资源竞争激烈。从学校自身来看，在教育大国向教育强国迈进的进程中，继续保持快速发展的态势，稳步提高学校办学实力，实现我校建设高水平大学的目标，对学校核心竞争力的提升提出了新的更高要求；从建设创新型国家、创新型城市和建设人力资源强国来看，现代化建设对人才需求的多样化，尤其是对创新型人才的强烈需求对学校科学研究的能力和人才培养模式提出了新的更高要求；从深入贯彻落实科学发展观，实现学校科学发展来看，正确处理好质量和数量、规模和效益之间的关系，增强学校的生机活力，对学校管理提出了新的更高要求；以提高质量为核心、依靠内涵提高为主的发展模式对教师队伍的整体水平提出了新的更高要求；大力推进素质教育，促进学生全面发展，对学校软环境和硬件设施建设提出了新的更高要求。

我们要通过学习实践活动，努力实现“明确发展思路、解决突出问题、创新体制机制、促进科学发展”的目标，牢牢把握“党员干部受教育、科学发展上水平、人民群众得实惠”这个总要求，突出科学发展这个主题，把科学发展观的要求转化为推动科学发展的坚强意志、谋划科学发展的正确思路、领导科学发展的实际能力、促进科学发展的政策措施，努力在有特色、高水平大学建设上实现新突破，取得新进展，见到新成效。

**二、认真落实《实施方案》，扎实推进学习实践活动的开展**

根据市委和教育工委的部署，我校开展深入学习实践科学发展观活动是从3月中旬开始，到7月底基本结束，历时四个半月。活动主要分为学习调研、分析检查、整改落实三个阶段。

在学习实践活动正式开始前，按照市委要求，还有一个前期准备和思想发动的环节。为确保学习实践活动顺利开展并取得实效，学校党委提前谋划，利用寒假前后时间认真做好学习实践活动的前期准备工作，先期开始了思想发动。

今年年初举办了“学习贯彻科学发展观”干部培训班，首先在中层干部层面进行了一次比较深入的思想发动。

寒假期间，学校党政班子集中时间专题研究学校年度工作，确定了以开展学习实践科学发展观活动为首要任务，并以此为统领深入推进学校各项工作的开展。

开学伊始，召开了全委扩大会，在两委委员、中层干部、工会教代会主席团成员、教授和民主党派负责人这样一个更为扩大的层面，部署了以开展学习实践科学发展观活动为首要任务的年度工作。

3月以来，校党委常委会、书记办公会都专题研究了学习实践活动的实施和部署。此外，还召开学校各层面座谈会，听取意见，广集众智；动员大会之前在学院书记、院长会上进一步通报了工作情况。这些工作为我们目前开展的学习实践活动做好了充分的思想准备。今天召开全校动员大会，标志着学习实践活动的正式启动。

下面对于《实施方案》的具体内容，我做几点说明。

（一）深刻领会学习实践活动的指导思想

根据中央、市委、教育工委的精神和要求，结合学校实际，我校学习实践科学发展观活动总的指导思想是：

全面贯彻党的十七大精神，高举中国特色社会主义伟大旗帜，以邓小平理论和“三个代表”重要思想为指导，适应建设“人文北京、科技北京、绿色北京”的新任务和新要求，组织学校广大党员和领导干部深入学习实践科学发展观；围绕高质量完成学校“十一五”发展规划、构思“十二五”发展规划这条主线，在人才培养、科学研究和社会服务等方面，进一步解放思想、实事求是、改革创新，着力转变不适应、不符合科学发展观要求的思想观念，着力解决影响和制约学校科学发展的突出问题以及党员干部在党性党风党纪方面群众反映强烈的突出问题，着力构建有利于学校科学发展的体制机制；提高领导学校科学发展、促进校园和谐的能力。切实把全校党员和广大师生员工的思想和行动统一到科学发展观的要求上来，统一到建设有特色高水平大学的目标上来，切实增强全校党员和广大师生员工贯彻落实科学发展观的自觉性和坚定性，团结一心，鼓足干劲，不断开创学校改革发展和党的建设新局面。

（二）准确把握学习实践活动的主要原则

按照市属高校学习实践活动实施意见，结合学校实际，我校学习实践活动要把握好以下四个原则：

一是坚持解放思想，推动改革创新的原则。坚持把加强理论武装、转变思想观念、谋划发展思路贯彻始终。

二是突出实践特色，务求取得实效的原则。坚持把查找和解决影响制约学校发展的突出问题、改革创新学校科学发展的体制机制贯彻始终。

三是贯彻群众路线，充分发扬民主的原则。坚持把开门搞活动、密切联系学校发展实际、密切联系群众贯彻始终。

四是坚持正面教育，把握正确导向的原则。坚持把干部自主学习、自我教育、实事求是查找问题贯彻始终。

（三）切实落实学习实践活动的目标要求

这次学习实践活动的重点，是校、院（部处）两级领导班子和党员领导干部，全体党员参加。为了充分调动广大教职员工的积极性，发扬主人翁精神，学校党委欢迎非党处级以上干部、教授和民主党派成员积极主动参与，共谋发展思路。

这次学习实践活动的目的和宗旨，就是要紧紧围绕中央提出的“党员干部受教育、科学发展上水平、人民群众得实惠”的总体目标要求，提高思想认识、创新体制机制、解决突出问题、促进科学发展。为此，学校提出要在以下五个方面取得实效：

（1）提高思想认识。按照科学发展观要求，进一步解放思想。广大党员、特别是处级以上领导干部要结合学校建设发展实际，加深对科学发展观的理解，深入分析和认识高等教育发展的新形势、新要求以及学校所处的阶段性特征，明确发展目标，形成科学发展的共识。

（2）创新体制机制。按照科学发展观的要求，深化学校内部管理体制改革，形成科学决策、规范管理、统筹协调、有效监督的运行机制，努力为建设有特色高水平大学提供科学高效、充满活力的体制机制保障。

（3）解决突出问题。按照科学发展观的要求，采取切实有效的措施，着力解决学校在思想观念、体制机制、干部作风、校园民生等方面的突出问题。

（4）促进科学发展。按照科学发展观的要求，进一步提高校、院（部处）两级领导班子及党员领导干部统筹发展、科学决策的能力，善于学习、开拓创新的能力以及化解矛盾、破解难题的能力，把科学发展观的要求转化为推进科学发展的坚强意志、谋划科学发展的正确思路、领导科学发展的实际能力、促进科学发展的措施和增强党性修养、提高思想觉悟的自觉行动。

（5）体现学校特色。按照科学发展观的要求，紧密结合学校和本单位实际，既要确保活动“规定动作”高质量地完成，又要充分发挥主观能动性，积极创新“自选动作”，形成体现学校特色的活动方式和活动载体，努力使实践特色更鲜明、活动内容更充实，教育效果更显著。

（四）明确学习实践活动的主题，找准需要研究解决的主要问题

贯彻落实科学发展观是一项长期的任务。学习实践活动的出发点和落脚点就是体现在“党员干部受教育，科学发展上水平，师生员工得实惠”。在整个学习实践活动中，明确主题，找准问题，是保证活动取得切实成效的关键。为此，我们既要防止理论脱离实际的倾向，搞花架子，走过场；更要防止好高骛远，不切合实际的倾向。解决发展中的问题不能一蹴而就。因此，要从准确把握学校的办学定位和发展阶段着眼，从明确发展的思路和改革措施、破解影响学校科学发展的难题、促进学校各项事业科学发展着手。学校明确这次学习实践活动的主题是：“立足服务北京，坚持科学发展，凝聚全校力

量，建设有特色高水平的北京工业大学”。同时明确，这次学习实践活动要以完成“十一五”发展规划，构思“十二五”发展规划为主线，以深化学校内部管理体制改革为切入点，以完善校院两级管理体制机制为载体，扎实推进学习实践活动。

围绕活动主题，根据实事求是，量力而行的原则，确定了需要认真研究和解决的六个主要问题：

(1) 围绕建设有特色高水平大学的目标，解放思想，统一认识，增强运用科学发展观推动学校又好又快发展的自觉性和坚定性；高质量完成“十一五”发展规划任务；通过进一步明确学校的办学定位、发展目标，在谋划“十二五”学校发展规划目标上有新思路。

(2) 围绕“人文北京、科技北京、绿色北京”建设任务，坚持“立足北京、服务北京、融入北京”，以学科建设为龙头，着力推进质量工程和创新工程，完善人才队伍建设的政策和发展规划；在培养高素质全面发展的人才、在开展密切结合北京经济社会发展实际的科学研究和社会服务上有新突破。

(3) 围绕科学发展观“以人为本”的核心，强调以学生为根本，教师为主体；关注校园民生，切实解决好师生员工的工作、学习、生活等方面的突出问题，在惠及师生员工利益上有新举措。

(4) 围绕深化学校内部管理体制改革，完善校院两级管理，逐步实现校院两级科学决策、规范管理、协调运行、有效监督的运行机制。在初步构建和形成适应学校科学发展的体制机制上有新进展。

(5) 围绕和谐校园建设，凝练大学精神；加强校园民主建设；统筹校园布局；建设节能环保型校园。在校园文化建设上有新局面。

(6) 围绕加强领导班子和领导干部思想政治和能力建设，着力提高领导干部统筹发展、科学决策的能力；善于学习、开拓创新的能力；化解矛盾、破解难题的能力；着力解决党员干部在党性党风党纪方面存在的突出问题。在党员干部作风建设上有新气象。

针对这些主要问题，各单位、各部门要通过学习实践活动的学习调研，深入分析，找准问题，明确具体整改落实的事项。

(五) 学习实践活动的主要内容和实施步骤

我简要说明三个阶段的内容和步骤。

1. 学习调研阶段。

时间从 3 月中旬至 4 月下旬。这一阶段的主要任务是：通过学习调研，使全校党员，重点是校、院（部处）两级领导班子及党员领导干部准确把握科学发展观的重大意义、科学内涵、精神实质和根本要求，牢固树立科学发展理念，进一步增强贯彻落实科学发展观的自觉性。密切结合工作实际找准问题、分析调研、统一认识。主要有两个环节：

一是学习调研。全校党员要认真学习党的十七大报告和胡锦涛等中央领导同志一系列重要讲话精神等。处级以上党员领导干部在学习中要紧密结合学校改革发展的实际，加强对形势的研究分析和动态把握，进一步增强工作的前瞻性、主动性和敏锐性，坚定理想信念，坚定发展信心，理清发展思路。

处级以上党员领导干部学习培训时间不少于 40 小时；校、院两级主要领导要作一次学习辅导报告。围绕这一环节学校还要制订详细的学习培训计划。

在学习培训基础上，围绕当前学校改革发展中的突出问题，从明确办学定位、创新办学理念、提高办学质量、突出办学特色、加强党的建设等方面开展深入广泛的调查研究。

学校领导班子成员要结合分管工作，带头深入到各自的联系单位，分别确定重点调研课题，广泛听取师生员工意见，了解、剖析学校在贯彻落实科学发展观方面存在的主要问题，并思考、征集解决方案，撰写调研报告。

院（部处）级领导班子成员要结合本单位及个人分管工作深入基层开展调查研究，在学习和调研的基础上查找突出问题，并撰写调研报告。学校职能部门既要听取本单位干部群众的意见、建议，又要听取服务对象、工作对象的意见和建议。4 月上旬，学校召开调研成果交流研讨会。

二是开展解放思想大讨论。在学习和调研的基础上，围绕学习实践活动确定的主题，以完善和推进校院两级管理体制机制改革为载体，围绕科学发展观的理念是不是牢固确立、科学发展的目标是不是明确、领导科学发展的能力是不是切实增强、实现科学发展的路径是不是清晰、保障科学发展的体制机制是不是健全等问题，解放思想，开展深入大讨论。学校、各院、职能部门，要采取多种形式，通过多种渠道，组织广大党员和师生员工积极建言献策。4 月下旬，学校召开解放思想大讨论交流会。

2. 分析检查阶段。

时间从 4 月下旬至 5 月底。主要任务是：在第一阶段学习调研的基础上，找准问题，破解难题，推动实践。重点是校、院（部处）两级领导班子及党员领导干部，要围绕活动的主题和研究解决的主要问题，广泛征求各方面意见；找准影响和制约校、院（部处）科学发展、和谐发展的突出问题；针对问题查找、分析原因，理清科学发展思路与对策，形成发展共识。

这一阶段重点环节是开好校、院两级领导班子民主生活会，形成高质量的领导班子分析检查报告。

（1）精心组织校、院两级领导班子专题民主生活会。

学校领导班子成员要按照加强思想政治建设的要求，分析检查在推进学校事业科学发展、服务师生员工方面存在的差距与突出问题，着重查找思想观念、工作能力和工作作风、精神面貌等方面的问题，结合北京市委开展的“领导干部作风建设年”活动，撰写专题民主生活会发言材料，在班子成员之间交换看法，增进理解，加强团结，认真听取师生员工意见的基础上，召开专题民主生活会。

学院（部处）领导班子也要按照科学发展观要求，召开专题民主生活会，领导班子成员要根据职务分工，认真查找在推进学院发展方面的差距和不足，分析原因，撰写剖析材料。校学习实践活动领导小组成员参加所联系单位的领导班子民主生活会。

各基层党支部要召开一次党员专题组织生活会。党员结合科学发展观的要求认真查找自身不足，明确自身的努力方向。

（2）形成高质量的领导班子分析检查报告。

校、院两级领导班子要充分运用学习调研和解放思想讨论的成果及专题民主生活会形成的成果，撰写分析检查报告。校、院两级党委主要负责人要全程主持分析检查报告的起草撰写工作。校级领导班子分析检查报告初稿形成后，召开党委常委扩大会议充分讨论，广泛听取意见，反复修改完善，并报送市委指导检查组审阅。

院级领导班子的分析检查报告也要以适当方式广泛听取意见，反复修改完善，由分工联系的校学习实践活动领导小组成员审阅。

认真组织对校、院两级领导班子分析检查报告进行评议。评议结果适时在校、院适当范围内公开。

3. 整改落实阶段。

时间从6月上旬到7月下旬。主要任务是，通过整改措施的制订，集中解决影响学校科学发展的突出问题，努力解决师生最关心、最直接、最现实的利益问题，建立健全贯彻落实科学发展观的长效机制。通过解决问题，完善制度，使校、院（部处）两级领导班子促进科学发展的能力进一步提高，保障科学发展的机制初步形成。

这一阶段要抓好制定整改措施、解决突出问题和完善工作制度两个环节。

（1）制定切实可行的整改落实方案。

校、院（部处）两级领导班子在学习调研和分析检查的基础上，根据群众评议的意见建议，制定整改措施。要做到“四明确、一承诺”，即对查摆出来的突出问题和需要完善的制度，明确整改落实的项目，明确整改落实的具体措施，明确整改落实的目标和时限要求，明确责任部门和责任人，并且向师生员工公布，做出公开承诺。

（2）切实解决突出问题，完善体制机制。

学习实践活动始终都要坚持“边学边改、能改快改、应改尽改”的原则，把解决突出问题贯穿活动全过程。要有效解决影响和制约学校和各单位科学发展的突出问题，努力办几件与师生员工切身利益密切相关的实事。同时，也要注意解决问题要实事求是，尽力而为，量力而行。什么问题突出就重点研究解决什么问题，切忌搞形式主义；对涉及多个部门和单位的问题，要积极探索上下互动、左右联动解决问题的有效方式；当前不能解决但又必须解决的问题，要写入下一年的工作计划或相应的中长期规划中，努力创造条件，落实责任部门，提出解决时限，在今后的工作中加以解决。通过学习实践活动，切实总结出一批在学习实践中形成的，有利于推动学校科学发展的制度成果，并逐步形成长效机制。

最后一个环节：在7月底左右进行总结测评。在学习实践活动基本内容和步骤完成后，要做好全校学习实践活动的总结工作，开展群众测评。测评内容主要是师生员工对学校开展学习实践活动情况的满意度。测评结果以适当形式向党员、师生员工进行通报。

各学院（部处）也要分别做好本部门、本单位学习实践活动的总结，以适当的形式组织群众对本单位开展学习实践活动满意度进行测评。测评结果要向本单位党员、师生员工进行通报。

学校将根据满意度测评情况，进一步完善整改落实措施，切实抓好各项工作的落实。

**三、强调几点要求**

针对学校开展的学习实践活动，特别是两级领导班子和领导干部提几点要求：

第一，组织到位，明确责任，实行“双组长”负责制。

按照市委要求，同时也是为了更好地保证学习实践活动有效开展，学校学习实践活动领导小组实行书记、校长双负责；各院级党委（党总支、直属党支部）也要成立院级领导小组，由党委书记和党员院长担任组长，书记和党员院长是院级学习实践活动的第一责任人，要切实组织好本单位学习实践活动，围绕本单位工作制订切实可行的活动方案；机关党委、后勤集团党委及各党总支、直属党支部，也要按照要求成立领导机构。基层党支部要在院级领导小组的统一安排下，切实组织好本支部党员的学习活动。

学校建立了学习实践活动领导小组成员联系基

层单位制度，加强对基层的指导和协调。学校还要成立专家组，在学习实践活动中充分听取专家学者对学校事业发展的建议和意见。

第二，党员领导干部要起到表率作用。

处级以上党员领导干部是这次活动的重点。在学习实践活动中，党员领导干部要发挥带头和表率作用，要带头学习和调研，认真分析和查找问题，制定切实可行的整改措施。这是检验我们的党员领导干部理论认识高不高、分析问题准不准、领导能力强不强、服务师生勤不勤、思想作风正不正的重要环节。党员领导干部要通过学习实践活动，密切联系工作实际，切实做到理论认识有新提高、分析问题有新思路、解决困难有新举措、思想作风有新变化。

第三，提高思想认识，坚持严格要求，合理统筹安排。

开展深入学习实践科学发展观活动是我们党政治生活中的一件大事，是提高党员素质，加强党的先进性建设的一个重要有效的形式，是关系学校发展，关系师生员工发展的重要契机。

因此，每一个党员都要按照活动要求，积极参加各项学习实践活动；对处级以上党员领导干部更要严格要求，特别是中层正职在活动期间一般不得离京，如遇特殊情况必须按规定严格履行请假手续，事后能补的课一定要补上，关键的环节一定要按要求、按质量完成。

学校要针对党员领导干部、教职工党员、学生党员、离退休党员等不同群体，分别提出学习实践活动的具体要求，分层分类指导，活动不搞“一刀切”。

要统筹安排好学习实践活动，正确处理推进学校中心工作与开展深入学习实践科学发展观活动的关系，把学习实践活动作为推动学校各项工作的重要动力，作为促进学校科学发展的重要契机。做到抓学习、促工作，抓学习、促发展，学习工作两不误。

同志们，开展学习实践科学发展观活动是我们党政治生活中的一件大事，是学校当前一项重要的政治任务。中共北京市委、市委教育工委对此高度重视，对我们的学习实践活动寄予厚望。市委常委、市委教育工委书记赵凤桐同志亲自联系指导我们学校学习实践活动，并在我们学习实践活动的准备阶段到校调研指导；对我校学习实践活动的开展提出了明确的要求和希望，突出强调：一定要按照科学发展观的要求，进一步凝练办学思想和发展方向，在新的发展起点上适应首都新形势、新任务、新要求，提出学校发展新的目标要求和工作标准，理直气壮地向着高水平大学目标迈进。作为市属高校的排头兵，他希望我们在学习实践科学发展观活动中要多出成果、多出经验。

学校党委要求校、院（部处）两级领导班子、党员领导干部和全体党员，要充分认识学习实践活动的重要性和必要性，紧紧把握这一重要的发展机遇，切实增强推动学校科学发展的自觉性和坚定性；希望两级领导班子、党员干部和广大师生员工在学习实践活动中解放思想、锐意进取、开拓创新，在市委教育工委的领导下、在市委指导检查组的指导下，以高度的政治责任感、饱满的精神状态，坚持理论联系实际的学风、求真务实的作风和攻坚克难的决心，把学习实践活动扎扎实实开展好，切实走在市属高校的前列，以不辜负市委和市委教育工委领导对我们的期望，努力把学校的发展提高到新的水平。

# 坚持服务北京，推进科学发展，为实现有特色高水平大学建设目标而奋斗

## ——在开展深入学习实践科学发展观活动总结大会上的报告

2009 年 7 月 9 日

党委书记　王守法

同志们：

按照党中央和北京市委、市委教育工委的要求和部署，我校开展深入学习实践科学发展观活动自 3 月初开始，历时四个月到 7 月初基本结束。在市委教育工委、市教委的领导下，在市委指导检查组的具体指导下，学校党委紧密围绕“立足服务北京、

坚持科学发展，凝聚全校力量，建设有特色高水平的北京工业大学”的活动主题，按照“党员干部受教育、科学发展上水平、人民群众得实惠”的目标要求，全面审视和把握学校面临的发展机遇和挑战，把学校的改革发展放在高等教育事业改革发展的新目标、新方向、新使命中来加以谋划，放在“立足北京、服务北京”的首都区域特点和首都经济发展趋势的背景中加以思考，凝聚全校力量，着力加强学习提高认识、着力解决发展难题、创新体制机制，着力推动学校全面、协调、可持续发展。在全校各级党组织和全体党员的共同努力下，顺利完成了各阶段的任务，学习实践活动达到了预期目标，为学校各项事业科学发展奠定了坚实的基础。

下面，我代表学校党委，做学习实践活动总结，主要报告三个方面的工作。

**一、学习实践活动的主要做法**

（一）基本情况

我校现有 28 个院级党委、党总支、直属党支部，375 个党支部，党员总数 6 606 人，其中在职教工党员 1 848 人，学生党员 3 787 人，离退休党员 971 人。在校党员全部参加了学习实践活动。

在整个学习实践活动中，市委、市委教育工委学习实践活动领导小组高度重视我校学习实践活动的开展，并寄予了殷切的期望。市委第十七指导检查组及时给予了工作的指导。我校分别在四次中央、北京市学习实践活动座谈会上做交流发言，这是对我校学习实践活动的充分肯定和高度重视。

按照教育部、北京市委和市委教育工委的精神，市属高校学习实践活动涉及师生员工参加的内容要在暑假前基本结束。根据我校期末工作安排，今天召开全校学习实践活动总结大会，集中整改工作重点放在下学期进行。

（二）学习实践活动的主要做法

1. 党委提前谋划，做好全面思想发动，加强组织领导，凝练活动主题

开展深入学习实践科学发展观活动，是全党政治生活中的一件大事，是用马克思主义中国化最新成果武装全校党员、干部，提升学校办学能力和办学效益的重要契机。在活动开始前，学校党委提前谋划，从年初到正式动员部署，先后举办了校院两级领导干部培训班，召开了常委扩大会、全委扩大会专题研究学习实践活动的安排与部署，召开全校党员大会进行学习实践活动的全面动员部署，确保了思想发动到位；为了保障学习实践活动的组织领导，学校成立了学习实践活动领导小组，制定了《实施方案》，建立了校、院两级学习实践活动领导和工作机构，落实了校、院两级党政负责人“双组长制”，并通过二级单位党组织和行政职能部门两条线，确保了活动组织保障到位。

活动初期，党委坚持群众路线，集中民智凝练活动主题。组织召开了多个层面的座谈会，认真分析了学校所处的历史新阶段、学校发展面临的新问题以及师生员工的新期待，经过反复研讨，确定了学习实践活动的主题，明确了以完成“十一五”发展规划，构思“十二五”发展规划为主线，以深化学校内部管理体制改革为切入点，完善校院两级管理体制机制为载体的学习实践活动的总体部署。

全校 28 个院级党委、党总支、直属党支部，按照校党委的要求，制订了本部门的学习实践活动方案，成立了“双组长”负责的学习实践活动领导小组，在全校动员大会后，各二级单位召开了不同形式的再动员大会，认真部署了本单位学习实践活动。

2. 加强分类指导，创新理论学习方式，提高党员思想认识

学校党委区别教师、机关、学生、后勤和离退休党员等不同群体，分别制订有针对性的学习活动方案，形成了二级学院、机关职能（部）处、学生基层党组织、后勤及离退休人员等各具特色的学习实践体系。学生党员开展了“与祖国共奋斗，与学校共发展，与同学共成长”为主题的学习实践活动；机关党委发挥党支部主导作用和行政主体作用，针对机关工作在服务意识和服务水平等方面的问题开展深入学习和调研；离退休人员关注学校发展，积极参与学习讨论；后勤集团以“以人为本，关心职工，优质服务，创三满意后勤”为学习实践活动的主题，推进服务创新。

学校不断创新学习方式，以校院两级领导班子和党员干部为重点，采取党委常委会、全委扩大会，两级理论中心组、举办培训班等形式集中学习，对学生党员采取专题辅导报告、党员论坛、骨干培训班等多种学习形式，确保理论学习取得实效。学校下发了两本学习材料，编印了两册《学习材料》，汇总了第一阶段学习调研成果，总结宣传基层单位的好做法、好经验，引导教工、学生和离退休党员深入学习。

学校党委结合活动主题举办多场专题报告会，先后邀请了多位校外专家学者和两位老校长做专题辅导报告，专门组织校院两级领导干部认真学习了习近平同志和李源潮同志的讲话。到活动第二阶段，校、院两级共举办各类学习培训班、研讨班 149 个，参加培训的干部 2 532 人次，其中党员 2 496 人次；校、院两级举办专题辅导或报告会 81 场，全校组织了 4 场学习交流研讨会。

各基层党组织不断创新学习方式，采取开辟网

上学习交流空间、导学、研学等多种形式进行学习。环能学院结合学生就业工作召开专题研讨会，教师党支部多次组织和本科生、研究生党支部的交流座谈会，共同探讨学科发展和学生培养问题。有的教师党支部以“庆祝入党纪念，畅谈科学发展”为题，对党员进行深层教育和思想引导。离休党总支对不能参加集体学习的老同志，采取送学上门的方式，收到了良好的学习效果。

3. 广泛深入调研，认真梳理问题，形成推进科学发展的共识

在学习调研阶段学校集中开展了大范围、多层次、全方位的调研活动，围绕主题找准影响和制约学校科学发展的突出问题和师生普遍关注的问题。一是，坚持多渠道吸纳民意，多角度查找问题。采取问卷调查、座谈、访谈、学生论坛、网络调查等多种形式进行调研。校、院（部处）领导班子成员带头深入调查研究，基层单位各自确定若干调研专题，形成校、院、职能部门上下联动。二是，坚持开门寻计问策，找准主要问题。校、院（部处）两级组成了 21 个调研组，围绕“三个北京”建设战略，专访北京市政府委办局和北京高端产业、重点骨干企业，征询意见、了解需求。走访京内外大学进行学习交流。三是，坚持改革创新解放思想，结合学习调研成果，开展解放思想大讨论。

4. 坚持以学生为本，搭建平台，完善机制，服务学生全面发展

学生党员的学习实践活动以“提高人才培养质量，促进学生全面发展”为主线，通过举办辅导报告和学生论坛等多种形式提高学生党员的理论认识。学习实践活动中，学校通过实施“三个计划”、一个“机制”，推进学生学业发展。全校 147 个学生党支部与 208 名在学业上有困难的同学进行手拉手、一对一的帮助；对 64 名试读学生进行学业帮扶；建立了学生辅导咨询机制，招募志愿辅导教师 100 余人，学生社区新增辅导室 19 个。

结合今年就业形势，围绕“保就业、保稳定”的目标，在学习实践活动中，学校采取一系列措施，推进“一个基地、两个平台、三个计划”的就业服务体系建设。学习实践活动期间举办各种招聘会 70 场，发布招聘信息 1 495 条，提供就业岗位 23 155 个。截至 6 月 30 日，毕业生就业率达到 90.3%。4 月 21 日的中央深入学习实践科学发展观活动官方网站深入报道了我校在推进学生学业发展方面取得的成绩。

5. 注重发挥离退休党员的积极作用，为学校发展建言献策

在学习实践的三个阶段和重要环节，学校党委都安排离退休党员代表参加座谈会，广泛征求意见。对领导班子形成的调研报告、分析检查报告、整改落实方案等都认真听取老领导和老同志的意见和建议。离退休党员始终认真参加学校的学习实践活动。老领导在学校建言献策交流大会上发言，有七位老干部和一个离休党支部获得了学校优秀建言献策奖。

同时，在学习调研中，学校党委十分注重邀请民主党派成员和侨联、无党派人士参与活动。学校专门召开座谈会、意见征询会，听取他们的评议意见和建议。党外人士代表对学校开展学习实践科学发展观活动给予了积极评价和高度认同。

6. 加强正面引导和典型宣传，积极营造浓厚的学习实践活动氛围

学校党委重视宣传引导，注重舆论先行。充分运用橱窗、校报、网络、广播、视频、工作简报、工作信息等多种宣传平台和媒介，及时报道校、院、部门学习实践活动进展。活动开展以来，全校共编发简报 74 期，基层动态信息 232 条，学校专题网站发布 188 条。有 9 期简报，45 条信息被北京市学习实践活动领导小组或教育工委采用。通过多种宣传渠道及时反映了学校活动开展情况，充分展示了我校的典型经验和做法，在市属高校中起到了示范和带动作用。

同时，社会主流媒体也对我校学习实践活动情况进行了深度报道。中央电视台新闻联播、《人民日报》、《光明日报》、《中国教育报》、人民网等主流媒体报道和刊登了学校学习实践活动情况；中央学习实践活动官方网站采用我校工作简报 3 期。

**二、学习实践活动的突出特点**

在学习实践活动中，学校党委切实把握“科学发展上水平”这一核心，坚持深入学习、坚持深化主题、坚持破解难题、坚持边学边改，推进学习实践活动顺利开展。

1. 坚持把理论学习贯彻始终，使学习实践活动成为党员、干部统一思想、统一行动的过程

校党委坚持每周召开常委会和学习实践活动领导小组会及办公室工作会议，对深化理论学习作出部署。在各阶段转段前，及时召开院级党委书记、职能部门负责人的工作培训和部署会，细化阶段工作安排。通过校院两级中心组学习、领导班子专题民主生活会、党员专题组织生活会、座谈会等形式使理论学习、分析研讨进一步深化。特别是结合习近平同志在高校学习实践活动座谈会上的讲话精神，组织召开座谈会、研讨会。人文学院教师召开学习座谈会，研讨落实科学发展观进教材、进课堂、进头脑等措施。青年教师和学生党员结合“五四”青年节纪念活动，学习领会胡锦涛、温家宝、习近平、

李长春等中央领导讲话和对青年的“四点希望”，畅谈理想和责任。学生系统召开学生发展与人才培养研讨会，针对学生发展与人才培养的重大问题进行了集中研讨。结合党风廉政宣传教育月活动，学校党委召开了党风廉政建设工作会议，组织领导干部参观反腐倡廉警示教育基地，开展廉政风险防范培训活动。

2. 坚持深化主题，广泛深入调研，使学习实践活动成为多渠道吸纳民意，多角度查找问题，明确发展思路的过程

立足服务北京，专访北京市政府委办局和北京高端产业、重点骨干企业进行调研，是我校学习实践活动的一个突出特点。这一举措得到中央、北京市委领导的充分肯定。通过专访整理归纳调研意见建议 69 条，在服务北京办学定位的内涵、工作的切入点及工作思路上达成了高度共识，形成了多项举措。如各学院积极围绕服务北京做文章，以人文学院为主，学校与北京市委社会工作委员会共建“北京工业大学北京社会建设研究院”，服务北京社会建设；以机电学院、材料学院、激光研究院为主组建北京市先进制造学科群，加强与北京数控机床的产学研合作；活动期间学校还召开了科技工作会议，进一步探讨服务北京的思路和举措。

在校内，围绕活动主题和梳理出的六个方面的突出问题，学校领导班子层面确定了 11 个调研专题，各院级单位、机关部处分别确定了 65 个调研题目，深入基层开展调研。校领导班子成员组织召开座谈会和调研活动 80 余次，收集意见和建议 370 余条次。各二级单位、机关部门发放征求意见表 4 311 份，征集各类意见建议 1 581 条，召开征求意见座谈会 341 次，受邀参加座谈访谈人员 5 041 人次；通过教代会代表提案征求涉及学校发展和民生问题的提案 69 件，意见建议 38 件。

学校还发放《学习实践科学发展观调查问卷》1 030份，形成党员、干部和学生党员两份详实的问卷调查报告，此项工作得到指导检查组的充分肯定。

通过调研，形成了学校调研报告和校领导班子成员调研报告，集中归纳出影响和制约学校事业科学发展的突出问题和师生普遍关注的问题共六个方面，49 条。二级单位和机关部门撰写调研报告 63 份，梳理问题 400 余条次。

在学习调研的基础上，开展了解放思想大讨论和“我为北京工业大学科学发展建言献策”的征集和评选活动，共收集建言献策表 1 919 份，其中个人建言献策表 1 611 份，党支部献策表 308 份；评选出“建言献策”优秀个人 177 人，优秀党支部 39 个。

3. 坚持破解难题，明确发展思路和措施，使学习实践活动成为推动学校科学发展的过程

学校领导班子按照切实把握科学发展上水平这个核心，紧密围绕国家和北京市制定的中长期教育改革和发展规划纲要的新要求，精心组织开好校、院（部处）两级领导班子专题民主生活会，通过形成高质量的分析检查报告，进一步明确了学校发展的思路和措施，着力破解影响和制约学校发展的难题。

党委负责人和部门行政负责人认真主持撰写领导班子分析检查报告。会前，领导班子成员积极准备并认真撰写民主生活会发言材料，广泛征求教职工的意见与建议，班子成员之间，成员与教职工之间开展了谈心活动，沟通思想、交换看法。在广泛听取意见的基础上七易其稿，形成了校领导班子分析检查报告。各基层单位，围绕加强理论学习、完善工作制度、提高人才培养质量、加强学科建设、健全民主机制，改进干部作风，增强创新能力和服务意识等问题，明确了推动学院、部门科学发展，解决主要问题的措施，形成了本部门的分析检查报告。

应该说，分析检查报告的形成过程，成为了领导班子深化认识、达成共识的过程；成为了领导班子查找和解决突出问题，不断解放思想、勇于改革创新的过程；成为了领导班子不断增强大局意识、战略意识、忧患意识和责任意识的过程；成为了领导班子提高驾驭全局能力、处理复杂问题能力，强化求真务实作风的过程。

经过群众评议，对学校领导班子分析检查报告满意和比较满意率达到 99.3%。各院、部处等单位群众对本部门领导班子分析检查报告评议平均满意和比较满意率达到 98.84%。

校、院（部处）两级领导班子在学习调研和分析检查的基础上，以分析检查报告为主要依据，对梳理出来的突出问题和群众迫切关心的热点问题，认真讨论，突出重点，制定了整改落实方案。进一步明确了涉及校、院（部处）建设发展的整改项目、解决问题的有效措施和具体办法、明确了整改落实的目标和时限要求以及责任人，并向党员、师生员工公布，做出了公开承诺。各二级单位认真按照工作部署，顺利完成了本单位、本部门的学习实践活动群众满意度测评，总体满意和比较满意率达到 98.08%，满意度普遍较高。

4. 坚持开门搞活动，构建实践平台，使学习实践活动成为广大师生员工广泛参与的过程

学校充分发挥党员的主体作用，积极搭建实践平台，采用各种形式和载体广泛组织党员、师生员

工直接参与到学习实践活动之中。到目前为止，全校共举办集中学习培训班、研讨班 185 个，举办专题辅导或报告会 107 场；校院两级发放征求意见表 5 341 份；征集到意见建议 3 272 条，师生建言献策 1 514 条次；召开征求意见座谈会 454 次；受邀参加座谈访谈人员 6 657 人次；参加群众评议的人员 1 335人，参加学习实践活动群众满意度测评人员 1 517人。以上这些数字，充分说明广大师生对学校事业发展的高度关注，对学习实践活动的高度关注。广大师生以高度的责任感、认真负责的态度积极参与到了各项学习实践活动中，为推进学校的科学发展作出了积极的贡献。

5. 坚持统筹兼顾，加强制度建设，努力做到工作学习两不误、两促进

学习实践活动中，学校党委以科学发展观统领各项工作，把推动学校各项事业发展作为活动的切入点和落脚点，以完善校院两级管理体制机制为载体，积极建立健全和完善各项管理制度，新制定了十多项涉及各方面工作的制度。同时，启动规章制度的修订、废止、补充和规范工作。

为进一步落实中央有关维稳和信访工作精神，由校两办牵头会同有关部门建立了学校维护稳定和信访工作联席会议制度，已制定《北京工业大学突发事件处置预案》、《关于维护稳定和信访工作的实施意见》、《维护稳定和信访工作联席会议制度》等文件，强化引导和信息监控，建立健全了校园维稳和信访工作长效机制。

为落实市委、市委教育工委关于推进廉政风险防范管理工作的要求，校纪委把这项工作纳入学习实践活动之中，开创工作的新思路，在后勤集团、国资处、基建处、后勤处、财务处等业务部门开展了试点工作，目前已在全校范围内推广。

按照四部委联合发布的《关于加强普通高等学校惩治和预防腐败体系基本制度建设的意见》，学校进一步梳理了党风廉政建设制度框架，并力求在较短时间内补充完善。

学校党委贯彻落实工会十五大精神和北京市委《关于加强和改进工会工作的意见》，以“加强工会工作、推进民主建设”为主题，召开学校首次工会工作会议，制定了《中共北京工业大学党委关于加强和改进工会工作的意见》；校工会制定了《工会会员接访日制度》，建立了“会员接访网上平台”，进一步畅通教职工诉求渠道。

科技处为做好科研项目的申报、科研专款管理和使用，走访了 14 个学院，了解情况，发挥学校优势组织联合申报重大科研项。发展规划处围绕“十一五”规划任务的落实和“十二五”规划的构想，走访学院了解情况、听取意见。组织、人事部门开展处级干部队伍建设现状调研、明确机构设置和干部岗位职责，为推进两级管理做好基础工作。宣传部门邀请专家学者，学院、职能部门负责人，教师和学生代表参加校园文化专题座谈会，探讨我校校园文化建设的思路和途径。

建工学院充分发挥院企交往渠道的优势和特色，深化学院与用人单位的互信与各领域合作，走进企业开展就业调研，对学院在学生培养及课程设置方面起到了重要的指导作用。有的学院通过学习调研，进一步落实和强化了班主任考核制度，规范了学院党建评优工作，加大教学质量考核和奖评力度。图书馆在学习实践活动中以“为工大师生服务，让工大师生满意”为宗旨，调整部分阅览室、馆藏布局及人员设置，新聘任学科馆员，分别为对口不同的学院开展服务，针对学生需求在中蓝学生公寓设立了流动图书馆。

各基层单位在学习实践活动中，采取了丰富多样的学习形式，扎扎实实开展调研、分析问题和整改落实，总结和凝练出许多好的经验和做法，取得了较好的效果，在此不一一列举。

**三、突出实践特色，学习实践活动取得初步成效**

（一）坚持理论联系实际，找准主要问题，在推进学校科学发展的思想认识上达成了高度共识

1. 注重提高思想认识，形成了自觉学习实践科学发展观，共谋学校科学发展的共识

通过学习调研，广大党员、干部切实增强了贯彻落实科学发展观的自觉性、坚定性，加深了对科学发展观精神实质、科学内涵的理解，思想认识有了明显提高。围绕“学校为什么要科学发展、怎样科学发展”的核心问题，校、院（部处）两级领导班子深入分析和认识高等教育发展的新形势、新要求以及学校所处的阶段性特征，进一步找准了问题，明确了发展的方向；全校干部、党员和广大师生进一步解放思想，按照科学发展观要求和学校改革建设发展实际，努力把科学发展观内化为学校的办学观，在学习实践活动的进程中，主人翁的责任意识得到充分体现，全校形成了加快推进学校科学发展上水平的凝聚力和向心力。

2. 形成了以服务求特色，以特色创水平，坚定不移地推进有特色高水平大学建设的共识

建设有特色高水平的北京工业大学，是集民智汇民意凝练出的学习实践活动的主题，并且进一步明确为学校中长期发展建设的目标。通过学习调研和解放思想大讨论，我们认识到，服务首都经济社会发展是北工大义不容辞的责任和使命，

学校只有突出服务北京、服务地方经济社会发展，才能孕育和形成学校的办学特色和优势，只有以高水平的服务，才能在区域创新体系建设中发挥主导作用，保持可持续发展，实现新的跨越。突出服务特色是北工大建设有特色高水平大学的必然途径。

3. 形成了立足服务北京，提高服务首都经济社会发展能力和水平的共识

作为国家重点建设的市属大学，“立足北京、服务北京”是我们长期坚持的办学宗旨。通过学习调研我们深刻认识到，学校服务北京的整体思路还不够清晰，组织协调还不够有力，渠道还不够通畅，落实的措施和办法还不够到位，为首都经济社会发展提供智力和技术支持的能力还不高，与北京市对北工大的期待与要求，服务的水平和贡献率还有差距。因此，不断提升服务北京的能力和水平，做好服务北京这篇大文章，统筹服务国家创新体系、区域创新体系，为北京市和以首都为中心的区域经济服务，是学校的立校之本、发展之道，已经成为全校的共识。

4. 形成了坚持内涵发展，推进管理体制机制改革，提高科学管理水平的共识

深化学校内部管理体制改革，完善校、院两级管理体制机制是2009年全校的一项重点工作。通过学习实践活动使我们对完成这一任务的认识有了新的提高。通过京内外高校调研，特别是在学习实践活动之中，校、院（部处）上下广泛沟通研讨，使我们深刻认识到，学校管理运行体制和机制还不能充分适应科学发展的需要，不能适应建设有特色高水平大学的需要，这已经成为影响和制约学校科学发展的突出问题之一。迫切需要进一步明确学校、各职能部处与学院的关系和职责，统筹协调资源配置，加快推进干部人事制度改革，完善基层行政组织、学术组织和民主监督的协调运行机制，实现服务和管理质量、管理效益上水平，这些认识已成为校、院（部处）的广泛共识。

5. 形成了以领导班子和干部队伍建设为重点，推进党建工作创新，保证学校科学发展的共识

实现学校各项事业的科学发展关键在于领导班子。这一认识通过学习实践活动更加清晰和明确。抓好校院两级、特别是校级领导班子的思想政治建设、作风建设和反腐倡廉建设，对于提高领导班子的治校理教能力，带领全校党员、干部、师生员工，实现学校全面、协调、可持续发展至关重要。因此，进一步健全和完善领导班子决策、执行、监督的工作机制，增强领导班子组织协调能力，加强对学校领导体制和运行机制的研究和探索，提高领导科学发展的能力和水平；进一步总结学习实践活动中形成的党建工作的经验和成效，发挥基层党组织的战斗堡垒作用和党员先锋模范作用，调动师生员工的学习、工作积极性、创造性，激发广大师生对学校事业科学发展的信心和主人翁责任感，既是我们的共识，也是下一步工作的重点。

（二）明确发展的思路和举措，在创新体制机制、解决突出问题等方面，取得了初步实践成果

按照“有限目标、量力而行、尽力而为”的原则，学校抓住关系事业发展的重大问题，进一步明确了整改的思路，确定并落实了有针对性的具体措施，取得了初步实践成果。

1. 在大力推进“211工程”三期建设、确保高质量完成“十一五”规划建设任务的基础上，成立“十二五”发展规划纲要专题调研组，启动“十二五”发展规划纲要制定相关准备工作。

2. 着手制订《北京工业大学服务北京行动计划(2009-2012年)》(草案)。通过整合优势科技资源，针对北京经济社会建设重点发展的问题，构建科技创新服务平台；围绕社会需求，优化学科专业设置，搭建服务北京地方人才需求的人才培养平台；加强跨学科交叉融合，构建若干个围绕经济社会建设重大现实问题的战略研究平台，积极参与北京区域经济和社会发展问题的决策咨询；整合管理服务机构，建立有利于产学研结合的政策保障机制和促进成果转化的服务中心，形成保障落实服务北京行动计划的机制体制。

3. 围绕人才培养的根本任务，深化教育教学改革，创新人才培养模式，提高人才培养质量。进一步调整和完善人才培养体系，学生课外科技创新基地和学生就业创业实践基地已正式挂牌成立；学校在全国地方高校中首次主动申报了全国工程教育专业认证，认证专家组已对我校“机械工程及自动化”专业进行了认证考查。从创新人才培养体系、提供政策保障和营造创新环境三方面入手，启动研究生精品课程和优质教材建设，建设研究生工程实训基地，已有10个主题实验室入住新的工程实训平台。

4. 深化人事制度改革，完善人才队伍建设规划。完善人才队伍建设规划，建立教职工职业发展规划，制订教师工程实践能力的培训计划，健全教师专业进修和能力培养制度，继续实施青年教师培训制度。制定了《关于进一步加强思想政治理论课教师队伍建设的若干意见》和《北京工业大学辅导员队伍建设实施办法》，制定完善了《绩效工资改革方案》。

5. 进一步深化和完善学校内部管理体制和机制

改革。制定并发布了《完善校院两级管理体制的意见》，在与学院进一步沟通听取意见的基础上，北京工业大学实施目标管理暂行办法、干部人事制度改革方案、校院两级财务管理办法、固定资产与实验室管理办法、本科教学管理办法、学位与研究生教育管理办法、科技管理办法、学生思想教育与事务管理办法、深化后勤改革实施意见九个配套实施办法或管理规定将尽快制定执行。

6. 学校运行中的一些突出问题和涉及师生利益的实际问题逐步得到解决。

加快推进新学科楼搬迁工作，解决了相关基础设施后勤保障问题；组织了“十一五”二期学科用房使用功能论证会；完成了北京工业大学奥运纪念馆、奥运墙的设计工作，建设工程正在抓紧落实；落实学校财务预算执行与决算审计制度，在试点的基础上，扩大财务报销点；综合信息支撑平台投入试运行，全面完成了校园一卡通平台等若干子系统的建设与升级改造。

惠及师生的利益问题得到进一步落实。学习实践活动以来，校、院（部处）两级列入“边学边改、能改快改”事项 179 个，已改或已办惠民实事 148 件次。

如学校发布了改进网络收费方案，提高了师生网络免费配额。新增“三节”补助费，体育馆免费向教职工开放，并逐步向师生全面开放运动场；改善教职工就餐环境，教职工餐厅投入试运行，相关配套措施正在积极落实；延长学生浴室开放时间，完成学生宿舍楼内修建浴室的调研和设计；解决校西区和新东区师生饮水距离较远的问题，改进了医疗服务；完成了在职职工重大疾病保险等事项；投入 100 万元资金，推进二级教职工小家建设；启动建设学校“综合服务楼”；退休人员增加了享受改革成果的额度和节日费，解决了离退休人员活动场地和经费等问题。

7. 各基层单位针对学科特色，进一步提升促进学院、部门科学发展的能力。

材料学院依托校院两级管理体制改革，“四位一体”构建科学的学院治理结构；机电学院进一步理清发展思路，以加强本科生实践能力培养和工程训练为核心，构建“知识技能型人才培养”模式；电控学院加速优势学科的交叉与融合，建设学院级的公共学科平台，积极推进产学研结合，与北京联通公司等企业开展科技合作；软件学院面向产业积极探索服务北京的途径，形成独具特色的与政府紧密联合的人才培养机制；生命学院在整合科研力量、争取国家重大科研课题方面取得了长足的进展，先后申请到了国家重大科学研究计划项目和“十一五”国家重大专项课题；实验学院充分发挥地区资源的优势，与通州区光机电一体化产业园、区经济技术开发区等 9 个单位签署校企合作协议，探索校企联合培养创新型、实用型人才的新模式；艺术设计学院深入调查研究，以专业、办学特色与朝阳区政府实行“对接”，服务朝阳，培养文化创意人才，为朝阳区的文化创意产业建设做贡献。

各院部处及直属单位，积极落实惠民事项。如改进教学、学生服务流程，完善学生辅导咨询机制，开展学业辅导讲座，开设《大学生心理适应指导》课程；加强对学生学业、就业指导和困难学生的帮扶；改善教师办公条件，丰富教师业余活动，调整节日补贴等。学校及各二级单位针对整改落实方案确定的事项正在逐步落实和推进。

纵观这四个月来我校的学习实践活动，我们在一些方面取得了一定成效，但与中央、北京市提出的目标要求还有一定的差距和不足。如对认识和实践科学发展观还需进一步提高和深化；对影响和制约学校科学发展的突出问题还需进一步查找、梳理和解决，在推进服务北京，形成办学特色方面还有待进一步落实，在教学科研、管理服务等方面与高水平大学的建设目标还有一定差距；同时，在坚持以人为本、改进民生等方面还有待完善等。

我们要进一步巩固在学习实践活动中形成的成果，进一步深化对科学发展观的认识和理解，建立健全保障学校科学发展的长效机制。在推进学校发展的进程中，进一步落实整改落实方案确定的各项工作任务，进一步明确学校科学发展的思路，重点解决好办学定位、学科建设、人才培养、体制机制等方面的问题，着力推动学校的科学发展。

总之，我校的学习实践活动能够稳健起步、进展顺利、富有成效，得益于各基层党组织的周密安排、广大党员的积极参与、广大师生员工的大力支持，得益于市委第十七指导检查组的正确指导。在此，我代表学校党委，对各级党组织、广大党员、市委指导检查组表示衷心的感谢！

深入学习实践科学发展观是以改革创新精神全面推进党的建设新的伟大工程的重要体现，赋予党的执政能力建设和先进性建设以新的内涵，是我们党一项长期的历史任务。让我们按照中央的要求，自觉地把集中性的学习实践活动向经常性的深入贯彻落实转变，不断深化对科学发展观的认识，不断提高领导科学发展、破解制约科学发展突出问题的能力和水平，不断完善和落实学习实践活动中形成的制度和规范，不断巩固和扩大学习实践活动成果，以科学发展观为指导，不断提高学校的办学水平，为建设有特色高水平的北京工业大学而不懈奋斗。

# 在部分高等学校深入学习实践科学发展观活动座谈会上的发言

2009年5月7日

党委书记　王守法

北京工业大学党委以“立足服务北京、坚持科学发展，建设有特色高水平大学”为载体，扎实推进学习调研活动。

**一、加强理论学习，提高思想认识**

提前谋划，认真做好活动前的各项准备工作。加强学习组织引导、开好动员部署会，确保思想发动到位；建立校、院、党支部两级学习实践活动组织领导机构，通过二级单位党组织和行政职能部门两条线，确保组织保障到位。

加强分类指导，创新学习方式。区别教工、机关、学生、后勤和离退休党员等不同群体，制订学习活动方案。以校院两级领导班子和党员领导干部为重点，采取党委常委会、全委扩大会，两级理论中心组学习、举办培训班等形式集中学习，学生党员采取辅导报告、论坛、骨干培训等形式，确保全体党员掌握好科学发展观的基本理论。

组织重点辅导，加深理论认识。通过邀请不同领域的专家进行学习辅导，校领导班子成员带头做专题报告，引导广大党员加深对科学发展观精神实质、科学内涵的理解。校、院两级举办各类学习培训班、研讨班149个，专题辅导报告会81场。

理论联系实际，注重交流研讨。学校专门组织校院两级领导干部认真学习了近期中央领导同志关于高校学习实践活动的讲话精神，组织了四场学习交流研讨会，认真总结学校发展历史，重新审视学校各项工作，探讨和思考学校发展的新思路。

**二、广泛深入调研，找准突出问题**

多渠道吸纳民意，多角度查找问题。学校采取问卷调查、座谈、访谈、学生论坛等多种形式进行调研。校领导班子确定11个调研专题，带头深入基层调研，召开座谈会和调研活动80余次，收集意见和建议370余条。学校还到20多所高校进行调研。经过认真分析，归纳出影响和制约学校科学发展的突出问题六个方面49条。

开门寻计问策，找准主要问题。校院两级领导组成了21个调研组，围绕“三个北京”建设战略，走访北京委办局和北京高端产业、重点骨干企业，征询意见、了解需求。我们深刻感到自身服务北京的意识还不够强，服务的主动性还有欠缺，服务的水平和贡献率还不高。充分认识到学校有条件、有能力、更有责任为北京实现“保增长、保民生、保稳定”的任务，为建设“人文北京、科技北京、绿色北京”战略目标提供更为有力的智力支持和科技支撑。

解放思想，转变观念，达成共识。学校针对查找出的突出问题，开展解放思想大讨论，师生员工建言献策1 514条。特别是针对服务北京的工作，召开专题汇报会，整理意见建议60多条；广大党员、干部紧紧围绕进一步落实服务北京的办学定位进行了热烈讨论，形成了高度共识。

**三、突出实践特色，注重学习实效**

立足服务北京的办学定位在认识上得到进一步强化和深化。作为国家重点建设的市属大学，立足北京、服务北京是学校的立校之本、发展之道，必须为北京市和以首都为中心的区域经济服务，必须紧密围绕国家和北京市制定中长期教育改革和发展规划纲要的新要求，探索学校发展新思路，谋划好学校“十二五”规划，以服务求支持，以贡献求发展。

切实增强服务北京的能力。学校积极参与首都大气、水环境治理，为北京“碧水蓝天”工程提供科技支持；在国家体育馆、羽毛球馆、城市交通规划等方面为北京城市建设做出了贡献。学校把面向国家重大需求，主动投身于国家和首都经济建设主战场，增强为北京经济社会发展服务的能力作为学习实践活动的落脚点，搭建服务北京的平台，加强组织领导、建立渠道、整合资源。近期将与一批高端和骨干企业签署战略合作协议；建立北京工业大学北京社会建设研究院；与企业、研究院所共同申请国家科技重大专项。

大力培养适应社会需求的高素质创新人才。学校围绕人才培养的理念、模式、机制等方面如何适应社会和市场的需求，进一步解放思想。明确教育教学工作必须突破观念性、体制性障碍，创新人才培养模式，调整专业设置，优化课程体系，改进教学方法，增强学生工程实践能力，促进学生知识、能力和素质的协调发展，为现代化建设培养高素质的创新人才。

努力解决关系师生切身利益的问题。学校对师生员工重点关注、迫切希望解决的问题，列入“边学边改、能改快改”事项179个，已改或已办惠民实事97件次。学校以完善校院两级管理体制机制为载体，着力转变机关作风，完善工作制度19项；开展大学生学业推进和就业帮扶计划，构建和完善学生发展辅导体系，确保有就业意愿的学生全部就业，确保双困学生全部就业，确保就业率不低于2008年。

在下一阶段活动中，学校将继续坚持开门搞活动，针对梳理出来的主要问题，认真分析问题产生的主客观原因，研究整改的措施与办法，形成高水平的分析检查报告和整改报告，确保活动取得实效。

# 特色鲜明，力求实效，基层学习实践活动扎实开展

在北京工业大学深入学习实践科学发展观活动开展全过程中，校党委精心组织、周密安排、强化分类指导，坚持标准刚性、节奏弹性，动作规范、留有空间，充分调动二级单位在学习实践活动中主观能动性，确保了学习实践活动特色鲜明，活动载体在突出二级单位自身特点的同时，更力求实效，助推二级单位学习实践活动扎实开展。

**一、科学定位，突出特色**

艺术设计学院党委把握学习实践活动的契机，明确学校艺术学科发展定位和要求，研究中外艺术教育规律，推动学院设计艺术教育与首都经济文化发展需求、创意产业发展相匹配，提出学院艺术学科教育模式、打造优势、创建特色。通过合理的理论与实践的课程结构，建立让学生自主学习和快乐学习的氛围和课程体系；通过工作室课题、团队活动、独立学习、综合型态的实践学习活动等形式，创造良好的创造性学习环境和有针对性的创造能力训练方法。人文学院通过讨论，提出学科建设需要大环境的支持，需要争取更多资源实现“超学科”的发展，也需要调动自身的积极性，通过创新思维，明确定位，把握发展的主动权，以实现人文学院的跨越式非常规的发展。

**二、构建“育人文化”，提高育人质量**

通过深入学习实践科学发展观，广大教职工更加关注大学文化建设。电控学院院长王普在学校“深入学习实践科学发展观活动处级干部培训班”上做典型发言，阐发了在“基于科学发展观的一流学院建设方法的研究与实践”两方面思考，提出“只争朝夕建设大学文化”。数理学院提出“以建设育人文化为核心，构建数理学院文化形态，大力提高教育教学质量”的倡议，成为学院深入学习实践科学发展观专题调研题目。

**三、结合工作实际，创新运行机制**

深化学校内部管理体制改革，完善校院两级管理制度，着力构建适应学校新发展的管理运行新机制，是学校学习实践科学发展观的重要载体，也是确保此次学习实践活动取得实效的主要前提之一。材料学院在扎实推进学习实践科学发展观活动中，依托校院两级管理体制改革，以提高学术水平，提升服务能力，造就拔尖人才为指导思想，不断深化内部运行机制改革，注重学院内涵及外延的协调发展，构建学院内部和谐发展与监督制约相协调的“四位一体”的科学治理结构。实现了“人员团队一科研项目一学科方向一研究基地”的良性循环，为学院“承担大项目、完成大工程、建设大基地、做出大成果、培育创新团队、造就科研帅才”提供了有力的条件保障；为推动学院全面践行科学发展观，营造以人为本的和谐环境文化，构建资源节约与环境友好型社会奠定了基础。

**四、做足服务文章，创建“三个满意”**

在开展学习实践科学发展观活动中，学校后勤集团紧密围绕“深化改革，优质服务，科学发展，建立有北京工业大学特色的新型高校后勤服务体系”的主题，把创建“学校放心、师生舒心、员工顺心的‘三满意’后勤”作为推动学校后勤工作科学发展的目标，以深入学习调研、推动思想解放为基础，以突出实践特色，破解发展难题为重点，以师生员工满意为目的，结合工作实际，高起点筹划，高标准推进，高质量落实，十项惠及师生员工的措施予以落实。建立后勤集团职工文化中心，加强职工文化生活；完善后勤集团三级廉政防范体系，签定廉政防范责任书；从政治上关心外来务工人员权益，完成合同工加入后勤二级职工代表大会制度。

**五、规定动作保质量，创新动作显亮点**

按照科学发展观的要求，紧密结合学校和本单位的实际，既要确保活动“规定动作”高质量完成，又要充分发挥主观能动性，积极创建“自选动作”。机关党委各支部认真落实规定动作，采取多种形式细化安排，努力做到“两手抓，两不误，两体现”。各党支部按照机关党委部署要求党员要先学一步，多学一点，学深一点，在活动开展之初建立了部门学习博客，交流学习体会，提高学习质量。实验学院围绕“立足通州、融入通州、面向全市，培养高素质应用型人才，服务于社会”的主题，以比学习、比管理、比服务、比贡献，争创学风教风优秀、教育教学质量优秀、育人服务作风优秀，让师生员工满意的“四比三优一满意”活动为载体，注重学议结合，坚持边学边改，突出实践特色，在学习调研活动方面取得了阶段性成果。

**六、解放思想，创建基层党建新思路**

生命学院教工第一党支部以“围绕中心抓党建，抓好党建促中心”作为开展党建工作的指导思想，在实践中积极探索基层党建工作与中心工作结合的新思路。在学习实践科学发展观活动中，党支部开展了“走进院士实验室，走近先进党支部”、“半世纪的追求，新时代的楷模”等活动，坚持在先进性教育活动中启动的支部党员“入党逢十纪念会”，在学习实践科学发展观活动中，支部又以“庆祝入党十年，畅谈科学发展”为题，结合学习实践活动主题，引导广大党员积极参与，寓教育于活动之中。

**七、落实科学发展观，多举措提高人才培养质量**

根据学校的工作部署，各学院认真思考、制订计划、全面部署，在提高人才培养质量方面推出新举措。环能学院召开主题为“学习实践科学发展观，促进学生全面健康成长”研讨会，提出了“多位一体、齐抓共管”的学生工作模式，实行“一把手工程”，将学生工作列入对系（所）考核内容，制定就业工作奖励办法，调动系（所）和教师尤其是教授的积极性，全面促进学生就业工作。建工学院继续深化学院与用人单位的互信与各领域合作，深入研究往届毕业生就业数据，走进企业开展就业调研，先后走访中国土木工程集团、建工集团、北京市路政局、航天万源实业公司、中国建筑科学研究院，了解用人单位的需求，了解毕业生的工作情况，对学院在学生培养及课程设置方面起到了重要的指导作用。机电学院围绕大学生成长需求、提高人才培养质量和促进学生全面发展、以科学发展观指导学生工作和毕业生质量跟踪调研四个主题，组织学院党政领导与专业课教师、班主任、学生科和教务科教师、学生党员、积极分子、帮扶学生以及退休教师开展了10余场座谈会和研讨会，并联合建规学院学生党支部召开“大学生如何全面协调可持续发展”讨论会，就金融危机背景下大学生就业、学生与授课教师有效沟通、学生考研准备等学习生活中的实际问题展开讨论。

（姚爱华　纪树兰）

# 结合实际，紧扣主题，努力推动共青团工作科学发展

校团委坚持深入学习实践科学发展观的精神，按照科学发展观的有关要求，进一步明确发展思路，坚持科学发展，以人为本，全面协调，统筹兼顾，坚持落实各项整改方案，深入开展团学层面的特色学习实践活动，为培养符合时代要求的青年做出努力。

**一、结合我校共青团工作特点，积极组织广大青年进行解放思想大讨论活动，强化共青团的教育职能，促进共青团工作向纵深发展**

以专题报告、分类辅导、主题论坛、工作交流及团队建设为主要形式，学习科学发展观的理论。围绕共青团建设大局，共青团重点工作，共青团工作方法和技巧等内容，组织青年教师、院系团干部、青年学生骨干开展解放思想大讨论活动，并广泛征求广大师生的相关意见与建议。4月26日，以“坚持科学发展　发展自身优势　凝聚青年力量　搭建学生成长的广阔舞台”为主题召开北京工业大学第十六次学生代表大会。5月17日，举办“弘扬五四精神 我与祖国共奋进 我与工大共发展”青年座谈会。12月，举办“打造新优势、服务促发展——解放思想大讨论”主题论坛。

3至7月，以“独辟青春理想　梦开始的地方”为主题，成功开办中、高级团校。

**二、分析学生科技工作体系，加大学生科技创新改革力度，努力开创科技创新与实践平台**

根据《质量工程》和《创新工程》的相关要求，修订各项科技管理规定。进一步巩固以基金体系、竞赛体系及实践体系组成的学生科技活动平台，为广大学生参与学生科技活动提供了空间。5月，“星火”学生课外科技创新基地在我校羽毛球场馆落成。

**三、围绕“我与祖国共奋进 与学校共发展 与学生共成长”主题开展社会实践，促成青年就业创业见习基地的建立**

坚持“受教育、长才干、做贡献”的原则，分层次、分阶段地广泛开展大学生社会实践活动。以献礼华诞、科技强国、创业先锋为主线，结合专业特色，开展了文化宣传、专业调研、志愿服务、环境保护等实践活动，共组成30余支实践团队，到北京、上海、山东、四川、宁夏、云南等10余个省、市及自治区，发放调查问卷3000余份，开办讲座20余场，完成专题调研40余次，撰写调查报告及实践总结200余篇。青年就业创业见习工作，被选为团中央重点课题试点单位。现已建立北京现代汽车、中国机电商会、中关村科技园等青年就业创业见习基地9个，组织学生160余人到北京移动、北京现代等单位参加见习。同时，确定“走出去、请进来”的工作思路，重点做好北京现代和“机电商会”两个大型见习基地的建设。

**四、践行志愿精神，服务科学发展，开拓志愿服务的国际化交流与合作**

在日常志愿服务中，我校与众多单位及公益组织建立了长期稳定的合作关系，组织我校志愿者先后参与全球职业极限运动巡回赛、东亚室内五人制足球赛、联合国环境规划署中国儿童环保教育计划等重大活动，参与志愿服务人数千人以上，累计志愿服务时间超过一万小时。7至10月，组织7名教师和15名学生分期分批赴德国参与国际青年志愿者工作营项目，帮助参与师生开阔了视野，体验了国际志愿服务的组织和工作模式。11月，邀请德国7个志愿者组织的10名负责人到我校访问交流，通过官方见面会、项目评估会、项目宣讲会、交流会等形式总结了经验，增进了双方的了解和感情。

**五、加强学生艺术实践，打造精品学生艺术团，构建和谐校园文化**

2月，学生合唱团、舞蹈团代表北京市高校参加教育部在南京举行的全国高校艺术展演，荣获一等奖。4月，举办“春之声”学生交响乐团第八期专场音乐、“情系灾区 舞动爱心——北京工业大学学生舞蹈团慈善募捐演出”、“民族艺术进工大”京剧专场等演出活动，在艺术实践活动中提高广大学生的审美情趣和文化艺术修养，进行美育教育和爱国主义教育。10月，学生交响乐团受中国驻俄罗斯大使馆邀请，作为中俄建交60周年重要活动内容之一，赴圣彼得堡理工大学交流演出。

（高　原　邱晓飞）

# 总结凝练成果，深化教学改革，走内涵发展之路

2009年，北工大在国家级教学成果和北京市教育教学成果奖评选中收获了累累硕果。材料学院左铁镛等完成的“‘以资源节约与环境友好为主导’的材料专业建设与改革”等五项成果喜获第六届国家级教学成果奖二等奖。这是北工大继1993年获得1项国家级教学成果二等奖之后，16年来再度获得国家级教学成果奖，也是北工大在国家级教学成果奖方面取得的历史性突破。在北京市教育教学成果奖评选中，学校共有20项成果获奖，其中，左铁镛院士等申报的“‘以资源节约与环境友好为主导’的材料专业建设与改革”获得特等奖；隋允康教授等申报的“砥砺创新理念，引导基础力学建设成精品型、示范性的课程群”等6个项目获得一等奖；阮平南教授等申报的“经济与管理专业实践教学体系建设与创新”等13个项目获得二等奖。

国家级教学成果奖每四年评选一次，作为教育领域唯一一项国家级奖励，代表了中国高等教育教学工作的最高水平。北工大获奖项目集中展示了近年来北工大教育教学改革的特色与成效。

成绩的背后，是北工大不断加强教育教学研究与改革的求索过程，是北工大加大质量工程建设的有力举措，是在转变教育思想观念、创新人才培养模式、改革教学内容和课程体系、加强教材建设和师资队伍建设上付出的不懈努力，是一条内涵发展之路。

**一、系统规划，明确教改思路**

2003年以来，北工大以教育部本科教学工作水平评估整改为契机，大力开展以“四名工程”（名专业、名课程、名教材、名师）建设为核心的教育教学改革。2004年1月，学校制定了《北京工业大学本科教学工作整改计划》，开始了在继承优秀传统的基础上，全面探索建立校内教学质量保障体系的步伐。学校“十一五”人才培养规划中确定，在“十一五”期间，力争获得北京市教育教学成果奖10—15项、国家级教学成果奖1—2项。

经过几年的建设，北工大本科教学质量和水平总体上了一个台阶，本科教学的声誉也有了进一步的提高。2006至2007年，开展以“提高教育教学质量，培养创新型人才”为主题的北工大历史上第

四次教育教学大讨论。从办学理念、办学思想、人才培养目标等，到学校教育教学制度、规章的完善与改革，以及教学内容、教学方法和教师专业化发展等方面进行反思与重新考量，对创新人才培养形成了共识，提出了“加强基础、强化实践、鼓励创新、优化结构”的改革思路，全面修订和优化了43个本科专业的教学计划。系统规划，深化教学内容和教学方法改革。

制定和完善校院两级“质量工程”建设规划，通过《实施方案》，系统加强质量工程的制度建设。2008年3至4月，制定了北京工业大学2008至2010年“质量工程”建设规划表，并完成北京工业大学校院两级“质量工程”建设规划。2008年7月，制定并通过《北京工业大学本科教学质量与教学改革工程实施方案》，形成了明确的建设思路，即始终坚持人才培养是高等学校的根本任务、质量是高校的生命线、教学是高校的中心工作的理念。本科教学要以《实施方案》为依据，加强质量工程建设，完善“质量工程”规划项目，大力加强基础性建设，形成校级、市级和国家级三级建设平台。

**二、深化改革，走内涵发展之路**

在系统的规划和科学的思路指导下，学校采取多种措施，全面总结凝练成果，深化教育教学改革，走出了一条内涵发展之路。

1. 以“质量工程”建设为核心，加强“四名工程”和质量工程项目建设的培育和投入，深入开展教育教学改革。加强特色专业建设，推进学科专业结构的调整与优化，加大精品课程和精品教材建设，推动课程体系和教学改革；深化人才培养模式改革，强化学生的创新精神和实践能力培养；加强以教学团队为基础的师资队伍建设，提高教师队伍整体素质和水平；健全教学管理制度，完善质量监控评价体系，提高教学管理运行质量和水平。通过建设，目前学校有教育部特色专业建设点7个，北京市特色专业建设点12个，北京市品牌专业立项9个；国家级精品课程8门，北京市精品课程36门；教育部双语教学示范课3门；国家级教学名师2人，北京市教学名师11人；国家级教学团队5个，北京市教学团队8个；国家级精品教材1部，北京市精品教材44部；国家级实验教学示范中心2个，北京市实验教学示范中心7个；北京市级校外人才培养基地2个。同时，学校还成为国家大学生文化素质教育基地、国家集成电路人才培养基地、国家人才培养模式创新实验区和国家大学生创新性实验计划实施校。

2. 深化教育教学改革与研究，大力倡导和积极推进研究性教学。学校通过完善教师发展激励机制和设立教研基金等举措，加强教育教学研究，鼓励教师多出教学研究成果、出高水平成果，积极推进研究性教学。2005年2月，《北京工业大学教育教学奖励办法》出台，明确规定，每年对上一年全校教职员工所取得的教育教学成果奖、精品课程、精品教材、名牌专业、教学名师、教育教学专著等重大教育教学成果进行奖励；通过优秀教学质量奖、教学优秀奖、教研及教改成果奖励等措施，建立了教师教学能力发展激励机制；并对在公开发行刊物上发表的教育教学科研论文进行奖励，极大地推动了群众性高等教育研究工作的开展。同时，学校立足于一线教师和管理人员，以课程、教材、教学内容和方法、教学管理的改革和研究为重心，加大了对教育教学研究立项的支持力度，推动了研究性教学的发展，一批高水平教研论文公开发表。

**三、不断进取，提高本科教学质量**

在北工大广大一线教师长期探索和艰辛努力下，北工大教育教学改革结出了丰硕的成果。四年一次的本科教育教学成果申报既是一个成果凝练和固化的过程，也是一个成果展示的过程。通过不断进取，北工大高等教育教学改革进一步深化，教学工作核心地位进一步加强，高等教育质量内涵进一步强化。

获奖不是目的，成绩也只代表过去。目前，北工大在国家级教学成果一等奖上仍是空白，学校将继续坚持教育创新，在现有工作基础上不断提升水平，力争在下一届国家级教学成果奖申报中有新的突破。

（黄晓红　薛素铎）

# 春华秋实五十载　而今迈步从头越

## ——北京工业大学科技工作五十年历程

自1960年建校以来，尤其是近十几年来，学校科技工作在全校师生的共同努力下，获得了长足的发展，科研规模迅速扩大，科研水平大幅提高，科研实力明显增强，涌现出一批具有标志性的科研成果。科技工作有力地支撑了学校整体跨越式发展，科技创新已经成为学校发展，特别是内涵式发展最强劲的动力。

**忽如一夜春风来，千树万树梨花开**

在北工大科技工作五十年的发展历程中，最近的十几年是发展最快的阶段。无论是科研经费、科技项目，还是成果获奖、知识产权，仿佛是在一夜之间发生了翻天覆地的变化。

科研经费方面，根据教育部统计口径，我校2009年的到校科研经费为48 436.80万元，与1979年的222万元相比，科研经费总量增长了200多倍。“十五”期间到校科研经费累计达10.95亿元，是“九五”期间的4.6倍，年平均增长率为31.1%，实现了学校科研总体规模的快速、稳定增长。

科研项目方面，学校不仅在承担项目的数量上不断增加，而且在项目层次上也不断提高。“十五”期间，学校承担国家973计划项目8项、863计划项目44项、国家杰出青年基金项目3项、国家重大国际合作项目1项、国家自然科学基金项目145项、北京市自然科学基金项目103项。学校先后作为独立承担单位或第一承担单位主持国家973计划、国家自然科学基金重点项目、国家重大科技专项、北京市自然科学基金重大项目等一批高水平的科研项目。

科技获奖方面，学校每年均有多项科研成果获得各类科技奖励。获奖成果数量增加的同时，获奖层次和水平也在不断提高。自2002年以来，学校共获得国家级奖励16项、省部级奖励120多项。这其中既有我校教师独立完成，并获得国家技术发明二等奖的“镧钼等热阴极材料及制备技术”，也有与其他科研单位共同合作完成，并获得国家科技进步一等奖的“铝资源高效利用与高性能铝材制备的理论与技术”；既有解决生产实际问题，产生巨大经济效益的“高浓度有机废水生物处理技术研发与示范工程”，又有处于当今基础研究前沿，并入选教育部十大科技进展的理论研究成果“首次发现共价键晶体及非晶结构一维纳米材料的大应变塑性形变”。

在学术论文方面，自1996年以来，北京工业大学教师在国内科技期刊发表论文8 175篇，论文被SCI/SCIE收录1 609篇，被EI收录2 957篇，被ISTP收录1 537篇。在高影响因子论文方面，自2001年以来，发表影响因子在2.0以上的论文143篇。如固体所纳米力学研究小组2007年在国际纳米研究领域的顶级期刊NANO LETTERS上发表题为“Low-temperature in situ large strain plasticity of ceramic SiC nanowires and its atomic-scale mechanism”的论文影响因子为9.627。

知识产权方面，早在我国《专利法》实施之初，我校就成立了相应的专利管理机构。在此后的20多年中，学校的知识产权工作取得了突飞猛进的发展。根据2008年教育部提供的统计数据，北京工业大学自1985年至2007年申请专利总量为1 491件，在全国高校排名第22位，在北京地区高校排名第4位。截止到2008年底，北京工业大学拥有的有效专利量为640件，在全国高校排名第9位。1992年至2007年，北京工业大学进行软件著作权登记434项，在全国高校排名第2位。2009年，北京工业大学作为北京市唯一一所高校单位入选北京市专利示范单位。

科研基地建设方面，目前学校拥有1个国家工程研究中心——精密超精密加工国家工程研究中心，1个国家产学研中心——激光技术中心，2个教育部重点实验室——新型功能材料重点实验室和传热强化与过程节能重点实验室，1个教育部工程中心——数字社区工程中心，交通工程、光电子技术和城市与工程安全减灾3个省部共建重点实验室，以及水质科学与水环境恢复工程等7个北京市重点实验室和2个北京市高校工程中心。同时学校还成立了跨学科培养高层次人才和承接重大科研项目的激光工程研究院、电子政府研究院、智能交通系统研究院、生命科学与生物工程研究院、北京经济社会发展研究院、北京现代制造业发展研究基地等；组建了网络信息技术工程、智能建筑、交通工程、环境工程、电动车技术、空间结构、室内环境检测、地震研究所、北京市焊接设备研究与开发中心等一批直接为社会发展和经济建设服务的研究所或工程中心。

**等闲识得东风面，万紫千红总是春**

从基础研究到产业化应用、从服务北京到军工国防、从科技奥运到人文社科，随着北京工业大学科研规模的扩大和科研水平的提升，北京工业大学的科技创新能力已经在科学研究的全过程和首都经济建设与社会发展的方方面面得到充分的体现。

在国家创新体系的建设中，高等学校日益成为基础研究的生力军。而基础研究更强调学术自由，因此学校对部分基础研究领域提供了更宽松的环境，如减少短期科研考核指标压力等，来保护科研的积极性，促进长期稳定研究。在这样的环境中，学校地震研究所成为国内外唯一一家运用多学科的前兆观测方法进行地震预测的研究机构，其研究成果还荣获了教育部2007年度高等学校科学技术进步奖二等奖。固体微结构与性能研究所长期致力于先进纳米材料的国际前沿基础研究，在国际顶级学术期刊上发表论文20余篇，标志着学校在该研究领域已经处于国际领先地位。

在重视基础理论研究的同时，北京工业大学还非常注重科技成果的应用和产业化推广；不但追求开花结果，还要做到成熟“落地”。为此，学校采取一系列措施，充分利用各种渠道，沟通多方信息，发挥自身的优势，通过“走出去，引进来”的方法，精心挑选，周密筹备，参加各类成果推介活动，如北京市科博会、中国国际工业博览会、全国发明展览会等，受到了社会各界的广泛关注和好评，为学校争得了荣誉。在学校科研人员和有关部门的共同努力下，由光电子实验室研发的高效高亮度发光二极管系列相关技术，共18项专利在2008年得到美国风险投资公司的注资，并在亦庄开发区落户进行产业化开发。机电学院永磁缓速器研究团队研发的成果“汽车永磁液冷缓速器产业化”2009年被市科委重大专项办公室列入北京市重大科技成果转化落地重点支持项目，落户朝阳区北京北齿有限公司。

融入北京是学校科技创新的重头戏，这既是北京市的需要，也是学校自身发展的需要。在科技工作中，学校始终坚持紧密围绕北京市重点发展的高新技术产业及其相关行业，大力开展应用型、工程型的科学研究与技术开发，把为首都经济建设和社会发展服务作为学校科技工作的中心任务和首要目标。学校纵向科研经费中，承担北京市有关部门课题的到校经费约占50%；而在横向科研经费中，来自北京市企事业单位的研究经费比例更是超过了70%。同时学校的科研人员也积极瞄准北京市经济建设和社会发展的科技需求，以及奥运带来的前所未有的机遇，不断挖掘自身潜力，寻找与北京市的结合点和切入点，扩大已经进入北京发展的成果。

机电学院与北京市印刷行业的龙头企业北人集团公司密切合作，共同承担的北京市重大科研项目“数字化印刷技术及装备”，提高了北京市印刷装备全行业科技水平，开创了我国数字化印刷的先河。与北京市酒仙桥污水处理厂、方庄污水处理厂等单位展开合作，针对污水脱氮除磷的理论、工艺、设备等开展一系列深入研究，为彻底解决水体富营养化做出了重要贡献。在建设社会主义新农村的伟大工程中，学校教师响应国家号召，积极参加“服务三农，规划下乡”活动。自2005年以来，已经完成北京市级、区县级、乡镇级等各类村庄规划50余项，在编20余项，为指导村庄未来的经济发展、规范村庄各类项目的建设，改善村庄的市政和公共服务设施水平发挥了积极的作用。

为了使2008年北京奥运会成为历史上最成功的一届奥运会，充分体现“绿色奥运、科技奥运、人文奥运”的三大理念，学校许多学院的教师分别结合自己所学的专业知识，在场馆建设、交通规划、环境治理、信息服务、奥运文化等领域开展了深入的研究，并取得一系列可喜的科研成果，其中很多已经为奥运会的成功举办发挥了重要的作用。如建工学院工程抗震与结构诊治实验室通过对北工大体育馆新型弦支穹顶结构体系的优化设计和模型试验研究，为建造出目前世界上跨度最大的预应力弦支穹顶钢结构做出了重要贡献，另外该实验室还为国家体育场“鸟巢”解决了建造过程中大型钢桁架柱柱脚—混凝土承台组合结构的设计这一关键技术问题。学校的大气污染控制研究中心对“北京市空气质量达标战略”和“北京与周边地区大气污染物输送、转化及北京市空气质量目标”等问题进行了深入的研究，为北京市的大气污染控制与管理工作提供了重要的科学依据。交通研究中心在详细分析北京市智能交通发展基础和奥运智能交通需求的基础上，利用仿真工具对奥运会交通组织、管理、运营进行多层次、多方位的仿真测试，为奥运交通规划、交通管理和运营提供经济、直观、详细、大范围分析的辅助工具，为制订完善、周密的交通组织计划提供科学的决策依据。多媒体与智能软件实验室设计的基于WEB的手语播报系统为使聋人更方便、快捷地获取网上信息提供了有力的技术支持。

尽管北京工业大学是一个以工科为主的高等学校，但是在向多科性大学转变的过程中，北京工业大学在人文社会科学领域的研究也取得长足的发展。如由左铁镛院士率领的北京市循环经济创新团队，通过深入研究循环经济不同发展模式和规律，奠定了构建有中国特色的循环经济理论和技术支撑体系基础，对我国发展循环经济，建设资源节约型和环境友好型社会具有重大的战略指导意义和参考价值。由李京文院士所在的北京经济社会发展研究院撰写的《2003－2004年北京经济形势分析与预测》研究报告，荣获北京市委、市政府颁发的“北京市第八届哲学社会科学优秀成果二等奖”。人文学院北京社会建设研究院和新农村建设研究中心在多年广泛深入调查研究的基础上出版了全面阐述了新中国成立50多年来政府和社会各界关于中国社会进步和可持续发展的战略思路的《中国社会进步与可持续发展》和深入论述首都北京自建国以来各个方面事关民生重大问题的《北京社会建设60年》两本重要著作。

**问渠哪得清如许，为有源头活水来**

回顾五十年的辉煌历程，北京工业大学的科技工作之所以能够取得如此骄人的成绩得益于一代又一代工大人科学的定位和不懈的追求，得益于“日新为道”的北工大在制度建设、队伍建设、平台建设等方面所采取的扎实有效的举措。

在学校创办初期，北工大教师带领学生深入到生产、科研第一线承担技术开发和科学研究实践，当时只有极少数教师承接国家科委和北京市科委下达的科研任务。而我校的科技工作也正是在这样的状态下，从无到有，从小到大逐步发展起来的。改革开放以后，学校的科技工作逐步加大发展步伐。学校党委提出了“教学、科研两手抓”的办学方针，推动了学校科研工作的发展。随着国家相继提出了一系列促进科技工作发展的方针政策，学校投身于科研工作的教师人数逐步增加，研究工作的深度和广度不断加大。

“九五”是学校进入国家“211”工程建设的关键时期。在这段时间里，学校的科技工作紧紧围绕“立足北京、依托北京、服务北京”这一基本定位指导思想，将学校的科学研究与人才培养密切结合在一起，把为首都经济建设和城市发展、科技进步服务作为中心任务和首要目标。进入“十五”以后，学校通过对当前形势及自身特点的认真分析，进一步确立了“立足北京、融入北京、辐射全国、面向世界”的科学定位，并提出“十五”期间科技创新的指导思想。作为深入学习科学发展观的成果，学校于2009年底更加明确提出了《北京工业大学服务北京行动计划（2009－2012年）》，今后学校将更加直接地面向北京市经济社会发展的重点领域和行业，加强针对性强、面向实际的人才培养、科学研究及成果转化，为发展北京现代产业，建设和谐的首善之区提供科技支撑和智力支持。

随着观念的转变，学校开始从管理体制入手，在管理体制、运行机制、组织方式上进行了改革创新：学校尝试着在部分条件较为成熟的学院进行科技体制改革的试点工作，以期构建校、院、所三级管理体制，打造“学校建渠道、学院进行业、基层做项目”的管理模式；同时还鼓励学院在有条件的学科进行科技体制改革，逐步实现由校、院、学科部的教学型管理体制向校、院、研究所的教学研究型管理体制的转变。这种层层深入的体制改革对我校科研能力的提高起到了根本性的推动作用，三层管理各司其职、分工明确，同时又相互渗透、彼此相通、环环相扣。

同时为积极配合学校科技体制的转变，实现校院两级管理，学校修订和补充了一系列科技管理文件，如《北京工业大学纵向科技项目管理办法》、《北京工业大学青年科研基金项目管理办法》、《北京工业大学重点实验室建设管理办法》、《北京工业大学知识产权管理办法》、《北京工业大学科研创新重点基地建设暂行办法》等。这些科技管理文件的制订和完善为构建分工合理、权责明晰的科研管理新体制，创建运作有序、优质高效的科研管理新机制，起到了积极的推动作用。为了进一步激励广大教师从事科技成果转化的主动性与积极性，学校还印发了《北京工业大学关于科技成果转化收益分配的规定》，明确对于学校科研人员以专利或非专利技术进行转让所获得的收益进行分配的原则和办法。另外，依据此办法，学校还申报了《北京工业大学股权激励改革试点方案》，获得中关村国家自主创新示范区股权激励改革试点工作组的批复，成为首批14家试点单位之一。

作为学校科技成果转化及产业化的重要平台，我校科技园始终坚持依托学校的优势学科及人才资源，不断完善科技园的管理体制，推进技术成果特别是大型高新技术项目的转化。科技园自2001年5月被北京市确立为北京市大学科技园以来，经过近十年的建设，已初具规模，现已形成科技研发、成果孵化、企业家培养和科技成果产业化“四位一体”和研发区、软件园、孵化园、产业园“一区三园”建设有机对接的发展运行模式。2005年10月北京工业大学科技园通过了由科技部、教育部组织的专家评估，同时也被国家科技部、教育部认定为国家大学科技园。2005年底，由北京市教委、北京市工业促进局牵头建立的首批北京市技术转移中心之一——先进制造北京市技术转移中心在我校成立。此外，北工大还作为共建单位参与电子信息、新材料和车辆三家技术转移中心的建设。

在积极推进科研体制创新的同时，学校还大力实施“人才强校”战略，通过多种手段不断加大引进、选拔、培养学科带头人和学术骨干的力度，打造出一批高素质、科研能力强的科研团队，为学校科技工作发展提供了强大的动力。一方面，学校引进了一批知名度高、学术造诣深的领军式大师级学科带头人，并且为其配备助手、搭建梯队，帮助他们建设基地或实验室。自1996年以来，已先后引进了8位全职院士和12位双聘院士。他们以其渊博的知识、严谨的治学为我校的学科建设和人才培养做出了巨大的贡献。另一方面，学校还着力加强对中青年学术骨干的培养。通过建立科研启动基金、青年基地建设以及一系列的优惠政策，使一大批年轻的学术骨干快速成长，并在学科方向、主梯队中发挥了重要作用。如今学校已经有6名教师获得国家杰出青年基金资助，3名教师被教育部聘为长江学者特聘教授，14人入选教育部新世纪优秀人才计划，88人入选北京市科技新星计划。通过引进学术造诣深厚、富有创新意识和能力并能从事科研队伍管理的拔尖人才、学科带头人和学术骨干，带动学校学科结构调整，师资队伍结构得到了明显的改善，整体水平明显提高。目前学校已经形成了多个结构合理、科研能力强的创新团队。其中包括教育部创新团队1个，北京市创新团队16个。

建校近50年来，北京工业大学潜心磨砺、积极创新，在科技研究中取得了令人瞩目的成就；展望未来，美好蓝图已呈现眼前。北工大将站在新起点，抢抓新机遇，全面推进学校科技工作的又好又快发展，使学校科技创新能力和综合办学实力进一步提升。

（杨东升　杨建武）

# 改革开放三十年北京工业大学思想政治教育回顾

客观总结改革开放三十年来大学生思想政治教育的有效经验，把握三十年来大学生思想政治教育创新发展的客观规律，对于在新的历史起点上不断开创大学生思想政治教育新局面，更好地培养中国特色社会主义事业的合格建设者和可靠接班人，具有重要意义。

改革开放以来，北京工业大学的思想政治教育先后经历了恢复建设的“十一届三中全会”和调整时期的“十三届四中全会”等重大调整。党的十五届六中全会以来，尤其是党的十六大以来，以胡锦涛为总书记的党中央，从战略和全局的高度出发，对加强和改进大学生思想政治教育的调整和改革做出了新的部署，2004年颁发了《关于进一步加强和改进大学生思想政治教育的意见》（简称“16号文件”）。北京工业大学各级党组织在“16号文件”的指导下，在加强和改进党的建设和思想政治教育等方面进行了许多有益的尝试，思想政治教育呈现出崭新的面貌，进入主动建设阶段。

**一、恢复与探索阶段（1978—1989年）**

在党的教育政策与方针的指导下，北京工业大学根据时代背景与当时的学生特点，从目标、内容、制度、方法与途径上着手进行了大学生思想政治教育的恢复与重建的探索。

德育目标。学校德育目标经历了三次大的变化，由“又红又专”到“四有”新人，由“四有”新人到“坚定正确的政治方向”、“热心于改革和开放”、“自觉地遵纪守法”。

德育工作的管理制度、方法、途径。第一，学校颁布了一系列制度化文件。如《关于加强学生思想政治工作队伍建设的几项规定》、《学生政治辅导员工作条例》、《关于研究生思想政治工作暂行条例》、《关于德育教师职称确定的几点意见》等。第二，着手开辟进行德育教育的途径。1982年党委提出，由青年部负责具体筹备德育教研室，1983年党委提出开设德育课，在教学中开展爱国主义教育，同时校团委于1983年底成立了包括合唱、舞蹈、器乐、摄影、美术、新闻6个队的学生文工团。第三，形成一些常规性的德育工作方式。例如1985年，学校确定此后每年召开一次教书育人经验交流会，并对教书育人、服务育人的先进个人和单位进行表彰，“三育人”的观念开始形成。1986年，正式成立业余党校，对学生党员和积极分子进行系统化、制度化的理论培训。第四，紧密结合时事开展思想政治教育工作。1982年学校党委明确提出“加强对学生德育教育”的概念，要求采取多种形式，分析不同对象，分别提出要求。对低年级学生着重进行学风教育和组织纪律教育。对毕业班学生着重进行服从国家分配、为人民服务的思想教育；对党员进行发挥模范带头作用的教育，对三好学生的标准提出了明确的要求。

德育工作的内容。第一，坚持四项基本原则教育。党委青年部和团委根据党委的要求，相继在学生中开展了四项基本原则教育、《关于建国以来若干历史问题的决议》的学习和“做合格共青团员”的教育。第二，进行爱国主义、集体主义教育。通过社会实践，让学生目睹改革成就，体会改革艰难，了解国情、民情，明确社会责任；重新认识自我，明确成长道路。第三，加强校风学风建设。明确提出了“刻苦、严谨、团结、创新”的八字校训，加强对学生的教学管理，进一步量化了三好学生德、智、体综合积分的评定标准，并且制定了《学生手册》和各项规章制度。

**二、调整与发展阶段（1990—1998年）**

1989年6月，十三届四中全会胜利召开，开启了中国改革开放和现代化建设的新时期。北京工业大学大力改进和加强学校德育中的思想政治教育，稳步开展精神文明建设，使学校德育进入一个稳定发展、逐渐走向成熟的新阶段。

德育目标。学校德育工作开始注重对当代大学生的全面素质要求，将政治方向放在首位，同时加入了遵纪守法、道德品质和心理素质等内容。

德育工作的管理制度、方法、途径。第一，颁布了《北京工业大学德育实施大纲》，分七个部分，对德育工作目标、原则、内容、领导和实施体制、德育队伍建设、德育考核与研究等进行了政策性的阐述，对各年级学生的特点及相应的德育教育内容做了比较规范和系统的要求，对学校各部门在德育工作中所承担的任务及考核做了比较具体的规定。第二，德育工作内容逐渐系统化。学校制定了《北京工业大学关于在学生中进行爱国主义教育的实施意见》，确定了在校内举行升降国旗制度；另一方面在重视校园文化建设、开展学生喜闻乐见的丰富多彩、积极向上的学术、科技、体育、艺术和娱乐活动的同时，把中国国情教育加入德育课程。第三，紧密结合国际形势的变化热点与国内改革发展的良好势头，开设主题报告会和专题讲座，全面展开积极主动的思想教育，引导学生健康成长。以庆祝建国45周年、纪念抗日战争胜利50周年、庆祝香港回归、建党70周年、建团70周年、毛泽东百年诞辰等重大纪念日和亚运会等社会重大节庆活动为契机，学校邀请政府高级官员、高校知名学者和社会名流，来校为学生开设主题报告会和专题讲座。

德育工作的内容。第一，提高思想道德修养为主旨的基础文明教育。学校对全校研究生和本、专科生，以听报告、学文件、开展讨论、个人总结等形式，进行“坚持社会主义方向”的专题教育。学校党委多次专项研究学生党建工作，每年举行一次党建研讨会；组织部学生部在党委领导下，制定了学生党建工作和组织发展规则，加强对学生积极分子的培养，特别加强了学生党校以及学生党支部建设。1993年6月，提前实现了学生党员发展的三年规划，本科生党员比例达5.64%。通过组建以党员和积极分子为主体的“校风学风督导队”、实行“党员宿舍”挂牌，制定《学生党员日常行为规范》等具体措施，强化对学生骨干现实表现的要求和考评。第二，以多种自我教育方式，开展团支部为主体的思想教育。同时，校团委借迎接亚运会之机，组织学生参加义务服务。包括参加植树劳动，担当交通指挥、拉拉队员，参加闭幕式表演。第三，校园文化建设。在全校学生中，通过“增强责任意识，再塑大学生文明新形象”的系列教育，开展“校园不文明举止班级自我诊断”，举办“树立优良学风、做世纪合格人才”校园漫画展、开展“校园环境日”等学生自我教育的活动，构筑良好的自我约束氛围。

**三、全面加强阶段（1999—2004年）**

采取多种措施，加强对大学生的思想政治教育。首先，及时结合重大的社会事件对大学生进行思想教育。其次，重视学生党员的发展工作，坚持标准，保证质量，加强党员的坚定性与自身行为示范性的锻炼。同时坚持把党支部建在班上，努力实现本科学生班级“低年级有党员、高年级有党支部”的目标。2004年12月，打破了传统的党员培养模式，成立了学生会、社团党支部和社区学生党支部。

积极拓展思想政治教育工作的领域和内容，加强对大学生日常的思想政治教育和形势政策教育工作。首先，拓展思想政治教育的渠道，以典礼和仪式感染和教育学生。从2001年新学年起，学校对学生的开学典礼、奖学金颁奖典礼、毕业典礼在内容和形式上进行了重大的改革，删除了一些繁琐的、程式化的环节，增添了大量能够唤起参与者的情感体验、留下深刻印象和产生积极影响的教育内容。其次，使思想政治教育与教学工作结合起来。为紧密结合国际形势的变化与国内改革发展的良好势头，1998年9月，学校在98级新生中开设了形势与政策课，将其列入学校教学计划。第三，将军训作为学校教育的一项重要工作内容，锻炼大学生的意志和能力。

加强德育工作队伍建设，扩充队伍人员的数量，提高管理队伍素质。学校在开展常规培训工作和保持常规培训措施的同时，通过加大专项资金的投入力度，解放培养思路，多渠道、多层次的开展培训工作，重点深入推行“专业化培训”、“专题培训”，积极探索“培训工程”的新体制、新思路。通过探索与改革，实现了培训目的从单一的技能培训、学历培训和德育培训向注重个体与团队培训相结合的转变，实现了培训组织虚拟化的转变，培训平台从传统的教学黑板发展到包含多媒体培训、远程培训、网络培训和电视教学等高新技术的转变，实现了从注重培训结果到注重培训效果评估的转变。

搭建多层面的学生辅导平台，培养大学生的创新意识和健康的心理素质，促进大学生的全面发展。首先，设立大学生心理咨询中心，为学生心理素质的全面健康发展提供保障。其次，成立勤工助学中心，在解决保障学生顺利完成学业的同时提高他们的竞争力。再次，创办研究生科技基金，打造研究生科技品牌，培养学生的创新意识。2002年，学校设立研究生科技基金，重点支持能够出成果的课外科研项目，对研究生的科研能力、科研管理能力、科技成果转化等多方面的创新素质进行培养。同时，于2003年设立了研究生科技创新奖，奖励研究生在科研中取得的优秀成果。

应对挑战，推进思想政治理论课的课程体系建设，关注实践教学。2002年，学校出台了《北京工业大学关于进一步加强和改进“两课”教学的意见》（工大发〔2002〕42号），对“两课”教学提出指导性意见。教学内容上，以“三个代表”的“三进”

工作为切入点，不断深化教学内容改革。教学方法上，以推广多媒体教学手段为突破口，促进“两课”教学方法的改进。参观考察是“两课”实践课常见的活动形式。配合“纪念抗美援朝50周年”、“纪念抗日战争60周年”等主题，毛泽东思想概论课的教师组织学生赴军事博物馆、抗日战争纪念馆等地参观。

**四、主动建设阶段（2004年至今）**

进一步完善大学生思想政治教育的渠道和途径，构建较为完整的大学生服务体系。首先，加强心理咨询中心的建设，2006年初，学校心理咨询中心正式从人文学院心理教研室剥离，独立成为一个在学生处领导下的心理素质教育中心，拥有十几名专兼职心理咨询教师。其次，进一步完善勤工助学工作。2005年，学校结合保持共产党员先进性教育，开展“大手拉小手”教工党支部与贫困学生一帮一活动，使全校更多的教工党员更多的关爱贫困生同学的成长，以更广更深的角度完善贫困生的辅导工作。第三，形成平台化与体系化的研究生创新平台。2005年，学校“研究生工程实训平台”项目喜获教育部“教育创新计划”批准。学校抓住这一难得的历史机遇，于2005年着手建设研究生工程实训平台，提升研究生竞争力，打造研究生科技创新的成才空间。

拓展大学生思想政治教育课程和管理队伍建设的视野，在教育内容与管理队伍两方面保障德育工作的建设与实施。学校的形势政策教育进行了大胆的改革，建立了一套校党委统一领导、党委学生工作部主管、形势与政策教育教研室具体管理的三级管理体制。在实践教学中，把形势与政策课纳入学校总体教学计划，并把它列为学生的第二课堂必修课。在学校德育管理队伍的建设上，学校制定了适合符合本校实际的管理文件和实施办法，坚持不懈地加强思想政治教育，认真做好学生工作教师党员的发展工作，努力构建一个积极向上的工作学习环境。2008年，学校制定了北京工业大学辅导员管理实施办法，通过选聘与配备、发展与培养、培训、管理与考核等环节，对学生工作队伍实行了职业化培养。

拓宽思路，创新思想政治教育载体，开辟大学生思想教育的新阵地。首先，拓展社区功能，学校将社区纳入大学生思想政治教育的途径之中，树立“第一社会，第二家庭，第三课堂”的新理念，并积极以社区为依托开展爱国主义和思想道德示范教育。其次，创新思想政治教育载体，开展多形式多内容的主题教育活动。2004年以来，学校每个学期确定不同的教育主题，依托确定的主题、开展一系列活动。这些主题教育内容分别为：2004年至2005年，“成长、成才、成功”；2006年至2007年，“唤醒信仰意识、唤起责任情感、焕发创新精神”；2008年，“五彩奥运，青春榜样”。

科学合理地调整和设置党的基层组织，形成健全严密的党组织网络，发挥党员的先锋示范作用。首先，完善党的基层组织建设。2007年11至12月，学校学生工作部与研究生工作部围绕十七大报告主题，通过专家讲座、个人自学、集中辅导、专题讨论、集中交流等方式，组织学生党支部书记培训班。2008年，为深入学习贯彻党的十七大精神，落实科学发展观，以参与奥运为契机，在全校学生党员中开展“五彩奥运 青春榜样”主题教育系列活动，鼓励学生党员在积极营造“迎奥运、讲文明、树新风”的校园文化氛围中争做“青春榜样”。同时组织了以“我身边的奥运精神”为主题的党日活动。

加强规划，进一步完善课程体系，提高思想政治理论课的教学水平和师资队伍素质。2005年，学校对本科生思想政治理论课（必修课）课程设置方案进行了调整。从2009年春季学期开始，将本科生的“毛泽东思想、邓小平理论和‘三个代表’重要思想概论”课程名称调整为“毛泽东思想和中国特色社会主义理论体系概论”。思想政治理论课教师提高了科学研究的自觉性，学院也积极鼓励思想政治理论课教师开展科学研究和教学研究，以最新的科研成果促进教学内容的与时俱进。专著和论文数量逐年提高，并且获得各级教研、科研奖励不断增多。其中北京市优秀教育教学成果二等奖2项，校级优秀教学质量奖、优秀教育教学成果奖、优秀教学多媒体奖几十项，各级学会奖励10余项。

发挥党团组织作用，开展志愿服务。学校成功地完成了2008年北京奥运会两项赛事的承办工作，奥运志愿服务所展示的风采充分彰显了学校多年来思想政治教育工作的成效。在北京奥运会、残奥会期间，学校共组织了754名赛会志愿者、1530名城市志愿者、1020名社会志愿者、350名外围服务志愿者、10名体育展示志愿者和7名驾驶员志愿者参与奥运志愿服务。同时，学校积极开展志愿者宣传和遗产转化工作，巩固志愿者宣传阵地，为展示志愿者风采展示搭建广阔平台。

三十年来，北京工业大学德育工作在继承传统中，不断创新，积累了丰富的经验。德育工作始终坚持正确的政治方向，以邓小平理论和三个代表重要思想为指导，深入贯彻落实科学发展观，在德育教育过程中坚持育人为本、德育为先，用中国特色社会主义理论体系感召和武装学生的头脑。把促进学生全面发展作为德育工作的核心价值。在工作过程中，始终真诚的关爱学生健康成长，坚持解决思想问题和解决实际问题相结合，从学生的发展需求出发，把学习成才、健康生活、身心健康作为指导的重要内容。德育工作要求上，始终力争准确地把握当代大学生的特点和现实需要，不断创新教育内容、形式和手段。

通过三十年的不懈努力和探索，北京工业大学的德育工作发生了可喜的变化。德育目标从确保校园稳定向促进学生全面发展转变，德育内容从单纯的政治教育向全方位的素质教育和人文关怀转变，德育方法从重灌输向重引导和激励转变，德育工作队伍从经验型向专业化迈进。学校将继续深入贯彻落实中央16号文件的要求，坚持把德育放在首位，以学生的全面发展为中心，与时俱进，不断探索，在学生德育工作中做出新的成绩。

（高春娣　王秀彦）

# 构建学生发展辅导体系，促进学生全面成长

2009年，在学生事务管理工作和学生辅导工作的探索中，北京工业大学构建了学业辅导、学生科技创新与实践、学生心理健康辅导等辅导体系，旨在通过建立和完善对学生的学业与创新能力、科技实践与社会实践、心理与人格等方面的辅导，从而实现学生在道德素养、人格品德、文化知识、创新实践等方面的全面发展。

## 一、学生学业辅导体系

学业是大学生接受高等教育的主要目的，学业成功是大学生人生起步的重要基础。学业辅导体系旨在教师和学生之间建立一种“导学”的关系，让学生得到更加全面、规范的学业辅导，同时帮助学生确立大学各阶段的目标，消除学生在学业上的焦虑，为学生成长、成才、成功提供高效、快捷、方便的辅导；最终将学生培养成德、智、体、美全面发展的综合型人才。

学业辅导的内容根据不同的学习阶段有所不同。首先，一年级学业适应辅导：此阶段学业辅导的目标是适应自主生活，调整学习方式，增强自我调控力，帮助学生做好角色转换定位，加深对本专业的培养目标和就业方向的认识，增强学生学习基础课及专业课的主动性和自觉性，树立学生的学习目标与职业方向。其次，二年级学业规划辅导：此阶段学业辅导的目标是夯实专业知识，培养实践技能，明确学业目标，指导学生加强专业学习，让学生了解应具备的各种专业和非专业素质，鼓励学生通过参加实践活动，培养锻炼综合能力，并开始有选择地辅修其他专业的知识充实和完善自己。再次，三年级学业创新辅导：此阶段的学业辅导的目标是深入、拓展科研，努力提升学业。指导学生准备考研的同时，通过大学生科技实践和素质拓展活动来锻炼独立解决问题的能力和创造性，鼓励大学生参加与专业有关的各项实践工作。最后，四至五年级学业发展辅导：此阶段学业辅导的目标是完善学业目标，提升职业素质，完成从学业到就业的转变。指导学生对前三年的学业进行总结，首先检验已确立的学业目标是否明确，前三年的准备是否已充分，然后有针对性的对今后的学业进行规划，如攻读研究生继续深造等，并对其进行专项辅导。

## 二、研究生科技创新与实践体系

创新能力是人才培养的核心能力。为了提高学生独立从事科研工作的能力和水平，为学生取得高水平的科研成果提供支持，北京工业大学建立了研究生科技创新与实践体系，通过工程训练、科研实践、基金资助、竞赛参与等多种形式，以提高学生独立从事科研工作的能力和创新精神为核心内容，为学生提供专业辅导、科研实践、激励保障有机结合的科技创新与实践平台。

研究生科技创新与实践体系由辅导培训、基金资助、竞赛、实践和激励五个模块构成。辅导培训模块为学生提供相关的专业培训和指导，包括博硕士风采论坛、专家讲坛、学生科技作品展、学生科技沙龙等。基金资助模块为学生提供参与科技实践及创新活动的资金支持，包括科技基金、博士研究生创新计划、新星培育计划等。竞赛模块为学生提供参与学科专业竞赛的机会，包括创新设计竞赛、数学建模竞赛、挑战杯等。实践模块为学生提供可参与的科技实践及创新活动，包括平台开放项目、企业实践、创业孵化计划等。激励模块为学生提供相关的奖学金和荣誉奖励，包括科技创新奖、优秀博士创新基金、科技之星、校外科技竞赛奖等。

## 三、学生心理健康辅导体系

心理健康辅导体系的内容包括心理健康辅导与服务、心理健康辅导教学与科研等内容。

心理健康服务主要包括心理测评、个体咨询、团体辅导、危机干预、心理健康宣传等内容。心理测评是指心理测查和排查的相关测试，根据不同年级学生的心理特点开展相关测评，建立学生的心理

档案，及时有效地区分出正常学生、心理问题学生、危机学生，掌握学生的实际心理健康状况。个体咨询是指以专兼职教师为主，心理热线人员为辅的个体咨询服务，提供生活适应、情绪情感、人际交往、学业压力、人格发展、生涯规划、心身疾病等方面的个体咨询服务。团体辅导包括已有的针对正常学生和一般问题学生的新生适应、自我成长、两性交往、人际沟通、生涯规划等主题，同时增添针对特殊群体如抑郁倾向学生、试读学生等，有针对性地加强心理治疗性的团体辅导。危机干预包括学校、学院、班级、宿舍、个人危机干预五级网络预警机制；心理危机预防与干预机制，以及应急反应的工作流程和制度；实行心理危机情况月报制度；建设危机预防干预的专业队伍、学生工作队伍及学生骨干队伍的联动机制。在心理健康宣传方面，则定期开展心理健康宣传活动，让心理预防和咨询的理念深入人心，营造良好的校园氛围。

在教学方面，积极拓展课程教学主渠道，针对不同人群、有层次性的开展心理健康必修课和心理选修课。首先，开设心理健康必修课：针对本科新生在第一学期开展第二课堂必修课《大学生心理适应指南》，包括学业适应与时间管理、职业生涯规划、人际交往与恋爱、压力应对和情绪管理、健全人格与完善自我、常见心理问题及调适、生命教育等系列主题的心理知识和调适技巧讲解。针对研究生开展系列专题讲座，满足研究生对心理健康知识的需求，纳入研究生课外学术报告体系要求之内。其次，逐步开设面向全校学生的心理健康专题讲座和心理训练校选课，如：《心理健康与人才发展》、《性心理健康》、《人际交往与发展》、《情绪管理》、《个性发展与优化》和《生涯规划》、《潜能训练》、《成长训练》等系列选修课程。

在科研方面，将逐步建立有相关领域研究能力的硕士点，从理论研究上进一步深化心理健康教育的应用价值。并通过建设科研团队，逐渐开展课程建设研究、心理咨询和心理普查研究、心理危机干预研究等方面的科学研究工作。

**四、学生辅导体系的组织机构与队伍建设**

学校成立专门委员会分别负责各辅导体系工作的指导，如学生科技创新与实践指导委员会，委员会由学校职能部门工作人员及相关专家、专职教师等组成，各学院根据实际情况成立委员会分会，针对各学院学生做好辅导工作。各专门的委员会积极吸收校内外专家，不仅包括校内学有专长的专业教师，而且积极调动社会各界力量，在整个大学生培养过程中更多地吸收社会力量的参与，在事业规划及个人发展等各个方面进行指导。充分利用外部力量和社会资源，使学生更早、更多地接触社会、了解社会，并使之身心健康与综合素质在社会评判中不断成长。

另外，目前高校大学生辅导队伍专兼结合，学历层次近年来不断提高，辅导教师队伍建设的步伐逐渐加快，但随着辅导工作专业化要求的进一步提高，辅导工作的专业性与职业性有待加强。北京工业大学通过大量引进教育学、心理学等学科专业人才、加强相关学科建设、加强人才培训与交流等途径，加强了从事辅导工作教师的整体专业水平，大大提高了学生辅导队伍的专业性与职业性，学生辅导与思想教育工作的实效性有了明显提升。

（高春娣　王秀彦）

# 以国际交流促学校的国际化人才培养

在经济全球化的影响下，在北京“世界城市”定位的带动下，培养国际化的专业人才已成为历史赋予北京工业大学的新使命。学校非常重视高素质的国际化人才的培养，积极开拓渠道、搭建平台为师生提供出国学习、进修、实习等各种交流活动的机会。同时，引进国外智力资源为学校服务，在培养学生创新能力、加强学生实践能力、拓宽学生视野、培养学生跨文化交流意识及适应能力等方面进行了许多大胆、有益的尝试。

**一、开辟对外合作渠道、创造出国交流机会**

（一）交换学习——异国求学、融入异国文化

在校生赴国外友好交流学校进行一学期至两学年不等的交换学习，是目前北京工业大学在校生出国的主要方式和渠道。通过在境外交流学校一段时间的学习，学生对国外大学的教学体制及模式、科研方法及相关领域的最新动态、异国的社会文化生活、价值观及人文历史等都有了全面而深刻的了解，同时，开阔了眼界，增长了见识，锻炼了语言能力和文化适应能力。在改革开放的政策引导下，北京工业大学校际交流渠道（项目）逐年增加。派遣方式也越来越多样化、灵活化。从 2003 年至 2009 年，参加校际交流的学生数量有了显著的提高（见

图2-1）。

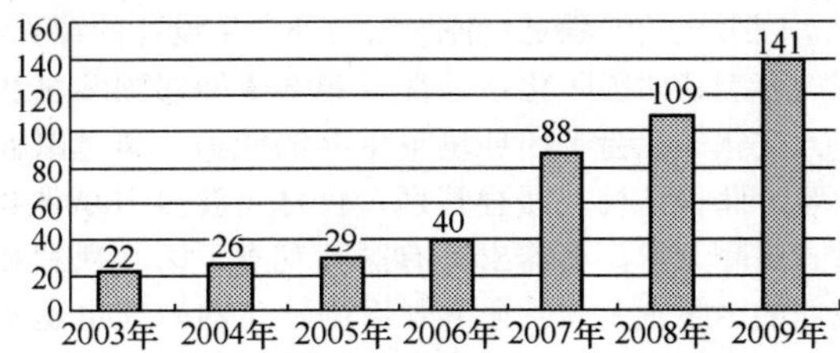


图 2-1 北京工业大学在校生出国人数统计（2003 至 2009 年）

学生派出质量和数量连年增加。受益面和影响面也越来越广。通过在国外的交换学习，学生的专业水平、语言、跨文化交流技能等综合素质得到进一步提升，从毕业后的就业或继续深造情况来看，均好于没有出国学习经历的学生。

（二）文化交流——感受异国风情、传播中国文化

除长期交换学习以外，短期出国学习、实习、参加各种文化交流活动也是学生在校期间踏出国门的重要渠道。在与国外伙伴院校合作的基础上，以项目为依托，结合学生的实际需求，为学生创造各种出国机会。如：国外交流学校开设的各种寒（暑）期项目为学生提供了短期学习和实践的机会。利用 4 至 6 周不等的假期，学生不仅能学到相关的专业知识、基本的语言技能，而且还对异国文化有了粗浅但近距离的接触。以交流项目为依托，通过组织学生赴校际交流学校、海外孔子学院等地开展文艺演出、体育竞赛等各种文化交流活动，使学生有机会增长见识、增强国际交流意识，有助于学生了解中国、了解世界、了解世界眼中的中国；同时，也传播了中国文化。

（三）学术交流——展示自身能力、借鉴他山之石

为增强学生尤其是工科学生的实践能力，培养国际化的创新型人才，学校积极鼓励在校学生赴境外参加各种国际比赛或竞赛及各种学术会议、论坛、研讨会等。北京工业大学学生在国际大赛中也频传佳绩。2004 至 2007 年，北京工业大学“放飞技术网”的研究生和本科生联合组队，两次荣获“微软创新杯”3D 渲染技术专题全球总冠军、两次获得“微软创新杯”界面设计专题全球亚军；建规学院研究生在第五届国际学生医疗设施设计竞赛中获得最高奖；机电学院研究生获得 2008 年国际 ASME 学生机械设计竞赛第二名；建工学院研究生获得第十三届世界智能交通视觉创新大赛第三名。正是通过参与各种各样的竞赛活动，学生有机会与来自世界各地的同行一决高下，不仅提高了专业技能，培养了团队意识，熟知了国际竞赛规则，了解了国际市场的最新需求而且锻炼了跨文化沟通的本领。同样，通过参加各种国际学术会议，学生有机会走出封闭的实验室，与各种不同的思想碰撞，掌握相关学科的国际前沿信息，从而更好地促进其开展今后的学习和研究工作。

此外，国际交流合作处对于学院（部、处）牵头的交流项目给予大力支持。从政策层面上给予指导，从技术层面上给予帮助。在校、院两级的配合下，近年来，学院自主开展的交流项目如雨后春笋，形势喜人。如经管学院与美国迪克森州立大学签署的交换生项目、人文学院与加拿大卡尔顿大学签署的短期实习项目都从学院一级有利地促进了国际化人才培养。校、院两级的交流平台模式初见成效。

**二、优化国际资源配置、深挖本土资源潜力，培育国际环境**

培养国际化的创新型人才需要有国际化的师资队伍。一定比例的国际学生、国际课程以及校园软环境有助于具有国际化视野的人才茁壮成长。对外交流的渠道虽然对于培养学生的国际意识效果直接而且显著，但毕竟受益面有限，并且受国际大环境制约。在过去的几年中，北京工业大学立足本土、发挥自身优势，利用国际资源，打造国际化师资队伍，建设国际化课程体系，改善校园软环境，从整体上改变了培养国际化高水平人才的内部环境。

（一）打造国际化师资队伍

“走出去、请进来”一直是学校国际交流合作方面常抓不懈的两项工作。一方面，利用国际资源，开辟渠道，让学校越来越多的教学、科研、管理人员“走出去”，学习先进的理念、技能从而间接培养学生的国际化意识。另一方面，积极创造条件，邀请国外长、短期专家、学者到北京工业大学任教、讲学，从而直接服务于国际型人才培养。

“走出去”战略。首先，通过“人才强校、人才强教”计划，以项目为依托，培养北工大的双语教学人才和管理骨干。自 2002 年起，已通过 15 个项目，选派 157 名教师和管理骨干赴境外培训。许多承担培训任务的境外伙伴学校，如英国的伯明翰大学、华威大学都是英国甚至世界范围内的高水平大学，在工程教育领域享有声誉，曾培养出许多工程领域杰出的国际型人才。北京工业大学教师在这样的学校集中学习，通过选修相关课程、参加主题培训或研讨、实地参观考察相关部门、与国外同行交流经验等学到了许多国外先进的教学方法、研究方法和管理理念。进而对国际上工程高等教育领域的发展状况和最新形势有了较深入的了解。学校还充

分利用已有的校际交流渠道，为教学、管理等相关人员提供出国进修的机会。例如：美国的纽约州立大学布法罗分校、缅因州立大学法明顿分校与北京工业大学互为伙伴关系近三十年。北京工业大学每年派遣教师或管理人员分别赴此伙伴学校任教或开展科研合作。派遣的教师与外方同事一道参与学校的教学、科研和管理，这不仅能直接提升教师的科研和教学水平，同时对培养教师的国际意识和视野起到极大的促进作用，对培养教师的国际交往能力、合作精神也起着不可替代的作用。通过这种稳定的合作关系，北京工业大学近100名教师在过去的三十年中从与这两所学校的合作交流项目中受益。目前，这些教师大多已经是学校业务或管理骨干，其中不少还活跃在国际学术舞台上。

参加过培训的教师回来以后将所学直接或间接地付诸于实践，使学生受益匪浅。另一方面，参加过培训的管理人员，结合学校实际，把国外大学的先进管理体制和方法运用到实际工作中，不仅有助于培养学生的国际化意识，而且使北京工业大学的教学管理水平逐渐向国际高水平大学靠近。

“请进来”战略。外籍长、短期专家是学校国际化师资队伍的重要力量。长期专家即为外籍教师，常年在学校担任语言及工程专业的教学任务。近年来，外籍教师人数始终在每年30位左右。2009年，北工大共聘请长期专家27人次。其中，海外归国留学人员5人。11名语言文教专家承担了学校7个学院或部处的英语、日语、韩语和工程课的教学任务。通过给学生授课，使学生在外国语言、文化上学到最鲜活的知识；通过为校内中青年骨干教师培训，使没有喝过“洋墨水”的校内教师在英语、西方文化和国际视野上有了质的飞跃；通过为学校机关部处提供文化培训，使没有机会“走出去”的管理工作者有机会感受文化之间碰撞出的“火花”，加深对跨文化交流理论和实践的认识；通过为教师和研究生修改论文，提高他们的英语论文写作能力和技巧。

在短期专家的聘请上，学校鼓励世界知名专家、学者到校讲学，从事科研合作，指导研究生等。近年来，来访的短期专家人数逐年递增、涉及学科也越来越广。不仅实现了北京工业大学科研人员与国际同行的有效沟通，也活跃了学校的学术气氛，繁荣了学校的科学研究文化。最重要的是，直接使广大学生尤其是研究生有机会与世界级的大师沟通，与国际同行接轨，掌握国际学术界的动态信息。

（二）建设国际化的课程体系

国际化的课程是一种为国内外学生设计的课程，在内容上趋向国际化，旨在培养学生能在国际化和多元文化的社会工作环境下生存的能力。通过课程内容、课程结构、课程管理、教材建设的国际化或融入国际元素，培养出具有国际观念、国际视野和技能的国际性人才。大学开设国际化的课程也是实现大学国际化、提高教学和科研水平、建立世界一流大学和培养国际型人才的主要途径。

在过去的几年中，学校在建设国际化课程体系方面也做了很多有益的探索和尝试。一方面，通过原版教材的使用及双语教学手段建立双语教学的课程模块。另一方面，在面向留学生的国际项目的基础上，整合资源，组建了以工程教育为主、汉语言文化教育为辅的国际项目教学团队。课程的国际化不仅能给那些没有去国外留学的学生提供接受国际化教育的机会，还能够提高课程对外国留学生的吸引力，进而推动对本国学生的教学过程。

（三）建设国际校园软环境

培养国际化的人才需要有适合国际型人才生存和发展的软环境。除硬件条件如师资、课程以外，为学生创造具有国际氛围的、多种文化并存的软环境也是十分必要的。而招收外国留学生，使得大学校园成为一个多元文化汇集的共同体就成了这个软环境的核心要素。近年来，到北京工业大学进行长、短期学习的留学生人数稳步增长。随着留学生队伍的壮大，越来越多的有着不同肤色、种族、国籍、文化背景和教育背景的学生融入，丰富了学生队伍。留学生的到来为在校中国学生提供了很多实实在在的国际文化元素。通过中外学生共同学习、共同合作攻关实验课题，中国学生不仅锻炼了外语能力和跨文化交际能力，而且提高了团队意识，培养了团队合作精神。同时，以留学生团体为主开展的文化交流活动如“国际日”、“汉语日”、“国际文化风情节”等也为中国学生打开了面向世界的一扇窗。

人才培养是大学最主要的社会功能，也是学校教学、科研的落脚点。在全球一体化趋势锐不可当的今天，高校对外交流工作被赋予了新的使命和新的要求。北京工业大学对外积极通过开辟渠道，为师生创造出国机会和条件，对内组织力量修炼内功、创造环境、搭建平台，有力地推动了国际化人才的培养。

（王 婷 吴文英）

# 构筑服务北京建设平台，推动学校科学发展

北京工业大学在开展深入学习实践科学发展观活动中，从对学校办学定位和发展阶段的认识及分析着眼，从明确发展的思路和改革措施、破解影响学校科学发展的难题、找准与科学发展不相符的体制机制问题、促进学校各项事业全面发展着手，以深化学校内部管理体制改革为切入点，以完善校院两级管理体制机制为载体，提出了“服务北京，科学发展，凝聚力量，建设有特色高水平的北京工业大学”的活动主题，并以“211 工程”三期建设为抓手，以完成“十一五”发展规划，构思“十二五”发展规划为主线，制定和实施《北京工业大学服务北京行动计划（2009—2012 年）》（以下简称《行动计划》）为切入点和落脚点，以服务地方经济建设和社会来推动学校科学发展。

## 一、制订《行动计划》，强化服务北京理念

北京工业大学自诞生之日起就肩负着为北京地方经济发展培养专业技术人才的重任。尤其是在“十五”期间，更加突出了“融入北京，服务奥运”的特色，确立了“立足北京，融入北京，辐射全国，面向世界”的中长期办学指导思想。在学习实践科学发展观活动中，校院两级领导班子继承传统，立足服务北京不动摇，确立了“立足服务北京，坚持科学发展，凝聚全校力量，建设有特色高水平大学”的学习主题，并深入基层广泛调研，认真总结梳理建校以来特别是改革开放 30 年来学校的发展历程、办学经验，进一步凝练和明确学校办学定位和办学理念。在学习调研的过程中，“立足北京、服务北京”的办学理念得到进一步牢固确立。2009 年 4 月，在学习实践科学发展观活动当中，北京工业大学针对北京市经济社会发展新的实际需求，提出了《行动计划》，力求发挥学科和人才优势，整合办学资源，多形式、有系统地深度参与北京市经济、社会、文化建设的重点领域和行业，切实为“人文北京、科技北京、绿色北京”的建设做出贡献。发展规划处起草了《行动计划》草案，同时与科技处、人事处、研究生部、教务处、学生处、校团委等相关部门多次研讨，细化、落实行动计划的实施内容，又经数次全校征集意见和建议，修改完善了行动计划。11 月 27 日，《行动计划》通过了北京工业大学校长办公会议，在全校发布。

## 二、发挥优势，主动服务，促进发展

北京工业大学是北京市属高校唯一进入国家“211 工程”重点建设大学之一，拥有 3 个国家重点学科，14 个北京市重点学科以及 12 个“211 工程”三期重点学科建设项目。在发展新阶段，学校将继续积极参与首都区域经济建设，发挥学校学科与人才优势，构建服务平台，使学校成为北京市科技创新、人才培养、决策咨询、文化传播的重要基地，成为建设“人文北京、科技北京、绿色北京”的一支生力军。

### （一）整合优势科技资源，构建科技服务平台，强化科技服务

依托学校 3 个国家级重点学科，14 个北京市重点学科，结合“211 工程”三期重点学科建设项目和创新工程项目，以北京市经济社会发展走向、战略关键点和重大需求为导向，找准服务北京的层面、方位和空间，整合力量和资源，建设服务北京的十大科技创新平台，使优势和特色学科融入北京市的重点领域和行业，为发展北京现代产业，建设和谐的首善之区提供科技支撑和智力支持，使学校成为促进北京经济社会发展的一支不可或缺的重要力量。

一是整合学校在水环境恢复、城市给水和污水处理、大气污染形成与监测等领域的特色和优势资源，建设环境环保技术平台，服务北京宜居城市建设。二是结合首都交通建设发展，整合我校交通、土建、自动控制等学科优势，重点做好北京市智能交通系统规划与研究、城市轨道交通规划设计与管理、交通对北京市建设的影响评价理论方法、建设交通工程技术平台，服务北京交通发展。三是发挥材料科学与工程重点学科的优势，加强科研成果转化，加深与企业的合作，建设急需的新材料制备与加工平台，服务北京资源节约型和环境友好型社会建设。四是构建适合北京发展循环经济的评价指标体系和可持续发展能力模型，深化北京市资源再生产业发展战略与支撑技术研究，建设先进节能与可再生能源技术平台，服务绿色北京建设。五是以城市与村镇的规划设计、社会工作为主要研究方向，建设城乡一体化规划建设研究平台，服务北京新农村建设。六是发挥城市安全与大型工程防灾减灾重点学科的优势和特色，结合北京城市建设发展的关键问题，开展各种重大工程、高层及大跨建筑、大型立交桥和隧道工程、城市综合防灾减灾等研究，建设城建抗震防灾减灾研究平台，服务北京城市建

设。七是依托我校在信息化领域的学科特色和优势，在电子服务、信息产业发展、信息化人才培养等领域建立新型的产学研体系，建设信息化技术平台，服务数字化北京建设。八是建设一个以先进制造为纽带，由机械工程、光学工程/光学、控制科学与工程、材料科学与工程、力学、仪器科学与技术等学科组成的，相互交叉、融合的学科群，在数字制造、光制造、微电子封装技术等领域为企业提供技术创新和升级改造，建设先进制造学科群平台，服务北京装备制造业。九是深入研究通信、电子电路、光电子器件技术和嵌入式系统应用技术，建设电子信息技术平台，服务北京电子信息产业。十是依托我校多学科交叉优势，发挥特色，在多媒体虚拟舞台技术、可视媒体处理关键技术、数字化艺术创作平台等方面，建设文化创意产业技术平台，服务北京市文化创意产业。十一是开展新型抗肿瘤化合物的合成与药理活性研究，建设新医药研发平台，服务北京生物医药产业。

（二）加强跨学科交叉融合，开展面向北京市经济社会建设重大现实问题的战略综合研究，构建高水平决策咨询服务基地，推动地方经济社会和文化建设

组织校内理、工、经济、管理、人文社会科学等队伍，开展面向地方经济、社会、文化发展等重大现实问题的战略综合研究，为地方发展战略、政府管理、企业决策、文化挖掘与传播提供前瞻性研究和咨询。首先是加强行业发展战略研究，服务决策，为推动首都经济社会发展提供政策咨询。依托北京经济社会发展研究院、北京现代制造业发展研究基地、中国经济转型研究中心等研究实体，开展北京经济形势分析与预测，北京现代制造业与相关产业布局及发展战略研究，重大事件对北京和社会影响的定量分析及其控制对策等。加强对北京市产业结构调整、现代服务业和新兴产业、区域经济增长机制分析模型、区域产业结构协调度评价模型，与北京市相关政府部门建立稳固合作关系，为北京市政府及相关主管部门提供关于北京市发展的相关数据调研、政策研究分析报告及政策建议，为北京市政府的经济和社会发展的决策提供智力支持。其次是建设北京工业大学社会建设研究院和新农村建设研究中心。继续做好“科技北京”课题研究以及社会管理信息平台建设，围绕科技事业建设、公共服务建设、社区建设、社会组织建设、社会运行体系建设、社会领域的党建、舆情民意、流动人口等重大课题进行研究，深化与拓展学科建设、人才培养和学术交流，加强服务首都社会建设实际需求、实时提供相关决策咨询和支持的能力。

（三）优化学科专业设置，完善创新人才培养模式，培养急需的高素质人才，为北京市经济社会发展提供人才支撑。

首先是启动服务北京优秀团队建设项目，安排专项资金支持，首批资助46个团队，鼓励与北京市经济社会发展需求深度结合的科研团队。其次是学科专业设置以服务北京社会发展、经济建设和产业结构发展为指向，以特色学科专业为龙头，拓宽学科专业适应性，增设服务北京的新专业。第三，深化培养机制改革，调整人才培养类型，积极探索应用型创新人才培养模式，突出地方理工科高校人才培养特色。第四，加强产学研合作人才培养模式，实现学校与企业的共赢。整合多种优质社会资源，力求多种形式的产学研相结合，加快建设研究生创新实践基地和北京市产学研联合培养研究生基地，加大企业对学生的直接培养作用，提升学生就业和创业能力。第五，加强服务北京的地方人才培养，提供多种形式的教育服务。围绕行业领域高层次人才需求，面向北京市党政机关、大型企事业单位，通过在职研究生教育、专业学位、课程进修、短期培训等方式，为政府及行业培养、培训工作人员、管理骨干和高层次人才。加强继续教育和社会培训，服务北京构建终身教育体系、建设学习型城市的需求。同时，积极开展大学生志愿服务工作，充分发挥青年学生在首善之区建设过程中的作用。依托北京市社会工作委员会和北工大社会建设研究院，搭建社区志愿服务平台，与学校周边社区建立共建单位，为学生创造良好、充分的志愿服务环境，提供学生社会实践平台；搭建周边地区调研平台，充分发挥北工大专业优势，结合北工大学生特点，广泛组织学生假期赴周边地区进行相关调研工作。

（四）加强合作，建设机制，带动市属市管高校主动多方位服务首都经济社会建设

充分利用中国高等教育学会地方大学教育研究分会会长单位等平台，发挥市属市管高校排头兵的示范、带动和辐射作用，加强与其他属市管高校的联系和合作，按照学科专业相近和互补原则，建设服务北京的校际科技服务大平台，资源共享，提高效益，共同适应首都经济社会发展的需要，与区域经济良性互动，多方位服务首都社会经济建设。同时充分发挥学校办学水平和学科优势，积极推进与国内外知名大学的实质性科技合作和联合办学，引进和利用已建立校际合作关系的国外优质教育资源，既培养具有全球眼光和国际竞争力的高素质人才，满足北京市经济社会发展对国际化的需求，服务“人文北京”建设和北京“国际城市”建设，又努力吸引国际投资，联合研究为企业和产业发展战略提

供咨询服务，直接推动科研成果产业化。力争在服务社会的过程中，进一步提高学校办学水平和服务地方经济社会发展能力，推动首都高等教育改革发展。

（五）组建北京市科普基地，为提升北京市民的科学素质服务

依托学校的各重点实验室和研究机构，与北京市相关委办局合作，整体设计打造北京市东南部科普基地，传播科学知识、科学方法、科学思想和科学精神。在电子信息、机械、材料、交通、环保、建筑、抗震、生命、食品安全等方面，结合学校的特色学科和优势学科统一规划建设科普内容、科普形式，培训科普人员，每年进行大型科普推广和宣传活动，并日常开放接待市民科普学习，促进北京全市人民的科学素质的提升，建设北京市东南部的科普基地。

**三、破除障碍，加强协调，组织实施《行动计划》**

对于《行动计划》的制订和实施，学校各单位和广大师生员工积极响应，目前，各项工作正在积极推进中。首先是加强组织领导。落实北京工业大学服务北京的组织机构，负责校内外综合协调工作。《行动计划》纳入学校“十二五”事业发展规划，做好顶层和布局性设计。同时，对行动计划进行细化分解，制定严密的年度计划和各单项工作计划，有步骤、分阶段地落实各项任务。把各项工作任务落实到相关部门和个人，各司其职，确保行动计划转化为实际行动。其次是建立联动机制。建立与北京市政府部门、大型企业等的定期磋商机制，定期沟通北京市经济社会发展重大情况和《行动计划》实施情况，协调解决存在的问题。建立以需求为导向、产学研用结合的科技服务制度。第三是制订保障措施。制定相应办法，创新管理体制和运行机制，提供人才和制度保障，确保《行动计划》的顺利实施。设立专项基金，支持服务北京的科研成果转化。在完善校院两级管理改革中实行目标管理，全面落实各项目的启动、中期检查与评估，把实施服务北京行动计划的完成情况作为对二级单位及相关人员的业绩评价和奖惩的重要指标，确保该计划的组织实施。学校根据计划的具体工作落实所需，采取配套措施，在场地、资金等硬件条件上优先保证《行动计划》的需要，确保计划的有力实施。

《行动计划》作为学校学习实践科学发展观的重要成果，得到了北京市相关主管部门的重视和好评，也为突出学校“立足北京，融入北京，辐射全国，面向世界”的办学定位，找准服务北京的层面、方位和空间，整合力量和资源，更加直接地面向北京市经济社会发展的重点领域和行业，加强针对性强、面向实际的人才培养、科学研究及成果转化，提供了行动指南。

（张晓玲　王大勇）

# 以科学发展观为指导，积极推进和完善校院两级管理体制改革

深化学校内部管理体制和机制改革，实施校院两级管理是2009年全校的一项重点工作。从2008年起，学校开始着手进一步推进和完善校院两级管理体制改革的准备工作。2008年，在学校党政领导带领下，顺利完成校院两级管理体制改革中各相关业务口分模块的调研、研讨、工作进展的协调和督办。2009年，学校开展了学习实践科学发展观活动，根据学校学习实践活动《整改落实方案》提出的“深化内部管理体制改革，实施校院两级管理，提高管理效益和服务质量”的目标要求，组织各相关部门根据主文件和学习实践科学发展观活动相关调研情况，进一步推动校院两级管理配套文件的制定、完善和落实，修订并发布了学校《关于完善校院两级管理体制的意见》，完善了九个配套实施办法或管理规定以及三级子文件，两级管理改革启动准备工作顺利完成。

**一、推进和完善校院两级管理体制改革的前期准备工作**

为加强创新型大学建设，进一步完善校院两级管理，提高学校办学水平，学校党政研究决定走出去，向高水平大学学习交流。2008年3月下旬至5月下旬，由校领导带队，校两办组织协调，先后组织了五个调研队伍，前往上海、江苏、湖南、湖北、陕西、河南、浙江、广东等地的近20所兄弟院校，就校院两级管理体制架构与运行机制建设的基本经验和做法，实地调研、考察、座谈。2008年底，在学校党委行政的指导下，学校两办组织校院两级领导、办公室工作人员60人再赴郑州大学进行学习，深入调研校院两级管理的经验和做法。通过调研，对学校推进校院两级管理的必要性、重要性和紧迫

性有了进一步的认识。

在前期调研的基础上，学校对兄弟院校的做法进行了梳理分析。通过调研可以看到在实施校院两级管理体制的大学，此项工作开展的好的基本经验：一是注重顶层设计，富有创新的力度和深化的细度，使整个体制处于在相对完整的体系中运作；二是简化操作，把最能体现学校核心竞争力的要素作为目标考核项目，并将考核与实际利益紧密挂钩；三是在实施过程中注重发挥各级组织的作用，包括校院学术组织、教授会、教代会等组织的辅助决策、监督和参与作用，特别是注重发挥学术组织的作用；四是以人和财两条主线为抓手，在人才方面抓好队伍建设，包括校院两级干部队伍建设、学术学科梯队建设；在财务方面做好预算，开源节流，政策堵漏。深入调研为北工大推进和完善校院两级管理体制改革提供了可贵的借鉴。

**二、推进和完善校院两级管理体制改革的进程**

学校多次召开党委常委会、校长办公会讨论，并建立学校校院两级管理体制改革工作领导小组，落实工作人员，确定工作计划和步骤，几易其稿，不断完善校院两级管理体制改革的主文件及方案。

在梳理学校文件的过程中，学校党政特别强调一是从理念上要在全校层面做全面系统性思考，全面设计。解放思想，实事求是地推进改革，不断完善各项管理制度。做好前瞻性研究，如作好整体规划、细化各项工作目标、明确思路和举措。校院两级齐抓共管，让管理出效能、出水平、出质量。二是从宏观上认真梳理好学校和学院的职能，处理好行政权利与学术权利的关系。在进行两级责、权、利分配中，掌握适度。三是从资源分配上处理好集中与分散的关系。哪些应当由学校集中负责，哪些应适度下放都应有明确的界定。四是从目标考核上处理好有的放矢与面面俱到的关系。本着便于操作与实施的原则，在整体设计时应有所侧重，努力简化评估指标体系，将最影响学校发展的指标列出来，有所为，有所不为，坚持定量和增量考核相结合的原则，对于部分指标可根据学校发展做阶段性调整。

2008 年 9 月，学校成立了以学校党政一把手为组长的校院两级管理改革领导小组及校院两级管理改革方案起草小组（见校发文件工大〔2008〕11 号），推进和完善学校校院两级管理体制改革全面启动。

2009 年初，学校把深化学校内部管理体制和机制改革，实施校院两级管理纳入学校当年的党政工作要点。

2009 年 3 月，北工大学习实践科学发展观活动启动。学校党委将推进和完善校院两级体制改革相结合，把完善校院两级管理体制改革为载体，将对校院两级管理体制改革的完善和深化融入学习实践活动的各个阶段各个环节，不断推进校院两级管理改革的深化和完善。

2009 年 7 月 2 日，作为学校学习实践的活动的一项重要成果，《北京工业大学关于完善校院两级管理体制的意见》（以下简称）《实施意见》（工大发〔2009〕9 号）发布。

随后，相关二级文件不断修订、完善并发布。截至 2009 年 12 月底，有关财务、基建、人事方面的制度相继发布，标志着学校校院两级管理体制改革的完善准备工作已基本就绪。

**三、推进和完善校院两级管理体制改革的重要举措**

《实施意见》的发布，对于推进和完善校院两级管理体制改革的意义、目的和总体思路进一步明确。

在《实施意见》中，学校明确提出完善校院两级管理体制的基本目的是：根据学校的办学特点和实际情况，明确校院两级管理职能，降低管理重心，规范管理行为，使学校更好地发挥宏观管理职能，使学院成为相对独立的办学单位，从而合理配置、全面盘活各类办学资源，最大限度地调动校院两级和广大师生员工的积极性，为实现北工大的新发展提供有力的体制和机制的保证。

按照“两级管理、重心下移；权责一致，规范运作；目标管理、绩效评价”的总体改革思路，以有利于学校总体发展为前提，在明确界定校院两级职责的基础上，实施目标管理，健全绩效评价机制。

学校在《实施意见》中明确了校院两级管理体制下的职权划分，其中包括学校职权、学院职权，对于校院两级管理体制运行下的学校和学院主要职责划分从事业规划、学科建设、人才培养、科技工作、人事管理、财务管理、资产管理、合作办学等方面作了明确规定。

同时对于校院两级管理体制下的机构设置，其中包括校院两级机构和管理岗位设置、院级管理运行机制等作出明确说明。

校院两级管理体制下实行目标管理，学校对学院的管理与监督由过程管理为主转为以目标管理为主，学校主要依据校院双方签订的学院三年发展目标责任书对学院整体工作及其领导班子进行绩效评价。学校同时对职能部处等下达三年发展目标责任书并进行绩效评价。

成立校院两级目标管理工作领导小组，由校领导牵头，党政有关部门负责人参加，办公室设在发展规划处。领导小组主要职责为：深入推进完善校院两级管理体制，拟定并下达学院、职能部处等的目标责任书，并依据目标责任书进行绩效评价。

在实施目标管理的过程中，各二级单位的目标、责任与享有的权益、资源相匹配。学校对两级享有的人事权、物权和财权都作了说明，并明确了详细的完善校院两级管理改革的实施步骤（有关学校校院两级管理的有关内容详见本卷《文件与规章》部分《北京工业大学关于完善校院两级管理体制的意见》工大发〔2009〕9号）。

建设高水平大学必须要有高水平的管理。大学管理不仅是科学管理，更是文化管理。北京工业大学必须坚持以科学发展观为指导，充分认识高校管理的规律和特点，实现科学管理、依法管理、民主管理的统一，把管理工作提高到新水平，为学校的未来改革与发展提供良性的制度环境和有序的文化氛围。

（朱　静　江飒英）

# 强基固本，构筑高台，以人才强教工作推进学校事业科学发展

“人才强教”是北京市教育大会确定的新时期首都教育发展的重要战略方针，也是《首都教育2004-2010年发展纲要》的重点内容之一。为切实加强市属高校教师队伍建设，提高办学水平和教育质量，2005年6月，北京市教育委员会开始实施“北京市属市管高等学校人才强教计划”，并在前期建设的基础上，于2008年8月，会同北京市人事局、北京市财政局，继续实施北京市属高校“人才强教深化计划”，进一步深化市属高校人事制度改革，加强市属高等学校学科建设、特色专业建设，以实现高等教育的全面协调可持续发展。

2005年以来，学校在北京市属高等学校“人才强教计划”和“人才强教深化计划”的大力支持下，紧密结合学校办学定位，突出重点，兼顾层次，强基固本，构筑高台，切实做好人才强教工作的“认识到位、组织到位、布局到位、落实到位”，培育了一批具有国际国内领先水平的学科带头人和科研创新团队，培养了一批具有创新能力和发展潜力的青年学术带头人和学术骨干，通过打造优势平台，积极推进学校人才队伍建设，开创出学校事业科学发展的新局面。

**一、加强领导，明确定位，确保人才强教工作的认识到位**

北京市属高校“人才强教计划”的实施，旨在加强人才队伍建设，提高人才队伍的整体素质和水平。通过五年的重点建设，完善高校吸引人才、培养人才和使用人才的体制、机制与政策，形成有利于人才发展和发挥作用的良好环境。2005至2009年，市教委每年安排专项经费，为北京市属高校师资队伍建设提供了强有力的政策保障和经费支持。以“人才强教计划”的实施为契机，学校各级领导高度重视，大力开展人才强校工作，深入贯彻落实科学发展观，坚持“人才资源是第一资源”的理念，紧密围绕国家和北京市重大发展战略，结合“人才强教计划”、“人才强教深化计划”的建设重点，进一步明确了学校“立足北京、融入北京、辐射全国、面向世界”的办学定位，形成了符合地方经济建设和社会发展要求的、具有鲜明地方大学特色的办学理念和思路。

学校坚持以服务首都社会经济发展为导向，以人才培养为根本，以学科建设为龙头，立足学校现状，谋划科学发展，把人才强教工作列为学校事业发展的重点，旨在打造优势平台，培育高水平领军人物和创新团队，不断提升学校师资队伍的层次和影响，为学校的可持续发展提供坚实的人才保证，确保了人才强教工作的认识到位。

**二、精心部署，规范管理，确保人才强教工作的组织到位**

在形成思想共识、全力推进人才强教工作的方向指引下，学校召开校长办公会，由校长、书记亲自挂帅，全面部署“人才强教计划”、“人才强教深化计划”各项目的实施。针对人才强教工作涉及面广、接口复杂、人员众多的特点，成立了学校统筹、相关院部处主抓、各子项目负责人具体承担的三级管理组织（见表2-1），明确了各级组织的责任和目标考核内容。从前期的项目申报和评审选拔、中期的项目运行和专款管理，到后期的项目结题和跟踪考核，形成了规范的管理体系，确保了人才强教工作的组织到位。

1. 严格校内选拔，保障优秀人才脱颖而出

在历年“人才强教计划”、“人才强教深化计划”的项目申报中，学校坚持公开、平等、竞争、择优的原则，在校院两级管理体制下，召开专门的工作布置会和项目评审会，对各类项目申报人的基本情况、学术水平以及项目的可行性和预期绩效进行综合评议，通过资格审核、申报人汇报、专家提问、

专家评议等环节，切实做好各类项目校级候选人的遴选工作，保障优秀人才脱颖而出。

**表 2-1 北京工业大学人才强教工作的三级管理组织及责任划分表**

| 组织类别 | 具体组织 | 主要责任 | | |
|---|---|---|---|---|
| | | 项目前期 | 项目中期 | 项目后期 |
| 校级 | 人事处 | 负责项目的统筹规划和全面布局；组织项目的申报与校内评审 | 监督项目运行；组织项目的中期考核 | 组织项目结题；组织项目间的互动交流；跟踪项目建设成效 |
| | 科技处 | 协助项目布局和组织校内评审 | 负责项目的科研立项和日常管理 | 项目成果转化 |
| | 财务处 | 组织专款申报 | 保障专款规范运行；监控专款执行进度 | 后期审计 |
| 院级 | 相关院部处 | 审核项目申报人的资格；负责项目申报的推荐与部门选拔 | 协助监督项目运行 | 协助跟踪项目建设成效 |
| 个人 | 子项目负责人 | 子项目的具体实施 | | |

2. 加强制度建设，保障项目运行高效规范

在项目运行过程中，学校加强制度建设，建立了严格的监管体系，各个环节均由主要领导亲自把关，不断推进人才强教工作的规范化、高效化、制度化建设。在既有的项目文本管理的基础上，相关主管部门积极探索，结合即将开发完成的人事信息管理系统二期平台，初步建立起项目资源调配、人员（团队）协作成长、进度管理、经费管理、沟通管理、信息管理一体化的项目管理体系，为项目的高效规范运行奠定良好的实践基础。

3. 重视互动交流，保障项目进展稳定长效

为深入总结人才强教工作中的问题经验，为不同学科、不同层次的人才搭建交流互动的学习平台，学校定期召开拔尖创新人才培养及学术创新团队建设经验交流会，由各类人才计划入选人就项目进展、取得成果、尚存问题等内容作专题介绍，并邀请上级主管领导和国内知名学者担任评审专家，在对学校人才强教工作成绩给予充分肯定的基础上，对项目执行中存在的重点难点问题，如专款的执行、评价体系的构建、不同人才项目之间的衔接等，提供了积极的改进建议和发展思路，保障了项目进展的稳定长效。

**三、统筹资源，协调发展，确保人才强教工作的布局到位**

加强高校人才队伍建设，既要考虑教师队伍的整体发展，又要加大对杰出人才、高层次人才、创新人才和中青年骨干教师的资助和培养力度；既要重视人才的个体发展，又要重视人才团队的建设；既要重视科学研究、鼓励科技创新，又要重视教书育人；既要重视教师教学科研能力的提高，也要重视教师职业道德建设。因此，如何统筹兼顾，突出重点，使有限的资源发挥出最大的效益，是高校人事人才工作应深入探讨的问题。在实施“人才强教计划”和“人才强教深化计划”工作中，学校坚持多学科重点突出、协调发展，坚持教学、科研、管理人才队伍建设并重，坚持各类人才项目分类指导、合理统筹，立足人才队伍发展现状和与时俱进的人才需求特点，通过推荐名额分配、科技成果共享等途径，确保人才强教工作的布局到位。

1. 坚持多学科重点突出、协调发展

截至 2009 年底，学校共有 21 个教学科研单位；45 个本科专业；15 个博士后科研流动站；8 个一级学科博士学位授权点，37 个二级学科博士学位授权点；7 个一级学科硕士点，81 个硕士学位授权点，19 个工程硕士专业学位授权培养领域和 MBA 授权。设有光学、材料学、结构工程 3 个国家级重点学科，14 个北京市重点学科及 18 个北京市重点建设学科。学校坚持多学科重点突出、协调发展的原则，以学科建设为主线，确保人才强教工作布局向高水平学科倾斜，向创新团队倾斜，向教学科研任务重、人才培养质量好、教师整体水平高的单位倾斜，对新兴学科、交叉学科的发展给予优先支持，形成了以点带面、点面结合的学科发展模式。

从目前学校受“人才强教计划”和“人才强教深化计划”各项目资助面的学科分布上看，既包含机械工程、电子控制、材料科学等传统优势学科，又包含激光应用技术、信息光电子技术与应用、新医药与生物工程、循环经济等新兴学科；不仅有结构工程、计算机科学技术、环境能源工程等工学类学科，还有经济管理、思想政治教育、艺术设计等人文社科类学科。人才强教工作的实施有效地推动了学校学科建设在数量上的增长和质量上的提升，以人才队伍建设促学科建设的战略发展态势初步呈现。

2. 坚持教学、科研、管理人才队伍建设并重

在“人才强教计划”实施取得丰硕成果的基础

上，2008—2012年，北京市教委决定继续深化实施“人才强教计划”，从教学、科研、管理等方面全方位加强高校人才队伍建设，提高北京市属高校人才队伍的整体素质和水平。在这一方针政策的指引下，学校坚持教学、科研、管理人才队伍建设并重，从学校教学、科研和管理一线上遴选优秀人才，给予重点扶植资助和培养，带动学校学科建设、教学质量和管理水平的整体提高。

首先，在数量上，学校为三支队伍的发展设置了适度的比例结构，合理分配推荐指标。以“人才强教深化计划创新团队项目”为例，目前学校共建设科研类团队12支、教学类团队6支、管理类团队2支，6∶3∶1的比例关系较好地满足了学校事业发展在科研、教学、管理方面的需求。

其次，在日常建设上，三支队伍的发展与三类项目的运行交叉融合，相互促进。科研类项目面向专业领域的热点、难点问题，其研究成果应用于教学，可使学生迅速了解专业发展的前沿动向；管理类项目对高等教育的发展趋势、教育资源的整合模式、教育团队的建设方式等问题进行积极探索，为更好地服务于教学类项目、科研类项目提供理论依据和实践基础。

3. 坚持各类人才项目分类指导、合理统筹

近年来，各类各层次人才项目纷纷出台，如教育部“长江学者”特聘教授、国家杰出青年基金资助、中组部“千人计划”、新世纪百千万人才工程、教育部新世纪优秀人才、北京海外高层次人才聚集工程、北京市科委科技新星、北京市留学人员择优资助等政策的实施，有效推进了高校高水平教师队伍的建设，使大批优秀人才脱颖而出，对稳定高校教师队伍、激发广大教师积极性和创造性产生了良好的效果。

学校牢牢把握人才发展机遇，紧密结合教师职业生涯中不同发展阶段中的特点，合理统筹“人才强教计划”、“人才强教深化计划”和其他人才项目之间的平衡，做到分类指导，合理布局，以项目化管理为主要形式，搭建符合人才培养规律的教师职业生涯发展体系。

**四、强化考核，注重实绩，确保人才强教工作的落实到位**

绩效考核是项目管理工作中的重要环节，也是项目目标实现的基本保障。针对“人才强教计划”、“人才强教深化计划”中不同项目的特点，学校出台相关实施细则，强化目标管理，强调绩效考评，大力加强人才队伍建设，成果丰硕，有效地确保了人才强教工作的落实到位。

1. 学校人才工作整体推进，专任教师队伍结构不断优化

截至2009年8月31日，学校在职教职工共计3 364人，其中专任教师1 522人。专任教师中，45岁以下青年教师占68.9%；具有博士学位的教师突破50%；具有高级专业技术职务的专任教师占56.8%。专任教师队伍的年龄、学历和职称结构不断优化。

2. 高层次人才队伍进一步壮大，领军人物和创新团队不断涌现

目前，学校有教育部“长江学者”特聘教授4人，国家杰出青年基金获得者7人，国家级教学名师2人，国家级教学团队5支，入选教育部新（跨）世纪优秀人才支持计划14人，入选新世纪百千万工程国家级人选4人，入选新世纪百千万工程市级人选15人，入选北京市“人才强教计划”拔尖创新人才项目19人，学术创新团队项目16支，入选北京市“人才强教深化计划”创新人才项目16人，创新团队20支，入选北京市科技新星计划88人，有北京市高等学校教学名师11人，北京市优秀教学团队8支，高层次人才队伍进一步壮大。

3. 师德师风建设成果显著，教师教学实践能力不断增强

学校高度重视师德师风建设和教师教学实践能力培养，进一步深入开展“红烛工程”，定期组织师德经验交流会和主题教育活动，全方位加强师德建设，努力构建和谐向上的大学文化；以加强基础课教学改革为重点，实施青年教师助课及培训制度，加强教育教学研究；不断推进“四名工程”建设，在精品课程、精品教材、名专业和名师建设上取得突破性进展，涌现出了以全国模范教师彭永臻、钱伟量，全国五一劳动奖章获得者聂祚仁等为代表的一批教书育人的优秀教师和先进骨干。

4. 强化高校社会服务职能的导向，为首都发展做出重要贡献

学校加强“质量工程”建设，坚持内涵发展，深化教育教学改革，教学水平和人才培养质量显著提高。截至2009年8月31日，学校在校生数超过3万人，为首都经济和社会发展的各个领域培养了诸多骨干人才。学校始终坚持“依托北京，服务北京”的宗旨，承担了一批包括国家自然科学基金、“973”计划、“863”计划、科技攻关计划、北京市自然科学基金在内的国家和北京市重大、重点项目，按照教育部统计口径，2009年到校科研经费达5.1亿元以上。2008、2009年，学校作为第一完成单位连续两年获得国家级三大科技奖的两项二等奖，取得了历史性突破。学校不断推进科技体制改革与发展，已成为北京市高素质、高层次人才的培养基地和科

技研发创新基地。

回首五年，学校的人才强教工作历经起步、发展、深化、完善，即将迈入新的战略发展阶段。面对首都经济建设和高等教育的快速发展，北京工业大学必须抓住机遇，迎接挑战，明确办学定位，把培养高素质、创新型人才作为实现学校各项事业协调发展的出发点和落脚点，进一步落实“人才强教深化计划”，切实加强组织协调，整合工作资源，完善工作机制，以改革创新精神推进学校干部人事制度改革，以人才队伍建设推动学校事业的科学发展。

（刘幸嵩　张　欣）

## 科学规划，完善功能，建设绿色校园

2008年学校抓住奥运机遇，结合奥运场馆建设完成了奥运场馆周边学科楼一期工程建设，在奥运期间向世界展示了新北京、新奥运、新工大的风采。为适应北京工业大学“十一五”事业发展规划和学科建设、办学规模的实际需求，学校坚持提出校园建设要整体规划、整体设计、分期实施，着力构建弹性的、健康生长的校园空间结构。

**一、新老校区功能现状**

北京工业大学现有校园占地81.74万平方米。其中校本部617万平方米，花园村5.67万平方米，惠新校区3.67万平方米，管庄校区5.4万平方米。目前校本部以道路划分为三部分：其中，北工大南路以南、京沈高速路西延线以北、西大望路以东为北工大南区；北工大南路以北、北工大北路以南、西大望路以东为北工大北区；北工大南路以北、西大望路以西为北工大西区。北区许多建筑为20世纪五、六十年代所建，西区大部分建筑为80年代所建，南区大部分建筑1997年以后建设。为加快完善各项配套基础设施，2005年12月，学校完成了2.43万平方米新征地的全部拆迁工作。按照学校“十一五”事业规划需要，同时依据北京市教委和发改委关于编制校园总体规划的通知要求，北京工业大学于2003年9月编制了校园总体规划。并于2003至2005年间根据体育馆用地变化而引起的校园东南区用地变化、东南区规划建筑单体在实际使用中存在的功能问题，进行两次校园规划调整，最终形成2005版校园总体规划框架（《北京市规划委员会关于北京工业大学校园总体规划局部调整及单体工程》2006规复函字0358号）。截至2008年底，学校相继完成了校园本部南区及东南区新征地上国际交流中心、生命环能交通学科楼、建筑人文外语学科楼、工程训练中心、体育馆、后勤交通服务中心、南区食堂等工程的建设。2009年初，结合北京工业大学的总体发展和实际需要，以及图书馆面积、教学、实验、系行政用房面积不足的问题，将2005年版规划中的待建项目第四教学楼、教学实验楼、科研楼、艺术设计学院的建设提到了重要日程上。

**二、调整思路**

根据北京市教育委员会、北京市发展和改革委员会《关于北京工业大学“十一五”时期发展规划的批复》及《关于北京工业大学“211工程”三期建设方案及“城市与工程安全减灾”等12个重点学科建设项目可行性研究报告的批复》，要求学校继续加强强势学科、潜在的优势与特色学科、基础性和支撑性学科教学科研空间的建设，加大力度建设大学科平台，实现资源共享、学科互补。以此为契机，学校决定在校园总体规划框架不变的前提下，根据“十一五”事业建设的发展要求，积极调整各单体实际使用功能，完善新老校区功能布局。

自2008年11月至2009年4月期间，校长办公会数次议题中认真讨论新老校区功能布局的调整思路。提出校园近期、中期规划要统筹好新、老校区的整体布局，功能规划应建立在中蓝学生公寓二期建设的基础上，积极促进学校整体学科发展，特别考虑艺术设计学院与学校整体的融合，形成工科和艺术学科相协调，促进校园文化建设，将艺术设计学院楼建成北工大的亮点；新区二期建设应按照节约用地原则进行规划设计，充分利用地下空间，要为科研基地留有充分的余地，基建处、国资处、发展规划处、科技处等部门要统筹兼顾，协调各使用单位根据学科规划，科学、务实地对具体功能进行严格的可行性论证，提高实验室建设水平。同时提出长期规划要与朝阳区建设规划紧密结合。

**三、调整措施**

根据校长办公会指示精神，学校委托中国建筑设计研究院完成了新老校区整体功能布局调整，并于2009年10月20日收到北京市规划委员会《关于北京工业大学校园总体规划局部调整方案的复函》（2009规复函字0250号）。形成以工大南路、西大望路、奥运场馆两侧干道为骨架、城市代征绿地为校园生态绿廊的六大功能区。具体为：工大南路以南集中行政教学科研区，西大望路以西教学实验区，工大南路以北教学区及后勤服务区、学生生活区，以奥运场馆为主体向北延伸的文体活动区，东部学科技术发展区。

2009年初，学校开始启动校园各功能分区的调整建设工作，逐步推进以下建设项目的实施：

1. 建设工大南路以南行政教学科研区

（1）整合惠新校区校园建设用地，将艺术设计学院迁入校东南区新征地。

（2）在东南区新征地东北部同时建设艺术设计学院、第四教学楼、生命学院楼、材料学院楼、环能学院楼、建工学院城市安全减灾重点实验室岩土及地下工程部分，迁入校园东区相关实验室促进相近学科资源共享，为构建大学科平台打下基础。

（3）在中蓝学生公寓二期建设的基础上，迁出第七、八学生宿舍，远期建设学校行政中心，恢复科学楼教学科研中心功能。

（4）扩建北京工业大学逸夫馆，补足图书馆原有指标，建设具有高等学府底蕴的现代化图书馆。

2. 整合工大南路以北后勤服务及学生生活区

（1）整合第三、四、五食堂，建设学生生活服务中心。

（2）改统一建设公共浴室为学生宿舍楼内加建浴室，分步改造。

（3）将熙园宾馆改造为留学生公寓。

新老校区功能布局整合调整后，校园中各建筑组团依据各学院、专业特征安排建筑布局，通过专业相容相近的原则分类组合，各类分区明确，突出学院特色、专业特色，使校园功能分区更加整体化、科学化、人性化，既兼顾了学校资源总体使用效率，又形成了各具特色的空间格局、公共空间。

学校在校园总体规划、建筑方案征集、建设过程中，重点从体教结合、节能环保、建筑功能、结构体系等方面，努力建设节约型、可持续发展的大学生态校园，校园建设集中体现建设“绿色大学”的理念，为建设“首善之区”做贡献。

运用保护环境、保护资源、保护生态平衡的可持续发展思想，促进学校环保基础设施建设和生态环境改善。学校非常重视节能减排工作，近年来，结合学校建设实际，创造性地开展了节约型校园建设工作，在节地、节能、节水等方面取得了可喜成绩。2009年，北京工业大学作为北京市高校后勤专业委员会推荐的北京市节能工作先进高校，参加了中国高教学会后勤管理分会开展的全国高校节能工作先进单位和全国高校节能成果示范单位评选工作，被评为“全国高校节能工作先进单位”，进入全国高校节能工作先进单位的百强行列。这是继2008年获“全国城市节水工作示范校园”和2009年获“北京市节水系统先进集体”之后，荣获的又一个节能减排工作的奖项。

建设“绿色大学”是时代赋予高等学校的历史使命，北京工业大学将进一步开展绿色教育，科学规划，优化资源配置，建设环境友好和生态文明的大学校园。

（张　健　祖占良）

# 实践科学发展观　迈出制度建设新步伐

2009年，结合深入学习实践科学发展观和上级有关部署，北京工业大学从惩治和预防腐败体系基本制度建设、校院两级管理制度建设和清理规范性文件三方面入手，全面加强制度建设。

**一、开展惩治和预防腐败体系基本制度建设**

遵照市纪委、市委教育工委、市监察局、市教委联合印发《关于加强普通高等学校惩治和预防腐败体系基本制度建设的意见》（京纪发〔2008〕28号）和市委教育工委、市教委印发《北京普通高等学校惩治和预防腐败体系基本制度建设检查工作方案》（京教工〔2009〕21号），在校党委统一领导下，由党办校办牵头，校纪委协助，全校13个职能部门参与，全面开展预防和惩治腐败体系基本制度建设。根据上级文件精神，围绕责任落实、反腐倡廉宣传教育、规范化管理、监督制约和违纪违法行为惩处5个方面、29项检查要素，逐项对照、梳理，修订原有制度，增补缺漏制度。修订和增补的制度均以党委或学校正式文件发布。

截至2009年底，共拟定惩治和预防腐败体系基本制度66项，其中原有制度25项、新制定制度11项、修订制度30项。发文类别为校党委文件24件、校纪委文件4件、校行政文件32件及部门文件6件。

上述惩治和预防腐败体系基本制度涵盖了科学民主决策、反腐倡廉宣传教育、干部人事管理、财务管理、教育收费管理、基建（修缮）项目管理、采购招投标管理、国有资产管理、招生管理、科研经费管理、违纪违法行为惩处和监督制约等诸多方面。其中一项重要的修订工作是重新修订了校党委工作制度，按照“集体领导、民主集中、个别酝酿、会议决定”的民主集中制原则和“三重一大”要求，进一步对常委会、校长办公会的议事和决策内容、程序、规则以及执行会议决定的原则等方面作出了明确要求，完善了学校领导层廉政风险防范和科学、民主、依法决策的机制。新补充的制度包括北京工业大学学院党政联席会议制度、党风廉政建设宣传教育制度、师德教风建设制度、大学生廉洁教育的意见、领导干部廉政谈话暂行办法、处级干部任免职谈话制度、党员党纪处分规定、干部监督工作联席会议制度、招标投标工作监督办法、银行贷款资金管理规定等，比较全面地填补了以往预防和惩治腐败制度建设的漏项。

在制定和修订文件的过程中，工作班子坚持以科学发展观为指导，始终强调并贯彻了以下原则：一是坚持以当前党和国家、上级机关的最新精神修订过去的文件；二是坚持所有文件都要有上位法规和制度依据；三是坚持符合学校自身实际和特点；四是相关部门修订、起草文件要及时沟通，相互照应，保持政策的一致性；五是建立健全部门内部覆盖到岗位和人员的相应制度和工作流程，把惩治和预防腐败体系基本制度切实落到实处。

目前，北京工业大学惩治和预防腐败的制度体系基本健全，为进一步形成统一规范、比较完善的制度体系，形成用制度管权、管事、管人，形成从源头上遏制腐败的长效机制奠定了良好基础。

**二、建立健全校院两级管理制度**

按照《北京工业大学关于完善校院两级管理体制的意见》（工大发〔2009〕9号）精神，2009年学校深化校内管理改革，围绕完善校院两级管理体制制定并出台了一系列制度性文件。在有关职能部门的共同努力下，制定了北京工业大学实施目标管理暂行办法、干部人事制度改革方案、校院两级财务管理办法、校院两级固定资产与实验室管理办法、校院两级本科教学管理办法、校院两级学位与研究生教育管理办法、校院两级科技管理办法、校院两级学生思想教育与事务管理办法、深化后勤改革实施意见9项配套制度。

上述完善校院两级管理体制的制度建设进一步明晰了改革的路径和操作办法，对于界定校院两级职责、权力和利益关系，建立决策科学、管理规范、运行高效的校内管理运行体制机制，构建行政、学术、民主权力的合理构架，切实提高校院两级管理能力和服务水平，具有重要的指导、规范和操作意义。

**三、清理规范性文件，完善各项规章制度**

从2009年6月下旬开始，由校两办牵头，各职能部门积极配合，开展了全校党政规范性文件的清理。清理规范性文件是深入学习实践科学发展观加强制度建设的重要步骤，学校专门成立了制度建设工作小组，由范伯元校长、王守法书记任组长，校党委副书记、副校长和校纪委书记任副组长，成员包括各职能部门负责人，办公室设在校两办。清理规范性文件的工作得到制度建设工作小组强有力的保障和支持。王守法书记亲自出席工作部署会并作指示。各位校领导及时阅批和签署分管部门提交的文件目录。

此次清理规范性文件工作的指导思想是努力建立适应科学发展观要求的规章制度体系，推进体制机制创新，为学校科学发展营造良好的制度环境。工作目标是认真清理现有规章制度，以是否符合法律法规、是否适应教育改革和发展的新形势、是否切合学校工作实际为着眼点，遵循合法性、必要性、规范性和可操作性相结合的原则，确定保留、修订、补充和废止的规范性文件。

截至2009年底，清理规范性文件总计415件。其中：党的系统75件（校党委发文50件、校纪委发文9件、职能部门发文16件），保留19件、修订及拟修订16件、补充及拟补充21件、废止19件；行政系统340件（校发文件104件，职能部门发文236件），其中保留149件、修订及拟修订102件、补充及拟补充62件、废止27件。

2005年，学校曾在北京市教委的部署下，对行政系统的规范性文件进行过一次清理。相比之下，这次清理规范性文件工作包括了党、政两个方面，涉及全校各个职能部门，清理范围更加全面。

在工作中，党、政各职能部门清理了以本部门为制定主体的两个层面的规范性文件，一是校党委、纪委和学校行政发布的文件，二是各职能部门发布的文件。在实际清理过程中，有些职能部门还清理了部门内部的规范性文件，如岗位职责、工作制度、工作流程等。

近年来，学校开展惩治和预防腐败体系基本制度建设，深化校院两级管理体制改革，这两项工作都包含了大量规范性文件的起草、修订，因而对许多部门来讲，全面清理规范性文件是前期制度建设工作的延续和扩展。全校各部门对制度建设的认识均有不同程度的提高，有不少部门精心工作，逐项清理，仔细斟酌，显示了比较清晰的制度建设思路。北京工业大学的制度建设迈开了可喜的新步伐。

（毕东明　王燕琪）

# 与祖国共奋进

## ——北京工业大学师生参与国庆60周年庆典活动综述

2009年10月1日，新中国成立60周年，北京工业大学承担了参加首都国庆60周年群众游行、广场合唱及联欢晚会群众联欢大学生联欢板块的集体舞和联欢节目表演的重要任务。学校党委高度重视，各部门通力合作，全校师生积极参与，圆满完成了国庆60周年庆典活动任务，北工大人用真情和汗水为祖国60华诞献上了一份厚礼。

### 国庆60周年群众游行板块

按照首都国庆群众游行指挥部的部署，以我校师生3 000余人为主，成立了首都国庆游行第10方阵总队。在首都国庆游行第二分指挥部领导下，在各方的努力配合下，我校师生以饱满的热情、昂扬的斗志、扎实的作风和一流的标准，出色地完成了首都国庆60周年群众游行工作，获得各方称赞。

**一、校区联动、无缝隙对接，确保群众游行责任落实、指挥顺畅**

1. 完善领导体制

学校多次召开党委常委会、校长办公会，专门研究国庆相关工作。经校党委常委扩大会议研究，成立了“首都国庆60周年群众游行活动北京工业大学领导小组”。学校国庆60周年相关活动的工作由该小组统一领导、实施。组长由学校党委书记王守法担任，副组长由党委副书记张革、副校长蒋毅坚、马志成担任。积极与崇文区沟通协调，加强资源整合，共同成立了第10方阵总队的领导机构。由崇文区区委书记夏强担任总队长，区委常委、区武装部政委何瑞杰和北工大党委副书记张革担任常务副总队长，根据任务分工，确定方阵总队的成员单位。

2. 构建组织体系

学校成立了综合协调、动员训练、保障联络、安全保卫、集结疏散、服装道具等10个类别专项工作岗，与分指对口联络，与崇文区对接商讨，落实工作责任制，共同推进游行工作。对游行任务总体要求进行细化分解，制定《首都国庆60周年群众游行第10方阵总队工作方案》，细化各专项工作配套方案。

3. 建立会议制度

每日向学校领导小组通报工作情况，遇有紧急情况，召集工作会，各部门共同磋商研究工作举措。坚持“每天有小结，每周有汇报”的联席会议制度，掌握工作进展，定期研究重点难点问题，加强学校各部门之间的协同配合，加强学校和崇文区之间的协调，提高工作效率。

**二、坚持政治挂帅、责任为先，确保群众游行安全可控、氛围热烈**

1. 严格政审选拔

按照国庆群众游行指挥部政审工作要求，制定《北京工业大学参与国庆人员政审工作方案》，提出了严格详细的人员选拔条件，建立了工作人员和游行人员来源单位承担政审第一责任机制。同时，明确人员政审选拔程序和实际操作过程中的要求，从源头上保证方阵人员政治合格。在学生中广泛宣传动员。学校决定，群众游行及国庆60周年相关活动以2008级本科生参与为主，把军事训练期和游行方阵训练相结合，在训练中除了进行教学大纲规定的训练科目外，按照国庆60周年群众游行活动要求，进行重点训练。

2. 开展思想动员

“首都国庆60周年群众游行活动北京工业大学领导小组”与“首都国庆60周年群众游行活动北京工业大学工作小组”成立伊始，就召开由领导小组成员与各学院主管学生工作的党委副书记参加的工作动员会，首先在领导层进行动员，使各部门、各学院主管领导充分认识到任务的光荣性、艰巨性和可能面临的困难。学校领导、学院领导还深入学生宿舍与参训学生座谈，面对面地开展思想动员工作。每次合练前，校领导都要为全体游行师生进行动员。在参训学生中成立临时党支部，引导大家以高度的责任感和使命感参加训练，并适时发展入党积极分子。积极开展评比、会操等竞赛活动，达到“以评促训”的目标。

学校还给参加游行活动的同学和家长写信，介绍国庆相关情况，希望家长支持国家、北京市和学校的工作，共同为国庆60周年做贡献。开展“我与祖国共奋进”主题征文活动，激发了参训学生的爱国热情。在总指挥部的征文活动综合评比中，学校取得了优异成绩。学校通过网络、广播、小报的形式，对游行训练中的先进事迹进行了广泛宣传，取得了良好效果。9月16日，在学校操场为参训学生放映影片《建国大业》，开展爱国主义教育，进一步激发参训人员的荣誉感和自豪感，以更加饱满的热情和昂扬的斗志参与到训练和表演工作中。

3. 完善保障与激励政策

学校为每一位参加集训的学生和教师购买意外医疗保险和意外伤害保险；学校食堂、浴室假期正常开放；为学生提供每日50元的生活补贴，配备雨衣等。由于时间变动，对已经购买火车票、飞机票的学生需要退票或者改签的，由学校学生工作部（处）向售票处出具相关证明，说明情况协助其退票、改签。在后勤保障工作中，从细节上抓好落实。选购食品前，准备多种样品，考虑清真食品需求，邀请学生代表参与，充分听取意见，确定最后装入餐包食品的种类和数量。几次凌晨合练，食堂都精心准备好热粥、鸡蛋等食物。通过点滴细节上的人文关怀，为游行人员做好保障。学校还制订了相关激励政策，每名参与训练的学生都能获得2学分的社会实践学分和部分学分成绩奖励。

4. 了解情况掌握动态

每个大队（学院）除配备2名训练教官外，还配备了1名教师作为大队政治辅导员。班长兼任安全标兵，落实总队的各项安全措施。学校制订了谈心计划，在日常训练期间，辅导员和学生骨干积极与参训人员交流谈心，了解学生普遍存在的困难和问题，积极研究对策，妥善处理。合练前后，细致地了解参训学生的思想动态，积极进行表扬鼓励。发现不好的苗头，及时教育引导，稳定情绪。借鉴奥运时的成功经验，配备了心理咨询的专业教师，开展集中地心理健康辅导，对确有不良情绪或倾向的学生进行一对一的疏导，缓解其心理压力。

**三、坚持严格要求、科学训练，确保群众游行行进标准、表演规范**

1. 科学安排训练计划

联系武警北京总队七支队，邀请120名具有丰富训练经验的官兵作为承训队伍，发挥为学生军训的经验优势，制订了科学详实的训练计划。结合群众游行方阵具体特点，以动作整齐、步伐稳健、时间精确为总要求，在训练内容上提出严格标准。充分体现以人为本，努力做到张弛有度，对训练强度作出了合理安排。按照二分指要求，设定训练时间，保证训练进度。

2. 创新训练方法

训练过程中，模拟实战条件，努力达到实战标准。在手持物的训练中，统一购买了高仿真模拟花束，确保训练动作感觉真实。按实战标准，在训练场地设置步幅线，保证队伍的前进节奏准确、行进合拍。按照国庆群众游行方阵1∶1的标准引导学生进行站位，严格实行专人专点，保证方阵整体效果。学校高度重视总指、二分指每次合练工作总结会下达的行进指标和改进要求，认真研究，制定整改措施，编写调整区、定位区要点说明。针对出发线起步不齐的问题，强调所有队员观看旗语、集体呼号意识，取得了积极成效。在与领袖原声互动配合方面，专家对动作进行了专门设计，达到了分指要求标准。在不断进行针对性训练的过程中，方阵总体行进效果不断提高。9月18日，预演后，按照指挥部提出的把表演动作再延长170米的要求，制定科学方法，使游行人员高效地适应调整，达到要求。

3. 聘请专业人员指导手上动作

根据总指、二分指的要求，训练过程中，对音乐和手持物动作有较大的调整。为保证效果，聘请崇文区文化委专家，在时间紧、任务重的挑战下，积极开拓思路，采取“先培训骨干，再带动全体”的方针，特别是在8月9日前，面临下雨无法开展训练的情况下，在礼堂进行全体人员的动作调整培训会。经过前期的骨干培训和礼堂培训后，充分抓紧可利用的时间，经过有限的三次实践演练后，基本取得了设计效果。

**四、积极防控甲型H1N1流感，医疗卫生工作安全有效，确保群众游行队伍稳定**

1. 协调落实各方责任

为做好方阵总队医疗卫生工作，确立了学校、崇文区卫生局、崇文区CDC和卫生监督所、朝阳区CDC和卫生监督所四方协调运行机制。以甲型H1N1流感防控和预防食物中毒为重点，进行了医疗卫生保障工作的全面对接。明确四方的组织机构、工作责任，以及信息报送渠道等具体工作环节，消除管理漏洞，为有效预防和减少突发公共卫生事件的发生夯实了基础。

2. 专门安排随队医护工作岗

为做好游行队伍的现场医疗保障工作，在方阵总队合练、二分指合练、总指沙河合练过程中，学校从校医院选派了经验丰富、技术熟练的中级以上职称医护人员随队保障。医疗保障车内设有常用抢救设备、救护用品，及外伤、防暑降温、腹泻、速效救心等必备药品。救护车出车前司机要进行检查，确保车况良好。在演练现场医疗救治工作中，医务人员认真负责，很好地发挥了保障作用。

3. 积极采取有力措施

学校从学生学习、生活和组织训练的各个环节，采取措施保障卫生安全。从食堂卫生到学生公共饮水，都作了严密监控部署。在学校大门和宿舍大门，都设立了体温监测点，一旦发现有体温异常情况，立即安排进入专设的隔离室，进行下一步处理。选派优秀大夫跟随训练、彩排全过程。出现甲型 H1N1 流感病例后，立即采取应急措施并及时上报，截至 9 月 8 日，监测累计发病人数 24 人。由于措施得当，发病学生得到及时医治，确保了游行队伍稳定。

**五、始终坚持规范流程、踏勘推演，确保群众游行高效集结、有序疏散**

1. 实地踏勘踩点

根据总指安排，每次合练，模拟国庆当天队伍行车方式，分南北两条不同路线行驶到达集结地点。为保证队伍按要求，顺利、准时到达规定位置，联络员提前按实际路线踏勘，了解需要重点注意的交通节点，并及时与带队警车沟通，做好交通的部署安排。方阵指挥长和重点位置的方阵人员提前到实际点位，确认方阵在各个时间段具体的精确位置。彩车定位员、彩车车长提前掌握彩车位置，行驶路线和注意要点，合练中，很好地完成了与方阵队伍的合成。9 月 29、30 日，方阵总队两次前往长安街踩点，确保国庆当天相关工作万无一失。

2. 反复进行桌面推演

根据总指、二分指下发的工作方案和工作流程，制定本方阵的方案流程，落实相关责任人的具体任务。桌面推演工作会上，方阵相关工作人员共同研究，按实际流程演练每个工作细节，寻找工作中的盲点和难点，提出解决办法。通过反复的桌面推演，对工作方案和工作流程进一步地细化、优化，提出执行过程中的注意事项，保证演练任务顺利完成。

3. 有效串联重点工作点位

为确保游行队伍在各个关键点位和重点环节能够顺利通行，学校认真研究，提前做好联络沟通工作。校保卫处制定车队进出校、停车方案，对涉及区域进行有效管制，保证车队有序出入、科学停放；与安检点提前联系，明确安检过程注意事项，有效提高安检速度；在集结点上，在前期踏勘过程中，作好重要位置的标记，根据实际情况确定队伍排列行进方式；在疏散乘车点上，与值勤交警提前沟通，熟悉停车地点，对参训学生进行集结疏散专题培训。

8月 3 日，在顺义马坡乡村赛马场顺利通过方阵合练验收；8 月 4 日，在良乡机场参与二分指合练，获优胜奖；8 月 9 日，在沙河机场顺利完成二分指合练验收；8 月 15 日，在沙河机场总指合练中，获得了市筹委领导的高度评价；8 月 29 日，出色完成了长安街第一次合练；9 月 7 日，长安街联合演练中，获红旗方阵称号；9 月 18 日，现场预演中，及时适应了新调整的人员运输方式和动作细节。在 10 月 1 日，国庆活动当天，第 10 方阵表现稳定，精彩发挥，圆满完成国庆游行任务。

## 国庆 60 周年合唱、联欢和游园志愿板块

在首都国庆 60 周年联欢晚会和公园游园活动服务工作的筹备和组织过程中，校团委按照“隆重、喜庆、节俭、祥和”的总要求，圆满完成首都国庆 60 周年群众游行广场合唱、首都国庆 60 周年联欢晚会群众联欢大学生板块和首都国庆 60 周年天坛公园游园志愿者的工作任务，为庆典活动做出了积极贡献。

**一、明确指导思想，优化工作方案**

按照“党委负主责、总队为基础、分指抓统合”的工作思路，6 月底，校团委成立了国庆 60 周年工作领导小组，党委副书记张革任组长；校团委书记邱晓飞任副组长；领导小组由相关学院党委副书记构成，办公室设在校团委；各学院一把手负总责，党委副书记作为联络员具体负责各项工作任务的落实。

制定《首都国庆 60 周年群众游行广场合唱团北京工业大学分团工作方案》、《首都国庆 60 周年联欢晚会群众联欢大学生板块北京工业大学分团工作方案》和《首都国庆 60 周年天坛公园游园志愿者的工作方案》，从全校 07 级或 08 级在校本科学生中招募政治可靠、组织纪律性强、身体健康、综合素质好的人员参加国庆活动。要求参加人员符合以下条件：热爱祖国、拥护党的路线、方针、政策，历史清楚，无政治问题，中共党员和积极分子优先；形象良好、身体健康、无重大疾病，身体素质优良，能够在户外立正姿势站立 4 小时以上；男 170 厘米以上、女 160 厘米以上。通过体检、体能测试、政审、背景审查等程序，对入选人员进行严格审查，确保入选方阵队员要达到 3 个百分之百，即政治审查合格率 100%，身体素质合格率 100%，与队形队容设计要求的符合率 100%。最终，共有机电学院、电控学院、建工学院、建规学院、人文学院 5 个学院的 80 名师生参与广场合唱任务，建工学院、建规学院 2 个学院的 46 名师生参与广场联欢任务，环能学院、数理学院、计算机学院、软件学院、材料学院、生命学院、经管学院、外国语学院 8 个学院的 387 名同学参与了游园志愿者任务。

**二、注重思想教育，科学安排训练**

参与国庆 60 周年活动是一项政治任务，校团委高度重视队员和工作人员的思想政治教育工作，还把组织学生参加国庆 60 周年庆典活动作为一次难得的思想政治教育课程。一是做好宣传动员。训练期间，管理人员反复强调参与国庆活动的意义，确保参与人员在思想上、政治上充分认识到国庆工作的

重要性和光荣性。二是建立思想教育机制。成立临时团支部和临时党支部，充分发挥党团员的骨干和示范作用。建立谈心机制，及时了解队员在训练过程中的思想和情绪变化，做好安抚和教育工作。三是畅通交流沟通渠道。公布管理人员电话，队员可以随时同管理人员交流沟通，对活动组织提出意见和建议。

通过制定《首都国庆60周年群众游行广场合唱团北京工业大学分团训练手册》、《首都国庆60周年联欢晚会群众联欢大学生板块北京工业大学分团训练手册》和《首都国庆60周年天坛公园游园志愿者训练手册》等，细化工作方案，明确任务要求，科学安排课程，严格管理要求，强化综合保障，加强安全教育。在训练过程中，通过在各单位之间开展"八比八看"百日竞赛活动，包括比思想教育，看团队建设好爱国热情高；比基础训练，看全员体能强标兵框牢固；比队形规范，看横排纵路齐整体块移动；比时间准确，看步幅步速稳通行时间准；比风采展示，看动作口号齐艺术表现美；比训练方法，看思路有创新解困有办法；比纪律作风，看管理要求严统一行动快；比激励保障，看服务措施实群众反映好，进一步增强了各单位的重视程度，提高了队员的训练效果，为圆满完成国庆任务奠定了坚实的基础。

**三、圆满完成任务，满载缤纷荣誉**

10月1日上午，学校80名师生共同参加了首都国庆60周年群众游行广场合唱团的演出，是本次国庆的一个新亮点，也是国庆方阵中唯一静态表演的大型团体。它由来自于北京工业大学、北京大学、清华大学等30多所北京院校的2 500名大学生组成，国庆当天他们与三军联合军乐团、民族打击乐、童声合唱团一起，组成5 000人的庞大演出阵容。在庆典过程中，从阅兵仪式开始到群众游行结束，学校所有的参演人员全程站立3个多小时，并始终保持着富有激情、面带微笑的表演，体现了北工大师生良好的身体素质与较高的艺术修养，圆满顺利完成了国庆庆典活动中群众游行广场合唱的重大演唱任务。

10月1日，天安门广场举行的国庆60周年联欢晚会群众联欢大学生联欢板块活动中，由北京工业大学46名师生参与组成的群众联欢大学生联欢板块，以青春的朝气、整齐划一的动作、饱满的激情舞动在天安门广场，充分展示了北工大人的激情风貌、青春洋溢的亮丽风采。

在国庆长假期间，以庆祖国华诞，展青春风采为主题的志愿服务在北京各大旅游景点全面展开，北京工业大学作为国庆系列活动和志愿服务活动的积极参与者，担负起了天坛公园游园志愿服务的重担。通过定向招募和自愿报名相结合的方式，学校从环能、数理、计算机、软件、材料、生命、经管、外国语8个学院选拔了387名同学参加了10月1至8日国庆期间天坛公园门口疏导、园区服务、语言翻译和文明宣传4个类别的志愿服务，志愿者用自己的方式庆祝了祖国母亲的生日。

在10月底举行的国庆60周年各部门总结表彰大会上，北京工业大学参加广场联欢与广场合唱的演出部分获得首都国庆60周年北京市筹备委员会联欢晚会指挥部群众联欢部颁发的"首都国庆60周年联欢晚会群众联欢大学生联欢板块优秀组织奖"荣誉称号和中共北京市委教育工委、北京市教育委员会颁发的"首都国庆60周年群众游行广场合唱、民族打击乐活动纪念奖"荣誉称号。同时在全国教育系统"祖国万岁"歌咏大会爱国歌曲大家唱的活动中，北京工业大学合唱团师生以优美的姿态、美丽的笑容、真情的祝福，获得由教育部颁发的"爱国歌曲大家唱——全国教育系统'祖国万岁'歌咏活动优秀组织奖"荣誉称号。

另外，在国庆60周年联欢晚会筹备工作期间，北京工业大学参加国庆大学生联欢板块全体师生坚持"祖国利益高于一切"的信念，团结协作，勇于奉献，为联欢晚会的成功举办做出了突出贡献，被国庆联欢晚会指挥部领导批准授予"先进集体"称号。

（陈佳楠　王文杰　邱晓飞　王秀彦）

# 全力以赴，确保学校参加首都国庆60周年各项活动安全圆满顺利

## ——北京工业大学"国庆平安行动"回顾

2009年10月1日，北工大承担了参加首都国庆60周年群众游行、广场合唱及联欢晚会中群众

联欢大学生联欢板块的集体舞和联欢节目表演的重要任务，敏感节点多、敏感段集中，国庆校园安保成为学校2009年安全稳定工作的重中之重，加上严峻的防控甲型H1N1流感疫情形势，校园维稳任务非常艰巨。学校党委坚决贯彻北京市委教育工委“国庆平安行动”总体部署和工作要求，制定了《北京工业大学深入开展“国庆平安行动”实施方案》，明确了指导思想、工作目标、阶段任务、组织领导和保障工作4方面内容。保卫处在学校党委的领导和各单位以及师生员工的鼎力支持下，高质优效地开展战前整治专项行动和战时严控工作，为新中国成立60周年营造了安全、稳定、和谐的良好校园环境与氛围，确保了学校参加首都国庆60周年各项活动万无一失，真正做到了“校园区域有人巡、矛盾纠纷有人解、重要部位有人看、重点人员有人控、突出问题有人管、敏感事件有人报”，实现了“大事不出、小事减少、秩序良好”的总体工作目标。

**一、周密计划，科学组织，高效安保**

为确保学校安全、顺利、圆满完成首都国庆60周年群众游行、广场合唱及联欢晚会的表演任务，根据学校总体工作部署，保卫处主要负责4项工作：一是参加游行教师、学生政审工作；二是校内游行训练的安保及交通疏导工作；三是各类训练及保障用车出入管理；四是校内训练突发事件的处置。为确保此项重大政治任务落实到位，保卫处高度重视，责成1名副处长负责、校卫队全力承担、其他各管理办公室积极协助，精心组织、高效实施、严格管理，确保了各项活动安全顺利无误。

1. 制订工作方案

保卫处积极联系学生工作部，掌握学校参加国庆各项活动人员、车辆、行车路线、时间安排等具体情况和数据，在此基础上通过对校内训练场地、合练及保障用车交通区域反复的实地踏勘，制定了包括交通疏导、现场警戒、应对突发、火灾扑救、门卫查验等多项内容的工作方案和路线图，采取分段、分区包干负责制并将各项工作责任严格落实到岗、到人。

2. 精心选员，加强培训演练

通过严格筛选，保卫处从校卫队抽调精兵强将组队参加执勤工作，并通过开展“我与祖国共奋进”主题照片展、观看影片《建国大业》、板报等形式进行思想动员，激发全体队员为国庆60周年安保奉献的爱国精神和高昂斗志。在上岗前按照执勤方案反复进行桌面推演，对执勤人员进行交通疏导、现场警戒、门卫查验等一系列专门业务培训，共组织消防培训计420人次，组织火灾应急演练2次，达到了预期效果。

3. 确保校内游行训练场地及周围秩序安全无误

2009年7月25日至9月30日，学校参加国庆群众游行方队在校内新、老体育场训练、合练共计13次，保卫处每次派勤8人共计104人次，严格管理，认真疏导，全力维护现场及周边秩序，做好了应对突发事件的一切准备，确保了训练任务安全、顺利完成。

4. 全力以赴，圆满完成外出合练彩排及国庆庆典期间的校园交通疏导和安保工作

2009年8月3日至10月1日，学校参加国庆群众游行方队、广场合唱及联欢表演师生外出合练彩排、国庆庆典游行和演出共计8次，平均每次参加师生3 500人、动用车辆76辆，共计参加师生28 000人次、608车次。为确保人员车辆安全、交通畅通和车辆停车有位，特别是保证重点路口、道路和关键环节能够顺利通行、安全无误，保卫处缜密制定了车队出入校及停车方案，每次派勤36人共计286人次，从车队出发到返回校园，无论酷暑风雨，无论白天深夜，从始至终坚守岗位、恪尽职守。在参训师生集结过程中，特别是参训学生从校外中蓝公寓到校内集结点的过程中，保卫处在校内外重点路口派驻执勤队员，并提前联系朝阳交通支队，通过值勤交警共同加强师生来校途中的交通疏导和保护，确保师生人身安全。与负责安检的朝阳公安分局提前沟通，明确安检注意事项，协助做好相关工作，有效提高安检速度。为保障用车预留车位，对上车点、车队出入校涉及的道路、校门等区域进行有效交通管制，控制闲散人员车辆进校，确保道路、校门畅通无阻，保证车队安全高效出入、科学有序停放。为确保万无一失，在队伍集结点、上车点、安检点等现场准备了充足的灭火器材，做好扑救火险火灾的应急准备。

通过上述努力，保卫处圆满完成了北京市委和学校党政领导交付的工作任务，确保了校内训练、外出合练彩排及国庆庆典游行和演出等所有活动安全、顺利、有序进行。

**二、进一步加强政保专项工作**

以国庆60周年等敏感期为重点，加强对邪教的斗争，全面排查梳理，进一步完善台账，落实各项工作措施，加强工作力度，并对校内重点区域进行有效防控，取得良好成效。及时搜集、掌握并遏制各类不良信息传播，消除不稳定因素。配合公安和国家安全部门协查和外调相关案件，开展国庆前夕有关信息采集和维稳动态预警工作。按期、严格完成学校参加国庆60周年活动3 137名师生的政审工作。

**三、组织开展“国庆平安行动”、科技创安专项行动**

1. 矛盾纠纷排查化解

在学校党政领导下，保卫处全面、深入排查学校在招生就业、合作办学、食堂伙食、后勤服务、工程施工、住房配售、人事管理、学生管理等各方面可能存在的矛盾纠纷与问题隐患，经查未发现重大矛盾纠纷。对一般性的矛盾纠纷做好劝解说服、事态控制等工作，并进一步查实疏漏，逐一落实责任单位、责任人、化解措施以及解决问题的时限，实行挂账办，动员相关学院、部、处尽最大努力化解各类矛盾纠纷，形成整体合力，避免引发突发事件，做到可把握、可控制，坚决不使矛盾升级、出校、上移。

2. 安全隐患排查整治

在2009年2月开展火灾隐患排查整治“雷霆行动”消防安全自查基础上，9月保卫处按照市委教育工委和学校要求发布了《关于开展国庆60周年前夕安全自查的通知》，组织开展以消防和实验室安全为重点的安全隐患排查整治专项行动，全面摸清校内治安、消防、交通、饮食卫生管理以及水、电、气、热等基础设施设备和易燃易爆、危化物品管理的实际状况，并提出国庆期间禁飞、交通出行、临时务工人员和出租房屋管理4项工作要求，经查未发现重大安全隐患。对排查出的一般性隐患和问题，做到“查问题、查责任、查隐患整改”。与此同时，与宣传部、团委、后勤管理处、相关学院等部门共同配合，进一步严格落实公安、消防等专业部门的工作要求，强化对学生宿舍、食堂、体育馆、高层建筑等重点场所与部位的消防安全管理，加强危险化学品、易燃易爆、放射性等物品的安全管理，进一步加强反恐宣传教育，落实反恐防暴措施，严密防范各类暴力恐怖活动，不断加强校内各方面安全管理工作，提升工作水平。积极与属地政府密切配合，加强校内出租房屋和流动人口管理，对校内房屋出租状况、校外人员租住情况以及工大建国饭店和熙园宾馆管理状况等做到情况清、底数明。

3. 校园及周边环境专项整治

在市委教育工委、市教委和属地政府以及公安、消防等专业部门的大力支持下，保卫处在学校领导下积极做好校园周边环境秩序的综合治理工作。全面清理整治违规办班、无照经营、游商游贩、制假售假、私搭乱建、乱停乱放、非法小广告、校园“一日游”等严重影响校园秩序和环境的问题，加强对教学科研场所、体育场（馆）、图书馆、学生宿舍、食堂等人员密集场所及经营活动场所的管理，深入有关部门对车辆和重点驾驶员进行安全检查和宣传教育。配合公安机关严厉打击盗窃、诈骗、打架斗殴等各类校园违法犯罪活动，积极创建平安祥和的校园治安环境。

4. 科技创安

学校科技创安工作已连续开展10年，经过2001至2005年五期工程和2006至2007年第六期深化工程建设，建成了覆盖学校周界和校园80%区域的安全技术防范系统，并于2005年荣获市委教育工委、市教委联合颁发的“北京高校科技创安工作先进学校”和“北京高校科技创安示范工程”两项荣誉称号。国庆前夕，保卫处按照市委教育工委、市教委和市公安局联合下发的《关于全面加强高校安全技术防范工作的意见》要求，在学校大力支持下获得财政专项资金，迅速开展并完成了技防七期工程、监控中心升级改造工程建设。通过上述工作，全面健全和完善校园安全技术防范系统，努力实现重点要害场所、部位技防安装率达到100%、技防系统完好率达到100%、控制室值班人员上岗培训率达到100%、文保单位技防设施设备签订维保障合同或协议达到100%、技防系统按照北京市政府185号令备案达到100%的工作目标。

**四、认真做好防控甲型H1N1传染病防控工作**

为贯彻北京市关于认真做好防控甲型H1N1传染病的要求，保证学校参加国庆活动师生的健康，经学校研究决定，2009年8月20日保卫处发布了《关于加强校门管理的临时规定》，对校园实施二级加强防控，自8月21日起对进入学校的所有人员实施体温检测和验证管理。9月25日国庆临近之际，根据学校决定，保卫处发布《关于国庆期间校园校门实行封闭管理的规定》，对校园实施三级超常防控，进一步严格实施校门体温检测和验证管理，坚决防范病毒入侵学校。在此期间，所有门卫人员一丝不苟地为全校师生员工及外来办事人员测量体温，对检测不合格者劝请到校医院及时就医并谢绝入校，对个别不理解甚至无理取闹者进行耐心解释和说服教育。通过门卫人员认真、负责、严谨的工作，有效地阻止了疫情在校园蔓延。

（张雪梅　赵铁庄）

# 提升维护稳定和信访工作水平，全面推进和谐校园建设

2009年是新中国成立60周年，敏感节点多、敏感段集中。北京工业大学党政以高度的政治责任感，充分认识维护稳定和信访工作所面临形势的严峻性和错综复杂性，紧紧围绕全面落实科学发展观的要求，增加维护稳定和信访工作的大局意识、忧患意识，坚持“群众利益无小事”这一指导原则，为群众办实事、排忧愁，不断加强维护稳定和信访工作的规范化、制度化建设，牢牢把握校园安全稳定工作的主动权，为学校的发展和构建和谐校园创造了良好的环境，并以此为契机促进了学校各项事业全面健康发展。

**一、加强领导，突出维护稳定和信访工作“三个机制、二个体系”的建设**

（一）健全维护稳定和信访工作的三个机制

1. 健全领导体制及工作机制。2009年，为进一步及时沟通、研究、协调、妥善解决学校维护稳定和信访工作中的有关问题，统筹协调各部门工作，形成整体合力，学校建立了维护稳定和信访工作联席会议制度和校园多维综合防控体系，实行联防联控，使学校维护稳定和信访工作的实施从体制和机制上得以保证。

2. 完善民主监督机制。学校十分重视在维护稳定和信访工作中的民主制度建设，不断完善校务公开制度，继续推进工会、教代会和纪检、监察、审计制度建设，建立健全了有效的民主参与、监督和制约机制，使广大学生和教职工在学校建设、制度制定和重大决策、违纪事件的处理等方面，具有较为充分的知情权、参与管理权、民主监督权。

3. 健全师生权益保障机制。学校不断拓宽师生权益救济渠道，完善人事争议仲裁调解委员会、学生工作指导委员会、学生申诉处理委员会的工作机制，使学生听证制度和学生申诉复议等维权制度落在实处；进一步完善校院两级的本科生和研究生“学生约谈制度”和接待日制度。

（二）完善维护稳定和信访工作的两个体系

1. 清理制度，规范维护稳定和信访工作制度体系。学校遵循“以人为本、法制统一、科学管理”的原则，对维护稳定和信访工作的相关制度进行了全面的清理、修订和完善，2009年学校相继制定出台《北京工业大学贯彻落实“平安北京”建设工作方案》、《北京工业大学突发事件处置预案》、《关于维护稳定和信访工作的实施意见》、《北京工业大学维护稳定和信访工作联席会议制度》等文件，进一步规范了维护稳定和信访工作的制度体系，切实做到有章可循、照章办事，依靠制度管人、管事。

2. 构建立体化的维护稳定和信访工作舆情分析管控体系，培育师生民主法治素养。一是充分发挥广播、网络、校报等形式宣传学校维稳信访工作精神、基本要求和实施意见，增强基层单位应对突出事件的处置能力。二是加强校园网络监控，利用技术手段加强对校园网络、尤其是地下论坛的监控。三是学校有计划、分层次地对在校师生进行法律知识培训，营造依法治校的良性运行环境和氛围，提高了师生民主法治素养，有力促进了安定和谐的校园环境建设。

**二、强化管理，健全维护校园稳定的长效机制**

（一）加强管理，完善维护稳定工作机制

一是强化分级防控工作模式，继续延续学校在“平安奥运”中建立起来的多维综合防控体系，进一步完善“常规、加强、超常”三个级别的防控等级，固化分级响应模式。二是强化网格化、单元化防控模式，建立“学校－校区－网格”三级防控格局。三是推进校园综合防控信息化，进一步深化科技创安工作，加大经费投入，重点加大对人流密集场所和重点要害部位技防设施建设力度，加强对技防系统的检查维护，确保系统无故障运行。四是加强校园综合防控队伍建设，建立以保卫队伍、专业技术队伍和志愿者队伍为主的校园多维综合防控体系，按照“专群结合”的模式开展校园安全保卫工作。

（二）群防联动，建立横纵结合的维护稳定工作网和工作体系

在横向上，组建以学生会社团直属党支部为依托的校团委所属学生干部应急工作队伍；在纵向上，与学校主管领导、校两办建立信息上报机制，与保卫处建立信息共享和应急处置联动机制，与其他相关部门建立信息交换机制，确保相关信息及时共享。

（三）齐抓共管，完善维护稳定应急预案和操作规程

在敏感期，学校相关部门立即进入战时状态，为全面掌握师生动态，确定工作机制和工作体系，按照不同事件的等级确定了应急预案和操作规范，应急预案及操作规程涉及学生穿违规服装、集会、网络留言、短信群发等方面为确保及时、规范、有序的处理事件打好基础。

**三、提升水平，依法信访，促进校园和谐发展**

（一）树立以人为本观念、畅通信访渠道

除做好传统的来信、来人来访、电话信访的管理和运行外，学校还努力畅通信访渠道为群众办实事、排忧愁。通过创新信访渠道，使群众信访诉求解决的途径更加灵活。

1. 继续贯彻执行校领导接待日制度和校领导联系学院制度。针对学校不同阶段热点信访问题，安排主管校领导参加校领导接待日，让广大师生和领导面对面解决问题，提高针对性和实效性。

2. 构建校院两级信访网络。把信访关口前移，面对面倾听群众呼声，收集社情民意，及时发现问题，把握信访工作的主动权。

3. 完善信访程序。为方便信访群众，学校制作信访告知提示卡、信访流程图，进一步推进了信访工作的规范化、程序化。此外还充分利用纪委接访、教职工代表大会、工会组织等途径，通过多种方式最大限度拓宽信访渠道。

（二）建立“大信访”格局、完善“责任制”，创新信访体制

学校践行信访体制的创新，着重要抓好“大信访”格局完善和“信访责任制”完善两个方面。

1. 不断完善“大信访”的格局。一是各部门各负其责，谁主管、谁负责，实现信访合理分流。二要有效整合协调各部门力量，形成信访工作合力。充分发挥工会、社团等组织在解决信访问题中的协调功能，逐步建立统一领导、部门协调、各负其责、齐抓共管的大信访工作格局。

2. 继续强化信访工作责任制。一是实行领导包案制。学校党政领导对分管工作涉及的信访工作要负总责，建立信访领导参与、主持有关信访问题决策的制度。二是实行“首访责任制”。加大初信初访问题解决力度，在接访、协调、督办、解决等环节，逐一明确责任单位、责任领导和办理时限，确保问题及时解决。

（三）突出依法办访与情理兼顾相结合，创新信访方法

学校在信访实践中通过对信访案件进行综合研究分析，分类甄别，不断创新做好信访工作的有效方法。

1. 涉法性问题靠法律解决。属司法机关处理的涉法涉诉信访问题，积极引导信访者向司法机关反映，通过法律手段解决。

2. 政策性问题依法灵活解决。对合法合理、按政策法规应该解决的问题，马上解决；对合法合理但目前政策法规没有明确的问题，变通方式解决；对合法不合理以及既不合法又不合理按政策无法解决的问题，努力做好说服和疏导工作。

3. 群体性事件苗头性问题靠排查解决。信访工作努力做到“重心下移、关口前移”，从事后应对转到事前的预防和排查化解上来。对可能由工作方法等问题引发的群体性事件，预警在先、调解在先，努力做到早发现、早预防、早控制。

4. 闹访性和违法性问题靠处置解决。对于那些无理缠访和取闹、聚众滋事的人，或者借助上访煽动教唆他人闹事、恶意扰乱教学秩序和办公秩序的人，依法给予引导和处置，维护正常上访秩序。

维护稳定和信访工作是联系广大师生员工的桥梁和纽带，是发扬党内民主、增强党群和谐与校园和谐的重要保障，是贯彻落实科学发展观、保障民生、维护师生权益的基本渠道。在校党委的统一领导下，学校将把维护稳定和信访工作纳入到学校事业发展和党的建设的全局之中，坚持把做好维护稳定和信访工作提升到执政为民、构建和谐校园的高度，作为改善民生、促进民和、确保民安的重要手段，以落实责任和加强考核为抓手，突出工作重点，提高化解矛盾纠纷的水平，扎扎实实的开展维护稳定和信访工作，建设平安校园、和谐校园。

（余 立 金 峰）

# 春色满园关不住　异彩纷呈献奇葩

## ——北京工业大学体育教学改革与发展历程

北京工业大学自建校以来，一直非常重视体育工作。伴随学校改革与发展，室内外场地面积由2000年的29 513平方米增加到63 663平方米（不含北工大体育馆使用场地面积），运动场馆不断扩大，设施不断改善。体育教学不断创新，学校的体育工作在教学、训练竞赛、群众性体育活动等方面

都取得了丰硕的成果。

## 一、明确教学理念，完善课程体系，教学成果显著

从教学改革之初就确立了“育人为本，健康第一”的课程理念，通过科学的体育教学过程，激发学生的运动兴趣，培养学生终身体育意识，传授健康知识、体育技能知识，实现增强体质、改善心理、健全人格的目标；注重学生个性发展，培养自主锻炼的习惯，使学生了解相关项目的竞赛规则，提高比赛的欣赏水平，提高学生体育文化素养；通过体育教育促进学生身心的和谐发展，寓思想教育、文化教育、生活生存教育和与人融洽相处的教育于体育课程教学之中，使学生参与体育、融入体育、热爱体育、享受体育乃至终身体育。

学校坚持把“增进学生身心健康、增强学生体质；使学生掌握体育基本知识与技能，掌握一定的运动损伤处置方法，培养学生体育运动能力和习惯；掌握测试与评价体质健康状况的科学方法，形成健康的生活行为方式；对学生进行品德教育，增强组织纪律性，培养学生良好的体育道德和合作精神；促进身心和谐发展和全面素质的提高；提高运动技术水平，为国家、北京市、学校争光”等作为基本任务，坚持以“体育育人”为总目标，以全校学生参加《国家学生体质健康标准》测试的合格率达到98％；培养高水平运动员，建设高水平运动队，提高运动技术水平，为国家、北京市和学校争光；开展多种形式的体育竞赛活动，培养学生对体育的兴趣，丰富学生的精神文化生活等为具体目标。坚持以体育课教学为主，严格贯彻执行《国家学生体质健康标准》，通过早操、课外体育锻炼、业余运动训练、群众体育活动、学校运动竞赛、体育特色能力的培养等手段，全面实施体育教学工作。

在教学上，严格课程体系及教学内容，不断创新教学方式和方法，推进体育教育改革。由2000年前的三大球、田径、体操、乒乓球，到现在随着室内游泳馆和奥运体育馆等体育场馆的落成，又先后开设了网球、健美、健美操、形体礼仪、艺术体操、游泳、武术、跆拳道、瑜伽、普拉提、羽毛球等课程；课外培养包括课外体育锻炼与辅导、业余训练与竞赛、体育协会与俱乐部活动、体育特色能力的培养与评价等；《国家学生体质健康标准》的测试与评价，包括形态与机能及综合指数的测试与评价，是落实“学校教育要树立‘健康第一’的指导思想，切实加强学校体育工作”的具体措施，是促进学生体质健康发展、激励学生积极进行身体锻炼的教育手段，是学生体质健康的个体评价标准，也是学生毕业的基本条件之一。通过体育实践教学法、体育理论教学法、测试与评价法、网络教学法、多媒体教学法等提高体育教学效果，增强学生体质。

同时，积极建设高素质的师资团队，教师职称和学历层次不断提高，教师年龄专业梯队不断完善，同时，还注重加强对青年教师的培训和教育，选拔思想素质高、业务能力强的中青年教师攻读硕士、博士学位，始终坚持每周三各教学专项组进行业务研讨和集体备课制度，互相取长补短，提高了师资队伍的整体业务水平。

实践证明，通过科学的体育教学过程，学生的运动兴趣、终身体育意识得到了加强，自觉参加课外体育锻炼的人数越来越多。通过体育教学实践，体育课堂出勤率达到98％以上，体育教学课的合格率为99％以上，优秀率达22％，在每年教务处对学生的调查中，体育与健康课程成为学生最喜爱的课程之一，平均分达到95分以上，《国家学生体质健康标准》合格率达98％以上。各种体育俱乐部、协会及课外体育活动、竞赛学生的参与率达60％以上。

2006年北工大“大学体育”课获北京市精品课程；2006、2008年两次获北京市高等学校贯彻“学校体育工作条例”优秀学校称号；北京市“开展学生体质健康测试工作”先进校；2005年获北京市“实施学生体质健康测试先进校”；自编教材《大学体育》获北京市精品教材；承担国家体育总局、北京市教委和校级科研课题19项，发表各类科研论文近80篇，其中核心刊物16篇，近30篇学术论文参加国际、国家、省级论文报告会获奖；4名教师获北京工业大学教学优秀教师奖，10人次获优秀教学质量奖，3人次获“我爱我师——我心目中最爱戴的教师”奖；5人次在全国课件大赛上获奖；2人获北京地区高校体育教学多媒体课件报告会优秀课件二等奖；2009年获北京市教育教学成果二等奖；2009年获北京市优秀教学团队称号，1人获2009年“北京市优秀教师”称号。

## 二、注重训练、各项竞赛捷报频传

1983年，北京工业大学被国家教委指定为招收高水平运动员试点校；1984至1986年，开始招收业余体校和退役运动员；1987年，被国家教委确定为首批招收高水平运动员试点校。1994年，在坚持“教体结合”的基础上与北京市体委合作，共建高水平运动队，充分发挥各自优势，达到“优势互补、资源共享”的良好效果，开辟了一条“体教结合、优势互补”培养全面发展的高水平体育人才的新途径。

学校体育场馆和训练设施的不断完善为体育训练提供了良好的条件保障。2003年3月，塑胶网球

场建设完工并投入使用；2003年6月，游泳池改建游泳馆工程竣工；2007年10月，北京工业大学奥林匹克体育馆以及第二块田径场落成并投入使用；2009年10月，北京工业大学“五人制”足球室内训练馆落成并投入使用；2009年11月，学校新建塑胶篮球场和排球场投入使用，其中包括2块灯光篮球场；2009年，南区田径场添置灯光照明设备，场馆设施不断改善。

在训练中，学校提出了“以人为本、知行结合、体验感悟、全人教育”的培养理念，强调学生发展为本的“人本”观、变文本课程为体验课程的“感生”观、师生平等相互交流的“民主”观、综合素质全面提高的“发展”观。在该理念指导下，形成了高水平体育人才培养的三条思路，即体教结合、全面发展。把体育与教育有机地结合起来，使高水平运动员在成才过程中既能接受文化知识的教育，又能具备高超的竞技运动能力，又具有扎实的体育管理专业基础，同时思想道德素质、文化素质、身心素质协调发展，成为全面发展的高水平体育人才；资源共享、优势互补。将体育局的运动员苗子、良好的训练设施、坚实的后勤保证、稳定的经费投入、高水平教练员与学校精良的师资队伍、良好的教育环境、先进的教学设施、强大的科研优势结合起来；因材施教，改革方式。根据运动员的特点和其今后发展的需求，将“体育营销”和“体育管理”作为高水平运动员培养的专业方向（挂靠在工商管理专业下），量身定做，单独制订教学计划，调整教学内容。

近10年获得国际、国内及全国高校比赛金牌70多枚，获得北京市高校比赛金牌400多枚，并有多人次打破世界纪录、亚洲纪录、全国纪录、全国高校记录。近10年，北工大体育团队和个人在国际、国内所获奖项见表2-2。）学校多次捧得“校长杯”，多次获得体育竞赛优胜奖等。2009年学校体育工作多处开花。11月，学校成功承办东亚五人制足球锦标赛，以一流的场馆设施、一流的食宿条件、一流的竞赛组织、一流的赛会服务，确保赛事顺利举行，为中国队夺得首个洲际冠军做出重大贡献，同时4名学生入选本届国家队。12月，学校参加北京市高校高水平运动队建设评估，获一等奖；12月，学校为培养冠军运动员成立导师团队，并同意保送世界冠军张琳、刘京攻读2010年硕士研究生，进一步提升运动队工作。

**表2-2 2001-2009年北京工业大学体育运动所获国际、国内重要奖项**

| 时间 | 团队/个人 | 比赛名称 | 金牌 | 银牌 | 铜牌 | 备注 |
|---|---|---|---|---|---|---|
| 2001.8 | 韩雪 | 第21届世界大学生运动会 | 2 | 2 | 1 | - |
| 2002.9 | 陈祚 | 韩国釜山第十五届亚洲运动会 | 2 | - | - | - |
| 2003 | 庞然 | 第22届世界大学生运动会 | 1 | - | - | - |
| 2004.9 | 陈祚 | 第七届全国大学生运动会 | 1 | 1 | 2 | 首获“校长杯” |
| 2005.10 | 校运动队 | 第十届全国运动会 | 4 | 1 | - | - |
| 2006.12 | 陈祚、张琳 | 第十五届亚洲运动会 | 2 | 3 | - | - |
| 2007.7 | 校运动队 | 第八届全国大学生运动会 | 9 | 2 | 9 | 再获“校长杯 |
| 2007.6 | 游泳队 | 迎奥运首都高校游泳冠军赛 | 45 | 22 | 9 | 甲A组团体冠军<br>甲B组团体亚军 |
| 2007.12 | 游泳队 | 迎奥运首都高校游泳锦标赛 | 44 | 23 | 13 | 甲A组团体冠军<br>甲B组团体亚军 |
| 2008.5 | 游泳队 | 迎奥运首都高校游泳冠军赛 | 52 | 38 | 27 | 甲A组团体冠军<br>甲B组团体冠军 |
| 2008.8 | 张宁 | 第29届奥林匹克运动会 | 1 | - | - | 7名运动员参加奥运会 |
| 2008.8 | 张琳 | 第29届奥林匹克运动会 | - | 1 | - | - |
| 2008.11 | 游泳队 | 北京高校2008年游泳锦标赛 | 48 | 26 | 15 | 甲A组团体冠军<br>甲B组团体亚军 |
| 2009.4 | 男足 | 中国足球协会室内五人制足球甲级联赛 | - | - | - | 第五名 |

续表

| 时间 | 团队/个人 | 比赛名称 | 金牌 | 银牌 | 铜牌 | 备 注 |
|---|---|---|---|---|---|---|
| 2009.5 | 男足 | 中国大学生“李宁杯”室内五人制足球联赛总决赛 | - | - | - | 第六名 |
| 2009.5 | 男篮 | “STAR”杯北京市大学生篮球联赛 | - | - | - | （甲组）第四名 |
| 2009.5 | 女篮 | “STAR”杯北京市大学生篮球联赛 | - | - | - | （甲组）第三名 |
| 2009.5 | 男排 | 北京市大学生排球超级联赛 | - | - | - | 第五名 |
| 2009.6 | 游泳队 | 北京高校2009年游泳冠军赛 | 27 | 14 | 19 | 甲A组团体冠军<br>甲B组团体季军 |
| 2009.7 | 张琳 | 第十三届世界游泳锦标赛 | 1 | - | - | 打破男子800米自由泳项目世界纪录 |
| 2009.7 | 刘京 | 第十三届世界游泳锦标赛 | 1 | - | - | 打破女子4×200米自由泳项目世界纪录 |
| 2009.10 | 校运动队 | 第十一届全国运动会 | 4 | 5 | 2 | 打破2项亚洲纪录、2项全国纪录 |
| 2009.11 | 男篮 | 第十二届CUBA北京赛区预选赛 | - | - | - | 第五名 |
| 2009.11 | 女篮 | 第十二届CUBA北京赛区预选赛 | - | - | - | 第五名 |
| 2009.12 | 女排 | 北京市大学生排球联赛 | - | - | - | 第四名 |
| 2009.11 | 女排 | 北京高校排球甲级联赛 | - | - | - | 第三名 |
| 2009.12 | 游泳队 | 北京高校2009年游泳锦标赛 | 36 | 16 | 12 | 甲A组团体冠军<br>甲B组团体亚军 |
| 2009.12 | 男排 | 北京市大学生排球联赛 | - | - | - | 第四名 |
| 2009.12 | 乒乓球队 | 北京高校乒乓球联赛（甲组） | - | - | - | 男团第一名、女团第三名 |

**三、群众体育工作丰富多彩**

近十年来，北京工业大学学生群众体育活动工作发生了巨大变化，尤其是党中央关于全民健身和阳光体育等体育指导方针提出以来，群众体育工作更是迈上了一个新的台阶。

群众性体育大型竞赛稳步推进。截至2009年，学校春季运动会已经举办了35届。从2007年开始，学校提出了春季以竞赛为主、秋冬季以趣味为主的体育竞赛指导方针，面向全校教职员工和全体在校学生。秋冬季校运动会得到开展，北工大率先成为高校一年有2次全校性大型体育竞赛的学校。2006年起，学校各二级学院在参加运动会的同时，还大力发展学生拉拉队的建设，使得整个体育竞赛更加文明、精彩、热烈！学校大力加强志愿者队伍的建设，为群众体育竞赛提供了优质的服务。大型体育竞赛在参与人数和形式上都发生了巨大变化。

学生单项体育竞赛积极开展。以足、篮、排三大球为主，并开展网球、游泳、乒乓球、健美、健美操、武术、太极拳、跆拳道、羽毛球、艺术体操、体育舞蹈、形体礼仪等项目的比赛，每年从春天到冬天，都有各种赛事在进行，学生参与的积极性极大提高，参与的人数大幅增加。以“工大杯”命名的各个项目的春秋季联赛已具规模，形成了传统赛事品牌，极大地提高了学校群众体育的水平。各个项目还参加了北京市高校业余联赛，取得良好效果。

群众性体育活动的形式日益丰富。以往仅有几个学生体育协会组织活动，当前新增网球、游泳、乒乓球、武术、太极拳、跆拳道、羽毛球、艺术体操、体育舞蹈、形体礼仪等运动协会，还有网球，健美操、健美、跆拳道等俱乐部，极大地促进了群众性体育运动的开展。

（赵桂生　陈建生）

# 体教结合，科学规划奥运场馆赛后利用

北京工业大学在奥运场馆（即北京工业大学奥林匹克体育馆，简称北工大体育馆）规划设计阶段，就已对奥运场馆赛后利用问题做了系统研究和明确规划，设计方案包含赛时、赛后两套使用功能设计图。在注重场馆社会效益、经济效益和环境效益三效统一的基础上，学校分阶段开展了奥运场馆赛后利用，取得了良好的成效。

## 一、奥运场馆赛后利用规划制定情况

在遵循场馆的公益性和公众性原则、场馆运行的市场化原则、场馆运行体现“绿色、科技、人文”三大理念的原则、场馆利用与城市功能定位相结合原则的基础上，学校抓住了奥运场馆建设的难得机遇，体教结合，对奥运场馆赛后利用进行了科学规划，即：强化场馆文化建设，将奥运场馆变成学校辉煌的历史文化遗产，场馆在优先满足学校教学、训练和师生员工健身活动需求的基础上，为社会公众服务，为学校创造良好的社会效益和经济效益。

## 二、奥运场馆赛后利用落实情况及成效

2008年10月，学校成立北京工业大学场馆管理中心（简称场馆中心），负责奥运场馆赛后利用。2008年11月3日，选修羽毛球体育课的大学生在北工大体育馆热身馆开始上课，成为奥运场馆赛后利用启动的首批使用者。学校羽毛球教学、体育部教师业务培训和学校篮球、排球、羽毛球队训练，北京工业大学新生开学典礼、毕业生就业双选会、毕业典礼、教师节表彰大会，2009年北京高招咨询会等学校文体活动也相继在奥运场馆开展。

奥运场馆在满足校内师生文体活动的同时，积极为社会各界服务，在为社会公众提供羽毛球健身场地的基础上，还承接了各类国家级、国际级体育赛事和群众性竞赛活动以及各类会议、文艺演出等活动。同时，奥运场馆接待了来自全国各地、北京市各个单位的参观者。目前，奥运场馆比赛馆共有羽毛球场地18片，常年对校内师生和社会开放。

为了充分有效使用奥运场馆功能用房，场馆管理中心对奥运场馆进行了合理的功能分区，学校学生社团活动中心和毕业生就业创业训练基地在奥运场馆西区开展，热身馆改造成学校舞蹈团、篮球、排球和羽毛球项目综合教学训练馆，奥运场馆贵宾区建造成北京工业大学奥运纪念馆，奥运场馆北区改造成健身房，提高了奥运场馆的利用率和使用率。同时，场馆管理中心对场馆淋浴、灯光等设施进行了局部改造，体现了节水节能和绿色环保。

自奥运场馆赛后利用启动至2009年底，北工大体育馆共承办了1项国际级赛事，1项洲际赛事，2项国家级赛事，17项文艺活动和会议，24项机关企事业单位群众性竞赛活动，具体的活动如下：

2009年1月，承办2008-2009年度中国足球协会室内五人制足球甲级联赛（北京站）、开办羽毛球培训班。

3月，举办学校“三八妇女节”健身操汇演、毕业生就业双选会、北工大附中第二届科技节开幕式、中国民生银行羽毛球赛。

4月，承办华美地产公司年会、北京高校学生工作学会羽毛球赛、爱迪德技术北京有限公司羽毛球赛、国旅运通旅行社羽毛球赛、2009年北京高招咨询会、毕业生就业双选会。

5月，承办2009年全球职业极限运动巡回赛（中国站）、庆祝新中国成立60周年——中国银行第三届羽毛球团体赛、“光大永明杯”首届羽毛球企业联谊赛、万东医疗装备股份有限公司工会“掘金杯”羽毛球对抗赛、北工大学生社区混双羽毛球赛、首届“工大和谐杯”教工乒乓球团体赛。

6月，承办2009年北京市学生阳光体育推进会、北京市科协系统科技工作者羽毛球大赛、庆祝新中国成立60周年社科院羽毛球团体赛、第一届“政务网络”杯羽毛球赛、中南海羽毛球赛、化工集团羽毛球团体赛、动力中心环能应化羽毛球和谐友谊赛。

7月，承办2009年北京市业余羽毛球公开赛、华美地产羽毛球赛、北工大2009届毕业典礼、北工大学生军训课。

8月，承办北京市朝阳区区直机关系统第二届体育节、欧莱雅新产品新闻发布会。

9月，承办2009-2010年度中国足球协会室内五人制足球甲级联赛、西安杨森制药有限公司羽毛球赛、北工大开学典礼、北工大参加首都国庆60周年庆典活动人员誓师大会。

10月，承办第五届“双鹤杯”药师羽毛球邀请赛、2009佳能（中国）北京地区秋季趣味运动会、第十届全国青少年机器人竞赛教练培训、北京赛科昌盛医药有限责任公司羽毛球赛、西安杨森制药有限公司羽毛球赛。

11月，承办北京高校第十一届联合采购招标大

会、2009年东亚足联五人制足球锦标赛、渤海银行第二届职工羽毛球赛。

12月，承办2009－2010年度中国足球协会室内五人制足球甲级联赛、北京市教育工会第五片组羽毛球赛、毕业生就业双选会。

北工大体育馆在赛后利用过程中，坚持落实“绿色、科技、人文”三大理念，在服务过程中注重细节，注重质量，吸引了大量的羽毛球爱好者来场馆健身，也得到了羽毛球健身者和社会各界的好评。

（吴　勇　刘建萍）

# 记录奥运历史，传承奥运文化

## ——北京工业大学奥运纪念馆、荣誉墙筹建综述

随着2008年8月24日北京奥运会的圆满结束，“后奥运”时代向我们迎面走来。北京工业大学奥林匹克体育馆作为羽毛球和艺术体操比赛馆圆满完成了赛事期间的光荣使命，赛后利用问题提上了学校工作日程。

2009年5月12日，学校第72次党委常委扩大会议研究决定，成立北京工业大学奥运纪念馆筹建领导小组及办公室。筹建领导小组由党委副书记张毅刚、张革任组长，办公室设在宣传部。筹建工作由学校党委宣传部牵头，学校场馆管理中心、后勤管理处、档案馆、校团委、国际交流合作处、保卫处、科技处、学生处、工会等10余个职能部门参与建设。学校希望纪念馆的建设，能够进一步凝聚大学精神，弘扬奥运文化，彰显师生风采，真实记录学校两万师生奉献奥运的光辉历程。

筹建奥运纪念馆的工作早在3月就着手准备。从制订策划方案、征集馆藏品到完成第一稿脚本，每一阶段都力求细致全面。仅仅在选址问题上就颇费心思，学校经过多方论证，在充分考虑纪念馆的功能利用及体育馆赛事组织的基础上，最终决定在原奥运会赛时的贵宾区内建设北京工业大学奥运纪念馆，使得纪念馆的建设既不影响体育馆的赛事组织工作，又能继续保留贵宾区的功能。同样，纪念馆整体设计脚本也是几易其稿。4月，纪念馆脚本第一稿完成。此后，经过反复研讨，又先后形成四稿。7月，奥运纪念馆设计脚本第五稿作为审阅稿报送相关校领导审核，在此基础上进一步完善成第六稿，并以此作为北京工业大学奥运纪念馆整体设计脚本。在纪念馆设计方面，学校也力求体现现代文化韵律和奥运文化品位。筹建办公室在汇集大量图文资料和实物的基础上，多次召集设计、监理、施工人员及体育馆物业管理人员进行沟通和交流，最终对大门、消防通道、顶棚、电梯、照明等重点部位进行了精心设计和巧妙处理，在实现纪念馆的整体艺术美感的同时又消除了安全隐患。在平面图文设计的基础上，纪念馆还使用了包括远程监控、无线讲解、电子互动（羽毛球模拟系统和留影留言系统）、灯光分区遥控等当今较为先进的计算机技术和多媒体技术手段，使北京工业大学奥运纪念馆成为一座集声、光、电于一体的现代科技奥运纪念馆。

北京工业大学奥运纪念馆于7月30日动工，11月15日竣工，前后历时共计108天。它是北京“后奥运”时期国内首座奥运题材的高校纪念馆，并由著名书法家欧阳中石先生为纪念馆题写馆名。11月17日，纪念馆举行了隆重的落成典礼，校长范伯元、党委书记王守法为纪念馆揭牌，党委副书记张毅刚主持揭牌仪式，学校部分教师和奥运志愿者代表参加揭牌仪式。

北京工业大学2008年奥运会、残奥会荣誉墙也于11月17日与纪念馆同一天揭牌。荣誉墙镌刻了每一位为奥运会、残奥会贡献力量和挥洒汗水的师生姓名。荣誉墙分为五大部分：第一部分为奥运志愿者，由奥运志愿者和奥运志愿者督导两部分人员组成；第二部分是奥运大事记，它分别记录了从奥运场馆的申办到奥运场馆的建设，以及奥运场馆的运行整个过程的重大事件；第三部分是北京2008年奥运会、残奥会比赛期间获奖羽毛球、艺术体操运动员个人及团体名单；第四部分为奥运场馆建设及运行期间工作人员名单；第五部分为在北京2008年奥运会、残奥会比赛期间工作人员名单。

荣誉墙的设计均用3毫米、5毫米、10毫米、16毫米黄铜板通过高技艺的人工氩弧焊制作而成，大板底板为3毫米黄铜板，立位为5毫米黄铜板，每一条人名选用5毫米黄铜板通过水切、刨平、电解腐蚀制作，标识图案、大字均用10毫米、16毫米黄铜板高压电弧线切而成。它们都是通过铜螺钉、不锈钢螺钉固定、504胶粘接于大板面板之上，其

稳定牢固经得起岁月的风蚀，最后用表面清漆作为保护层。整个壁画工艺技术十分考究，完全是一个高难度的手工精品。浮雕悬饰于场馆二层平台最耀眼的部位，完全与场馆融为一体。

北京工业大学奥运纪念馆、荣誉墙的落成，是学校“弘扬奥运文化，建设人文工大”的一个重要举措，纪念馆与荣誉墙共同组成奥运文化区，学校将把这里作为传承奥运文化、凝聚大学精神的教育基地，面向校内广大师生及社会开放。

（张彩会　王　锋　李四平）

# 结合形势加强工会教代会工作，让民主建设之花在校园绽放

推进高校民主建设对于保证高等教育健康发展，保证高校公正、有序、和谐运行有着十分重要的意义。北京工业大学历来重视通过工会、教代会工作推进学校的民主建设。2009年，学校以学习实践科学发展观为统领，依照中国工会“十五大”、北京市工会工作会议等的重要精神，紧紧围绕学校中心工作，以促进学校发展建设为目标，深入推进学校民主建设。学校通过进一步优化工会工作环境，加强工会、教代会工作，保障教职工权益，积极为教职工办好事、办实事，注重发挥校、院两级教代会作用，深化民主管理，在促进校园文明、构建和谐校园方面取得了新的成绩。

**一、契合形势，优化工作环境，进一步夯实工作根基**

步入2009年，中国工会“十五大”、北京市工会工作会议的召开为工会工作的创新发展提供了新的机遇。契合新的形势，为了学习贯彻中国工会“十五大”期间胡锦涛总书记关于加强工会工作的重要指示和中国工会“十五大”精神、贯彻落实《中共北京市委关于加强和改进工会工作的意见》，学校积极开展了系列工作。

1. 召开工会工作会议，统一认识

为了加强对工会、教代会工作的领导，学校党委在每年都将工会、教代会工作内容列入工作计划中，并及时审议相关工作。2009年6月11日，为使全校上下充分认识当前工会工作所面临的新的形势与任务，切实加强和改进工会工作，充分发挥工会在学校发展建设中的重要作用，学校党委召开了工会工作专题会议，会议通过听取题为“加强工会工作，推进民主建设”的报告，讨论《中共北京工业大学委员会关于加强和改进工会工作的意见》（讨论稿）以及开展党、政、工多个层面的工会工作交流，达到了深化认识、统一思想、促进工作的目的。这是学校党委第一次召开工会工作专题会议，是新形势下学校党委重视工会工作、大力加强工会工作的重要举措。

2. 下发加强和改进工会工作的意见，指导实践

在工会工作会议成果的基础上，2009年7月3日，校党委正式下发了《中共北京工业大学委员会关于加强和改进工会工作的意见》。文件对学校党委的工会工作会议制度，工会常务副主席列席有关校长办公会，校院两级党政工联席会，积极推进工会、教代会从源头有序参与学校管理、校务公开和监督工作，部门工会主席享受同级副职待遇并参加院务会议，保障工会活动条件等方面的制度做出了明确规定，为校院两个层面开展实践落实指明了方向。

学校工会工作会议的召开和有关文件的发布实施大大提升了学校各个层面对工会工作重要性和做好工会工作的方式方法的认识，在组织保障、工作机制、干部队伍建设等方面为工会教代会工作提供了坚实保障，在实践上为工会、教代会深化科学维权和民主参与创造了有利条件，为新形势下学校工会教代会工作迈上新台阶进一步夯实了根基。

3. 校工会结合契机积极实践，推动落实

结合会议以及文件精神，校工会开展了积极实践，推动各项工作的落实。

进一步健全校院两个层面的劳动人事争议调解机制。在2008年促成所有部门工会成立人事争议调解小组的基础上，校工会继续与相关职能部门协调配合，强化劳动争议调解工作，以便第一时间发现、报告人事争议并开展调解。

进一步规范和加强工会会员信访接待工作。6月，校工会制定《北京工业大学工会会员接访日制度》，同时在工会网站上建立“会员接访网上平台”，并发出《关于进一步加强工会会员信访接待工作的通知》，畅通诉求渠道，为工会更好地倾听会员呼声，服务教职工会员打开便利之门。

大力加强基层工会建设，增强基层工会的活力与吸引力。其一，通过“健康年”项目申报与管理的形式，针对二级建家工作中的不足之处，将部门工会教工之家场地建设，部门工会与二级教代会规范开会、按时换届，三级小家建设活动，健康知识

讲座与宣传，档案管理等工作作为规定动作进行评估，以此加强这些工作的改进。其二，积极与各二级单位党政密切沟通，落实二级“教工之家”场地；另一方面投入100多万专项经费支持各部门工会采购活动器材，大力支持各部门工会建设“教工之家”。一年来，这一工作获得了实质性进展，部门工会建家工作进一步规范化和系统化；各部门工会的活动场地基本上得到了落实，并建立起温馨、富有吸引力的“教职工之家”，为深化基层民主建设提供了物质保障。

**二、注重效果，发挥载体作用，促进学校民主建设**

教代会是教职工参与学校民主管理和民主监督的重要载体形式。近年来，学校坚持努力健全和完善校、院两级工会、教代会制度，充分发挥其载体作用，依法保证教职工对学校重大决策的知情权和民主参与权，推进依法办学、民主治校、科学决策和党风廉政建设，充分调动广大教职工的积极性、主动性和创造性，不断推进学校的民主建设。

1. 积极参与，建言献策，学校教代会工作有成果

2009年的教代会年会除了听取、讨论校长工作报告、学校财务工作报告、工会教代会工作报告和提案工作报告、福利费使用情况报告之外，还及时讨论学校深化校院两级管理体制机制改革等中心工作。代表们在认真审议会议文件的基础上积极建言献策，对学校定位、人才培养、教学科研、校院两级管理、教师队伍建设、工会教代会工作和提高教职工待遇等方面提出了大量意见与建议。这些意见与建议经汇总后及时提交学校领导和相关部门，受到了高度重视并逐步研究落实，为学校各方面工作的改进作出了积极贡献。

为了积极发挥教代会在闭会期间的民主管理作用，校党委在2月召开的第十三次全委扩大会、8月召开的全校干部工作会议等会议报告中多次强调要加强校务公开和院务公开工作，提升教代会决议的效力。一年中，教代会代表应邀参与学校的干部推荐及考察会议、校级后备干部民主测评会、学习实践科学发展观活动的会议与论坛，并担任学校党风廉政监督员，在校务公开工作中发挥了积极作用。

2009年，学校将提案交办工作与学习实践科学发展观活动紧密结合，通过规范办理程序、明确承办责任、规定办理时间、采取网络报道、评选表彰优秀提案与优秀承办单位等形式进行监督跟踪，从交付、办理的整个过程大力促进教代会提案的办理与落实。以提案的交付和办理为契机，推动各承办部门切实改进工作，推进科学管理，进一步提升了提案工作的效果。

2. 加强指导，规范工作，二级教代会推进基层民主不断深入

经过几年的努力，截至2008年，学校各二级单位已全面建立二级教代会制度。为了进一步巩固二级教代会工作成果，2009年，校工会将二级教代会的规范召开及其制度建设作为评估内容，与工会建家项目管理工作相结合，通过深入基层加强沟通等方式加强指导，积极推动各单位二级教代会健全制度，规范召开，正确行使职权、切实发挥作用。各二级单位在二级教代会上除了听取行政工作报告、财务工作报告之外，还经常审议学科建设或教学改革进展情况，将教学经费分配及执行原则、福利费管理办法、院系务会制度、院教学管理工作制度等重大制度或牵涉到教职工切身利益的有关工作提经教代会审议表决，并探索开展了“执委会主任直选”、“从非在编人员参加职代会入手推进其权益保障和加入工会”等工作，形成了可喜经验。此外，二级教代会还通过参与学院相关经费的审计、后备干部推选、院级领导班子评议、廉政管理工作等，推进院务公开，使民主管理之花在基层不断绽放。

总之，北京工业大学通过加大工作力度，使工会、教代会工作不断规范、创新、发展；校院两级民主管理工作得到很大推动；教代会和校务公开制度日益深入人心；广大教职工的民主参与意识得到明显提升，参政议政能力明显加强；二级单位、职能部门负责人对民主管理工作的认识程度不断加深，支持力度不断加大，学校的民主建设工作取得了明显成绩，进入了一个新的发展阶段。11月，北京工业大学在北京市教育工会工作成果评审与交流工作中被评为“2009年北京市教育工会先进单位”。

展望未来，学校将进一步总结经验，积极探索和实践具有鲜明时代特色、切合自身实际的工作思路、运行机制、活动方式、工作方法，进一步改进工会、教代会工作，推动民主建设工作的不断深化，更好地服务学校、服务教职工。

（刘显武　安　琳）

# 深入推进校办产业规范化建设工作，促进产业科学发展

近年来，遵照《教育部关于积极发展、规范管理高校校办产业的指导意见》(教技发〔2005〕2号)及《北京市教育委员会关于积极发展、规范管理高校校办产业的意见》(京教办〔2006〕6号)文件精神，根据《北京工业大学关于积极发展、规范管理校办产业的意见》(工大发〔2006〕6号)文件指示，北京工业大学以深入推进校办产业规范化建设工作、催绽产业科学发展之花为指导思想，深入学习实践科学发展观，推动校办产业尽快完成产业规范化建设工作任务。同时，积极应对当前经济形势，进一步强化高校企业风险管控，有效规避企业风险，坚定信心、抓住机遇，推动产业科学发展，为建设创新型国家和促进北京工业大学校办产业发展积极作贡献。

**一、校办产业规范化管理建设的工作过程**

北京工业大学原有企业42家。其中，北京工大智源科技发展有限公司(简称智源公司)管理的科技企业24家，学校后勤服务集团及产业办管理的企业11家，院管企业7家。校办产业规范化管理建设的最终目标是建立北京工业大学的资产管理公司，全部的经营性资产划转到资产管理公司，以规避学校承担的无限连带责任。

根据教育部、北京市教委文件精神，为规避因校办产业发展过程中可能遇到的各种风险而使学校承担无限连带责任，需要将学校的经营性和非经营性资产分开，以经营性资产组建国有独资的经营资产管理公司，将学校校办产业的国有资产部分全部划转到经营资产管理公司。

根据国家的政策，国有独资公司有特定的内涵，“国有独资公司是指国家授权投资的机构或者国家授权的部门单独投资设立的有限责任公司”。而且，根据我国现行的国有资产划转的有关法律规定，国有独资公司、全民所有制企业可以与国有独资公司、全民所有制企业之间进行资产的无偿划转，与其他类型的企业之间不能进行无偿划转，只能通过产权交易所进行挂牌交易，实行有偿转让。学校校办产业的资产如果采用无偿划转的方式将会大幅度降低规范化建设的成本。

当前，按照新《公司法》高校很难成立符合“国有独资公司”标准的经营资产管理公司，高校经营资产管理公司登记为“国有独资公司”存在一定的法律障碍。因此，在校办企业规范化管理过程中，从效率和成本等综合因素考虑，同时根据北京市教委的建议，采取的步骤是：先将校办产业的资产无偿划转到一个全民所有制企业中，并且使划转的资产总量达到1 000万元以上(根据国家工商总局的规定，成立资产管理公司，注册资本至少在1 000万元以上)，再将该全民所有制企业改制成为“一人制有限责任公司”(北京工业大学是此公司唯一的股东)，即“法人独资有限公司”，以该“法人独资有限公司”代替“国有独资公司”。

“法人独资有限公司”是2006年1月1日施行的新《公司法》中出现的新类型公司，这种公司股东为单一自然人或单一法人单位，但与“国有独资公司”有本质的区别，国有独资公司尽管适用于《公司法》，但是具有与全民所有制企业同等的性质，而“法人独资有限公司”不具备这种性质，国有企业的资产不能无偿划转到“法人独资有限公司”里，需要通过产权交易中心挂牌交易，实行有偿转让。

综上所述，为了既能够成立北工大的经营资产管理公司，又能够使校办产业的资产无偿划转到经营资产管理公司，学校采用了如下方法：

首先，选定一个学校的全民所有制企业，该企业要债权债务清晰，无法律问题，该企业确定为拟成立的“经营资产管理公司”的架构(即“壳”公司)；

其次，将学校的校办产业的国有资产部分划入该企业(“壳”公司)里面；

最后，将包容了全校校办产业国有资产的该企业改制为“一人制有限责任公司”，即“法人独资有限公司”。这种做法既符合国家的法律法规，又符合学校校办产业的实际状况。由此，将学校的经营性资产与非经营性资产的管理严格划分开，真正建立企业与学校之间的“防火墙”，规避学校对外投资的风险。

学校对该企业进行了规范管理工作，2007年2月，将该企业的名称变更为“北京工大金天企业管理中心”，从而确立了北工大经营资产管理公司的架构，经营范围也变更为资产管理。经过近三年的工作，该中心于2009年12月1日成功改制，经工商局正式批准，注册成立了北京北工大投资管理有限公司，注册资本金3 500万元。

**二、截至2009年底完成的规范化管理工作**

1. 智源公司管理的企业的改制进程

智源公司现管理的企业24家（含智源公司），其中北京索浪计算机有限公司是外商独资企业，只是其母公司索浪北京株式会社的股东之一是北京工业大学，且北工大有员工在其中工作，所以将其列入北工大企业管理名单之中，实际上北工大没有对其直接投资，故其不在北工大的资产划转的范围之中，余下23家企业（含智源公司）要进行规范化管理和划转工作。

北工大要进行规范化管理的23家企业（含智源公司），根据投资主体分为三类：北京工业大学直接出资的企业、北京工大智源科技发展有限公司直接出资的企业、北京工大中宇智能信息系统工程中心直接出资的企业。北京工业大学直接投资的企业划转到资产管理公司，北京工大智源科技发展有限公司及北京工大中宇智能信息系统工程中心投资设立的企业则随着两个投资主体的划转一同随转到投资管理公司。

（1）北京工业大学直接出资的企业有8家：北京工大智源科技发展有限公司（有限公司）、北京工大中宇智能信息系统工程中心（全民企业）、北京工大计算机软件开发公司（全民企业）、北京市东方宝龙电子新技术有限公司（全民企业）、北京工大世通留学咨询服务公司（有限公司）、北京公达数码科技有限公司（有限公司）、索浪北京株式会社（东京）（有限公司）、株式会社JCS21（东京）（有限公司）。以上8家北京工业大学直接投资的企业中，北京工大计算机软件开发公司已经通过北京产权交易中心挂牌出售；在东京的株式会社JCS21公司已经完成北京工业大学100万日元（占公司总股本的3%左右）股份的转让；索浪北京株式会社由于注册在日本东京，涉及复杂的法律问题，而且这家企业是有限公司，学校不承担无限连带责任，已经将工大在该公司的股权转让给智源公司；东方宝龙有限公司已经完成注销。其余4家企业已划转到投资管理公司。

（2）北京工大智源科技发展有限公司直接出资的企业有12家：北京工大软件园发展有限责任公司、北京工大天工机电技术有限公司、北京日立北工大信息系统有限公司、北京长电智源光电子有限公司、洛阳大川钼钨科技有限公司、北京工大福田交通工程咨询有限公司、北京仁达康检测技术有限公司、北京灵思信息系统有限公司、北京崇熙科技孵化器有限公司、北京北内制造业高新技术孵化基地有限公司、北京碧信建筑节能环保科技有限公司、北京工研精机股份有限公司。以上12家企业全部是有限责任公司。原则上随着北京工大智源科技发展有限公司划转到投资管理公司而一同进入，不需另行办理手续；根据突出主业、求真务实的原则，已经和正在办理天工、长电、洛阳大川、工大福田、灵思、北内孵化基地和碧信7家公司的股权转让。

（3）北京工大中宇智能信息系统工程中心直接出资的企业有3家：北京金太阳药芯焊丝有限公司、北京工大宏远焊接技术有限公司、北京诺飞科技孵化器有限公司。以上3家企业中，北京金太阳药芯焊丝有限公司已经完成注册资本金的落实，使企业步入发展壮大阶段；北京工大宏远焊接技术有限公司随着北京工大中宇智能信息系统工程中心划转到投资管理公司；北京诺飞科技孵化器有限公司的股份待时机成熟时转让。

2. 后勤集团及产业办管理的企业工作方案及进程

后勤集团及产业办管理的企业共有11家，分为三类：一类是正在进行注销的企业5家，第二类是整体产权转让的1家，第三类是准备划转资产管理公司的企业5家（含投资管理公司本身）。

（1）正在进行注销的企业：北京工大瑞雪制冷公司已经完成其子公司的股权转让工作，正在进行改制工作。北京工业大学科学技术总公司已完成工商注销。北京工大汽车配件公司待处理完相关问题后，注销。北京毓秀精细化工厂已经成立了清算小组，正在进行清算工作，然后注销。北京熙园宾馆已划转到投资管理公司，改制为一人制有限公司。

（2）整体产权转让：北京工业大学京天汽车驾驶学校已经完成了转入工作。

（3）划转资产管理公司的企业（含投资管理公司本身）：北京工大金天物资中心已经改造为北京工大金天企业管理中心，完成接收从其他企业划转过来的产权或股权后，已经改制为一人制有限公司，即北京北工大投资管理有限公司。北京工业大学京天加油站已经完成资产评估，拟在北交所挂牌交易。北京工大通联科技公司拟进行资产重组，落实注册资本金，然后划归投资公司管理。北京工大住宅维修中心已划转到投资管理公司，改制为一人制公司。北京工大住宅维修中心武圣锅炉供热站非独立法人企业，划归到住宅维修中心。

3. 院管企业

院管企业共有7家，准备注销的2家，出售的2家，其他3家划转到资产管理公司。

（1）准备注销的企业：北京天启星装饰设计事务所是艺术设计学院管理的企业，已经完成注销，其在北京时代创新设计企业孵化器有限公司中的20%股权由北京工业大学收回。北京远能科技开发公司是继续教育学院企业，正在进行清算注销。

（2）准备出售产权或转让股权的企业：北京市

振泰园艺设施公司已经完成在北交所的挂牌出售。北京天图设计工程有限公司在解决其中的事业编制人员的归属问题后，准备出售学校在其中的全部股权。

（3）准备划转到资产管理公司的企业：北京时代创新设计企业孵化器有限公司；北京工业大学建筑勘察设计院（注册资本金增资到300万元，正在进行改制为有限责任公司）；北京汉威工程爆破高新技术公司（最终未能完成无偿划转，问题是：该企业是北京工业大学科学技术总公司和北京市公路局共同兴办的联营企业，由于北京市公路局已进行了体制改革，但在改革过程中忽略了其在该企业的投资，造成了其投资人主体资格出现问题，此问题仍在解决过程中）。

**三、抓住机遇，振奋精神，加大工作力度，2009年取得产业规范化建设工作的决定性胜利**

改革开放以来，特别是20世纪80年代末以来，以科技产业为主的高校产业迅速发展，对国家经济、社会发展做出了贡献，对提高学校科研实力、促进学校科技成果转化、培养创新型人才、弥补学校办学经费等做出了很大的贡献。从总体上看，这些年学校产业的发展，成绩是主要的，这是主流。

但是，在学校产业发展过程中，由于有些企业运行不够规范，也出现了一些问题，引起各方面的高度关注。主要是学校和企业的关系没有理顺，企业在经营过程中，给学校带来经济和法律的风险。因此，切实做好产业规范化建设，对学校和校办企业都有重要的意义。

近几年来，在北京市教委校产中心的指导下和各部门的支持配合下，北京工业大学全面部署、实施产业规范化建设工作。从2007年起，学校校办产业改制工作组多次召开专题会议研讨推进该项工作，先后于2007年3月28日、2007年5月11日、2007年7月4日、2007年8月29日、2008年1月11日、2008年3月18日、2008年4月29日、2008年9月25日召开会议，采取有力措施，切实推进这项工作。经过三年多时间的艰苦努力，截至2009年底，学校产业规范化建设工作有了实质性进展，取得了以下阶段性工作成果：

（1）通过开展清产核资，初步摸清了家底，建立了对外投资账目，为建立高校经营性资产和非经营性资产分类建账、分开管理的制度和完善经营性资产的监督管理体制奠定了基础。按照教育部的要求，组建了学校经营性资产管理委员会，履行资产公司出资人的职责，行使投资公司股东的权利，并按照《公司法》的规定，分别设立了学校投资公司董事会和监事会，组建了投资公司运营管理团队，建立了投资公司的法人治理结构。投资公司在授权运营管理学校经营性资产方面开始发挥重要作用。同时，围绕“三重一大”，开始探索建立、健全和完善对外投资的决策和监督管理制度，严格管理学校产业活动和投资行为。初步建立和完善了对外投资的管理制度和风险防控制度。

截至2009年12月31日，已划转入投资公司的经营性资产总额约为6 000万元；全资企业改制工作和企业中学校事业编制人员的规范化管理工作稳步推进。

（2）认真贯彻落实关于高校领导干部在企业兼职的有关规定，通过开展专项治理工作，截至2009年12月底，除主管校领导外，其他校领导均撤出了在学校企业的不合规兼职，学校领导干部未通过奖励性渠道持有学校企业的股份。对学校企业冠用校名问题都进行了清理和整顿工作，制定了企业冠用校名的相关制度并认真执行。

（3）经过几年的努力，学校通过开展产业规范化建设工作，已初步建立了新型的产业管理体制，学校企业基本确立了按照现代企业制度要求进行经营和管理的体制和机制，校办企业各种不规范的经营行为和管理行为得到了较好的遏制，有效规避了学校创办和经营企业带来的经济和法律的风险。从总体上看，当前学校产业呈现了规范运营的良好态势，产业规范化建设工作已初见成效。

同时，在推进全资企业改制工作中，学校着力处理好改革和稳定的关系，按照“老人老办法，新人新办法”的原则，妥善安置全资企业改制中的富余人员。把全资企业看作是学校办学历史的一个组成部分，采取各种措施妥善安置好职工，维护职工的合法权益，维护学校和社会稳定。

（4）初步建立投入、撤出、再投入、再撤出的良性循环和可持续发展的机制。高科技企业创业和成长过程有其特殊规律，只有极少数高科技企业最终发展成为成熟企业、上市公司，大多数高科技企业在其成长的不同阶段，不可避免地发生并购、重组甚至清算、关闭。高校办企业，也应该像高校培养学生那样，成材了就让他走向社会，而不要始终抱在怀里。高校企业孵化成功之后，在其成长的不同阶段，高校可适时撤出企业的部分或全部股权，获得收益，用于转化其他科技成果或者补充学校教学、科研经费的不足。高校要重视并采取有力的措施，加强对经营性资产流动的管理，大多数孵化成功的企业，要积极寻求通过股权交易全部或部分退出，实现增值套现，完成无形资产有形化和经营性资产保值增值的目标，建立高校科技产业可持续发展的机制。

（王梦然　门伟刚）

# 坚持科学发展，建设节约型校园

建设节约型校园，关乎学校教育事业可持续发展，关乎广大师生切身利益。党中央高度重视节能减排工作，做出一系列重要决策部署。面对严峻的能源形势及高校发展的新阶段新任务，学校坚持科学发展理念，创新节能管理策略，以改革的精神、统筹的观念、创新的办法不断在思路上、体制机制上、实践上探索节能新举措，实现节能新发展。

**一、提高认识，加强节能教育**

建设节约型学校是建设节约型社会的重要组成部分，建设节约型学校的基本概念、目标与资源节约型社会是一致的。高校本身占有、消耗相当数量的资源，涉及面广、形式多样，其中自然资源包括土地，水、电、天然气（煤）等，其他资源包括房屋、设施、试验与办公设备以及人力资源等。高校节能，应追求学校发展和社会发展的和谐统一，合理控制各种资源消耗，充分体现节水、节电、节能等环保及运营管理思路和节约教育理念，建立起符合可持续发展理念的经济增长模式。这不仅对建设资源节约型、环境友好型社会，提高城市管理水平，优化社会资源配置，提高整个社会的要素生产力和发展质量具有重要的现实意义，更具有深远的教育意义。高校在节约型校园建设中，不仅要遵循建设节约型社会的一般性原则，还要在节约文化的培育、传播、培养具备节约理念和行为的高级专门人才中发挥作用，为节约型社会与加快城市发展提供科技智力支持和服务。

在节约型校园建设中，学校在师生中加强国情教育、资源教育，从分析中国国情、北京市情及学校办学资源紧张的现状，教育师生增强能源忧患意识和节能意识；从我国存在能源消费不合理、利用效率低的状况，充分认识节约资源势在必行；从北京市水资源严重缺乏，北京已从行政、政策、法规、经济、市场等多方面入手，提高资源利用效率，充分认识节约资源与经济建设发展密切相关；从高校集教学、科研和生活于一体，各类资源在社会中所占比重、能源消耗较大等方面，充分认识建设节约型学校的现实意义和长远意义。

**二、科学管理，挖掘节能潜力**

节能工作是一项综合性的管理工作，科学性、技术性、政策性强，涉及面广，难度较大。学校在校园设施各个环节中统筹考虑节能、节水、节地、节材和环境保护，从5种模式入手，挖掘先进技术、科学管理的节能潜力，满足校园功能之间的辩证关系。

1. 管理节水型模式

建章立制，认真规划，完善节能节水管理制度。规划在建设节约型校园的发展方面具有指导与控制作用。规划中包括的学科设置、办学规模、校园建设等方面都与节约型校园建设密不可分。学科设置与社会发展、社会需求紧密相关，离不开人力资源的合理配置。办学规模直接与自然资源的消耗量密切相关。校园建设更与土地、水电等能源消耗有直接关系。制度是建设节约型校园的重要保证。在贯彻落实全国节能减排工作会议精神和《国务院关于印发节能减排综合性工作方案的通知》（国发〔2007〕15号）文件精神、国家发展改革委等部门制定的《节能减排全民行动实施方案》以及市教委《关于建设节约型学校的实施意见》中，学校节能主管部门结合实际做了大量调研和细致的工作，研究制定学校节能减排工作方案、水电管理办法和后勤节能五年规划，重点抓资源节约制度的管理，包括计划管理、量化管理、成本核算、考核管理等，向观念要水，向机制要水，向科技要水。

2. 工程节水型模式

建设高效的节水设施，投入资金，注重实效。节约型校园建设是一项系统工程，涉及全校各个部门。学校在节能工作中认真落实用能指标，做好年度耗能指标测算、经费核算及校内新建、扩建、改建项目节能效果的设计、施工和验收审查，节能技改项目的立项、设计及组织协调实施等工作，逐步加大对节能的科技投入，对国家建筑节能标准颁布之前竣工的并且有改造价值的建筑物，进行了建筑外门窗和采暖系统的节能改造，可实现采暖和制冷节能等节能工程改造，在学校建筑面积增加的情况下，用水量逐年有所下降，有效节约了水资源。

3. 科技节水型模式

依靠科学技术节水，挖掘节能潜力，技术攻关，破解难题。对学校自备锅炉及供热管网采用气候补偿、尾气热回收、中央集控、水力平衡、分时空供热、变频水泵、二次循环等节能技术，更换腐蚀损坏的管道及保温层，每年可以实现采暖节能量近

20%。2006 年 10 月，改造校公共浴室、开水房，安装智能水控计价系统，至 2009 年底，累计节约水电气资金 869 万元，有效地节约了资源，节省了资金。同时，有效利用现有能源，加强管理，增效降耗。校园楼宇内全部使用节水器具，积极推进绿色照明和智能照明，采用低成本改造技术，控制空调温度，建设远程抄表系统。将水电经费实行指标分解，定额管理，结余经费留用，超支自付的管理模式，以达到节能目的。

4. 循环利用型模式

不断提高水的循环利用率，收集雨水引进中水，多方开源，高效利用。采用非传统水源的节水潜力：引进利用市政中水设施、建设雨水收集利用系统，实现非传统水源数量。做好雨水的收集与利用，可以补充地下水资源，是改善生态环境、达到人与自然和谐生存的有效措施。雨水利用，还可以减少市政管道在雨水集中降落时的排水负担，缓解夏季雨洪灾害，减少市政污水的处理量，减轻城市污水处理场的负荷。学校使用雨水和市政中水冲厕并浇灌绿地，雨水和市政中水已成为学校的新水源。学校实施引进市政中水工程，近 90%建筑物直接使用市政中水冲厕，学校绿地浇灌大部分也使用了中水。至 2009 年底，累计使用中水 50 万吨，即节约自来水 50 万吨，节约资金 135 万元。同时，挖掘采用可再生能源的节能潜力，采用太阳能热水系统、路灯和水源、地源热泵系统，在可再生能源领域实现节能。近年来，学校在校内打了 2 眼地热井，1 眼回灌井，采用水源热泵技术，利用地热提供部分建筑冬季采暖和夏季空调制冷。2008 年，在学校奥运场馆周围打了 10 余口井，供奥运场馆采暖与空调使用，减少了燃气的使用量和大气污染。

5. 公众参与型模式

发挥网络、校刊、广播、宣传栏、校报等宣传媒体，在师生中加强节能减排教育，不断增强全校师生员工的资源忧患意识、勤俭节约艰苦奋斗意识和主人翁责任意识。校节能办、学生工作指导委员会、研究生会及校团委学生社团积极配合，动员学校师生员工的力量参与节水，广泛宣传，从我做起，营造全员参与创建节约型校园的氛围。

6. 节能减排成绩初见成效

在学校建筑面积增加的情况下，用水量逐年有所下降，有效地节约了水资源。2008 年 12 月，学校获“2008 年全国城市节水工作示范校园”，2009 年 10 月学校获“北京市节水系统先进集体”，2009 年 10 月，学校获“全国高校节能工作先进单位”，2009 年 3 月 21 日，北京市副市长夏占义及北京市水务局等有关领导来校视察了有关工作情况，极大地推动了学校节能减排工作的有效开展。

7. 积极采取节电措施，启动节电系统安装工程

在做节水工作的同时，学校采取节电、推广节能产品、提高设备运行水平、启动节电系统安装工程等措施。2008 年全校共更换 T5 节能灯 1.3 万只，节能 50%以上，促进了“绿色照明工程”的推广，仅此一项节省电费 20 余万元。不断加强供电设备的运行管理和维护水平，合理配置运行设备的容量，积极做好电增容改造。2007 年初，学校启动了远程抄表工程，累计安装电子式电力载波表 23 00 余块，可以较清楚地了解到全校各栋建筑、各个单位以及部分房间的用电情况，具有用电安全及监控功能。目前已全面投入使用，为学校实现水电校院两级管理建立了高效、快速的信息渠道。

8. 做好节气及改造工作

学校在采暖、洗浴、烧开水等方面进行了一系列节能改造。2005 年，对校锅炉房进行改造，在燃气锅炉加装采暖节能控制系统，并在排烟口安装烟气回收装置，2007 - 2008 年度与 2006 - 2007 年度相比，节约燃气 44.1 万立方米，节约资金 86 万元。2006 年 5 月完成了学校公用燃气的置换工作。浴室、开水房的节能改造采用将直排式的老锅炉逐步改换成新型高效锅炉和采用水卡按量收费两种手段。学校还采用地热节约燃气，采用水源热泵技术供应采暖和空调使用，减少了燃气的使用量。2008 年对学校洗浴燃气锅炉进行节能改造，完成浴室余热回收工程，将洗浴污水中的热量全部回收，实现热量的阶梯利用。

**三、加强领导，落实责任体系**

学校站在落实科学发展观、建设和谐社会的高度，把重视资源节约和环境保护摆在更加突出、更加重要的位置，把节能减排与教育事业发展相结合，进一步建立完善责任明确、分工协调、分级负责、层层落实的节能减排责任体系。成立校节能领导小组，设节能办公室，负责全校水、电、气的节能管理工作。明确了学校各学院、职能部门责任目标。2009 年底，组建了由各单位“节能管理员”组成的节能管理队伍，协助学校节能领导小组和后勤管理处节能办公室，负责做好本单位能源管理、使用分析汇总、水电维修信息及节能协调工作，落实责任，各负其责，协调融通，督察推进。在节约型校园建设中，贯彻国家节能政策法规，逐步建立三个体系。一是经济核算体系，将自然资源与能源消耗纳入经济核算体系中来，实现全成本核算；二是政绩考核体系，促进节能减排行为的改善；三是科学管理体系，制定更加完善的配套政策措施，提高节能管理

水平和环境违法的成本，构建信息化条件下节能管理的科学体系。进一步改善能源结构，采取综合配套措施，形成有效的激励机制，提高能源利用效率。坚持节约与开发并举、节约优先的方针，坚持环境保护与经济发展同步，在保护环境中求发展，开展科技创新与新技术的应用，实现理念节能、技术节能和管理节能。

围绕全面落实学习实践科学发展观整改方案为重点，2009 年学校依靠科技创新和科学管理，推进资源节约型高校建设，节能减排工作取得可喜成绩，先后荣获 2008 年度北京市节水系统先进集体、全国高校节能工作先进单位。

（刘建萍）

# ·文件与规章·

## 党发文件

### 北京工业大学2009年党发文件目录

工大党发〔2009〕1号　关于转发《中共北京市委关于龚裕、张毅刚同志职务变动的通知》的通知

工大党发〔2009〕2号　关于转发中共北京市委教育工作委员会《关于龚裕同志任职的通知》的通知

工大党发〔2009〕3号　北京工业大学2009年党政工作要点

工大党发〔2009〕4号　关于调整校领导班子部分成员分工和联系学院的通知

工大党发〔2009〕5号　关于成立北京工业大学深入学习实践科学发展观活动领导小组和办公室的通知

工大党发〔2009〕6号　中共北京工业大学委员会2009年建设和反腐败工作主要任务分工

工大党发〔2009〕9号　关于调整“关心下一代工作委员会”的通知

工大党发〔2009〕10号　关于公布第五届校监督员名单的通知

工大党发〔2009〕11号　关于评选表彰北京工业大学2009年校级先进基层党组织、优秀共产党员和优秀党务工作者的通知

工大党发〔2009〕12号　关于切实做好敏感期维护安全稳定工作的通知

工大党发〔2009〕13号　关于推进廉政风险防范管理工作的实施意见（试行）

工大党发〔2009〕14号　关于进一步加强思想政治理论课教师队伍建设的若干意见

工大党发〔2009〕15号　北京工业大学突发事件处置预案

工大党发〔2009〕16号　关于维护稳定和信访工作的实施意见

工大党发〔2009〕17号　北京工业大学维护稳定和信访工作联席会议制度

工大党发〔2009〕18号　关于成立“首都国庆60周年群众游行活动北京工业大学领导小组”的通知

工大党发〔2009〕19号　关于成立海外高层次人才工作领导小组的通知

工大党发〔2009〕20号　北京工业大学辅导员队伍建设实施办法（试行）

工大党发〔2009〕21号　关于开展学生深度辅导工作的指导意见

工大党发〔2009〕22号　中共北京工业大学委员会关于加强和改进工会工作的意见

工大党发〔2009〕23号　北京工业大学党外代表人士队伍建设规划（2009—2013）

工大党发〔2009〕24号　关于做好庆祝新中国成立60周年有关活动的通知

工大党发〔2009〕25号　关于调整党风廉政建设领导小组成员的通知

工大党发〔2009〕26号　中共北京工业大学委员会关于2009—2010学年度第一学期校院两级理论学习中心组学习安排的意见

工大党发〔2009〕27号　关于张泽同志职务变动的通知

工大党发〔2009〕28号　关于调整校领导班子成员分工的决定

工大党发〔2009〕30号　北京工业大学学院党政联席会议制度

工大党发〔2009〕31号　中共北京工业大学委员会关于给予党员党纪处分的程序及批准权限的规定

工大党发〔2009〕32号　中共北京工业大学委员会关于实行处级干部任免职谈话的规定

工大党发〔2009〕33号　中共北京工业大学委员会关于对处级干部实行廉政谈话的规定

工大党发〔2009〕34号　中共北京工业大学委员会干部监督工作联席会议制度

工大党发〔2009〕35号　中共北京工业大学委

员会关于在大学生中开展廉洁教育的实施意见

工大党发〔2009〕36号　关于全面加强师德教风建设的若干意见

工大党发〔2009〕37号　关于加强建设宣传教育的若干意见

工大党发〔2009〕38号　中共北京工业大学委员会关于深入学习贯彻党的十七届四中全会精神的意见

工大党发〔2009〕39号　关于对2009年落实建设责任制推进惩防体系任务完成情况进行检查的通知

工大党发〔2009〕40号　中共北京工业大学委员会工作制度

工大党发〔2009〕41号　北京工业大学建设责任制实施办法

工大党发〔2009〕42号　中共北京工业大学委员会关于处级领导干部选拔任用工作的规定

工大党发〔2009〕43号　中共北京工业大学委员会关于领导干部报告个人有关事项的规定

工大党发〔2009〕44号　中共北京工业大学委员会关于处级以上领导干部收入申报的规定

工大党发〔2009〕45号　中共北京工业大学委员会关于处级以上党政干部在公务交往中收受礼品实行登记的规定

工大党发〔2009〕46号　中共北京工业大学委员会关于监督员工作的规定

工大党发〔2009〕47号　关于转发中共北京市委教育工委《关于张泽同志免职的通知》《关于赵凤琴同志免职的通知》的通知

## 北京工业大学2009年党政工作要点

### 工大党发〔2009〕3号

2009年学校工作总的指导思想是：以党的十七大精神为指导，以科学发展观统领学校改革发展，深化校内管理体制改革，完善校院两级管理的体制和机制；坚持人才培养为根本，加强学风建设，深化教育教学改革；推进“211工程”建设，提升学科建设和科研水平；加强人才队伍建设；加快校园新区建设、信息化建设，推进后勤改革；加强党的建设，促进学校各项事业全面、协调、可持续发展。

2009年面临的形势严峻，任务艰巨，在学校党政统一领导下，全校各单位、各部门要齐心协力，扎实工作，努力在质量工程和创新工程上有新进展，实现人才培养质量、学科建设水平和科技创新能力的新提高；努力在内部管理体制改革和资源合理配置上有所突破，实现管理效能和办学效益的新提高。

**一、深入开展学习实践科学发展观活动**

2009年3月起，学校将按照市委教育工委、市教委的总体部署和安排，在全校范围内开展学习实践科学发展观活动。这是全校政治生活中的一件大事，是学校当前的一项重要任务。

全校要紧密结合改革、发展、建设的实际，深刻把握科学发展观的内涵，全面贯彻落实学习实践活动的指导思想、目标要求和主要原则，严格按照学习实践活动的主要内容和方法步骤，扎实开展好学习调研、分析检查、整改落实三个阶段的工作。

要进一步提高认识，解放思想，深化改革，找准与科学发展不相符的体制机制问题，破解影响学校科学发展的难题，明确发展的思路和改革措施，建立健全有利于学校科学发展的体制机制，促进学校各项事业的全面发展，真正达到全校广大党员干部受教育、学校科学发展上水平、群众师生得实惠的目的和要求。

全校要结合深入开展学习实践科学发展观活动，进一步总结改革开放30年来的办学经验，紧密结合国家和北京市制定中长期教育改革和发展规划纲要的契机，研究和思考学校的中长期发展战略，着手构思“十二五”规划纲要，把思想认识统一到总结发展经验，谋划未来发展目标上来，统一到提高质量、科学发展、惠及群众的认识上来，形成学校各项事业整体推进，持续发展的局面。

在开展学习实践科学发展观活动中，全校要做到思想认识到位、组织部署到位、分析解决问题到位，认真抓好学习实践科学发展观活动实施方案的制定，建立健全组织实施的领导机构，保证各项工作取得实效。

**二、实施校院两级管理体制改革**

深化学校内部管理体制和机制改革，实施校院两级管理是2009年全校的一项重点工作。

按照“党委领导、校长负责、教授治学、民主管理”的现代大学制度的要求，进一步确定“两级管理、重心下移；权责一致、规范运作；目标管理、绩效评价”的总体思路，坚持集权与分权相结合，责、权、利相一致，整体设计与稳步推进的基本原则，理顺校内管理组织的关系，形成科学决策、规范管理、有效监督的机制，切实提高管理水平和管理效益。学校将围绕人才培养、科学研究、学科建设的总体目标，实行目标管理，完善机构设置；围绕实施干部人事制度改革、财务管理制度改革、国有资产管理改革、后勤改革、建立绩效综合评价和考核体系等若干改革举措，充分激发和调动校、院两个层面的积极性，进一步优化校、院两级的管理运行体制和工作机制。

学校将进一步按照集体领导、分工负责、科学决策、宏观协调的原则，完善党政管理运行体制；科学设岗，实行管理岗位全员聘任；进一步建立健全行政权力和学术权力协调运行的机制，突出和发挥学术权力的作用，完善校院两级学术组织构架；进一步规范二级单位运行机制，完善决策、执行、民主监督的管理和工作规范。在广泛征求意见的基础上，进一步讨论《完善校院两级管理体制的意见》，形成比较科学的、完善的，有利于调动校、院和各方面积极性的改革方案和具体措施，并经教职工代表大会讨论通过后，按照统一领导、分层组织、条块结合，统筹兼顾的原则，分阶段实施并在实施中不断完善。

**三、以“211 工程”三期建设为龙头，扎实推进学科建设**

以建设高水平大学为目标，坚持重点建设、整体推进的原则，抓好“211 工程”三期建设。认真落实学科建设规划，按照建设立项明确的建设目标、学科方向和建设内容，扎扎实实地推进。开展学科建设分析与研讨，找准问题、找到对策、整合资源。强化学科竞争意识，鼓励学科交叉，注重学科建设效益，提高学科水平，培养创新团队和拔尖人才，提升学校服务北京的能力。

根据市教委、市财政局的部署，组织完成 2010 年度学科建设项目专款预算申报工作。加强学科建设项目的实地检查和年度考核。

**四、全面提高人才培养质量**

2009 年以全面推进北京工业大学本科教学质量与教学改革工程为重点，坚持教育教学改革。加强质量工程基础性建设，全力做好已批准的各项国家级和北京市级质量工程建设项目，特别是国家大学生创新性实验计划、国家人才培养模式创新实验区、北京市校外人才培养基地等新批项目，落实建设目标、内容、进度、措施和主要成果，形成校级、市级和国家级三级建设平台；进一步加强教学团队和教学名师建设，继续探索和完善教师教学能力发展的培训和培养机制，全面提升教育教学水平和人才培养质量。

制定并分步实施北京工业大学研究生教育创新工程，落实教育部研究生教育创新计划和北京市研究生教育创新工程；探索研究生培养机制改革，加强导师队伍建设，发挥导师在指导研究生中的主导作用；加大研究生课程建设力度，做好学校、北京、国家优秀博士学位论文的培育和选拔工作；积极探索国际合作培养研究生的途径和模式，落实并完善研究生工程实训平台建设和研究生创新培养基地建设，提高研究生教育质量和创新人才培养水平；抓好新增学科点和博士后流动站工作；积极做好申办研究生院的工作。

**五、启动科技创新工程**

启动学校科技创新工程。制定学校科技发展 3 年规划，规范科技专项经费的立项、预算与考核机制；鼓励学院及部分学科带头人积极参与国家和北京市重大科技项目的策划组织工作；重点支持一批学科争取承担国家级与北京市重大科技项目和科技专项；选择并全力支持 2 至 3 个实验室做好申办国家级重点实验室的准备；建立创新型的产学研合作基地，争取重大工程项目；制定和落实对高水平基础研究团队和教授的长期稳定支持的政策和实施办法；加强对青年学术带头人，特别是长江学者、杰出青年基金获得者等高层次人才的支持和培养；继续努力改善学校的学术环境，推进国防军工科技工作；保证学校科技工作在主要指标快速增长的前提下又好又快地发展。

**六、加强队伍建设，提高建设质量**

加强高层次人才与师资队伍建设，加大人才引进特别是海外高层次优秀人才引进的力度；落实“211 工程”三期师资队伍建设计划，培养和汇聚一批拔尖创新人才和创新团队；优化专任教师结构，加强与国外高水平大学交流，扩大青年骨干教师派出培养规模，提高人才队伍建设的国际化水平；加强师德建设，规范学术行为；加强教师岗位培训、青年教师能力建设和加强学术道德规范，在全面提高教师素质方面采取有效措施，完善规章制度，加强宣传教育，营造良好氛围。

**七、启动校园新区二期建设**

根据校园整体规划，在完成校园规划及建筑功能梳理的基础上，结合中蓝学生公寓二期建设规划意向，统筹规划新、老校区的整体布局，完善功能，局部调整新区二期建设规划方案。启动校园新区二期建设工程，2009 年分批完成艺术设计学院、第四教学楼、教学科研楼、学生服务楼的立项、设计、招标等前期工作，力求形成建筑群体主题鲜明、色彩元素运用和谐、传统和现代风格相得益彰的校园格局，推进以科技校园、绿色校园、人文校园为主题的和谐校园建设。

**八、全面推进“数字校园”和信息化建设**

加强校园信息化建设的整体规划。以提高信息化应用和服务水平为目标，以“数字校园”建设为主线，以信息资源建设为核心，全面推进“211 工程”三期公共服务体系建设，为学校推进“质量工程”、“创新工程”和完善两级管理提供优质高效的综合信息服务、高性能计算、大型仪器设备共享平台。加强优质教育教学资源和图书文献资源共享等管理系统平台建设。重点推进校园“一卡通”应用系统和“数字校园”应用系统升级改造。积极推进教育部下一代互联网示范工程建设和应用，做好主校区无线网的规划和建设工作。

**九、加快推进后勤改革，建设节能、环保型校园**

深化后勤管理体制和内部运行机制改革，完善后勤服务市场监管体系和契约化运行模式。细化管理，加强成本核算。积极开拓校内服务市场，统筹服务项目，扩大经营规模，为学校提供更好的后勤服务。稳步拓展校外市场，扩大服务需求，不断推进后勤服务的企业化、社会化、市场化。

加快环保节约型校园建设，做好节能减排工作。实行用水、用电定额计量管理。合理配置资源，降低成本损耗，为学校可持续发展提供坚实的保障。

**十、加强学风建设，提高学生综合素质**

进一步加强大学生思想政治工作和党团建设，推进素质教育。开展大学生学业推进计划，构建学生发展辅导体系；以星火基金和研究生科技基金为抓手，营造学术氛围，搭建科技平台，提升创新能力；加强心理健康、勤工助学、社区管理等服务工作；加强德育队伍建设，积极推进研究型工作团队建设。

加强毕业生就业指导和服务，全力以赴做好就业工作。校院两级要高度重视学生就业工作，完善校、院两级就业工作机制和学生就业指导与服务的工作体系，加大对毕业生的创业教育力度。要采取有效办法和措施，积极引导、鼓励毕业生面向全国、面向基层、面向西部就业，重点做好就业困难特别是家庭经济困难毕业生的帮扶工作。

要加强学生的责任教育和挫折教育，高度重视大学生心理健康问题，完善高校心理危机预防和干预工作体系，辅导员、班主任和教师要经常深入到学生中间，加强与学生的沟通与交流，在校园中形成关心学生心理健康的良好氛围。

**十一、进一步加强党的建设**

2009 年要以认真学习贯彻第十七次全国高校党建工作会议精神为重点，切实加强党的建设工作。

按照切实提高学校领导班子和领导干部思想政治素质和领导学校科学发展能力的要求，加强校院两级领导班子建设，提高校院两级领导班子把握方向、谋划发展的能力，提高改革创新、攻坚克难的能力，提高服务基层、服务师生的能力。

按照切实增强贯彻落实科学发展观的自觉性和坚定性的要求，加强干部队伍建设，着力转变干部中不适应不符合学校科学发展的思想观念，着力增强各级干部的政治意识、责任意识、大局意识，努力做到善谋划、会协调、懂管理。完善干部聘任、考核、奖惩机制，实施干部任期制，聘任制。

抓好《高校党建工作 2008—2012 规划》的贯彻落实。在分析学校党建工作基础上，根据市委《高校党建工作 2008—2012 规划》制定学校党建工作规划，加强基层党的组织建设和学校党的思想理论建设和意识形态工作。以健全民主集中制为重点，推进党内民主建设。建立和完善学校党务公开各项制度，逐步探索党代表列席党委常委会相关会议、教代会代表列席校长办公会相关会议的制度。积极稳妥地做好第十次党代会召开的准备工作。

适应学校改革与发展，建立健全学校惩治和预防腐败的基本制度体系，把反腐倡廉建设有机融入学校各项管理工作之中；教育干部、教师树立正确的政绩观、事业观、工作观，重点抓好处级领导干部、关键重点岗位人员等的反腐倡廉教育；完善党风廉政建设重点部位、关键环节的监察机制，建立学校对二级单位的巡视制度，延伸和拓宽反腐倡廉责任制覆盖的深度与广度。

全力做好校园安全稳定工作。建立健全党委负责，各方协调的安全稳定领导体制和工作机制。进一步加大对校园文化阵地的管理，加强对师生的教育引导，强化校园网管理，积极化解各种矛盾，解决师生实际问题。继续加强平安校园建设，大力加强新时期校园治安防范体系建设，进一步深化科技创安，推进校园环境综合治理，切实做好学校的消防、交通、安全生产、饮食卫生等公共安全工作。

做好离退休人员工作、统战工作。发挥工会、教代会在推进学校民主建设及和谐校园建设中的积极作用。

2009 年是学校发展的关键一年，全校要统一思想，求真务实，解放思想，开拓进取，扎实工作，努力开创学校各项工作的新局面。

2009 年 2 月 27 日

## 关于推进廉政风险防范管理工作的实施意见（试行）

**工大党发〔2009〕13 号**

根据北京市委市政府《关于在全市推进廉政风险防范管理工作的意见》和北京市教育工委、教育纪工委相关文件精神，结合学校实际，制定如下实施意见。

**一、指导思想**

坚持以邓小平理论和“三个代表”重要思想为指导，深入贯彻落实科学发展观，以惩防体系建设为重点，通过推进廉政风险防范管理工作，加强思想、作风和制度建设，规范权力运行，提高管理水平，推动学校党风廉政建设和反腐败工作的深入开展，促进学校科学发展。

**二、工作目标**

通过廉政风险防范管理，提高领导干部和管理人员自觉接受监督、主动参与监督和防微杜渐、积极化解廉政风险的意识；按照“职责明确、决策规范、程序公开、管理精细”的要求，对权力运行实施有效监督；逐步形成校、院（部处）、系（室）及工作人员三级廉政风险防范管理的长效机制。

**三、主要内容**

以提高党性修养和职业素养、健全工作制度、规范工作程序为着眼点，突出对重点岗位和关键环节的监督制约。结合工作任务，学校及各院（部处）要认真分析和逐一查找在思想道德、岗位职责、业务流程、制度机制和外部环境等方面可能发生腐败行为的风险点；针对风险点，按照“前期预防、中期监控、后期处理”的工作要求，逐一制定切实有效的防范制度措施；根据工作职责和业务流程，逐一明确风险点责任人，逐人签订党风廉政建设暨风险防范责任书；依循“计划、执行、监查、完善”四个环节，监督、考核并不断完善。通过廉政风险防范管理，提高学校及各院（部处）勤政廉政工作的科学化、系统化水平。

**四、工作原则**

廉政风险防范管理工作要围绕中心，服务大局，旨在建立和形成预防腐败的长效机制。在推进过程中，要遵循“四个有机结合”的工作原则：

（一）与科学发展观的学习实践有机结合。一是以深入学习实践科学发展观活动为契机，将廉政风险防范管理工作的推进纳入学习实践活动；二是以科学发展观理论指导工作开展，坚持廉政风险防范管理之以人为本、统筹协调的内在要求；三是通过推进廉政风险防范管理工作，有效促进学校以及本单位和部门的科学发展。

（二）与加强领导干部作风建设有机结合。廉政风险防范管理强调变他律为主为他律自律并重、自律为主的预防腐败理念，必须坚持不懈地加强领导干部作风建设，使领导干部树立和坚持正确的事业观、工作观、政绩观、利益观，切实增强领导干部和工作人员的党性修养和职业素养，增强廉政风险防范意识，筑牢拒腐防变思想防线，严于律己，勤政廉政，从根本上夯实党风廉政建设和反腐败工作的基础。

（三）与完善制度建设有机结合。在风险点的查找和防范措施的建立过程中，要通过对现有管理制度进行系统的梳理、整合，完善校院两级的议事、决策制度，把好决策关；完善操作、执行制度，提高执行力，把好执行关；完善监察、督导制度，把好监督关。增强校院两级制度建设的针对性、有效性和可操作性。确保党风廉政建设和提高管理水平，相互促进，相得益彰。

（四）与党风廉政建设责任制的完善有机结合。促进党风廉政建设责任制的有效延伸，建立健全校、院（部处）、系（室）及工作人员三级责任制，将院（部处）级单位以下责任制落实到人、落实到位；把领导班子和党员干部年度考核、目标考核以及党风廉政建设责任制考核相结合，一并纳入职责绩效考核和行政督察考核评价系统，建立廉政风险防范管理考核制度，通过信息监测、定期自查、上级检查、群众评议等方式，对廉政风险防范各项措施的落实情况进行考核评估并逐步完善。

**五、工作步骤**

学校开展廉政风险防范管理工作分两步推进：一是试点先行。确定由国资处、财务处和后勤集团三个单位为试点；二是全校展开。学校及各院（部处），要结合《关于加强对重点部位和关键环节监督工作的意见》（工大党发〔2008〕12号文件），按照本《实施意见》要求，借鉴试点单位经验，认真组织学习，精心部署，制订工作计划，抓好落实。具体实施步骤如下：

第一步，查找风险点。采取自上而下和自下而上相结合的方式，从行政管理事项、业务工作流程等方面，逐一排查廉政风险点，按风险发生几率或危害损失程度确定风险等级，经本单位、本部门领导班子严格审核把关后，将风险点登记汇总，并在适当范围进行公示。

（1）查找岗位的风险点。按照全员参与的要求，组织党员干部对照以往履行职责、执行制度的情况，参考《北京工业大学关于加强对重点部位和关键环节监督工作的意见》中的93个关键环节，通过自己找、领导提、群众帮、集体定等方式，进一步补充、调整、完善；认真分析并查找出个人在思想道德、岗位职责、业务流程和外部环境等方面存在或潜在的风险内容及其表现形式，报所在处室审核。

（2）查找部门的风险点。根据部门行政职能职责，参考《北京工业大学关于加强对重点部位和关键环节监督工作的意见》中的14个重点部位，结合职责定位情况，分别查找出业务流程、制度机制和外部环境等方面存在或潜在的廉政风险，并认真细化、分析风险的内容和表现形式，由所在单位党委（党总支、直属党支部）审核。

（3）查找学校的风险点。根据学校的职责，围绕群众反映的突出问题查找学校的风险点。重点查找在“三重一大”（重大事项决策、重要人事任免、重大项目安排和大额资金使用）等方面容易产生廉政风险的内容及表现形式，由校党委确定，校纪委协助。

第二步，制定防控措施。围绕排查确定的各类风险点和风险等级，有针对性地提出并制定防控制度措施，着力形成以岗位为点、以程序为线、以制度为面的廉政风险防控机制。

（1）针对岗位风险，由本人对照本职工作相关的各项法规制度，提出防控风险的具体措施和办法，报所在科室备案。

（2）针对部门风险，由单位或部门党政领导班子围绕决策、执行和监督、检查、考核等关键环节，研究制定具体防控措施和相关工作程序，统一以流程图或表格形式在一定范围内公开。

（3）针对学校风险，校领导班子要认真研究分析学校在权力运行中存在的共性问题，并结合工作实际，进一步健全完善防控风险的相关规章制度。

第三步，落实责任主体。根据权力运行的风险内容和不同层级，实行分类管理、分级负责，落实责任人；对廉政风险等级较高的权力，由单位主要领导负责；对廉政风险等级一般的权力，由单位分管领导负责；对廉政风险较低的权力，由科室领导直接管理和负责，逐级签订《党风廉政建设暨风险防范责任书》。

第四步，加强监督考核。建立和完善廉政风险防范管理考核制度，采取定期自查、同级互查、纪委抽查、群众评议等方式，对廉政风险防范各项措施的落实情况进行监督检查、考核评估。考核工作可结合领导班子和党员干部年度考核、工作目标考核以及党风廉政建设责任制考核等进行。

第五步，完善操作规程。以年度为周期，根据考核评估结果和新情况，纠正存在问题，完善工作内容与程序；对廉政风险防范管理工作成效显著的单位、个人予以表彰，对失察失管失教或违规违纪者给予组织处理或纪律处分。

**六、工作要求**

（一）提高思想认识。开展廉政风险防范管理工作是贯彻落实中央《建立健全惩治和预防腐败体系2008—2012年工作规划》的具体实践，是按照“一个坚持，三个更加注重”的要求，从源头上预防腐败，推进党风廉政建设的有效载体。积极推进廉政风险防范管理，对于正本清流、化解风险、爱护干部、促进发展具有重要意义，各单位要高度重视，认真做好学习、发动工作，统一思想，提高认识。

（二）加强组织领导。学校成立廉政风险防范管理工作领导小组，由校长、党委书记任组长，纪委书记任副组长，成员由校两办、机关党委、纪委监察室、审计处、组织部、人事处、财务处、国资处、基建处、招生就业处、后勤集团、智源公司以及宣传部等部门负责人组成，负责廉政风险防范管理工作的组织、协调和推进工作。领导小组办公室设在纪委监察室，负责日常工作。

（三）切实抓好落实。校院两级党政主要领导要把推进廉政风险防范管理工作作为一项重要任务列入议事日程和年度工作任务，切实履行反腐倡廉“一岗双责”，带头查找廉政风险，带头制定和落实防控措施，带头抓好自身和分管单位的廉政风险防范管理。各院（部处）要根据自身情况，以科学、创新的精神，创造性地开展工作，确保廉政风险防范管理工作取得实效。

2009年5月27日

# 关于进一步加强思想政治理论课教师队伍建设的若干意见

## 工大党发〔2009〕14号

为深入贯彻落实《中共中央国务院关于进一步加强和改进大学生思想政治教育的意见》（中发〔2004〕16号）和《中共中央宣传部、教育部关于进一步加强高等学校思想政治理论课教师队伍建设的意见》（教社科〔2008〕5号），充分发挥思想政治理论课作为大学生思想政治教育主渠道的作用，进一步推动中国特色社会主义理论体系进教材、进课堂、进学生头脑工作，不断提高思想政治理论课的教学质量和教学效果，现就进一步加强我校思想政治理论课教师队伍建设提出如下意见。

**一、加强我校思想政治理论课教师队伍建设的总体思路**

1. 思想政治理论课是对大学生进行思想政治教育的主渠道，对大学生世界观、人生观、价值观的形成有着不可替代的作用，是培养中国特色社会主义事业合格建设者和可靠接班人的重要途径，也是社会主义大学的本质体现。思想政治理论课教师是学校教师队伍的一支重要力量，是党的理论、路线、方针、政策的宣讲者，是大学生健康成长的指导者和引路人。进一步加强思想政治理论课教师队伍建设是全面提高我校思想政治理论课教育教学质量和教学效果的关键。在思想政治理论课教师队伍建设的过程中，要坚持以马克思列宁主义、毛泽东思想、邓小平理论和“三个代表”重要思想为指导，深入贯彻落实科学发展观，加强领导，统筹安排，将思想政治理论课教育教学工作及其教师队伍建设工作纳入学校教育事业发展和人才队伍建设的总体规划。

要建立和完善思想政治理论课教学科研组织，合理核定和设置思想政治理论课教师队伍的编制和岗位，认真做好思想政治理论课教师的选聘配备和培养培训工作，积极推进马克思主义理论学科建设，加强马克思主义理论的教育教学研究和科学研究，完善思想政治理论课教师队伍建设的制度和政策保障，努力建设一支政治坚定、业务精湛、师德高尚、结构合理的教师队伍，并着力培养一批坚持正确的政治方向、理论功底扎实、善于联系实际的教学领军人物、中青年学术带头人和骨干教师。

**二、建立和完善思想政治理论课教学科研组织**

2. 建立直属学校领导的马克思主义理论学科部。我校马克思主义理论学科部是思想政治理论课教学部门、马克思主义理论研究机构和马克思主义理论学科点的依托单位。其职责是：统一管理我校思想政治理论课教师，负责思想政治理论教学、科研、社会服务和相关管理工作；负责马克思主义理论学科建设、人才培养和教学科研队伍建设等工作。校党委有专人负责思想政治理论课教育教学、马克思主义理论学科建设及其思想政治理论课教师队伍建设工作。

3. 加强干部配备。将马克思主义理论学科部负责人遴选配备和培养培训工作，纳入学校干部队伍建设规划。选取政治强、业务精、作风正、懂管理、讲团结的学术带头人，作为学科部负责人。

**三、合理核定和设置思想政治理论课教师队伍的编制和岗位，认真做好思想政治理论课教师的选聘配备工作**

4. 合理核定和设置编制与岗位。根据专任为主、专兼结合的原则，按照学生人数以及实际教学、科研和社会服务的需要，合理核定专任教师编制，配备足够数量和较高质量的思想政治理论课教师。本科思想政治理论课专任教师编制总体上按不低于师生 1∶350 的比例核定，研究生思想政治理论课专任教师的编制参照上述办法核定。

5. 不断充实教师队伍。建立开放、灵活的人才配置机制，吸引、鼓励校内相关专业学术带头人和教学骨干，专职或兼职承担思想政治理论课教学任务。积极争取从社会各界聘任理论研究、教学单位和实际部门的专家学者和领导干部承担一定的思想政治理论课教学。注意发挥离退休哲学社会科学著名专家学者在思想政治理论课教育教学中的作用。下大力气培养思想政治理论课市级和国家级教学名师。

6. 实行教师任职资格准入制度。思想政治理论课教师必须坚持正确的政治方向，热爱马克思主义理论教育事业，具有良好的思想品德，有扎实的马克思主义理论基础和相应的教学水平、科研能力。新任教师原则上应是中国共产党党员，具备马克思主义理论学科或相关专业博士学位。新任思想政治理论课教师应兼职从事班主任、辅导员、学生党校兼职教员等学生管理和思想政治工作。在事关政治原则、政治立场和政治方向问题上不能与党中央保持一致的，不得从事思想政治理论课教学工作。

**四、加强思想政治理论课教师的培养培训与继续教育工作，提高教学水平**

7. 建立和完善培训体系。要制定校、院两级的思想政治理论课教师培训规划，建立和完善有重点、分层次、多形式的培训体系，努力使培训工作经常化、制度化。重点深化岗前培训、课程轮训、骨干教师研修和在职培训。坚持先培训后上岗，着力提高新任教师适应岗位要求、胜任本职工作的能力。坚持每次开课前的全员培训，做到先培训后开课。努力提高教师的理论素养、教学水平和科研能力。

8. 开展继续教育，提高教师整体素质。制定思想政治理论课教师的继续教育计划，确保思想政治理论课教师培训经费的落实。以组织教师在职学习为主要途径，适时安排教师通过脱产或半脱产进修、名师指导、国内外访问学者、学术交流等形式到重点高等学校或科研机构进修深造。鼓励支持教师脱产或在职攻读博士、硕士学位，提升队伍的学位学历层次，提高教师整体素质。在未来 5 年之内，使我校思想政治理论课教师中具有博士学位的教师比例达到或接近全校平均水平。

9. 组织开展社会实践和学习考察活动。积极创造条件，组织思想政治理论课教师开展国内外社会实践、学习考察和学术交流活动，使教师进一步了解国情，了解世界，开阔视野，丰富教学素材。

10. 切实提高教学能力与水平。通过各种培训、进修等途径，改善教师的知识结构，提高教师适应新课程体系教学需要的能力，要求具有讲师以上职称的思想政治理论课专任教师能够完整地承担 1 门以上思想政治理论课教学任务。思想政治理论课教师要以教材为教学基本遵循，努力将教材体系转化为具体生动、形式多样的教学体系，真正做到融会贯通、熟练驾驭、精辟讲解。要紧密联系改革开放和社会主义现代化建设的伟大实践，了解和掌握大学生思想政治状况，探索符合教育教学规律和大学生特点的教学方法，提倡启发式、参与式、互动式、研究式教学和案例教学。推广先进教学方法，促进优质教学资源建设和共享。重视和发挥多媒体和网络等信息技术的重要作用，倡导在教学中使用新技术新手段，逐步实现教学手段现代化，开发网络教育资源，形成网上网下教学互动。

**五、积极推进马克思主义理论学科建设**

11. 大力加强马克思主义理论学科建设。根据学校总体发展规划，进一步凝练学科方向，重点建设基础好、有特色的二级学科。做好研究生的培养工作，为马克思主义理论研究和思想政治理论课教育教学培养高水平人才。把为思想政治理论课教学服务作为学科建设的重要任务，为思想政治理论课提供对应的学科支撑。马克思主义理论学科点教学科研人员应当从事思想政治理论公共课教学；学科带头人应当成为思想政治理论公共课程的教学带头人。通过学科建设进一步汇聚学科队伍，建设优秀教学团队，使思想政治理论课教师工作有条件、干事有平台、发展有空间，增强责任感和归属感。

12. 加强研究能力的培养。组织教师开展思想政治理论课的课程建设、教材建设、教学方法改革、教师队伍建设、学科建设以及教学中重要理论和实际问题的科学研究与教学研究，积极支持思想政治理论课教师争取国家和北京市教育科学研究及人文社会科学研究立项，同时设立专门的校级项目，开展科学研究和教学研究，不断提高思想政治理论课教师的研究能力，努力取得高水平的思想政治理论教育教学研究成果和科研成果。

**六、切实为思想政治理论课教师队伍建设提供制度和政策保障**

13. 完善教学管理制度，建立健全教学保障机制。按照学分学时对应原则，确保思想政治理论课的教学时数。创造条件，以中等规模的课堂为主，组织开展教学活动。完善教学督导制度，加强思想政治理论课教学质量的管理和监督。

14. 完善实践教学制度。从本科思想政治理论课总学分中划出2个学分开展思想政治理论课实践教学，设置本科生思想政治理论课实践教学专项经费，直接下拨到思想政治理论课教学单位，用于全校本科生思想政治理论课的实践教学活动。要探索实践育人的长效机制，提供制度、条件和环境保障，确保不流于形式。要在实践教学内容和形式上不断探索创新，真正提高实践教学的实效性。

15. 增加教学经费。继续设立思想政治理论课教师的教学专项经费，将经费额度增加到50万元，列入学校预算予以保证，以后随着学校经费的增长适时增加。此外，学校将确保思想政治理论课教师的实际平均收入不低于本校教师的平均水平。

16. 提高教师待遇，完善教师的考核激励机制。健全和完善思想政治理论课教师的考核评价体系，积极探索科学的考试考核方法，重点考查学生的思想政治素质和道德品质。考核结果要与教师的职务聘任、晋级、奖惩等挂钩。考核不合格的，按学校有关规定处理。

17. 完善教师的专业技术职务评聘机制。根据思想政治理论课教师岗位职责要求，进一步完善专业技术职务评聘标准，充分考虑思想政治理论课教师的特点，注重考核教学能力、教学实绩和思想政治素质。教学研究成果和社会调研报告凡被有关部门采纳、发挥了积极作用的，应作为专业技术职务评定的依据。思想政治理论课教师高级职称的岗位设置比例不低于全校平均水平。

18. 进一步完善思想政治理论课教师的表彰机制。积极推荐优秀的思想政治理论课教师参与北京市和国家各级各类教师表彰活动。在校级名师及各类教师表彰体系中确定相应比例，进行统一表彰，增强教师的责任感和荣誉感，树立和宣传一批思想政治理论课教师的先进典型。

2009年5月27日

## 关于维护稳定和信访工作的实施意见
### 工大党发〔2009〕16号

为贯彻落实《中央维护稳定工作领导小组关于2009年维护社会稳定工作的意见》和国务院办公厅转发的《关于领导干部定期接待群众来访的意见》、《关于中央和国家机关定期组织干部下访的意见》、《关于把矛盾纠纷排查化解工作制度化的意见》及中央、北京市维护稳定暨信访工作会议精神，紧紧围绕全面落实科学发展观要求，全力维护学校和谐稳定局面，确保学校事业又好又快发展，现就学校维护稳定和信访工作提出如下实施意见。

**一、充分认清维护稳定形势，切实增强维护学校稳定的政治责任感和使命感**

当前国内外环境发生深刻变化，由经济、政治、社会等因素交互影响导致的矛盾碰头叠加，做好维护稳定工作具有十分重要的意义。稳定工作事关全局，责任重大，我们要充分认识维护稳定和信访工作所面临形势的严峻性和错综复杂性，牢固树立政治意识、大局意识、忧患意识和责任意识，切实增强政治责任感和紧迫感，积极做好应对挑战的思想准备和工作准备，科学应对，牢牢把握工作主动权。学校各单位要在围绕以学校科学发展为中心、服务和谐稳定大局上出实招、求实效、作贡献，要提高在维护学校稳定的分析研究、舆论引导、突发事件的应急处置、做好师生工作等方面的工作能力，全力以赴维护学校和谐稳定局面，确保学校事业平稳较快发展。

**二、进一步明确加强维护学校稳定和信访工作的指导思想和工作目标**

加强维护学校稳定和信访工作的指导思想是：要以科学发展观为指导，深入贯彻中共中央、北京市维护稳定暨信访工作会议精神，集中组织开展矛盾纠纷和不稳定因素排查化解活动，着力抓好矛盾纠纷化解、责任督察落实工作和涉及师生利益的重大决策信访风险评估工作。多措并举，破解信访难题，以新理念、新思路完善和落实各项维护稳定和信访工作机制，为实现学校事业又好又快发展创造和谐稳定的校园环境。

加强维护学校稳定和信访工作的目标是：确保学校科学平稳较快发展，保障和改善民生，从源头上减少不和谐、不稳定因素。采取切实有效措施，实现和谐稳定目标，实现无重大重复上访户、无信访群体性事件、敏感时期无非正常上访、校园无重大治安事件的工作目标。

**三、坚持以科学发展观为指导，加强领导，精心组织，全力以赴做好维护稳定和信访工作**

（一）加强领导，建立维护稳定和信访工作联席会议制度。联席会议由主管安全稳定和信访工作的校领导负责召集，由相关职能部门负责人参加，办公室设在校两办。定期召开专题会议，分析研究维护稳定和信访形势，听取各单位矛盾纠纷排查化解工作汇报，通报排查化解情况，统一协调督查全校安全稳定和信访工作，研究处理相关重大、复杂、疑难问题。

（二）畅通信访渠道，切实推进领导干部定期接访和下访。除做好日常来信、来人来访、电话信访、专门信访接待室的工作外，要继续坚持和完善校领导接待日制度和校领导联系学院制度、网上信访信箱制度、学生约谈制度。要努力畅通信访渠道，使群众信访诉求解决的途径更加灵活，为群众解纠纷、化忧愁、办实事。要重点加强学生约谈和接待制度的针对性和实效性，要密切关注学生的思想动态和利益诉求，建立教职工诉求服务中心，有效畅通学校和师生之间的信息沟通渠道。各部门要切实推进领导干部定期接访和下访，要把领导干部“开门接访、重点约谈、带案下访、结案回访、联合会访”做实做好，通过领导干部深入师生，面对面听取诉求、实打实解决问题，做到“发现得早、化解得了、控制得住、处理得好”。

（三）规范信访工作秩序和信访人信访行为，切实达到“双向规范”。一是要健全和完善科学规范的受理、交办、督办、回复师生信访事项的工作规则和制度，确保信访事项得到及时妥善处理。二是要加强法制宣传教育，加强发挥信访法律服务专门机构的作用，为师生提供法律咨询，解答有关政策和法律问题，引导师生以合法合理的形式表达利益诉求，自觉维护信访秩序。三是要建立对无理缠访、闹访等非法信访行为的疏导、教育和处置，建立和谐有序的信访秩序。

（四）建立涉及师生利益的重大决策信访风险评估机制。在科学决策、民主决策、依法决策的过程中，要综合考虑改革的力度、发展的速度和师生可承受的程度，按照“谁决策、谁评估、谁负责”的要求，把信访风险评估纳入重大决策之中。决策部门应牵头组织由决策涉及相关方面组成的信访风险评估小组，适时召开分析论证会，邀请有关部门、相关专家及与决策事项有直接利益关系的师生代表参加，并向同级党政办公会议提交评估报告，作为决策重要参考和依据。针对预测评估出来的较大隐患，要积极研究制定预防和处置工作方案。同时要抓好政策的完善和制定，营造公开、公正、透明环境，着力解决不配套、不适应、不连续、不平衡等问题，从源头上预防和减少信访问题的发生。

（五）重视初信初访，加大对重信重访的集中治理力度。一是要坚持抓早、抓小、抓到位，认真处理、有效跟踪、及时督办，努力在第一时间、第一地点解决问题。对师生诉求合理，但相关政策没有明确规定或规定不够完善的，要及时进行研究和反馈，抓紧制定和完善相关政策；对师生诉求应当解决、但因客观条件不具备且一时难以解决的，要主动说明情况，耐心解释，取得师生的理解和支持，同时积极创造条件适时予以解决。二是要以重信重访问题为重点，着力推动解决案情复杂、久拖未决的疑难问题，认真分析研究，区分责任，分类处置，跟踪落实，做到诉求合理的解决问题到位、诉求无理的思想教育到位、生活苦难的帮扶救助到位、行为违法的依法处理到位，努力做到“案结事了、息诉罢访”。

（六）对涉及跨部门的疑难复杂维护稳定和信访案件，采取校领导包案、分管单位领导分级挂账交办、联席会议协调等方法，综合运用政策、法律、经济、行政、帮扶救助、思想教育等措施，确保问题能得到妥善解决。

**四、深入开展矛盾纠纷排查化解工作，切实推动“事要解决”、力求实效**

校属各单位要把深入开展矛盾纠纷排查化解工作摆在维护稳定工作的突出位置，在采取切实有效措施维护本单位稳定和谐的基础上，树立“一盘棋”思想，在学校党政领导下，齐抓共管、密切配合、整体作战，主动做好工作，发挥联席会议及其办公室的协调作用，形成强大的工作合力，在全校范围内开展好矛盾纠纷的排查化解活动。

要切实把苗头性、倾向性问题搞清楚，做到心中有数、应对有策、化解有效。把矛盾化解在萌芽状态，把问题解决在基层，防止群体性事件的发生。一是要坚持开展经常性矛盾纠纷排查化解工作，互相配合，发挥联动功能，把不稳定因素化解在基层和集体访之前。二是要在每季度和重要活动开展期间，集中组织力量对所属范围内存在的矛盾纠纷进行一次全方位排查化解工作，对师生不满意、反映强烈、社会影响面大的矛盾纠纷进行集中梳理，逐案登记建档、逐案分析症结、逐案提出化解方案、逐案落实处理责任，坚持责任主体排查化解与领导包案化解相结合，坚持个案化解和政策化解、创新机制化解相结合，形成全覆盖、无疏漏的排查化解网络。

要注意听取学生中集中反映的突出问题，并及时上报党委；进一步加强和改善教学与学生管理工作，着重解决一些学生反映比较强烈的问题。要严格学生社团的审批管理，随时掌握社团组织的人员变化和思想动态，发现问题及时纠正和引导。要及时搜集汇总分析学校相关舆情动态，严格校内宣传媒体、刊物的审批、管理，严格哲学社会科学类讲座、报告、研讨会的审批管理，严格规范涉及各种媒介和渠道的新闻宣传报道行为。要切实做好维修管理、水电管理和伙食管理等后勤服务保障工作。要注意收集和汇总学校日常尤其是敏感时期师生动态、不稳定因素和突发事件情况、群访缠访等信息，加强内部治安管理和校园周边环境的综合治理；加大门卫检查和校园巡逻的力度，坚持打防并举，维护良好的校园秩序和师生员工合法权益；及时妥善处理各类案件，严防重大活动和政治敏感期间发生重大恶性案件；建立健全一套灵敏有效的情报信息网络，保持信息渠道畅通，牢牢掌握稳定工作的主动权。

在涉及调资、职称评定、机构调整、学生就业分配、调整服务价格等涉及师生个人利益的问题上，要避免因简单行事、急躁行事、办事态度不好、选择时机不当等而导致出现影响稳定的事端，主动做好说服教育和引导工作，妥善解决各类内部矛盾，防止因个人思想不通或领导处置不当而激化矛盾，发生危害稳定的事件。各单位要按照各自的管理权限，加强对重点场所、重点部位、人员高度密集场地的检查，发现问题及时处置和报告。

**五、严格落实维护稳定和信访工作责任，确保各项工作部署落到实处**

全校各单位要进一步提高认识，加强领导，主要领导亲自抓、分管领导具体抓、其他领导“一岗双责”，层层落实责任，依法依政策解决好本部门存在的影响稳定的突出矛盾和问题。

（一）严格落实维护稳定和信访工作督查落实。对信访矛盾纠纷实行逐件立项，明确责任、时限和进度，实行预案督查，加强督查落实力度。

（二）严格落实责任主体的责任。坚持属地管理、分级负责，谁主管、谁负责和依法及时就地解决问题与疏导教育相结合的原则。

（三）严格落实领导包案责任制。对群众反映强烈的突出问题，要实行领导包案，并落实包掌握情况、包思想教育、包解决化解、包息诉息访的“四包”责任制。包案情况要通过适当方式予以公开，接受群众监督。

（四）严格落实考核。将维护稳定和信访工作的责任督查落实情况，纳入领导干部和各单位考核内容。

（五）严格责任追究。按照《中纪委〈关于违反信访工作纪律适用中国共产党纪律处分条例若干问题〉的解释》和《关于违反信访工作纪律处分暂行规定》，启动责任追究程序，严格责任追究的落实。

2009 年 5 月 27 日

# 北京工业大学辅导员队伍建设实施办法（试行）

**工大党发〔2009〕20 号**

## 第一章 总 则

**第一条** 为了深入贯彻《中共中央国务院关于进一步加强和改进大学生思想政治教育的意见》（中发〔2004〕16 号）和《中共北京市委北京市人民政府关于进一步加强和改进首都大学生思想政治教育的实施意见》（京发〔2005〕13 号）精神，切实加强北京工业大学辅导员队伍建设，根据教育部《普通高等学校辅导员队伍建设规定》（教育部令第 24 号）和北京市《关于加强北京高校辅导员队伍建设的实施意见》的精神，特制定本办法。

**第二条** 辅导员是学校教师队伍和管理队伍的重要组成部分，是开展大学生思想政治教育的骨干力量，是学生日常思想政治教育和管理工作的组织者、实施者和指导者。

**第三条** 辅导员包括专职辅导员、兼职辅导员和班主任。专职辅导员是指在一线直接从事大学生日常思想政治教育工作的人员，包括院系学生工作办公室主任、研究生工作组组长、分团委书记、分党委（党总支）副书记等副处级以下（含副处级）

以及学校学生工作部门副处级以下（不含副处级）专门从事学生工作的人员。兼职辅导员是指学生工作部门以外兼职从事大学生日常思想政治教育工作的人员，包括研究生助理辅导员和退休教师以及学生工作部门以外的管理人员。班主任是兼职从事大学生日常思想政治教育工作的专业教师。

## 第二章 职责要求

**第四条** 辅导员的主要工作职责是：

（一）帮助学生树立正确的世界观、人生观、价值观，确立在中国共产党领导下走中国特色社会主义道路、实现中华民族伟大复兴的共同理想和坚定信念。积极引导学生不断追求更高的目标，使他们中的先进分子树立共产主义的远大理想，确立马克思主义的坚定信念。

（二）帮助学生养成良好的道德品质，经常性地开展谈心活动，引导学生养成良好的心理品质和自尊、自爱、自律、自强的优良品格，增强学生克服困难、经受考验、承受挫折的能力，有针对性地帮助学生处理好学习成才、择业交友、健康生活等方面的具体问题，提高思想认识和精神境界。

（三）了解和掌握学生思想政治状况，针对学生关心的热点、焦点问题，及时进行教育和引导，化解矛盾冲突，参与处理有关突发事件，维护好校园安全和稳定。

（四）落实好对经济困难学生资助的有关工作，组织好学生勤工助学，积极帮助经济困难学生完成学业。

（五）积极开展就业指导和服务工作，为学生提供高效优质的就业指导和信息服务，帮助学生树立正确的就业观念。

（六）以班级为基础，以学生为主体，发挥学生班集体在大学生思想政治教育中的组织力量。

（七）协调专业教师共同做好学生的学习指导，在学生中间开展形式多样的学业辅导。

（八）指导学生党支部和班委会建设，做好学生骨干培养工作，激发学生的积极性、主动性。

**第五条** 辅导员工作的要求是：

（一）认真做好学生日常思想政治教育及服务育人工作，加强学生班级建设和管理。

（二）遵循大学生思想政治教育规律，坚持继承与创新相结合，创造性地开展工作，促进学生健康成长与成才。

（三）主动学习和掌握大学生思想政治教育方面的理论与方法，不断提高工作技能和水平，努力成为学生的人生导师和健康成长的知心朋友。

（四）定期开展相关工作调查和研究，分析工作对象和工作条件的变化，及时调整工作思路和方法，不断提高工作的针对性和实效性。

（五）注重运用各种新的工作载体，特别是网络等现代科学技术和手段，努力拓展工作途径，贴近实际、贴近生活、贴近学生，提高工作的针对性和实效性，增强工作的吸引力和感染力。

## 第三章 配备与选聘

**第六条** 学校总体上按师生比不低于 1∶200 的比例设置本科生和研究生辅导员岗位。辅导员的配备以专职为主，专兼结合，专兼职比例原则上不低于 2∶1。每个有本科生的学院须配备专职辅导员，并选派优秀教师担任班主任，低年级本科生专职辅导员按师生比不低于 1∶100 配备，班主任按每班一名配备。在条件成熟的学院，应逐步推行本科生导师制。

**第七条** 辅导员任职基本条件：

（一）遵循宪法确定的基本原则，具有坚定正确的政治方向，具有一定的政治理论水平，在重大政治问题上立场坚定，能与党中央保持一致，坚决维护党和国家的利益和学校的稳定。

（二）具有相关的学科专业背景，具备较强的组织管理能力和语言、文字表达能力，有一定的分析问题和解决问题的能力，能运用相关知识解决学生工作的实际问题。

（三）道德品质优良，作风正派，乐于奉献，潜心教书育人，有较强的事业心和责任感，热爱大学生思想政治教育事业。

（四）身心健康，具备工作岗位所必需的身体素质和心理素质。

（五）具备本科以上（含本科）学历，中共党员或预备党员。

**第八条** 辅导员的选聘工作在学校党委统一领导下，采取组织推荐和公开招聘相结合的方式进行。学校组织、人事、学生工作部门和院（系）等相关单位按辅导员任职条件及笔试、面试考核等相关程序具体负责选聘工作。

**第九条** 辅导员的转入与转出须报学生工作部门审批备案。新选留的辅导员原则上在辅导员岗位上工作 2 年才能转到其他岗位。

**第十条** 新聘任的青年专业教师，符合辅导员任职条件的原则上要从事一定时间的辅导员工作，作为教师工作考核的重要组成部分。

## 第四章 培养与发展

**第十一条** 学校按照每年人均不低于 1000 元的标准划拨专项经费用于辅导员队伍建设。辅导员的培养纳入学校师资培训规划和人才培养计划。

**第十二条** 辅导员须定期参加学校组织的培训。

学校实施辅导员上岗准入制度，严格按照北京高校辅导员上岗准入标准。新任辅导员必须参加由学校统一组织的辅导员岗前培训后方可上岗；辅导员日常培训学习的时间每年不少于40学时/人。学校每年安排一定数量的辅导员到教育部或北京市辅导员培训和研修基地进行轮训，参加北京市组织的心理咨询与发展辅导等专业培训。

学校统一编制《北京工业大学辅导员培训手册》，实行培训记录制度、学时管理制度、质量评估制度，学校负责对辅导员培训证书进行年检，确认辅导员参加各类培训的情况。

**第十三条** 学校每年组织辅导员参加社会实践、挂职锻炼和学习考察，组织辅导员分批到国内高校学习交流，选拔优秀辅导员到国外高水平大学进修学习。

**第十四条** 学校鼓励专职辅导员在做好大学生思想政治教育工作的基础上攻读思想政治教育专业、学生事务管理专业的硕士和博士学位。学校鼓励、支持辅导员结合大学生思想政治教育的工作实践和思想政治教育学科的发展开展研究，鼓励专职辅导员承担思想道德修养与法律基础、形势政策教育、心理健康教育、就业指导、学生事务管理等相关课程的教学工作。

**第十五条** 学校对专职辅导员实行教师和管理干部身份的双重管理，专职辅导员可以同时进行专业技术职务评定和行政职级晋升。

专职辅导员可按助理研究员、副研究员、研究员要求评聘大学生思想政治教育管理研究系列的专业技术职务。专职辅导员的行政职级晋升按学校管理人员职级晋升办法确定。

学校设立大学生思想政治教育管理学科的专业技术职务聘任委员会，具体负责专职辅导员专业技术职务聘任工作，评聘指标单列。学校专职辅导员专业技术职务聘任委员会由主管学生工作的校领导，学生工作、组织、人事、教学、科研部门负责人等相关人员组成。

**第十六条** 专职辅导员队伍是学校后备干部培养和选拔的重要来源。学校根据工作需要，向校内管理工作岗位选派或向地方组织部门推荐优秀的专职辅导员。

## 第五章 管理与考核

**第十七条** 辅导员实行学校和学院两级管理。学生工作部、研究生工作部是学校管理辅导员队伍的职能部门，与学院共同做好辅导员管理工作。学院对辅导员进行直接领导和管理。

**第十八条** 辅导员工作考核与教职工的年度考核同步进行。考核内容包括德、能、勤、绩、廉等五个方面，坚持工作业绩与学生评价相结合、过程评价与目标评价相结合、工作能力与研究能力相结合的原则。考核由学校统一组织，学院具体实施，学生共同参与。

辅导员工作考核结果是发放辅导员岗位补贴的主要参考，是辅导员岗位聘任和发展晋升的主要指标。

**第十九条** 学校对优秀辅导员进行奖励，并推荐北京高校优秀辅导员和全国高校优秀辅导员评选。

## 第六章 附 则

**第二十条** 本办法自发布之日起施行。其他有关文件与本办法不一致的，以本办法为准。

**第二十一条** 本办法由校学生工作指导委员会负责解释。

2009年7月2日

# 关于开展学生深度辅导工作的指导意见
## 工大党发〔2009〕21号

为了深入贯彻《中共中央国务院关于进一步加强和改进大学生思想政治教育的意见》(中发〔2004〕16号)和《中共北京市委北京市人民政府关于进一步加强和改进首都大学生思想政治教育的实施意见》(京发〔2005〕13号)，根据北京市委教育工委制定的《北京市大学生思想政治教育转向督察工作方案》，结合学校实际情况，提出本指导意见。

**一、深度辅导工作的目标**

深度辅导是在充分了解学生情况的基础上，结合学生的个性特点，运用专业的知识和技能，对学生进行科学指导，帮助其解决存在的问题与困扰，为每一位学生的健康成长成才提供良好服务和有力支持。

深度辅导工作的目标是：以辅导员工作为抓手，形成学生全面覆盖、重点精细处理的工作网络，确保每名学生每年都能得到至少一次有针对性的深度辅导，为学生健康成长成才提供良好服务，在我校大学生思想政治教育工作的广度、深度、精度方面取得新进展。

**二、深度辅导工作的原则**

开展深度辅导工作要把握四个方面的原则：

一是面向全体。深度辅导既要面向重点对象，也要照顾到一般学生，使全体学生都能感受导学校、教师的关系、关爱与帮助、服务，做到心中有数，覆盖到位，不留死角，并在此基础上对重点对象进行多次的帮助和辅导。

二是针对问题。在深度辅导前，要通过调查研究掌握学生的基本情况，包括学习、生活、家庭、身体、心理、人际关系等情况，特别是要发现学生存在的问题和困扰，通过深度辅导帮助学生有针对性地解决问题。

三是科学指导。深度辅导的内容涉及学生的思想问题、心理问题、发展就业以及生活问题等，必须以专业化的知识和技能为基础，对学生进行科学引导，帮助学生解决或缓解存在问题，增强成才动力，明确发展方向。

四是整合力量。发挥学校全员育人的优势，以专职辅导员、兼职辅导员、班主任和研究生导师为深度辅导的骨干，统筹志愿辅导教师、党政管理干部、专业教师、离退休教师等各方面力量，在经过专业培训的基础上开展工作，确保工作目标的实现。

**三、深度辅导的内容与方法**

深度辅导深入研究大学生的基本特征，内容要面向学生发展的全过程，包括学生在思想、学业、生活、心理、就业等方面的问题和困扰，以及学生在成长发展过程中的需求。不同年级的学生，深度辅导的内容不同。

深度辅导要以大学生思想政治教育相关的学科，如教育学、社会学、心理学、政治学、美学、哲学等学科知识和技能为基础。学校将定期进行辅导员培训，提高辅导员开展深度辅导的基本技能。

深度辅导可采取个别辅导、团体辅导、咨询、座谈、讲座等多种形式，要充分利用网络平台，通过网站、论坛、电子邮箱等建立更多的倾听学生心声的渠道，建立开放式的师生之间交流的渠道。

**四、深度辅导的管理**

深度辅导实行学校和学院两级管理。学生工作部、研究生工作部是学校管理的职能部门，与学院共同做好深度辅导的管理工作。深度辅导作为辅导员的日常工作内容纳入辅导员工作考核体系。

学校将定期进行各种形式的督导与交流，逐步建立深度辅导的网络平台和学生健康成长档案。

2009年7月2日

## 中共北京工业大学委员会关于加强和改进工会工作的意见

**工大党发〔2009〕22号**

为深入贯彻落实党的十七大、中国工会十五大和北京市委关于加强和改进工会工作的意见（京发〔2008〕23号）的精神，切实贯彻党的全心全意依靠工人阶级的根本指导方针，充分发挥工会在学校改革发展，促进和谐校园建设中的重要作用，现就进一步加强和改进我校工会工作提出如下意见。

**一、加强和改进工会工作的指导思想和目标**

1. 加强和改进工会工作，要坚持以邓小平理论和“三个代表”重要思想为指导，坚持科学发展观，在党委领导下，树立和落实“以职工为本、主动依法科学维权”的中国特色社会主义工会维权观，以密切党同教职工群众的血肉联系为核心，以发展和谐劳动关系、维护教职工合法权益为主线，以建设高素质的工会干部队伍为关键，以加强基层工会建设与激发基层工会活力为基础，努力建设组织健全、维权到位、工作活跃、作用明显、职工信赖的职工之家。

**二、加强党的领导，积极推进学校民主建设**

2. 中国工会十五大和北京市工会工作会议对工会工作提出了新要求，明确指出工会是党联系职工群众的桥梁和纽带，是国家政权的重要社会支柱，是职工群众利益的代表者和维护者。各级党组织要充分认识加强和改进工会工作的重要性，要切实将加强领导，推进民主建设，把工会工作作为学校改革发展稳定工作大局中的一项重要任务抓紧抓好。

3. 校党委每届任期内至少召开一次工会工作会议，党委常委会每年要专门研究工会工作。建立党政工联席会制度，共同研究学校改革发展和涉及教职工切身利益的事情。明确一位行政副职联系工会工作，工会常务副主席列席有关校长办公会，形成党组织领导、行政支持、工会运作、各方配合的工作格局。

4. 坚持以教职工代表大会为基本形式的民主管理制度，充分发挥教代会各专门委员会的作用，积极推进工会、教代会从源头有序参与学校的管理、校务公开和监督工作。深刻领会胡锦涛总书记“把更多的资源和手段赋予工会组织”的论述，各级行政要充分发挥工会在组织教职工、引导教职工、服务教职工和维护教职工合法权益方面的作用，把共同建设、共同享有贯穿于和谐校园建设的全过程。党委组织部要安排、组织教代会参与对本单位领导干部的民主评议工作。

5. 各分党委（党总支、直属党支部）要进一步加强对工会工作的领导，建立健全党组织对工会工作领导的各项制度，定期听取工会工作汇报，及时研究解决工会工作的重大问题和实际困难。规范二级教代会工作，积极发挥二级教代会作用，进一步探索部门工会作为二级教代会日常工作机构的体制。

坚持分党委（党总支、直属党支部）主要负责同志出席工会教代会重要活动的制度，形成党政工共建一个家的工作格局。校党委将加强和改善对工会工作领导的成效列入工作业绩考核的内容。

6. 各分党委（党总支、直属党支部）要重视和加强工会领导班子和工会干部队伍建设，为工会工作创造良好的环境和提供必备条件。要按照政治坚定、业务过硬、作风民主、职工群众信赖的要求，选好配强部门工会领导班子。推荐选配部门工会主席要事先征求校党委组织部和校工会意见，并按照《工会法》和《中国工会章程》的有关规定和程序由工会会员（代表）大会投票选举产生。部门工会主席享受同级副职待遇，参加院务会议，随着校院两级管理改革的深化，逐步实现工会主席按同级副职配备。

7. 要完善党对工会干部的培养管理制度，把工会干部的培养、任用、交流纳入学校组织人事工作的总体安排，对优秀工会干部要及时提拔使用，使工会成为培养和输送干部的重要基地。对工会干部要在政治上信任，工作上支持，生活上关心，充分调动他们的积极性、主动性和创造性。对工会干部因维护职工合法权益而受到不公正对待甚至打击报复的，各级党组织和工会应及时采取有效措施予以保护。

8. 党委宣传部和各级理论研究部门要密切与工会的交流合作，利用多种形式，宣传工会工作，营造工会工作发展的良好舆论氛围。加强新时期工会工作特点、规律的理论研究，加强有关职工群众热点难点问题的调查研究。要将工运基本理论、劳动法律法规等作为各级党委（党总支、直属党支部）理论中心组学习的重要内容。

**三、加强工会建设，努力提高工会服务能力**

9. 各级党组织要高度重视工会的建设，要支持工会组织结合本单位的实际开展工作，扩大工会活动的覆盖面；支持工会积极探索和实践切合自身实际的工作思路、组织体制、运行机制、活动方式和工作方法，创造性地开展工作，推进工会的群众化、民主化、科学化、法制化进程。

10. 深入开展“党工共建”活动，完善党建带工建、工建服务党建、党工共建的工作机制。积极推进学习型、服务型、创新型工会创建活动，不断提高服务能力。要把工会建设工作纳入党建考核指标，明确责任、统一规划、统一布置、统一检查。

11. 学校按照“工会法”按时拨付工会经费，保证工会专职人员配备，保障工会活动条件，为工会开展工作创造更好的环境和条件。要积极为教职工建立室内活动场地，扶持职工文化体育团体，帮助他们进行自主管理和发展，引导其开展健康向上的文化体育活动，充分发挥工会文化体育活动场所和职工文化体育团体的社会服务功能，满足职工的精神文化需求。

12. 积极支持工会开展建设二级教职工之家活动。根据《北京工业大学建设二级“教职工之家”工作考核评估办法》和《北京工业大学建设三级“教职工小家”工作考核评估办法》，每年对二级工会进行量化考核，开展评比表彰活动，使工会工作贴近会员、扎根基层。

13. 各级工会要认真组织专兼职干部的理论学习，加强新时期工会工作特点、规律的理论研究，加强有关教职工热点难点问题的调查研究，积极开展工会工作的研究活动，提高工会专兼职干部的理论水平和研究能力。

14. 各级工会要按照《工会法》、《中国工会章程》和《北京工业大学工会委员会工作条例》规定按时换届；各分党委（党总支、直属党支部）认真做好新教职工和与我校签订劳动合同的非在编人员入会工作，劳务派遣工人会工作由劳务派遣公司的工会和用人单位的工会负责。

**四、发挥工会作用，着力构建和谐劳动关系**

15. 各级工会要积极为教职工办实事、做好事、解难事。以着力解决职工群众最关心、最直接、最现实的利益问题为目标，了解教职工困难，建立特困教职工档案，开展送温暖工程和提供帮扶的长效机制，开展教职工的互助互济工作，做好教职工困难第一知情人、第一帮助人、第一报告人、第一督促解决人的职责。

16. 工会专兼职干部要牢固树立群众意识，真诚倾听职工呼声，真实反映职工愿望，旗帜鲜明地维护教职工的合法权益，校工会要加强对部门工会的服务和指导；部门工会要根据教职工的需求开展工作，不断增强工会的吸引力、凝聚力和影响力。

17. 积极发挥校院两级劳动人事争议调解组织的作用，开展劳动争议调解工作，使工会成为教职工群众向学校反映民意的渠道，成为学校向教职工提供服务的平台，成为为教职工办实事解难事的载体。

18. 各级工会要积极搭建平台，努力提高教职工业务能力和创新能力。广泛开展“创建学习型组织，争做知识型职工”活动，认真组织青年教师教学基本功比赛、技术工人培养和不同岗位的教职工业务能力的竞赛活动，不断提高教职工的学习能力和创新能力。

19. 各级工会要积极开展创建“首都教育先锋”活动，建立优秀教职工档案，大力弘扬新时代劳模精神，以师德建设活动为抓手，努力提升教职工思想道德素质。把职工群众中蕴藏的无穷智慧和创造潜能凝聚起来、激发出来，为促进学校科学发展、建设高水平北京工业大学建功立业。

2009 年 7 月 3 日

# 北京工业大学学院党政联席会议制度

## 工大党发〔2009〕30 号

为进一步加强我校院级领导班子建设，规范学院议事规则，保证院级重大问题决策的民主化、科学化、制度化，根据《中华人民共和国高等教育法》和《中共教育部党组关于加强普通高等学校基层党组织建设的意见》的相关规定，结合我校的实际，特制定本制度。

### 第一章 党政联席会议的性质、成员、召集和主持

**第一条** 党政联席会议是研究决定学院发展规划、教学、科研、行政事物及院内机构设置等重大问题，贯彻落实学校发展规划和重大决策的议事机构。

**第二条** 党政联席会议由院长、书记、副院长、副书记参加。根据会议议题，学院纪检委员、学术委员会主任、学位委员会主任、教授委员会负责人、工会主席、教代会执委会主任可列席参加。

**第三条** 学院党政主要负责人在党政联席会前要充分沟通酝酿、交换意见，根据议题内容分别由院长或书记召集并主持，必要时可委托副院长或副书记主持。会议原则上每月召开一次，特殊情况下可以根据工作需要提前或延迟召开。

### 第二章 党政联席会议的主要职责

**第四条** 贯彻落实学校发展规划、重大改革方案、学校年度工作计划等具体措施。

**第五条** 研究决定学院发展规划、年度工作计划、学期工作安排、教育教学改革及管理体制改革等重要问题。

**第六条** 研究决定学院专业设置、学科建设、师资队伍建设、专业技术职务评聘、岗位设置及聘任、绩效工资分配与奖惩等重大问题。

**第七条** 讨论决定院内组织机构的设置及其负责人，建立健全教学、科研、学生与行政管理等规章制度，保证以培养人才为中心的各项任务的完成。

**第八条** 研究决定财务管理方面的重要事项，讨论年度财务预算、大额资金使用、财务公开等问题。

**第九条** 贯彻“三重一大”、党风廉政建设责任制。按有关规定研究处理教职工和学生中出现的违纪案件，向学校相关部门提出处理意见或建议。

**第十条** 研究决定工会、教代会有关工作的提案以及关系到师生员工切身利益的重要问题。

**第十一条** 研究决定学院国际国内重要合作与交流项目，公开项目经费使用情况。

**第十二条** 研究决定与学院建设有关的其他重大问题。

### 第三章 党政联席会议的议事规则

**第十三条** 党政联席会议应由三分之二以上成员出席，方可召开。

**第十四条** 会议议题由分管领导提出，报召集人同意后列入会议内容。提出议题的领导应在会前作充分准备，提供有关资料、政策依据、方案和建议。

**第十五条** 审议议题时，由分管领导就该项议题做出说明。会议对每项议题的主要内容进行充分讨论，由主持人对议题做出讨论结论。

**第十六条** 审议中发现议题所涉及的问题较为复杂，提出的依据不充分，难以做出决定时，中止对该项议题的审议。待条件具备后再提交会议。

**第十七条** 审议中出现对所涉及的议题不能形成一致意见时，按少数服从多数的原则形成决议。如对重要问题发生争论，持不同意见的双方人数接近时，除紧急情况外，一般暂缓做出决定，待进一步调查研究、交换意见后，再行决定。

### 第四章 会务工作与落实

**第十八条** 会议由院长或书记指定专人负责记录。记录人应对会议全程进行记录，包括会议的议题、出席、缺席及列席人员、发言内容、做出的决定和表决情况等。

**第十九条** 会议决议的有关事项按领导的分工负责落实。

**第二十条** 对于会议的涉密内容应严肃纪律，未经允许任何人不准泄漏。对于非涉密内容会后应形成会议纪要，作为院务公开和党务公开的重要形式在一定范围公布。

**第二十一条** 有关会议的记录和决议，应按照档案管理相关规定由专人负责建立档案和保存。

### 第五章 附 则

**第二十二条** 本制度由学校党委组织部、人事处负责解释。

**第二十三条** 本制度自发布之日起施行。

2009 年 10 月 12 日

# 中共北京工业大学委员会关于在大学生中开展廉洁教育的实施意见

## 工大党发〔2009〕35 号

为进一步贯彻落实中共中央《建立健全教育、制度、监督并重的惩治和预防腐败体系实施纲要》和《教育部关于在大中小学全面开展廉洁教育的意见》（教思政〔2007〕4 号）精神，经 2009 年 9 月 27 日第 82 次校党委常委扩大会讨论通过，对我校在大学生中开展廉洁教育工作提出如下实施意见。

**一、开展廉洁教育的指导思想**

建立健全惩治和预防腐败体系是党中央在总结历史经验、科学判断形势基础上对反腐倡廉工作做出的重大战略决策。高校担负着培养社会主义合格建设者和可靠接班人的重任，在高校开展廉洁教育是加强大学生思想政治教育的必然要求。

开展廉洁教育，要坚持以邓小平理论和“三个代表”重要思想为指导，全面落实科学发展观，切实贯彻《建立健全教育、制度、监督并重的惩治和预防腐败体系实施纲要》精神，以社会主义核心价值体系为根本，以社会主义荣辱观为主线，遵循学校教育教学规律和大学生成长成才规律，突出重点，整体推进，把廉洁教育作为实施素质教育的重要内容，促进大学生健康成长。

**二、开展廉洁教育的基本原则**

（一）坚持把开展廉洁教育与大学生思想道德建设相结合；

（二）坚持把开展廉洁教育与和谐校园建设相结合；

（三）坚持把开展廉洁教育与校风建设和学风建设相结合；

（四）把握特点，注重实效，增强教育的针对性和吸引力，防止形式主义。

**三、开展廉洁教育的目标和主要内容**

以社会主义核心价值体系为引领和主导，加强法制和诚信教育，加强社会公德、职业道德和家庭美德教育，组织学习党和国家关于党风廉政建设和反腐败方面的方针政策、法律法规等，引导学生树立报效祖国、服务人民的信念，不断提高学生的道德自律意识，增强拒腐防变的良好心理品质，逐步形成廉洁自律、爱岗敬业的职业观念。

**四、开展廉洁教育的方法和途径**

（一）加强领导，建立健全校院两级廉洁教育工作机制。学校廉洁教育工作在党委统一领导下进行，学生工作指导委员会具体指导廉洁教育工作的开展，学校纪检监察部门监督检查廉洁教育工作落实情况。廉洁教育工作要纳入学校工作计划、思想政治教育工作计划和党风廉政教育工作计划，渗透到学校党建工作的各个环节，渗透到教育管理和日常管理的各个领域，逐步形成廉洁教育的长效机制。

（二）发挥课堂教学在廉洁教育中的主导作用。将廉洁教育与课程建设、素质教育紧密结合，深入挖掘并整合现有学科的廉洁教育资源。进一步发挥思想政治理论课在廉洁教育工作中的主渠道作用，廉洁教育的内容应当与思想政治理论课内容有机结合，有效保证廉洁教育落到实处。采取专题讲座和报告的形式，将廉洁教育纳入形势政策课教学中。专业教师和研究生导师在廉洁教育过程中要发挥主导作用，在指导学生专业学习和科研活动的过程中，适时开展廉洁教育，给学生以潜移默化的影响。

（三）将廉洁教育活动纳入第二课堂教育教学活动。教师要通过第二课堂的教育教学充分调动学生参与廉洁教育活动的积极性和主动性。加强校园文化建设，以学生活动为载体，依托学校现有的资源，营造开展廉洁教育的氛围。在我校开展廉洁教育一定要高度重视校内目前已有的学生活动和各种媒体的重要作用。通过在学生活动中加入廉洁教育素材，达到宣传教育的目的，同时加强宣传舆论阵地建设，大力宣传廉洁教育知识。

（四）树立典型，用模范的事迹感染和教育学生。开展表彰和树立优秀教师先进典型等宣传教育活动，弘扬正气，引导广大教师用崇高的学识魅力和人格魅力，以“为人师表、言传身教、率先垂范”的实际行动，影响和教育学生，同时要注意发挥学生骨干队伍的示范作用。要大力弘扬淡泊名利、廉洁奉公、道德高尚、行为示范的优秀教师典型和艰苦朴素、勤奋学习、自强不息、报效祖国的优秀学生典型，通过对他们事迹的挖掘和宣传，教育学生。

（五）开展警示教育，利用反面典型来教育学生，防微杜渐。结合学生的思想动念以及社会上的热点、焦点问题和案例，有针对性、有侧重点地选取与学生学习、生活密切相关的典型素材确定警示教育主题，开展教育活动。通过警示教育，对大学生起到防微杜渐的作用。

（六）总结经验，深化研究，逐步探索适合我校实际的廉洁教育模式。校院两级廉洁教育要不断在总结中向前发展，要及时总结廉洁教育过程当中的宝贵经验和有效做法，加强理论研究，为开展廉洁教育提供强有力的理论支撑。同时，加强对教师和教育管理干部的培训与指导，全面提高工作水平，不断推进廉洁教育深入开展。

2009年10月12日

## 关于全面加强师德教风建设的若干意见

### 工大党发〔2009〕36号

按照《教育部关于进一步加强和改进师德建设的意见》，经2009年9月27日第82次校党委常委扩大会讨论通过，对我校全面加强师德教风建设提出以下意见：

**一、师德教风建设的指导思想**

坚持以中国特色社会主义理论为指导，深入贯彻落实科学发展观，坚持党的教育方针，遵循教育规律和学生成长成才规律，引导教师树立高尚的职业理想，提高教师的思想政治素质和职业道德水平。通过全面开展师德教风建设工作，努力建设一支业务水平高、素质优良的高校教师队伍，为实现有特色、高水平大学的建设目标提供人才保障。

**二、师德教风建设的主要内容**

（一）教师要坚持正确的政治方向，拥护中国共产党的领导，拥护社会主义，热爱祖国，热爱人民，忠诚党的教育事业。坚持以社会主义核心价值体系和荣辱观为统领，用正确的理论和观点对学生进行理想信念和民族精神的教育。

（二）教师要严格遵守宪法与法律，依法执教，廉洁从教，积极传播先进文化，不传播、散布损害国家主权、安全和社会公共利益的言论，不传播宗教、低级庸俗文化，不传播非法出版物，不出现有失教师形象的言行举止。

（三）教师在教育教学和国际交流过程中，要注重维护国家利益与国家形象，严格把握国际合作交流的方向，正确把握学术研究与课堂教学的区别。

（四）教师要树立以学生为本、以育人为本的教育理念，了解、理解学生的需求，切实为学生的成长成才服务，培养学生的创新精神和实践能力，促进学生德、智、体、美等诸方面全面发展。

（五）教师要做学生的良师益友，尊重学生的人格尊严，保护学生的合法权益，不对学生实行辱骂、体罚和变相体罚或者其他有辱人格尊严的行为。

（六）教师要树立强烈的职业荣誉感，自觉履行教书育人职责；弘扬“爱岗敬业、奉献育人、务实求真、协同奋进”的师德规范；树立正确的价值观，反对拜金主义、享乐主义和极端个人主义。

（七）教师要遵守各项规章制度，严格执行学校的教学计划，合理组织教学内容、完成学校规定的教学任务；要恪守诚信、增强自律，遵守学术道德规范，尊重他人劳动成果；不得利用教师职务或地位谋取个人利益；在招生、考试、论文答辩、项目评审、评估考核、成果鉴定等工作中，不得有弄虚作假等违规、违纪、违法行为。

（八）教师要认真钻研专业知识，增强教书育人的能力。了解学科发展的新知识、新成果，优化知识结构，积极投身教育教学改革，踊跃参与各种教学、科研活动。

（九）教师要研究教育教学理论与学生成长、成才规律，探索、掌握先进的教育教学方法。辅导员和班主任要掌握教育学、心理学、管理学、社会学、法律等方面知识，提高管理和服务育人的能力，增强教育的针对性和实效性。

**三、师德教风建设的主要措施**

（一）要把师德教风建设纳入学校教育事业发展总体规划，加强领导，统筹部署，明确各阶段师德建设的工作重点，深入研究师德建设出现的新情况、新问题。

（二）探索建立党委领导下的师德师风建设的协同工作机制。教务、人事、宣传、学生工作、研究生管理部门和工会、团委等单位要形成合力，发挥教代会、职代会作用，共同推动师德教风建设。

（三）加大师德宣传力度，宣传师德先进典型，及时总结优秀教师在教书育人工作中的先进经验，宣传先进教师的好思想、好作风、好做法；通过经验交流会、主题活动、优秀成果展示、演讲报告会、电视专题片等形式对先进典型加以宣传和推广，不断形成师德教风建设的典型人物和特色品牌。通过对先进典型加以宣传和推广，弘扬高尚师德，形成尊师重教的良好氛围。

（四）坚持严格的教师准入制，坚持用严格的政治、道德和业务标准选拔新教师。应届毕业到学校工作的教师和校外调入没有教学经历的教师，须参加教师职业培训和助课培训，取得合格证书后方可主讲本科生课程。

（五）通过开展形式多样的职业技能、职业道德教育培训，加强教师的思想政治、职业理想和职业道德教育，提高教师的综合素质，把学生德育工作有机融入教育教学的各门学科和各个环节。

（六）组织青年教师教学基本功集中培训，通过青年教师的主题论坛、双语教学沙龙和社会实践活动等形式加强对青年教师的师德教风建设。

（七）实施德育队伍培养工程，坚持辅导员队伍的专业化培养。严格辅导员岗前培训，通过名师工作室、名师带教等形式，开展政治理论、工作方法、心理健康、职业发展技能等方面的培训，提高德育教师专业化水平、职业素质和实际工作能力。

（八）研究生导师要爱岗敬业，在研究生招生、培养、就业等方面承担职责，在学术道德方面以身作则、言传身教。学校实行有计划遴选和聘任研究生导师，定期组织导师开展研究生教育的政策学习、经验交流及学术研讨活动。

（九）建立学校、教师、学生三位一体的师德教风监督网络。根据学校教学管理制度，通过学生评教、教师评学、教师互评、教学督导、导师年报制度等方式对教师师德教风进行评价和考核。

（十）学校管理人员要按照“三育人”工作要求，增强管理育人、服务育人的责任意识，切实履行教育职责，不断提高政治业务能力，努力提升管理服务水平。

（十一）学校把师德教风作为对教师进行年度考核、职务聘任、派出进修等的重要指标，使师德教风与人事聘任、分配制度改革紧密结合起来，重点考察教书育人的实绩与教师的职业道德状况、教学态度、育人效果等内容，并以此作为岗位聘任、晋升、奖惩的依据。对违反教师道德要求、有失教师形象的言行及时劝诫、警示或按学校相关管理条例给予处理；对师德考核不合格的教师，要按照有关程序，严格落实师德“一票否决制”，终止聘任。

（十二）建立优秀教师评选、奖励和表彰制度。通过优秀教师评选、师德先进表彰、优秀教学质量奖、青年教师教学基本功大赛、我心中最喜爱的老师和十佳青年评选、举办青年教师教学科研成果展等形式对教书育人成绩突出者予以奖励和表彰。

2009 年 10 月 26 日

## 关于加强党风廉政建设宣传教育的若干意见
## 工大党发〔2009〕37 号

党风廉政宣传教育是反腐倡廉建设的基础性工作，根据中央和北京市委加强党风廉政建设的有关文件精神，经 2009 年 9 月 27 日第 82 次校党委常委扩大会讨论通过，对我校加强党风廉政建设提出以下意见：

**一、党风廉政建设宣传教育的原则**

在坚决惩治腐败的同时，应当以预防教育为主，坚持集中教育与分别教育相结合，普遍教育与重点教育相结合，示范教育与警示教育相结合，加大宣传力度，拓宽教育渠道，突出思想教育，加强廉政文化建设，筑牢拒腐防变的思想道德防线。

**二、建立反腐倡廉大宣教工作格局**

（一）要把反腐倡廉教育纳入党委宣传教育的总体工作中，建立由校党委统一领导，纪检监察、组织、宣传、人事、学生等部门及各学院相互协调配合的反腐倡廉宣传教育工作机制。

（二）学校党委每年集中开展一次党风廉政建设宣传教育月活动。明确主题、集中时间，把专题学习与解决实际问题结合起来，开展多种形式的教育活动。各院级党委每年组织 1 至 2 次反腐倡廉主题教育活动。

（三）坚持正面宣传为主，加强示范教育和警示教育。建立健全党风廉政建设先进表彰制度，及时总结宣传廉政建设先进典型。通过适当形式适时在全校范围内通报反腐倡廉工作情况，加强对热点问题的引导，通过反面典型事例进行警示教育。

（四）根据岗位特点分层次开展廉政教育，增强教育的针对性和有效性。加强对广大师生员工的反腐倡廉形势教育；加强对年轻教师、教学科研骨干的师德教育和学术道德教育；特别要加强中层干部选拔任用、招聘和招生、基建、采购、财务、校办企业、后勤等重要岗位和重点部门工作人员的廉政教育，有针对性地开展相关法律法规、规章制度等的培训与教育，树立遵纪守法观念，增强拒腐防变意识，预防各种违纪违法案件的发生。

**三、以领导干部为重点开展反腐倡廉教育**

（一）每年召开一次全校党风廉政建设工作会议，对处级以上干部进行廉政教育和作风教育。

（二）把反腐倡廉理论作为校院两级党委理论中心组的重要学习内容，每学期至少组织一次廉政建设内容的专题学习，在廉政学习上发挥好各级党组织的率先垂范作用。

（三）把反腐倡廉教育纳入学校干部党员培训计划，编发学习资料，保证课时和效果，通过各种形式的培训不断提高党员干部的政治思想素质和党风廉政意识。特别要加强对新任职领导干部的廉政教育。

（四）校党委每年邀请专家作一次反腐倡廉的形势报告，对学校中层领导干部进行廉政教育。学校各级党政主要负责人每年要面向本单位教职工党员和学生党员讲一次党风廉政内容的党课。

（五）实行廉政谈话教育和诫勉谈话制度。将廉政教育作为处级干部任前谈话的重要内容，校纪委对新任处级领导干部进行廉政谈话教育，校、处级干部任职时签订任期廉政承诺书。对个别廉政方面存在苗头性问题的干部及时认真进行诫勉谈话，做到防微杜渐，真正起到教育和爱护干部的作用。

（六）党风廉政学习与干部考核相结合，纳入各单位工作考核评价和领导干部廉政考核、干部选拔的重要内容，并将领导干部党风廉政学习情况列入干部廉政档案。

（七）学校处级以上领导干部在每一任期内要撰写一篇反腐倡廉论文或体会文章。

**四、加强校园廉政文化建设**

（一）充分利用网络、广播、电视、报纸、橱窗等宣传媒体和宣传阵地，开设专栏专题，广泛宣传廉政文化，传播廉政知识，弘扬廉政精神。

（二）通过两课教学、党团和工会活动、形势报告会等渠道和形式，推动廉政文化进校园、进管理、进教学、进头脑。

（三）坚持廉政文化建设与思想理论建设结合、与思想道德建设结合、与民主法制建设结合，以廉洁教育促进师德师风教育、学术道德教育、诚实守信教育、遵纪守法教育以及思想道德情操教育，营造良好的校园廉政氛围。

（四）开展反腐倡廉理论研究。要发挥学校理论研究优势，加强建立健全惩治和预防腐败体系的理论研究，把廉洁教育研究列入学校教育研究总体规划，推出高水平的理论研究成果，全面提高反腐倡廉工作的领导能力和工作水平。

**五、加强大学生廉洁教育**

（一）建立健全大学生廉洁教育工作机制，充分发挥专业教师队伍的主导作用、思想政治工作队伍的引导作用和学生骨干队伍的示范作用。

（二）把反腐倡廉教育作为大学生思想教育的内容之一，将反腐倡廉教育纳入“两课”教学，与主题活动、课外活动有机地结合起来，培养青少年正确的价值观念和高尚的道德情操。

（三）充分利用新生入学教育、毕业生教育等形式和各种校园文化活动，深入推进校园廉政文化建设，全方位开展合格公民、遵纪守法、诚实守信教育。

（四）建立比较完整规范的大学生廉洁教育体系。针对不同年级大学生开展廉洁教育、理想信念教育。每年面向毕业生党员开展走好廉洁人生路的教育。有关加强大学生廉洁教育的具体办法可参照学校关于加强大学生廉洁教育的有关规定执行。

2009年10月26日

## 中共北京工业大学委员会关于深入学习贯彻党的十七届四中全会精神的意见

### 工大党发〔2009〕38号

9月15-18日，党的十七届四中全会在北京召开。这次会议的一项重要议题是研究加强和改进新形势下党的建设若干重大问题。全会审议通过《中共中央关于加强和改进新形势下党的建设若干重大问题的决定》。按照中央和北京市委的要求，我校各级党组织和党员干部要认真学习、深刻领会、深入贯彻党的十七届四中全会精神，紧密联系我校实际，努力提高党建工作科学化水平，扎实推进新形势下学校党建工作创新，形成推动学校科学发展的长效机制。经党委研究决定，现对全校学习、宣传、贯彻十七届四中全会精神提出如下几点意见：

**一、认真学习十七届四中全会精神，充分认识四中全会精神的重大意义**

党的十七届四中全会是在新中国成立60周年前夕这一重要时刻专题研究党的建设的重要会议。全会研究了加强和改进新形势下党的建设若干重大问题，认为在新中国成立60周年之际，进一步研究和部署以改革创新精神推进党的建设新的伟大工程，对于全面贯彻党的十七大精神，深入贯彻落实科学发展观，有效应对国际金融危机冲击、保持经济平稳较快发展，夺取全面建设小康社会新胜利、开创中国特色社会主义事业新局面，具有重大而深远的意义。

全校各级党组织和党员干部要充分认识学习、宣传、贯彻党的十七届四中全会精神的重大意义；充分认识新时期党在推进改革开放和现代化建设事业中所肩负的历史使命和政治责任；充分认识继续推进党的建设新的伟大工程是适应时代发展、保持党的先进性的必然要求；充分认识加强和改进新形势下党的建设是全面贯彻党的十七大精神、深入贯彻落实科学发展观的迫切需要。要通过学习把广大党员干部的思想统一到四中全会的精神上来，把力量凝聚到扎实推动新形势下党的建设的各项工作中来。

**二、深刻领会十七届四中全会精神，全面加强和改进学校党建工作**

党的十七届四中全会通过的《中共中央关于加强和改进新形势下党的建设若干重大问题的决定》，科学分析了党的建设面临的新形势、新任务，总结了我们党成立88年、执政60年、领导改革开放30年的基本经验，对加强和改进新形势下党的建设做出了全面部署。《决定》着眼于推动党的十七大关于党的建设总体部署的贯彻落实，重点研究解决当前党的建设中带有战略性、根本性、紧迫性的重大理论和实际问题，具有很强的思想性、指导性和针对性。《决定》通篇体现改革创新的精神，是指导当前和今后一个时期党的建设的纲领性文件。

学习贯彻十七届四中全会精神，一是要深刻理解新形势下加强和改进党的建设的重要性和紧迫性；二是要深刻理解《决定》中提出的执政党建设的六条基本经验；三是要深刻理解《决定》提出的加强和改进党的建设的六个方面的任务；四是要深刻理解坚持党要管党、从严治党的重要性，着力提高各级党组织的创造力、凝聚力和战斗力，在推动各项事业发展中不断加强党的建设。

学习贯彻十七届四中全会精神，要深入学习和自觉运用马克思主义执政党建设规律，以科学理论指导党的建设，以科学制度保障党的建设，以科学方法推进党的建设，坚持从我校实际出发，全面落实好建设学习型党组织、健全党内民主、深化干部人事制度改革、加强基层基础工作、加强作风建设和反腐倡廉建设的任务，提高我校党建工作科学化水平。

党的基层组织是党全部工作和战斗力的基础，是落实党的路线方针政策和各项工作任务的战斗堡垒。学习贯彻十七届四中全会精神，要以推进学校各级党组织的工作创新，增强党员队伍的生机活力，进一步把握学校党建工作、党内民主建设的新思路，找准新的突破点，加强对基层党的组织设置、组织活动方式的研究和探索，努力形成以党建工作促进学校事业科学发展的长效机制，使党的基层组织充分发挥推动发展、服务群众、凝聚人心、促进和谐的作用。

**三、精心安排十七届四中全会精神的学习宣传，推动学习型党组织建设**

中央提出，认真学习宣传贯彻党的十七届四中全会精神是当前和今后一个时期重要的政治任务。全校各级党组织要按照中央和北京市委的要求，把组织学习宣传贯彻党的十七届四中全会精神摆在党的思想理论建设和党员干部理论学习培训的重要位置，坚持围绕党建创新理论这个主题，抓好校、院两级中心组，抓住学习、宣传、贯彻三个环节，精心组织，周密部署，强化落实措施，把十七届四中全会精神的学习不断引向深入。

学校党委将坚持学习、宣传、研讨相结合，按照有重点、分专题、点面结合的原则，结合科学发展观的学习实践活动后续整改工作，逐步推进全会精神的学习活动。校院两级理论中心组要把学习党的十七届四中全会精神作为当前和今后一个时期的学习重点，领导干部要带头学习，发挥示范作用。要把集中学习与个人自学、通读文件和专题研讨结合起来，逐字逐段推敲研究，吃透文件精神，在把握基本观点和领会精神实质上下工夫，力求把文件精神体现在加强学校党建工作之中，更好地担负起推动学校事业发展的重任。

学校各级党组织要认真组织好广大党员干部的学习活动。要通过报告会、读书会、座谈会、研讨会等多种形式深入开展学习。要以学习十七届四中全会文件精神为契机，不断总结学习经验，探索和创新学习形式，推进学习型党组织的建设。要坚持理论联系实际的学风，突出学习重点，突出学习特色，突出实践成效，积极查找本单位在党的建设方面存在的突出问题、薄弱环节，提出新形势下加强和改进基层党组织建设的措施、方法。

要发挥马克思主义理论课的主阵地作用，对青年学生开展十七届四中全会精神的学习教育。党校、学生党团组织要组织开展主题明确、形式活泼的学习活动。离退休党组织可结合实际情况组织开展学习。

要切实做好党的十七届四中全会精神的宣传工作。充分利用网络、广播、报刊、宣传栏等宣传阵地，大力宣传四中全会精神的重大意义和《决定》的主要内容，组织好宣传报道活动，认真总结和宣传学习的好经验好做法，积极营造良好的学习氛围。

2009 年 10 月 26 日

# 校　发　文　件

## 北京工业大学 2009 年校发文件目录

工大发〔2009〕1 号　关于第八届校学位评定委员会成员变动的通知

工大发〔2009〕4 号　关于成立北京工业大学奥运纪念馆筹建领导小组及办公室的通知

工大发〔2009〕5 号　北京工业大学预算执行与决算内部审计实施办法（试行）

工大发〔2009〕6 号　北京工业大学关于开展“小金库”专项治理工作的意见

工大发〔2009〕7 号　北京工业大学贯彻落实“平安北京”建设工作方案

工大发〔2009〕9号　北京工业大学关于完善校院两级管理体制的意见

工大发〔2009〕10号　北京工业大学关于科技成果转化收益分配的规定

工大发〔2009〕12号　关于调整招生就业工作领导小组及招生监察工作领导小组成员的通知

工大发〔2009〕13号　北京工业大学本科学生学籍管理规定

工大发〔2009〕14号　北京工业大学研究生学籍管理规定

工大发〔2009〕17号　关于成立50周年校庆筹备工作领导小组及办公室的通知

工大发〔2009〕18号　北京工业大学招标投标工作监督办法

工大发〔2009〕19号　北京工业大学校务公开监督办法

工大发〔2009〕20号　北京工业大学服务北京行动计划（2009—2012年）

工大发〔2009〕22号　北京工业大学引进优秀人才实施办法

工大发〔2009〕23号　北京工业大学教师职务聘任实施办法

工大发〔2009〕24号　北京工业大学采购工作规范

工大发〔2009〕25号　北京工业大学关于政府采购的程序规范

工大发〔2009〕26号　北京工业大学基建工程项目管理办法

工大发〔2009〕27号　北京工业大学财经工作小组议事规程

工大发〔2009〕28号　北京工业大学专款项目管理办法

工大发〔2009〕29号　北京工业大学基建财务管理办法

工大发〔2009〕30号　北京工业大学银行贷款资金管理规定

工大发〔2009〕31号　北京工业大学非财政拨款收入管理办法

工大发〔2009〕32号　北京工业大学收费管理办法

工大发〔2009〕33号　北京工业大学研究生招生管理规定

工大发〔2009〕34号　北京工业大学成人教育招生管理规定

工大发〔2009〕35号　北京工业大学纵向科研经费管理办法

工大发〔2009〕36号　北京工业大学横向科技项目管理办法

工大发〔2009〕37号　北京工业大学基础设施改造与修缮建设工程管理办法

工大发〔2009〕38号　北京工业大学招生监察工作实施办法

工大发〔2009〕39号　北京工业大学在校学生计划生育管理暂行办法

工大发〔2009〕40号　关于张长春同志兼任校友总会常务副理事长的通知

工大发〔2009〕41号　关于加强我校国家示范性软件学院建设的决定

工大发〔2009〕42号　关于北京工业大学第九届学位评定委员会组成人员的通知

## 北京工业大学关于完善校院两级管理体制的意见

**工大发〔2009〕9号**

北京工业大学进入国家“211工程”建设以来，实现了跨越式发展，已经站在一个更新、更高的发展基点上，进入了改革和发展的关键时期。为了建立适应学校新发展的管理运行机制，学校决定进一步深化校内管理体制改革，完善校院两级管理，理顺体制，优化机制，激发和调动学校与学院两个层面的积极性，提升管理水平，促进和谐发展。

**一、完善校院两级管理体制的意义、目的和总体思路**

改革开放以来，北工大校内管理体制改革经历了实行岗位责任制、工资总额包干制、满工作量聘任制和校、院（系）、学科部三级管理体制等若干阶段。2003年，学校明确提出推进校院两级管理体制改革，并形成了比较清晰的改革思路和目标，在人事、财务管理等方面迈出了重要步伐，取得了初步成绩。随着建设有特色、高水平的北京工业大学的发展进程，改革有待于深化。

完善校院两级管理体制是实现学校内涵式发展的重要途径，是在高等教育发展的新阶段、新形势下全面提高核心竞争力的必然要求，是学习实践科学发展观的重要行动和重大步骤。此次改革要从时代特征、办学规律、现实状况和长远发展的需要出发，充分认识完善校院两级管理体制的必要性、紧迫性和重要意义。

完善校院两级管理体制的基本目的是：根据学校的办学特点和实际情况，明确校院两级管理职能，降低管理重心，规范管理行为，使学校更好地发挥宏观管理职能，使学院成为相对独立的办学单位，从而合理配置、全面盘活各类办学资源，最大限度地调动校院两级和广大师生员工的积极性，为实现北工大的新发展提供有力的体制和机制的保证。

按照“两级管理、重心下移；权责一致，规范运作；目标管理、绩效评价”的总体改革思路，以有利于学校总体发展为前提，在明确界定校院两级职责的基础上，实施目标管理，健全绩效评价机制。

完善校院两级管理体制，要正确处理好以下几个关系：

（一）在学校与学院的关系上，坚持分工协作。学校作为主办者，行使宏观管理权力。学院作为具体承办者，拥有微观管理权力，在其内部享有自主决策、自主管理的权力，拥有自身发展所需要的人、财、物权，建立自我发展、自我约束的运行机制。

（二）在学校与内设职能部门的关系上，坚持适度集中与分权管理。职能部门是学校党委、行政的办事机构，代表学校行使某一管理领域的管理权限，对学校负责。

（三）在职能部门与学院的关系上，坚持条块管理。职能部门在其职责范围内代表学校行使管理权力。学院接受职能部门的指导和监督，同时应重视发挥工作的基础性、主动性和前瞻性作用。

（四）在行政权力与学术权力的关系上，建立健全协调运行的机制，突出并充分发挥学术权力在校院两级管理体系中的重要作用，完善校院两级学术组织构架。

（五）在改革、发展与稳定的关系上，坚持辩证统一，相互促进。全面贯彻科学发展观，坚持把学校改革的力度、发展的速度和师生员工可承受的程度统一起来，在稳定中推进改革发展，通过改革发展促进稳定。

**二、校院两级管理体制下的职权划分**

（一）学校职权

学校党委和行政依据《教育法》、《高等教育法》以及《高等学校基层党组织工作条例》实施对学校的领导和管理，主要职能和权限是对学校建设进行宏观的决策、调控和管理，拥有对全校事业发展、资源配置和日常运行等方面重大事项的决定权、处置权、调配权和干预权。校院两级管理体制下，学校对学院的管理以宏观管理为主，微观管理为辅；目标管理为主，过程管理为辅；政策管理为主，事务管理为辅。

（二）学院职权

学院的主要职能和权限是完成学校确定的工作目标和任务，实现自身良性循环和发展。学院是相对独立的办学单位，拥有与事权相适应的人、财、物权。在校院两级管理体制下，学院在增强管理职能、扩大责权利的情况下，应当大力加强民主建设，建立民主参与、民主监督的管理机制。

（三）校院两级主要职责划分

校院两级管理体制下，学校和学院在事业规划、学科建设、人才培养、科技工作、人事管理、财务管理、资产管理、合作办学等方面的职责分别如下：

1. 事业规划

学校负责在全校范围贯彻、落实党和国家的方针政策，与上级机关签订任期目标责任书，实现学校整体建设发展目标；制定学校发展战略和中长期发展规划及学科建设、人才发展和队伍建设、人才培养、科技工作、校园建设、党的建设等各专项规划，在听取学院意见的基础上拟定并下达目标责任书，明确提出发展目标，并对学院工作进行绩效评价和奖惩；发挥学校党委领导核心作用，推进校务公开、党务公开，统筹、协调和监督人才培养、科技创新、学科建设、队伍建设和精神文明建设等重要办学事项，完善工会、教职工代表大会工作制度，全面保障和维护广大师生员工的合法权益，保障和维护正常的办学秩序和良好的校园环境。

学院负责在全院范围落实学校发展战略和规划、工作计划，根据学校发展战略和中长期规划及各专项规划，制定并实施学院发展规划及年度工作计划；对下属单位和教职员工提出工作目标并进行考核和奖惩；发挥学院党组织的政治核心作用和战斗堡垒作用，加强民主管理，推进院务公开，完善二级工会、教（职）代会或全体教职工大会制度，开展学院层面的师德教育、文化建设。

2. 学科建设

学校负责审议并确定学科层次、学科布局、“211工程”建设方案、学科基地等，通过人、财、物等资源的配置，构筑适合于高素质人才培养和科技创新的多层次高水平学科体系；负责组织各类学科建设计划与项目的立项论证、申报、绩效考核、检查和验收等。

学院负责在学校学科建设工作部署下，具体组织相应学科的学位授权点、国家和北京市重点学科、“211工程”建设项目等计划与项目的论证、申报，配置相应人、财、物等资源；负责本院承担的各类学科建设计划与项目的具体完成和日常管理，接受学校对学科建设的检查、绩效考核和验收。

3. 人才培养

学校负责对全校教学工作实行统一领导和宏观管理，通过政策制定、教育教学的组织与实施、监督评估等方式对学院教学状况和人才培养质量实行目标管理；负责制定全校各类学生招生和就业的政策、方针和工作原则并组织实施，开展学生就业指导与服务；负责制定学生思想政治工作与党建工作整体框架和学生事务管理相关政策，开展学生服务与辅导，对学院学生工作进行指导与评估。

学院负责各类教学工作的组织与实施，加强教学基本建设，深化教学改革，探索与专业特点相关的教育教学管理模式和人才培养模式，负责学生日常管理，保证人才培养质量的稳步提高；负责落实并执行各项招生政策和措施，实施学生就业指导与服务；负责组织实施学生思想政治工作与党建工作，落实学生事务管理相关工作，协助完成学生服务与辅导的各项工作。

4. 科技工作

学校负责制定全校科技工作宏观规划，开展科技政策研究制定与咨询、科技基地建设和科技课题管理（包括各类课题的申报、评审、立项、中期考核和结题），组织协调科技公关和科技活动，管理学校知识产权、科技成果和科技信息。

学院负责制订学院科技发展计划，合理配置科研人力资源与物质资源条件，实施科研工作，组织学院层面的科技交流活动、课题管理、对外联络，组织科研基地的筹备、申报、建设和验收等工作。

5. 人事管理

学校负责制定人才发展和队伍建设战略与规划，审定学院人才发展和队伍建设规划以及阶段用人计划，确定二级单位机构设置、人员编制总量、各类岗位职数；制定高层次人才岗位设置、聘任与考核方案，负责正高级专业技术职务及学校发展急需人才的引进工作；制定人事管理、分配和考核政策，签订聘用合同及人事代理合同。

学院负责制定学院人才发展战略与规划、阶段用人计划、岗位设置方案；完成副高级及以下专业技术职务的评聘工作；确定本单位的具体分配方案及实施细则，制定学院人事管理细则，负责本单位聘任、考核和合同管理等的具体工作。

6. 财务管理

学校负责制定学校财务管理制度，协调处理对外财务关系，统筹谋划并多渠道筹措学校办学经费，强化学校宏观调控能力；组织编制全校整体收支预算和年度决算工作，并对预算执行过程进行控制和管理；协助制定二级财务管理实施细则，对二级预算进行宏观控制、指导、监督及综合财务绩效评价；规范校内经济秩序，防范财务风险。

学院负责制定学院财务管理实施细则，编制二级财务收支预算方案，组织学院年度专款的申报和执行，多渠道筹措学院办学经费；对学院各项日常经费开支进行审批和监控，对学院预算执行情况进行分析和自我评价。

7. 资产管理

学校负责全校国有资产的管理，并重点对资产使用单位进行固定资产的效益评价；制定学校大型仪器设备、公用房相关管理办法，并处理涉及学校固定资产（包括公用房）的对外合作和服务性收费事宜，监督固定资产（包括公用房）日常使用，盘活学校存量资产，维护学校资产安全。

学院根据资产情况组成资产的院级管理队伍，负责本学院固定资产的实物和二级台账的日常管理、使用和维护，以及与学校总账的定期核对；集中资源，统筹管理，最大限度地对大型仪器设备进行开放共享；负责本学院公用房的内部调配、管理、维护和监督。

8. 合作办学

学校负责根据上级部门要求制定对外合作办学相关政策，负责依法审查并向上级部门申报、管理、监督本科、研究生等各层次合作办学项目或涉外教育教学活动项目。

学院负责向学校申报开展和实施中外合作办学活动或涉外教育教学活动项目，并依规定接受评估检查。

**三、校院两级管理体制下的机构设置**

（一）校院两级机构和管理岗位设置

根据学校事业发展的规模与需要，按照精简、高效的原则，统筹规划、科学设置校院两级机构，实现职能的合理配置、全方位覆盖。按照政事分开、事企分开、教管分开的原则，划分服务和经营职能，分离教学、科研辅助机构，规范管理权限和运行方式。

适时成立学校教授委员会，作为学校办学方针、发展思路、总体规划、教育教学、科技创新、学术研究等相关内容的审议、咨询、论证机构。学校教授委员会、学术委员会、学位委员会按各自定位、职权，规范运行程序。

校院两级管理岗位实行总量控制、适度调整、有所侧重、分层管理。除按照干部管理权限聘任的处级干部之外，对财务、资产、劳资、基建、招生等关键管理环节，设置相应的校聘岗位，实行定期轮岗、离任审计的制度。

（二）院级管理运行机制

校院两级管理体制下，要在学院建立健全行政班子、党委（党总支）、教授委员会、学术委员会、学位委员会以及二级教（职）代会（或教职工大会）之间的既分工明确又相互合作、相互制衡的组织结构和工作制度。

学院行政班子是学院的行政核心，全面负责学院的行政事务；学院党委（党总支）是学院的政治核心，发挥领导作用和监督保证作用。学院要坚持重要事项党政协商、共同决策。学院教授委员会、学术委员会、学位委员会是学院发展规划、财务预算、学科建设、专业技术职务聘任、学术管理和学位管理的论证、审议、咨询机构。二级教（职）代会（或教职工大会）是学院实行民主管理、民主监督和教职工维护自身权益的重要组织形式。

实行党政联席会议制度、院务会议制度、学院党委（党总支）会议制度、学院各委员会工作制度、二级教代会（或教职工会议）组织制度，建立和规范学院议事、决策、执行、监督程序及工作制度，并形成科学、系统、规范的配套实施细则。

**四、校院两级管理体制下的目标管理**

（一）目标管理的基本内容和组织机构

学校对学院的管理与监督由过程管理为主转为以目标管理为主，学校主要依据校院双方签订的学院三年发展目标责任书对学院整体工作及其领导班子进行绩效评价。学校同时对职能部处等下达三年发展目标责任书并进行绩效评价。

成立校院两级目标管理工作领导小组，由校领导牵头，党政有关部门负责人参加，办公室设在发展规划处。领导小组主要职责为：深入推进完善校院两级管理体制，拟定并下达学院、职能部处等的目标责任书，并依据目标责任书进行绩效评价。

（二）目标管理的基本举措

在实施目标管理的过程中，各二级单位的日标、责任与享有的权益、资源相匹配。其中：

人事权：学院拥有自主制定人才战略、用人计划、岗位设置方案的权力，拥有评聘副高级及以下专业技术职务、制定岗位津贴分配方案、聘任并考核本单位工作人员的权力，便于学院有效配置人力资源，提高办学的主动适应能力。

物权：学院拥有对本单位各类固定资产（包括公用房）的内部调配、管理、维护权力，便于学院集中资源，统筹管理，实现学院资产的可持续发展。

财权：实行“一级核算、两级管理、大收大支、量入为出、超支不补、结余奖励”的管理原则。除职能部门实行“预算基数＋奖励”经费核定办法以及教学部、教辅部门、后勤集团、职能部门挂靠中心实行“总额核定”经费核定办法外，各学院、科研院所，实行“预算＋预算外收入结算”核定办法(分校区另行确定)。

学院预算经费的构成为：①学校下拨的正常经费，包括：学校及各职能部门按比例分解下达的本科生、研究生、留学生、学生事务、党建、水电、邮政电话等经费。②获批专项经费，指学院按上级主管部门及学校要求申报并批复的各类专款。③学院收入经费，包括：学院依法多渠道筹集的办学资金，按学校规定比例结算的收入；通过承担纵向、横向科研任务，按学校规定结算的科研管理费或按学校规定返还的科研资源占用费。④捐赠经费，指学院争取的各种形式的社会捐赠。

学院拥有编制二级财务收支预算方案、制定学院财务实施细则的权力，在保证教学科研正常运行的前提下，学院可以自行调配相关资金，用足用好专款，提高教学、科研水平和综合效益。

（三）目标责任书的主要内容和下达方式

发展目标阶段依据院部（处）级领导班子任期界定，原则上三年为一个标准任期。

学院三年发展目标责任书主要内容包括总体目标、具体目标（核心指标、引导性指标）、管理特色与创新、权利和义务、学校提供的资源与支持、绩效评价与奖惩。目标的制定要考虑导向性、科学性、全面性和可操作性，选择能从宏观上反映办学质量、办学水平及办学效益的标志性指标。

目标责任书由领导小组组织学校相关职能部门，在与学院和职能部门等沟通协调的基础上拟定，并在三年任期初始向学院和职能部处等下达。三年发展目标由学院和职能部处等自行按年度分解，报学校审批备案。

（四）绩效评价和个人考核办法

建立完善的绩效评价机制，是校院两级管理体制的保障。学校实行任期评价与年度评价相结合，学校根据目标责任书于每年年终进行年度检查与评价，三年期满时全面评价。

二级单位的绩效评价按优秀、良好、合格、不合格四个等次设置标准，评价结果是学校对二级单位本年度目标完成情况进行奖惩的重要依据。

校院两级管理体制下的教职工个人考核由其所聘任的学院和职能部处等负责，学校将出台专业技术人员、管理人员和工勤人员等分类考核指导办法和意见，各聘任单位在学校规定的框架内制定具体考核办法、实行年度考核。

**五、完善校院两级管理改革的实施步骤**

（一）根据政事分开、事企分开、教管分开的原则，合理划分管理、服务和经营职能，确定机构设置和调整方案。

（二）完善处级干部任期制，原则上每三年进行一次处级领导班子换届和干部调整工作。开展校院两级管理岗位人员聘任工作，调整制定并适时实施新的岗位津贴办法。

（三）以全面完成学校发展目标为原则，在与学院和职能部门等沟通协调的基础上拟定并下达目标责任书。三年工作目标由学院和职能部处等按年度分解，报学校审批备案。

（四）建立完善的绩效评价机制，每年年终进行年度检查与评价，三年期满时全面评价。

（五）加快推进校园信息化建设，统筹全校人、财、物、教学、科研、管理、服务等信息资源，建立完善的数据平台和服务平台。

（六）进一步深化后勤改革，以人为本，惠及师生，统筹服务项目，转变服务方式，加快环保节约型校园建设。

校、院及相关单位正在研究制定目标管理、干部人事、财务、国有资产与实验室、本科教学、学位与研究生教育、科技、学生思想教育与事务管理、后勤改革等配套文件，待配套文件出台时执行。

2009年7月2日

# 北京工业大学本科学生学籍管理规定

**工大发〔2009〕13号**

## 第一章 总 则

**第一条** 为维护学校正常的教育教学秩序，促进本科学生德、智、体、美全面发展，依据《中华人民共和国教育法》、《中华人民共和国高等教育法》、教育部2005年发布的《普通高等学校学生管理规定》，以及国家其他有关法律、法规，结合我校实际，制定本规定。

**第二条** 本规定适用于学校按照国家招生政策、招生规定录取的接受普通高等学历教育的本科学生。

## 第二章 学籍管理

### 第一节 入学与注册

**第三条** 按国家招生规定被录取的新生，持《北京工业大学录取通知书》及有关证件，按学校要求和录取通知书规定的期限到校办理入学手续。因故不能按期入学者，应事先向学校请假并提供有关证明，无故逾期不报到或请假逾期两周者，除因不可抗力等正当理由外，视为放弃入学资格。

**第四条** 新生入学后，学校在三个月内按照国家招生规定对其进行复查。复查合格者予以注册，取得学籍。复查不合格者，由学校区别情况，予以处理，直至取消入学资格。

凡属弄虚作假、徇私舞弊取得学籍者，一经查实，学校取消其学籍。情节恶劣的，请有关部门查究。

**第五条** 对患有疾病的新生，经学校指定的二级甲等及以上医院（下同）诊断不宜在校学习的，但在一年内治疗可达到学校入学体检要求的，由本人申请、学校批准，可保留入学资格一年。保留入学资格者不具有学籍。在保留入学资格期内经治疗康复，须在下一学年新生入学前向学校提出入学申请，经学校指定的医院诊断，符合学校的入学体检要求，经学校复查合格后，方可重新办理入学手续，取得学籍。对复查不合格或逾期不办理入学手续者，取消其入学资格。

**第六条** 每学期开学两周内，学生应当按学校要求办理注册手续。不能按期注册者，应当履行暂缓注册手续。每学期开学两周内未注册又无正当事由者，视为放弃学籍，按自动退学处理。

未按学校规定缴纳学费或其他不符合学校注册条件的不予注册。家庭经济困难的学生可申请贷款或其他形式资助，办理有关手续后注册。

### 第二节 学制与学分

**第七条** 北京工业大学在本科学生中实行学分制培养方案。

**第八条** 北京工业大学本科学生学制为四年（建筑学专业、城市规划专业学制为五年）。学校允许优秀学生在达到毕业要求时申请提前毕业，也允许学生根据本人实际情况申请延迟毕业。无论何种原因，学生在校修业年限不得超过六年（建筑学专业、城市规划专业不得超过七年）。

**第九条** 学生经注册、学习并参加课程的考核，成绩合格者可获得该门课程的相应学分。

**第十条** 学校利用“学分通过率”和“加权平均分”作为衡量学生在校期间学习质量的主要指标。例如：

$$\text{本学期学分通过率}=\frac{\text{本学期通过考核获得的课程学分总和}}{\text{本学期注册课程学分总和}}$$

$$\text{本学期加权平均分}=\frac{\sum\text{（本学期注册课程的学分}\times\text{课程考核成绩）}}{\text{本学期注册课程学分总和}}$$

辅修课程、创新学分和第二课堂的学分和成绩不计入学分通过率和加权平均分的计算。创新学分和第二课堂是学生获得毕业资格的必要条件。理工类专业学生应修不少于4学分的创新学分，其他专业应修不少于2学分的创新学分。第二课堂应修满12学分。

**第十一条** 学生修业年限达到四年（建筑学专业、城市规划专业五年）时，因所学课程学分不能达到毕业要求而申请延长修业年限的，应提前向所在学院提出书面申请，填写《北京工业大学本科学生延长修业年限申请表》，经所在学院审核批准后，报教务处备案。延长修业年限申请的受理时间为每年6月。

**第十二条** 学生在延长修业年限期间按以下规定执行：

（一）学生应当遵守学校的各项规章制度，参加学校规定的教育教学活动；

（二）延长修业年限期满仍未达到毕业条件的学生，应主动向学校申请结业或肄业，逾期按自动退学处理；

（三）延长修业年限内是否享受在校学习学生待遇，按学校相关规定执行。

## 第三节 考核与成绩记载

**第十三条** 学生应当参加教育教学计划规定的课程和各种教育教学环节（以下统称课程）的考核，考核成绩记入成绩册，并归入本人档案。

**第十四条** 考核分为考试和考查两种：课程的考核成绩按百分制记载；创新学分的考核成绩按通过和不通过记载。学生应参加注册课程的考核，成绩合格方可获得该课程的学分。

**第十五条** 学生在校学习期间，如果一个学期学分通过率不足50%，将受到试读警告。受到试读警告的学生，若再次出现一个学期学分通过率不足50%的情况，将受到退学处理；若试读后某一个学期内注册的学籍学分不低于20学分，并通过了该学期注册课程的考核，且试读后没有作弊、违纪等不良行为，学生可申请解除试读警告。

**第十六条** 申请解除试读警告的学生，应于每学期的前三周内将书面申请递交所在学院，经学院审核，报教务处批准。

**第十七条** 学生入学后的第四个学期末，尚未完成所修课程的前四个学期应得学分的70%者，应当先重修未通过的课程，达到应得学分的90%后，方可继续选修新课程。

学生在修学未通过必修课程的学期，如果重修的必修课程不足20学分，经本人申请，学生所在学院教务科审核，教务处批准，可用选修课补充，补充的选修课计入学分通过率，但不计入未通过课程的学分通过率。

**第十八条** 补考与重修

（一）必修课、本专业选修课和本跨专业选修课程考核成绩不合格者，可选择重修，也可参加学校在下学期开学初组织的补考，补考课程不办缓考，补考不及格必须重修。上述每门课程考核不及格，只有一次补考机会。

（二）补考成绩不及格按补考实际成绩记载，及格及60分以上成绩按60分记载。补考成绩记入该课程学习所在学期学分通过率的计算。

（三）通识教育选修课程（自然科学类、社会科学类、人文艺术类、经济管理类、工程技术类以及体育、外语等选修课程）：理工类学生必须选修不少于6学分的经济管理、人文社科和艺术类的选修课程；文法经管类学生必须选修不少于6学分的自然科学和工程技术类课程。考核不合格可选择重修或改选其他课程，学校不组织补考。

（四）重修课程的考试成绩按实际成绩记载，并加注“重修”字样，计入重修学期的学分通过率和加权平均分计算。

（五）重修课程要在该门课程开课前重新选课。

**第十九条** 学生因特殊情况不能参加考核，要在考核前向所在学院教务办公室申请缓考，并出示有关证明，经所在学院批准后可以不参加本次考核。

学生因特殊情况不能在考核前递交缓考申请，应及时通知所在学院教务办公室，经同意后可不参加考核，并在事后3日内及时补上相关证明。同一门课程只能申请一次缓考。

缓考学生应当参加学校在下学期开学初组织的课程补考，缓考课程的成绩计入上学期的学分通过率和加权平均分的计算。缓考课程不合格，必须重修。

**第二十条** 学生无故不参加考核被视为旷考，取消该门课程的补考资格，成绩以零分记载。学生必须重修该门课程，课程学分和成绩计入学分通过率和加权平均分的计算。

**第二十一条** 学生严重违反考核纪律或作弊的，该课程考核成绩记为零分，并由学校视其违纪或作弊情节，根据《北京工业大学学生违纪处分条例》，给予批评教育和相应的纪律处分。给予警告、严重警告、记过及留校察看处分的，经教育表现较好，在毕业前对该课程可以给予补考或重修机会。

**第二十二条** 成绩优秀、自学能力强或学有特长的学生，可以申请免修高年级的某门课程，直接参加考核。免修学生应在该门课程选课前，填写《免修课程申请表》。经学生所在学院批准、报教务处备案后，可免修该门课程并参加考核。免修课程必须注册。

学生免修课程须按任课教师要求按时完成作业，同时完成该门课程所必须的实践环节，并参加考试，方可获得该门课程的学分和成绩。考核成绩计入学分通过率和加权平均分的计算。

学生不得申请免修政治理论课、德育课、体育课、军事理论课、军事训练、各种实践性课程和课程的实践环节等。

**第二十三条** 学生可根据《北京工业大学本科生修读辅修专业的管理办法》，申请辅修其他专业或者选修其他专业课程。

经学校同意，学生可根据校际间协议跨校修读课程，课程成绩（学分）由学校审核后予以承认。

**第二十四条** 学生未经批准，不按时参加教育教学计划或培养方案规定的活动，给予批评教育；情节严重的，根据《北京工业大学学生违纪处分条例》给予相应的纪律处分。

**第二十五条** 学生要按照任课教师的要求，严格遵守课堂纪律，不得迟到、早退或无故缺席。任课教师有权将学生出勤、作业、小测验、实践环节等作为该课程考核内容的一部分。学生因超选课程等原因，致使不能按某门课程要求出勤时，应与该门课程任课教师办理相应的免听手续。

**第二十六条** 对学生思想品德的考核、鉴定，要以《高等学校学生行为准则》为主要依据，采取个人小结，师生民主评议等形式进行。

学生体育课的成绩应当根据考勤、课内教学和课外锻炼活动的情况综合评定。

### 第四节 转专业与转学

**第二十七条** 学生入学后，具有下列情况之一者可以按学校规定申请转专业：

（一）符合《北京工业大学本科学生转专业实施办法（试行）》条件者；

（二）具有某方面特殊才能，转专业更能发挥其特长者；

（三）由于身体原因经学校指定医疗单位证明不适合在原专业学习者；

（四）经学校审核并认可，学生确有某种特殊困难，不转专业则无法继续学习者。

**第二十八条** 学校根据社会对人才需求情况的发展变化，经学生同意，必要时可适当调整学生所学专业。

**第二十九条** 学生入学后一般应在本校完成学业，如患病或者确有特殊困难，无法在本校学习者，可申请转学。因病转学者，须附学校指定二级甲等及以上医疗单位的诊断证明。

**第三十条** 学生转学，须经两校同意，并由转出学校报所在地省级教育行政部门确认转学理由正当，方可办理转学手续；跨省转学者由转出地省级教育行政部门商转入地省级教育行政部门，按转学条件确认后办理转学手续。转学（出）者的户口必须转出我校。

**第三十一条** 对下列情况之一者，不予转学：

（一）入学未满一学期的；

（二）由招生时所在地的下一批次录取院校转入上一批次院校，由低学历层次转为高学历层次的；

（三）招生时确定为定向、委培生的；

（四）应作退学处理的；

（五）其他无正当理由的。

**第三十二条** 凡申请转专业、转学的学生，未经批准之前，应当在原专业学习并取得学分和成绩。

### 第五节 休学、保留学籍与复学

**第三十三条** 学生在学校规定的修学年限内，可分阶段完成学业。学生申请休学或学校认为应当休学者，由学校批准，可以休学，学校为其保留学籍。

**第三十四条** 休学以一个学期为时间单位。申请休学的学生应当在前一学期末或开学后一个月内填写休学申请表。

**第三十五条** 学生休学期间，不享受在校学习学生的待遇，不得参加学校组织的各种教育教学活动。休学学生的户口不变更。休学期间患病，其医疗费按《北京工业大学公费医疗管理暂行办法》规定处理。

**第三十六条** 学生在校期间自费出国留学，应当办理休学手续，经学校批准后，可在休学期内为其保留学籍。

**第三十七条** 学生应征参加中国人民解放军（含中国人民武装警察部队），应当办理休学手续，经学校批准后，为其保留学籍至退役后一年。

**第三十八条** 学生休学或保留学籍期满，拟复学的学生应在复学的前一学期向学校提出复学申请，办理复学手续，经学校复查合格并批准后，方可办理注册和选课手续。

**第三十九条** 因病休学的学生复学，应持有二级甲等及以上医疗单位的身体恢复健康证明，经学校复查合格方可复学。

### 第六节 退 学

**第四十条** 学生有下列情况之一者，应予退学：

（一）受到试读警告的学生，再次出现一个学期学分通过率不足50%的；

（二）在学校规定年限内（含休学）未完成学业的；

（三）休学或保留学籍期满，在学校规定期限内未提出复学申请或者申请复学，经复查不合格的；

（四）经学校指定医院诊断，患有疾病或意外伤残无法继续在校学习的；

（五）学生休学期间，有违法行为，经学校认定属实取消复学资格的；

（六）未请假离校连续两周未参加学校规定的教学活动的；

（七）超过学校规定期限未注册而又无正当事由的；

（八）本人申请退学的。

**第四十一条** 对学生的退学处理，由校长会议研究决定。

对退学的学生，经学校审批，由学校出具退学决定书并送交本人，无法送交的在校内公告，同时报北京市教育委员会备案。

**第四十二条** 学生退学后的有关事项，按下列规定办理：

（一）退学的学生，按学校规定期限办理退学手续离校，档案、户口退回其家庭户籍所在地；

（二）经过学校指定医疗单位诊断，患有疾病或意外伤残无法继续在校学习的退学学生，由其家（亲）属协助办理退学手续离校。

**第四十三条** 取消学籍或退学的学生均不得申请复学。

**第四十四条** 学生对退学处理有异议的，参照《北京工业大学学生校内申诉制度管理规定》办理。

### 第七节 毕业、结业与肄业

**第四十五条** 学生在学校规定的修业年限内，修完教育教学计划规定的内容，成绩合格，德、智、体达到毕业要求，准予毕业，由学校发给毕业证书；符合学士学位授予条件者，学校授予其学士学位并颁发学位证书。

**第四十六条** 学生在学校规定的修业年限内，修完教育教学计划规定的内容，未达到毕业要求，准予结业，由学校发给其结业证书。

结业学生未取得学分的课程和教学环节，可在结业后至最长的修业年限内申请返校重修。修满学分者，由学生本人申请、经学院审核、学校批准，可换发毕业证书；符合学位授予规定的，学校授予学士学位。毕业证书和学位证书的时间按实际发证日期填写。逾期不申请重修或在最长的修业年限内未修满学分者不再换发毕业证书。

**第四十七条** 对学满一学年以上退学的学生，学校向其颁发肄业证书。

**第四十八条** 学校执行高等教育学历证书电子注册管理制度。学校将每年颁发的毕（结）业证书信息报北京市教育委员会注册。并由北京市教育委员会报教育部备案。

**第四十九条** 学生在修学本专业课程的同时，可以辅修其他专业。对完成本专业学业同时辅修其他专业并达到该专业辅修要求者，由学校发给辅修专业证书。

**第五十条** 对违反国家招生规定入学者，学校不发给任何形式的学历证书、学位证书。对已发的学历证书、学位证书，学校予以追回并宣布证书无效。

**第五十一条** 毕业、结业、肄业证书和学位证书遗失或者损坏，不予以补发。经本人申请，学校核实后出具相应的证明书。证明书与原证书具有同等效力。

### 第三章 附 则

**第五十二条** 本规定经校长办公会讨论通过，并报北京市教育委员会备案。

**第五十三条** 本规定适用于2007级及以后的学生。

**第五十四条** 原《北京工业大学本科学生学籍管理规定》（工大发〔2005〕25号）适用于2004、2005、2006级学生。

**第五十五条** 本规定由北京工业大学教务处负责解释。

2009年9月16日

# 北京工业大学研究生学籍管理规定

**工大发〔2009〕14号**

## 第一章 总 则

**第一条** 为维护学校正常的教育教学秩序，促进研究生德、智、体、美全面发展，依据《中华人民共和国教育法》、《中华人民共和国高等教育法》、教育部2005年发布的《普通高等学校学生管理规定》，以及国家其他有关法律、法规，结合我校实际，制定本规定。

**第二条** 本规定适用于学校按照国家招生政策、招生规定录取的接受普通高等学历教育的硕士研究生和博士研究生。

## 第二章 入学与注册

**第三条** 按国家招生规定录取的研究生新生，凭《北京工业大学研究生录取通知书》及有关证件，按学校有关的要求和规定的期限到校办理入学手续。因故不能按期办理手续者，须事先向研究生招生办公室请假，并提供有关证明。无故逾期两周不报到或请假逾期两周者，除因不可抗力等正当事由外，视为放弃入学资格。

**第四条** 新生入学后三个月内，学校按照国家招生规定对其进行复查。复查合格者予以注册，取得学籍。复查不合格者，学校视具体情况予以处理，直至取消入学资格。

凡属弄虚作假、徇私舞弊取得学籍者，一经查实，学校取消其学籍。情节恶劣的，请有关部门查究。

**第五条** 对患有疾病的新生，经学校指定的二级甲等及以上医院诊断不宜在校学习、但在一年内治疗可达到学校入学体检要求的，经学校批准，可保留入学资格一年。保留入学资格者不具有学籍。保留入学资格的学生身体康复，须在下一学年新生入学前向学校申请入学，经学校指定的医疗单位诊断，符合学校的入学体检要求，经复查合格后，重新办理入学手续，取得学籍。对复查不合格或逾期不办理入学手续者，取消其入学资格。

**第六条** 每学期开学两周内，研究生须到所在学院办理注册手续。不能按期注册者，必须履行暂缓注册手续。未按学校规定缴纳培养费或者其他不符合注册条件的不予注册。家庭经济困难的学生可以申请贷款或者其他形式资助，办理有关手续后注册。开学两周内未注册又无正当事由者，视为放弃学籍，按自动退学处理。

## 第三章 课程考核与成绩记载

**第七条** 研究生根据所在专业研究生培养方案的要求，在导师指导下制定研究生培养计划，确定学期、学年所修课程及应修学分数。

**第八条** 经学校同意，研究生可根据校际间协议跨校修读课程。在他校修读的课程成绩（学分）由研究生部审核后予以承认。

**第九条** 研究生须参加培养计划规定的课程和各种教育教学环节（以下统称课程）的考核，考核成绩记入成绩单，并归入本人档案。

**第十条** 课程考核分为考试和考查两种。考核和成绩评定方式见《北京工业大学关于研究生任课教师及研究生课程教学的若干规定》。

研究生修满培养计划规定的学分，考核合格者，方可进入论文答辩环节。

研究生必修课程考试不及格，一律实行重修，重修手续须在下次该门课程开课前办理。重修课程考试成绩及格者，即取得该课程的学分，以唯一成绩记入其学业档案，并加注“重修”字样。重修课程考试不及格者，可在规定学习年限内申请再次重修。若研究生有一门必修课重修两次仍不及格，则取消其学位申请资格。

研究生选修课程考核不及格，可选择重修或根据所在学科培养方案的要求改选其他课程，但一门课程改选或重修累计不得超过两次。

研究生在最长修业年限（含休学）内课程学习仍未达到培养计划规定的要求，则按本规定第二十四条第（一）款规定处理。

**第十一条** 研究生要按照任课教师的要求，严格遵守课堂纪律，不得迟到、早退或无故缺席。任课教师有权将研究生的出勤、作业、小测验、实践环节等作为该课程考核内容的一部分。

**第十二条** 研究生因特殊情况不能按时参加考核，须在考核前办理申请缓考手续。因病申请缓考必须持有本校医院的诊断证明，因事申请缓考须提供其他有效证明。

研究生持缓考申请和相关证明，经导师和所在学院同意并签署意见，报研究生部培养办公室备案。若因突发原因不能在考核前递交缓考申请者，应及时通知导师并报告所在学院研究生教学秘书，经同意后可不参加考核，但须在事后3日内及时携带相关证明一并补办缓考手续。所在学院应及时将缓考名单通知任课教师。缓考考试随下一学年度该课程考试一同进行。

研究生无故不参加考核被视为旷考，成绩以零分记载。

**第十三条** 研究生严重违反考核纪律或者作弊的，该课程考核成绩记为零分，并由学校视其违纪或者作弊情节，根据《北京工业大学学生违纪处分条例》，给予批评教育和相应的纪律处分。给予警告、严重警告、记过及留校察看处分的，经教育表现较好，对该课程可给予重修机会。

**第十四条** 研究生未经批准而不能按时参加研究生培养计划规定的活动，给予批评教育，情节严重的参照《北京工业大学学生违纪处分条例》给予相应的纪律处分。

**第十五条** 研究生思想品德的考核、鉴定，以《高等学校学生行为准则》为主要依据，采取个人小结，师生民主评议等形式进行。

## 第四章 转专业和转学

**第十六条** 研究生入学后，原则上不能转专业。特殊情况下，学校根据社会对人才需求情况的发展变化，经本人申请，导师、所在学院主管院长同意，可按北京市教育委员会和学校的规定申请调整专业。

**第十七条** 研究生入学后，一般应在本校完成学业。如患病或确有某种特殊困难，无法继续在本校学习确需转学的，特殊情况下，可申请转学。经两校同意，报北京市教育委员会办理转学认可手续。对跨省转学者须由转出地和转入地省级教育行政部门认可后办理转学手续。因病转学者，须附学校指定的二级甲等及以上医院诊断证明。转学（出）者的户口必须转出我校。

**第十八条** 研究生有下列情形之一，不得转学：

（一）入学未满一学期的；

（二）招生时确定为定向、委托培养的；

（三）应予退学的；

（四）其他无正当理由的。

## 第五章 休学、保留学籍与复学

**第十九条** 研究生在学校规定的修业年限内，可分阶段完成学业。研究生申请休学或学校认为须休学者，经导师、所在学院同意，由学校批准，可以休学，学校为其保留学籍。

因病申请休学者，依据学校指定的二级甲等及以上医院的诊断证明，经导师、所在学院同意，报研究生部审核批准后，可以休学。

研究生在校期间自费出国留学，可以办理休学手续，经导师、所在学院同意，学校批准后，可在休学期内为其保留学籍。

**第二十条** 休学以一个学期为时间单位，期满后仍不能复学的，可继续申请休学，但累计不得超过一学年。申请休学的学生应当在前一学期期末或开学后一个月内提出休学申请。

**第二十一条** 研究生应征参加中国人民解放军（含中国人民武装警察部队）的，可保留学籍至退役后一年。复学前，应事先向学校提出申请。

**第二十二条** 休学学生须办理休学手续离校。学生休学期间，不享受在校学习学生的待遇，不得参加学校组织的各种教育教学活动。休学学生的户口不变更。休学期间患病，其医疗费用的报销按学校有关规定处理。休学或保留学籍的学生（不含因参军而保留学籍者），应当在每学年第一学期按学校规定的时间缴纳相关费用。

**第二十三条** 学生休学或保留学籍期满，拟复学的学生应在复学学期的开学前向学校提出复学申请，办理复学手续，经学校复查合格并批准后，方可复学。因病休学的学生复学，应持有学校指定的二级甲等及以上医疗单位的身体康复证明。

## 第六章 退 学

**第二十四条** 研究生有下列情况之一者，应予退学：

（一）学业成绩未达到学校要求或在学校规定年限内（含休学）未完成学业的；

（二）休学或保留学籍期满，在学校规定期限内未提出复学申请或者申请复学经复查不合格的；

（三）经学校指定医院诊断，患有疾病或者意外伤残无法继续在校学习的；

（四）未请假离校连续两周未参加学校规定的教学活动的；

（五）超过学校规定期限未注册而又无正当事由的；

（六）本人申请退学的。

**第二十五条** 对研究生的退学处理，由校长会议研究决定。

对退学的研究生，由学校出具退学决定书并送交本人，无法送达本人的在校内公告，同时报北京市教育委员会备案。

**第二十六条** 退学的研究生按已有毕业学历和就业政策可以就业的，由学校报北京市教育委员会毕业生就业部门办理相关手续；在学校规定期限内没有聘用单位的，档案、户口退回其家庭户籍所在地。

**第二十七条** 取消学籍或退学的研究生均不得申请复学。

**第二十八条** 研究生对退学处理有异议的，参照《北京工业大学学生校内申诉制度管理规定》办理。

## 第七章 毕业、结业与肄业

**第二十九条** 北京工业大学硕士研究生的学习年限一般为三学年（个别学科二点五学年），全日制硕士研究生最长修业年限（含休学）为四学年，非全日制硕士研究生最长修业年限（含休学）为五学年。博士研究生的学习年限一般为四学年，全日制博士研究生最长修业年限（含休学）为五学年，非全日制博士研究生最长修业年限（含休学）为七学年。研究生在规定的最长修业年限内不能毕业者，按肄业或结业处理。

**第三十条** 学校允许优秀研究生在达到毕业要求时申请提前毕业，也允许因客观原因不能在规定学习年限内（硕士生：三学年；博士生：四学年）完成论文者，申请延期毕业，但最长修业年限不得超过本章第二十九条规定。

**第三十一条** 申请提前毕业的研究生需由本人提出申请，填写《研究生提前答辩审批表》，硕士研究生经导师同意，报所在学院批准后，方可进入论文答辩程序。博士研究生经导师及所在学院同意，报研究生部批准后，方可进入论文答辩程序。

**第三十二条** 申请延期毕业的研究生需由本人提出申请，填写《研究生延期毕业审批表》，经导师及所在学院同意后，报研究生部批准。

研究生部受理提前或延期毕业申请的时间为每年三月和九月。

**第三十三条** 研究生在延长修业年限期间按以下规定执行：

（一）研究生应当遵守学校的各项规章制度，参加学校规定的教育教学活动；

（二）延长修业年限期满仍未达到毕业要求的研究生，须主动向学校申请结业或肄业，逾期按自动退学处理；

（三）延长修业年限内是否享受在校学习学生待遇，按学校相关规定执行。

**第三十四条** 在学校规定的修业年限内，修完研究生培养计划规定的内容，成绩合格，完成毕业论文并通过答辩，德、智、体达到毕业要求，准予毕业，发给毕业证书。

**第三十五条** 在学校规定的修业年限内，修完研究生培养计划规定的内容，成绩合格，且完成毕业论文但未通过答辩而未能达到毕业要求的或研究生本人申请结业的，准予结业，发给结业证书。对于已办理结业的研究生不再举行毕业论文答辩，不换发毕业证书。

**第三十六条** 对获得毕业证书且符合硕士（或博士）学位授予条件者，学校授予其相应的学位并发给学位证书。

**第三十七条** 对学满一学年以上退学的学生，学校颁发肄业证书。

**第三十八条** 学校严格按照招生时确定的办学类型和学习形式，填写、颁发学历证书、学位证书。

**第三十九条** 学校执行高等教育学历证书电子注册管理制度，每年将颁发的毕（结）业证书信息报北京市教育委员会注册，并由北京市教育委员会报教育部备案。

**第四十条** 对违反国家招生规定入学者，不颁发学历证书、学位证书；对已发的学历证书、学位证书，学校予以追回并报北京市教育委员会宣布证书无效。

**第四十一条** 毕业、结业、肄业证书和学位证书遗失或损坏，经研究生本人申请，学校核实后可出具相应的证明书。证明书与原证书具有同等效力。

### 第八章 附 则

**第四十二条** 本规定中“所在学院”包含学校其他院级研究生培养单位。

**第四十三条** 本规定经校长办公会讨论通过，并报北京市教育委员会备案。

**第四十四条** 本规定自2009年9月起施行。原《北京工业大学研究生学籍管理规定》（工大发〔2005〕25号颁布文件之一）同时废止。学校其他有关文件规定与本规定不一致的，以本规定为准。

**第四十五条** 本规定由北京工业大学研究生部负责解释。

2009年9月16日

## 北京工业大学服务北京行动计划（2009-2012年）

**工大发〔2009〕20号**

北京工业大学是国家“211工程”重点建设的北京市属重点大学，是以工科为主，理、工、经、管、文、法、艺术相结合的多科性大学。经过“211工程”建设，学校在学科建设、人才培养、科学研究、办学实力等方面实现了跨越式发展，尤其是在服务北京经济社会发展发面具有较健全的学科专业体系，一批重点学科优势突出、特色鲜明，人才资源和科研资源丰富。学校始终把服务地方、满足首都建设需要作为重要任务，坚持立足北京、服务北京、融入北京的办学定位指导思想，培养了大量高素质优秀人才，为北京市的经济建设和社会发展做出了重要贡献。

通过深入学习实践科学发展观活动，学校针对北京市经济社会发展新的实际需求，提出《北京工业大学服务北京行动计划（2009-2012年）》，力求发挥学科和人才优势，整合办学资源，多形式、有系统地深度参与北京市经济、社会、文化建设的重点领域和行业，切实为人文北京、科技北京、绿色北京的建设做出更大贡献。

**一、编制依据**

（一）编制背景

首都北京是国家的政治文化中心，是世界著名古都和现代化、国际化城市，建设宜居城市和创建首善之区是北京市建设的主要目标。目前，北京地区即将在全国率先基本实现教育现代化，已经进入了建设资源节约型和环境友好型社会阶段，后工业化进程明显加快。首都经济社会的发展提出了进一步提高自主创新能力、转变经济发展方式、优化产业结构、提高城市建设和管理水平等方面的需求，为此特编制此行动方案。主要编制依据为：

《北京市国民经济和社会发展第十一个五年计划发展纲要》；

《北京市“十一五”时期教育发展规划》；

《北京市中长期科学和技术发展规划纲要（2008-2020年）》；

《北京城市总体规划（2004-2020年）》；

《“科技北京”行动计划（2009-2012年）》；

《北京市“十二五”规划前期研究公开选聘课

题》；

《北京工业大学“十一五”事业发展规划》。

（二）指导思想

深入贯彻落实科学发展观，以北京市经济社会发展走向、战略关键点和重大需求为导向，解放思想，改革创新，突出北工大“立足北京，融入北京，辐射全国，面向世界”的办学定位和优势，找准服务北京的层面、方位和空间，整合力量和资源，更加直接地面向北京市经济社会发展的重点领域和行业，加强针对性强、面向实际的人才培养、科学研究及成果转化，为发展北京现代产业，建设和谐的首善之区提供科技支撑和智力支持。

（三）行动目标

形成有效的密切联系北京市经济社会发展的人才培养模式，建立“产学研用”结合的科技创新平台，使优势和特色学科融入北京市的重点领域和行业，为经济建设和社会发展提供成果支持，产生一批具有重要影响的服务地方经济社会发展的标志性成果。推动我校有特色高水平大学的建设，使北工大真正成为北京市科技创新、人才培养、决策咨询、文化传播的重要基地，成为促进北京经济社会发展的一支不可或缺的重要力量。

**二、结合“211工程”三期重点学科建设项目和创新工程项目，整合优势科技资源，建设服务北京的十大科技创新平台，服务北京支柱产业和重点领域**

争取在政府的支持下，通过与北京市政府部门、重点领域和行业的支柱企业共建科技创新服务平台，建立长期合作研发、技术交流等机制，推动以大学为依托的“产学研用”合作创新体系的形成和完善，鼓励教师深入企业和社会生产一线，以科技创新提高城市建设水平，以高新技术提升企业研发能力、技术、人力和产品水平，提高北京市产业发展的核心竞争力。

（一）建设环境环保技术平台，服务北京宜居城市建设

整合我校在水环境恢复、城市给水和污水处理、大气污染形成与监测等领域的特色和优势资源，为首都循环水务建设提供强有力的科技支撑和工程示范，为持续改善首都空气质量和水环境服务。

主责单位：环能学院

相关单位：建工学院、材料学院

工作内容：面向解决北京市水资源可持续利用的重大科技问题、北京和周边地区大气污染物形成、转化与迁移规律、防治开展研究，研发城市污染无害化处理和资源利用技术与装备等环保技术，健全水资源合理开发和可持续利用的支撑保障体系。

融入领域：北京市水务局、环保局，北京农村污水处理创新服务联盟及北京市相关骨干企业，北京市自来水集团、北京市排水集团和各区县相关部门。

（二）建设交通工程技术平台，服务北京交通发展

结合首都交通建设发展，整合我校交通、土建、自动控制等学科优势，重点做好北京市智能交通系统规划与研究、城市轨道交通规划设计与管理、交通对北京市建设的影响评价理论方法、北京市交通建设中有关岩土与地下工程、道桥等方面的技术服务。

主责单位：建工学院

相关单位：电控学院

工作内容：从区域交通规划、城市道路状态监控与评价、智能化交通管理服务、公共交通运行保障与优化、道路新材料利用等方面开展关键技术突破和系统研发，提高北京市交通系统的多层次服务功能。建立城市交通管理控制应用示范工程，依托示范工程建立校企合作科研基地和实习、实训基地。

融入领域：北京市交通委、北京市规划委、北京市交管局、交通信息中心等。

（三）建设急需的新材料制备与加工平台，服务北京资源节约型和环境友好型社会建设

发挥材料科学与工程重点学科的优势，加强科研成果转化，加深与企业的合作，促进北京市新材料行业、现代制造业、建筑业、环境保护行业的发展。

主责单位：材料学院

相关单位：环能学院、循环经济院

工作内容：开展区域材料物质流环境分析、环境电磁波污染评价及防护研究；绿色建材与建筑节能材料、废弃物再生资源及无害化处理等研究；新型太阳能光电薄膜、二次电池电极材料；针对首都先进制造业中提出的材料加工新技术与新材料，开发高性能、低成本且环境友好的关键材料，以及相应的清洁生产新技术。

融入领域：北京市建委，北京市水泥厂、北京钨钼材料厂、北京安华联合能源科技有效责任公司、北京城建地铁地基市政工程有限公司、中经凯奇技术开发有限公司、金太阳药芯焊丝有限公司等。

（四）建设先进节能与可再生能源技术平台，服务绿色北京建设

构建适合北京发展循环经济的评价指标体系和可持续发展能力模型，深化北京市资源再生产业发展战略与支撑技术研究，服务新能源产业发展，提高首都生态环境质量和可持续发展能力。

主责单位：环能学院

相关单位：循环经济院、材料学院

工作内容：开展可再生能源利用与建筑节能、先进新型高效能量系统的研发、新一代强化传热技术及其应用、加强资源回收与再生利用体系建设、节能减排检测体系和技术服务体系等方面的研究，在新能源技术应用和产业化发展（如太阳能）、建筑节能和建材节能技术、单螺杆相关技术、高温烟气余热利用技术、内燃机和电动汽车等方向取得重大应用进展。构建适合北京发展循环经济的评价指标体系和可持续发展能力模型。

融入领域：北京市发改委、北京市建委等，北京节能环保服务中心，相关企业。

（五）建设城乡一体化规划建设研究平台，服务北京新农村建设

以城市与村镇的规划设计、社会工作为主要研究方向，为北京市级、区县级、乡镇级等各类村庄编制建设规划，为社会主义新农村建设提供制度设计和咨询服务，指导村庄未来的经济发展，改善村庄的市政和公共服务设施水平。

主责单位：人文学院

相关单位：建规学院

工作内容：北京郊区人口结构与分布预测研究；北京郊区城市化与镇村体系研究；北京郊区农村产业发展战略研究；北京郊区古村落的保护与文化产业开发；北京郊区乡村旅游发展规划；北京农村社区信息系统建设；北京农村社区领袖培养课程体系建设与实施；北京农村养老问题与对策研究、北京农村医疗卫生服务体系建设研究，北京市城乡一体化政策及实施的社会评估。在北京郊区建成一个村级实验基地、一个乡镇级示范基地；创造一个符合北京实际情况的新农村建设模式。

融入领域：北京市社会工作委员会，北京市发改委，北京市建委，北京市市政建设单位等。

（六）建设城建抗震防灾减灾研究平台，服务北京城市建设

发挥城市安全与大型工程防灾减灾重点学科的优势和特色，结合北京城市建设发展的关键问题，开展各种重大工程、高层及大跨空间结构、大型立交桥和隧道工程、城市综合防灾减灾等研究。

主责单位：建工学院

相关单位：建规学院

工作内容：以大型工程结构与城市安全防灾减灾科学问题为主攻目标，在工程结构抗震、结构隔震与耗能减震、城市地下空间综合防灾减灾、结构健康监测等研究方面取得一批具有原创性和自主知识产权的高水平成果。

融入领域：北京市发改委、北京市科委、北京市建委等，北京市重要建筑工程，相关企业。

（七）建设信息化技术平台，服务数字化北京建设

依托我校在信息化领域的学科特色和优势，在电子服务、信息产业发展、信息化人才培养等领域建立新型的产学研体系，开展信息化技术创新活动。

主责单位：计算机学院

相关单位：软件学院、电控学院

工作内容：在北京数字化战略规划方面为政府提供咨询服务，提供电子政务与商务、信息安全等方面的关键技术和示范试点服务。继续深化可信计算技术的研究与产业化，在主持起草《GB 18240.7 税控收款机第七部分：商业自动化管理》征求意见稿和主持 GB 18240.7 样机系统研发的基础上，将 GB 18240.7 税控改造的科研成果有效地进行产品化和产业化转化。基于嵌入式技术的工业与信息化的融合，基于 FPGA 技术的汽车电子应用研究。

融入领域：北京市信息化工作办公室、北京市发改委、北京市经济和信息化委员会、北京市科委等政府部门、区政府相关部门，北京市密码管理局、商贸局，可信计算标准、可信计算联盟（43 家企业单位），信息化企业和公司（如首信、联想、神州数码、方正、中软华泰、中软、朝批、IBM、Intel、微软等）。

（八）建设先进制造学科群平台，服务北京装备制造业

建设一个以先进制造为纽带，由机械工程、光学工程/光学、控制科学与工程、材料科学与工程、力学、仪器科学与技术等学科组成的，相互交叉、融合的学科群。在数字制造、光制造、微电子封装技术等领域为企业提供技术创新和升级改造。

主责单位：机电学院

相关单位：激光研究院、材料学院

工作内容：建立高档数控机床与基础制造的技术产业链，实现开发装备的工程化产品，为我国高档数控机床与基础制造提供技术支撑。实现激光熔覆强化、修复等激光技术在钢铁冶金行业的产业化；进行钛合金产品激光焊接生产的技术改造；提升高强度铝合金及不锈钢产品的焊接质量；为汽车制造业提供超高强钢热冲压及点焊连接等新技术、关键部位激光焊接切割生产技术改造。

融入领域：北京第一机床厂、北京市机床研究所及北京市数控联盟，首都钢铁公司，北京蓝星（北京）化工集团公司，北京航天企业和研究所，北京汽车制造业（福田、吉普）等。

（九）建设电子信息技术平台，服务北京电子信

息产业

深入研究通信、电子电路、光电子器件技术和嵌入式系统应用技术，支持北京市优先支持的汽车电子、消费电子和通讯产业的发展。

主责单位：电控学院

相关单位：软件学院、计算机学院

工作内容：围绕深入推广嵌入式系统技术与应用，提升集成电路整体发展水平，培育软件与信息服务业，加强信息安全设施建设的重点工作，创建可持续发展的电子信息创新平台。在通信信号处理、视频信号处理、移动通信技术、视频信源/信道联合编码技术等方面开展研究；高亮度红光 LED 及其可靠性和批量生产技术。

融入领域：北京市经济和信息化委员会、北京市科委、北京市信息化工作办公室，中国联通北京市分公司等。

（十）建设文化创意产业技术平台，服务北京市文化创意产业

依托我校多学科交叉优势，发挥特色，在多媒体虚拟舞台技术、可视媒体处理关键技术、数字化艺术创作平台等方面，突破技术难题，形成统一的技术、创意和服务平台。面向企业在机械、汽车、消费电子等方面进行工业设计，服务北京的“设计创新提升计划”。

主责单位：艺术设计学院

相关单位：人文学院、建规学院、软件学院、计算机学院

工作内容：以工业设计为龙头，带动传统工艺美术（包括漆艺、金属工艺、陶艺等）的振兴和发展。北京旅游商品、纪念品设计开发，北京市绿色环保公共设施艺术设计，北京市博物馆交互展示设计与开发，北京市朝阳区人工生态系统景观艺术设计。围绕朝阳区文化创意产业和 CBD 发展的需求，大力参与以动漫游戏为代表的文化创意产业链建设。开展石景山区产业转型与工业文化遗产利用研究；老北京非物质文化遗产数字媒体综合数据库开发研究；《东周列国志》动漫艺术产品开发。

融入领域：北京市委宣传部、北京市发改委、北京市科委、北京市旅游局，北京工业设计促进中心，北京联想集团、北京亚都科技股份有限公司、北京天图建筑装饰有限公司、北京城建集团建筑设计院、北京住总集团、北京立方创新产品设计有限公司、北京天和丰展览公司等企业。

（十一）建设新医药研发平台，服务北京生物医药产业

主要开展新型抗肿瘤化合物的合成与药理活性研究，提升生物医药产业自主创新能力和国际竞争力。

主责单位：生命学院

工作内容：以抑制肿瘤 P-gp 表达的抗肿瘤药物研发为起点，进行抗肿瘤药物的结构设计、化学合成或修饰以及药理活性的研究；以肺鳞癌为研究对象，进行新型肿瘤药物靶点筛选方法的研究；microRNA 调节干细胞分化的分子机制；以环境因素致癌和病原体感染致癌为切入点，揭示癌症发生、发展的机理，研制预防和治疗癌症的药物及疫苗。针对重大疾病的预防与治疗特点和大众医疗及社区医疗的发展趋势，研究新型、便携式、远程网络式医学诊断和治疗仪器设备。

融入领域：相关医药企业。

**三、加强跨学科交叉融合，开展面向北京市经济社会建设重大现实问题的战略综合研究，构建高水平决策咨询服务基地，推动地方经济社会和文化建设**

组织校内理、工、经济、管理、人文社会科学等跨学科队伍，开展面向地方经济、社会、文化发展等重大现实问题的战略综合研究，为地方发展战略、政府管理、企业决策、文化挖掘与传播提供前瞻性研究和咨询，发挥大学思想库和智囊的作用。

（一）加强行业发展战略研究，创新思路，服务决策，为推动首都经济社会发展提供政策咨询

主责单位：经管学院

工作内容：依托北京经济社会发展研究院、北京现代制造业发展研究基地、中国经济转型研究中心等研究实体，开展北京经济形势分析与预测，北京现代制造业与相关产业布局及发展战略研究，重大事件对北京和社会影响的定量分析及其控制对策等。加强对北京市产业结构调整、现代服务业和新兴产业、区域经济增长机制分析模型、区域产业结构协调度评价模型，与北京市相关政府部门建立稳固合作关系，为北京市政府及相关主管部门提供关于北京市发展的相关数据调研、政策研究分析报告及政策建议，为北京市政府的经济和社会发展的决策提供智力支持。

（二）建设北京工业大学社会建设研究院和新农村建设研究中心，服务北京首善之区、和谐社会建设

主责单位：人文学院

工作内容：继续做好“科技北京”课题研究以及社会管理信息平台建设，围绕科技事业建设、公共服务建设、社区建设、社会组织建设、社会运行体系建设、社会领域的党建、舆情民意、流动人口等重大课题进行研究，深化与拓展学科建设、人才培养和学术交流，加强服务首都社会建设实际需求、

实时提供相关决策咨询和支持的能力。

**四、深化队伍建设和人才培养机制改革，优化学科专业设置，创新人才培养模式，培养急需的高素质人才，为北京市经济社会发展提供人才支撑**

（一）启动服务北京优秀团队建设项目，安排专项资金支持，首批资助46个团队，鼓励与北京市经济社会发展需求深度结合的科研团队。对于服务北京的重点人物，将安排科技创新平台专款重点支持服务北京的20个科研方向

在校外与企业合作挂牌建设100个北工大服务北京的校外学科产学研基地，每个学院负责约5—10个。制定鼓励政策，选派教师进入企业挂职锻炼，学习企业生产实践，以解决企业生产技术难题、提高生产效率的相关研究项目为载体，提高中青年教师的工程背景和工程实践能力。

（二）学科专业设置以服务北京市社会发展、经济建设和产业结构发展为指向，以特色学科专业为龙头，拓宽学科专业适应性，增设服务北京的新专业

结合首都积极发展高端、高效、高辐射力产业的战略部署，加快学科专业结构的调整优化步伐，发挥工科优势，重点建设现代制造、电子信息技术、新材料、城市建设与管理、首都经济、文化发展、新医药等北京市急需学科和专业。减少社会需求和办学条件明显不足的专业，创造条件设置新兴学科、边缘学科、交叉学科、应用学科及其相关专业，加强我校重点学科、品牌专业、特色专业建设，发挥示范、辐射和带动作用，实现学校专业结构与地方经济结构的有机对接。

（三）深化培养机制改革，调整人才培养类型，积极探索应用型创新人才培养模式，突出地方理工科高校人才培养特色

以服务北京发展的要求，进一步深化人才培养体系改革，调整培养计划、课程设置、实践环节和毕业设计（论文）。以“创新工程”建设和“质量工程”建设为抓手，进行课程体系、内容与教学方法的改革；进一步加强实践教学的力度，通过创新实践基地、实验教学示范中心的建设带动实践教学体系的不断完善。

（四）加大产学研合作人才培养模式改革力度，实现学校与企业的共赢

整合多种优质社会资源，力求多种形式的产学研相结合，加快建设研究生创新实践基地和北京市产学研联合培养研究生基地，实现企业对学生的直接培养作用，提升学生就业和创业能力。

校企合作，优势互补，建设一支素质高、实践能力强的师资队伍，使培养计划、教学内容及方法更加贴近实际生产过程，充分发挥双导师培养专业学位研究生的优势，为创新人才培养提供智力支持；通过校外的学科实训基地和校内的研究生工程实训平台，以校企合作的方式为学生提供实习实践的企业环境，以参与企业生产和项目研发的形式直接服务于地方经济，同时提升学生的综合素质和能力水平。鼓励学生自主创业，为学生打通由研发实验向自主创业的发展途径。

（五）增强服务北京经济社会发展需要的人才培养力度，提供多种形式的教育服务

围绕行业领域高层次人才需求，面向北京市党政机关、大型企事业单位，通过在职研究生教育、专业学位、课程进修、短期培训等多种方式，为政府及行业培养、培训工作人员、管理骨干和高层次人才。加强继续教育和社会培训，服务北京构建终身教育体系、建设学习型城市的需求。

积极申报，拓展专业学位类型，大力推动已有专业学位类型与北京生产、建设和服务等行业的横向合作，大力拓展非全日制工程硕士、MBA办学、探索全日制硕士专业学位研究生培养模式，建立与北京市党政机关及各大企事业单位的长效沟通机制，及时了解社会委托培养单位与在职人员对人才培养的需求，多渠道拓展专业学位优质生源。鼓励工程硕士领域申请国内外资质认证合作项目，为北京市培养输送质量好、实践能力强、资质水平高的工程技术和管理干部人才。

**五、加强合作，建立机制，带动市属市管高校主动多方位服务首都经济社会建设**

目前，北京市共有普通高等学校80多所，其中市属普通高校46所（含民办高校），占到北京市普通高校的一半以上。北京工业大学作为国家“211工程”重点建设的大学，在北京市的高等教育和经济社会发展中具有特殊的地位和作用。充分利用中国高等教育学会地方大学教育研究分会会长单位等公共平台，发挥市属市管高校排头兵的示范、带动和辐射作用，加强与其他市属市管高校的联系和合作，按照学科专业相近和互补原则，探索建设服务北京的校际科技服务大平台，资源共享，提高效益，共同适应首都经济社会发展的需要，与区域经济良性互动，多方位服务首都社会经济建设。在服务的过程中，进一步提高高校办学水平和服务地方经济社会发展能力，推动首都高等教育改革发展。

**六、以高水平和国际化为方向，服务提升北京城市国际化实力**

充分发挥我校办学水平和学科优势，积极推进与国内外知名大学的实质性科技合作和联合办学，引进和利用已建立校际合作关系的国外优质教育资

源、先进的办学理念，既培养具有全球眼光和国际竞争力的高素质人才，满足北京市经济社会发展对国际化的需求，服务人文北京建设和北京“国际城市”建设，又努力吸引国际投资，联合研究为企业和产业发展战略提供咨询服务，直接推动科研成果产业化。

注重确立国际意识，主动融入高等教育国际化潮流，开放办学资源，为首都重大国际交流活动和北京的国际交流合作工作提供外事与接待服务，为培养世界各地，特别是发展中国家的高端人才服务。大力引进国外智力资源，继续做好外国留学生的招收与培养以及孔子学院的建设等方面的工作，大力推进学校国际化发展进程。

**七、开展大学生志愿服务工作，充分发挥青年学生在首善之区建设过程中的作用**

贯彻和推广“奉献、友爱、互助、进步”的志愿者精神，引导学生立足校园、服务北京、奉献社会，形成“人人争当志愿者”的良好氛围。逐步建立我校社会实践与志愿服务辅导体系，制定我校志愿服务长效机制，编写我校志愿者管理办法。组织和指导全校青年志愿服务活动，为首都提供环境保护、社区服务、大型赛事服务、社会公益服务等志愿服务，具体通过开展搭建区校人才共建平台，继续与朝阳区联合开展“博士生进朝阳”活动；依托北京市社会工作委员会和我校社会建设研究院，搭建社区志愿服务平台，与学校周边社区建立共建单位，为学生创造良好、充分的志愿服务环境，提供学生社会实践平台；搭建周边地区调研平台，充分发挥我校专业优势，结合我校学生特点，广泛组织学生假期赴周边地区进行相关调研工作。

**八、组建北京市科普基地，为提升北京市民的科学素质服务**

依托我校的各重点实验室和研究机构，与北京市相关委办局合作，整体设计打造北京市东南部科普基地，传播科学知识、科学方法、科学思想和科学精神。在电子信息、机械、材料、交通、环保、建筑、抗震、生命、食品安全等方面，结合学校的特色学科和优势学科统一规划建设科普内容、科普形式，培训科普人员，每年进行大型科普推广和宣传活动，并日常开放接待市民科普学习。促进北京全市人民的科学素质的提升，建设北京市东南部的科普基地。

**九、组织实施与政策保障**

大力加强组织协调，破除障碍，释放办学活力和激发创新潜力，落实相关部门及人员责任，加大经费投入，制定相关激励措施，建立健全保障机制，确保行动计划落到实处。

（一）加强组织领导

落实北京工业大学服务北京的组织机构，负责校内外综合协调工作。行动计划纳入学校“十二五”事业发展规划，做好顶层和布局性设计。同时，对行动计划进行细化分解，制定严密的年度计划和各单项工作计划，有步骤、分阶段地落实各项任务。把各项工作任务落实到相关部门和个人，各司其职，确保行动计划转化为实际行动。

（二）建立联动机制

建立与北京市政府有关机构、大型企业的定期磋商机制，定期沟通北京市经济社会发展重大情况和北京工业大学服务北京行动计划实施情况，协商解决存在的问题。建立以需求为导向、“产学研用”结合的科技服务制度。

（三）制订保障措施

制定相应办法，创新管理体制和运行机制，提供人才和制度保障，确保北京工业大学服务北京行动计划的顺利实施。设立专项基金，支持服务北京的科研成果转化。在北京工业大学完善校院两级管理体制改革中实行目标管理，全面落实各项目的启动、中期检查与评估，把实施服务北京行动计划的完成情况作为对二级单位及相关人员的业绩评价和奖惩的重要指标，确保该计划的组织实施。学校根据计划的具体工作落实所需，采取配套措施，在场地、资金等硬件条件上优先保证行动计划的需要，确保计划的有力实施。

2009 年 11 月 25 日

## 北京工业大学引进优秀人才实施办法
### 工大发〔2009〕22 号

### 第一章 总 则

**第一条** 为建设一支高水平的师资队伍，吸引海内外高层次人才和极具发展潜力的青年人才，以进一步带动学科建设和人才培养，结合国家“海外高层次人才引进计划”、“长江学者奖励计划”、“北京海外人才聚集工程”、“北京市人才强教计划”和《北京工业大学“十一五”师资队伍建设规划》，特制定本办法。

**第二条** 人才引进以“科学规划、按需引进，保证重点、统筹兼顾，注重学术、德才并重”为原则。

**第三条** 人才引进实行公开招聘，公平竞争，择优聘任，目标考核，合同管理。

**第四条** 人事处负责人才引进工作的具体组织

和实施。

## 第二章 引进对象

**第五条** 基本条件

（一）身心健康，治学严谨，具有合作精神。

（二）研究领域处于国际学术前沿，且符合我校学科建设和发展的需求。

（三）获得博士学位、具有扎实的学术功底和较大的发展潜力。

**第六条** 层次和范围

（一）第一层次：中国科学院院士、中国工程院院士；海外高水平大学的终身教授。

（二）第二层次：年龄一般不超过45周岁（长江学者、国家杰出青年科学基金获得者和学科建设急需者年龄可适当放宽），且满足下列条件之一者：

1. 教育部长江学者特聘教授、讲座教授；

2. 国家杰出青年科学基金获得者；

3. 国家自然科学基金重大项目负责人或“973”项目首席科学家；

4. 任海外高水平大学（或一流学科）助理教授（业绩突出者）及以上职务的学者；

5. 其他相当或接近长江学者特聘教授学术水平的学者。

（三）第三层次：年龄一般不超过40周岁，且满足下列条件之一者：

1. 在海外知名学术机构从事教学、科研工作3年以上，且业绩显著的优秀海外留学人员；

2. 在国内高水平大学从事教学、科研工作；在该领域内取得了重要的研究成果和公认的学术地位，具有教授或研究员任职经历。

（四）第四层次：在国外一流大学获得博士学位，本人的学术方向为学校学科建设所急需，年龄不超过35周岁。

## 第三章 引进方式

**第七条** 全职引进：全职引进人才需要调入人事档案关系，全职引进的海外高水平大学教授或两院院士须每年在校工作9个月以上，特殊情况可以放宽到6个月。

**第八条** 合约教授：以合约的方式来校兼职。不能采取全职引进方式的第一、二层次人员可以“合约教授”的方式引进，每年须在校工作2个月以上。

## 第四章 引进待遇

**第九条** 第一、二层次全职引进人才待遇

（一）学校按规定标准支付岗位津贴。

（二）按北京市“人才强教计划”要求申报相应层次经费支持。

（三）根据本人需要，由所在学院配备1－2名研究助手。

**第十条** 第一、二层次合约教授待遇

（一）学校按到校实际工作时间，按月支付岗位津贴。

（二）根据本人需要，由所在学院（系、所）配备1－2名研究助手。

（三）在校期间，提供临时住房。每年报销一次往返国际国内差旅费。

**第十一条** 第三、四层次引进人才待遇

（一）由所在学院在本人研究领域所属学科平台内，协调安排可供使用的实验室。

（二）按“人才强教计划”申报科研启动费，主要用于开展科学研究，一次核定，分年度划拨。

（三）对已取得重要研究成果且符合学校规定的，聘为副教授、教授或研究生指导教师。

（四）提供周转房，或安家费（不超过六年）。

（五）协助解决配偶工作及子女入学。

## 第五章 引进程序

**第十二条** 各学院（部、所）根据学科建设需要和相关规定，提出设岗申请及人才引进计划，上报人事处，经初审同意并报学校人才队伍建设领导小组审批后，面向国内外公开招聘。各学院（部、所）要积极物色人选，建立本学科“高层次人才数据库”，与海内外高层次人才建立起长期联系，并跟踪其发展状态。

**第十三条** 由拟引进人才本人提出申请，并附反映本人学历、经历、业绩的基本材料。用人单位对应聘者的学术水平及其成果、聘期目标任务进行初步审查同意后报人事处。

**第十四条** 人事处组织专家组对人选情况进行综合评估，提出评估意见，与本人就双方的权利、义务及聘期目标任务等协商一致后草拟聘任合同及目标责任书，一并报学校人才队伍建设领导小组审定。

**第十五条** 学校人才队伍建设领导小组审议并通过引进人才的最终人选，经公示无异议后，由校长与之签订聘任合同及目标责任书。

**第十六条** 人事处按照要求，协调有关部门为引进人员办理相关手续。

## 第六章 考核与管理

**第十七条** 引进人才实行聘任制，聘期3年，聘期届满，合同自动解除。

**第十八条** 引进人才实行年度考核和届满评估相结合的方式。每个年度末期，由所在学院（所）进行考核，结果报人事处；在聘期届满后一个月内，按照聘任合同和目标责任书的要求，人事处组织专家进行评估，结果报学校人才队伍建设工作领导小组审核。

**第十九条** 引进人才连续两个年度考核不合格者，学校解除其聘任合同，取消支持；若届满评估不合格，取消继续申报聘任资格；考核合格者，可继续聘任。

**第二十条** 聘期内，学校原则上不予批准引进人才提出的辞职、半年以上自费出国、调离学校等申请。对违反国家、学校有关法律、法规及规章制度者，学校有权解除合同。

## 第七章 附 则

**第二十一条** 本办法由人事处负责解释。

**第二十二条** 本办法自发布之日起施行。

2009 年 11 月 5 日

# 北京工业大学教师职务聘任实施办法

**工大发〔2009〕23 号**

## 第一章 总 则

**第一条** 根据《中华人民共和国教师法》、《中华人民共和国高等教育法》和国家人事部《关于在事业单位试行人员聘用制度的意见》的精神，结合高等学校的特点和我校的实际情况，制定北京工业大学教师职务聘任实施办法。

**第二条** “高等学校教师职务”系指高等学校教师职务及自然科学研究人员、社会科学研究人员、实验技术人员职务。

## 第二章 基本原则

**第三条** 教师职务聘任坚持公开、公平、公正的原则，按需设岗、公开招聘、平等竞争、择优聘任，坚持学术标准的原则，新聘高级职务者的学术水平应高于现有高级职务者的平均水平。

**第四条** 为了提高教师队伍的教学、科研水平和综合竞争能力，对教师职务聘任采取聘约管理。

**第五条** 为了合理配置教师资源，平衡教师的综合工作量，根据岗位任务和性质，教师分为教学科研岗位、专任教学岗位、专职科研岗位和实验技术岗位四类，实行分类管理。

**第六条** 教师职务的聘任标准在执行《北京工业大学专业技术职务聘任基本条件》的基础上，学院专业技术职务聘任委员会可制定相应职务聘任的学术标准细则。

## 第三章 教师职务聘任

**第七条** 学校依据学科论证及院（部）的承担任务情况，确定院（部）教师岗位及分类数。各院（部）根据学校下达的岗位指标，结合实际情况制定相应岗位设置及聘任方案。

**第八条** 常规的教师聘任工作每年 10 月开始，当年年底前完成，对于其他时间引进人才的专业技术职务聘任，由学校专业技术职务聘任委员会定期审核批准。

**第九条** 对专业技术职务聘任，校长有个案处理权，并由学校专业技术职务聘任委员会认定。

**第十条** 除另有规定外，专业技术职务的聘期为 3 年，确认专业技术职务聘任的文件为“北京工业大学专业技术职务聘任合同”。教师专业技术职务的考核、续聘、解聘及辞聘等将另行规定。

## 第四章 聘任的组织和程序

**第十一条** 聘任教师实行行政审核和学术审核并行体制。行政审核由院（部）和学校两级构成，学术审核由院（部）教授会、学科评议组、学院（部）专业技术职务聘任委员会和学校专业技术职务聘任委员会构成。

**第十二条** 学院教授会由各单位正高职人员组成（不少于 7 人，若少于 7 人，应邀请相关学科教授参加），对申请人的综合情况按照“超过平均水平”或“未达到平均水平”作出评价；学科评议组主要由院（部）学术委员会成员等 7—9 人组成，根据教授会的评价意见和岗位聘任条件，对申请人员进行学术评议，提出推荐聘任人选；学院专业技术职务聘任委员会，由学院（部）学术委员会主任、学院（部）院长（常务副院长）、学院（部）书记和主管教学和科研的副院长等 5 人组成，负责聘任工作的实施和协调，根据学科评议组意见，作出副高职以下人员的聘任决定；学校专业技术职务聘任委员会全面负责聘任工作并作出正高职聘任的决定。参加以上会议的人数超过规定人数的 2/3 方可召开。

**第十三条** 正高级职务的聘任，由学院聘任委员会在学校规定岗位数内，提出岗位名称和应聘条件向社会公开招聘。申请正高级职务者，需提交个人学术简历和代表作。学院专业技术职务聘任委员会将同一职位的所有申请者的申请材料予以公示，同时送 3 位校外同行专家评审，需至少获得 2 位专家赞成。院负责人或本学科专家对申请者面试后，经本院（部）教授会议评议半数以上同意，学科评议组对申请者进行答辩讨论，经无记名投票 2/3 以上同意，由学院专业技术职务聘任委员会决定拟聘人选，由学校专业技术职务聘任委员会表决 2/3 以上同意通过，全校公示后，无异议，报校长办公会核准，被推荐者即可获得聘任。

**第十四条** 在学校核定岗位数内，受学校委托，学院聘任委员会根据学校规定的任职条件，提出岗位要求和应聘条件向社会公开招聘，按照以下程序，决定副高、中级与初级的聘任：

（一）申请副高职务者，需提交个人学术简历和代表作。院（部）专业技术职务聘任委员会将同一职位的所有申请者材料予以公示，同时送 3 位校外同行专家评审，需至少获得 2 位专家赞成。院负责人或本学科专家对申请者面试以后，经本院全体教授会议半数以上同意，学科评议组无记名投票 2/3 以上同意后，由学院专业技术职务聘任委员会决定聘任人选并报请学校专业技术职务聘任委员会审核，全校公示后，无异议，即可获得聘任。

（二）申请中级和初级职务者，需提交个人学术简历、代表作和学历证明文件，以及两位同行学者的推荐函。院负责人或本学科专家对申请者面试以后，经院（部）全体教授会议半数以上同意，学科评议组无记名投票 2/3 以上同意后，由学院专业技术职务聘任委员会决定聘任人选，报学校人事处备案，即可获得聘任。

**第十五条** 对于引进人才的专业技术职务聘任，不能在常规教师聘任期间聘任的，由学院按照相应的聘任程序，提出聘任申请，经人事处审查，由学校专业技术聘任委员会表决 2/3 以上同意通过后，报校长办公会核准，即可获得聘任。

**第十六条** 参加社会考试和评审的专业技术职务系列，取得资格后，需参加相应的校内聘任程序方可获得聘任。

**第十七条** 聘任人员与学校签订聘约后聘任生效，并获得聘书。

**第十八条** 学校专业技术职务聘任委员会对院专业技术职务聘任委员会权限或程序运用不当的副高、中级、初级职务聘任个案，有权要求重新审议。

## 第五章 附 则

**第十九条** 非教学科研岗位人员的各类专业技术职务岗位聘任工作程序参照本实施办法的相关规定执行。

**第二十条** 本办法由学校专业技术职务聘任委员会负责解释，在委员会闭会期间由人事处负责解释。

**第二十一条** 本办法自发布之日起施行。学校以往相关人事制度与本办法不一致的，以本办法为准。各学院（部）可依据本办法制定具体实施细则。

2009 年 11 月 5 日

# 北京工业大学研究生招生管理规定

**工大发〔2009〕33 号**

## 第一章 总 则

**第一条** 为了加强和规范研究生招生管理，保证录取研究生的质量和招生工作的顺利进行，特制定本规定。

**第二条** 招收研究生的目的是为了培养大批政治素质过硬、品德良好，具有创新精神和创新能力的高层次人才，实现建设创新型国家和人力资源强国的战略目标。

**第三条** 研究生招收坚持“公平、公正、公开”以及德智体全面衡量、择优录取、保证质量、宁缺毋滥和按需招生的原则。

**第四条** 招收研究生的学院、研究院或研究所（以下简称招生单位）及其学科、专业必须经教育部及其授权单位批准。

**第五条** 招收硕士研究生（以下简称硕士生）对象主要为应届、往届以及具有与本科毕业生同等学力的人员；招收博士研究生（以下简称博士生）对象主要为应届硕士毕业生、已获硕士学位的人员以及具有与硕士毕业生同等学力且符合我校具体要求的人员。

**第六条** 研究生入学考试分初试和复试两个阶段进行，其中硕士生招生初试有全国统一考试（以下简称统考）、联合考试（以下简称联考）、单独考试以及推荐免试（免初试）等方式，博士生招生初试主要有学校组织的公开招考、提前攻博、硕博连读等方式。

**第七条** 硕士生招生类别按经费来源分为国家计划内非定向培养、定向培养和计划外委托培养、自筹经费培养；博士生招生类别按经费来源分为国家计划内非定向培养和计划外委托培养、自筹经费培养。

**第八条** 启用和使用完毕前，全国统一命制的试题、答案及评分参考属国家绝密级材料，我校自行命制的试题、答案及评分参考属国家机密级材料。考生答卷在成绩公布前属国家秘密级材料。

## 第二章 管理机构及其职责

**第九条** 研究生招生工作实行校、院（包括学院、研究院、所）两级管理。

**第十条** 为加强领导与协调，学校和各招生单位分别成立研究生招生工作领导小组（以下简称招生领导小组），对于招生过程中重要工作如制定招生计划、确定复试分数线、破格录取等事宜，必须由招生领导小组集体研究决定，所做决定在招生领导小组全体成员签字后生效。

**第十一条** 研究生部招生办公室（以下简称研招办）行使全校研究生招生的组织与管理职能，各招生单位分管学位与研究生教育工作的领导负责本单位研究生招生的有关管理工作。

**第十二条** 学校研究生招生工作领导小组主要职责：

（一）核定研究生招生机构和编制。

（二）审订学校年度博士生、硕士生招生计划。

（三）审定学校博士生、硕士生招生学科。

（四）协调解决博士生、硕士生招生考试工作中的重大问题。

（五）审定学校每年博士、硕士研究生招生考试复试分数线及复试录取实施办法。

（六）对研究生入学考试、评卷及复试录取工作进行监督管理。

（七）受理有关申诉，依法维护考生和招生考试工作人员的合法权益。

（八）处理研究生招生工作中的重大和特殊问题。

**第十三条** 研究生部招生办公室的主要职责：

（一）执行教育部、北京教育考试院关于研究生招生工作的方针、政策、规定和方法，以及北京市教委的有关规定，结合本校实际情况制订学校有关招生的各项管理规定。

（二）根据国家核定的年度招生规模，安排全校各招生单位的研究生招生计划。

（三）组织编制研究生招生专业目录和有关宣传咨询材料，组织各招生单位进行研究生招生宣传及咨询。

（四）组织研究生入学考试报名、命题、初试和评卷工作。

（五）制定学校复试资格线，组织资格审查、复试、政审、体检和录取工作。

（六）开展有关招生改革的研究与探索。

（七）负责编制和上报研究生招生报名库、录取库、研究生名册及各类统计报表，进行年度招生工作总结并做好有关归档工作。

（八）负责组织各招生单位做好新生入学报到及相关工作。

**第十四条** 学院（研究院、所）招生工作领导小组的主要职责：

（一）根据研招办核定的年度招生规模，制订本单位分专业招生计划。

（二）制定本单位年度招生专业目录。

（三）审核本单位研究生导师的年度招生资格及招生名额。

（四）结合本单位实际情况开展招生宣传与咨询服务工作。

（五）负责本单位有关研究生考务工作的培训。

（六）负责本单位有关业务课考试科目的命题、复审和评分工作。

（七）根据学校统一部署，组织本单位复试工作。

（八）负责对本单位考生进行政审，确定拟录取名单，协助研招办做好签订培养协议等工作，并负责录取新生的复审和有关材料归档。

## 第三章 招生计划及有关政策

**第十五条** 招生计划制订的原则：

（一）质量优先原则。根据师资力量、科研经费、实验环境、培养质量等因素制订各学科研究生招生计划。

（二）需求导向原则。制订研究生招生计划和确定各培养类型的招生人数与比例，必须考虑国家建设、社会需求和学校发展的实际需要；同时也要考虑考生需求，即向生源好的学科适当倾斜。

（三）重点兼顾原则。研究生招生计划的分配与调整，应向国家、北京市重点学科、重点实验室和承担国家重大科研任务的课题组倾斜，同时适当照顾基础学科和扶持新兴、交叉学科。

**第十六条** 研究生部招生办公室根据国家当年招生政策，每年暑假前编制研究生招生简章及招生专业目录。

**第十七条** 国家计划非定向和定向培养研究生的培养经费由北京市财政拨款。非定向研究生毕业后按国家的政策规定通过双向选择的办法就业，定向研究生毕业后回定向单位工作。

**第十八条** 计划外委托培养研究生的培养经费来源为委托培养单位，毕业后回委托培养单位工作。

**第十九条** 计划外自筹经费培养硕士研究生的培养经费主要由学校承担，学生交付部分学费（具体额度见招生简章）；计划外自筹经费培养博士研究生的培养经费全部由学校承担。自筹经费研究生毕业后参照非定向培养研究生就业办法，在学校指导下自主择业。

## 第四章 报 名

**第二十条** 报名参加硕士生全国统一入学考试，须符合下列条件：

（一）中华人民共和国公民。

（二）拥护中国共产党的领导，愿为社会主义现代化建设服务，品德良好，遵纪守法。

（三）考生的学历必须符合下列条件之一：

1. 国家承认学历的应届本科毕业生。

2. 具有国家承认的大学本科毕业学历的人员。

3. 获得国家承认的高职高专毕业证书后，有两年（含）以上（从高职高专毕业到硕士录取当年 9 月 1 日）工作经验，达到与大学本科毕业生同等学力，且符合我校所报考专业具体要求者。

4. 国家承认学历的本科结业生和成人高校应届本科毕业生（不含自考生和网络教育学生），且符合我校所报考专业具体要求者，按本科毕业同等学力身份报考。

5. 已获硕士、博士学位的人员（在校研究生报考需所在学校同意），只能跨专业报考委托培养或自筹经费培养硕士生。

（四）年龄一般不超过 40 周岁，报考委托培养和自筹经费的考生年龄不限。

（五）身体状况符合国家规定的体检标准。

**第二十一条** 报名参加硕士生单独入学考试，须符合下列条件：

（一）符合第二十条中第（一）、（二）、（四）、（五）各项的要求。

（二）大学本科毕业连续工作四年（含）以上，业务优秀，已经发表过研究论文（技术报告）或已经成为所在单位业务骨干的人员，经考生所在单位同意和两名具有高级专业技术职称的专家推荐，学校批准，方可报名为本单位定向培养或委托培养。

（三）获硕士学位或博士学位后工作两年（含）以上，业务优秀的在职人员，经考生所在单位同意和两名具有高级专业技术职称的专家推荐，学校批准，方可报名为本单位委托培养。

（四）报考年龄不限。

（五）强军计划报考类别为计划内定向，其他为单位委培。

**第二十二条** 报名参加 MBA 全国联考，须符合下列条件：

（一）符合第二十条中第（一）、（二）、（四）、（五）各项的要求。

（二）国民教育系列大学本科毕业后三年（含）以上，专科毕业后五年（含五年）以上，研究生毕业后两年（含）以上。

（三）报考类别为单位委培或自筹经费。

**第二十三条** 推荐免试研究生必须是经毕业学校确认资格和在毕业学校取得推荐名额、在统考报名前通过我校复试并被我校接收的应届本科毕业生。

**第二十四条** 已获硕士或博士学位的人员只准报考委托培养或自筹经费硕士生。

**第二十五条** 报名参加博士生公开招考，须符合以下条件：

（一）拥护中国共产党的领导，愿为社会主义现代化建设服务，品德良好，遵纪守法。

（二）考生的学历必须符合下列条件之一：

1. 已获硕士学位的人员。

2. 应届硕士毕业生（最迟在入学前获得硕士学位）。

3. 同等学力考生须获得学士学位后六年（含）以上（从获得学士学位到博士生入学之日），并且具有高级技术职称，具体条件为：

（1）在报考学科、专业或相近研究领域的全国核心期刊上发表两篇以上学术论文（以第一或第二作者），或已获得省、部级以上与报考学科相关的科研成果奖励（排名前五名）。

（2）满足报考学科的具体学术要求。

（3）同等学力考生一般应报考委托培养博士生。

（4）同等学力考生须加试硕士生主干课程三门（含一门政治理论）。

（三）身体状况符合国家规定的体检标准。

（四）报考国家计划内博士生的年龄不超过 45 周岁，报考委托培养或自筹经费的考生年龄不限。

（五）有两名与报考学科相关的副教授（或相当职称）以上专家书面推荐。

**第二十六条** 硕士生入学考试的报名日期由教育部确定和公布，实行网上报名，并由各省级招办指定的报名点受理考生报名，其中参加 MBA 联考、同等学力和单独入学考试者，由研招办受理考生报名；博士生入学考试的报名日期及受理报名的地点，由研招办确定和公布。

**第二十七条** 研招办根据考生报考信息和教育部的规定，发放准考证。

**第二十八条** 考生报名时应签署诚信考试承诺书，并按规定缴纳报考费。

## 第五章 初 试

**第二十九条** 硕士生入学考试的初试日期由教育部公布，初试地点一般与报名点一致。博士生入学考试初试的时间由研招办确定和公布，所有考生均需到我校应试。

**第三十条**　硕士生入学考试初试科目（除 MBA 外）为政治理论、外国语、基础课和专业基础课，共计四门；工商管理硕士专业学位（MBA）初试科目为综合能力和外国语；单考生初试科目设置与相应学科统考生的考试科目相同；博士生入学考试初试科目为外国语（含听力）和两门业务课，共计三门。

**第三十一条**　全国统一考试的初试的政治理论及数学，非外国语言文学专业的英语（MBA 除外）、俄语、日语，教育学专业基础综合由教育部统一组织命题；MBA 联考的初试科目命题工作由教育部或指定相关机构组织进行；硕士生入学考试其他考试科目及博士生入学考试各考试科目，均由学校自行组织命题。

**第三十二条**　研究生招生考试为选拔性考试，应以测试学生学科基础知识和创新能力为目的。考试科目应分别根据考试大纲或各学科对硕士生和博士生入学的基本要求进行命题。

**第三十三条**　命题的原则是题量适中，难易适当，并有一定的区分度，应避免出现学术界尚存有争议的问题。

**第三十四条**　命题教师原则上由考试科目所在的招生单位确定，命题人应由教学经验丰富、学术水平较高、责任心强且具有副教授以上职称的人员承担。

**第三十五条**　对命题教师的要求：

（一）命题教师对所命试题的内容负责全部责任。

（二）应实行回避制度，有直系亲属报考本单位者不得参与其亲属所报考专业各科目的命题工作。

（三）每位教师只能参加一门科目的命题。

（四）不得泄露自己的命题身份，也不得泄露其他命题人。

（五）命题教师在命题结束后应立即销毁与试题有关的草稿纸和电子文本等一切与命题内容有关的材料。

**第三十六条**　除建筑设计等特殊科目外，每科考试时间均为 3 小时，考试方式均为笔试。

**第三十七条**　研究生考试试题启用前，我校自行命制的试题、答案及评分参考属国家机密级材料。考生答卷在成绩公布前属国家秘密级材料。试题应参照国家机密材料或国家秘密材料管理。试题命好后交由研招办管理。试题的印刷、分装、寄发等工作均须有两人或两人以上在场。

**第三十八条**　研究生入学考试属于国家级考试，考务工作由研究生部组织。实行主考负责制，设主考一名，副主考若干名。学校还将配置必要的考务工作人员。

**第三十九条**　对考务工作人员的要求：

（一）选聘的基本条件：坚持四项基本原则，品德良好，遵守保密规定，工作认真，身体健康的正式在职人员。

（二）实行岗位聘任制，经培训合格后方可上岗。

（三）实行回避制度。拟聘考务人员如有直系亲属参加当年的研究生入学考试，则不得参加当年的考务工作。

**第四十条**　教育部统一命题科目的评卷工作由北京市教育考试院统一组织；联考科目的评卷工作由教育部委托有关单位组织进行，我校自命题科目的评卷工作原则上由研招办组织进行。

**第四十一条**　研究生入学考试采用集中评卷的形式，由评阅教师给出成绩。考生若对考试成绩有疑问，可以在规定时间内申请复核成绩，但不能查阅试卷。

**第四十二条**　研招办负责将自命题科目的初试成绩上报北京市教育考试院，并且将考试院返回的统考科目成绩和自命题科目成绩合成后上报教育部。

**第四十三条**　在教育部规定的时间内，研招办负责将考生笔试成绩向考生公布。

## 第六章　复　试

**第四十四条**　复试的目的是考察考生的综合素质和创新能力，选拔具有培养潜力的合格考生。复试原则上采用差额的形式，拟录取考生均须通过复试，凡复试不合格者，不予录取。

**第四十五条**　考生参加复试的基本要求由研招办依据当年的招生计划和考生初试的具体情况拟订，并由校招生领导小组审定。

**第四十六条**　参加复试的考生名单由研招办根据复试的基本要求核定并下发至各招生单位。

**第四十七条**　各招生单位应根据《北京工业大学研究生入学考试复试办法》和学科专业的特点，认真制订复试细则和组织复试。

**第四十八条**　复试时进行考生报名资格复查（以报名截止日期所获得的文凭为准），对不符合教育部和我校报名规定的，不予复试。

**第四十九条**　对参加复试的同等学力考生除严加复试外，还必须加试所报考专业的两门本科主干课程。加试科目不得与初试科目相同。加试方式为笔试。

**第五十条**　MBA 的政治理论课考试也在复试中进行，成绩记入复试总成绩。

**第五十一条**　各招生单位对拟接收的推免生必

须在当年10月24日前完成复试及接收工作。

**第五十二条** 体检工作在复试阶段进行，体检单位为学校校医院，体检要求按教育部、卫生部、中国残联制订的《普通高等学校招生体检工作指导意见（教学〔2003〕3号）》执行。

## 第七章 录 取

**第五十三条** 根据“德智体全面衡量、择优录取、保证质量、宁缺毋滥”的原则，依据考生初试和复试的成绩，并结合其平时的学习成绩和思想政治表现、业务素质以及身体状况择优拟定录取名单。

**第五十四条** 少量拟录取为硕士生者，若在规定的时间内提出申请，并经所在招生单位和研招办审核同意，可办理保留入学资格手续（须占招生单位当年招生计划），工作一年或两年，再入校学习。

**第五十五条** 凡属定向培养、委托培养或自筹经费培养研究生在录取前应签订相应的协议书。对于定向、委托培养的研究生其签订协议单位应与报名时的单位一致。

**第五十六条** 新生应按时报到。不能按时报到者，须有正当理由和有关证明，并事先向学校请假。无故逾期两周不报到者，取消入学资格。

**第五十七条** 新生报到后，各招生单位必须对其政治、业务。健康状况等进行全面复查，发现不符合录取标准者，按学校有关规定进行处理。应届本科或硕士毕业生入学时，对于未取得国家承认的本科毕业证书或硕士研究生学位证书者，取消其入学资格。

## 第八章 提前攻博、硕博连读招生

**第五十八条** 提前攻博招生按照《北京工业大学关于招收提前攻博研究生的暂行规定》办理。

**第五十九条** 硕博连读招生按照《北京工业大学关于招收硕博连读研究生的暂行规定》办理。

## 第九章 违纪处理

**第六十条** 对在报名及考试中有违规行为的考生，学校视具体情况，根据国家有关法律、法规和教育部有关规定给予处理。对弄虚作假者（含推荐免试生），不论何时，一经查实，即按有关规定取消报考资格、录取资格或学籍。

**第六十一条** 对在招生工作中违反有关规定，徇私舞弊或者给招生工作造成损失的人员，依据国家法律、法规和规章给予处理。

## 第十章 附 则

**第六十二条** 本规定有关条款若与国家当年的招生政策规定不一致，以当年的国家文件和学校的补充规定为准。

**第六十三条** 本规定由研究生部负责解释。

**第六十四条** 本规定自发布之日起施行。

2009年11月5日

# 北京工业大学成人教育招生管理规定

**工大发〔2009〕34号**

为了切实加强招生工作管理，规范招生工作程序，确保招生工作公正、公平，根据教育部和北京市有关成人教育招生政策，结合我校实际，特制定本规定。

## 第一章 招生机构和职责

**第一条** 继续教育学院招生办公室在学校招生领导小组的领导下开展工作，其职责是：

（一）执行北京市有关成人招生工作的政策和规定，加强内部自我约束机制，完善监督检查制度，自觉接受监察部门和社会舆论的监督，严守纪律，自觉抵制一切不正之风，保证招生工作顺利进行。

（二）编制学校招生计划并报送北京市教育委员会计划主管部门。

（三）制订并向社会公布本校招生章程。

（四）认真开展学校招生宣传工作。

（五）严格执行教育部及北京市教育委员会下达的年度招生计划。

（六）拟定招生工作人员名单，负责工作人员的培训，在主管院长的领导下全面负责和组织实施录取工作，并及时汇报工作进展情况，遇重大问题及时请示校领导。

（七）负责各种招生资料、表格、用品的准备工作，负责招生简章、录取通知书和新生入学等资料的印制。

（八）积极做好迎新生工作和新生档案整理、移交工作。

（九）对录取新生进行资格审查，并做好问题新生的调查核实和处理工作。

（十）做好招生工作总结和招生研究工作。

## 第二章 招生录取工作细则

**第二条** 招生录取工作要认真贯彻执行国家有关政策和北京市教育考试院成人招生办的有关规定。

**第三条** 在招生录取期间，要认真审阅考生档案，严格按照有关规定执行。

**第四条** 严格执行招生计划，如需改动，必须征得主管领导批准。

**第五条**　录取工作结束后，作好数据统计和打印新生名单等工作，做好新生分班和迎新工作，并作好年度招生总结和相关研究工作。

### 第三章　招生工作纪律

**第六条**　参加招生录取的工作人员，须了解有关招生政策和要求。服从学校统一领导，切实履行各自的岗位职责，要坚持原则，作风正派，秉公办事，不谋私利。

**第七条**　招生工作人员有直系亲属参加当年有关招生考试的，应自觉执行回避制度。

**第八条**　招生工作人员不准以任何理由接受或索要考生及其家长的礼金、礼品，不准参加可能影响公正录取的宴请和其他活动。

**第九条**　在招生期间，招生工作人员应保守工作秘密，不得透露工作保密范围内的招生信息。

### 第四章　附　则

**第十条**　本规定由继续教育学院负责解释。学校以往相关规定与本规定不一致的，以本规定为准。

**第十一条**　本规定自发布之日起施行。

2009年11月5日

## 北京工业大学纵向科研经费管理办法
## 工大发〔2009〕35号

### 第一章　总　则

**第一条**　为了进一步规范和加强我校纵向科研经费的管理，明确经济责任，推动学校科技工作发展，保证科研项目的顺利实施，使有限的科研经费充分发挥其效益，现根据《教育部、财政部关于进一步加强高校科研经费的管理意见》（教财〔2005〕11号）、《财政部、科技部关于改进和加强中央财政科技经费管理的若干意见》（国办发〔2006〕56号）的精神及其国家有关财务制度和审计制度的要求，结合我校实际，特制定本办法。

**第二条**　纵向科研经费的范围，凡属政府拨款资助的项目统称为纵向项目，包括以下几个方面：各部委下达的新产品试制费、中间试验费和重要科学研究补助费（简称科技三项费用）、国家自然科学基金、北京市自然科学基金、社科基金、国家科技部、教育部、北京市教委、北京市科委及其他各部委拨款资助的项目。

### 第二章　经费的管理

**第三条**　凡以“北京工业大学”名义申请批准的纵向科研经费必须纳入学校统一管理，集中核算，拨入学校统一的银行账户，专款专用；任何人无权拆借、挪用或私分科研经费。

**第四条**　科研经费实行校院两级管理制度。学校的职责由相关职能部门履行。科技处负责科研项目管理和合同管理，并配合学校财务部门做好经费管理、审计等有关工作；财务部门负责科研经费的财务管理和会计核算，对科研经费的开支进行监督审核，负责审核项目经费是否按照有关规定使用，有无超范围、超指标使用，并负责配合上级部门对科研经费的审计工作；审计处负责对科研项目开展抽查审计和审签，审签的实施办法按照审计处另行制定执行；国资处负责科研项目设备购置、管理和实验室建设等工作；后勤管理处负责科研项目中燃料动力费的核算等相关事宜。

**第五条**　学院（含科研独立研究院所，以下称学院）负责对教师进行反腐倡廉教育，建立院内有效的防范机制，负责对科研项目经费的执行进度及合理性进行指导和监督，同时负责合同的预审，对合同纠纷承担第二级责任。

**第六条**　学校科技处和学院负责对重大科研课题或大额度科研项目资金使用的全过程进行跟踪，并逐步推行重大课题预审制度。对出现的问题做到及时发现，及时沟通，及时制止，及时教育，防患未然。

**第七条**　科研项目经费实行专款专用与项目负责人责任制，项目负责人对经费的预算、开支、和使用方向具有决定权，同时对项目经费的预算、决算、审计和绩效考核承担主要责任。

**第八条**　项目负责人应严格按照项目管理办法和国家相关财务管理规定，缜密考虑自身项目的实际需求，认真和实事求是地做出项目预算；对违反国家、上级和学校相关规定的预算，科技处和财务处有权要求负责人修改、更正。项目负责人必须严格按照主管部门批准的预算或合同预定的预算支出科研经费，自觉接受财务部门和审计部门的监督，不得超支、虚列开支或挪用项目经费。

**第九条**　项目负责人应积极配合项目主管部门的审计组完成审计工作，正面回答审计组的提出的各项问题。如实提供审计组要求的全套材料，不得弄虚作假，编制虚假的决算材料。

**第十条**　科研经费到校后，由学校科技处负责立项编号，开具到款通知单，学校科研财务部门负责核发经费本，经费本由项目负责人保管使用。原则上每个项目只发一个经费本，实行项目管理，统一核算，专款专用。若违反国家相关项目管理规定和相关财务制度的，学校将追究项目负责人行政责任，若违反国家相关法律法规的，将送交公安检察机关追究其相关法律责任。

**第十一条** 科研经费的使用，要按照“先收后支，量入为出”的原则，严格按照批准的预算执行。科研项目各预算科目的额度一般不得修改；如在执行过程中，确需调整预算的，由项目负责人按照项目主管单位的有关规定，提出申请，待主管单位批准后，方可执行。

**第十二条** 科研经费的报账必须有课题负责人、经办人和验收人的共同签字。经费开支违反国家有关规定而导致审计部门追究的，学校将追究课题负责人和其他签字人的责任。

## 第三章 经费支出范围

**第十三条** 课题组申报课题时，必须按相关项目的经费管理办法足额列示管理费（或间接经费）。课题管理费（或间接经费）由学校按照国家规定统一收取，集中管理。所申报项目对管理费额度没有做出规定的，人文社科类项目按项目总经费的5%收取；自然科学与工程类的按10%收取。校内项目不收取管理费。课题管理费原则上不予减免。

**第十四条** 项目研发过程中需占用学校大型仪器设备的，需在预算书中列示燃料动力费。燃料动力费是指在项目研究过程中相关大型仪器设备、专用科学装置等运行发生的可以单独计量的水、电、气、燃料消耗费用等；燃料动力费由学校统一收取，集中管理；核算、收取与使用；预算有燃料动力费的项目，负责人在决算前应到后勤管理处领取燃料动力收费通知单，然后经所在学院、科技处、财务处共同审核后，由财务处收取。

**第十五条** 加强科研经费的转拨管理，所有转拨的经费，必须由学校科研部门和财务部门共同审批。测试化验加工费（外协费）只能拨转校外单位或校内经济独立核算单位（有单独银行账户）。与校外发生8000元以上的试验外协费和合作费时，必须持有北京工业大学与协作单位签订的协议和合同书，才能到财务处报销。为了保证科研项目经费的专款专用，原则上不办理校内科研项目之间的内部转拨，特别是不办理纵向项目到横向项目的转拨；确需作二次分配的项目，可以申请建立课题的经费副本；审计时，经费副本的开支，仍由项目负责人承担责任；经费副本须由项目负责人提出书面申请，通过科技处审核签字后，方可办理。

**第十六条** 规范固定资产和无形资产管理。除项目管理办法或项目合同另有规定外，凡使用科研经费购置的固定资产，必须纳入学校资产统一管理。设备购置费，指项目研究中所必须的专用设备仪器购置和维修费用，以及为此发生的运输、安装费用。除项目管理办法或项目合同另有规定外，凡使用科研经费购置的固定资产，必须纳入学校资产统一管理；凡购置设备，需到国资处办理固定资产入账手续后，再到学校财务处报账。凡属在合同中约定，属于甲方带走的设备，需由科研院长在仪器设备验收单上签字，经科技处审核后，到国资处办理带出手续。购置空调设备，需事先到学校节能办公室、国资处、财务处办理相关手续后，才能到财务处领取支票。

**第十七条** 加强现金支出的管理，凡购物单笔经额在2000元以上，应到财务处领取支票，不得用现金垫支。凡购买办公用品在1000元以上，应在报销时提供购物清单，发票不得出现连号现象。凡是假发票、假单据报销科研经费的，一经查处，按有关规定处理。

**第十八条** 课题组可以按照相关课题管理规定以现金方式领取专家咨询费；领取额度不得超过预算批准的额度；领取专家咨询费的专家必须登记真实姓名和身份证号码，并按规定交纳个人所得税。

**第十九条** 项目的劳务费只能用于课题组成员中没有工资性收入的相关人员（一般为研究生）和项目组临时聘用人员的酬劳。必须按预算额度支出。

**第二十条** 全部借款，应在当年报账，如不能当年报账的，要由经办人写说明，报财务处科研管理办公室。25万元以上的借款，应由主管科研校长签字批准。

**第二十一条** 科研经费不得报销礼品、罚款、学车费用、参观门票等与科研项目无关的费用。严禁通过虚列助研费、专家咨询费的方式为项目组成员领取津贴，发放奖金等。必须的培训费用，要由科研院长签字。

**第二十二条** 科技项目均应根据合同书或任务书中的要求，按时验收结题。项目结余经费应严格按照国家有关财务规章制度处理。课题组不得私分、长期挂账或私自转作他用。

## 第四章 附 则

**第二十三条** 科技项目管理应遵守国家科技项目财务制度，遵守各有关省市部委和主管部门的相关法定文件，遵守国家技术市场财税管理制度，遵守学校财务、物资管理规定。凡本办法与政府或上级管理部门规定不一致处，遵照政府或上级管理部门的规定执行。

**第二十四条** 本办法由科技处负责解释。学校以往规定与本办法不一致的，以本办法为准。

**第二十五条** 本办法自发布之日起施行。

2009年11月5日

# 北京工业大学横向科技项目管理办法

**工大发〔2009〕36号**

## 第一章 总 则

**第一条** 为进一步推进学校科技创新体系建设，深入开展学校产学研相结合的科技工作，充分调动我校广大教职工从事科技开发与服务社会的积极性，规范学校横向科技项目管理，特制定本管理办法。

**第二条** 横向科技项目是指企、事业单位与我校就新技术开发、技术转让、技术咨询、技术服务等，以合同方式确立的国家与地方政府及其组成部门和部分事业单位计划之外的项目。

**第三条** 学校授权科技处代表学校对外进行横向科技合作和合同签订。科技处对横向科技项目的合同承担法人责任，执行法人权利，履行法人义务。

**第四条** 凡未经学校主管部门同意，学校内任何部门或个人不得以学校的技术职务对外签订技术合同。

## 第二章 横向科技项目运行管理

**第五条** 北京工业大学横向科技项目的合同和经费由学校科技处统一归口管理。科技处代表学校负责全校横向项目的审核、组织协调、项目实施及结题等管理工作，有责任随时对横向科技项目的运行情况、经费使用情况等实施监督检查，重点对合同条款中涉及成果归属、分享等知识产权保护方面以及风险责任的承担、违约条款等方面予以审核。

（一）横向科技项目的技术开发合同、技术转让合同、技术咨询合同、技术服务合同等技术合同由科技处审核、盖章、存档、登记。

（二）横向科技项目的技术开发合同、技术转让合同可通过科技处向北京市技术市场申请认定。认定通过后，由科技处与财务处共同办理退税手续。技术咨询合同、技术服务合同不能申请退税。

（三）横向科技项目的立项、到款、结题、成果申报等事项均须在科技处办理正式手续。备案资料是职称评定、人员定编、定岗、聘任、评优等工作的原始依据。一旦确认，不能随意更改。如项目组成员等信息确实需要更改时，必须提出书面申请，说明缘由，由学院科研院长审批、加盖学院公章后，交至科技处申请变更、备案。

**第六条** 审计处负责对科研项目审计和审签。按照相关管理规定由科技处、财务处等部门配合对横向科技项目进行审计。

**第七条** 学院管理职责：

（一）学院对横向科技项目合同书、协议书中专业技术条款进行审核，并对项目内容的真实性、技术可行性、经费预算的合理性及课题组完成项目的能力等做出明确的评价，向学校承担技术保证责任。合同书、协议书等需经过主管科研院长审查签字后，到科技处审核并加盖由法定代表人授权的委托代理人章及合同章后方能生效。学院对合同纠纷承担第二级责任。

（二）学院有权代表学校检查横向科技项目的进展情况，在学校的授权范围内对本单位的横向科技项目实施管理；负责监督项目组科研经费的使用，负责保管科研项目产生的固定资产。

（三）横向科技项目合同书一经签订，学院应积极协助课题组依据合同条款完成课题任务，整合和调整学院的科技资源，保障项目组实施的科研条件。

（四）横向科技项目的立项、到款、结题、成果申报等事项一旦确认，不能随意更改。如项目组成员等信息确实需要更改时，必须提出书面申请，说明缘由，由学院科研院长审批、加盖学院公章后，交至科技处申请变更、备案。

## 第三章 课题组长负责制

**第八条** 学校的横向科技项目实行课题组长负责制。课题组长对项目负有直接管理职责及与项目有关的法律责任。

**第九条** 课题组长的职责：

（一）课题组长应按校院批准的合同约定对经费实行全面管理。在遵守国家的法律、法规和财经纪律的基础上，按照学校科技项目管理制度，课题组长有权自主使用项目经费，对经费的预算、开支、和使用方向具有决定权，同时对项目经费的决算、审计和绩效考核承担主要责任，课题组长应接受科技处和财务处对项目进行的财务审查。

（二）课题组长可以自行组织课题组，有权根据工作需要对课题组成员进行调整，但需提交书面更改报告，到院科研办及科技处备案。

（三）课题组长根据学校人事管理制度，有权聘请外单位人员协助工作，费用由项目经费中列支，其金额须报主管院长和科技处批准。

（四）课题组长应当依照课题组成员所发挥的作用、承担的工作量、工作态度以及工作绩效等决定课题的劳务津贴、奖金等的分配及其成果受益人员的排序。

（五）课题组长在接受财务监督和执行学校有关物资财产管理制度的前提下，需负责安排并管理好课题组所用财产。

（六）课题组长负责填写立项和结题报告。课题组长有义务向校科技处及主管科研的院长汇报课题开展情况，接受监督、检查和咨询。

（七）课题组长应积极配合审计部门完成审计工作，正面回答审计组的提出的各项问题。如实提供审计组要求的全套材料，不得弄虚作假，编制虚假的决算材料。

（八）课题组长必须注意保存与课题相关的文件和技术资料，并应依据项目合同书中要求，按时到院科研办办理结题手续。课题完成一年内，应办理财务结算或转户手续，并按归档要求在校档案室建档。

（九）课题组长应保证课题组所有成员对学校承担知识产权保护义务。

（十）课题组长应与学校相关部门共同处理其负责的项目所引起的各类法律纠纷，并根据需要出庭应诉。

**第十条** 课题组长一般不得代理或更换。遇有特殊情况（如出国、培训、调离、病休等）需离开课题组，课题组长必须以书面形式委托课题组其他成员代理负责，经学院同意后，报科技处更改备案。

## 第四章 横向科技项目经费管理办法

**第十一条** 凡以《北京工业大学》名义申请批准的横向科技项目，其科研经费必须纳入学校统一管理，集中核算，专款专用；任何人无权拆借、挪用或私分科研经费。

**第十二条** 横向科技项目经费实行一题一本制。项目经费本是科技项目经费使用的内部凭证。科技项目经费由项目运行费、科技公共资源占用费、项目津贴和国家税收等组成。项目经费提取分配比例如下：

（一）人文社科、管理类项目按到校经费的2.5％提取学校科技公共资源占用费，按到校经费的2.5％提取学院科技公共资源占用费。

（二）其他工程技术类项目按到校经费的5％提取学校科技公共资源占用费，按到校经费的5％提取学院科技公共资源占用费。

（三）学校科研创新基地承担的项目，其所在学院提取的科技公共资源占用费中的50％须返给基地。

（四）项目津贴为到校经费的22％。

（五）国家税收按国家税收制度执行，税率5.5％。

（六）学院不得自行减免学校科技公共资源占用费。

**第十三条** 科研项目中的外协费及设备（包括交给甲方的及留在校内的）费数额必须依据合同条款认定。确因需要减免此部分经费所对应的公共资源占用费的，项目负责人需提出书面申请，院科技公共资源占用费经主管科研院长审批可减免，校科技公共资源占用费经科技处处长审批可减免，减免部分经费不得提取相应的项目津贴费。审批报告在科技处和财务处备案后，经费方可上账。

**第十四条** 对课题组利用科研经费购买设备并办理完学校固定资产手续的，可按实际发生经费，返还相应部分50％的校科技公共资源占用费给项目组。

**第十五条** 结题时，项目结余经费按1∶1∶4∶4的比例分配。即结余经费的10％交校科技公共资源占用费，10％用于学院科技发展基金，40％可以现金形式用于课题组的奖励，40％用于课题组的项目运行经费，可转到其他科研项目经费本。结题后，本项目经费本不再使用。

**第十六条** 项目科研经费不得报销礼品、罚款、学车费用、参观门票等与科研项目无关的费用；严禁将科研经费用于项目组成员的家庭生活开支；严禁通过虚列助研费、专家咨询费的方式为项目组成员领取津贴、发放奖金等。必须的培训费用，要由科研院长签字。

## 第五章 附 则

**第十七条** 横向科技项目管理应遵守国家相关法律、法规，遵守各有关省、市、部委和主管部门的相关法定文件，遵守国家技术市场财税管理制度，遵守学校财务、物资管理规定。凡本办法与政府或上级管理部门规定不一致处，遵照政府或上级管理部门的规定执行。

**第十八条** 本办法由科技处负责解释。学校以往规定与本办法不一致的，以本办法为准。

**第十九条** 本办法自发布之日起施行。

2009年11月5日

# 关于加强我校国家示范性软件学院建设的决定

**工大发〔2009〕41号**

建设国家示范性软件学院是我国软件产业人才培养实现跨越式发展的一次重大改革尝试，也是探索深化高等教育改革的重要举措。北京工业大学被选定为全国首批35所建设国家示范性软件学院的高校之一，是我们参与国家层面教育教学改革和人才培养模式创新的重要机会。我校软件学院建院以来，在人才培养模式、教学质量控制、师资队伍建设、多方位合作办学、财务与行政管理等方面进行改革，取得了明显的办学成效：以较好成绩通过了教育部对示范性软件学院的验收，在中国软件行业协会对全国软件学院毕业生质量调查结果中总分名列前茅，获得了国家教学成果奖二等奖、国家人才培养模式创新实验区、国家级双语教学示范课程、教育部两个特色专业、北京市教学成果一等奖、北京市特色专业和北京市实验教学示范中心等一批重要的教育教学成果。为了推动我校国家示范性软件学院持续健康发展，巩固成果、深化改革，进一步提高质量，增强软件学院办学改革的示范作用，根据《教育部关于试办示范性软件学院的通知》（教高〔2001〕3号）、《教育部 国家计委关于批准有关高等学校试办示范性软件学院的通知》（教高〔2001〕6号）和《教育部办公厅关于进一步加强示范性软件学院建设工作的通知》（教高厅〔2007〕4号）等文件精神，现就进一步加强我校国家示范性软件学院建设工作作出如下决定：

一、坚持示范性软件学院的办学定位和人才培养模式。软件学院要坚持“面向产业，服务北京”的办学定位，结合北京信息化建设和信息产业发展对高端人才的需求，积极拓展专业方向，进一步搞好多方位联合办学，做好服务北京工作。软件学院本科生招生数由学校统一规划确定；软件学院工学研究生、双证工硕研究生、博士生招生数由学校统一规划确定；软件学院单证工硕招生数根据教育部要求和实际情况由软件学院和研究生部提出方案报校招生领导小组审定。我校软件学院在校学生规模保持在全国示范性软件学院的中上程度，总数不低于2000人。

二、坚持学院领导班子在示范性软件学院建设中的核心作用。软件学院要认真总结经验，继续加强学院领导班子建设，坚持党政紧密团结，相互配合，进一步充分发挥工会教代会的作用，积极调动学院各方面力量同心办学，以适应学院的发展要求。

三、坚持做好工硕学费收入的科学使用与管理。软件学院要按照《国家计委、财政部、教育部关于高等学校示范性软件学院收费标准及有关事项的通知》精神，积极规划，科学管理工硕学费的使用。学校同意软件学院工程硕士生学费收入管理采用与其他二级学院同样的政策，软件学院本科生学费中高出正常收费的部分划拨给软件学院，支持高收费专业特色办学和教学改革。

四、创建示范性软件学院新型用人机制。软件学院要按照教育部文件规定，“建立一支由专职教师、企业专家和国内外兼职教师组成的师资队伍，解决好新机制下专职教师的编制问题”。软件学院的人事管理继续采用学校定编聘用（校聘）和学院自行聘用（院聘）两种方式；学校定编聘用教工和其他学院一样享受学校的全部待遇；学院自行聘用的教工由软件学院负责全部待遇（工资、津贴、五险一金及其他应有福利等）；根据软件学院本科生、工学研究生、双证工硕研究生、博士生的在校生数量，按学校统一规定计算校聘教师编制。软件学院的单证工硕研究生在校生数量可以取适当比例计算校聘教师编制，具体由人事处按教育部对国家示范性软件学院的要求和我校办学实际需要确定。软件学院要进一步通过用人机制的改革，加强并深化产学合作，促进示范性软件学院与国外高水平大学、跨国公司的合作与交流。

五、进一步加强软件工程硕士生的招生和教学管理工作。软件学院要按照教育部有关文件要求，进一步做好工硕研究生的招生和教学管理工作。软件学院工程硕士研究生的招生简章和录取分数线报研究生部审定；软件学院工程硕士研究生质量保障体系纳入学校工程硕士研究生质量保障体系；软件学院按教育部要求从校外聘请的高级技术人员可以作为工硕研究生指导教师，具体聘用条件由软件学院和研究生部确定。

六、加强科学研究和学科建设工作。软件学院成立之初是按照教学型学院进行建设，科研工作相对薄弱，不利于工程型研究生的高层次大规模培养。软件学院要加强科学研究和学科建设工作，坚持与国际著名企业及高校紧密合作的学科建设方向，在我校软件工程学科的发展与科研上凝练实力，发挥国家示范性软件学院的作用。软件学院要与计算机学院、电控学院、机电学院等IT类学院紧密合作，推动学校信息学科的建设工作。

七、继续做好支持国家示范性软件学院的改革和创新性办学。学校支持和鼓励软件学院在人事聘用和管理上进行改革和探索；支持和鼓励软件学院在本科和研究生（尤其是工硕）的教育教学上进行改革和探索；支持和鼓励软件学院在实验班的教育教学上进行突出工程特色的改革和探索；学校为软件学院的院聘人员办理一卡通等在校工作必需的服务事项。软件学院办学的其他方面按学校其他二级学院相同的政策与方式进行管理。学校各有关部门要做好对国家示范性软件学院办学的支持与服务工作，各方面要紧密协作，共同努力，把我校软件学院办成全国一流的国家示范性软件学院。

2009年12月10日

# ·党政重要会议和活动·

## 北京工业大学2009年党委常委会(常委扩大会)综述

2009年学校召开党委常委会（常委扩大会）27次（详见表4-1）。常委会深入学习贯彻落实党的十七大、十七届三中、四中全会精神，贯彻落实科学发展观，认真研究学校改革发展思路，确定了“以党的十七大精神为指导，以科学发展观统领学校改革发展，深化校内管理体制改革，完善校院两级管理的体制和机制；坚持人才培养为根本，加强学风建设，深化教育教学改革；推进“211工程”建设，提升学科建设和科研水平；加强人才队伍建设；加快校园新区建设、信息化建设，推进后勤改革；加强党的建设，促进学校各项事业全面、协调、可持续发展”的总体要求；提出了“认真组织开展学习实践科学发展观活动；深化校内管理体制改革，完善校院两级管理体制；扎实推进“211工程”三期建设；继续有力推进“质量工程”，全面提高人才培养质量；启动科技创新工程；加强队伍建设，提高建设质量；启动校园新区二期建设；全面推进“数字校园”和信息化建设；推进后勤改革，建设节能、环保型校园；加强学风建设，提高学生综合素质；进一步加强党的建设”等十一项具体工作任务。

校党委按照党中央和北京市委、市委教育工委的要求和部署，全面开展了深入学习实践科学发展观活动。常委会研究制定了学习实践活动实施方案，确立了“立足服务北京，坚持科学发展，凝聚全校力量，建设有特色高水平的北京工业大学”的活动主题，形成了领导班子分析检查报告、调研报告和整改落实方案；立足于首都区域特点和首都经济发展趋势，出台了《北京工业大学服务北京行动计划(2009-2012年)》；按照“党员干部受教育、科学发展上水平、人民群众得实惠”的目标要求，深入开展了解放思想大讨论，着力加强学习提高认识，着力解决发展难题创新体制机制，着力推动学校全面、协调、可持续发展；制定了《关于进一步做好学习实践活动整改落实后续工作及“回头看”工作方案》，全面完成整改落实各项任务。

常委会研究确定了扎实推进“211工程”三期建设、全面完成“十一五”规划建设任务，启动“十二五”发展规划纲要编制调研工作的方针。进一步推进“质量工程”、“创新工程”的实施，审议了《北京工业大学研究生教育创新工程实施计划》、《北京工业大学关于实施科技创新工程的意见》；研究落实北京市属高等学校人才强教深化计划，贯彻落实中央“千人计划”和北京市“海聚工程”，成立了领导小组，加强人才队伍建设；研究了校院两级管理改革总体方案及若干问题，审议并发布了《关于完善校院两级管理体制的意见》。

常委会多次专题研究学校庆祝国庆有关工作，成立了国庆工作领导小组和“首都国庆60周年群众游行活动北京工业大学领导小组”，全面部署并确保各项国庆任务的落实和圆满完成。制定“国庆平安行动”工作方案、甲流防控工作预案，研究落实校园维稳工作责任与措施。

常委会专题学习了党的十七届四中全会精神，传达了胡锦涛同志在十七届四中全会上的讲话、习近平同志就《决定（讨论稿）》作的说明、《中共中央关于加强和改进新形势下党的建设若干重大问题的决定》等文件，并提出学校党委关于学习贯彻十七届四中全会精神的意见。

常委会围绕抓好党建工作，提出健全民主集中制，推进党内民主建设，制定学校党建工作规划；加强干部作风建设，开展干部、党员培训工作；加强基层党支部建设，开展“七一”评优表彰工作，推进基层党建工作创新；加强学生思想教育，进一步推进学生深度辅导工作，切实作好学生党员党员发展工作等工作目标。审议发布《关于进一步加强思想政治理论课教师队伍建设的若干意见》、《辅导员队伍建设实施办法》、《北京工业大学维护稳定和信访工作的实施意见》，《维护稳定和信访工作联系会议制度》、《北京工业大学突发事件处置预案》、《北京工业大学党外代表人士队伍建设规划（2009-2013）》。

常委会专题学习了中国工会十五大、北京市委《关于加强和改进工会工作的意见》及北京高等学校（直属基层）建家活动考核标准的精神，完善民主建设运行的体制机制、推进校院两级管理改革中民主建设和二级教代会制度的全面建立，制定《中共北京工业大学委员会关于加强和改进工会工作的意见》。研究成立北京工业大学奥运纪念馆筹建领导小组及办公室，审定奥运场馆荣誉墙方案。

常委会专题研究党风廉政建设和反腐败制度建设工作。传达北京市和教育系统党风廉政建设工作会议精神，讨论2009年党风廉政建设和反腐败工作主要任务分工，调整党风廉政建设领导小组，加强反腐倡廉基本制度建设。审议《北京工业大学推进廉政风险防范管理工作的实施意见》，成立专项治理“小金库”工作领导小组，调整第五届党风廉政监督员。全面、系统清理学校规章制度，部署了全校性党政规章制度的“立、改、废”工作和廉政风险防范管理和惩防体系基本制度建设的专项工作，审定《北京工业大学惩治和预防腐败体系基本制度》。

常委会还研究了校领导班子成员分工调整，部署了学校副校级后备干部推荐，北京市党外代表人士后备人选推荐，校级领导年度考核工作和正处级干部年度考核工作；制定了计算机学院党政领导班子换届及干部公开竞聘试点工作方案，完成院、部、处等10个干部岗位的配备、调整、招聘和试用期考核工作。

**表4-1　2009年校党委常委会（常委扩大会）主要议题**

| 时　间 | 会　议 | 主　要　议　题 |
|---|---|---|
| 1月15日 | 九届党委<br>第64次常委扩大会议 | 研究校院两级管理改革总体方案及若干问题，审议2009年度工作要点 |
| 3月3日 | 九届党委<br>第65次常委扩大会议 | 传达学习北京市关于启动学习实践科学发展观活动的主要精神和要求，研究学校开展学习实践科学发展观活动的有关工作，传达北京市和教育系统党风廉政建设工作会议精神，讨论，2009年党风廉政建设和反腐败工作主要任务分工，校领导班子成员分工调整 |
| 3月10日 | 九届党委<br>第66次常委扩大会议 | 审议学习实践活动实施方案 |
| 3月24日 | 九届党委<br>第67次常委扩大会议 | 制定学习实践活动调研方案，干部工作 |
| 4月8日 | 九届党委<br>第68次常委扩大会议 | 学校领导班子成员调研情况汇报交流，研究赴北京市委办局、企业调研工作 |
| 4月14日 | 九届党委<br>第69次常委扩大会议 | 讨论《北京工业大学深入学习实践科学发展观调研报告》，审议《在全校开展解放思想大讨论活动方案》 |
| 4月21日 | 九届党委<br>第70次常委扩大会议 | 传达教育部华北片区高校学习实践活动交流座谈会精神，通报学校学习实践活动进展情况，讨论《北京工业大学深入学习实践科学发展观调研报告》，讨论《关于完善校院两级管理体制的意见》 |
| 4月28日 | 九届党委<br>第71次常委扩大会议 | 校领导学习实践科学发展观活动委办局调研情况通报，学习实践科学发展观活动第二阶段计划 |
| 5月12日 | 九届党委<br>第72次常委扩大会议 | 传达中央、教育部、北京市关于学习实践活动工作部署要求，研究学校第二阶段工作，审议《关于进一步加强思想政治理论课教师队伍建设的若干意见》、《辅导员队伍建设实施办法》 |
| 5月26日 | 九届党委<br>第73次常委扩大会议 | 讨论领导班子学习实践活动分析检查报告，审议《中共北京工业大学委员会关于加强工会工作的意见》、《北京工业大学维护稳定和信访工作的实施意见》、《维护稳定和信访工作联系会议制度》、《北京工业大学突发事件处置预案》、《北京工业大学推进廉政风险防范管理工作的实施意见》，干部工作 |

续表

| 时间 | 会议 | 主要议题 |
| --- | --- | --- |
| 6月9日 | 九届党委<br>第74次常委扩大会议 | 领导班子分析检查报告征求意见情况通报，研究学习实践活动第三阶段工作，传达市教委关于清查“小金库”工作会议精神 |
| 6月16日 | 九届党委<br>第75次常委扩大会议 | 研究领导班子整改落实方案，干部事项及“七一”表彰工作 |
| 6月18日 | 九届党委<br>第76次常委扩大会议 | 副校级后备干部推荐工作，“首都国庆60周年群众游行”工作 |
| 6月30日 | 九届党委<br>第77次常委扩大会议 | 审议《中共北京工业大学委员会关于加强工会工作的意见》、《北京工业大学党外代表人士队伍建设规划（2009-2013年）》，推荐北京市党外代表人士后备人选，干部工作 |
| 7月7日 | 九届党委<br>第78次常委扩大会议 | 审议《北京工业大学服务北京行动计划（2009-2012年）》、《北京工业大学学习实践活动总结报告》 |
| 8月24日 | 九届党委<br>第79次常委扩大会议 | 传达2009年暑期高校领导干部会议精神，研究新学期工作，惩治和预防腐败体系基本制度建设 |
| 9月1日 | 九届党委<br>第80次常委扩大会议 | 传达北京高校维护稳定和党风廉政工作会议及北京市教委关于甲型H1N1流感的防控工作的有关精神，师德建设暨教师节、国庆庆祝活动安排，学习实践活动整改措施的深化和推进 |
| 9月15日 | 九届党委<br>第81次常委扩大会议 | 研究学习实践活动整改落实后续工作及“回头看”工作，干部工作 |
| 9月27日 | 九届党委<br>第82次常委扩大会议 | 研究学习贯彻党的十七届四中全会精神的安排，审议党风廉政建设制度，干部工作 |
| 10月12日 | 九届党委<br>第83次常委扩大会议 | 学院领导班子换届及干部公开竞聘工作 |
| 10月28日 | 九届党委<br>第84次常委扩大会议 | 干部工作，传达北京市甲流防控工作会议精神 |
| 11月3日 | 九届党委<br>第85次常委扩大会议 | 干部工作，审议党风廉政建设有关制度 |
| 11月17日 | 九届党委<br>第86次常委扩大会议 | 审议《服务北京行动计划（修改稿）》，干部工作 |
| 12月8日 | 九届党委<br>第87次常委扩大会议 | 干部聘任 |
| 12月16日 | 九届党委<br>第88次常委扩大会议 | 干部聘任，正处级干部考核 |
| 12月22日 | 九届党委<br>第89次常委扩大会议 | 校级领导年度考核工作 |
| 12月29日 | 九届党委<br>第90次常委扩大会议 | 审议科学技术与研究生教育创新工程实施方案，议定全委扩大会有关事宜，干部工作 |

（王燕琪）

# 北京工业大学2009年校长办公会议综述

2009年，根据学校年度党政工作要点和总体工作进程，召开校长办公会21次（详见表4-2）。校长办公会围绕学校中心工作组织议题，研究决策重大问题，突出学习实践活动、国庆工作、人才培养、学科建设、师资队伍建设和校园基本建设等全局性、重大性工作的决策和常规性工作研究等。

（一）扎实推进学习实践活动

校长办公会多次与学校常委（扩大）会联席研究全校学习实践活动工作安排，听取各阶段进展汇报，研究落实情况。会议提出：学习实践活动要按照指导组提出的“边学边改、应该进改、能改快改”的要求全面推进，加快为职工办实事的落实。会议重点研究了校领导班子成员调研内容及推进方案，并交流了调研情况。围绕“服务北京，科学发展，凝聚力量，建设有特色高水平的北京工业大学”这一主题，着眼于办学定位、服务北京、校园民生、管理改革、学校文化和作风建设等6个方面的主要问题，领导班子认真贯彻边学习边调研的原则，精心拟定11个调研题目，广泛深入开展调研活动，倾听市委市政府和市教委对北京工业大学的办学要求；征询地方龙头企业对学校人才培养质量和需求的意见；深入基层、倾听专家学者、普通师生员工的意见，理清思路，找准问题。

办公会明确，切实把征求意见作为找准问题、改进工作、促进发展的有力举措来抓，进一步完善服务北京的组织工作，建立服务北京的长效机制，建立与地方政府机关、企业单位定期沟通交流的渠道，制定全方位服务北京的战略政策和措施，确保学习实践科学发展观活动取得实效。

（二）认真研究人才培养工作

办公会研究了2009年招生计划、学生毕业和学位授予、毕业生工作和2010年招生工作。根据北京市教委关于在市属高校进行2010年自主招生试点工作的意见，会议研究确定，北工大申请参加2010年自主招生试点工作，按照教育部的规定确定北工大自主招生比例，按比例在北京及部分省市投放相应名额。

会议研究了国家教学成果奖申报工作，通报了教育部关于启动《卓越工程师培养计划》试点工作的精神，明确学校积极参与教育部《卓越工程师培养计划》试点工作。审议通过《北京工业大学本科学生学籍管理规定》、《北京工业大学研究生学籍管理规定》，从2009—2010学年第一学期开始执行。会议听取了关于北工大－Xilinx软件工程应用人才联合培养模式创新实验区合作建设情况的汇报，提出要认真办好实验区，推进高校教学理念、培养模式和管理机制等多方面综合改革。

根据上级有关部门要求，会议研究决定，北工大与北京航空航天大学开展共建工作关系，与青海民族大学建立对口交流与合作关系，审议通过《北京工业大学、青海民族大学合作协议》。多次讨论各类合作办学的规范管理和有序发展问题，同意与美国费城威得恩大学共建孔子学院。

办公会按工作进程，讨论了学籍指导委员会提交的有关学生学籍处理的意见以及学生工作指导委员会提交的有关学生违纪处分的意见。

（三）积极促进科技成果转化和师资队伍建设

会议积极探索规范学校科研成果转化收入分配和使用办法，原则通过《北京工业大学科技成果转化收益分配规定》，审批同意《关于沈光地课题组技术转让收益的分配报告》。

会议审议通过“211工程”师资队伍建设计划和实施方案，师资队伍建设计划将纳入人才强校项目实施，分高层次人才引进资助项目、国家级学术团队和高层次人才建设项目、优秀教学团队和高水平教学人才建设项目、服务北京创新人才和团队建设项目、国际合作交流支持项目五类。

办公会多次研究事业单位岗位设置与聘用工作，完成2008年北工大教师岗位分级聘用的后续工作，审议通过《2009年北京工业大学专业技术职务（高级）岗位设置》方案。会议审议通过2009年专业技术职务拟聘名单，其中：正高级13人，副高级60人，中级109人，初级24人，在站博士后中级资格认定9人，初级17人；审议通过2009年非常规时间聘任专业技术职务人员，其中：正高级2人，副高级4人。会议决定，北京工业大学学位评定委员会主任调整为由校长范伯元担任，根据工作需要，学位评定委员会换届。

2009年底，办公会还研究了“十二五”规划编制指南基本方案，并提出，2010年要加强规划研究，展开多方面调研，认真总结“十一五”建设成绩和存在问题，在摸清家底的基础上编制“十二五”规划。规划编制要以提升发展质量和发展水平为主要任务，进行顶层设计和布局；进一步突出特色和优势，增强服务国家、北京市经济建设和社会发展的能力，推进学校全面科学协调发展。

（四）稳步推进校园基本建设建设

东区学科楼一期建成后，学校将调整部分学院和职能部处用房。会议多次协调学校公用房搬迁工作进展，明确了学科楼验收、交接、二次改造、运行阶段的主责单位及工程的保修责任单位。

会议多次听取了校园二期学科楼进展情况的汇报，原则通过校园二期学科楼功能及面积分配方案：（1）东区学科楼二期待建楼座使用功能原则上确定为：第四教学楼、艺术设计学院、环能学院、生命学院、材料学院、建工学院城市安全减灾重点实验室岩土及地下工程部分；（2）扩建逸夫馆；（3）北区第三、四、五餐厅改建学生综合服务中心（不含浴室）；（4）本着节约用地原则进行规划设计，要充分利用地下空间，为学生提供更多的地面活动空间；（5）各单位要根据学科规划，科学、务实地对具体功能进行严格的可行性论证。并提出要继续落实“三大理念”，尽量按照使用功能来设计，各个单体建筑要与校园整体风格相和谐，突出环保节能特色。

会议还研究并通过奥运纪念馆、荣誉墙设计方案。为方便广大师生洗浴，会议决定，学校将逐步从建设集中型浴室改为建设分散式浴室，在确保安全、节能、环保的前提下，选择合适的学生宿舍楼开展试点建设，取得经验后再逐步铺开。

办公会多次听取中蓝学生公寓二期项目协谈进展情况，研究建设方案。会议决定：（1）二期将延续一期公寓的建设模式，由中国蓝星集团负责建设，建成后北京工业大学将全部回购；（2）原则同意二期具体建设方案和主要技术指标，总建筑面积 6 万平方米，其中学生宿舍建筑面积为 47000 平方米，约 1200 间标准学生宿舍；(3) 因施工需求，将拆除现有食堂，另建临时食堂，过渡期约为二年；（4）施工工地全封闭，保证学生出入安全，对工程施工、夜间运输等有可能对学生产生影响的问题，学生、后勤、基建等部门要提前研究方案，征求学生意见。

（五）继续加强学校内部管理建设

上半年，办公会多次研究校院两级管理改革工作，围绕改革总体方案提出的完善校院两级管理体制的基本原则、职权划分、机构设置、绩效评价等重点问题，进行了深入细致地讨论，明确了基本思路。会议针对机构人事改革、财务改革、教学管理、科研管理、资产管理改革、目标管理和后勤改革等具体实施措施，提出进一步细化方案，设计后续工作，总体方案文件提交全委会、教代会讨论，广泛听取学院意见后作进一步修改，分步实施。

会议专题研究学校 2008 年财务决算，研究并通过 2009 年预算方案。决定：积极开源节流，规范后勤管理、产业经营、国内外合作办学、继续教育等，继续努力压缩公用经费，严格执行部门预算制度，加大学院统筹、自行调配的比例，在保证教学经费逐年增长的情况下，争取学校教职工总收入每年有所增加。会议审议并原则通过《北京工业大学预算执行和财务决算内部审计规定（试行）》，提出要进一步规范学校预算执行和决算工作，不断加强审计工作。

会议决定成立北京工业大学马克思主义理论学科部，同意依托经济管理学院成立中国防务产业研究中心（为校属院管、非行政机构的教学科研机构）。

会议听取了软件学院工作汇报，讨论了软件学院办学机制调整方案。审议通过《北京工业大学关于加强我校国家示范性软件学院建设的决定》，并提出要在适当时候召开信息学科研讨会，研究北工大信息学科发展规划。

会议决定，对在职在岗事业编制人员和完全人事代理人员发放伙食补贴，对 2009 年在职在岗事业编制人员和完全人事代理人员发放一次性绩效奖励。会议还讨论了校园卡管理办法，审议通过《北京工业大学在校学生计划生育管理暂行规定》，并适当提高校园网免费流量标准。

（六）坚持建设和谐法治校园

会议多次研究参加国庆六十周年庆典活动训练与实施方案，并研究了参与师生评优奖励办法。同意续聘北京市康达律师事务所担任学校常年法律顾问机构。根据上级文件精神，从 9 次校长办公会开始，监察室主任列席校长办公会。

为确保校园安全稳定，会议决定成立甲型 H1N1 流感防控工作小组，全面启动防控疫情信息零报告制度，校医院成立防控甲型 H1N1 流感应急中心，积极开展防疫知识宣传，提高师生防病意识和自我防护能力。

办公会决定成立环能学院 1151 实验室火灾事故调查和处理小组，研究事故处理意见。会议同时决定，有毒有害物品管理职能从保卫处划转至国有资产与实验室管理处，要立即展开全校实验室安全隐患调查，尽快出台安全隐患排查和整改方案。会议听取了关于北操场塑胶跑道修缮工程监察建议的汇报，接受建议书所提意见。

（七）依法规范校办产业

按照国家有关规定要求，办公会研究了校办产业的改革工作，听取了关于校投资管理公司进展工作汇报，决定成立北京远能科技开发公司清算组、北京工业大学出版社改制领导小组，北工大出版社划归产业系列，转制工作由马志成负责，新社长人选按企业管理规则产生，老社长的离任审计工作由侯义斌负责，副社长临时负责过渡期间工作。

会议同时同意：(1) 授权北京工业大学出版社有限责任公司在企业名称中使用“北京工业大学”；(2) 北京工业大学出版社有限责任公司董事会由3人组成，其中包括北京北工大投资管理有限公司总经理、北京工业大学党委宣传部部长和北京工业大学出版社有限责任公司社长。北京工业大学出版社有限责任公司监事会由2人组成，其中包括北京北工大投资管理有限公司财务总监和北京工业大学出版社有限责任公司党支部书记；(3) 任命郝勇为北京工业大学出版社有限责任公司法定代表人。

（八）启动50周年校庆筹备工作

2010年学校将迎来建校50周年，会议决定，于2009年11月正式启动校庆筹备工作，成立50周年校庆筹备工作领导小组及办公室。通过《北京工业大学50周年校庆筹备工作方案》。会议决定，成立校史编辑委员会，由范伯元校长任主任，宣传部、档案馆、校友会、离退休人员管理处、校两办等部门参与。

**表4-2　2009年校长办公会议主要议题**

| 时　间 | 会　　议 | 主　要　议　题 |
|---|---|---|
| 1月13日 | 第1次校长办公会议 | 研究校院两级管理改革总体方案及若干问题，审议2009年度工作要点，通报教师岗位分级聘用工作进展情况 |
| 3月17日 | 第2次校长办公会议 | 审议2008年财务决算和2009年预算，讨论教代会校长报告，讨论奥运荣誉墙方案 |
| 3月24日 | 第3次校长办公会议 | 研究学习实践科学发展观活动方案，干部任免 |
| 3月31日 | 第4次校长办公会议 | 讨论2009年本科招生计划，研究教学工作，传达外事文件，学籍处理和学生违纪处分，讨论学术道德规范相关工作，研究合作办学事项 |
| 4月8日 | 第5次校长办公会议 | 汇报校领导学习实践科学发展观活动调研情况，协调公用房搬迁工作，调整第八届学位评定委会组成人员，成立中国防务产业研究中心，学生违纪处分 |
| 4月28日 | 第6次校长办公会议 | 通报校领导学习实践科学发展观活动委办局调研情况，讨论学习实践科学发展观活动第二阶段计划，研究学科楼二期功能问题，续聘学校常年法律顾问机构，审议翠城剩余住房分配办法 |
| 5月5日 | 第7次校长办公会议 | 讨论高性能LED技术成果转让费分配方案，通报科技大会准备工作，研究甲型H1N1流感防控工作 |
| 5月19日 | 第8次校长办公会议 | 研究预算执行和财务决算内部审计工作，讨论学生毕业及迎新工作，通报国家人才培养模式创新实验区合作建设情况，学生违纪处分和学籍处理，研究甲流防控工作 |
| 6月23日 | 第9次校长办公会议 | 讨论2009年财务预算，审议教职工聘任合同书，学生违纪处分，成立危险化学品安全使用工作小组，研究学校假期相关工作，讨论监察室主任列席校长办公会事宜 |
| 6月30日 | 第10次校长办公会议 | 通报毕业和学位授予情况，研究招生工作，审批校园网费用调整方案，人事任命，通报奥运纪念馆筹备进展情况 |
| 7月7日 | 第11次校长办公会议 | 审议《科技成果转化收益分配规定》，研究成立学术道德委员会，研究中蓝学生公寓二期项目协谈进展情况，成立北京工业大学出版社改制领导小组，讨论奥运纪念墙相关问题 |
| 7月13日 | 第12次校长办公会议 | 研究校园二期学科楼功能及面积分配，讨论学生公寓分散式浴室建设方案，成立马克思主义理论学科部，讨论校园安全稳定和国庆游行训练相关工作 |
| 9月15日 | 第13次校长办公会议 | 修订学籍管理规定，学生违纪处分，通报校投资管理公司建设情况 |

续表

| 时　间 | 会　议 | 主 要 议 题 |
| --- | --- | --- |
| 9月27日 | 第14次校长办公会议 | 研究“211工程”师资队伍建设计划，讨论职工伙食补贴和一次性绩效奖励相关事宜，听取北操场塑胶跑道修缮工程监察建议，研究校园一卡通卡管理办法 |
| 10月12日 | 第15次校长办公会议 | 通报国庆任务完成情况，研究中蓝公寓二期建设方案，听取环能学院火灾事故调查分析，学籍处理，审议《在校学生计划生育管理暂行规定》 |
| 10月28日 | 第16次校长办公会议 | 研究2009年专业技术职务岗位设置，启动50周年校庆筹备工作 |
| 11月3日 | 第17次校长办公会议 | 讨论2010年自主招生工作，研究市拨一次性绩效奖励发放办法，通报教育部《卓越工程师培养计划》试点工作精神，通报学校与北京航空航天大学共建工作事项 |
| 11月24日 | 第18次校长办公会议 | 中蓝学生公寓二期奠基典礼，听取软件学院工作汇报和办学机制调整方案，讨论环能学院火灾事故处理意见，干部任免，调整学位评定委员会主任 |
| 12月8日 | 第19次校长办公会议 | 研究教职工退休延聘工作，审议专业技术职务聘任委员会名单，讨论出版社改制工作，审议《关于加强我校国家示范性软件学院建设工作的决定》，讨论对外合作办学项目遗留问题 |
| 12月16日 | 第20次校长办公会议 | 讨论学位评定委员会换届工作，审议北工大与青海民族大学合作协议，研究国庆60周年庆典参与师生评优工作 |
| 12月22日 | 第21次校长办公会议 | 研究2009年专业技术职务聘任工作，审议“十二五”规划编制指南，讨论经管学院对外合作办学事宜，研究50周年校庆筹备工作 |

（江飒英）

# ·机构与队伍·

## 北京工业大学2009年校级领导干部及校长助理

**党委书记** 王守法
**校　　长** 范伯元
**党委副书记** 张毅刚　张　革
**纪委书记** 龚　裕
**副 校 长** 张　泽（2009年6月22日免）　马志成　侯义斌　张爱林　蒋毅坚　卢振洋
**校长助理** 张长春　林志远

## 中共北京工业大学委员会

**党委委员** （按姓氏笔画为序）：
马志成（回）　王守法　王燕兴　左铁镛　卢振洋　孙崇正　纪树兰（女）　李四平
杨建武　张　泽　张　革　张宝林　张爱林　张毅刚　范伯元　陈建新　金毓荃（满）
赵凤琴（女）　蒋毅坚　雷永平　薛素铎

**党委常委** （按姓氏笔画为序）：
马志成（回）　王守法　纪树兰（女）　张　泽（2009年9月14日免）　张　革
张毅刚　范伯元　赵凤琴（女）（2009年12月19日免）　龚　裕（2009年1月5日任）

## 中共北京工业大学纪律检查委员会

**纪委书记** 龚　裕
**纪委委员** （按姓氏笔画为序）：
任立新（女、满）　李士贵　李建平　张　蕾（女）　张秀华（女）　张毅刚　赵铁庄
骆云霞（女）　钟儒刚

## 北京工业大学校务委员会

**主　任** 王守法
**副主任** 范伯元　张毅刚　侯义斌　孙崇正
**委　员** 张　泽　马志成　张爱林　蒋毅坚　卢振洋　张　革　赵凤琴　纪树兰　杜修力
张久兴　钱伟量　余跃庆　张延庆　鲍长春　佘远斌　邸瑞华　李双杰　邱晓飞
李　静　李　忠　学生会主席　研究生会主席

办事机构设在校两办。

## 北京工业大学第七届学术委员会
### （工大发〔2003〕29号）

**主　　任** 左铁镛

**副主任** 张　泽（常务）　周大森　周锡元　张　杰　曾　毅　李京文　陆学艺　王福祥　隋允康　马重芳　刘小明　侯义斌

**秘书长** 隋允康

**副秘书长** 张爱林

**委　员** 左铁镛　张　泽　孙崇正　周大森　刘小明　隋允康　卢振洋　张爱林　费仁元　余跃庆　沈光地　王　普　周锡元　马重芳　彭永臻　杨振海　陶世荃　张　杰　刘椿年　张久兴　蒋毅坚　聂祚仁　李京文　韩福荣　陆学艺　钱伟量　左铁钏　侯义斌　曾　毅　钟儒刚　王福祥

## 北京工业大学第九届学位评定委员会
## （工大发〔2009〕42号）

**主　任** 范伯元

**副主任** 蒋毅坚　张　杰

**委　员** 何存富　阮晓刚　杜修力　张毅刚　金毓荃　张忠占　尹宝才　史耀武　黄鲁成　何泾沙　钟儒刚　李东松　戴　俭　周俊英　李建平　刘世炳　吴　斌　薛素铎

**秘书长** 吴　斌（兼）

**副秘书长** 薛素铎（兼）

## 北京工业大学党风廉政建设领导小组
## （工大党发〔2009〕25号）

**组　长** 王守法　范伯元

**副组长** 龚　裕

**成　员** 张毅刚　张　革　马志成　卢振洋　赵凤琴　纪树兰　李四平　马维娜　张宗颉

办事机构设在纪委办公室。

## 北京工业大学学生工作指导委员会

**主　任** 张　革

**副主任** 蒋毅坚

**委　员** 赵凤琴　王秀彦　薛素铎　吴　斌　党　杰　赵铁庄　张建国　刘建萍　邱晓飞

办事机构设在学生部（处）。

## 北京工业大学学校文化建设工作领导小组

**组　长** 王守法

**副组长** 张毅刚

**成　员** 蒋毅坚　张爱林　张　革　马志成　赵凤琴　林志远　李四平　薛素铎　杨建武　王秀彦　祖占良　戴　俭　邢永利　安　琳　邱晓飞　钱伟量

办事机构设在党委宣传部。

## 北京工业大学安全稳定工作委员会

**组　长** 王守法

**副组长** 马志成　张　革

**成　员** 赵凤琴　赵铁庄　薛素铎　吴　斌　王秀彦　张建国　刘建萍　杨建武　党　杰

李四平　邢永利　栗卓新　祖占良　王毅强　安　琳　邱晓飞　田　莉　吴文英
办事机构设在保卫部（处）。

## 北京工业大学信访工作领导小组

**组　长**　张毅刚
**副组长**　卢振洋
**成　员**　张　革　赵凤琴　赵铁庄　吴　斌　王秀彦　薛素铎　刘建萍　张建国　孙根生
安　琳　金　峰
下设办公室，主任：赵凤琴（兼）。

## 北京工业大学民族宗教事务工作领导小组

**组　长**　张　革
**副组长**　王秀彦　程晓琦
**成　员**　薛素铎　赵铁庄　刘建萍　邱晓飞　杜　峰　高春娣　余　立
办事机构设在学生部（处）。

## 北京工业大学保密工作委员会

**主　任**　王守法
**副主任**　卢振洋　赵凤琴
**成　员**　纪树兰　杨建武　张　革　吴　斌　薛素铎　王秀彦　赵铁庄　李国俊　党　杰
李四平　邢永利　栗卓新　杜修力　王　普　刘中良　聂祚仁　王燕兴　肖荣诗
张忠占　王燕琪　吴文英
下设保密办公室，主任：王燕琪。

## 北京工业大学海外高层次人才工作领导小组
## （工大党发〔2009〕19号）

**组　　长**　范伯元　王守法
**成　　员**　张　泽　张　革　马志成　张爱林　蒋毅坚　卢振洋　纪树兰
**联系部门**　人事处

## 北京工业大学老干部工作领导小组

**组　长**　王守法
**副组长**　张毅刚　马志成
**成　员**　张　革　赵凤琴　纪树兰　李四平　李国俊　安　琳　田　莉　张宝林　鞠光华
刘建萍
办事机构设在离退休人员管理处。

## 北京工业大学关心下一代工作委员会
## （工大党发〔2009〕9号）

**顾　　问**　王　浒　冯　城　回登昌　余　进　周宣诚　贺德仁　蔡少甫
**主　　任**　李荣发

**副 主 任** 张毅刚 刘保顺 周大森

**委　　员** （按姓氏笔画排序）：

王雅珍 王德珍 安 琳 刘秀兰 刘保顺 刘建萍 李四平 李庆丰 李荣发 邱晓飞 张毅刚 周大森 周洪芳 周秀梅 王燕琪 徐 敏 唐纯熙 高春娣 鞠光华

**秘 书 长** 张宝林

**副秘书长** 温海燕

## 北京工业大学依法治校工作领导小组

**主　任** 范伯元 王守法

**副主任** 张毅刚

**成　员** 张 泽 张 革 马志成 侯义斌 蒋毅坚 张爱林 赵凤琴 李国俊 赵铁庄 栗卓新 薛素铎 李四平

下设办公室，主任：赵凤琴（兼）。

## 北京工业大学发展建设规划编制工作小组

**组　长** 张爱林

**副组长** 蒋毅坚 卢振洋

**组　员** 张 革 赵凤琴 王大勇 杨建武 吴 斌 薛素铎 陈建新 祖占良 邢永利 张晓玲

各学院指定一名组员

办事机构设在发展规划处。

## 北京工业大学财经工作小组

**组　长** 范伯元 王守法

**副组长** 卢振洋

**组　员** 龚 裕 李国俊 张宗颉 赵凤琴

办事机构设在财务处。

## 北京工业大学本科教学指导委员会

**名誉主任** 左铁镛

**主　　任** 蒋毅坚

**副 主 任** 侯义斌 张爱林 孙崇正 隋允康

**委　　员** 余跃庆 李晓阳 王 普 李炎峰 刘中良 程水源 张忠占 蒋宗礼 王金淑 阮平南 吴水才 宛素春 钱伟量 周竞学 周俊英 谭铁志 肖 念 吴 斌

**秘 书 长** 薛素铎

办事机构设在教务处。

## 北京工业大学学籍指导委员会

**主　任** 蒋毅坚

**副主任** 张 革

**委　员** 薛素铎　吴　斌　王秀彦　乔俊飞　赵曙东　江飒英
**秘　书** 陶明法　纪登梅
办事机构设在教务处、研究生部。

## 北京工业大学招生就业工作领导小组
## （工大发〔2009〕12号）

**组　长** 张　革
**副组长** 蒋毅坚　龚　裕
**成　员** 党　杰　吴　斌　王秀彦　薛素铎　李国俊　乔俊飞　金　峰
办事机构设在招生就业处、研究生部。
**招生监察工作领导小组**
**组　长** 龚　裕
**成　员** 薛素铎　马维娜　许　奋
招生监察工作领导小组办公室设在校监察室。

## 北京工业大学“211工程”建设领导小组

**组　长** 范伯元　王守法
**副组长** 张爱林
**成　员** 张　泽　张毅刚　张　革　马志成　侯义斌　蒋毅坚　卢振洋　赵凤琴　纪树兰
王大勇
办事机构设在发展规划处。

## 北京工业大学国有资产及实验室管理建设委员会

**主　任** 张爱林
**副主任** 蒋毅坚　卢振洋　栗卓新
**委　员** 赵凤琴　刘建萍　宋　群　李国俊　王大勇　杨建武　祖占良　刘有军　张　欣
张宏光　范晋伟　段建民　关宏志　夏定国　王　术　石　勤　崔素萍　钟儒刚
何泾沙　蒋国瑞　李东松　何岑成　廖　伟　周竞学　李建平　陈建新
办事机构设在国有资产及实验室管理处。

## 北京工业大学校园建设委员会

**主　任** 范伯元
**副主任** 张爱林　马志成
**成　员** 赵凤琴　祖占良　王大勇　栗卓新　刘建萍　张建国　李国俊
办事机构设在基建处。

## 北京工业大学校务公开工作领导小组

**组　长** 范伯元　王守法
**副组长** 卢振洋
**成　员** 赵凤琴　纪树兰　李国俊　李四平　王秀彦　薛素铎　吴　斌　祖占良　栗卓新
刘建萍　安　琳　张　欣　金　峰
下设办公室，主任：赵凤琴（兼）。

## 北京工业大学安全生产委员会

**主　任**　范伯元
**副主任**　马志成　张爱林　卢振洋
**成　员**　赵凤琴　杨建武　栗卓新　赵铁庄　张　革　李国俊　张建国　刘建萍　王燕琪　祖占良　宋　群　刘有军

办事机构设在国有资产管理处。

## 北京工业大学公费医疗领导小组

**组　长**　马志成
**副组长**　张毅刚
**成　员**　田　莉　李国俊　安　琳　王秀彦　孙根生　张宝林　张　欣

办公室设在校医院，主任：田　莉（兼）。

## 北京工业大学住房管理领导小组

**组　长**　马志成
**副组长**　张毅刚
**成　员**　张　革　李国俊　栗卓新　安　琳　张宝林　王连仲　申小龙

办事机构设在后勤管理处。

## 北京工业大学军工科技领导小组

**组　长**　范伯元
**副组长**　张　泽　卢振洋
**成　员**　张爱林　马志成　杨建武
**秘书长**　杨建武

办事机构设在科技处。

## 北京工业大学节能工作领导小组

**组　长**　马志成
**副组长**　刘建萍
**成　员**　赵凤琴　李国俊　李四平　张建国　栗卓新　祖占良　薛素铎　赵曙东　杜　峰　邱晓飞　史　鹏

办事机构设在后勤管理处。

## 北京工业大学校办产业改革领导小组

**组　长**　范伯元
**副组长**　马志成
**成　员**　张毅刚　宋　群　金　力　张建国　张　欣　李国俊　栗卓新　赵凤琴　王梦然

下设工作组，组长：宋　群（兼）。

## 北京工业大学劳动人事争议调解委员会

**主　任**　张毅刚
**委　员**　张　革　王燕兴　安　琳　陈　莎　王燕琪　陈景忠　陈颖军　孙玉荣
办事机构设在校工会。

## 北京工业大学学生申诉处理委员会

**主　任**　张　泽
**副主任**　张宝林　任　炜
**委　员**　靳晓东　冯爱玲　教师代表、学生代表各2人
**秘　书**　梁　爽　李　敏
办事机构设在学生部（处）。

## 北京工业大学图书馆工作委员会

**主　任**　侯义斌
**副主任**　陈建新
**成　员**　魏育辉　江飒英　李国俊　王大勇　薛素铎　吴　斌　邵长城　刘俊武　栗卓新
高向宇　李贵斌　王鹏庭　吴国蔚　张延华　任　炜　学生代表2人
办事机构设在图书馆。

## 北京工业大学人口与计划生育委员会

**主　任**　马志成
**副主任**　胡秀荣　田　莉
**委　员**　赵凤琴　李四平　王秀彦　赵铁庄　李国俊　安　琳　涂　鸣　邱晓飞　叶红玲
刘秀兰　白玉华　李艾芳　宛小炜　钟儒刚　宋贵先　石　勤　崔素萍　廖　玫
杨　茹　何泾沙　冯志华　何岑成　王雅岚　肖荣诗　韩新君　魏育辉　孙根生
王梦然　张　欣　黄彦萍
办事机构设在计划生育办公室。

## 北京工业大学体育运动委员会

**主　任**　范伯元
**副主任**　蒋毅坚
**委　员**　赵凤琴　薛素铎　王秀彦　李四平　安　琳　陈建生　叶红玲　关佳亮　李　悦
谢亚勃　王海燕　石　琴　郭　福　李承杰　王梦然　夏海洲　王燕霞　魏　爽
任永芳　林志远　肖荣诗　刘海田　贯会明　张长春　张建国　雷碧莲　王　锋
周恕义　杜　锋　邱晓飞　高春娣　田　莉　陈　莎　周洪波　吴文英　金　峰
办事机构设在体育教学部。

## 北京工业大学信息化建设工作领导小组

**组　长**　侯义斌
**副组长**　张毅刚　卢振洋

**成　员** 李四平　王秀彦　李国俊　栗卓新　薛素铎　吴　斌　杨建武　赵铁庄　刘建萍
陈建新　邢永利　祖占良　张建国　王燕琪　周恕义　江飒英　赵　明

办事机构设在信息处。

## 北京工业大学语言文字工作领导小组

**组　长** 蒋毅坚

**副组长** 张　革

**成　员** 薛素铎　李四平　李　娟　张　欣

办事机构设在教务处。

## 北京工业大学防汛工作领导小组

**组　长** 马志成

**成　员** 刘建萍　赵铁庄　栗卓新　祖占良　王秀彦　李四平　张建国　田　莉　金　峰
李建平　李殿忠　周竞学

办事机构设在后勤管理处。

## 北京工业大学国家示范性软件学院建设工作领导小组

**组　长** 范伯元

**副组长** 侯义斌　蒋毅坚

**成　员** 张　革　薛素铎　吴　斌　李国俊　党　杰　何泾沙

办事机构设在软件学院。

## 北京工业大学国家建设高水平大学公派研究生项目专项工作领导小组

**组　长** 范伯元

**副组长** 张　泽　蒋毅坚　张　革

**成　员** 吴　斌　薛素铎　杨建武　吴文英　张　欣

办事机构设在国际交流合作处。

## 北京工大投资管理有限公司管理委员会

**主　任** 范伯元

**副主任** 王守法

**委　员** 马志成　卢振洋　张爱林　张毅刚　张　革

（以上由校两办提供）

## 北京工业大学 2009 年专业技术职务聘任委员会

**主任委员** 范伯元

**副主任委员** 王守法

**委　　员** （按姓氏笔画为序）

王　普　卢振洋　左铁镛　刘中良　何存富　张　革　张忠占　张爱林　李京文　杜修力
沈昌祥　陆学艺　周俊英　周竞学　林志远　侯义斌　聂祚仁　曾　毅　蒋毅坚　戴　俭

# 北京工业大学 2009 年专业技术职务学科评议组名单

**机械学科组**

**组　长**　何存富

**成　员**　杨建武　范晋伟　宋永伦　余跃庆　李晓阳　吴　斌

**秘　书**　刘立霞

**电子通讯　自动控制学科组**

**组　长**　王　普

**成　员**　贾克斌　段建民　冯士维　阮晓钢　鲍长春　张万荣

**秘　书**　王兆明

**建工学科组**

**组　长**　赵耀华

**成　员**　张　杰　陶连金　闫维明　李振宝　关宏志　荣　建　赵　均　亓路宽

**秘　书**　顾　萍

**环境　热能学科组**

**组　长**　刘中良

**成　员**　马重芳　彭永臻　程水源　纪树兰　夏定国　周大森

**秘　书**　李　晶

**数学　物理和激光学科组**

**组　长**　张忠占

**成　员**　蒋毅坚　肖荣诗　徐学东　程曹宗　陶世荃　薛　毅　王　丽　王　术

**秘　书**　黄锦秀

**计算机学科组**

**组　长**　沈昌祥

**成　员**　侯义斌　尹宝才　刘椿年　肖创柏　何泾沙　黄樟钦

**秘　书**　段红峰

**材料学科组**

**组　长**　周美玲

**成　员**　聂祚仁　张久兴　史耀武　雷永平　崔素萍　王金淑

**秘　书**　张国建

**经济与管理学科组**

**组　长**　李京文

**成　员**　王守法　黄鲁成　阮平南　宗　刚　梁岩松　冯秀珍

**秘　书**　李军英

**人文　外语和体育学科组**

**组　长**　陆学艺

**成　员**　孙崇正　钱伟量　周俊英　谢伦立　李东松　刘宇慧

**秘　书**　韩　杰

**建筑学　艺术设计学科组**

**组　长**　戴　俭

**成　员**　李艾芳　陈　喆　杨昌鸣　谭铁志　贾荣建　林　森

**秘　书**　孙慧丽　苏晨阳

**生命学科组**

**组　长**　曾　毅

**成　员**　钟儒刚　闫　红　吴水才　马雪梅

**秘　书**　徐　莲

**实验技术学科组**
组　长　卢振洋
成　员　刘有军　张红光　周竞学　王大勇
秘　书　温　涛
**大学生思想政治教育学科组**
组　长　张　革
成　员　龚　裕　钱伟量　王秀彦　李四平
秘　书　高春娣
**综合学科组**
组　长　马志成
成　员　张　革　龚　裕　纪树兰　陈建新
秘　书　杨　柳
**教育管理研究学科组**
组　长　王守法
成　员　张毅刚　张　革　马志成　侯义斌　张爱林　卢振洋　赵凤琴
秘　书　张　欣　罗之冰

## 北京工业大学2009年学院（部）专业技术职务聘任委员会名单

**机电学院专业技术职务聘任委员会**
主　任　何存富
成　员　余跃庆　杨建武　李晓阳　范晋伟
**电控学院专业技术职务聘任委员会**
主　任　王　普
成　员　贾克斌　段建民　冯士维　阮晓钢
**建工学院专业技术职务聘任委员会**
主　任　杜修力
成　员　张毅刚　张永祥　李炎峰　关宏志
**环能学院专业技术职务聘任委员会**
主　任　刘中良
成　员　程水源　马重芳　夏定国　夏国栋
**数理学院专业技术职务聘任委员会**
主　任　张忠占
成　员　李宝富　程曹宗　王　丽　王　术　陶世荃　彭良雪
**计算机学院专业技术职务聘任委员会**
主　任　沈昌祥
成　员　尹宝才　刘椿年　蒋宗礼　肖创柏
**材料学院专业技术职务聘任委员会**
主　任　聂祚仁
成　员　周美玲　雷永平　王金淑　崔素萍
**生命学院专业技术职务聘任委员会**
主　任　曾　毅
成　员　钟儒刚　阎　红　吴水才　刘有军
**软件学院专业技术职务聘任委员会**
主　任　侯义斌
成　员　何泾沙　朱　青　刘宏珍　蔡建平
**建规学院专业技术职务聘任委员会**

主　任　戴　俭
成　员　李艾芳　陈　喆　杨昌鸣　苏经宇

**经管学院专业技术职务聘任委员会**

主　任　李京文
成　员　黄鲁成　蒋国瑞　阮平南　王燕霞

**人文学院专业技术职务聘任委员会**

主　任　陆学艺
成　员　钱伟量　杨　茹　李东松　张　革

**外语学院专业技术职务聘任委员会**

主　任　周俊英
成　员　张俊梅　刘宇慧　张　丽　曹　巍

**艺术设计学院专业技术职务聘任委员会**

主　任　林志远
成　员　谭铁志　王毅强　廖　伟　李殿忠

**激光院专业技术职务聘任委员会**

主　任　蒋毅坚
成　员　肖荣诗　李　强　刘世炳　郭　江

**循环经济研究院专业技术职务聘任委员会**

主　任　左铁镛
成　员　李京文　程会强　宗　刚　王金淑

**固体所专业技术职务聘任委员会**

主　任　张　泽
成　员　孙　威　徐学东　韩晓东　隋曼龄　刘丹敏

**体育部专业技术职务聘任委员会**

主　任　陈建生
成　员　韩新君　索艳军　周洪波　谢伦立

**实验学院专业技术职务聘任委员会**

主　任　周大森
成　员　王雅岚　周竞学　王明生　贯会明　孙宝岐　石秀丽

**继续教育学院专业技术职务聘任委员会**

主　任　李建平
成　员　种国慈　胡　克

**高教所专业技术职务聘任委员会**

主　任　孙崇正
成　员　蒋毅坚　肖　念

**非教学单位专业技术职务聘任委员会**

主　任　张　革
成　员　杨建武　陈建新　李国俊　刘有军　祖占良　王秀彦　王大勇　田　莉

（以上由人事处提供）

# 北京工业大学2009年党政组织机构设置及负责人

## 党　委　机　关

| | | |
|---|---|---|
| 党委办公室 | 主任 | 赵凤琴 |
| 党委组织部 | 部长 | 纪树兰 |
| 党校 | 校长 | 王守法（兼） |

| | | |
|---|---|---|
| 党委宣传部 | 部长 | 李四平 |
| 党委统战部 | 副部长（主持工作） | 程晓琦 |
| 党委学生工作部 | 部长 | 王秀彦 |
| 党委研究生工作部 | 部长 | 王秀彦 |
| 武装军训部 | 部长 | 王秀彦（兼） |
| 保卫部 | 部长 | 赵铁庄 |
| 离休干部党总支 | 书记 | 鞠光华 |
| 工会 | 主席 | 张毅刚（兼） |
| | 副主席（正处级） | 安　琳 |
| 团委 | 书记 | 邱晓飞 |
| 机关党委 | 书记 | 赵凤琴（兼） |

## 行　政　机　关

| | | |
|---|---|---|
| 校长办公室 | 主任 | 赵凤琴 |
| 教务处 | 处长 | 薛素铎 |
| 科技处 | 处长 | 杨建武 |
| 学生处 | 处长 | 王秀彦 |
| 研究生部 | 主任 | 吴　斌 |
| 招生就业处 | 处长 | 党　杰 |
| 保卫处 | 处长 | 赵铁庄 |
| 离退休人员管理处 | 处长 | 张宝林 |
| 人事处 | 处长 | 张　革（兼） |
| 发展规划处 | 处长 | 王大勇 |
| “211 工程”办公室 | 主任 | 王大勇（兼） |
| 国际交流合作处 | 副处长（主持工作） | 吴文英 |
| 信息处 | 处长 | 邢永利 |
| 国有资产及实验室管理处 | 处长 | 栗卓新 |
| 财务处 | 处长 | 李国俊 |
| 基建处 | 处长 | 祖占良 |
| 后勤管理处 | 处长 | 刘建萍 |
| 监察室 | 副主任 | 马维娜 |
| 审计处 | 副处长（主持工作） | 张宗颉 |
| 校友会办公室 | 校友总会常务副理事长 | 张长春（2009 年 12 月任） |
| | 主任 | 林美珍 |
| 保密委员会办公室 | 主任 | 王燕琪 |
| 机关事务办公室 | 主任 | 孙根生（2009 年 3 月免） |
| | | 程晓琦（2009 年 3 月代） |
| 后勤集团 | 党委书记 | 涂　鸣 |
| | 总经理 | 张建国 |

## 各院、部、直属单位负责人

| | | |
|---|---|---|
| 机械工程与应用电子技术学院 | 党委书记 | 杨建武（兼） |
| | 院长 | 何存富 |
| 电子信息与控制工程学院 | 党委书记 | 贾克斌 |
| | 院长 | 王　普 |
| 建筑工程学院 | 党委书记 | 张永祥 |
| | 院长 | 杜修力 |

| | | |
|---|---|---|
| 环境与能源工程学院 | 党委书记 | 程水源 |
| | 院长 | 刘中良 |
| 应用数理学院 | 党委书记 | 李宝富 |
| | 院长 | 张忠占 |
| 计算机学院 | 党委书记 | 王燕兴（2009年11月免） |
| | | 石　勤（2009年11月任） |
| | 院长 | 沈昌祥 |
| | 常务副院长 | 尹宝才（2009年11月任） |
| 材料科学与工程学院 | 党委书记 | 雷永平 |
| | 院长 | 聂祚仁 |
| 经济与管理学院 | 党委书记 | 黄鲁成 |
| | 院长 | 李京文 |
| 人文社会科学学院 | 党总支书记 | 杨　茹 |
| | 院长 | 陆学艺 |
| | 常务副院长 | 钱伟量 |
| 建筑与城市规划学院 | 党总支书记 | 李艾芳 |
| | 院长 | 戴　俭 |
| 生命科学与生物工程学院 | 党总支书记 | 钟儒刚（兼） |
| | 院长 | 曾　毅 |
| | 常务副院长 | 钟儒刚 |
| 外国语学院 | 党总支书记 | 何岑成 |
| | 院长 | 周俊英 |
| 软件学院 | 院长 | 侯义斌（兼） |
| | 党总支副书记 | 朱　青（代） |
| 实验学院 | 党委书记 | 王雅岚 |
| | 院长 | 周竞学 |
| 艺术设计学院 | 党委书记 | 王毅强 |
| | 院长 | 林志远 |
| 体育教学部 | 直属党支部书记 | 韩新君 |
| | 主任 | 陈建生 |
| 继续教育学院 | 院长 | 卢振洋（兼） |
| | 常务副院长 | 李建平 |
| | 党委书记 | 李建平（兼） |
| 耿丹学院 | 党总支书记 | 张长春（2009年12月免） |
| 激光工程研究院 | 院长 | 蒋毅坚（兼） |
| | 常务副院长 | 肖荣诗（兼） |
| | 党总支书记 | 肖荣诗 |
| 固体微结构与性能研究所 | 所长 | 孙　威 |
| | 直属党支部书记 | 徐学东 |
| 循环经济研究院 | 院长 | 左铁镛 |
| | 常务副院长 | 程会强 |
| 高等教育研究所 | 所长 | 孙崇正 |
| | 常务副所长 | 肖　念 |
| 图书馆 | 党总支书记 | 陈建新（代） |
| | 馆长 | 陈建新 |
| 校医院 | 党总支书记 | 田　莉 |
| | 院长 | 田　莉（兼） |

| | | |
|---|---|---|
| 北京工大智源科技发展有限公司 | 总经理 | 宋　群 |
| | 科技产业党总支副书记（主持工作） | 王梦然 |
| 学生会、社团直属党支部 | 书记 | 任　炜 |
| 学生社区学生直属党支部 | 书记 | 季景书（兼） |

（组织部　提供）

# ·教育教学·

## 本科教育

【概况】 2009年，北工大本科教学总的工作思路是：坚持科学发展观，贯彻校院两级管理体制及其相关措施，加强工作整改。以申报北京市和国家教学成果奖为契机，加强质量工程建设，认真总结教学经验，深化教育教学改革，推进教育创新、加强创新型人才培养，推动学校的本科教学工作内涵式发展。

落实科学发展观，修订各项管理制度，进一步完善校院两级管理。对原有90个制度文件全面清理，其中保留26个、废止12个、新增9个、修改52个。对梳理的问题深入剖析产生原因，提出加强自身建设、提升本科教育教学水平的总体思路。

应对新形势新变化，确保教学平稳运行。完成计划、排课、选课、考试、成绩等各项工作，为国庆游行等各项活动提供必要的保障。全校在2008年11月和2009年3月对应届毕业生进行成绩核准和提前摸底，对发现的各种问题及时解决；针对部分选修课程结课时间较晚、影响毕业资格审查的问题，部分选修课程试行在前8周排课，确保在正式资格审查前这些课程成绩已经入库。完成两次大学英语四六级考试的组织工作；完成新学籍管理规定的修改；针对学校信息系统的改造，对教务管理信息系统进行二次开发。另外，通过对往届学生基础课学习情况统计，提前确定下一学期的重修班开课计划，确保学生选择重修课程的针对性。

总结凝练近年教育教学改革经验，教学成果奖获佳绩，20项成果获北京市教育教学（高等教育）成果奖，其中材料学院左铁镛院士等申报的“‘以资源节约与环境友好为主导’的材料专业建设与改革”获特等奖。5项成果获第六届高等教育国家级成果奖二等奖。

贯彻“质量工程”，提高人才培养质量。入选国家级特色专业建设点1个，入选北京市市级特色专业建设点1个。1门课程被评为国家级精品课程，6门课程入选北京市精品课程；获批建设“教育部—英特尔精品课程”1门，1门课程入选国家级双语教学示范课程。13种教材入选北京市精品教材建设立项。1位教授获第五届高等学校教学名师奖，3位教授获第五届北京市高等学校教学名师奖。2个教学团队被评为国家级教学团队，4个团队被评为北京市优秀教学团队。2个实验教学中心获评为北京高等学校实验教学示范中心，其中1个获评国家级实验教学示范中心。获批为北京高等学校市级校外人才培养基地、北京市级人才培养模式创新试验区建设单位。

探索人才培养新模式，培养应用性创新人才。加强创新学分实施的制度保障。制定并形成《北工大本科生创新学分实施细则》，对创新学分的实施进一步细化及责任认定，确保创新学分的管理与实施有据可依、切实可行。再次修订《北工大认定的本科生科技竞赛项目名单》，项目名单由原来的84项增加为107项。其中：省部级以上竞赛70项，校级竞赛37项。共组织参加学生科技竞赛65项。

青年教师发展。共有71名青年教师参加培训，其中：60人通过培训获合格证书，19人获优秀学员称号。另外，7个学院22名教师参加国家精品课程骨干教师网上培训。举办青年教师约谈会1次，学生约谈会2次，开展青年教师培训需求与效果问卷调查。在第九届全国多媒体课件大赛中共获7个奖项。在北京高校第六届青年教师基本功比赛中，分获获理工A组基本功比赛一等奖、最佳演示奖和最受学生欢迎奖；理工A组基本功比赛二等奖；英语组基本功比赛三等奖。在北京市高校第二届多媒体教育软件大奖赛中，获多媒体教育软件二等奖3项、三等奖3项、优秀奖5项和优秀组织奖，共获12个奖项。

推进教育教学研究工作，提高教师整体素质和理论水平。2009年教学研究立项218项，其中重点课题16项，面上课题202项。征集2008年度公开发表的教育教学研究论文，审查认定符合奖励条件的488篇，其中：学校认定的核心期刊论文19篇，其他公开出版物发表论文469

篇，发布奖励公告并发放论文奖励26.3万元。共拨2007年度校级立项及省部项目配套经费415万元。发放“质量工程”及教学成果配套奖励56.37万元，对2008年度“质量工程”各项建设进行奖励，包括优秀教学团队、教学名师、精品课程、精品教材、实验示范中心、校外人才基地、北京高等教育教学成果奖、国家精品教材等。

（黄晓红　薛素铎）

**【教学计划】** 教学计划实施。完成本科指导性教学计划、校选课和辅修专业教学计划。

校开选修课。校开选修课继续采取数量与质量并抓的管理方式，在全校具备高校教师资格的人员积极申报课程的同时，坚持对课程申报规范管理，要求课程申报时必须提交教学大纲，并组织专家加强对校选课教学大纲和授课情况检查。校开选修课（不含培训课、第二课堂和创新实践选修课）的申报数量为：3月，课程申报数量为192门课程（262个课堂）；9月，课程申报数量为178门课程（263个课堂）。其中人文艺术社科、经济管理、提高性外语、文献检索和现代教育技术五类长期以来供不应求的校开选修课的申报数量为：3月，五类课程申报数量为120门课程（181个课堂），9月，五类课程申报数量为134门课程（209个课堂）。课程申报数量能很好地满足学生的选课需求。2009年度创新实践选修课的申报数量为：3月，36门课程（36个课堂）；9月，53门课程（53个课堂）。通过校园网，向学生发布下学期有关选修课程信息引导学生选课，对2007级和2008级学生在校选课课程性质上的变化，作相应的课程对照和选课指导。

（兰劲华　赵曙东）

**【教学运行】** 选课工作。6月1至18日，本科生网上选课。2009至2010学年第一学期全校因选课人数较少而关闭专业选修课97个课堂，关闭校开公共选修课（通识教育选修课）28个课堂，关闭新开辅修专业1个（3个课堂）。6月29日至7月5日，本科生网上跟班重修报名。12月7至23日，本科生网上选课。2009至2010学年第二学期全校因选课人数较少而关闭专业选修课64个课堂，关闭校开公共选修课（通识教育选修课）79个课堂，关闭新开辅修专业4个（9个课堂）。

重修班课程管理。3月14日至5月23日，开设2008至2009学年第二学期重修班，设课程21门、课堂21个，有1 770人次（1 220人）报名参加学习。参加学习的人次较去年同期减少17.13%。为方便学生上课，继续对上课时间进行优化，减少了课堂数目，投入教育经费10.23万元（2008年同期投入13.13万元）。5月16至26日，组织2008至2009学年第二学期重修班课程考试，共设51个考场。9月19日至12月6日，开设2009至2010学年第一学期重修班。设课程16门、课堂17个，有1 460人次（988人）报名参加学习。参加学习的人次较去年同期减少31.00%。继续优化上课时间，投入教育经费8.30万元（2008年同期投入11.31万元）。11月21日至12月9日，组织2009至2010学年第一学期重修班课程考试，共设42个考场。

（罗　琳　赵曙东）

**【考务与成绩管理】** 考务管理。2月18至20日，组织2008至2009学年第二学期全校开学前补考。参加考试人数约减少7.97%。6月8日至7月8日，组织2008至2009学年第二学期考试周内全校期末考试。考试科目有186门，共设697个考场，有22 177人次（7 008人）参加考试。

成绩管理。各类考试结束后，协同开课学院及任课教师，按时完成全校期末考试、重修考试和开学前补考成绩的录入、成绩单归档等工作。通过网络及时公布学生成绩。按照学校有关规定，对文、体特长生成绩加分处理。做好转专业学生的历史成绩核定和转换工作。做好成绩记录的数据转换工作，为学生制作英文成绩单提供方便。对全校学生成绩进行分类统计，为后续教学运行管理提供参照。对教务管理系统中的成绩管理模块提出修改意见，实现对任课教师成绩录入界面和成绩管理人员的成绩登录密码发放界面的修改，方便教师、减少差错、提高管理效率。周末重修考试结束后，为方便2004级及以前遗留学生毕业资格审核，特将遗留学生成绩从新教务管理系统转换至旧教务管理系统。对2009届毕业生的学习成绩记录进行多次核实，为资格审核提供依据，确保毕业生成绩归档信息的准确。完成了毕业资格复审前期准备，核实、更正课程性质，初步审核学分完成情况，将审核结果反馈给学生。

（陈　巍　赵曙东）

**【全国大学英语四、六级考试工作】** 全国大学英语四、六级考试（以下简称四、六级考试）在每年6月和12月各举行一次。

6月，报考四、六级考试的考生共计8 969人，其中：四级考试5 290人，六级考试3 679人。考试共设考场301个，其中：校本部四级考场118个，耿丹学院四级考场60个，校本部六级考场115个，耿丹学院六级考场8个。校本部考场分布在第一教学楼和第三教学楼，另设备用考场2个。第一教学楼设立考务办公室5个，第三教学楼设立考务办公室1个。首次在校本部全部考场启用考场监控。

12月，报考四、六级考试的考生共计7 984人，其中：四级考试3 604人，六级考试4 380人。考试共设考场268个，其中：校本部四级考场74个，耿丹学院四级考场47个，校本部六级考场133个，耿丹学院六级考场14个。校本部考场分布在第一教学楼和第三教学楼，另设备用考场5个。第一教学楼设立考务办公室5个，第三教学楼设立考务办公室1个。

（罗 琳 赵曙东）

**【学籍管理】** 巩固教学运行机制。教学运行、学籍管理规范化工作进一步巩固。2月和8月分别制定《2008至2009学年第二学期教学运行、学籍管理工作计划》、《2009至2010学年第一学期教学运行、学籍管理工作计划》并下发到各本科生教学学院和体育部，保障本科教学运行、学籍管理工作高效、有序进行。

学籍管理制度建设与宣讲。7月，修订《北工大本科学生学籍管理规定》，增加“结业学生未取得学分的课程和教学环节，可在结业后至最长的修业年限内申请返校重修。修满学分者，由学生本人申请、经学院审核、学校批准，可换发毕业证书；符合学位授予规定的，学校授予学士学位。毕业证书和学位证书的时间按实际发证日期填写。逾期不申请重修或在最长的修业年限内未修满学分者不再换发毕业证书”的内容。9月15日，校长办公会议讨论通过《北工大本科学生学籍管理规定》（修订）并自2007级（含）以后本科生起施行。9月，开展“本科学生学籍管理规定解读”主题宣讲教育活动，以指导2009级新生认知规则，系统规划大学生活，顺利完成学业，为以后的发展打下坚实基础。通过宣讲，学生对教学运行机制和教学管理系列制度、规定有了系统了解、理解和掌握。针对新修订的《北工大本科学生学籍管理规定》（2007级及以后本科学生施行）内容，组织学院教务工作人员系统学习并提出要求做好新增加内容的宣讲工作并及时反馈到教务处。

学籍电子注册工作。按照教育部《关于加强普通高等教育学生学籍电子注册工作的通知》（教学司〔2009〕24号）和北京市教育委员会《关于做好北京地区普通高等教育学生学年电子注册工作的通知》精神，于10月12至23日，完成9 385名普通高等教育本科学生（不含2009级新生）的学籍学年电子注册工作。按照北京市教育委员会《关于做好北京地区普通高等教育2009级新生学籍电子工作的通知》要求，与招生就业处合作，结合新生录取名册，审核各类招生数据，于11月24日前完成2009级木科学生3 166人学籍电子注册工作，做到新生数据按时、准确上报并及时为新生提供学籍电子注册结果查询网址，对查询及注册中反映的有关情况和问题，及时妥善处理。

毕业资格审核与学历证书电子注册。7月，学校共完成3 092名毕（结）业学生的毕业资格审核、学历证书电子注册数据上报和毕（结）业证书签发、学籍档案归档工作。

推荐免试研究生工作。根据《北工大推荐优秀应届本科毕业生免试攻读硕士学位研究生的实施办法》，9至10月，完成了优秀应届本科毕业生的推荐免试攻读硕士学位工作。共推荐免试攻读硕士学位研究生182人（其中学术型学位152人，专业学位30人）；其中推荐至外校免试攻读硕士学位56人（其中北大8人，清华11人，北师大2人，人大2人，北航18人，北理工9人，中科院6人）；5人为直博生。

转专业工作。学生在一年级第二学期时，如果第一学期所修课程考试成绩加权平均分超过70分（含70分）、未受过纪律处分，可以申请转专业。考虑到学校实际、专业发展和教育教学资源状况，转专业人数比例一般控制在同年级人数的5%左右。经转出学院同意、转入学院考核，可于二年级时进入新专业学习。截至6月，学校2008级本科学生转专业工作完成。转专业人数为205人，占2008级学生人数的6.57%，比2007级转专业学生人数增加了36人，比2006级学生转专业人数增加了106人。

“专接本”招生工作。根据北京市教育委员会《关于开展选拔高等职业教育（专科层次）优秀应届毕业生进入本科阶段学习试点工作的通知》精神，4至6月，艺术设计学院高职秋季毕业生“专接本”招生录取、入学报到工作结束，共有16名高职应届毕业生顺利通过北京市统一组织英语考试和学校组织的基础课和专业基础课考试，进入本科阶段学习。

（陶明法 赵曙东）

**【专业设置与建设】** 实施以专业人才培养定位为核心，以专业基本建设为基础，以课程体系优化与教学内容改革为重点的校、市、国家三级特色专业建设。6月，根据《北京市教育委员会关于开展市级特色专业建设点评审的通知》要求，组织教育部和北京市特色专业建设点的遴选和申报工作。①确定申报要求。从人才培养方案、人才培养模式、课程、教材、教师队伍的改革与建设、人才培养质量等方面明确学校申报市级特色专业建设点的基本要求。②申报项目的遴选。根据申报市级特色专业建设点的基本要求和学校的定位，结合北京地区经济社会发展和北京地区产业布局与结构调整需要，组织专家对申报项目进行认真遴选，使学校的特色专业建设有利于优化学校的学科专业布局结构，促进学校的专业建设、人才培养与北京经济社会发展的紧密结合。③对申报项目的材料逐一进行审查、修改、完善。④特色专业点申报材料印刷、装订及上报工作。

2009年，学校推荐2个校级特色专业和1个北京市级特色专业建设点分别参加2009年度北京市级和国家级特色专业建设点评选。经过专家评审，1个专业入选北京市普通高等学校特色专业建设点，1个专业入选教育部普通高等学校特色专业建设点。2009年学校入选教育部、北京市特色专业建设点情况详见表6-1、表6-2。

**表6-1 北京工业大学教育部特色专业建设点一览表**

| 专业名称 | 专业负责人 | 职称 | 所属学院 |
|---|---|---|---|
| 建筑环境与设备工程 | 赵耀华 | 教授 | 建工学院 |

**表6-2 北京工业大学北京市特色专业建设点一览表**

| 专业名称 | 专业负责人 | 职称 | 所属学院 |
|---|---|---|---|
| 交通工程 | 张金喜 | 教授 | 建工学院 |

截至2009年年底，学校已有7个专业入选教育部特色专业建设点，12个专业入选北京市普通高等学校特色专业建设点，9个专业入选北京市品牌专业立项。

为适应北京市对食品质量与安全专业人才的迫切需求，学校在前期准备的基础上，8月，生命学院申请增设“食品质量与安全”专业，并获北京市教委和教育部批准。食品质量与安全专业致力于培养知识结构合理、综合素质优秀、适应能力突出、拥有扎实的食品质量与安全方面的理论知识和技术，熟悉国际和国内食品质量安全标准体系和法规，具有极强的民族责任感和职业道德，能在食品监督管理、食品企业、商检、质检、海关、卫生监督、疾病控制、医院、社区、餐饮业、科研院所等领域从事食品质量控制、食品分析监测、食品监督管理等工作的专业人才，具有良好的发展前景。

（赵一夫　张红光）

**【课程与教材建设】** 通过实施学校、北京市、国家三级精品课程、精品教材建设，引导广大教师开展教学内容、教学方法、教学手段、教材等方面的改革和建设，建成一批示范性强、辐射面广、影响力大的精品课程，并利用现代信息技术实现优质教学资源的共享，带动全校课程建设水平的整体提高。在学校实施精品课程、精品教材建设的基础上，4月，根据北京市教委申报北京市和国家精品课的要求，精心组织学校精品课的申报。

2009年，学校有6门课程入选北京市精品课程，1门课程入选国家精品课程。学校精品课程情况详见表6-3、表6-4。

**表6-3 北京工业大学2009年入选北京市级精品课程一览表**

| 课程名称 | 课程负责人 | 职称 | 所属学院 |
|---|---|---|---|
| 工程力学 | 杨庆生 | 教授 | 机电学院 |
| 电子工程设计 | 贾克斌 | 教授 | 电控学院 |
| 土木工程概论 | 霍　达 | 教授 | 建工学院 |
| 环境质量评价 | 程水源 | 教授 | 环能学院 |
| 激光原理 | 俞宽新 | 教授 | 数理学院 |
| 军事理论与训练 | 张　革 | 教授 | 学生处 |

**表6-4 北京工业大学2009年入选国家级精品课程一览表**

| 课程名称 | 课程负责人 | 职称 | 所属学院 |
|---|---|---|---|
| 材料工程基础综合实验 | 王金淑 | 教授 | 材料学院 |

截至2009年年底，学校已建设有8门国家精品课程和36门北京市精品课程。

11月，组织校级精品课程评选，制定校级精品课程的申报条件，评选标准、评审程序和申报、评审的相关表格；组织精品课程的申报、课程网站、申报材料审核及组织专家进行评审工作。

2009年，学校共推荐52本教材参加北京高等教育精品教材评选，经专家评审，有13本入选北京高等教育精品教材立项。精品教材立项情况详见表6-5。

**表6-5 北京工业大学2009年北京高等教育精品教材立项一览表**

| 序号 | 教材名称 | 主编 | 职称 | 所属学院 |
|---|---|---|---|---|
| 1 | 化学与环境（第三版） | 任 仁 | 教授 | 环能学院 |
| 2 | 光电子学基本原理与技术 | 王 林 | 副教授 | 电控学院 |
| 3 | 暖通自动化控制 | 李炎锋 | 教授 | 建工学院 |
| 4 | 结构分析有限单元法 | 张延庆 | 教授 | 建工学院 |
| 5 | 建筑给水排水工程 | 张 英 | 副教授 | 建工学院 |
| 6 | 信息光学 | 陶世荃<br>万玉红 | 教授<br>副教授 | 数理学院 |
| 7 | 计算机系统结构 | 方 娟 | 副教授 | 计算机学院 |
| 8 | 基于FPGA的新型微型计算机接口设计技术 | 韩德强 | 高工 | 计算机学院 |
| 9 | 计算机组成与结构 | 毛国君 | 教授 | 计算机学院 |
| 10 | 财务会计 | 杨松令 | 教授 | 经管学院 |
| 11 | 心理健康与人才发展 | 赵丽琴 | 副教授 | 人文学院 |
| 12 | 嵌入式系统设计原理教程 | 黄樟钦 | 教授 | 软件学院 |
| 13 | 电子服务概论 | 朱 青 | 教授 | 软件学院 |

截至2009年年底，学校已有44本（套）北京市精品教材，1本国家级精品教材，32种教材选题入选“十一五”国家级教材规划，40种教材选题入选北京高等教育精品教材立项。

9月，组织对学校国家级、市级精品课程教学与建设情况进行检查，包括：①教师队伍、教学内容、教学条件建设情况；②网上教学资源建设及开通运行、更新情况；③教师、学生访问、网上互动及学生评价情况；④课程教学情况及效果等。检查方式采取课程自查、学院（部）检查和学校组织专家检查相结合的方式进行。

从2007级开始，在本科各专业教学计划中设置自学型课程。为规范自学型课程管理，保证自学型课程的实施效果，根据《北工大自学型课程管理办法》的要求，设计“自学型课程档案”，由学院组织任课教师填写自学型课程档案。组织学校专家到机电学院、电控学院、计算机学院开展调研，通过查阅教师填写的“自学型课程档案”和召开教师座谈会等方式，从教师对自学型课程的设计、学习方式和环节安排、考核方法、网络环境、效果评价、管理和存在问题、困难等方面了解自学型课程的教学情况，对学校进一步开展和管理自学型课程提供了一些有益的经验和应该注意的问题。

（赵一夫 张红光）

**【双语教学】** 双语教学概况。学校继续加强对双语教学的检查，组织校督导专家对双语课程、特别是本年度预立项课程进行听课检查，具体涉及教学内容、教学方法、教学效果、外文原版教材使用、课件制作、教师使用外语讲授情况、课外阅读作业布置情况以及课堂管理情况。专家与双语教师及时交换意见并提出针对性的改进建议。

双语教学建设。4月，在学科基础课、专业课和校开选修课中组织进行本年度的双语课程教学立项。经过学院审核和学校组织申报教师进行试讲答辩，5月，完成立项评审工作，11门课程获准预立项（即待这些课程正式开课并经专家听课检查后，再根据实际授课情况确定最终立项结果）。至此，北工大已有105门获准立项和预立项的双语课程。2009年学校“双语教学”预立项名单详见表6-6。

**表 6-6　北京工业大学 2009 年第八批"双语教学"课程预立项名单**

| 序号 | 课程名称 | 项目负责人 | 所属学院 |
|---|---|---|---|
| 1 | 半导体器件可靠性技术 | 张小玲 | 电控学院 |
| 2 | C++语言程序设计方法 | 周　珺 | 计算机学院 |
| 3 | 软件工程导论 | 于学军 | 软件学院 |
| 4 | 计算机网络 | 张　然 | 软件学院 |
| 5 | 药物合成 | 赵洪武 | 生命学院 |
| 6 | 仪器分析 | 赵丽娇 | 生命学院 |
| 7 | 国际金融 | 李　玫 | 经管学院 |
| 8 | 战略管理 | 叶　菲 | 经管学院 |
| 9 | 组织行为学 | 叶　菲 | 经管学院 |
| 10 | 社会福利思想 | 宋国恺 | 人文学院 |
| 11 | 产品系统设计 | 张　娟 | 建规学院 |

5 月，根据教育部制订的国家级双语教学示范课程申报条件，组织 2 门课程申报国家级双语教学示范课程。8 月，软件学院何泾沙教授主讲的"信息安全概论"课程成功入选。截至 2009 年年底，学校已有 3 门国家级双语教学示范课程。

双语教学培训。3 月和 9 月，分别组织了共计 67 人参加的每学期两个校内双语教师口语培训班。6 月，遴选了李玫、刘永孜等 20 名双语和青年骨干教师参加 8 至 9 月赴英国 Vniversity of Warwick（华威大学）的境外培训。

（兰劲华　赵曙东）

**【实践教学管理】** 实践教学管理。2009 年，北工大共有2 768名学生参加毕业设计（论文）环节，通过毕业设计（论文）的学生为 2 739 名，通过率为 98.95%。其中，成绩优秀的学生 260 名，占参加人数的 9.39%；成绩良好的学生 1 496 名，占 54.05%；成绩优良的学生共计 1 756 人，占 63.44%；成绩中等的学生 850 名，占 30.71%；成绩及格的学生 133 名，占 4.80%；成绩不及格的学生 23 名，缓答辩的学生 6 名，占 1.05%。指导教师 889 人。从课题的类型看，全校总课题数2 768 个，其中真实课题数 2 003 个，占总课题数的 72.36%。全校各学院共评选出校级优秀毕业设计（论文）92 篇，推荐 36 篇参加学校特优论文答辩。经校专家组评审，最终评出特优论文 28 篇。10 月，完成北工大《优秀毕业设计（论文）摘要选编》的编辑工作，印刷并发放到各学院。

实践教师培训。2009 年，"人才强教计划——教师实践技能培养"项目继续执行，共资助全校教师参加会议、培训、外出学习及调研、发表实践教学论文、专利申请、自制教学仪器等近 300 人次，为学校教学一线教师订阅实践教学刊物近 200 套，为实践教学一线教师提供学习与提高的机会，推动实践教学水平的提升，建立起一支结构合理、知识更新快、理论与实践相结合的双师型人才队伍。

（朱　红　张红光）

**【教学基地建设】** 3 月 2 日，教学基地建设各项目用款计划由北京市财政局、北京市教委下达至北工大，共批准教学基地建设项目 51 项，专项经费 4 463.40 万元，其中政府采购 1 640.43 万元，授权支付 2 822.97 万元。3 至 4 月，组织各教学基地建设项目填写《项目建设实施计划书》，正式启动了教学基地建设项目的执行工作。4 至 12 月，对教学基地建设项目进行监督与管理，与财务处和国资处协调配合，督促专款的执行进度，进行各类统计数据的汇总与上报，确保专款的顺利执行。12 月底，总结 2009 年度教学基地建设项目的建设情况，撰写教学基地建设年度绩效决算报告，确保专款建设效益的发挥。

（李雨竹　张红光）

**【创新人才培养】** 创新学分的实施与管理。3 月，出台《北工大本科生创新学分实施细则》，对创新学分的实施进行了细化及责任认定。2009 年全面展开创新实践课程的运行工作，实现创新实践课程与新教务信息管理系统的对接，创新实践课程按照正常教学管理程序进行选课，纳入正常教学秩序。

实验教学示范中心。2009 年，经过专家评审，2 个实验教学中心被评为"北京高等学校实验教学示范中心"。土木工程实验教学中心被评为"国家级实验教学示范中心建设单位"。为了做好实验教学示范中心的示范和推广工作，热情接待外校同行到国家级、北京市级实验教学示范中心进行参观和学习。共计接待全国27所高校50余人，受到参观者的广泛好评。

国家级人才培养模式创新实验区。1月，侯义斌教授负责的“北工大－Xilinx软件工程（嵌入式系统方向）应用人才联合培养模式创新实验区”被评为2008年度国家级人才培养模式创新实验区。

北京市级人才培养模式创新试验区。11月，建规学院陈喆教授负责的“建筑学综合应用型专业人才培养模式创新试验区”，被评为北京高等学校市级人才培养模式创新试验区。

北京市级校外人才培养基地。北京市教委于2008年正式启动了市级校外人才培养基地的申报与建设工作。在“十一五”期间，北京市教委要择优遴选，重点建设100个左右学科特色鲜明、校企合作基础扎实、实践教学效果突出、管理规范、运行良好、技术先进的市级校外人才培养基地。4至5月，学校多次组织专家对市级校外人才培养基地的申报工作进行指导并认真审核了申报材料。9月，北京市教委正式发文，依托裕兴软件有限公司，北工大成为“北京高等学校市级校外人才培养基地”建设单位。

职业技能培训。为了培养学生的实践技能和创新能力，学校组织的制冷高级技能培训班于9月11日开课。培训班分理论培训和实践培训两部分，培训工作由环能学院制冷实验室负责组织实施，共有25名学生参加培训和考试。考试合格者由国家劳动与社会保障部颁发了制冷设备维修高级技能证书。

中国发明协会高校创造教育分会秘书处工作。2009年年初，完成“2008中国高校创造教育论坛”论文集稿件的评审工作，从140余篇论文中精选80篇形成论文集。5月，《培育智慧——2008中国高校创造教育论坛文集》由北工大出版社正式出版发行。

工程实训楼学生科技成果展室。与艺术设计学院合作，规划设计工程实训楼学生科技成果展室。学生科技成果展室是展示北工大本科生科技创新成果的一个平台，是学校教育教学改革成果的直接体现。学生科技成果展室中的艺术设计学院学生绘画成果展及建规学院学生毕业设计成果展已布置完毕。教师节期间，王守法和蒋毅坚等校领导参观了该展室。

（李雨竹　张红光）

**【大学生科技竞赛】** 4月，对《北工大认定的本科生科技竞赛项目名单》进行修订。项目名单由原来的84项增加为107项。其中：省部级以上（含）竞赛70项，校级竞赛37项。从竞赛的级别层次来看，既有适合精英学生顶尖国际赛事，也有适合大众学生的各类校级竞赛；从竞赛涉及的学科广度来说，涵盖了大部分学科门类，为各层次的学生提供了获取创新学分的途径和展示自我的平台。

2009年，共组织参加学生科技竞赛65项。其中：国际级竞赛6项、国家级竞赛25项、省部级竞赛9项、校级竞赛25项；共有4 500余人次参加了各级、各类竞赛；获省部级以上（含）奖共计132项，其中：国际级奖2项、国家级奖66项、省部级奖64项。其中在国际比赛美国大学生数学建模竞赛中，获1项二等奖；在亚洲英语辩论赛中获EFL组（非母语组）第五名；在微软创新杯全球学生大赛中，参赛队在软件设计专题中获中国区二等奖；GMC国际企业管理挑战赛中，参赛队获中国选拔赛金奖。

作为2010年首都机械创新设计大赛的承办单位，北工大首先成立了竞赛组委会及秘书处，对竞赛章程进行重新修订，确定竞赛组委会委员名单，建设竞赛官方网站。

（袁亚丽　张红光）

**【教学质量监控】** 进一步完善“一条主线、三个阶段”、“学期考察、学年评估”的校院两级教学质量监控与管理过程模式，期初教学巡查采用校院两级党政领导抽查、校院两级督导专家进课堂听课等方式，保证开学初教学秩序稳定运行；期中教学检查、调研和反馈，将专家听课意见、学生评教结果以及其他教学质量状态信息综合分析和反馈，强调在管理过程中改进教学质量；期末开展教学质量考察和评估，总结和交流经验。在专项质量监控方面，继续举办“工程大师论坛”，全年学校共举办121场；继续执行“校外名师讲学”计划，共聘请8位校外名师到北工大讲学；完成晋升职称教学考核，根据《北工大关于申报教师系列高级职称进行教学考核的规定》，10月16日，对176位晋升教师系列高级职称的教师进行了综合教学考核，考核结果：优105人、良69人、不合格2人。

（李振泉　李庆丰）

**【教学质量评价】** 实施本科学生网上评教。10月19至26日，全面实施学生网上评教。参评人次68 672，学生参评率90%以上。

本科特优毕业设计（论文）评审。在各学院推荐优秀毕业设计（论文）的基础上，6月25日，学校组织“本科特优毕业设计（论文）”答辩评选会，共评选出28篇本科特优毕业设计（论文）。

本科生毕业设计（论文）外审。2008年，随机抽查了全校本科生毕业设计（论文）126份，送往天津大学进行校外专家评审，收回有效评价表126份。本次抽查毕业设计（论文）涉及2008年所有专业应届毕业生的班级。评审依据是北工大制定的本科毕业设计（论文）评价指标体系，该指标体系包括选题质量、能力水平、规范程度3个项目指标，共15个分项指标。校外专家对毕业设计（论文）的评价与学校各专业答辩委员会评价基本相同，校外专家评分均值为79.71分，学校各专业答辩委员会评分均值为81.45分，说明北工大本科毕业设计（论文）各专业答辩委员会对学生毕业设计（论文）的评价是较客观公正的。指导教师对学生毕业设计（论文）评价偏高，评分均值为85.57分，比校外专家评分均值偏高7.35%，比校内各专业答辩委员会评分均值偏高5.1%。15个分项综合得分80.74分，有9个分项指标得分在80分以上。其中选题的意义分项得分最高为88分，说明北工大毕业设计（论文）选题适当，目标明确，课题结合实际，真实性课题所占比例较高。表明北工大毕业设计（论文）的质量良好，但总体评价较前两年有所下降。得分最低的后三项是技术经济分析能力、理论分析能力和创新能力，期望在今后的毕业设计（论文）指导中，教师应加强对学生这几方面能力的培养。从课题类型来看，北工大毕业设计（论文）理论研究、技术开发和工程设计的真实课题占抽查总数的70%，符合学校办学特色，强调毕业设计选题要尽量联系生产、生活实际，满足北京经济和社会发展的需要，达到应用型创新人才培养的目标。另外校外专家还认为，毕业设计（论文）的规范程度还有待改进。

学院教学质量评估。6月29日至7月3日，校本科教学质量督导专家组对学院2008至2009学年教学质量管理工作水平进行了分组评估。评估中各学院分管教学工作的教学院长根据学年《本科教学质量工作计划》做了教学工作汇报，专家组根据教学院长工作汇报及学院的《本科教学质量工作计划》完成情况、管理特色、教授上课、实践教学、专项工作、课堂教学等方面情况对学院教学质量管理工作进行了综合评估。最后，机电学院、建工学院、计算机学院、建规学院和外语学院被评为2008至2009学年教学质量工作管理优秀单位。

（李振泉　李庆丰）

**【教师教学能力发展】** 青年教师培训。历经一学年的助课培训和3个多月的集中培训，设有专家报告、教学基本功培训、试讲点评、助课验收等多个环节。7月10日举行了青年教师培训暨研究生新导师培训结业典礼。此次培训共有71名青年教师参加，60名通过培训获合格证书，其中19名青年教师获优秀学员称号。

学校组织21人次教师参加了精品课程高级研修班。外语学院12名教师参加了精品课程网络在线培训。

学校于6月18至19日，召开2008至2009学年“优秀教学质量奖”评选会议。本学年申报“优秀教学质量奖”教师79名，实际参评69名。经过学年教学考核、教师个人答辩最终评选出校“优秀教学质量奖”一等奖2项、二等奖10项、三等奖18项。

4月，在“北京市高校第二届多媒体教育软件大奖赛”中，北工大获多媒体教育软件二等奖3项、三等奖3项、优秀奖5项和优秀组织奖。本届教育软件大奖赛全市仅有两所高校获优秀组织奖。

5月，在举行的“北京高校第六届青年教师基本功比赛”中，北工大选送参赛的三名青年教师喜获佳绩，分别获理工A组基本功比赛一等奖、最佳演示奖和最受学生欢迎奖；理工A组基本功比赛二等奖；英语组基本功比赛三等奖。

11月16日，第九届全国多媒体课件大赛在北京落下帷幕。北工大教师在决赛中再创佳绩，杨琳、赵玮分别获二等奖，同时杨琳获高教文科组最佳艺术效果奖；赵玮、张朋分别获三等奖；学校获组织奖，1人被评为大赛组织工作先进个人。

（李振泉　李庆丰）

**【教学名师和教学团队建设】** 完善三级教学团队建设。北工大两个教学团队获评国家级教学团队。根据《教育部　财政部关于立项建设国家级教学团队的通知》（教高函〔2009〕18号），北工大以蒋宗礼教授为带头人的“计算机软件基础课教学团队”和以赵京教授为带头人的“机械工程教学团队”获评国家级教学团队，截至2009年年底，学校已有国家级教学团队5个，北京市优秀教学团队8个。

完善三级教学队伍建设和教学名师建设。彭永臻教授获第五届国家级教学名师奖；钱伟量、薛素铎、余跃庆3位教授获第五届北京高校教学名师奖，截至2009年年底，北工大已有11位教授获北京市教学名师奖；选拔16名教师作为校级质量工程“优秀教学人才培养项目”立项资助。

（李振泉　李庆丰）

**【教育科研立项及管理】** 教育科研立项分为三个层次，即校级教育教学研究立项、北京市级教改立项和教育科学研究立项、教育部和国家教育科学研究立项。

(1) 北工大校级立项。各学院和相关职能部处39个单位的教师共申报各类教育教学研究课题480项，评出218项作为学校2009年度教研主项，其中重点课题16项，面上课题202项。

6月，组织各立项课题填写《北工大教育教学研究立项承诺书》，要求重点课题还需参照专家评审意见对课题研究进行优化改进并填写《课题研究任务书》，面上课题还须根据批准的经费额度填报《教研课题研究经费预算表》，交所在单位审核后集中上交。对课题所在的各相关学院（部处），也要求填写《北工大教育教学研究立项承诺书（学院部处版）》，确保其对本单位立项课题的知情权、监督管理权，保障课题研究的顺利进行。

7月，编制2009年度校教育教学研究项目经费划拨表，财务处协助做好经费划拨工作。9月，校教研立项本年度研究经费195.50万元划拨完毕。

11至12月，组织北工大2007年度教育教学研究立项课题开展结题工作、提交结题材料，组织专家开展审核。

（2）北京市级教改立项和教育科学研究立项。5至6月，组织申报北京教育科学“十一五”规划度立项课题，获准立项北京市青年专项课题1项。

（3）教育部和国家教育科学研究立项。2至3月，组织申报全国教育科学“十一五”规划度立项课题，共申报19项。获准立项教育部青年专项课题1项。

（王　辉　李庆丰）

**【教育教学成果奖励】** 2009年度教改和教研成果奖励。7月，根据奖励办法，经学校研究决定，发布2008年度教育教学研究奖励公告，决定对4门北京市精品课程、16本北京市精品教材、1本国家级精品教材、2名北京市教学名师、2个国家级优秀教学团队、2个北京市优秀教学团队、2门教育部双语示范课程、1个国家级人才培养模式创新实验区、1个北京市校外人才培养基地、488篇公开发表的教育教学研究论文（其中发表在《中国高等教育》、《中国高教研究》、《学位与研究生教育》等学校认定的核心刊物上的共19篇，其他公开出版刊物上469篇）给予奖励。

北工大教育教学论文选编（2008）。3至6月，组织申报2008年度教育教学研究论文奖励。向校内各院部处征集2007年度公开发表的教育教学研究论文，共收到教研论文申报565篇，对教师公开发表的2008年度教育教学研究论文审核认定，经过认真核对和通过国家权威部门网页的查询，共有488篇符合奖励条件，其中：发表在学校认可的20种核心期刊上的论文共19篇，其他公开发表论文469篇，在数量和质量上较2007年又有稳步增长。9至12月，组织编辑《北工大教育教学研究论文选编（2008）》。

北京市优秀教学成果奖。2009年，北工大有20项成果获奖，其中材料学院左铁镛院士等申报的“‘以资源节约与环境友好为主导’的材料专业建设与改革”获北京市教育教学成果奖（高等教育）特等奖，机电学院隋允康教授等申报的“砥砺创新理念，引导基础力学建设成精品型、示范性的课程群”等6项成果获北京市教育教学成果奖（高等教育）一等奖，经管学院阮平南教授等申报的“经济与管理专业实践教学体系建设与创新”等13项成果获北京市教育教学成果奖（高等教育）二等奖。这是北工大历年来在北京市教育教学成果奖（高等教育）评选中所获的最好成绩。

国家级教学成果奖申报与获奖情况。2009年，北工大有5项成果获第六届高等教育国家级成果奖二等奖。这是学校继1993年获1项国家级教学成果二等奖之后，16年来再度获国家级教学成果奖，也是学校在国家级教学成果奖上取得的最好成绩。

（王　辉　李庆丰）

**【教学档案管理】** 2009年，整理文本文件1 991件，共计49卷。其中涉及教育部、市教委、工大以及教务处所发公告、函件、通知、工作信息、工作简报、教学事故通报4卷；教务处2008年工作安排（计划）、教务处发文（工大教发2008）及获奖证书、2008年度工作总结及教学工作会议记录3卷；北工大2008至2009学年度课程表（汇编）1卷；北工大教育教学研究论文汇编（2007）3卷；2007级实践教学计划1卷；实验室教学示范中心建设与评审相关文档、毕业设计相关材料以及学生参加各种竞赛活动相关材料9卷；本科生学籍异动23卷；教学质量监控及教学评估相关文件1卷；2007、2008年度双语教学相关材料1卷；教育部关于公布2008年度高等学校专业设置审批结果的通知1卷；2007级本科教学计划1卷；北京市质量工程精品课程委托项目1卷。

（董哲宇　赵曙东）

**【彭永臻获国家级教学名师奖】** 9月2日，彭永臻教授获第五届高等学校教学名师奖。彭永臻教授从事高校教学和科研工作32年，长期承担本科和研究生教学任务，为本科生、研究生开设过“水质工程学”、“环境保护概论”、“水处理工程基础”、“污水处理新技术”、“活性污泥法动力学基础”等多门专业基础课和公共选修课，已培养近90名硕士、博士研究生。彭永臻教授长期从事水污染控制工程领域科学研究工作，特别在污水生物脱氮除磷新理论与新技术、污水处理系统的自动控制与智能控制等领域取得了较突出的成绩，获得较好的社会效益和经济效益。

（李振泉　李庆丰）

## 现代教育技术

**【概况】** 现代教育技术中心的前身是成立于1978年12月的北京工业大学电教中心，1994年3月正式更名为现代教育技术中心。现代教育技术中心有教学支持、音像制作和教育技术研发3个部门，下设教学软件制作室、非线性音视频编辑室、教育在线服务器机房和外语调频台、300平方米演播厅和电视导播室。2009年，中心在岗人员30名。除完成多媒体教学支持、网络教学支持、音像节目制作、教育技术培训等职能工作，还承担本科生教学以及硕士研究生的培养工作。有800元以上固定资产达2 780件，合计约3 218万元、使用面积约1 000平方米。建设和管理197个多媒体教室、3个直播教室和4个校管语音教室，总座位数16 927个。装备有各类服务器22台和配套齐备的广播级音像制作设备。

2009年，制作包括精品课程、教学片、教学实验片、专题片等，共计160部（集），其中：有1门课程被评为国家级精品课程，6门课程被评为北京市级精品课程。经教育部教育技术协作委员会批准成立的“北京工业大学教育技术培训中心”，是北京市确定的本地区教育技术培训和考试的2个院校之一，承担着教育技术及相关的多层次培训工作。现代教育技术中心承担的教研项目《建设大学网络课堂，用现代教育技术助力人才培养》获2009年北京市教育教学成果二等奖。2009年摄制的《我的大学》、《北京的胡同》获北京高教学会电化教育研究会“金烛奖”一等奖、《速写》获三等奖。

（乔　虹　周恕义）

**【教育在线】** 教育在线目前包括移动网络直播系统、视听课堂、教育技术培训、北京市精品课程、工大精品课程、教学资源库、实验教学示范中心等模块，起到了常规教学的重要辅助作用。2009年共进行直播活动14次，累计166场。2009年全年视听课堂新增视频课件61部、204集。现有视频课件616部、1 501集。到2009年年底，教育在线上的网络课程总数累计已达1 273门，累计点击次数超过1 000万次。

2004年开始，现代教育技术中心一直承担北京市精品课程资源网的建设、维护和统计发布工作。2008年，现代教育技术中心开始承担北京市高等学校精品课程集成及平台建设的工作。2009年，机房已建成运行，展示教室已完成布线和桌椅、电脑的购置，已完成北京工业大学精品课程的数据导入工作。

现代教育技术中心从2005年起参与了实验教学示范中心视频资料申报工作，承担了实验教学示范中心网站和各示范中心视频教学资源的建设，至2009年年底，北京工业大学被批准为国家级的实验教学示范中心2个，北京市级的实验教学示范中心7个。

（曹　茜　周恕义）

**【多媒体教学】** 学校拥有197个网络控制多媒体教室、3个网络多媒体直播和录播教室和4个校管语音教室，总座位数达16 927个。全校的公共教室全部是多媒体教室。

在多媒体与音像软件制作方面。2009年现代教育技术中心为各学院拍摄了多部教学专题片，如《工程大师论坛》系列、“激光技术讲座系列”等、国家级教学成果奖视频介绍片3部。配合学校精品课评选录制27门次课程，为青年教师基本功大赛进行了全程录像，制作35集录像片。配合相关学院制作8部“实验示范中心”视频汇报片。用自主研发的网络直播系统已播出大量的各类学术活动。在2009年完成教学、讲座、论坛、网络直播活动19次，累计136场。为各类教学活动全程录制了大量视频资料。

2009年，利用网络化、数字化技术，继续完善和更新了音视频资料媒体管理网络数据库，使音视频资料查询检索工作更加便捷，资料的管理工作更加规范、科学。大量重要资料刻成光盘，分门别类存储，为学校各种新闻活动、重大事件拍摄1 048场次的资料，刻录光盘约3 600张，并将部分资料转成流媒体，通过“教育在线”使校园网络用户便捷地共享。

现代教育技术中心参与主办了多次促进多媒体教学的大型活动，如“青年教师技能大赛”、“北京工业大学优秀教学媒体大赛”、“高等学校教师教育技术等级培训”、“教育技术”的网上考试。为使教师适应新的网络多媒体教学环境，进行了“教师多媒体教学应用培训”。

（乔　虹　周恕义）

**【第一教学楼多媒体网络教学环境建设】** 第一教学楼共有多媒体教室80间，改造前全部为独立控制型多媒体教室，教学设备均购置于2005年以前。2009年，对第一教学楼多媒体教学环境进行全面改造。项目于2009年1月开工，2月完成80间教室和主控室的布线、设备安装和系统初步调试，3月底完成整个系统的改进和细化调试。共改建40人教室56间、110人教室24间，新建主控室1间。

改造完成后，第一教学楼所有多媒体教室全部改建为网络集中控制型多媒体教室。每个教室均配置全新的教学用计算机、投影仪、多功能讲台、中控主机及其他教学用设备。同时配置数字监控系统、IP对讲系统，实现数字化监控、教学评估、电子监考等功能。为多媒体教室设备的安全，配置安防报警系统，实现联动录像报警功能。项目建设实现了基于校园网在主控室内对各教室多媒体设备的网络化集中管理，使校园网成为教室多媒体教学的强大支持平台。网络化的多媒体教室不仅使多媒体教学设备得到了充分地发挥和利用，丰富了教学手段，更充分地扩充了教学资源，整合简化了教学过程中的多媒体设备操作，减轻了教师的操作难度。第一教学楼多媒体网络教学环境的建成为学校的日常教学活动发挥了重要作用。

（宋　亮　周恕义）

**【第三教学楼多媒体网络教学环境建设】** 第三教学楼共有多媒体教室84间，直播教室3间和负责学校南区第三教学楼84间、信息楼8间、经管楼25间多媒体教室的教学网络系统中心控制室1间，以及教学辅助用房等。

第三教学楼多媒体网络教学环境建设由以下四部分组成：

（1）多媒体教学网络系统主控中心部分。网络中控机通过TCP/IP方式联网，完全并入校园网。多媒体教室主控中心通过校园网络和集中控制软件来实现对各教室设备的远程控制和管理。

（2）多媒体教学网络系统本地教室部分。在多媒体教室中可以通过本地控制系统统一管理各种教学设备，在控制面板上实现信号间的切换。

（3）网络直播教室—实时多媒体课件录编播系统。将现场授课场景和授课内容等多视频流自动同步合成，在校园网上实时直播、点播或编辑过的多视频流课件。

（4）大屏幕教务信息显示系统。系统主要播出学校各类信息、宣传资料、科技节目及人文素质教育类节目，不但满足了学校重要通知及时发布的需求，还能促进师生人文素质的提高，为教师教学及学生学习创造更好的人文环境。

（乔　虹　周恕义）

**【音视频资料媒体管理网络数据库】** 现代教育技术中心成立以来，拍摄、制作了大量的教学片、专题片、重要新闻素材和会议资料，这些资料在教学、科研、管理工作中得到了充分的利用，在学校的建设发展中发挥了积极和重要的作用。目前利用网络化、数字化技术，建立了新的音视频资料媒体管理网络数据库，使音视频资料查询检索工作更加便捷，资料的管理工作更加规范、科学。

新的系统包含7个资料子系统，1个后台管理系统和1个留言板系统。子系统分别是：DVD资料库，收集现代教育技术中心已拍摄的以DVD为存贮介质的节目，有条目1 037条；VCD资料库，收集现代教育技术中心已拍摄的以VCD为存贮介质的节目，有条目151条；MINIDVD资料库，收集现代教育技术中心已拍摄的以MINIDV为存贮介质的节目，有条目665条。资料具体信息包括：盘号、拍摄内容、拍摄日期、拍摄人员、拍摄地点、拍摄院系、内容分类、片长、磁带编号和备注。旧磁带光盘库，收集2001年以前拍摄的部分1/2磁带、3/4磁带和VCD光盘，共有条目1 270条，资料具体信息包括：分类、序号、名称、语种、片长、制式、来源、存贮类型和备注。

（乔　虹　周恕义）

**【教育技术培训】** 现代教育技术培训中心承担北京市东部地区市属院校的教师教育技术培训和考试工作。2009年，分别于3月、10月开办2个教育技术培训班，培训学员63人。截至2009年年底，累计培训教育技术等级考试学员844人。

2009年，教育技术培训教材更新，教育技术等级考试一级和二级考试内容增加到7个模块，均为必考内容。考试形式取消了模拟软件环境考试，改为全真软件环境考试。

（曹　茜　周恕义）

**【科学楼演播中心】** 科学楼演播中心包括演播室、控制室和非线编机房的部分设备。演播室总建筑面积约350平方米，演播拍摄区约280平方米。演播室灯光采用行架管人密度布灯结构，演播室布光控制和照度达到中小型广播级演播室的照明水平。

前期设备包括3台日立S3000演播室数字摄像机和1个10米摇臂。外拍设备是2台digital-Betacam记录格式的BVW-709P摄像机和2台DVCAM记录格式的DSR-570P摄像机，以及三脚架等外围设备。2009年，添置1台松下AJ-HPX2100MC高清摄像机、1台索尼HDW-800P高清摄像机。总控室是4讯道演播控制室，包括配套的4个摄像机控制器，摄像机调整面板，DFS-700视频切换系统，还有1套由摄像机监视器、节目播出预监视器、附加信号源监视器和播出信号监视器组成的视频监视墙。音频信号分两级控制，前级在演播室二层，主要完成调音、处理和混合，合成信号送到主控室后可以进行二次混合分配，可以提供多路的信号输出。记录设备可以在 digital-Betacam 格式，DVCAM 格式和编辑器直接采集 3 种方式中任意组合选择。

后期设备主要由 5 套大洋公司的 X9000 非线编和新增的 1 套 HD9 高清非编、1 套 AvidNC-DX 高清非编和分别配有高标清记录格式的录像设备组成。

科学楼演播中心提高了学校音视频节目的制作能力，为多媒体软件制作、多媒体教学、网络教学和网络直播提供了强大的物质基础，音视频信号完全满足中央及地方电视台广播级的播出要求，并达到国家档案馆音视频信号数字化存储标准。

（曹春林　周恕义）

## 学位与研究生教育

**【概况】** 2009 年，研究生部紧紧围绕学校中心工作，以科学发展观为指导，以北京市教育创新工程为契机，不断探索研究生培养机制改革，在研究生培养过程中强化工程训练、不断推进研究生创新实践体系建设。

加强学科和导师队伍建设。2009 年新增控制科学与工程、交通运输工程 2 个博士后科研流动站和“仪器仪表工程”1 个工程领域，使学校博士后科研流动站和工程硕士培养领域分别达到 15 个和 19 个。依托北京工业大学的北京市先进制造学科群受到专家高度评价，在北京市教委组织的验收中获得优秀。学校项目管理领域工程硕士获得国际项目管理专业资质认证，标志着学校项目管理领域工程硕士培养开始与国际接轨。严格导师遴选，把住入口关。继续开展新导师培训工作，结合当前学位论文抄袭、研究生低龄化、就业难等社会关注焦点，增加了研究生学术规范培养和研究生健康心理辅导专题。

加强研究生创新实践体系建设，推进研究生教育创新工程。加强平台建设，建有激光艺术、机器人、DSP、材料加工等 10 个主题实验室的 2 099 平方米的工程实训平台二期工程投入使用。工程实训平台面向研究生开展实践训练的同时开展了创新设计大赛、科技成果展、学术论坛等活动。推进研究生课程建设，65 门研究生课程获得资助。开展优秀博士学位论文培育，7 名博士生获得资助。积极拓宽研究生培养途径，16 名博士生获得国家留学基金委的资助，分别被派往美国、澳大利亚、英国等发达国家。大力支持研究生参与科研活动，批准资助 367 项科技基金、17 项研究生创新团队计划，培养研究生动手能力，鼓励研究生进行创新实践。举办研究生科技文化节，开展科技作品展、创新设计竞赛、科技文化论坛。举办全国博士生学术会议（土木工程），5 名院士、12 位杰出中青年专家作特邀报告，50 余名博士生宣读论文；承办第五届全国工科研究生教育工作研讨会，来自全国 106 家高校及科研院所的共 180 余名代表就“科学为魂、质量为根、强国为本——工科研究生教育的科学发展”主题展开了交流探讨。开展研究生科技之星评选和研究生科技创新奖评定，共评出 9 名研究生“科技之星”，8 名研究生“科技之星提名奖”和 2 011项研究生科技创新奖获奖成果。

2009 年，北京工业大学 3 篇博士学位论文获全国优秀博士学位论文提名，3 篇博士学位论文被评为北京市优秀博士学位论文。

（刘永平　吴　斌）

**【研究生招生】** （1）博士研究生招生。2009 年全国共有 374 人报考北京工业大学，共录取 210 人，其中：硕博连读生 48 人，委托培养生 77 人。

（2）硕士研究生招生。2009 年共有 3 570 人报考北京工业大学，共录取 1 475 人，比 2008 年增加 11.7%。其中：录取推荐免试生 173 人，第一志愿考生1 013 人，调剂考生 462 人。一志愿考生录取率比去年增加 5%。录取为委托培养生 38 人，自筹经费生 613 人。首次录取全日制专业学位硕士研究生 104 人。

（3）在职攻读硕士研究生招生。2009 年，北京工业大学非全日制工程硕士专业学位招生 809 人，春季 MBA 招生 8 人，同等学力在职人员申请硕士学位招生 1 人。2009 年 6 月，北京工业大学共有 19 个工程硕士招生领域，其中 2009 年 10 月，通过全国联考录取北京工业大学工程硕士考生 224 人，持 2008 年有效成绩报考 27 人。国家示范性软件学院软件工程领域自主招生录取 585 人。2009 年学校首次招收春季 MBA，通过 10 月份全国联考报名 20 人，最终录取 8 人。

2009 年度研究生招生工作进一步围绕扩大生源，提高生源质量这一核心，加大招生宣传等方面采取了如下新的措施：①提高博士生选拔质量，加大硕博连读生的比例。充分发挥学科、导师选拔考生的积极性和主动性，共选拔 106 名在校硕士生继续攻读博士学位，其中：36 名 2007 级硕士生提前攻博、70 名 2008 级硕士生硕博连读。②加大招生宣传力度，充分利用中国教育和科研计算机网、中国研究生招生信息网进行招生宣传，较往年提前

3个月刊登宣传信息，并充分利用教育部科技发展中心主办的全国大型研究生招生现场咨询会的机会，派出各学院80人次到17个大城市进行招生宣传。③完善“研究生招生网”的功能，提高报名阶段的在线咨询工作效率。

（乔俊飞　吴　斌）

**【研究生培养】** （1）学校首次举办全国博士生学术会议。2009年10月28至29日，以“汶川地震工程震害及致灾机理与土木工程防灾减灾”为主题的2009年全国博士生学术会议（土木工程）在学校召开。会议期间，中国地震局工程力学研究所谢礼立院士、解放军后勤工程学院郑颖人院士、总参工程兵第四研究所周丰峻院士、东南大学孙伟院士、北京工业大学周锡元院士以及12位杰出中青年专家作特邀报告。来自天津大学、哈尔滨工业大学、清华大学、浙江大学、同济大学、中国地震局工程力学研究所等18所高校和研究机构的50余名博士生宣读了自己的论文。围绕特定学术主题，与会博士生进行自主的、前沿性的学术探讨。会议促进了博士生的思想碰撞，激发创新思维，同时提高博士生的创新意识和组织、交流及表达等综合能力。

（2）全国博士生学术论坛。2009年，共有16位博士研究生的16篇论文分别被中国科学技术大学、复旦大学、中南大学等3所高校的分论坛及第七届博士生学术年会收录。另外，2名博士研究生的2篇论文被杭州电子科技大学的第二届研究生IT创新学术论坛录用。其中：计算机学院的博士生石恒华荣获“2009年全国博士生学术会议（科技进步与社会发展跨学科学术研讨会）”优秀学术创新思想奖二等奖，材料科学与工程学院的博士生王超荣获“2009年复旦大学分论坛一等奖”，材料科学与工程学院的博士生赵维、董国波荣获“2009年复旦大学分论坛优胜奖”，建筑工程学院的博士生刘学春荣获“2009年中南大学分论坛一等奖”，建筑工程学院的博士生王磊荣获“2009年中南大学分论坛二等奖”。

（3）研究生课程建设立项。2009年共收到申报项目87项，经专家通讯评议和申报人现场答辩，共有65个项目获得支持，其中：11个重点资助类项目，51个一般资助类项目和4个校级公共基础课类资助项目，立项资助比例为75%。

（4）优秀博士学位论文培育基金评审。通过博士生本人申请、指导教师推荐，学科点所在学院学位评定分委员会初审推荐，共有11名博士生申请培育基金，经申请人答辩、专家评审，共有7名博士生获得“优秀博士学位论文培育基金”资助。

（5）学位与研究生教育督导组。2009年，督导组重点检查研究生答辩环节。以督导组专家为主、有关学院主管院长或学术带头人参加的6个小组检查了各学院的答辩工作，两周内抽查旁听了25场次，共计约80名研究生的答辩。

（6）研究生学历证书电子注册。2009年，先后完成毕业生电子注册、在读研究生学年电子注册和新生电子注册。其中：完成2009届122名博士生、1 167名硕士毕业生的毕业资格审核、学历证书电子注册、毕业证书签发和学籍档案归档工作。

（7）公派留学生情况。根据国家留学基金委的文件精神，学校成立公派研究生出国留学工作领导小组。经“个人申请—导师和院系推荐—专家评审—择优录取”等选拔程序，最终确定20名拟选派人员提交国家留学基金委评审。经过评审共有15名联合培养博士研究生、1名攻读博士学位研究生获得资助，他们分别被派往美国、澳大利亚、英国等国家。

（8）研究生工程实训平台。9月9日，研究生工程实训平台二期正式启用。在吸引学生参加实训的同时，依托平台开展了创新设计大赛、科技成果展、学术论坛等活动。平台接待了来自全国工科研究生教育研讨会参会代表，山西大学、青海民族大学、教育部有关领导的参观调研。

（乔俊飞　吴　斌）

**【学位工作】** （1）学位授予。1月、6月分别召开的第八届校学位评定委员会第十七次会议、第十八次会议，审批决定共授予博士学位126人，其中：工学博士学位94人（含1名留学生）、理学博士学位15人、管理学博士学位17人。共授予硕士学位1 172人，其中：工学硕士学位928人（含5名留学生）、理学硕士学位98人、管理学硕士学位83人（含2名留学生）、经济学硕士学位51人、文学硕士学位7人、哲学硕士学位5人。授予具有研究生毕业同等学力硕士学位1人，授予高校教师在职攻读硕士学位41人。授予工程硕士专业学位504人。

（2）学位论文抽检。2009年，学位论文抽检的对象是2008至2009学年已授学位的博士和学历硕士人员。抽检学历硕士论文185篇，占学历硕士总数的15.9%，涉及25个学科；抽检博士论文125篇，占博士总数的99.2%，涉及15个学科。本次抽检的学位论文全部送校外专家进行评审。评阅意见返回后，将抽检的数据与被抽检者本人答辩前的评阅意见的数据以及近5年学位论文抽检数据进行了对比，并且根据校内外专家的评审结果做了数据处理和分析。最后，将抽检结果在校学位评定委员会汇报，并印制成册发给各院主管领导及所有研究生指导教师。

（3）优秀学位论文评选。2009年，经过第八届校学位评定委员会第十八次会议决定，评选出91位硕士研究生的学位论文为校优秀硕士学位论文，同时评选出12位博士研究生的学位论文为校优秀博士学位论文。

固体微结构与性能研究所凝聚态物理专业张泽院士指导的研究生张跃飞博士的学位论文《SiC纳米线力学性能原位电子显微学研究》、机械工程与应用电子学院机械电子工程专业吴斌教授指导的研究生禹建功博士的学位论文《功能梯度材料结构中的波动特性及其检测方法研究》和材料科学与工程学院材料物理与化学专业严辉教授指导的研究生杨巍博士的学位论文《形变碳纳米管的结构及晶格振动特性研究》被评为2009年北京市优秀博士学位论文。至此，学校在两届评选中共荣获5项北京市优秀博士学位论文奖。

建筑工程学院结构工程专业周锡元院士指导的研究生俞瑞芳博士的学位论文《非比例阻尼线性系统随机地震输入下的动力反应分析》、机械工程与应用电子技术学院机械设计及理论专业张伟教授指导的研究生姚明辉博士的学位论文《多自由度非线性机械系统的全局分叉和混沌动力学研究》和环境与能源工程学院环境科学与工程专业彭永臻教授指导的研究生王晓莲博士的学位论文《A2/O工艺运行优化及其过程控制的基础研究》获2009年全国优秀博士学位论文提名。

（4）承办第五届全国工科研究生教育工作研讨会。7月3至4日，第五届全国工科研究生教育工作研讨会在学校举行。会议由中国学位与研究生教育学会工科工作委员会主办、北京工业大学承办，来自全国106家高校及科研院所的共180余名代表参加了会议。会议的主题是："科学为魂、质量为根、强国为本——工科研究生教育的科学发展"，并围绕"培养定位与结构调整、培养机制改革"、"创新研究与实践"、"培养质量保证"、"专业学位教育"四个议题分组展开了热烈地讨论。

（5）入选中国学位与研究生教育学会理事单位。学校首次入选中国学位与研究生教育学会理事单位，副校长蒋毅坚教授当选为学会理事。11月27至28日，中国学位与研究生教育学会会员大会在北京隆重召开。全国412个会员单位的400多名代表通过无记名投票共选举出110个理事单位，其中包括部分省级研究生教育主管部门和研究生培养单位。

（李 娟 吴 斌）

**【学科建设】** （1）新增2个博士后科研流动站。9月，经人事部全国博士后管委会组织专家评审，控制科学与工程、交通运输工程2个博士后科研流动站获得批准。至此，共有15个博士后科研流动站。

（2）北京市"先进制造"学科群验收。5月，北京市教委组织专家对北京市学科群建设项目进行验收。依托北京工业大学的北京市先进制造学科群在三年的建设过程中，面向首都制造业主战场，与北航、清华等中央高校和北京第一机床厂、北人集团等合作单位在多年合作基础上，建立了联合做事、共谋发展、资源共享、交流指导的合作机制；建设了一个以先进制造为纽带，由机械工程、光学工程、控制科学与工程、材料科学与工程等多学科交叉融合的学科群，受到专家高度评价，验收结果获得优秀。北京市共有11个学科群项目参加验收，其中4个评为优秀，6个合格，1个基本合格。

（3）一级学科评估。2月，教育部学位与研究生教育发展中心完成全国一级学科评估工作。学校土木工程、环境科学与工程博士点与建筑学、应用经济学硕士点参加了评估。土木工程学科排名12、环境科学与工程学科排名17、建筑学学科排名13、应用经济学排名24。其中建筑学在非一级学科博士点范围内的排名第5，在北京地区非一级学科博士点范围内的排名第1；应用经济学在非一级学科博士点范围内的排名第6，在北京地区非一级学科博士点范围的排名第3。

（4）学科与研究生教育专款评审。8月31日，根据重点学科建设规划和人才培养的实际需要，结合学校的总体安排，共有58个学科与研究生教育类专款参加北京市教委专款评审，申报专款总额为3 384.72万元。

（5）新增工程硕士培养领域。2009年6月，经全国工程硕士专业学位教育指导委员会专家评审，国务院学位委员会审核通过，批准学校新增"仪器仪表工程"领域。至此，工程硕士培养领域数已达19个。工程硕士专业学位教育自1999年设立以来，已培养了1 502名优秀工程人才，目前在校学生总数达2 935人。

（6）项目管理领域工程硕士获得国际项目管理专业资质认证。2008年5月，北京工业大学获得"项目管理领域工程硕士与项目管理专业资质认证（IPMP）认证合作的培养单位"资格，项目管理领域工程硕士培养开始与国际接轨。

（李 娟 吴 斌）

**【导师队伍建设】** （1）新增研究生指导教师遴选。1月，根据学科建设和研究生培养工作的需要，启动硕士研究生指导教师的遴选工作。经过学院分学位委员会审议和校学位委员会审议批准，新增高级职称硕士生指导教师 39 人，中级职称硕士生指导教师 8 人，认定引进博士生指导教师 2 人，兼职博士生指导教师 1 人。

4 月 15 日，启动博士研究生指导教师遴选工作。新增博导遴选工作程序包括学院学位评定分委员会初审、同行专家通讯评议和校学位评定委员会聘请专家评审组现场答辩评审等三个环节。各学院共计 57 人申报，通过学院初评 45 人，通过校级专家组评审 29 人。截至 2009 年 12 月，研究生指导教师共计 780 人，其中博士生指导教师 197 人。

(2) 导师培训。4 月 27 日至 7 月 10 日，对 2009 年 1 月新增硕导举行了研究生指导教师培训会。培训会邀请了国务院学位委员会办公室暨教育部学位管理与研究生教育司副司长郭新立、北京师范大学研究生院常务副院长石中英教授、清华大学范钦珊教授分别做了大会报告。结合当前学位论文抄袭、研究生低龄化、就业难等社会关注焦点，培训中特别设计了研究生学术规范培养和研究生健康心理辅导专题。共有 54 人参加培训会，最后 44 名新增导师获得由校人事处和研究生部联合颁发的结业证书。

(李 娟 吴 斌)

**【研究生思想政治教育与党建工作】**

(1) 党建工作。3 月 15 日，研究生党支部深入学习实践科学发展观活动全面启动。学习实践活动以“与祖国共奋进，与学校共发展，与同学共成长”为主题，以“提高人才培养质量、促进学生全面发展”为主线，分为学习培训、分析调研、推进落实三个阶段。

3 月 28 日，学校召开以“与祖国共奋进，与学校共发展，与同学共成长”为主题的学生党支部书记学习培训会和论坛，17 个学院、2 个研究所的 108 名研究生党支部书记参加，并围绕学业推进、志愿服务、学术道德、组织建设、理论学习、党团关系等内容进行了分组讨论。

5 月 11 日，电控学院、经管学院等 6 个学院的博士、硕士研究生和本科生代表举行学习党和国家领导人“五四”重要讲话座谈会，交流继承“五四”精神的优良传统，担负起实现中华民族伟大复兴历史重任的心得体会。

3 至 12 月，研究生党支部开展了“我与祖国共奋进——与学业困难学生手拉手”主题党日活动。3 月 28 日，举行了党日活动启动仪式，全校各个学生党支部对 120 名学业困难学生进行了手拉手、一对一的帮助，并作了详细活动记录。

(2) 主题教育。2009 年，时值建国 60 周年，在研究生中开展了“我与祖国共奋进”主题教育活动，号召广大研究生与祖国共奋进，与学校共发展，与同学共成长，结合国庆庆典，通过党团活动、社会实践、座谈、讲座等多种形式在广大研究生中开展爱国主义教育、责任意识教育。

(3) 三大典礼。7 月 7 日，2009 届毕业典礼在北工大体育馆举行。范伯元、王守法、张毅刚、张革、马志成、侯义斌、张爱林、蒋毅坚、卢振洋、龚裕、李京文院士，各学院、研究所的领导和导师们出席毕业典礼并为 2009 届全体毕业生颁发证书并授予学位，2 000 余名家长参加了典礼。

9 月 4 日，2009 级新生开学典礼在北工大体育馆举行。范伯元、王守法、张毅刚、张革、马志成、侯义斌、张爱林、蒋毅坚、卢振洋、龚裕、李京文院士，职能部处及各学院、研究所的领导与 3 200 余名本科生、1 600余名研究生一起参加了开学典礼。

(4) 新生辅导。10 月 21 日，2009 级研究生新生辅导第一课在学校礼堂举行，全校 17 个学院、研究所的 1 000 余名研究生参加，并特邀环能学院彭永臻教授作了题为“我的梦想——将普通学生培养成优秀毕业生”的报告。各学院针对研究生入学适应也组织开展了系列辅导。

(高春娣 王秀彦)

**【研究生科技活动】** (1) 研究生科研项目。4 月，第七届研究生科技基金启动，共接收申请 599 项，批准 367 项，第一届博士研究生创新计划项目接收申请 169 项，批准 90 项，总资助额度超过 75 万元。相比上一年度 289 项，资助数量增长 58%。9 至 10 月，对已立项的第七届研究生科技基金和博士研究生创新计划项目进行了中期考核。

11 月，设立研究生创新团队计划，17 个研究生团队在教师的指导下开展了项目研究工作。

(2) 研究生科技之星评选。2008 至 2009 学年科技之星评选于 10 月 20 日正式启动。经过学生申报、学院推荐、学校网评和现场答辩，共评出 9 名研究生“科技之星”，8 名研究生“科技之星提名奖”。

(3) 研究生科技创新奖评定。2008 至 2009 学年研究生科技创新奖获奖成果共 2 011 项 (一等奖 954 项，二等奖 1 057 项)，一等奖奖项数比上学年增长 11.8%。其中发表被 SCI 收录论文 273 篇，被 EI 收录论文 579 篇，被 ISTP 收录论文 92 篇，在国内核心期刊发表论文 689 篇，参与撰写专著、教材 6 部，获得国家发明专利授权84项，申请并通过国家发明专利初审113项，获得实用新型专利授权63项，计算机软件著作权96项。

（4）研究生科技文化节。9月，研究生科技文化节开幕。科技文化节以“创新启迪智慧，梦想成就未来”为主题，由科技作品展、创新设计竞赛、科技文化论坛等活动组成。学生科技作品展集中展示了近年来各学院在学生科技方面的工作和取得的成绩；各学院承办了13场报告；第三届研究生创新设计竞赛共吸引了来自8个学院的20项作品参赛。

（高春娣 王秀彦）

**【研究生事务管理】** （1）学生发展与人才培养研讨会。5月25日，学校召开学生发展与人才培养研讨会，邀请校内外知名专家和学者就高校创新人才培养和学生发展的重大问题进行研讨。学校领导、各学院负责人、青年教师助课培训人员、学生工作人员、会议征文作者近300人参加了会议。校党委书记王守法、机械科学研究总院单忠德研究员、校党委副书记张革和市委教育工委副书记王民忠等做了报告。研讨会共征集学术论文90篇，评选出优秀成果40项，其中：一等奖6项，二等奖11项，三等奖23项。

（2）新生辅导交流研讨会。10月27日上午，学校召开新生辅导交流研讨会暨2009级新生辅导员培训会。张革、蒋毅坚以及学工部、研工部、教务处等相关部门负责人和全校19个学院及研究所的辅导员参与交流讨论。研讨会上，各院所将新生辅导开展的情况进行了全面总结和深入分析，并就2008级新生辅导工作的创新点和不足、2009级新生辅导工作的改进措施和进展效果等问题进行了交流。

（3）研究生奖学金评定。在2008至2009学年研究生奖学金评定中，共评出先进班集体2个，优良学风班10个，标兵团支部2个，优秀团支部1个，突出事迹奖1人，三好学生158人，学习优秀奖326人，科研优秀奖461人，优秀学生干部176人，励志奖119人，校外科技竞赛奖33项。

（4）研究生助学金管理。自2007年1月起，根据《关于提高全日制在校博士研究生生活补贴的实施办法》，北京工业大学向全日制博士研究生发放生活补助。享受的补贴由学校和导师共同承担，额度为每人每月500元（学校承担300元、导师承担200元）。2009年，共发放博士生活补助金额近271万元，资助博士研究生631人。

（5）研究生德育队伍建设。

7月，完成上一学年度31名助理辅导员考核与激励工作，并评选出优秀助理辅导员26名，合格助理辅导员5名。

9月，招聘2009至2010学年研究生助理辅导员31名，并颁发聘书。组织了三次研究生助理辅导员岗位培训，内容涉及助理辅导员的角色定位、职责范围、工作技巧等。

9至12月，学校对2009级新生辅导员及新上岗辅导员进行系统培训。12月24日，新生辅导员培训结业仪式暨学生工作表彰大会召开。参训辅导员以情景剧的形式汇报了参训成果。张革副书记、蒋毅坚副校长为参训辅导员颁发了结业证书。会上还对本年度10个学生工作先进单位和46名优秀辅导员进行了表彰。

（6）研究生通讯社。2009年，研究生通讯社共编辑《研究生通讯》4期，每期1 200册。10月，研究生通讯社举办庆祝《研通讯》创刊10周年暨首都高校研究生媒体联席会，共有15所首都高校，共计33名高校代表出席会议。12月，研究生通讯社社长陈路参加了在哈尔滨工业大学举办的2009年中国研究生媒体联席会会议，并作大会发言。

（7）研究生会。2009年，研究生会的指导工作由校团委转至研究生工作部。研究生会以“维护研究生群体权益，助推研究生成长发展”为宗旨，自我组织、自我教育、自我管理、自我服务，秉承着“精诚团结、高效有序、善行善思”的团队精神积极地完成了各项学生工作。11月，第十三届研究生委员会第七次会议召开，选举产生了新一任研究生委员会，选举邓磊、王宁、孟陶、周虎、周佳辰、侯旭阳、赵少凡为新一任常务委员。

（高春娣 王秀彦）

## 招生就业

**【概况】** 2009年，招生就业工作认真贯彻落实党的十七大精神，紧密围绕学校党政中心工作，结合科学发展观学习和“我与祖国共奋进”主题活动，不断加大招生宣传力度，调整生源结构，提高生源质量，完成2009年特殊类型和普通类型招生的计划编制，校外宣传，以及报名和测试；就业工作以建设北京地区示范性高校毕业生就业中心为契机，加强自身建设，丰富和完善就业指导队伍、就业与创业课程和网络平台“三大体系”结构，就业服务水平和就业工作质量不断提高。

（张彦军 党 杰）

**【招生情况】** 2009年，学校计划招收本科生3 150人，其中：普通类2 770人，艺术类380人；

其中：北京生源2 346人，外省市790 人，内地新疆班 14 人。

(1) 北京生源计划招收2 346人，其中：普通类 2 156 人，艺术类 190 人；校本部招收 1 666人，其中：理工类 1 508 人，文史类 158 人；实验学院 490 人，其中：理工类 385 人，文史类 105 人；艺术设计学院 190 人。

(2) 外省生源计划招收 790人，普通类 600 人，艺术类 190 人。

（宋　青　党　杰）

【录取情况】 2009 年学校录取新生 3 211 人，其中：普通类 2 817人，艺术类 383 人，体育单考单招 11 人；其中：北京生源 2 418人，外省市 779 人，内地新疆班 14 人。

(1) 北京生源录取 2 418 人，其中：普通类 2 207 人，艺术类 200 人，体育单考单招 11 人；校本部录取了 1 707 人，其中：理工类 1 544 人，文史类 163 人；实验学院 500 人，其中：理工类 395 人，文史类 105 人；艺术设计学院录取了 200 人。

(2) 外省生源录取 779 人，其中：普通类 596 人，艺术类 183 人。

另外，艺术类专升本录取 16 人。京内外录取分数线详见表 6-7、表 6-8。

**表 6-7　北京工业大学 2009 年北京生源录取分数及北京市调档线**

| 录取分数 | | | 北工大（文史类） | 北京市调档线（文史类） | 北工大（理工类） | 北京市调档线（理工类） |
|---|---|---|---|---|---|---|
| 提前批艺术类 | | | 708 | 293 | 641 | 275 |
| 本科一批 | 本部 | 一志愿 | 538 | 532 | 531 | 501 |
| | | 二志愿 | 571 | | 601 | |
| | 实验学院 | 一志愿 | 532 | | 501 | |
| | | 二志愿 | 542 | | 524 | |

**表 6-8　北京工业大学 2009 年京外录取分数——普通类**

| 序　号 | 省市区 | 北工大录取线 | | 各省一本线 | |
|---|---|---|---|---|---|
| | | 理工类 | 文史类 | 理工类 | 文史类 |
| 1 | 天津 | 534 | 541 | 502 | 511 |
| 2 | 河北 | 616 | 557 | 569 | 539 |
| 3 | 山西 | 579 | 554 | 547 | 548 |
| 4 | 内蒙古 | 517 | 540 | 501 | 497 |
| 5 | 辽宁 | 573 | 564 | 520 | 560 |
| 6 | 吉林 | 580 | 555 | 539 | 530 |
| 7 | 黑龙江 | 574 | 581 | 538 | 531 |
| 8 | 上海 | 465 | 483 | 455 | 471 |
| 9 | 江苏 | 366 | 356 | 348 | |
| 10 | 浙江 | 609 | 628 | 605 | 606 |
| 11 | 安徽 | 628 | 560 | 579 | 543 |
| 12 | 福建 | 603 | 599 | 569 | 582 |
| 13 | 江西 | 536 | 538 | 518 | 515 |

续表

| 序 号 | 名 称 | 学校录取线 | | 各省一本线 | |
|---|---|---|---|---|---|
| | | 理工类 | 文史类 | 理工类 | 文史类 |
| 14 | 山东 | 600 | 606 | 586 | 596 |
| 15 | 河南 | 569 | 553 | 567 | 552 |
| 16 | 湖北 | 564 | 522 | 540 | 518 |
| 17 | 湖南 | 568 | 564 | 534 | 554 |
| 18 | 广东 | 594 | 588 | 585 | 587 |
| 19 | 广西 | 545 | 556 | 507 | 523 |
| 20 | 海南 | 708 | 714 | 632 | 670 |
| 21 | 重庆 | 591 | 553 | 557 | 546 |
| 22 | 四川 | 508 | 546 | 498 | 540 |
| 23 | 贵州 | 532 | 558 | 477 | 532 |
| 24 | 云南 | 545 | 551 | 500 | 520 |
| 25 | 西藏 | 478 | — | 450 | 450 |
| 26 | 陕西 | 543 | 547 | 537 | 540 |
| 27 | 甘肃 | 551.5 | 556.5 | 521 | 516 |
| 28 | 青海 | 441 | 453 | 400 | 443 |
| 29 | 宁夏 | 511 | 506 | 468 | 501 |
| 30 | 新疆 | 551 | 513 | 480 | 499 |

（宋 青 党 杰）

**【2009年招生工作特点】** （1）4月11日学校举办北京市高校规模最大的一场校园高招咨询会，首次邀请京外部分“985”高校参加，共有54所高校参加活动，其中：京内44所、京外10所，中央电视台、北京电视台等媒体进行了集中报道。

（2）学校根据北京市二志愿为平行志愿投档录取模式及2009年北京生源考生人数少于往年的情况，对高分二志愿招生政策作了相应的调整，预留计划由10%调到5%。同时，总计划也作了相应的调整，适当减少京内计划，增加京外计划。

（3）京内理工类录取分数创新高，超过一本线30分；京外录取水平超过往年，高出当地一本线30分以上的省达到18个。

（4）新增社会学和软件工程（嵌入式系统实验班）两个专业。

（5）艺术类首次按专业进行招生；艺术类专业校考报考人数10 489人。

（6）2009年北京市首次开展美术类专业统考，1月3日，学校承办“北京市2009年美术类专业统一考试”北京工业大学考点工作。

（宋 青 党 杰）

**【就业工作】** 2009年，北工大共有毕业生4 382人，略高于上年同期，其中：春季毕业生30人，夏季毕业生4 352人。2009届毕业生分布情况详见表6-9。

春季毕业生中：硕士8人，博士22人；夏季毕业生中：硕士1 159人，博士101人，本科2 786人，高职306人，分布在机电、电控、建工、环能、数理、计算机、软件、材料、生命、经管、建规、人文、外语、实验、艺术、激光16个学院，以及固体微结构与性能研究所和嵌入式实验室。

夏季本科、高职毕业生中，升学285人，应聘村主任和村支书助理22人（含朝阳区2人，大兴区6人，房山区3人，密云县3人，顺义区4人，通州区4人），支援西部47人；研究生中，升学43人，出国4人，应聘村主任和村支书助理1人（怀柔区），支援西部39人。

截至8月31日，2009届毕业生全员就业率达到94.15%，其中：研究生为96.12%，本科生为93.53%、高职生为91.50%。

截至12月31日，2009届毕业生全员就业率达到95.23%，其中：研究生为97.91%，本科生为94.40%、高职生为91.50%。

**表 6-9 北京工业大学 2009 届毕业生分布一览表**

<table>
<tr><th colspan="3">学 历</th><th>人 数</th><th>小 计</th></tr>
<tr><td colspan="3">合计</td><td colspan="2">4 382</td></tr>
<tr><td rowspan="2">春季</td><td rowspan="2">研究生</td><td>硕士</td><td>8</td><td>30</td></tr>
<tr><td>博士</td><td>22</td><td></td></tr>
<tr><td rowspan="4">夏季</td><td colspan="2">高职</td><td>306</td><td rowspan="4">4 352</td></tr>
<tr><td colspan="2">本科</td><td>2 786</td></tr>
<tr><td rowspan="2">研究生</td><td>硕士</td><td>1 159</td></tr>
<tr><td>博士</td><td>101</td></tr>
</table>

（张彦军 党 杰）

**【就业基地建设】** 2009 年 5 月，北京工业大学“大学生就业实践基地”和“就业创业实训基地”相继落成，面积约 150 平方米，分别承担在校大学生就业实习实践和创业培训实训任务。两个基地是学校积极响应十七大精神和更好落实国家、北京市关于全方位促进就业、进一步做好高校毕业生就业工作的要求，切实将深入学习实践科学发展观活动落到实处，重视和加强对大学生就业实践和创业能力的培养，丰富学校教育教学功能，拓展学生综合能力的具体实践。

（张彦军 党 杰）

**【2009 年用人单位需求调研】** 2009 年 7 月，招生就业处联合教务处、研究生部、学生部（处）和党委研究生工作部共同开展第二次用人单位就业需求调研。本次调研主要面向在京用人单位，共发放和邮寄调查问卷 400 份，回收 352 份，回收率 88%，其中有效问卷 343 份，有效率 85.6%。用人单位需求调研涉及单位招聘的基本情况、金融危机的影响、毕业生综合素质、就业服务满意度和学生培养、未来几年的专业需求、工作建议等方面内容，是学校多部门横向合作、资源共享的一种有益尝试。

（张彦军 党 杰）

**【2009 届毕业生就业状况白皮书】** 2009 年 9 月，学校连续第六年进行毕业生就业状况调查。本次就业调查采用直接调查和信函调查两种形式，共发放问卷 2 832 份。通过问卷收集和信息汇总，可以及时掌握学校毕业生的就业状况，了解毕业生的求职需求，以及毕业生对学校人才培养、教育教学的意见和建议，便于编制《2009 届毕业生就业状况白皮书》，为学校教育教学改革和就业指导服务提供理论依据。

（张彦军 党 杰）

**【获北京地区高校毕业生就业工作先进集体】** 2009 年 11 月，北京工业大学被北京市教委评为 2009 年北京地区高校毕业生就业工作先进集体。这不仅是学校领导认真贯彻“一把手”工程，不断加强就业工作重视程度的结果，更是校院两级就业工作人员和积极关注学生就业工作的专业教师共同努力的结果。学校就业工作逐步形成了围绕党政工作要点，结合学校办学特色，以北京地区示范性就业中心建设为契机，以“一个平台、两个基地、三个计划”为抓手的就业工作体系，在全校范围内营造全员关注就业的良好氛围，为就业工作的顺利开展奠定基础。

（张彦军 党 杰）

**【举办毕业生大型双选会】** 2009 年 3 月 12 日、4 月 9 日和 12 月 4 日，用北工大体育馆举办三场毕业生就业大型双选会，为用人单位和毕业生提供交流与双选平台。三次招聘会共组织北京及地方用人单位 335 家，提供就业岗位 6 700 个。

（张彦军 党 杰）

**【北京市大学生成功创业试点项目】** 北京市大学生成功创业试点项目由北京市劳动服务管理中心、北京工业大学和全国创业培训工作指导委员会创业实训项目专家办公室（全球模拟公司联合体中国中心）在北京工业大学合作实施。试点项目 2009 年 3 月启动，为期 6 个月，包括创业培训、创业实训、开业指导和跟踪服务四个阶段，通过“4S 成功创业”综合服务模式（即创业培训的个性化、模拟化、师徒化和股份化），为大学生提供就业与创业实训机会，增加学生就业与创业工作技能，提高创业成功率。同时，试点项目积极探索大学生就业技能的实践能力培养，鼓励和扶持高校毕业生进行创业尝试，推动学生创意及科技项目的成果转化。截至年底，试点项目共培训学生 267 人，实训学生 60 人，模拟创业项目 8 个，其中 4 个项目已申请营业执照。

（张彦军 党 杰）

# ·科研与开发·

## 科技工作

【概况】 2009年，科技工作重点加强项目的组织工作，突出桥梁作用，部分计划项目有所突破。如国家自然科学基金首次在所有7个科学部都有项目获资助。另外，在北京市自然科学基金方面，1人申请的重大项目“北京城市基础设施耐久性研究”获资助，这是北工大首次承担北京市基金重大项目。科研经费方面，根据教育部统计口径，学校2009年到校科技经费48 436.8万元，人文社会研究经费2 613.66万元。科研成果获各类科技奖励15项，其中包括国家科技进步奖3项。2009年以北京工业大学为申请人共申请专利560项，获专利授权360项，软件著作权登记201项。在中国科学技术信息研究所公布的中国科技论文统计结果中，北京工业大学2008年度被科学引文索引SCIE收录论文297篇，排名67位；工程索引EI收录论文711篇，排名32位；国际科技会议录索引ISTP收录论文454篇，排名31位；中国科技论文引文数据库CSTPCD收录论文1 276篇，排名66位。这些论文国际被引用265篇，引用频次609次，高校排名61位；国内被引用2 644次，高校排名83位。

在学校开展学习实践科学发展观活动期间，科技工作部门先后到北京市教委、科委、中关村知识产权促进局等科技主管单位、部分兄弟院校科技工作部门以及学校14个学院调研。在调研的基础上，编制《北京工业大学科技创新工程》，提出学校将在9个方面给予重点支持，分别是：鼓励学院及部分学科带头人积极参与国家和北京市重大科技项目的策划组织工作；重点支持一批学科争取承担国家级与北京市重大科技项目和科技专项；选择并全力支持2至3个实验室做好申办国家级重点实验室的准备；建立创新型的产学研合作基地；争取重大工程项目；制定和落实对高水平基础研究团队和教授的长期稳定支持的政策和实施办法；加强对青年学术带头人，特别是长江学者、杰出青年基金获者等高层次人才的支持和培养；继续努力改善学校的学术环境。

7月，学校印发《北京工业大学关于科技成果转化收益分配的规定》(工大发〔2009〕10号)，明确学校科研人员以专利或非专利技术转让所获的收益分配的原则和办法。另外，依据此办法，学校申报《北京工业大学股权激励改革试点方案》，获中关村国家自主创新示范区股权激励改革试点工作组的批复。

在信息化建设方面，北工大科研管理信息系统历经3年的开发与试运行，12月通过验收，二期项目招标启动。

【科研经费】 根据教育部统计口径，2009年学校共拨入科技活动经费48 436.8万元，其中研究与发展（R&D）经费达25 473.5万元。在科技经费中，科研事业费782万元，主管部门专项经费27 045.8万元，国家发改委、科技部专项经费2 921.2万元，国家自然科学基金项目费2 306万元，国务院其他部门专项费731.7万元，省、市、自治区专项费2 568.8万元，企事业单位委托经费11 972.6万元，学校科技活动经费108.7万元。共拨入人文、社会科学研究与发展经费2 613.66万元，其中政府资金投入2 339.12万元，非政府资金投入274.54万元。

【科研项目】 (1) 国家自然科学基金。2009年，学校共申请国家自然科学基金项目324项，比2008年增加21项。获批60项，其中面上项目36项，青年项目19项，专项基金5项，资助金额共计1 676万元。

5月23至24日，国家自然科学基金委“十一五”重大研究计划“重大工程的动力灾变”项目群学术交流会在北工大召开。该重大研究计划自2008年启动，旨在通过对重大工程在强地震动场和强/台风场动力作用下的损伤破坏演化过程的研究，揭示重大工程的损伤机理和破坏倒塌机制，建立重大工程动力灾变模拟系统，为保障重大工程的安全建设和运营提供科技支撑。会议由指导专家组副组长、国家杰出青年基金获者、建工学院院长杜修力主持，副校长卢振洋致欢迎辞。各项目负责人随后就项目的研究计划要点、研究进展、存在问题及下一步工作计划等方面向指导专家组汇报，其中5个重点支持项目针对项目的关键科学问题，做专题学术报告。指导专家组对项目的研究进展给予充分肯定。本次会议是由“强地震动场、高坝抗震、地下结构抗震”三个研究方向的项目组成的项目群首次学术交流。

（2）教育部项目。申报教育部博士点基金项目限额申报博导基金 20 项，限额申报新教师基金 24 项，已获批博导基金 5 项，新教师基金 10 项。获博导基金资助的有：张伟、贾克斌、冯士维、栗卓新、王淑莹；获新教师基金资助的有：谢田法、雷钧、杨巍、张跃飞、杨宇光、刘素娟、高坤元、刘卫强、张利国、闫志鸿。

教育部人文社科项目申请 28 项，获批 9 项。获资助的是：人文学院阚和庆，项目名称“当代中国社会阶层变迁与政治稳定”；经管学院廖玫，项目名称“中国碳交易市场的不确定性与约束条件研究”；循环经济院李艳梅，项目名称“我国产业结构演进的节能效应与潜力研究”；循环经济院李云燕，项目名称“发展循环经济的政府制度创新研究”；高教所范明，项目名称“北京地区高校学科群建设、组织与管理机制研究”；高教所苏林琴，项目名称“行政契约：高校与学生新型法律关系研究”；发展规划处张晓玲，项目名称“基于雪崩动力学的科研对学科建设促进作用的机理研究”；人文学院钱伟量，项目名称“高校思想政治理论课基本教学要点及课程间相互关系研究”；计算机学院石勤，项目名称“高校学生发展辅导体系构建研究”。

留学回国人员科研启动基金申请 12 项，获批 8 项。获资助的有：机电学院雷钧、电控学院卓力、数理学院吴密霞、材料学院陈子勇、材料学院岳明、材料学院王如志、环能学院白金泉、机电学院焦敬品。

重大国际科技合作项目 1 项获批准，项目名称为“再制造快速熔敷成型系统”，项目负责人为材料学院徐滨士院士，合作方是波兰华沙理工大学。

（3）科技部项目。“973”计划项目 3 个课题获科技部滚动支持。组织“973”计划前期专项申请 4 项。

3 月，由张泽院士担任首席科学家的“973”项目“先进材料性能与结构演化间关系的现代表征方法及科学问题的研究”（2009CB623700）正式启动。这是继上一个“973”项目以所有领域总分第一，材料领域第一的优异成绩结题后，张泽院士领导的第二个“973”项目。另一项“973”项目“应用纳米技术解决新型抗艾滋病药物的若干关键科学问题”也启动。该项目由国家纳米科学中心为第一承担单位，北工大生命学院、中国疾病预防控制中心病毒病预防控制所和中国科学院高能物理研究所为共同承担单位。

获批准国家重大科技专项 12 项，其中高档数控机床与基础制造装备国家重大科技专项“数字化设计—重型龙门数控机床大型结合面实验研究与应用”项目，北工大为第一责任单位，项目负责人为机电学院杨文通。高档数控机床与基础制造装备国家重大科技专项另一个项目“数控重型龙门五轴连动车铣复合机床”，北工大为第二承担单位，机电学院蔡立钢为该重大专项项目组副组长。其余 10 项为子课题参与单位。

（4）北京市自然科学基金。2009 年共申请北京市自然科学基金项目 210 项。批准 45 项，其中重大项目 1 项，重点项目 2 项，面上项目 42 项，资助金额共计 573 万元。

（5）北京市教委项目。2009 年，学校共获北京市教委科研计划项目资助 60 项，其中科技计划重点项目 7 项，科技计划面上项目 34 项，人文社科重点项目 5 项，人文社科面上项目 14 项，资助金额共计 954 万元。

（6）北京市科技新星计划。申报 A 类计划 8 人，B 类计划 8 人。A 类初审通过 3 人，受资助 1 人（建工学院路德春），B 类初审通过 5 人，受资助 3 人（环能学院陈戈、环能学院陈东升、生命学院赵丽娇）。

受北京市科委委托，1 月 12 日学校召开“北京市科技新星计划”考核评审会，对 2006 年、2007 年入选北京市科技新星计划的资助者考评。考评会由张革主持。经过专家投票，11 位入选新星全部通过此次考评，其中 4 人考评为“优秀”，分别是：季凌飞（激光院）、张国俊（环能学院）、侯育冬（材料学院）、李冬（建工学院）。

（7）社科规划项目。申报国家社科基金项目 14 项，获批 2 项。获批准的是：人文学院胡建国，项目名称“中国中产阶级社会政治态度研究”；人文学院张荆，项目名称“社区矫正制度建设研究”。

申报北京市社科规划项目 4 项，获批 3 项。获资助的项目是：人文学院李东松，项目名称“高新技术产业发展与北京社会结构转型的互动研究”；经管学院刘云枫，项目名称“集成物流服务与北京现代制造企业供应链优化研究”；经管学院张永安，项目名称“北京先进制造业核心企业结构供应链体系运作模式仿真研究”。

（8）学校资助项目。校青年科研基金申请经费 116 万元，71 个研究课题。数理基金申请经费 156 万元，34 个研究课题。

(9) 横向科研项目。2009年学校新增横向科研项目393项，合同金额共计9 344.4万元。2009年，共有150项横向合同获退税，退税金额累计204.2万元。各学院2009年度签订10万元以上横向科技项目合同情况详见表7-1。

**表7-1 各学院2009年度签订10万元以上横向科技项目合同情况一览表**

| 单位 | 10万元以上 | | 其中 | | | | | |
|---|---|---|---|---|---|---|---|---|
| | 项目数 | 合同额/万元 | 100万元以上 | | 50万～100万元 | | 10万～50万元 | |
| | | | 合同额/万元 | 项目数 | 合同额/万元 | 项目数 | 合同额/万元 | 项目数 |
| 总计 | 8 852.8 | 238 | 2 971.9 | 17 | 1 727.5 | 27 | 4 153.4 | 194 |
| 机电学院 | 791.7 | 30 | 200.0 | 2 | 51.0 | 1 | 540.7 | 27 |
| 电控学院 | 944.0 | 26 | 370.0 | 2 | 115.1 | 2 | 458.9 | 22 |
| 建工学院 | 2 156.7 | 59 | 496.7 | 2 | 551.2 | 9 | 1 108.8 | 48 |
| 环能学院 | 1 011.6 | 19 | 504.7 | 2 | 159.0 | 2 | 347.9 | 15 |
| 数理学院 | 40.0 | 2 | 0.0 | 0 | 0.0 | 0 | 40.0 | 2 |
| 计算机学院 | 457.5 | 9 | 176.0 | 1 | 130.0 | 2 | 151.5 | 6 |
| 材料学院 | 581.2 | 20 | 135.0 | 1 | 192.3 | 3 | 253.9 | 16 |
| 经管学院 | 37.0 | 2 | 0.0 | 0 | 0.0 | 0 | 37.0 | 2 |
| 人文学院 | 40.0 | 2 | 0.0 | 0 | 0.0 | 0 | 40.0 | 2 |
| 建规学院 | 1 630.9 | 34 | 627.0 | 4 | 410.9 | 6 | 593.0 | 24 |
| 生命学院 | 21.0 | 1 | 0.0 | 0 | 0.0 | 0 | 21.0 | 1 |
| 软件学院 | 77.0 | 5 | 0.0 | 0 | 0.0 | 0 | 77.0 | 5 |
| 实验学院 | 18.0 | 1 | 0.0 | 0 | 0.0 | 0 | 18.0 | 1 |
| 固体所 | 51.5 | 2 | 0.0 | 0 | 0.0 | 0 | 51.5 | 2 |
| 激光院 | 457.0 | 11 | 230.0 | 1 | 68.0 | 1 | 159.0 | 9 |
| 循环经济院 | 90.0 | 3 | 0.0 | 0 | 50.0 | 1 | 40.0 | 2 |
| 科技处 | 116.5 | 2 | 102.5 | 1 | 0.0 | 0 | 14.0 | 1 |
| 其他 | 331.3 | 10 | 130.0 | 1 | 0.0 | 0 | 201.3 | 9 |

**【科研基地建设】** 截至2009年年底，北工大拥有各类科研基地25个，其中国家工程研究中心1个，国家级产学研中心1个，国际合作研究中心1个，教育部工程中心2个，教育部重点实验室2个，省部共建重点实验室3个，北京市重点实验室或研究基地13个，北京高校工程研究中心2个。2009年年底，北京市教委、北京市科委联合对北京市重点实验室的二期建设验收。学校共有6个重点实验室参加验收，全部通过，其中3个实验室被评为优秀，分别是：工程抗震与结构诊治实验室、多媒体与智能软件技术实验室、交通工程实验室。

2009年，北京市教委评选北京高校工程研究中心26个，北工大“激光先进制造”和“环境友好新材料技术”两个工程中心入选该建设计划的立项名单。

**【科技成果与获奖】** 2009年，由学校教师完成的科研成果获国家科技进步奖3项，省市科技奖2项，其他获奖10项。部分获奖成果简介：

(1) 新型组合剪力墙及筒体结构抗震理论与技术，获2009年国家科学技术进步二等奖，主要完成人：建工学院曹万林，张建伟等。

该项目属土木建筑工程技术领域。历时13年，在5项国家自然科学基金和3项北京市科技项目资助下，首创以多重组合剪力墙和筒体以及多重组合柱为竖向抗侧力体系的高层结构抗震新体系，进行系统地研究，形成抗震理论与关键技术。该项目研究的高层结构抗震新体系性能好，性价比合理，适于多数高层建筑，特别是可解决大型复杂高层建筑结构抗震关键技术问题，提高其抗震性能。已在多省市21项、

247万平方米的工程中应用，特别是在10余项大型标志性建筑中应用，显示其重大工程价值和应用前景，经济效益显著，抗震防灾社会效益巨大。

（2）SBR法污水处理工艺与设备及实时控制技术，荣获2009年度国家科学技术进步二等奖，主要完成人：环能学院彭永臻、王淑莹、杨庆等。

该项目自1993年起，围绕着SBR法的基础研究、技术研发、设备集成、过程控制、推广应用等，先后完成10余项国家和省部级的科研项目，并成为科技部国家级火炬计划（A类）重点推广项目，获31项授权专利，发表论文200余篇。该项目应用SBR工艺的实时控制技术，在处理城市污水的生产性试验规模中实现长期稳定的常温、低温短程深度脱氮。去除有机物和脱氮除磷效率高，另外在高氨氮废水脱氮方面有较大突破。目前SBR法污水处理工艺设备成套化及实时控制技术已被应用于黄河流域、辽河流域和松花江流域等地的50余项污水处理工程中，平均节省工程投资10%～15%，降低运行费用15%左右。近三年销售的SBR配套设备产品近700台套，在这些流域和地区产生良好的示范和辐射作用。

（3）非牛顿流体流变学特性测试技术研究及应用，荣获2009年度国家科学技术进步二等奖，主要完成人：机电学院石照耀等。

非牛顿流体是一种有特异行为的流体，在化工工业、合成材料和生物医学领域，研究流体的沉淀、固化、结构及流体物性都离不开流变特性的测试。该成果解决多项流变特性测试的关键技术，研发出血流变测试仪、血细胞变形聚集测试仪、血小板聚集测试仪、自动血液凝固分析仪等生物医学检测仪器，所有产品都实现规模化生产，改变我国生物流变检测仪器无高端产品的局面，促进生物流变检测技术集成化、智能化、自动化、网络化和光机电一体化技术水平的提高，取得显著的经济效益和社会效益。

（4）《德国循环经济研究》，荣获2009年度高等学校科学研究优秀成果奖（人文社会科学）三等奖，主要完成人：经管学院黄海峰等。

作为左铁镛院士主持汇编的“循环经济研究丛书”中的一部专著，《德国循环经济研究》一书运用经济学、管理学和生态学的分析方法，注重宏观理论分析与微观案例论证的结合，高度概括德国循环经济的发展进程；选择德国企业园区循环经济发展及部分重点行业的案例；探究德国循环经济的发展前景；结合中国的实际情况提出中国发展循环经济的战略定位、战略重点和发展对策。这本著作也是北工大首个获人文社科类教育部优秀成果奖的学术成果。

**【知识产权】** 知识产权申请和授权情况。2009年，以北工大为申请人共申请专利560项，其中发明专利381项，实用新型179项；所申请专利中有553项是由北工大作为独立申请人或第一申请人。获专利授权360项，其中发明专利199项，实用新型157项，外观设计4项。申请软件著作权201项，获登记201项。2009年，北工大获美国专利授权1项，专利号为US7560066B2，专利名称为“Method of preparing abiaxially textured composite article（双轴织构复合基带的制备方法）”，发明人是材料学院周美玲、索红莉、刘敏等。这是北工大首次获国外专利授权。各学院2009年知识产权申请/授权情况见表7-2。

**表7-2 北京工业大学2009年各学院知识产权申请/授权情况一览表**

| | 专利申请 | | 专利授权 | | | 软件著作权登记 |
|---|---|---|---|---|---|---|
| | 发明 | 实用新型 | 发明 | 实用新型 | 外观设计 | 项目数 |
| 总计 | 381 | 179 | 199 | 157 | 4 | 201 |
| 机电学院 | 60 | 53 | 40 | 27 | 0 | 49 |
| 电控学院 | 40 | 27 | 15 | 11 | 2 | 47 |
| 建工学院 | 61 | 39 | 21 | 29 | 0 | 22 |
| 环能学院 | 57 | 22 | 40 | 27 | 0 | 14 |
| 数理学院 | 10 | 4 | 8 | 5 | 0 | 4 |
| 计算机学院 | 22 | 4 | 7 | 4 | 0 | 38 |

续表

| | 专利申请 | | 专利授权 | | | 软件著作权登记 |
|---|---|---|---|---|---|---|
| | 发明 | 实用新型 | 发明 | 实用新型 | 外观设计 | 项目数 |
| 材料学院 | 94 | 6 | 46 | 12 | 0 | 0 |
| 建规学院 | 0 | 1 | 0 | 0 | 2 | 1 |
| 生命学院 | 8 | 2 | 2 | 11 | 0 | 8 |
| 软件学院 | 6 | 0 | 0 | 0 | 0 | 6 |
| 实验学院 | 0 | 0 | 0 | 0 | 0 | 2 |
| 固体所 | 8 | 6 | 5 | 5 | 0 | 0 |
| 激光院 | 15 | 15 | 15 | 24 | 0 | 8 |
| 其他 | 0 | 0 | 0 | 2 | 0 | 2 |

知识产权资助金。2009 年，北工大共获各类知识产权资助金 192.81 万元，其中北京市教委专利专款 90 万元，朝阳区专利资助金 65.66 万元，国家知识产权局北京代办处资助金 37.15 万元。

知识产权转化。2009 年，北工大共转让专利 20 项，转让金额 140.9 万元，专利实施许可 8 项，许可金额 99 万元。

4 月，经过北京市知识产权局认定，北京工业大学成为第二批北京市专利示范单位。北工大是此次被认定的示范单位中唯一一所高等学校。

**【校科技奖励】** 学校每年对取得科研成果，为学校科技工作做出贡献的教师奖励。2009 年，学校用于科技奖励金额总计 389.82 万元。具体奖励内容与额度为：

（1）2007 年由北工大教师完成，并以学校为第一完成单位发表的论文，被 SCIE 收录 301 篇，EI 收录 641 篇，ISTP 收录 259 篇；学校为非第一完成单位发表的论文被 SCIE 收录 100 篇，扣除重复收录的，上述三大检索收录论文实为 1 201 篇，奖励金额 228.81 万元。

（2）2007 年由北工大教师完成，并以学校为第一完成单位发表的国内核心期刊论文 1536 篇。其中被中国科技论文数据库 CSTPCD 统计源期刊收录的自然科学类论文 1246 篇，被北京大学出版社出版的《中文核心期刊要目总览》等收录的人文社科类核心期刊论文 290 篇，奖励金额 61.44 万元。

（3）2007 年北工大教师在《北京工业大学学报（社会科学版）》发表论文 19 篇，奖励金额 0.38 万元。

（4）2008 年，北工大教师出版或参与出版的科技著作、社科著作、艺术类出版物、国家或省部级、行业标准 103 部，奖励金额 17.19 万元。

（5）2008 年，北工大获发明专利授权 105 项，实用新型专利授权 206 项，外观设计专利 2 项，软件著作权登记 175 项，奖励金额 54.5 万元。

（6）校级优秀学术成果奖初评 12 项，奖励金额 27.5 万元。

**【科技成果推广】** 4 月 8 日，在中国国际展览中心举行的“第十六届中国北京国际广告新媒体新技术新设备新材料展示交易会”上，由北工大激光工程研究院与北京索斯曼激光技术有限公司联合开发的 MC 系列激光切割机，因切割质量优异，具有超高性价比，成为展会同类设备的亮点，引起众多用户的兴趣。

9 月 18 至 19 日，由教育部、科技部、工信部、中国科学院、湖北省人民政府、武汉市人民政府主办的“第五届中国·湖北产学研合作暨创业投资项目洽谈会”在湖北武汉国际会展中心召开。北工大机电学院的“温室自动化穴苗移植机”，材料学院的“聚羧酸高性能减水剂产业化关键技术及低能耗系统应用研究”、“高性能电弧喷涂粉芯丝材”、“盾构刀头刃口用耐磨堆焊药芯焊丝”、“一种抗静电瓷砖及其制造方法”、“高效能建筑保温防火泡沫玻璃材料”，环能学院的“聚电解质复合物膜的电场强化组装方法及装置”、“无人驾驶汽车实验平台”，激光研究院的“一种基于透明材料的激光镀膜装置和方法”等 9 个项目受到与会代表的广泛关注。

11 月 3 至 7 日，2009 中国国际工业博览会（以下简称工博会）在上海新国际博览中心举办。校科技处、智源公司组织“智能网络版分娩及急救教学系统”、“高效固体激光切割机”、“风电机组超级电容储能电动变桨距系统”、“高效能建筑保温防火泡沫玻璃材料”等 14 个项目参展。展会开幕当天，教育部副部长陈希来到北工大展区，听取项目负责人的汇报，对学校的参展项目给予肯定。此外还有教育部科技发展中心、工博会组委会及上海市教委相关领导亲临展区参观视察。其中“智能网络版分娩及急救教学系统”项目获中国高校展区优秀项目一等奖，北工大参展团获优秀组织奖和先进个人奖。

8月12至15日，“第十八届全国发明展览会”在云南昆明举行。科技处组织相关科研人员参加携9个项目，获三金、一银、二铜的展览会奖，在北京展团中是获奖数量最多的参展单位。获金奖的是：盾构刀头刃口用耐磨堆焊药芯焊丝，项目负责人材料学院蒋建敏；高效能建筑保温防火泡沫玻璃材料，项目负责人材料学院田英良；聚羧酸高性能减水剂产业化关键技术及低能耗系统，项目负责人材料学院王子明。获银奖的是：高性能电弧喷涂粉芯丝材，项目负责人材料学院贺定勇。获铜奖的是：无人驾驶汽车的多控制方式，项目负责人环能学院冯能莲；一种抗静电瓷砖及其制造方法，项目负责人材料学院严建华。

**【产学研合作】** 3月，由北京工业大学与美国IPG光纤激光技术有限公司联合成立“北京工业大学—IPG光纤激光应用研究中心”，并挂靠于激光工程研究院。该研究中心将充分发挥IPG公司的光纤激光技术优势和激光工程研究院的人才队伍、工艺和系统集成技术优势，围绕光纤激光器的工业应用，研究开发新装置、新技术、新工艺。IPG光纤激光技术有限公司是全球最大的光纤激光制造企业，始创于1991年，总部设在美国东部，是具有国际领先水平的高功率光纤激光器的研发中心及制造厂商。

4月15日，北京联通公司与北工大签订科研开发项目合作协议。根据此协议，北工大电控学院与北京联通公司合作，承担“互联网网络流量分析与预测”、“电池组性能分析与失效的检测”、“电力公司500KV输电线路对通信设施的影响及防护”、“传输维护支撑系统升级和改造方案的研究”以及“多种图像业务网络集中监控和维护方式的研究”5个科学技术研究开发项目。

5月15日，北工大软件学院分别与北京市朝阳区信息化工作办公室、北京经济技术开发区管理委员会信息化工作办公室签订战略合作协议。软件学院与北京市朝阳区信息化工作办公室将在电子服务、信息产业发展、信息化人才培养等领域开展战略合作，推动朝阳区信息产业发展，推动朝阳区电子政务和社会公共信息化发展，建设朝阳区信息化人才培养体系，开展信息化科研创新活动等。软件学院与北京经济技术开发区管理委员会信息化工作办公室将开展信息化建设和人才培养方面的合作。双方将合作培养亦庄新城信息化人才，北工大软件学院将全面参与经济技术开发区e-Town战略规划设计及体验展示中心的建设，联合开展科研创新等合作项目等。

6月19日，由北工大和苏州东菱振动试验仪器有限公司联合成立的“振动环境实验室”在机电学院举行揭牌仪式。该实验室将以产学研为指导思想，进一步促进校企双方产学研合作，这对于改善和优化学校教学科研条件、校企联合研发高科技振动环境实验设备、共同培养高素质的科技人才有着积极的意义。同时，双方将进一步联合申请国家重大专项或国家重点科技项目，共同开拓振动环境实验资源和市场。

7月，以张泽院士为首席专家的科研团队与中国最大的高速列车制造厂家——中国南车集团青岛四方有限公司签订产学研合作课题——“高速列车铝合金车体可靠性技术研究”。该项目总经费为1 600万元，研究团队由北工大和湖南大学相关领域科研骨干组成。该项目针对目前中国铝合金高速列车的可靠性评价问题开展科学研究，项目研究涉及两方面内容：高速列车车体寿命的评估和预测、高速列车铝合金车体焊接工艺的可靠性。

9月11日，“废弃钴镍材料的循环再造关键技术及产业化应用”项目在北京通过由中国有色金属工业协会组织的鉴定。该项目由深圳市格林美高新技术股份有限公司、北工大、中南大学、荆门市格林美新材料有限公司合作完成。北工大材料学院聂祚仁教授带领的学术团队作为项目的主要完成人员，对典型多元系废旧电池等废弃物中的钴、镍废料再生、制备高性能新材料的技术进行一系列探索性研究，解决快速拆解、分离、提纯、活化、制备中的工艺与设备难题，突破废弃钴镍材料循环再造的产业化关键技术，构建一套完整的、适应多种废料中废弃钴镍材料的资源化再生体系。其研究成果整体技术达到国际先进水平，在废弃钴镍物料制备超细粉体技术方面达到国际领先水平。

11月，北工大与北京矿冶研究总院、北京金隅集团技术中心正式签订产学研合作协议。双方将在原有基础上进一步加强合作，细化并扩展合作领域与方式。

12月14日，IBM与北工大联合成立云计算中国科教领域的首例应用——“北京工业大学云计算实验平台”。该实验平台是基于云计算的高性能计算和数据中心的新一代解决方案，将面向学校、企业、政府以及开源社区提供高性能计算资源及服务，开创中国教育科研机构的全新的IT资源服务及供应模式。它不仅代表云计算技术在科教领域的一个发展趋势，更是以IT技术推动教育普及化、大众化的一种有力尝试。

12月，机电学院李德胜教授及其团队研发的成果“汽车永磁液冷缓速器产业化”落户朝阳区北京北齿有限公司（原北京齿轮总厂）。该项目是从北京市科委组织的“首都高校科研成果落地区县对接会”上19所高校的33个项目中选出的。项目得到市领导的高度重视，被北京市科委重大专项办公室列入北京市重大科技成果转化落地重点支持项目，由北京市科委重大专项办公室主管，北汽集团为项目主持单位，北齿有限公司为产品生产单位，北工大为技术支持单位，北汽福田为整车匹配和应用单位。项目第一批科委经费500万元即重大科技成果转化落地资金已落实。

**【学术交流】** 1月9至10日，北工大物理学科召开物理学科学术研讨会。张泽院士、蒋毅坚教授，国家基金委一处张守箸处长以及来自数理学院、材料学院、环能学院、固体所和激光院的部分教师和博士生约120人参加研讨会。参会代表就材料物理、纳米材料及其特性、理论物理、激光加工、激光技术、光学信息处理等问题全面讨论，大会设立6个特邀报告和44个分会报告。

5月15至17日，由实验力学专业委员会主办、北工大承办的实验力学与无损检测新技术高级研讨会在北工大召开。会议由实验力学专业委员会委员、北工大机电学院何存富主持。研讨会共有8个大会特邀报告和3个大会邀请报告。参会代表围绕实验力学和无损检测领域的国内外前沿问题展开交流与讨论。

5月28至30日，由北工大主办的“首届中—欧—美热物理——可再生能源国际会议（2009US-EU-China Thermophysics Conference-Renewable Energy）”召开。会议由中国科学院工程热物理学会、美国机械工程师学会、英国皇家物理学会和英国机械工程师学会共同发起，受中国科学院工程热物理学会的委托，由北工大环能学院主办。会议由环能学院马重芳教授主持。来自欧美国家和中国国内的140多名专家学者围绕“促进可再生能源科技发展的国际交流与合作”进行了交流。

6月27日，管理科学与工程学会成立大会在工大建国饭店举行。2007年初，由李京文、王众托、汪应洛、刘源张等院士发起，近百所院校学者签名，建议成立管理科学与工程学会。2009年，国家民政部正式批准成立国家一级学会“管理科学与工程学会”，业务上接受国家教育部的指导，学会秘书处设在北工大。

9月5至6日，由科技处组织召开“北京工业大学嵌入式系统技术与应用研讨会”。机电学院、电控学院、计算机学院、软件学院及环能学院相关科研人员共40余人参加此次研讨会。侯义斌作“关于发展北工大嵌入式系统技术与应用的思考”的主题报告。参会代表就北工大嵌入式系统研发平台的建设进行交流和探讨。

10月11日，中国杂体诗歌研究专家论坛暨《杂体诗歌概论》出版座谈会在北工大举行。人文学院饶少平教授的《杂体诗歌概论》是北京市哲学社会科学规划办公室第九个五年规划重点研究项目《杂体诗词曲综合研究》的部分研究成果，历经十余年研究、撰写而成。这本著作的出版为中国诗学研究开拓了新的门径。

10月22至24日，由IEEE计算智能协会脑信息学任务组和国际Web智能协会主办、北工大国际WIC研究院承办的2009智能媒体技术和脑信息学国际学术会议（AMT-BI2009）在工大建国饭店举行。来自20多个国家的80余名学者和北工大师生共计200余人参加会议。会议通过大会特邀报告、分会场报告、墙报展览等多种形式，为与会人员提供一个展示智能媒体技术和脑信息学最新进展和交流学术思想的国际论坛，同时也系统化地展示国际WIC研究院建院以来的研究成果。国际WIC研究院学术带头人钟宁教授担任本次会议的主席。

**【北京工业大学学报】** 北工大自办学术刊物有《北京工业大学学报》、《北京工业大学学报（社会科学版）》和《Frontiers of Mechanical Engineering in China》（中国机械工程前沿）。

《北京工业大学学报》为月刊，每期144页，在国内外公开发行。已被包括美国《工程索引》（EI）、英国《科学文摘》（INSPEC）、美国《化学文摘》（CA）、美国《数学评论》（MR）、美国《最新数学出版物》（CMP）、美国《剑桥科学文摘》（CSA）、俄罗斯《文摘杂志》（AJ）、德国《数学评论》（ZMATH）、TRANSPORT数据库、中文核心期刊、中国科技论文统计源期刊、中国科学引文数据库、中国学术期刊综合评价数据库、《万方数据系统科技期刊群》、《中国学术期刊（光盘版）》、《中国期刊网》等16种检索系统作为收录刊源。2009年，《北京工业大学学报》共完成12期期刊（含增刊1期）的编辑、出版工作，发文322篇。截至2009年10月，《北京工业大学学报》被EI收录论文225篇。2009年，该刊被评为“中国北方优秀期刊”，另外还被授予“2009年全国高校科技期刊优秀编辑质量奖”。

《北京工业大学学报（社会科学版）》于2007年改为双月刊，每期80页，国内外公开发行。2009年，共完成6期期刊的编辑、出版工作，发文97篇。2008年《北京工业大学学报（社会科学版）》成为中文社会科学引文索引（CSSCI）扩展版来源期刊。

Frontiers of Mechanical Engineering in China是在教育部支持下，高等教育出版社与SPRINGER合作主办的FRONTIERS系列刊中的机械卷，北京工业大学学报编辑部为其合作编辑部。该刊为英文版季刊，创刊于2006年，海外发行。Frontiers of Mechanical Engineeringin China被Elsevier的期刊集成服务平台Scopus和INSPEC英国科学文摘收录，并已进入EI和SCI考核阶段。2009年共发稿80篇（其中院士稿件7篇，海外稿件10篇）。2009年，高等教育出版社向本刊编辑部颁发“优秀合作编辑部”证书。

**【科协工作】** 5月，配合北京市科协开展“大学生科普志愿者”队伍建设活动，使北工大学生科协成为首都第一批市科协授旗的大学生科普志愿团。

2009年科技周期间，在校园网举办俄罗斯科技创新理论科普宣传，邀请著名创新方法论研究专家张武城教授来校开设讲座，邀请京仪集团总工程师来校报告国际国内仪器仪表发展历史与趋势。

6月，由北京市科协主办、北工大科协承办的“喜迎国庆，展示风采，市科协系统科技工作者羽毛球大赛活动”在北工大体育馆举行。44支代表队的近300名来自首都各行各业的科技工作者参加比赛。

9月，与北京光学学会、北京光机电一体化协会联合举办“法国激光加工与2009技术工艺发展”报告会，通过该活动建立学校与法国激光应用及研发协会良好的合作交流关系。

9月，参加市科协组织的京津高校科协建设工作交流研讨会，为促进京津高校科协建设建言献策。

9月，在市科协科普部统一部署下，北工大科协在学校四个校区（校本部、实验学院、艺术设计学院、继续教育学院）开办5个“祖国60周年科技成就展”宣传橱窗。

9月，与校招生就业处联合举办大学生创业规划大赛，推动学校大学生创业创新活动有效开展。

10月，配合北京光学学会协办本年度北京激光高峰论坛。

12月，与北大、清华等高校联合承办本年度北京光学学会学术年会，北工大科协承办全国首届光学青年学术论坛，为推动中国光学科技发展作贡献。

12月6至8日，组织学校十大项目参加市科协组织的中意科技周活动，为学校科技成果国际化合作提供支持。

积极参与2009年金桥工程活动，北工大2009年申报金桥工程种子基金20项，获2009年度种子基金2万元。

北工大科协1人获2009年民革北京市委成立60周年“先进个人”称号，北工大科协荣获首都精神文明建设委员会授予的“首都‘迎国庆、讲文明、树新风’活动先进单位”称号及北京市科协授予的“2009年北京市科协系统文明单位”称号。

**【学术委员会】** 2009年，北工大学术委员会进行如下工作：

（1）配合学校教务处、人事处和科技处等有关职能部门，进行相关专业计划的答辩与评定、项目的评审等工作。

（2）以校学术委员会的名义，为相关部门优秀人才项目的申报予以推荐和签章。

（3）对学院学术委员会的换届予以备案。

（4）为活跃学术氛围，配合有关部门，参与有关专家在全校范围的科技报告的组织工作。

**【科技工作会议】** 5月7日，北工大2009年科技工作会议在知新园二层报告厅召开。本次大会的主题是“发挥工大科技支撑作用，服务北京经济稳健发展”。

本次科技会议共分为两个版块，前一部分由入选北工大2008年度优秀学术成果的12位完成人作学术报告。此次优秀学术成果的评选仍然采用的是“个人自由申请，学院限额推荐，校学术委员会初评，公开报告答辩”的方式。报告结束之后，所有参加科技大会的教授现场投票。最后根据计票结果，共评选出北工大2008年度优秀学术成果一等奖2项，二等奖3项，三等奖7项。整个投票和计票过程均由2名校工会和教代会的工作人员全程监督。

大会的第二部分首先由主管科技工作领导张泽院士对学校2008年科技工作总结，并对2009年学校科技工作重点作部署。2009年，学校将扎实推进实施学校科技创新工程，其中包括加强科研团队建设，提高原始创新能力；强化产学研结合的技术创新服务；围绕国家目标，逐步进入国防创新体系；提升科技成果转化与实施的中介服务；改革创新，完善科技创新工程的科技政策；缔造科技创新强校的文化氛围。

科技处负责人通过对近期国家科技政策形势的分析和解读，

希望学校广大科技人员发扬爱国奉献、务实创新、不畏艰险、淡泊名利的优良传统，在关键时刻挺身而出，响应党中央国务院的号召，积极行动起来。发挥专业强项，带着技术和成果，带着知识和经验，带着满腔热情和奉献之心，深入基层，面向市场，通过多种形式的科技活动，为企业发展，为经济社会发展做出应有贡献。

**【苟仲文副市长调研科技工作】** 12月11日，北京市副市长苟仲文到学校调研指导科技工作。北京市科委、北京市经信委、北京市教委领导陪同调研。学校领导、院士、科技处、发展规划处、计算机学院负责人参加调研会议。

苟仲文副市长听取张爱林关于北工大科研工作情况的汇报。重点汇报学校推动科研人员走出校园、深入企业，进一步加强产学研合作，落实科技服务北京行动计划的主要内容和方式。希望北工大的科研工作继续得到北京市的大力支持，更好的发挥学校在促进北京社会、经济发展中的科技支撑作用。沈昌祥院士和侯义斌分别介绍了所承担的项目在调整北京市产业结构，拉动北京市信息产业进一步发展的前景预测。

苟仲文副市长指出，北京工业大学作为北京市属的“211工程”重点支持的学校，其定位明确、发展思路清晰，在人才培养、科学研究、社会服务等方面为北京市做出很大的贡献。通过这次调研，近距离、深入地了解了学校科研工作。北京工业大学高度重视科技在服务北京中的支撑作用，科学研究特色明显、积极活跃，取得的成绩也很突出。希望学校紧密结合北京市产业发展和企业需求，在产业园区建立北京工业大学产学研合作实验室，贴近社会、经济发展需求的第一线，进一步加大学校产学研力度，充分调动科研工作者的积极性，更好的开展学校科技工作。苟仲文副市长表示，北京市将继续加大对北工大“服务北京行动计划”的支持，推动北京市社会、经济建设的进一步发展。

（杨东升　杨建武）

## 科技产业

**【概况】** 2009年，北工大科技产业工作得到北京市教委、北京市国资委和学校的大力支持，在理顺产权关系、进一步推进企业改制、规范化管理和学校投资回报等方面做了大量工作。完成北京工大金天企业管理中心的改制并组建北京北工大投资管理有限公司，完善健全投资公司法人治理制度的建设，健全建立规章制度。完成清产核资，剥离非经营性资产，完成学校持有的校办产业股权划转工作，为投资管理公司组建奠定明晰的产权基础，建立起规范的资产纽带关系。理顺投资管理公司与智源等公司的关系。已经完成北京北工大投资管理有限公司工商注册。

完成工大股权无偿划转到北京工大金天企业管理中心的工作；2009年，召开所属参、控股企业经理和财务负责人会议，检查2008年工作完成情况以及布置2009年工作计划；启动远能公司的注销工作，处理远能公司与水电工程管理处的债务纠纷；完成毓秀化工厂的完税工作，启动清算审计，处理剩余财产，协调人员安排；协调处理北京工大天工科技有限公司合同债务纠纷事宜；基本完成世通留学中心的20%股权交易工作，完成中心新班子建设；启动天图公司的股权交易工作；启动仁达康公司的善后工作；启动熙园宾馆、住宅维修中心的一人制公司改制工作；完成建筑勘察设计院增资工作并启动企业改制；启动公达公司重组工作；启动工大金象药房产权交易工作；启动时代孵化器的改制工作；完成日立北工大公司的股东协调工作；启动投资公司和智源公司财务独立管理交接工作；基本完成出版社改制工作。

（王建华　宋　群）

**【国家大学科技园】** 北京工业大学国家大学科技园（以下简称北工大科技园）从2000年开始设立并建设，2001年北京市科技、教育主管部门认定其为北京市大学科技园，2005年被国家科技、教育主管部门认定为国家大学科技园。北工大科技园规划建筑总面积63.77万平方米，经过5年多的建设，已建成11.7万平方米，初步形成校外园区与校内园区协调发展的格局。

近年来，北工大科技园的建设发展，按照“产学研结合，以技术开发、成果转化与孵化带动并促进产业化”的原则，“特色突出、系统协调”的资源配置整合原则，“产权清晰、权责明确、校企分开”的风险规避原则，“统分结合、主线突出”的功能分区原则，构建并形成独具特色的大学科技园经营体系。

北工大科技园以“发展带动建设、建设促进发展”的战略思想进行建设运营，逐步构建起“统分结合，覆盖全国”的科技园网络体系，坚持技术创新与管理创新相结合、市场机制与企业运作相结合，吸纳社会资源，引入中介机构，构筑完善的创新平台、孵育平台、服务平台。经过几年不懈努力，北工大科技园已逐步建设成为高新技术成果的研发基地、高科技成果转化基地、企业孵化基地、人才培养基地。

科技成果转化。2009年，北工大科技园大力促进产学研结合，促进科技成果转化，共为61个科研项目提供科研成果转化服务。2009年技术经营收益2 232万元。技术经营销售合同总金额1 907万元，比2008年同期增长17.2%。从合同的技术流向来分析，与在京单位的合作45项，合同金额530万元；与外省市合作50项，合同金额1 377万元；合同金额超过100万元的4项，合同金额在50万元至100万元的6项，合同金额在10万元至50万元的21项。

项目推广。2009年，为贯彻落实十七大精神和《国家中长期科学和技术发展规划纲要（2006－2020年）》，深入实践科学发展观，努力建设创新型国家，切实推进学校与地方产学研结合的深度和广度，帮助提高区域自主创新能力，服务地方经济和社会发展，学校大学科技园、技术转移中心多次组织学校科技成果项目先后在江苏常熟和丹阳、福建福清等地展示推广，积极推进学校科技成果在当地转化和产业化，形成以汽车永磁缓速器为代表的重大科技成果的产业化；加强公共技术创新平台建设；探索产学研合作的新途径、新模式，建设产学研合作基地等方面进行有益尝试。

项目调研。促进学校技术成果转化，推动与企业的进一步合作，调研蓝星（北京）化工机械有限公司、北京索斯曼激光技术有限公司、四季青液压件厂、北京齿轮厂等单位。实地察看作业现场，了解学校科技成果在企业的应用情况，和企业对技术的实际需求。

政策普及。为进一步帮扶本市企业应对国际金融危机带来的冲击和挑战，及时解决企业在融资渠道方面面临的困难，促进金融资本和科技创新相结合，7月，先进制造北京市技术转移中心、北京市经济与信息化委员会“技术市场平台”联合“投融资服务平台”，在学校成功举办投融资政策宣传及技术转移工作会。北京市各企业技术中心和北工大参股、控股的共40多家企业的负责人和主管财务人员参加会议。

（高艳青　张晓凌）

**【先进制造北京市技术转移中心】** 先进制造北京市技术转移中心是由北京工业大学牵头联合北京航空航天大学、北京理工大学、时代集团、北人集团和北汽福田汽车股份有限公司共同组建的集产品研发集成、服务和中介为一体的创新服务机构。该中心以加快技术转移，利用先进技术改造传统产业、发展高新技术产业，调整和优化北京市产业结构，建立以企业为主体的产学研有效结合的技术创新体系，提升北京经济与社会的高速、高效、可持续发展为建设目标，通过整合和运用高校、科研机构中的创新资源和企业的产业经验，既能直接承担技术研发的新任务，也能为企业提供相应的技术创新服务。

中心在产学研联盟的产业化过程中，在技术咨询、技术评估、专利事务、技术整合等中介活动中，在人才培养、业务培训实践中，形成综合的技术转移服务体系。中心针对企业对技术的迫切需要，联合攻关，为企业提供先进实用技术。按照这一模式、促成北工大与北京齿轮厂、北汽福田汽车股份有限公司的产业化合作。

由北京工大智源科技发展有限公司提供的拳击项目电子计时记分设备在第十一届全国运会上使用，性能稳定，质量可靠，效果良好保证该赛事的顺利进行。得到第十一届全国运动会组委会颁发荣誉证书。

促进科技成果转化方面，2009年有3个项目中标，标的额达到200余万元。

中心建立技术转移服务体系，形成科技成果收集、筛选、评价、推广、融资机制，形成规范的技术转移服务流程与运营机制，制订技术转移服务项目开发与经营的实施，制定相应的规范流程。

（耿志刚　张晓凌）

**【党建工作】** 2009年，科技产业党总支共有党员87人，其中事业编制党员57（在职24人，退休33人），企业编制党员30人（在职28人，退休2人）。下设8个党支部，其中在职职工党支部5个，退休党支部3个。无新发展党员。

10月30日，原机关党委出版社党支部划转科技产业党总支管辖，划归科技产业党总支时，出版社党支部有16名党员。

针对学校党委关于党员学习教育活动的相关要求和科技产业党总支人员较为分散，集中学习相对困难的特点，制定总支委员及支部书记例会制度，及时把学校的精神传达至全体党员，同时总支还开展有针对性的学习活动。

**【党风廉政建设】** 2009年，进一步加强党风廉政建设，积极推进并落实惩防体系建设，从源头上治理腐败。在廉政风险防范工作中，首先在查找风险点的准确性、全面性上下工夫。第二是岗位职责明确，突出岗位职责的特点，按职责定制度。第三是制度制定较完善，做到本单位人人签订责任书。出台“2009年落实党风廉政建设责任制推进惩防体系建设制度汇编”，从制定行为规范、有效进行监督考核等方面规范管理行为。贯彻落实党政齐抓共管，层层抓落实的原则，把党风廉政建设纳入各级领导班子、领导干部任期目标，构建有效的党风廉政建设的组织体系。

**【退休和工会工作】** 2009年科技产业共有退休职工85人（其中，党员35人），2009年退休7人。1月15日，科技产业组织召开退休职工新春联欢会，马志成向老同志汇报学校科技产业发展情况，并向老同志拜年。2009年，组织老同志参加春游、秋游等活动，聘请部分老同志担任企业党风廉政建设宣传员。

2009年，党总支、支部书记、工会干部和行政领导走访慰问病困职工、退休老领导、民主党派职工14人次。

2009年科技产业工会被评为校“模范教职工之家”。

（朱　红　王梦然）

**【重要事件】** 1月，为推动学校科技成果转化、技术转移，促进签约项目的规范管理，北京工大智源科技发展有限公司、先进制造北京市技术转移中心（以下简称：中心）决定对在技术成果推广、技术转移中诚信守约、对地方或行业发展做出积极贡献的项目团队、项目负责人、技术经纪人给予奖励，第一届科技成果推广贡献奖颁奖典礼举行。

3月，举办“首届北汽福田难题对接会”，六项技术难题达成合作意向。为促进高校科研成果转化为生产力，解决企业技术难题，提升企业自主创新能力，实现产业优化升级，联合北汽福田汽车股份有限公司（以下简称：北汽福田）于3月26日举行首次企业难题对接会。

4月，科技产业在知新园多功能厅召开“2009年校办企业工作会暨深入学习实践科学发展观活动推进大会”。参加会议的有学校全资企业及参控股企业负责人和财会主管、智源公司人员，马志成到会并讲话。会议通报学校企业规范化管理的进程，重点介绍代表学校管理经营性资产的企业“北京北工大投资管理有限公司”的筹建情况。会议针对企业的财务工作提出具体的要求。会议还通报2008年学校校办企业总体经营业绩，并对各企业经营情况进行分类分析。

5月，中心第五次专家指导委员会会议成功举行。此次会议的议题主要有：对第四次专家指导委员会会议决议通过的新聘任专家指导委员会委员2人颁发聘书；中心主任张晓凌汇报近一年来中心所作的工作，并介绍中心二期建设任务书的内容，各位专家对中心二期建设进行讨论；通报北京市教育委员会和北京市经济和信息化委员会关于中心一期建设验收结果和启动二期建设的通知；研究和审议中心二期建设任务书；审议技术转移中心促进产学研合作实施办法。

6月，科技部火炬中心、北京技术市场领导到中心调研。科技部火炬中心副主任马彦民对中心工作及取得的成绩给予高度评价。

10月，中心被科技部确定为国家技术转移示范机构。

10月，北京工大智源科技发展有限公司（先进制造北京市技术转移中心）荣获第四届“中国技术市场金桥奖”先进集体奖。该奖是经国家科学技术奖励工作办公室审核批准，授权中国技术市场协会在全国范围内面向社会设立的，是全国技术市场工作的最高奖项，每两年评审一次，以奖励在全国技术市场工作中做出突出贡献的先进集体、先进个人和优秀项目。

10月，2009年科技产业第一届“投资杯”趣味运动会在校运动场举行。

12月2日，北京北工大投资管理有限公司注册成立，注册资本为人民币3 500万元。

（高艳青　张晓凌）

**【积极开展项目推介】** 4月，技术转移中心参加中国海峡项目成果交易会。

6月，教育部“蓝火计划”常熟产学研对接活动。中心携高速钢辊环及其制造方法、一种高速钢复合轧辊及其制造方法等项目参加活动。

6月，中心在福建组织项目参加“6.18海峡两岸科技成果交流会”。作为交流会的分会场，中心与北京市技术市场、北京市科技协作中心联合组织北京先进制造领域近十名专家，赴福清参加先进制造业科技成果推介会。

8月，中心推荐项目落地丹阳。大功率LED照明灯具及应用系统、抽空刨花板无机胶粘剂、药芯焊丝及相关制造技术分别与相关企业签署合作协议。

11月，北工大项目亮相2009中国国际工业博览会（以下简称工博会）。14个项目参展，吸引众多媒体和各类专业人士的关注，为北工大赢得良好的声誉。“智能网络版分娩及急救教学系统”、“高效固体激光切割机”、“风电机组超级电容储能电动变桨距系统”、“高效能建筑保温防火泡沫玻璃材料”等14个项目进行特装展示，参展项目涉及先进制造、新材料、节能环保和电子信息四大领域。本届“工博会”高校展区共有57所国内知名高校参加，组委会组织专家对高校展区的参展项目和参展学校进行评选。北工大1个项目获中国高校展区优秀项目一等奖，北工大参展团获优秀组织奖和先进个人奖。

（耿志刚　张晓凌）

# ·211　工　程·

【“211 工程”建设项目情况】2009 年，北工大三期“211 工程”共有 33 个建设项目专款预算申报获批进行建设（2009 年建设项目专款预算下达情况见表 8-1），其中，学科建设项目 30 个，涉及 18 个建设单位，覆盖工科、理科、经管、人文社会学科；公共服务体系建设项目 2 个；其他项目 1 个。2009 年，在批准购置的设备中≥10 万元的仪器设备共计 289 台件，其中，单台件价格为 10 万～39 万元的仪器设备共 247 台件，占年度总经费的 49.1%；单台件价格为 40～99 万元的仪器设备有 31 台件，占年度总经费的 19.58%；单台件价值≥100 万元的仪器设备有 11 台件，占年度总经费的 22.38%。截至 2009 年 12 月 31 日，经费总体执行情况良好。

（丁凤梅　王大勇）

**表 8-1　北京工业大学 2009 年“211 工程”建设项目专款预算下达汇总表**

| 序号 | 建设单位 | 项 目 名 称 | 负责人 |
|---|---|---|---|
| 1 | 机电学院 | 先进装备制造关键技术及应用 | 何存富 |
| 2 | 电控学院 | 集成电路人才培养基地建设 | 林平分 |
| 3 | | 智能系统与智能信息处理 | 王　普 |
| 4 | 建工学院 | 城市与工程安全减灾 | 杜修力 |
| 5 | | 交通安全与畅通技术及工程平台（1）（2） | 刘小明　荣　建 |
| 7 | 环能学院 | 环境科学平台建设 | 程水源 |
| 8 | | 先进节能与可再生能源技术的研究与开发 | 刘中良 |
| 9 | | 环境污染研究与控制工程（1）（2） | 彭永臻 |
| 10 | | 化工新技术研究与开发 | 余远斌 |
| 11 | 数理学院 | 微纳光学和光信息技术 | 张新平 |
| 12 | | 数学与应用数学研究 | 张忠占 |
| 13 | 计算机学院 | 可信计算技术与应用支撑平台 | 沈昌祥 |
| 14 | | 北工大校园网格建设 | 王燕兴 |
| 15 | 材料学院 | 环境友好先进材料及制备加工（1）（2） | 聂祚仁 |
| 16 | | 环境友好先进功能材料及制备加工 | 张久兴 |
| 17 | 生命学院 | 新医药与生物工程 | 曾　毅 |
| 18 | 软件学院 | 无线网络安全研究基地建设 | 何泾沙 |
| 19 | | 移动数字娱乐二期 | 侯义斌 |
| 20 | 建规学院 | 可持续的建筑与城市绿色环境研究 | 戴　俭 |
| 21 | | 城区及文化遗产防灾仿真模拟实验基地 | 苏经宇 |
| 22 | 经管学院 | 区域产业经济协调发展分析理论与方法 | 李京文 |
| 23 | 人文学院 | 社会调查与统计分析研究平台建设 | 陆学艺 |
| 24 | 激光院 | 激光微纳米加工技术与检测平台（2） | 刘世炳 |
| 25 | | 激光微纳米加工技术与检测平台 | 刘世炳 |
| 26 | | 激光先进制造技术 | 肖荣诗 |

**续表**

| 序号 | 建设单位 | 项 目 名 称 | 负责人 |
|---|---|---|---|
| 27 | 固体所 | 先进材料的结构/性能控制及表征 | 张泽 |
| 28 | 循环经济院 | 资源再生利用理论与技术研究 | 程会强 |
| 29 | 信息处 | 数字工大 | 邢永利 |
| 30 | 图书馆 | 学科文献保障建设 | 魏育辉 |
| 31 | 发展规划处 | 学科建设科研成果专著出版资助项目 | 张晓玲 |

**【“211 工程”项目建设成效】** 2009 年，北工大“211 工程”三期建设项目基本按照年度执行计划书的要求建设执行，各项目建设工作进展顺利，在学科建设、科学研究、人才培养、队伍建设等方面取得了一定的成绩。

（1）学科建设方面。继续以 3 个国家重点学科、14 个北京市重点学科以及 12 个“211 工程”三期重点学科建设项目为核心，努力推进学科交叉融合，优化和调整学科结构和布局，进一步发展优势学科和特色学科，积极探索学科群的建设模式。如北工大的“先进制造”学科群，积极面向首都制造业主战场，以学校的机械工程、光学工程、材料科学与工程、控制科学与工程 4 个一级学科为依托，与北航、清华等著名高校的相关学科和北京第一机床厂、北人集团等企事业单位在多年合作的基础上，建立了联合做事、共谋发展、资源共享、交流指导的合作机制；建设了一个以先进制造为纽带，由机械工程、光学工程、控制科学与工程、材料科学与工程等多学科交叉融合的学科群；形成了一支结构合理的学科群团队，一批中青年学术带头人挑起大梁。三年来，依托北京市先进制造学科群平台，北工大对北京奥运、北京制造业的自主创新、北京汽车制造业的发展等方面都做出了直接的贡献。5 月 14 日，北京市教委组织北京市“先进制造”学科群建设项目专家验收，专家组高度肯定了以北工大为依托单位的北京市“先进制造”学科群取得的建设成效，指出北工大在先进制造学科群建设过程中，在项目规划与建设中全员重视，在学科群的管理运行、合作机制方面积极探索、求真务实，“组大团队、干大项目、出大成果”，并培养了一批高水平人才，探索新学科群建设的长效机制和示范效应，在北京市学科群建设中发挥了引领作用。2009 年，学校还新增控制科学与工程、交通运输工程 2 个博士后流动站及仪器仪表科学工程硕士培养领域。截至 2009 年底，北工大共有 15 个博士后科研流动站和 19 个工程硕士专业学位领域，在全国地方高校中名列前茅。北工大成为第二批获 IPMP（国际项目管理专业资质认证）资质认证合作资格的培养单位。截至 2009 年底，北工大共有 8 个一级学科博士点、37 个二级博士学科点（含一级学科覆盖点）、15 个一级学科硕士点、81 个二级学科硕士点、15 个博士后科研流动站、19 个工程硕士培养领域；有国家重点学科 3 个、北京市重点学科 32 个，其中交叉学科北京市重点学科 1 个，一级学科北京市重点学科 4 个，二级学科北京市重点学科 9 个，一级学科北京市重点建设学科 2 个，二级学科北京市重点学科 16 个。

（2）科学研究方面。2009 年，国家和北京市为应对金融危机，提出大力发展科技资源支撑经济社会发展的新要求，北工大的科学研究工作适时调整思路，在发挥现有优势和特色的基础上，密切结合北京经济社会发展，继续以融入行业和与龙头企业密切合作的思路，采取有力措施提高科技项目与课题的学术层次和成果质量，大力推动产学研合作，加强宣传、扩大服务、提高水平，建立与企业间的合作渠道，在保证学校科技工作各项量化指标持续增长的前提下，坚定不移地把科技工作的重点转移到国家科技创新体系中，促进学校科技工作又好又快发展。根据 2009 年“211 工程”建设项目年度总结报告数据统计，2009 年北工大“211 工程”建设项目支持的科研项目共计 1 413 项，经费 28 594 万元，其中，纵向项目 753 项，经费为 19 341 万元；横向项目 660 项，经费为 9 253 万元。2009 年“211 工程”建设中共有专利授权 186 项，软件著作权 153 项，专利转让 14 项。2009 年，北工大有 3 项科研成果获国家科技进步二等奖，教育部高等学校技术发明奖一等奖 1 项，河南省科学技术进步二等奖 1 项，国家安全生产监督管理总局安全生产科技成果一等奖 1 项，北京公路学会科学技术一等奖 1 项，教育部高等学校优秀成果奖（社科类）三等奖。

（3）人才培养方面。2009 年，学校积极开展人才培养模式综合改革，积极拓宽办学思路，完善教学理念，创新办学体制，着力构建多样化的创新人才培养体系，并以北京市教育创新工程和申报北京市和国家教学成果奖为契机，深化教育教学改革，推进教育创新、不断丰富和完善创新人才培养体系，推动学校人才培养工作内涵式发展。

在高层次人才培养方面，以提高研究生教育质量为主线，以培养创新型人才为目标，加强学位管理，以培养条件建设、机制创新、制度完善为手段，逐步完善研究生培养流程，构建培养环境，规范过程管理。并通过举办教育部创新计划“全国博士生学术会议”和“全国工科院校研究生教育研讨会”，营造创新氛围，提高人才培养质量，推动北工大学位与研究生教育健康发展。2009年，北工大结构工程学科的俞瑞芳（指导教师周锡元院士）、机械设计及理论学科的姚明辉（指导教师张伟教授）、环境工程学科的王晓莲（指导教师彭永臻教授）三位博士的学位论文获全国优秀博士学位论文提名奖；另有凝聚态物理学科的张跃飞（指导教师张泽院士）、机械电子工程学科的禹建功（指导教师吴斌教授）、材料物理与化学学科的杨巍（指导教师严辉教授）三位博士的学位论文获北京市优秀博士学位论文。在本科生培养方面，以实施“质量工程”为载体，加强创新学分实施的制度保障，对创新学分的实施进行了细化及责任认定，确保创新学分的管理与实施有据可依、切实可行。4至5月，经过师生互选、提前置入学生名单，实现了创新实践课程的第一次试运行。2009年下半年，实现了创新实践课程与新系统的成功对接，面向全校学生公开选课，实现创新实践课程与教学运行的平稳接轨。2009年，共组织参加学生科技竞赛61项。其中包括国际级竞赛5项，国家级竞赛26项，省部级竞赛8项，校级竞赛22项；共有近4 000人次参加各级、各类竞赛。其中，在微软创新杯全球学生大赛中，北工大参赛队在软件设计专题中获中国区二等奖；在GMC国际企业管理挑战赛中，北工大参赛队获中国选拔赛金奖。2009年4月在“北京市高校第二届多媒体教育软件大奖赛”中，北工大获多媒体教育软件二等奖3项、三等奖3项、优秀奖5项和优秀组织奖，共获12个奖项。此外，在第九届全国多媒体课件大赛中北工大获7个奖项。

（4）队伍建设方面。2009年，继续坚持人才强校战略，逐步形成多层次人才建设体系。学校在高层次人才与师资队伍建设方面成绩显著：新增长江学者1人，多人进入各类人才计划和资助计划。结合国家、北京市政策精神，积极探索师资队伍建设和人力资源管理的新途径，培养出第一批科研助理工作队伍。以蒋宗礼教授为带头人的“计算机软件基础课教学团队”和以赵京教授为带头人的“机械工程教学团队”被评为2009年国家级教学团队。以王丽教授为带头人的“大学物理和实验教学团队”、以陈建生教授为带头人的“大学体育课程教学团队”、以蒋宗礼教授为带头人的“计算机软件基础课教学团队”和以赵京教授为带头人的“机械工程教学团队”被评为2009年北京市优秀教学团队。环能学院彭永臻教授获第五届高等学校教学名师奖，人文学院钱伟量教授、建工学院薛素铎教授和机电学院余跃庆教授获第五届北京市高等学校教学名师奖。

（5）学术交流方面。2009年，学术交流活跃，交流内容更加丰富和多样化，交流层次不断提高，取得了好的效果。通过与境外合作伙伴学校高层面对面的交流，学校的高层及相关人员对发达国家的高等教育办学理念、办学体制有了深刻的了解。校际团组出访全面推进了校际之间的友谊与交流合作关系。在“211工程”建设的支持下，北工大举办和参加国际国内会议21人次，国际学术会议特邀报告38人次。

（6）信息化建设方面。购置17台直播服务器和2台点播服务器，实现IPv4和IPv6双栈工作，建设并开通校园网上的IPv6网络服务，支持校园网上的用户访问IPv6互联网，同时IPv6互联网能够访问北工大提供的IPv6网络服务。校园网WLAN采用集中管理架构下的“瘦AP”无线网络架构，2009年开始校园无线网络的一期建设，重点解决以下楼宇：第一、二、三教学楼，知新园、工程训练中心、科学楼，以及图书馆南北广场的室外部分。同时，为全校教学科研提供正版Windows桌面操作系统和办公软件，为网络用户提供多样化的防病毒机制、为关键应用服务器提供访问行为审计，在校园网的重点服务器区域升级网络安全防护系统疫苗，提升北工大DMZ区域的入侵防护能力。规划一个新的覆盖校园网主干节点的新的光缆路由管线，将每两个核心节点之间单线连接方式改成每个核心节点至少连到2个不同的核心节点上，并且这两条链路通过的是不同路由的管线，以提高可靠性和抗意外事故的能力。

（7）图书文献保障体系建设方面。2009年，实现馆藏书目信息的网上检索查询服务和每周100小时以上的纸本图书的借阅服务和期刊的阅览服务。为读者提供文献书目信息的全年任意时刻、任意地点的网上检索查询服务；提供每周100小时以上的纸本图书的借阅服务和期刊的阅览服务；文献使用率达 70%以上。该项目的执行情况良好，2009 年采购任务全部完成，其中，验收报账图书 26 540 种 7 942 册、报刊 1 341 种 1 407 份，合计金额 2 836 263.16元。

（张晓玲 王大勇）

**【"211 工程"专著出版资助】** "211 工程"专著出版资助项目自 2003 年开始实施以来，截至 2009 年底，已经立项 53 部专著，涉及理、工、经管、人文、外语等多个学科，正式出版 31 部。在扩大学校在社会的学术影响与声誉，展示北工大科研工作成果方面发挥了重要的作用。2009 年共有 3 位教师在"211 工程"专著出版资助下分别在科学出版社、中华书局、经济科学出版社等正式出版学术专著 3 本。2009 年"211 工程"资助出版专著情况见表 8-2。

**表 8-2 北京工业大学 2009 年"211 工程"资助出版专著情况表**

| 单 位 | 作者姓名 | 专著名称 | 出版社 |
|---|---|---|---|
| 机电学院 | 张 伟 | 非线性动力学理论与应用的新进展 | 科学出版社 |
| 人文学院 | 饶少平 | 杂体诗歌概论 | 中华书局 |
| 经管学院 | 张永安 | 管理研究方法导论 | 经济科学出版社 |

根据《北工大"211 工程"专著出版资助管理办法》的有关规定，经过申报人的申请、学院审核、专家评审等相关工作程序，并经学校审批 7 人获 2009 年"211 工程"专著出版资助，具体情况见表 8-3。

**表 8-3 北京工业大学 2009 年"211 工程"专著项目立项表**

| 序 号 | 学 院 | 申请人 | 专著名称 |
|---|---|---|---|
| 1 | 数理学院 | 俞宽新 | 声光原理与声光器件 |
| 2 | 环能学院 | 彭永臻 | 序批式活性污泥法（SBR）原理与应用 |
| 3 | 经管学院 | 李京文 | 中国城市化回顾与展望 |
| 4 | | 关 峻 | 建设项目投资全过程评价体系研究 |
| 5 | 机电学院 | 李剑锋 | 活齿传动——原理、分析与设计 |
| 6 | 建规学院 | 王淑芬 | 公路景观设计 |
| 7 | 人文学院 | 胡建国 | 中国城市阶层——北京社会阶层研究 |

（张晓玲 王大勇）

**【青年研究基地项目】** 青年研究基地建设项目是北工大"211 工程"学科建设项目的重要组成部分，主要支持优秀青年学者在发展有潜力的新的学科方向中成长。经过"九五"、"十五"两期的建设，成效显著，此项目在凝聚青年人才力量、稳定青年教师队伍、明确学科建设方向、培养拔尖人才以及构建学术梯队等方面均发挥了积极作用。2008 年，全校共有 18 个青年研究基地项目立项，基本覆盖整个多层次的学科体系，经过 2009 年的建设，各个项目进展顺利，有些项目已经超计划完成。例如，建规学院赵之枫副教授承担的"城镇规划建设研究基地"，已初步建立了面向北京的城镇规划建设研究基地，以城镇规划建设研究为重点领域，搭建城镇规划科研平台，从规模、体制、区域功能、空间调整方式等方面入手，对北京地区的村庄进行发展条件分析，确定村庄综合分类原则，在分类基础上，制定了基于 GIS 平台的分村规划图则，逐村制定了未来的规划建设指导意见。此项目不仅为新农村规划建设提供了重要依据和指导，还为后期的规划维护、管理提供了重要的技术支撑，具有很强的可操作性。此项成果是国内率先进行的村庄体系规划研究。成果已经昌平区人民政府评审通过并报北京市规划委员会审批。循环经济研究院戴铁军教授承担的"生态工业园发展模式及相关技术研究"项目依托北工大"资源再生与循环利用实训平台"和"资源再生利用实验室"研究平台，根据中国典型产业、企业的具体特点，开展针对性的实验研究，对中国生态工业园发展过程中存在的相关链接技术问题进行研究，探索固体废弃物资源化的技术途径，为促进中国生态工业园的更好发展，提供了相关的技术支撑。另外，青年基地项目在人才培养和队伍建设方面也取得了一定的成绩，尤其是项目负责人在青年基地项目的资助下，也在不断地成长，例如，经管学院的关峻教授带领青年基地项目“技术经济学研究基地”的学术团队，在基地项目的资助下，2009 年已发表 3 篇 EI、6 篇 ISTP、6 篇 CSSCI 论文，完成了专著《建设项目投资全过程控制理论研究》书稿的撰写工作，关峻教授本人还担任“Committee International Society of Fuzzy System & Knowledge Discovery”（模糊数学与知识发掘）学术委员会的委员以及一级学会——“中国管理科学与工程学会”副秘书长。总之，多数青年研究基地已承担国家和北京市自然科学基金项目等一批高水平的研究课题，研究成果显著，青年研究基地项目在凝聚优秀青年人才，稳定青年教师队伍，培养新兴学科发展方向，构建学科基地等方面发挥了积极的作用。

（张晓玲 王大勇）

**【2010 年“211 工程”建设项目预算申报工作】** 2009 年，根据《北工大“211 工程”三期建设方案》，北工大共向北京市申报 2010 年“211 工程”建设专款预算项目 16 个（2010 年学校专款申报情况见表 8-4），全部为学科建设项目，涉及 11 个建设单位，包括工科、理科、经管、人文社会学科。2010 年“211 工程”建设项目专款预算申报中拟购置单台价格≥40 万元设备 41 台件，占申报总经费的 64.34%。

**表 8-4 北京工业大学 2010 年“211 工程”建设项目专款预算申报汇总表**

| 序号 | 建设单位 | 项 目 名 称 | 项目负责人 |
|---|---|---|---|
| 1 | 机电学院 | 先进装备动态特性及强度分析 | 张 伟 |
| 2 | | 先进装备数字化设计与制造关键技术 | 蔡力钢 |
| 3 | 电控学院 | 智能系统与智能信息处理 | 王 普 |
| 4 | 建工学院 | 城市与工程安全减灾 | 杜修力 |
| 5 | | 交通安全与畅通技术及工程平台 | 刘小明 荣 建 |
| 6 | 环能学院 | 环境污染研究与控制工程 | 彭永臻 |
| 7 | | 先进节能与可再生能源技术的研究与开发 | 刘中良 |
| 8 | 数理学院 | 微纳光学和光信息技术 | 张新平 |
| 9 | 计算机学院 | 可信计算技术与应用支撑平台 | 沈昌祥 |
| 10 | 材料学院 | 环境友好先进材料及制备加工 | 聂祚仁 |
| 11 | 生命学院 | 新医药与生物工程 | 曾 毅 |
| 12 | 经管学院 | 区域产业经济协调发展分析理论与方法 | 李京文 |
| 13 | 激光院 | 激光先进制造技术 | 肖荣诗 |
| 14 | | 能量光电子技术与系统 | 李 强 |
| 15 | 固体所 | 先进材料的结构/性能控制及表征 | 张 泽 |

（丁凤梅 王大勇）

# ·国际交流与合作·

**【概况】** 北京工业大学国际交流与合作工作主要包括管理、指导及协调学校的对外交往和国际、港澳台交流活动，接待来访的重要外宾以及港澳台来宾，为因公出国人员和利用校际关系自费出国留学人员提供出国咨询和服务，办理出国手续，管理因公出国护照，外国文教、科技专家的聘请和管理。中外合作机构、中外合作办学机构与项目、国际会议的申报和管理；留学生（含港澳台学生）的招生、教育、管理和服务等工作；为学校对外交流工作的决策提出意见和建议，制定学校国际交流工作的政策和规定。

2009年，学校与境外高校新签（或续签）校际合作协议19个，接待来访外宾近200批次，584人次。其中，国际交流合作处直接接待了来自17个国家和地区的外宾65批次，308人次。272名学生通过各种渠道获得境外经历。其中，141名在校学生（本科生107名，研究生34名）赴境外长期（一学期以上）留学，131名学生通过校际交换留学、实习，参加国际会议、国际设计竞赛，文化、体育交流活动等获得境外学习或交流经历。近60名毕业生通过校际交流渠道获得境外继续攻读学位的机会。7名教师通过校际交流协议赴境外伙伴大学任教或进修。38名教师赴境外集中培训。聘请长期文教专家27人次，短期专家54人次。学校举办和承办国际会议7次。公派出国申报团组202个，人员359人次。实际出访团组173个，人员303人次。留学生招生规模和层次均有所提高。全年共招收各类长、短期学生464人次。其中，本科生、研究生和博士生80人次。半数以上国际学生通过校际交流渠道来校留学。7名留学生（包括3名本科生、2名硕士、2名博士）研究生毕业。合作办学项目2个，合作办学机构1个。合作办学在校学生1 694人次。继续推进孔子学院建设工作，大力推广汉语与中国文化的传播。继第一所孔子学院—波兰奥波莱孔子学院后，积极筹备与美国威得恩大学合建孔子学院，申报程序已全部完成。

（王　婷　吴文英）

**【亚太、非洲地区校际交流】** 亚太、非洲地区接待来访12批次，101人次。主要来访有：6月8日，龚裕接见台湾龙华科技大学师生代表团，就两校学生交流交换意见。10月12日，卢振洋接见韩国国立昌源大学校长朴成浩，双方探讨两校合作的前景，一致同意开展学生交换，并签署两校交流合作协议。10月19日，日本金泽大学校长助理、工学部部长山崎光悦一行来访，蒋毅坚就学生交换、亚洲人才计划项目与外宾交换意见。10月26日，张革接见到访的韩国忠州大学外事处处长李镐植等，并就深化两校合作、学生交换及学科整合等议题与外宾交换看法。11月3日，张革接见台湾科技大学代表团一行，并介绍学校情况。12月11日，范伯元、张革接见韩国国立忠州大学校长张炳辑，双方回顾两校15年的合作历程，指明今后的合作发展方向。会后，续签两校交流合作协议，并讨论在北工大开设韩国忠州大学驻华办事处事宜。

（吉晓喆　吴文英）

**【境外培训】** 北工大继续制定并实施双语教学人才培养计划，组织双语教学教师赴境外培训。暑期派遣20人赴英国华威大学进行双语教学等相关培训。

（吉晓喆　吴文英）

**【欧洲大陆校际交流】** 欧洲大陆及大洋洲地区全年来访接待27批次，84人次。其中主要来访包括：5月7日，德国济根大学副校长约翰·彼得·舍费尔（Johann Peter Schäfer）博士、国际办公室主任约亨·艾克布施（Jochen Eickbusch）来访，与王守法、张泽就学生交流、教师和研究人员之间科研合作及项目开发交流。9月28日，德国罗伊特林根大学校长彼得·尼斯（Peter Niess）一行来访，与王守法、卢振洋就学生交流、科研合作、大学与区域经济的关系进行探讨。11月16日，澳大利亚拉筹伯大学校长西尔维亚·沃尔顿（Sylvia Walton）代表团来访，与卢振洋就学生交流、科研合作进行交流。11月16日，张革接待德国志愿者组织代表团，并就志愿者交流与外宾交换意见。12月16日，法国格勒诺布尔第一大学副校长埃里克·波尼昂（Eric Beaugnon）来访，与张爱林就学生交流、科研合作交换意见。

（冬雪冰　吴文英）

**【南、北美洲、北欧、英国及爱尔兰交流地区校际交流】** 学校接待该地区来访 30 批次、123 人次。其中主要来访包括：4 月 21 日，美国运输研究委员会发展中国家主席赛提·潘达科尔（V. Setty Pendakur）博士来访，张爱林与外宾就双方合作交换意见。4 月 23 日，美国迪克森州立大学副校长哈尔·黑尼斯（Hal Haynes Jr.）等来访，与张泽就学生交换及创新型人才培养交换了意见。5 月 11 日，美国中部各州高等教育协会副主席玛丽·帕特里思科（Mary Ellen Petrisko）博士来访，与张泽就新泽西理工大学合作办学项目进展情况和中美教育体系差别进行探讨。9 月 21 日，爱尔兰国立都柏林大学副校长尼可拉斯·柯尔克教授（Nicholas Quirke）一行来访，蒋毅坚与外宾探讨学生交流、科研合作等议题。.9 月 21 日，美国伟创力电源系统设计工程高级副总裁巴曼·沙利费泊（Bahman Sharifipour）先生等来访，张革就双方进一步合作、奖学金设置等议题与外宾交换看法。10 月 14 日，芬兰坦佩雷大学赛珀·霍塔教授（Seppo Holtta）等与蒋毅坚就两校在高等教育研究领域已有的交流合作成果及进一步合作模式展开深入讨论。10 月 15 日，英国曼彻斯特大学机械、航空和工程学院李林（Lin Li）教授来校访问，蒋毅坚与外宾讨论学生交流及科研合作事宜。10 月 30 日，美国奥本大学工学院院长拉里·班尼菲尔德（Larry Benefield）博士一行来访，与蒋毅坚就学生交换、教师交流、学校在重点学科、新开设学科上与奥本大学的合作深入交换意见。11 月 9 日，美国威得恩大学校长代表团一行来访，范伯元、蒋毅坚、卢振洋就建立孔子学院事宜与来宾深入探讨。11 月 11 日，爱尔兰都柏林国立大学校长代表团来访，与王守法、蒋毅坚就两校合作与交流深入交换意见，并签署合作备忘录和学生交换协议。11 月 13 日，瑞典卡尔斯塔德大学工学院院长斯蒂芬·黄（Stephen Hwang）博士一行来访，与张革探讨学生交流及院级科研合作的可能。12 月 15 日，加拿大谢尔布鲁克大学副校长代表团一行来访，侯义斌介绍了学校情况并就学生交流、教师交流等合作项目与外宾交换意见。

（王　婷　吴文英）

**【因公出国】** 2009 年，学校共派出因公出国团组 173 个，303 人次。其中，临时出访（半年以下）282 人，长期出访（半年或半年以上）21 人。参加国际会议 124 人次，访问考察、校际交流 39 人次，合作研究、讲学 49 人次，培训进修 38 人次。赴台湾 32 人次。详见表 9-1。

校级主要出访团组包括：2 月 10 至 15 日，张泽率团赴英国华威大学考察教师培训项目的实施并讨论两校校际交流合作事宜；4 月 17 至 26 日，范伯元率团赴美国、加拿大校际交流友好院校进行访问；6 月 1 至 12 日，张革随教育部团组赴埃及、南非参加“2009 中国教育展”；8 月 23 至 28 日，范伯元率团赴美国威得恩大学商讨建立孔子学院事宜并正式签署两校共建孔院协议；9 月 20 至 25 日，卢振洋率团赴乌克兰依欧巴顿焊接研究所进行学术访问；10 月 13 至 24 日，王守法率团赴波兰奥波莱工业大学参加研讨会并顺访捷克、匈牙利的大学，了解东欧高等教育体系，探讨开展学生交换等国际交流；10 月 22 至 29 日，龚裕带领校学生交响乐团赴俄罗斯参加“中俄建交 60 周年庆祝活动”；10 月 30 日至 11 月 3 日，卢振洋率团赴日本参加“熊本大学 60 周年校庆暨第七届国际大学校长论坛”。

**表 9-1　2009 年出国、赴港、澳、台情况统计表**　　单位：人

| 单　位 | 临时出访（半年以下） | | | | 长期出访（半年以上） | | 赴台 | 合计 |
|---|---|---|---|---|---|---|---|---|
| | 国际会议 | 访问考察 | 讲学合作研究 | 培训进修 | 国家公派 | 长期出国 | | |
| 合计 | 124 | 39 | 49 | 38 | 16 | 5 | 32 | 303 |
| 机电学院 | 11 | 8 | 2 | 0 | 1 | 1 | 4 | 27 |
| 校直机关 | 18 | 20 | 4 | 7 | 0 | 1 | 9 | 59 |
| 经管学院 | 10 | 0 | 1 | 3 | 2 | 0 | 2 | 18 |
| 材料学院 | 20 | 1 | 4 | 2 | 1 | 0 | 1 | 29 |
| 数理学院 | 11 | 0 | 3 | 2 | 3 | 0 | 1 | 20 |
| 生命学院 | 6 | 0 | 0 | 2 | 0 | 0 | 0 | 8 |

续表

| 单位 | 临时出访（半年以下） | | | | 长期出访（半年以上） | | 赴台 | 合计 |
|---|---|---|---|---|---|---|---|---|
| | 国际会议 | 访问考察 | 讲学合作研究 | 培训进修 | 国家公派 | 长期出国 | | |
| 合计 | 124 | 39 | 49 | 38 | 16 | 5 | 32 | 303 |
| 电控学院 | 7 | 0 | 0 | 3 | 0 | 1 | 0 | 11 |
| 环能学院 | 11 | 0 | 3 | 4 | 3 | 0 | 2 | 23 |
| 建工学院 | 11 | 0 | 12 | 4 | 1 | 0 | 0 | 28 |
| 外语学院 | 4 | 3 | 1 | 2 | 1 | 1 | 0 | 12 |
| 人文学院 | 0 | 0 | 1 | 4 | 1 | 0 | 0 | 6 |
| 计算机学院 | 2 | 4 | 7 | 0 | 1 | 0 | 4 | 18 |
| 激光院 | 3 | 2 | 1 | 0 | 0 | 0 | 0 | 6 |
| 固体所 | 7 | 0 | 1 | 0 | 0 | 0 | 4 | 12 |
| 实验学院 | 0 | 0 | 0 | 2 | 0 | 0 | 0 | 2 |
| 建规学院 | 0 | 1 | 5 | 0 | 1 | 0 | 0 | 7 |
| 软件学院 | 0 | 0 | 0 | 1 | 0 | 0 | 1 | 2 |
| 体育部 | 0 | 0 | 2 | 1 | 0 | 0 | 0 | 3 |
| 高教所 | 0 | 0 | 2 | 1 | 0 | 0 | 0 | 3 |
| 循环经济院 | 2 | 0 | 0 | 0 | 0 | 0 | 0 | 2 |
| 继续教育学院 | 1 | 0 | 0 | 0 | 0 | 0 | 0 | 1 |
| 艺术设计学院 | 0 | 0 | 0 | 0 | 1 | 1 | 4 | 6 |

（胡庆敏　吴文英）

**【国际会议】** 2009年，学校共召开5次国际会议，分别为：4月10至12日，北工大与英国雷丁大学共同主办北京第11届组织符号学国际会议；5月28至30日，北工大与中国工程热物理学会联合主办2009年中—美—欧热物理—可再生能源国际会议；10月22至24日，北工大主办北京2009智能媒体技术和脑信息学国际联合会议；10月23至25日，北工大主办第三届国际科学发展研究学会国际会议；12月17至19日，北京工业大学与中国工程院信息与电子工程学部共同主办2009可信系统国际会议。

（王　婷　吴文英）

**【在校生出国留学】** 2009年，272名学生通过各种渠道获得境外经历。其中，141名在校学生（本科生107名、研究生34名）赴境外长期（一学期以上）留学；131名学生通过校际交换留学，实习，参加国际会议、国际设计竞赛，文化、体育交流活动等获得境外学习或交流经历。近60名毕业生通过校际交流渠道获得境外继续攻读学位的机会。

（王　婷　吴文英）

**【签署协议】** 学校签订或续签校际交流协议（意向书）19个，详见表9-2。

**表9-2　北京工业大学2009年协议（意向书）签署情况表**

| 序号 | 国家 | 学　校 | 签署内容 | 有效期/年 |
|---|---|---|---|---|
| 1 | 西班牙 | 西班牙5所高校<br>（马德里理工大学、瓦伦西亚工业大学、马德里自治大学、巴塞罗那大学、加泰罗尼亚理工大学） | 中西大学联盟 | 5 |
| 2 | 爱尔兰 | 国立都柏林大学 | 学术合作谅解备忘录 | 5 |

续表

| 序号 | 国家 | 学 校 | 签署内容 | 有效期/年 |
|---|---|---|---|---|
| 3 | 爱尔兰 | 国立都柏林大学 | 学生交流协议备忘录 | 5 |
| 4 | 美国 | 纽约州立大学布法罗分校 | 学术交流与合作协议 | 5 |
| 5 | 美国 | 中密苏里州立大学 | 学术交流与合作协议 | 3 |
| 6 | 美国 | 中密苏里州立大学 | 学生交流协议 | 3 |
| 7 | 美国 | 东北大学 | 全球体验项目协议 | 1 |
| 8 | 美国 | 苏比利尔湖州立大学 | 学生交流协议 | 3 |
| 9 | 美国 | 新墨西哥州立大学 | 学生交流协议 | 5 |
| 10 | 加拿大 | 商业科技学院 | 中加工商管理学院合作协议 | 3 |
| 11 | 阿根廷 | 布宜诺斯艾利斯省西北国立大学 | 学生交流协议 | 2 |
| 12 | 法国 | 尼斯大学 | 校际合作协议 | 5 |
| 13 | 法国 | 尼斯大学索非亚工学院 | 学生交流协议 | 5 |
| 14 | 韩国 | 国立昌原大学 | 校际交流协议 | 5 |
| 15 | 韩国 | 国立昌原大学 | 学生交流协议 | 5 |
| 16 | 韩国 | 启明大学 | 学生交流协议 | 5 |
| 17 | 韩国 | 忠州大学 | 校际交流协议 | 5 |
| 18 | 澳大利亚 | 詹姆斯库克大学 | 合作办学协议 | 5 |
| 19 | 澳大利亚 | 弗林德斯大学 | 留学合作协议 | 3 |

（冬雪冰　吴文英）

**【合作办学】** 2009 年，学校办中外合作办学机构 1 个、项目 3 个、涉外教育教学项目 2 个，正在申报的项目 4 个。所有机构和项目在校生总人数 1 694 人。新招生人数 593 人。其中，中加学院在校生人数 927 人（含 MBA 项目 287 人），新招生 383 人，毕业 708 人（含 MBA 项目 161 人）；计算机学院信息技术学士学位项目在校生人数 478 人，新招生 94 人，毕业 89 人；经管学院工程管理学硕士学位教育项目在校生人数 102 人，新招生 30 人，毕业 12 人；数理学院计算机科学与技术学士学位项目在校生人数 70 人，新招生人数 37 人，赴俄罗斯学习学生 20 人；环能学院中澳国际本科课程班在校生人数 117 人，新招生 49 人，赴澳大利亚学习学生 39 人。

（冬雪冰　吴文英）

**【聘请外国专家】** 聘请长期专家 27 人次。其中，海外归国留学人员 5 人。11 名语言文教专家承担了 7 个学院或部处的英语、日语教学任务，为学校师生润色英语学术论文近 40 篇。短期专家来访共计 54 人次。

（吴　艳　吴文英）

**【孔子学院】** 波兰奥波莱孔子学院运转顺利。现任中方院长为环能学院苑中显。孔子学院除进行日常的汉语教学外，还参与孔院所在地的社会公益活动并组织文化活动。5 月，奥波莱工业大学代表团一行 10 人来访。10 月，在波兰孔子学院举办的“中—欧 21 世纪欧盟—中国学术研究和经济发展关系展望”研讨会上，学校 10 名教师参会，13 人向会议提交论文。2009 年，学校选派 1 名汉语教师赴波孔子学院进行汉语教学。

（吴　艳　吴文英）

**【来华留学生】** 2009 年，全校来自 48 个国家和地区的长、短期留学生 484 人次来校学习。其中，长期生 414 人次，短期生 70 人次。在入院学习的 78 名（博士生 2 人，硕士研究生 13 人，本科生 63 人）专业生中，中国政府奖学金生 35 人，孔子学院奖学金生 2 人，自费生 41 人。2009 年，毕业 11 名学生（其中：博士研究生 1 人，硕士研究生 7 人，本科生 3 人）中，政府奖学金生 5 人，自费生 6 人。来自 9 个国家和地区、19 所校际交流学校 137 人次参加中国工程项目、经管学院经济文化课程班以及汉语言文化的进修学习。其中，中国工程项目、经管学院经济文化课程班为英文授课。来自法国信息管理工程学院、意大利佩维亚大学、德国济根大学、阿根廷布宜诺斯艾利斯省西北国立大学等 7 所校际交流学校的 37 名中国工程项目的学生分别在计算机学院、环能学院、软件学院、电控学院和机电学院教师的指导下参与相关课题的研究工作。共完成239人次长期语言生的汉语培训工作，其中包括3名中国政府奖学金普通进修生、3名孔子学院奖学金生、18名中国政府奖学金预科生。

（周　园　吴文英）

**【对外汉语教学】** 2009年，学校与4名外聘教师签订劳动合同，8名教师签订劳动协议书。2009年，共设22个长期教学班。共有239人参加汉语长期班学习。短期班（包括南特团和暑期团）学习人数共计76人。秋季学期学历生参加了中国工程项目的中国文化概况课的学习。举办“汉语日”、“作文秀”等活动。组织了第一次学历生“入院考试”，未通过综合考试者重修一年汉语课。召开教学研讨会一次，以交流备课经验为主要内容。修订免修课条例。

（张秀婷　吴文英）

# ·管 理 与 服 务·

## 校务管理

**【概况】** 校务管理工作主要包括政策研究、信息传递、服务领导决策、服务大局和服务基层。校两办（党委办公室、校长办公室）是学校党委和行政综合办事机构，承担着承上启下、协调左右、联系内外的职能，下设综合事务室、文书机要室、秘书外联室、法治法规室，学校计划生育办公室、档案馆、印刷服务中心、保密委员会办公室等单位挂靠校两办。

（金　峰）

**【重要会议的组织服务和协调】** 主办或协办学习实践科学发展观各阶段会议，北京市部分高校书记会，国庆60周年庆典人员训练工作布置会、协调会、誓师会等系列工作会，全国工科研究生教育工作研讨会，服务北京行动计划意见征求会，2009年北京工业大学科技大会，2009年青年教师培训及研究生新导师培训结业典礼，学科评估工作布置会，“211工程”三期建设工作会，维护稳定及信访工作联席会议制度研讨会，2009年党风廉政建设工作大会，新春团拜会等。

以学校重点工作为中心，协调全校性重要活动和接待事项。在学习实践科学发展观过程中，以“服务北京”为重点，先后赴市发改委、国资委、交通委、市社会工委、北京矿业研究总院等进行调研。走进企业，探索与首都企业合作共谋发展的模式，赴北京第一机床厂、京城控股集团调研。协调部处、学院相关负责人共计60余人次参加调研。落实中央关于支持青海等省藏区经济社会发展精神，接待青海民族大学来访，签订两校合作协议，建立对口合作关系。

为配合校院两级管理调研，先后组织安排党委书记、校长到学院、机关部门调研工作，听取各学院在学院建设发展中的困难，发现学院管理中的问题，了解人才培养、学科建设、团队建设、“211工程”及重点实验室建设等进展情况；组织落实机关职能部处、直属单位工作汇报会；为学校下一步完善校院两级管理总体方案的制定和分步实施奠定良好基础。

加强与校外办学点沟通协调，协助校领导到实验学院、艺术设计学院、耿丹学院调研，规范办学和管理制度，协调解决办学困难和问题。

在学校突发事件处置上发挥了组织、协调、联络、信息沟通的重要作用，及时妥善处理各类校内突发情况。

在全校性重要活动和接待方面发挥积极协调作用，有效协助有关部门完成接待北京市委常委、市委教育工委书记赵凤桐一行来校调研学习实践科学发展观情况，组织协调顺义区政府来北京工业大学调研等重大活动。

（金　峰）

**【综合管理】** 2009年，围绕学校中心工作，进一步规范管理，提升服务水平。继续加强学校重要敏感时期和夜间总值班工作，按照国庆60周年安全维稳工作要求，坚持敏感时期每日零报告制度，加强值班人员队伍建设，调整值班人员方案，实行24小时值班，顺利实现“平安校园”目标。强化突发事件应急管理，畅通信息报送渠道，圆满完成学校防控甲型H1N1流感任务。

认真做好印信管理、会议安排、会务服务、校标纪念品管理等日常工作。2009年全校登记会议1 436次，用印137 200余次；表彰全校30年教龄人员71人。顺利完成学校教职工子女上工大附中的登记、统计、政策宣讲、考试组织、录取通知工作以及学校教职工子女报考北工大的登记、统计工作。继续推进“一站式办理”的工作方式，规范会务管理，加强人员培训。

（吴　洁　金　峰）

**【信访接待】** 2009年，学校加强了对信访工作的科学性、程序性的研究，着力抓好信访工作的关键环节，积极畅通信访渠道，不断加强信访工作的规范化、制度化建设。学校对信访工作的相关制度进行了修订和完善，健全了信访工作的领导、决策、组织、监督和评估等制度，相继制定出台《北京工业大学突发事件处置预案》、《关于维护稳定和信访工作的实施意见》、《北京工业大学维护稳定和信访工作联席会议制度》等文件，进一步规范了信访工作的制度体系。

2009年，学校依法完善信访工作程序、规范信访工作秩序，增强做好信访工作的责任意识，坚持校领导接待日制度，继续实行“首访责任制”，做好群众来信、来访工作。全年信访共安排校领导接待33次，受理信访40件，接待群众来访121人次；日常信访共受理群众来信来访38件106人次，其中市委、市政府和市教委转来的群众来信4件；并接听、处理了大量反映问题或对学校改革与建设提出建议的来访、来电、来邮。2009年信访量比上年同比减少32.7%，信访结案率达99.4%，但重信重访率上升，信访工作难点增多。

（余 立 金 峰）

**【公文处理】** 2009年，公文处理1 200余件。其中发文办理500余件，办理党委发文70余件、行政发文400余件；收文办理600余件，办理上级机关及外单位来文380余件、校内来文82件，各类临时性办文200余件。机要收发文办理1 000余件，其中办理学校收文711件、校领导收文300余件，办理发文20余件。老干部阅文10次。完成文书归档102卷，实物归档74项、154件，机要文件归档262件。

（毕东明 王燕琪）

**【信息工作】** 2009年，学校着力建立健全信息工作制度，通过建立健全信息收集、审批、报送、考核奖励、培训交流制度等，推动信息工作向制度化、规范化发展，为领导决策提供高质量的第一手材料。在做好日常信息的采、编、报、发等工作的同时，重点做好学习实践科学发展观活动、国庆安保、甲流防控等方面的信息收集上报工作；制定了学校维稳信息工作制度，第一时间掌控信息上报，编发相关情况反映；进一步指导各院部处做好信息收集报送，确保信息及时准确上报。全年共编发《每周信息》39期，《北京工业大学简报》20期，《情况反映》47期，并上报《信息快报》、上网发布各类信息近30期（条），确保学校信息畅通。

积极推进信息化建设。2009年，在大力推进电子会务系统，全面实现基层学院、部门预定会议电子化，实现学校会议系统查询、预订、审批、安排网络化的基础上，启动电子公文运转流程的梳理工作。9月起，选择基建处、财务处、两办等典型单位强化培训，开展网上公文起草、审核、签批、归档等流程试运行，为实现电子公文运转做必要准备。

（朱 静 江飒英）

**【依法治校】** 2009年，学校党政高度重视依法治校工作，坚持以人为本、开拓创新，坚持科学治校、民主治校、规范管理，全面提升学校依法治校工作的整体水平，努力构建工大法治、民主、和谐育人环境。学校继续完善以《北京工业大学规章制度管理办法》和《北京工业大学法律事务管理办法》、法律纠纷案件处理的三级联动机制为主体的法律事务管理制度，并通过“工大说法”网站、“校园法律咨询日”，为学校各部门及广大师生提供专业的法律咨询服务。全年共审核合同41件，审查制度150件，法律咨询200余人次，协调组织专项法律事务4件，诉讼2件。

5月18日，学校召开“践行科学发展观，完善维稳信访工作制度”研讨会，王守法、张毅刚、张革、马志成、蒋毅坚、龚裕、赵凤琴等出席会议。马志成传达了中共中央、国务院《关于领导干部定期接待群众来访的意见》、《关于中央和国家机关定期组织干部下访的意见》、《关于把矛盾纠纷排查化解工作制度化的意见》等文件精神；龚裕作《关于维护稳定和信访工作的实施意见》和《北京工业大学维稳和信访工作联席会议制度》的说明；赵凤琴作《北京工业大学突发事件处置预案》的说明；王守法作了总结讲话。

6月24日，北京工业大学维护稳定及信访工作联席会首次研讨会召开。龚裕作“北京工业大学维护稳定及信访工作总结”；赵凤琴作“对高校信访工作的几点认识”发言；学校常年法律顾问机构代表张文雄律师从规范信访工作的制度、机制和程序等方面作“高校维护稳定及信访工作法治化的思考”发言。

（余 立 金 峰）

**【年鉴工作】** 2009年，年鉴工作更加注重加强研究，不断探索，年鉴工作日趋成熟。自2004年启动，经过6年的不断学习与探索、不断修订与规范、不断调整与完善、不断继承与创新，年鉴已成为学校办公室工作的一项精品、一个品牌，一张对外交流的名片。2009年，年鉴编辑部先后召开3次专题会议讨论年鉴编辑工作，与学校出版社研讨年鉴继承与创新。《年鉴（2009）》是北工大第6本年鉴，是年鉴工作的历史新起点。在前5卷编纂工作基础上，2009卷年鉴以科学发展观为指导，坚持学习与年鉴编纂工作两不误，实践活动两促进，编辑部对年鉴正文大类、封面风格进行了调整，严格按照年鉴年度工作流程完成编印任务。《年鉴（2009）》共计96万字、115张图片、19个大类，于11月印刷出版。

（朱 静 江飒英）

**【保密工作】** 2009年，学校保密工作稳步推进。完善工作制度，加强涉密人员、项目管理，为工作运行提供制度保障和技术保障。

保密办与北京理工大学等高校开展调研交流，参加北京市保密工作宣传会议。加强校内安全保密工作，部署了国庆前各单位保密自查工作，对4个重点学院涉密项目及人员管理运行情况进行了检查。审定新增项目22项，新增人员20人，办理相关事项23件。

组织2人参加北京市保密局开设的保密干部培训班，通过研修顺利拿到结业证书。举办多次保密工作培训会，邀请市保密局检查处杨文忠作专题培训，各单位保密领导小组成员、机要干事、军工项目课题负责人、参研教师、学生参加了培训。

（郑鹏为 王燕琪）

**【2009年办公室工作总结表彰会】** 11月25日，召开2009年度全校办公室工作总结会。党委常委、校两办主任赵凤琴，校长助理张长春出席会议，全校各单位主管办公室工作负责人、办公室主任60余人参会。

赵凤琴作2009年办公室工作总结，指出，2009年全校办公室工作紧紧围绕学校中心工作，以学习实践科学发展观活动为契机，以提升政务服务水平为突破口，以努力建设“运转有序、协调有力、督办有效、服务有为”的北工大窗口单位为目标，全力推进办公室工作科学发展上水平，全体办公室系统工作人员圆满完成了各项工作任务。2010年要以“围绕大局，科学发展，加强服务，提升政务服务水平，提高工作效能”为指导思想，进一步提升办公室工作能力与管理水平，努力建设高效能学习研究型办公室。

会议表彰了2009年度办公室工作先进集体5个、单项优秀奖获得者21人。计算机学院、软件学院和基建处的代表交流了办公室工作经验，展示了学校办公室工作“着眼全局，围绕中心，以人为本，规范运行，开拓创新，注重提升，严格要求，争先创优”的特点。

会议专门研讨了学校50周年校庆筹备工作设想，交流了全校性庆祝活动的初步方案，各学院、研究院、所和部分职能部门交流了校庆基层筹备工作的初步想法和建议。

（吴 洁 金 峰）

**【北工大办公室工作优秀奖】** 2009年，办公室工作单项优秀个人和先进集体评选采取基层单位申报、办公室综合评选的办法，办公室提出了先进集体和单项个人的总体要求，拟定了各单项工作评优申报条件，评选结果共有21人获单项优秀奖，5个单位获先进集体奖。

办公室工作单项优秀个人奖：张铁桥、王雪竹、姚振瑀、高顺建、丁淑杰、韩杰、王娟、倪晓茹、李晶、王建华、刘玮、冬雪冰、刘永平、赵子涵、宛小炜、高兴东、宋红、梁进玲、邢亚茹、常宝英、班颖杰。办公室工作先进集体：基建处、软件学院、团委、建工学院、机电学院。

（吴 洁 金 峰）

**【校务公开】** 校务公开是加强学校民主管理，保障师生员工行使民主权利，构建和谐校园的必然要求，也是加强学校党风廉政建设、确保权力公开透明运行、进一步规范学校办学行为的有效措施。2009年，学校校务公开工作贯彻落实科学发展观，注重实效，建立起党委统一领导，党政各负其责，职能部门具体实施，工会、教代会主动配合，纪委监察部门监督检查，教职工和学生积极参与的校务公开领导体制和工作体制。作为校务公开的重要形式，全年校务公开网被访问40 186次。校长信箱继续实行公开制度，由专人负责接收来自各个方面的邮件，并及时由校领导根据来信内容及主管责任进行反馈。

（1）强化责任制。按照《北京工业大学校务公开实施细则》，制定校务公开目录，明确责任分工。将校务公开工作任务分解到各相关职能部门，明确各部门应该公开类别、公开内容、公开事项及公开范围。各部门参照校务公开体系，建立二级公开体系，畅通二级部门公开渠道，将校务公开制度纳入任期目标管理责任，推动院（所）、部（处）务公开。

（2）学校发展规划公开。在校园外网、校务公开网长期发布《北京工业大学中长期发展规划》、《北京工业大学“十一五”发展建设规划》、《北京工业大学2006—2010年学科建设专项规划》、《北京工业大学2006—2010年师资队伍建设规划》、《北京工业大学2006—2010年科技工作规划》、《北京工业大学2006—2010年人才培养专项规划》，公布“211工程”三期建设计划，公开“211工程”三期建设相关工作进度，使广大师生员工对学校的重大发展都有所了解，社会对学校的发展瞩目。

（3）校领导接待。校领导接待是校务公开的一种重要形式。2009年，继续实行校领导专项接待，在校园网上公布校领导年度接待安排，针对学校整体工作进度安排专项接待，使接待工作更有专门性、针对性。全年共安排校领导接待33次，接待群众来访121人次。启用“北京工业大学校领导接待日志”用于校领导接待日的信访接待流转，规范校领导接待工作制度。

（4）干部任用公开。干部任

用公开是校务公开的重点。2009年学校任用干部都通过公开竞聘产生，经过公示程序，整个任用过程都在校园网内向全校公开，全校教工都有权监督被公示人，全年干部任免公开20人次。

(5) 学生约谈。约谈制度是学生工作部门与学生沟通的有效机制。2009年继续实施与学生的定期约谈制度，全年共安排学生约谈33次。通过与学生约谈，加强了师生交流，使学校能够及时了解学生在思想、学习、科研、工作、生活等各个方面的困难，了解学生的最新思想动态与心理状况，从而有效地帮助学生解决实际问题。所有约谈的主题及内容都在校园网公布，及时反馈给被接待人。在学生管理制度方面，继续推行学生听证制度和申诉复议等制度。

(6) 财务公开。财务公开是校务公开的一项重要内容。校长定期向教代会汇报学校全年的财务收支情况。财务处召开预算工作会议向全校公布全年的预算情况及校内综合财务计划编制工作，公开学校2009年重点支出方向。按照国家三部委联合下发的《教育收费制度》要求，在校内向学生长期公布收费项目、收费标准等，在招生简章和新生入学须知中注明有关收费项目标准。通过上述公开，全校教工对学校的财务状况有所了解，加大了对学校资金使用的监控，一定程度上避免了违纪现象的发生，使学生交费规范，费用使用清晰，从整体上提高了学校的办学效益。

(7) 基建工程公开。学校在2009年进一步加强基建工程的公开与监督，实现建设前工作程序到招标程序的公开，公开工程建设招投标信息，将具体招标方式、内容、结果都在校园网内公示。在建设过程中，公开责任落实情况、过程管理情况和阶段性成果。项目建设完成后，公开工程竣工后工程建设审计信息。通过发布基建工程动态信息，编发建设工程简报，公开校园建设的进度与工程建设情况，使师生员工对学校的基础建设心中有数。2009年共编印《纪检监察信息》19期，全面介绍了学校纪检监察工作动态。

(吴 洁 金 峰)

# 发展规划

**【概况】** 2009年是北工大实施“十一五”发展建设规划的重要一年，也是启动“十二五”规划编制前期调研和相关准备工作的关键一年。

3月23至26日，学校领导与学校发展规划工作部门人员深入环能学院、软件学院、电控学院以及经管学院调研，启动学校“十二五”发展建设规划编制的调研工作。此次调研的重点之一是各学院对自身以及对北工大“十二五”发展建设规划的构想和建议，包括对学科融合、搭建学科平台以及资源开放共享的建议。4月9至11日，发展规划处有关人员赴南昌参加中国高等教育学会举办的高等学校发展规划研制及实施经验研讨会，并前往华中科技大学进行调研。此次校外调研，发展规划处与来自全国的70余所高校交流发展建设规划编制工作的经验。在进行了校内外调研，查阅大量文献资料，听取多方意见和建议的基础上，起草《北京工业大学“十二五”规划编制指南》，明确“十二五”发展规划编制的指导思想、主要内容、时间安排、编制组织，为编制工作的启动做好充分的准备。

(高阿娜 张晓玲)

**【服务北京行动计划】** 2009年4月，在学习实践活动中，针对北京市经济社会发展新的实际需求，根据学校的总体部署，结合“211工程”三期重点学科建设项目和创新工程项目，整合优势学科资源，适应北京支柱产业和重点领域建设发展需要，在广泛深入调研的基础上，全面制定《北京工业大学服务北京行动计划(2009－2012年)》，提出建设服务北京的11个科技创新平台。力求发挥学科和人才优势，整合办学资源，多形式、有系统地深度参与北京市经济、社会、文化建设的重点领域和行业，切实为“人文北京、科技北京、绿色北京”的建设做出更大贡献。

《北京工业大学服务北京行动计划(2009-2012年)》作为北工大学习实践科学发展观活动的重要成果，得到了北京市相关主管部门的重视和好评。也为突出北工大“立足北京，融入北京，辐射全国，面向世界”的办学定位和优势，找准服务北京的层面、方位和空间，整合力量和资源，更加直接地面向北京市经济社会发展的重点领域和行业，加强针对性强、面向实际的人才培养、科学研究及成果转化，为发展北京现代产业，建设和谐的首善之区提供了明确的行动指南。

(高阿娜 张晓玲)

**【中国高等教育学会地方大学教育研究分会秘书处】** 2009年，在中国高等教育学会和相关部门的指导下，地方大学教育研究分会主要完成了以下工作：

(1) 组织召开中国高等教育学会地方大学教育研究分会2009年会长工作会。1月11日，在北京工业大学组织召开了2009年会长工作会，会长及副会长单位30余名代表参加会议。会议首先听取秘书长、北京工业大学副校长张爱林代表秘书处所作的“中国高等教育学会地方大学教育研究分会2008年度工作总结及2009年度工作计划”的汇报。张爱林从研究分会的建规立章、规范管理、发展论坛、课题调研、网站建设、地方大学基本数据库建设及会费收支情况等方面详细汇报了研究分会及秘书处一年来的工作情况，并对2009年工作进行了规划。随后，会长左铁镛院士介绍了国务院学位委员会第26次会议的主要精神，希望地方大学加强协作，在学科评审及研究生院建设方面实现突破。与会代表对研究分会成立以来卓有成效的工作给予了充分肯定，并就2009年分会工作要点及组织召开2009年度地方大学发展论坛、加强学会组织建设、通过立项开展重大课题研究、增强学会的影响力和凝聚力等方面进行了深入的研讨。

(2) 为《国家中长期教育改革和发展规划纲要》的编制工作建言献策。受教育部委托，地方大学教育研究分会秘书处分别于2009年7月18至19日在北京工业大学、8月4日在内蒙古自治区满洲里市，组织了《国家中长期教育改革和发展规划纲要》征求意见座谈会，教育部副部长袁贵仁、发展规划司司长韩进、政策法规司司长孙霄兵、高等教育司司长张大良出席了座谈会。北京工业大学原校长左铁镛院士、太原理工大学校长谢克昌院士、西安建筑科技大学校长徐德龙院士、内蒙古自治区副主席兼内蒙古大学校长连辑等20多位地方大学校长、书记参加座谈，他们结合所在区域及地方大学的实际情况，从规划纲要的整体性、系统性和可操作性等方面对规划纲要提出了具体的建议，得到了教育部领导的肯定和赞扬。

(3) 组织完成2009年度地方大学教育研究分会课题研究工作。秘书处于3月初面向已交纳2008年度会费的会员单位下发了《中国高等教育学会地方大学教育研究分会2009年课题研究立项指南》，要求各会员单位结合学习实践科学发展观及《国家中长期教育发展规划》的编制工作，针对“地方高校目前发展中遇到的困难、问题及对策研究”或“地方大学目标定位、办学特色和发展战略研究”两个主题，密切结合区域经济社会发展情况，根据各单位的基础和兴趣选择重点研究内容进行课题申报。4月29日在北京工业大学组织召开了课题立项评审会议，经左铁镛、连辑、王守法、张爱林、王万义组成的专家组评审，确定2009年地方大学教育研究分会教育课题立项为5项，分别是：由内蒙古大学承担《地方大学的投资结构与经费筹措研究》、南京师范大学承担《地方大学办学特色研究》、上海大学承担《经济发达地区地方大学发展面临的困难、问题及发展战略研究》、东北农业大学承担《地方大学与区域产业结构的契合度研究》、西安建筑科技大学承担《经济欠发达地区地方大学发展面临的困难、问题及发展战略研究》。5月研究分会秘书处与各个项目承担单位签订了技术服务合同，并下拨了第一阶段课题研究经费。

(4) 组织召开第二届全国地方大学发展论坛。8月4至5日，在内蒙古自治区满洲里市成功举办了第二届全国地方大学发展论坛。教育部高教司司长张大良和来自全国70多所地方大学的180多名校领导、专家、学者参加了论坛。会议围绕地方大学发展面临的机遇、挑战、困难、问题及对策，地方大学在建设创新型区域和创新型国家中的地位和作用，地方大学教育研究分会的自身建设，以及对制定《国家中长期教育改革和发展规划纲要》意见、建议等议题进行了大会交流和分组讨论。内蒙古大学校长连辑、太原理工大学校长谢克昌、西安建筑科技大学校长徐德龙、南京师范大学校长宋永忠、福州大学党委书记陈笃彬、东北农业大学党委书记徐梅作大会主旨报告，从不同的角度阐述了地方大学面临的困难与问题、如何培养适应地方经济社会发展的高质量人才等重大问题。与会人员普遍认为此次论坛主题鲜明，切中了地方大学改革和发展中的主要问题，深受启发，收获很大；并对秘书处一年多来的工作给予了充分肯定，充分赞扬地方大学研究分会为地方大学之间以及与教育主管部门之间的交流和沟通搭建了一个很好的平台。

(5) 组织完成了中国高等教育学会第七次优秀高等教育研究成果的申报工作。根据中国高等教育学会关于开展第七次优秀高等教育研究成果评选、表彰工作的通知（高学会〔2009〕10号），地方大学教育研究分会秘书处于4月组织专家对《首届全国地方大学发展论坛论文集》中收录的29篇论文进行了评审，推荐了4篇论文参加中国高等教育学会第七次优秀高等教育研究成果的评选，北京工业大学和内蒙古大学的论文获二等奖。

(6) 组织地方高校捐赠书籍，支持民族地区基础教育。8至10月，秘书处组织会员单位向内蒙古自治区恩和市恩和民族学校捐赠教学用书，支持民族地区的基础教育。截至2009年底，共有北京工业大学、宁波大学、南京医科大学、兰州理工大学、山西大学、上海中医学院、长沙理工大学、湘潭大学等地方院校向该校捐赠基础教育教学用书数百本，得到了恩和民族学校师生的赞赏，为支持民族地区基础教育做出了积极的贡献。

（7）完成了中国高等教育学会分支机构自我评价工作。为贯彻落实《民政部关于推进民间组织评估工作的指导意见》（民发〔2007〕127号）的精神，加强对分支机构的管理，规范分支机构在中国高等教育改革与发展中的作用，促进各分支机构加强自身建设和科学发展。根据中国高等教育学会有关文件精神，从研究分会的规章制度、会费管理、开展活动的规范性等方面，完成了中国高等教育学会地方大学教育研究分会自我评价工作，并将有关材料按时上报中国高等教育学会。

（张晓玲　王大勇）

## 人事管理

**【概况】** 人事工作主要承担全校人员经费的预算与使用，人力资源配置与人员聘用，人员数量的宏观编制规划与管理，人事信息与数据的收集、管理与发布，全校教职工政策性工资调整、岗位津贴管理、福利费的合理利用，缴纳各种社会保险金，教师队伍的规划、建设与培训，专业技术职务的评审与聘任，博士后工作管理，学校《北京市事业单位聘用合同书》的签订、续订、解除、终止及相关管理，为人事代理及离岗待聘人员提供服务以及全校教职工人事档案的管理利用等工作。

2009年，学校继续贯彻人才强校战略，创造良好和谐的育才、选才、用才的可持续发展环境，统筹师资队伍建设的规模、结构、质量和效益，继续落实《北京市属市管高等院校人才强教计划》，师资队伍建设有了较大的发展。

（闫玉萍　张　欣）

**【教职工队伍状况】** （1）新增人员情况。2009年，学校新增人员111人。（1）按学位划分：①具有博士学位70人，占总数的63.06%。②具有硕士学位的20人，占总数的18.01%。③具有学士学位21人，占总数的18.93%。（2）按来源划分：①应届毕业生65人，占总数的58.56%，其中博士34人，硕士15人，学士16人。②录用归国人员8人，占总数的7.20%，其中博士5人。③京内其他单位调入7人，占总数的6.31%。④京外引进5人，占总数的4.51%。⑤博士后出站到校工作10人，占总数的9.01%，其中本校培养博士后人员有7人。⑥进站博士后13人，占总数的11.71%。⑦军队转业干部3人，占总数的2.70%。北京工业大学2009年各单位新增人员情况见表10-1。

（2）调离人员情况。2009年，北京工业大学调出人员30人，其中正高级专业技术职务2人，副高级专业技术职务7人，中级及以下专业技术职务21人。调离人员学历分布见表10-2。

（3）干部夫妻两地分居问题解决情况。2009年，学校为4位教师解决夫妻两地分居问题。

（4）研究生“三助”管理。为增强研究生实际工作能力，全面培养研究生综合素质，学校2009年继续按照《北京工业大学关于聘任研究生兼任教学、科研、管理工作的管理办法》有关

**表10-1　北京工业大学2009年各单位新增人员一览表**

单位：人

| 单位 | 博士 | 硕士 | 本科 | 小计 |
|---|---|---|---|---|
| 合计 | 70 | 20 | 21 | 111 |
| 机电学院 | 9 | 1 | 1 | 11 |
| 电控学院 | 13 | 0 | 1 | 14 |
| 建工学院 | 8 | 0 | 0 | 8 |
| 环能学院 | 3 | 0 | 1 | 4 |
| 数理学院 | 6 | 1 | 0 | 7 |
| 计算机学院 | 4 | 2 | 1 | 7 |
| 材料学院 | 4 | 0 | 1 | 5 |
| 生命学院 | 1 | 0 | 1 | 2 |
| 软件学院 | 4 | 0 | 0 | 4 |
| 建规学院 | 3 | 0 | 1 | 4 |
| 经管学院 | 5 | 1 | 1 | 7 |
| 人文学院 | 2 | 1 | 1 | 4 |
| 激光研究院 | 4 | 2 | 1 | 7 |
| 艺术设计学院 | 0 | 1 | 1 | 2 |
| 实验学院 | 0 | 1 | 2 | 3 |
| 固体所 | 3 | 0 | 0 | 3 |
| 高教所 | 0 | 1 | 0 | 1 |
| 校医院 | 0 | 0 | 1 | 1 |
| 其他部门 | 1 | 9 | 7 | 17 |

**表10-2　北京工业大学2009年调离人员学历分布**

单位：人

| 合计 | 博士 | 硕士 | 本科 | 其他 |
|---|---|---|---|---|
| 30 | 11 | 7 | 7 | 5 |

规定管理研究生“三助”。2009年月均校聘助教、助管285人次。

（张海涛　张　欣）

**【高层次人才项目】** 继续实施人才强教计划和人才强教深化计划。2008年，北京市教育委员会决定在“人才强教计划”的基础上，实施北京市属高等学校“人才强教深化计划”，该计划包括“杰出人才引进计划”、“高层次人才资助计划”、“创新人才建设计划”、“创新团队建设计划”、“中青年骨干人才培养计划”、“教师职业技能和职业道德培训计划”6个计划。2009年共获得“人才强教深化计划”资助金额合计1 567.03万元。（名单详见《奖励与表彰》大类）

（志　伟　张　欣）

**【专业技术职务聘任】** （1）常规时间专业技术职务聘任。10月12日至12月31日，依据《北京工业大学教师职务聘任实施办法》等文件精神，完成专业技术职务聘任工作。全校18个教学院（部）所（是指研究所）所设置的26个正高职岗位和61个副高职岗位，面向全校和社会公开招聘。

（2）非常规时间专业技术职务聘任。根据《北京工业大学非常规时间专业技术职务聘任的办法》，对于其他时间引进人才的专业技术职务聘任，每年3月、6月、9月受理海外留学归国的优秀人员，新引进的学科带头人，校长提名推荐的优秀人才应聘教学、科研系列高级专业技术职务的申请。2009年，学校聘任专业技术职务216人，其中正高职15人，副高职64人，中级职务119人，初级职务18人；其中非常规时间聘任专业技术职务6人，正高职2人，副高职4人。

（罗之冰　张　欣）

**【博士后管理工作】** 截至2009年底，博士后科研流动站共15个，在站博士后59人。本年度新进站博士后19人，其中：国家资助11人，自筹经费资助6人，联合培养2人；博士后出站12人。

2009年博士后李坤威荣获第二批特别资助10万元经费，这是学校自1996年招收博士后研究人员以来首次获得该基金最高等级资助。

学校有10人分别获得第四十五批、第四十六批中国博士后科学基金面上资助，其中2人获一等资助，资助金额为5万元人民币；8人获二等资助，资助额度为3万元人民币。此次基金面上资助是学校获得人数最多的一年。

（罗之冰　张　欣）

**【兼职(客座)教授】** 2009年，新聘名誉教授1人，兼职教授10人，客座教授10人，客座副教授2人。续聘兼职教授1人，客座教授2人。聘期两年。

（罗之冰　张　欣）

**【工资、福利、社会保险、离退休工作】** （1）工资。2009年1月，根据2008年度考核结果，为考核合格以上教职员工晋升薪级工资。

2009年2月，根据2008年度考核结果，为考核合格以上教职员工兑现2008年度年终一次性奖励工资。

根据北京市教委精神，继续发放按照人均300元标准核增的绩效工资，2009年3月、9月分别为在职教职工发放2008年7月至12月、2009年1月至6月的此项绩效工资。

根据2008年12月专业技术聘任结果，2009年4月，为相关人员兑现晋升后的工资，名单如下：

晋升正高工资人员30人：

程会强　付　胜　郭　航
郭　霞　郝瑞霞　贺定勇
胡惠琴　胡江碧　冀俊忠
居鹤华　兰明章　李剑锋
刘丹敏　亓路宽　乔爱科
秦　华　王　越　王景甫
王新华　韦　奇　毋立芳
吴伟和　徐劳立　姚爱军
翟东升　张　荆　张汉林
赵立祥　赵书华　赵一夫

晋升副高工资人员56人：

陈华婷　崔玲丽　崔铁宁
崔有为　刁彦华　杜　峰
杜家政　杜永萍　段　苹
高学金　巩晓蕾　韩　敏
韩眉伦　何　坚　胡冬青
胡玉转　纪金豹　李　钒
李　岩　李群艳　李如玮
李庆丰　刘　波　刘福和
刘宏涛　刘增华　鲁理平
路德春　邱　玲　汤京华
万玉红　王海燕　王宏燕
王淑慧　吴密霞　夏海州
谢雪松　邢　荣　许成顺
严　海　杨建新　杨晓军
杨志慧　姚明辉　于　泉
于建均　袁　颖　张　军
张　忻　张宝柱　张风帆
赵　梅　赵丽娇　赵卫华
赵志新　周世峰

晋升中级工资人员73人：

蔡雅奇　崔　君　邓　红
丁淑杰　冬雪冰　郭晓菁
郭子龙　何喜军　贺玉龙
侯艳艳　黄　凌　晋媛媛
李　江　李　健　李　涛
李春佳　李蔚然　李晓琛
李晓莉　梁文佳　林　莹
林蜜蜜　刘　丽　刘　茜
刘　艳　刘美凤　陆　媛
马　麟　彭秀芳　祁　英
秦焕美　沈自友　宋　森
苏君红　孙秀红　王　芳
王　佳　王　婷　王凤珍
王海琴　王今琪　吴　限
吴铁梅　徐　捷　薛　菁
杨　娟　杨　柳　杨　龙
杨　嵘　杨　琳　杨胜志

杨晓娟　杨晓霞　姚振瑀
尤　欣　于　景　于立晗
俞立芸　张　颖　张　洪
张　楠　张海涛　张红伟
张莉萍　张聘蕊　张文博
张晓光　赵　玮　赵天宏
郑学科　志　伟　钟　平
庄俊玺

经2009年4月21日第70次校党委常委扩大会讨论通过《北京工业大学节日补贴实施办法》(工大发〔2009〕2号)，办法规定：从2009年5月起，为学校在册事业编制的在职人员、退休人员和完全人事代理人员发放节日补贴。

经党委常委扩大会研究决定：将退休人员改革成果共享补贴由每年发放10个月，改为发放12个月，每月发放标准不变，从2009年1月起执行。2009年6月，在退休费中补发2009年2月的改革成果共享补贴（工大人发〔2009〕4号）。

根据工大校发〔2002〕62号《关于调整工作餐等开支标准的通知》的相关规定继续发放2009年防暑降温费，在2009年7月工资中，一次性发放2009年6月至9月防暑降温费。

经校长办公会讨论通过，学校决定为在职在岗事业编制人员和完全人事代理人员发放伙食补贴，从2009年1月开始发放。

经校长办公会讨论通过，学校决定为在职在岗事业编制人员和完全人事代理人员发放校内2009年一次性的绩效奖励。本次绩效奖励人事处按照基层单位2009年1至10月的实际在岗人数（2、8月不发放）及11、12月的预计在岗人数，按照统一标准核拨到基层部门。各基层部门根据本部门人员2009年工作业绩，制定绩效奖励的分配办法。2009年10月底，人事处对基层部门上报的分配办法审核后统一进行发放。

根据市教委转发人事局“关于事业单位工作人员一次性核增绩效工资人均3 000元的通知”，2009年12月为教职工发放此项绩效工资。

（2）福利。2009年度全校福利费用共支出121.93万元。支出情况见表10-3。

**表10-3　北京工业大学2009年福利费用支出情况表**

| 项目 | | | 金额/万元 | 比例/（%） |
|---|---|---|---|---|
| 1 | 上年结转 | | 100.32 | |
| 2 | 当年收入 | 当年收入合计 | 119.03 | 100 |
| | | 其中：福利费提取额 | 115.42 | 96.97 |
| | | 统筹费收入 | 3.61 | 3.03 |
| 3 | 当年支出 | 当年支出合计 | 121.93 | 100 |
| | | 其中：学校对困难职工补助 | 28.83 | 23.64 |
| | | 职工子女、家属统筹医疗补贴 | 43.84 | 35.96 |
| | | 北戴河休养点租金 | 9.02 | 7.40 |
| | | 各基层单位慰问职工支出 | 15.49 | 12.70 |
| | | 教职工体检费支出 | 15.45 | 12.67 |
| | | 离退休人员联谊及慰问支出 | 6.12 | 5.02 |
| | | 残疾人困难补助支出 | 2.15 | 1.76 |
| | | 其他 | 1.03 | 0.84 |
| 结余=1+2−3 | | | 97.42 | |

（3）社会保险。2009年，学校按照社会保险政策为事业编制人员缴纳失业保险和工伤保险，为编制外人员缴纳养老保险、失业保险、工伤保险、医疗保险。

（4）离退休工作。①2009年，学校办理退休手续教职工共136人，其中在朝阳区劳动局社会保险基金管理中心（以下简称社保中心）领取养老金的退休职工11人。

1月办理退休11人：
王广生　杜银凤　郭经荣
张瑞芬　米裕民　赵兰英
黄　铁　张桂欣　邵　强
许娅琳　梁秀玲

其中，梁秀玲为农转工人员，在社保中心领取养老金人员。

2月办理退休8人：
张连宝　陈其林　胡秀荣
李毅玲　沈光地　王存新
张文熊　颜克友

3月办理退休9人：
王建新　董克强　李建国
李娟霞　刘长玲　陈　洁
高　玲　曹丽虹　方桂梅

4月办理退休9人：
张丽娜　杨宝生　刘津林
宋　莉　张海春　肖苏梅
刘亚宁　刘杏春　刘继春

5月办理退休10人：
金　力　薛怀英　孙根生

田玉荣　孙连福　王代殊
尹淑梅　高学玲　赵广会
陈绪言

其中，高学玲、赵广会为农转工人员，在社保中心领取养老金人员。

6月办理退休8人：

韩光胜　辛增纪　许福平
赵志新　化玉玲　唐银花
于振声　毛凤芬

7月办理退休10人：

刘　琳　舒静杰　胡瑞祥
白金林　韩振江　孙志兰
吕　彬　黄连富　王　鑫
龚长福

8月办理退休12人：

张改进　刘椿年　吴国蔚
张文萍　朱　红　孙国玲
田晓兰　闫岫峰　张鸿宾
戴伟长　王惠云　周海虹

其中，王惠云为农转工人员，在社保中心领取养老金人员。

9月办理退休12人：

吴凤岩　周小兵　王素萍
黎小路　王晓津　李承惠
张淑玲　许　蕾　袁　盈
孟　华　尚存山　杨全荣

其中，杨全荣为农转工人员，在社保中心领取养老金人员。

10月办理退休17人：

虞　绵　刘运通　张　志
韩彦平　杨爱东　马国英
朱宪宪　高文林　罗本福
陈振山　洪　荧　张兴智
段合生　曹崇民　张万利
肖桂兰　何宝清

其中，张万利、肖桂兰为农转工人员，在社保中心领取养老金人员。

11月办理退休12人：

裴　巍　朱世宁　于书举
王小丰　赵建平　陈晋良
任福银　关淑君　杨德荣
郭彩霞　施艾玲　杨宝生

其中，郭彩霞、施艾玲为农转工人员，在社保中心领取养老金人员。

12月办理退休18人：

周洪直　宋素云　吴宣洁
李保荣　赫　聪　宋格兰
王桂芹　王雅丽　唐　兢
王燕兴　李洪涛　杨光荣
薛际明　翟日喜　李淑芹
王淑霞　朱　红　曹月梅

其中，李淑芹、王淑霞为农转工人员，在社保中心领取养老金人员。

②根据北京市人事局《关于进一步加强退休管理工作的通知》（京人发〔2007〕41号）文件要求，学校延长退休年龄和高级专家提高退休费比例人员继续上报北京市人事局审批。

2008年12月，经校长办公会通过和校内公示，学校向北京市教委、北京市人事局申报2009年3月1日后申请延聘及2009年2月后办理退休手续并申请提高退休费计发比例人员名单，人事局审批结果如下：

批准延聘人员5人：

吴武臣　彭永臻　王淑莹
隋允康　李艾芳

批准提高退休费比例人员8人，其中：

提高退休费比例5%人员4人：

王代殊　刘椿年　张书杰
吕　彬

提高退休费比例10%人员4人：

沈光地　张鸿宾　王存新
朱　红

2009年6月，经校长办公会通过和校内公示，学校向北京市教委、北京市人事局申报2009年9月1日后申请延聘及2009年9月后办理退休手续并申请提高退休费计发比例人员名单，人事局审批结果如下：

批准延聘人员17人：

伍良生　陈建新　吴武臣
霍　达　张毅刚　李爱芳
胡惠琴　金毓崟　纪树兰
陶世荃　俞宽新　侯碧辉
唐　兢　邸瑞华　史耀武
左铁钏　俞春喜

批准提高退休费比例人员8人，其中：

提高退休费比例5%人员5人：

裴　薇　周小兵　周洪直
赵一夫　吴国蔚

提高退休费比例10%人员4人：

朱世宁　李盛林　刘运通
郑玉伦

（闫玉萍　张　欣）

**【考核、合同与聘任工作】**　(1)年度考核。2009年，学校考核工作于11月进行。考核工作根据校、院两级管理的基本要求，以“学校考核学院、学院考核团队、团队考核个人”为原则，按照原《北京工业大学2006年度教职工考核工作补充说明》，结合本单位的实际情况开展。2009年，参加考核3 156人，其中优秀472人，合格2 596人，基本合格6人，不合格1人，考核不定档81人。

(2)合同管理。学校于2008年底完成首次岗位设置与分级聘用工作，2009年6月学校与全校事业编制在岗人员签订《北京工业大学事业编制人员聘用合同书》。

（闫玉萍　张　欣）

**【2009年度考核优秀人员名单】**

机电学院：

康存峰　刘　嘉　高国华
孙国芹　吴　桥　班颖杰
石建利　苏利文　徐　英
皇甫平　王建华　黄桂连
昝　涛　胥永刚　伍良生
焦敬品　陈洪芳　刘赵淼
杨庆生　张　伟　秦　飞
李晓阳

电控学院：

范国强　尹玉华　王兆明
刘纪非　张亚庭　孙　亮
陈梅莲　阮晓钢　陈阳舟
綦　慧　居鹤华　张延华
鲍长春　张子明　吴　强
刘鹏宇　运文秀　徐　晨
邓　军　吴　郁　张小玲
胡小玲　郭春生　纪宝伦
贾惠忠　江　捷　黄　帅
王　普

建工学院：
王雪竹　王　玲　胡玉转
张明聚　高华东　许成顺
何浩祥　陈华婷　张建伟
张微敬　滕海文　纪金豹
崔畔起　韦宏鹄　吕　鑑
吴　珊　白玉华　李炎锋
简毅文　全贞花　荣　建
陈艳艳　苗英豪　翁剑成
朱　寰　黄　艳　杜修力

环能学院：
吴玉庭　王景甫　夏国栋
沈　忱　任海荣　张国俊
李　钒　吴　斌　晏祥慧
秦　侠　彭永臻　金毓荃
陈东升　鲁理平　吴玉兰
黄　烨　宛小炜

数理学院：
章　森　阴东升　丁晓红
郝　伟　刘凤艳　薛留根
李寿梅　刘国庆　邓金祥
王晋茹　程曹宗　付旭光
杨士林　杨晓华　徐大川
段　苹　王海燕　张　萍
俞宽新　王　丽　江竹青
董君良

计算机学院：
叶乃文　廖湖声　高红雨
付利华　邸瑞华　易小琳
韩德强　张丽艳　蔡　青
郑　爽　崔　玲　罗　琼
晋媛媛　段红峰　刘　勤
杨宇光　赖英旭　苏胜辉
段立娟　段　娟　施云惠
李玉鑑

材料学院：
宗　斌　艾　茹　赵玉凤
崔　丽　兰明章　朱满康
龚先政　杜玉成　岳　明
王亚丽　陈学安　杜文博
李永卿　李　红　刘　伟
黄　晖　林　健　马　麟
张雪红　聂祚仁

生命学院：
冯　娟　韩彩玲　刘　伟
汪金英　闫　红　周玉柏
张小轶　王惠琴　赵丽娇
钟儒刚

软件学院：
朱　青　刘宏珍　俞　敏
黄樟钦　朱文哲　蒋有明

建规学院：
陈　喆　王　珊　胡　斌
杨　红　王　进　张　建
武凤文　曲延瑞　胡　鸿
苏晨阳　叶丽琦　余　承

经管学院：
阮平南　王彤妮　张卫星
张　蕾　罗亚非　王晓慧
谢　沂　郭宏伟　田伟先
罗春燕　臧　维　刘晓燕
单晓红　李　鹏　王夏华
冯秀珍　杨伟伟　倪晓茹
刘会政

人文学院：
赵炳琴　丁　云　赵大兴
阚和庆　迟　萌　张恒力
付德根　王　鹏　杨　荣
戴　莉　刘金伟　李佳宁
韩　杰　钱伟量

外语学院：
任永方　龚文静　赵　燚
宋格兰　段江平　王慧梅
王　瑾　屈桂菊　李丽华
杨　凤　顾　春　邵　辉
文丽华　张　玮　郝秀兰

激光院：
左铁钏　陈　铠　王智勇
杨胶溪　郭　江　王　淳

艺术设计学院：
安　宁　王　培　李　辉
李国平　王茂春　贾荣建
赵　霞　李　姗　刘　扬
韩天玉　吴　莹　葛卫华
万巧慧　王文毅　刘　洋
王国彬　杨玮娣　胡安华
郈　健　俞剑坤　赵　航
林　森　王文娟　李　宁
文　田　牛四芳　咸　峰
马智宇　王　煜　张　昆
郭子龙　赵志友　李世刚
陈　雨　王战威　赵　玮
黄　韬

继续教育学院：
刘海田　单亚宁　杨　影
陈　嬛　郑　爽　赵玉红
周世峰　郭　萍　黄晓红
齐永利　陈二庆　范自建
尤志全　朱　秋　钱晓辉
张文娟　安淑兰

实验学院：
严　峰　李　茜　徐晓静
杜淑君　和　薇　周伟成
任　毅　付志强　郭力平
许黎宗　唐煜烽　李春花
白　晶　王学山　裴学东
贾学军　姜　蓉　薛红玲
周竞学

固体所：
徐学东　贾晓方　张跃飞

图书馆：
许艳茹　李慧仙　刘海钰
冯素洁　李祎雯　李　竺
刘明丽　丁君涛　邵欣欣
范蔚蔚　魏育辉

校医院：
张　微　徐树春　王　琳
杨光荣　李同英　刘秋扶
郭　鸿　江素兰

体育部：
高　兵　胡晓华　李　鑫
于晓红　许启晓　李晓甜
张　泳

后勤集团：
王家桐　刘仲文　戈京元
王万刚　张振忠　张如平
贾永明　徐卫华　王志亮
张兴璞　许俊龙　孙兴潮
赵素云　李振通　李春生
王京文　和福生　梁志光
李长江　张先友　王志刚

张 璐 张富林 秦福山
刘玉凤 刘雨露 林 力
董 丽 王彩云 齐文强
赵志刚 李荣慧 李建华
李冬伟 王 丽 刘 忠
白群宝 王炳申 赵建民
常振海 毕汝海 范平忠
李建平 栾静敏 党玉花
杜明英 杜 增 全金龙
郭金玲 张 敏 宋建平
黄建革 王雪霞
智源公司：
海 韧 王则玲 张晓凌
朱 红 王建华 耿志刚
张力澄 方 滨
循环经济院：
李艳梅
高教育所：
金保华
机关党委：
江飒英 吴 洁 郑鹏为
刘晓艳 邱文仙 王燕燕
刘颜华 高 辉 刘继丹
梁舜毓 龙 英 胡家曦
杜 佼 周 铮 尤 欣
温海燕 闫健卓 刘 健
高顺建 王 晶 张 欣
张海涛 高兴东 陈雪玫
张忠义 金小强 蒋裕平
范月玲 兰凤水 代增祥
于凤山 陶明法 王 辉
董哲宇 郭启祥 周恕义
乔 虹 郭 煜 曹 茜
廖宗霖 张 杰 许 奋
王连仲 郑玉伦 季景书
杜 峰 苏建梅 张雪梅
王金峰 程艳梅 李书花
赵庆明 彭秀芳 郑 哲
李 娟 张晓霞 王立勇
张 健 赵 宁 张凤山
戚 磊 李占军 吴 勇
赵 宁 刘有军 李 俊
李玉红 高阿娜 白志强
李 阳 尤浩杰 吉晓哲
王文杰 杨 蕾 纪树兰
刘建萍 王秀彦 薛素铎
赵凤琴 马维娜 杨建武
郭 颖

（闫玉萍 张 欣）

**【待聘人员管理】**

截至2009年12月31日，人才交流中心人员共计78人；其中待聘人员16人，外派人员12人，临时存放人员2人，离岗待退人员3人，离岗退养人员10人，病休人员1人，停薪人员5人，退休人员29人。

2009年人才交流中心新进人员1人，为待聘人员；转出人员6人。

（闫玉萍 张 欣）

**【人事代理】**

学校从2005年1月1日起对教辅、管理岗位聘用的大学本科学历（含）以下及中级专业技术职务（含）以下进校人员实行完全人事代理。

由各单位经费列支聘用的博士学位（含）以下及中级专业技术职务（含）以下进校人员实行完全人事代理。高级专业技术人员，经双方协商同意亦可实行完全人事代理。

截至2009年12月31日，全校共有完全人事代理人员95人，其中校人员经费列支人员59人，学院经费列支人员36人。

1. 新增人员

2009年，学校新增完全人事代理人员2人，均为大学本科学历的调入人员。

2. 调出人员

2009年，学校调出完全人事代理人员7人。其中博士研究生2人，硕士研究生4人，大学本科1人。

3. 合同管理

2009年，新入校完全人事代理人员2人签订《北京工业大学完全人事代理人员聘用合同书》。另有完全人事代理人员39人因合同到期续签《北京工业大学完全人事代理人员聘用合同书》。

4. 档案管理

北京工业大学完全人事代理人员档案委托北京市人才服务中心管理。截至2009年底，北京市人才服务中心存放北京工业大学完全人事代理人员档案58份。2008年，完全人事代理人员档案存入北京市人才服务中心2份，转出1份。

5. 社会保险及住房公积金管理

学校为完全人事代理人员缴纳养老保险、基本医疗保险、医疗补充保险、失业保险、生育保险、工伤保险及住房公积金。各项保险及住房公积金由北京市人才服务中心代理缴纳。

（李春佳 张 欣）

**【干部档案管理】** 人事档案室负责全校在职及退休等人员档案管理与利用工作。截至2009年12月31日，共管理人事档案6 838份。其中在职人员档案3 218份（不含学校局级领导档案），产业编制人员档案45份，原实验学院档案11份，退休人员档案2 180份，离休人员档案120份，自动离职人员档案700份，死亡档案546份，其他档案18份。2009年，接收档案110份（减2份，其中1份转送市委组织部，1份在2008年册），转出档案46份（在职转出28份、自动离职转出12份、实验学院转出4份、产编转出1份，其他转出1份）。

零散材料归档近20 000份，其中工资表9 500多份、考核表3 000多份、2009年新签合同近3 000份，其他为职称、退休表等零散材料。整体调整退休档案库一次。摘录整理自离人员基本情况700多份。接受校内外查阅复印1 000多人次，主要是为公证、上学、外调、查阅、复印材料等。

（李春莲 张 欣）

## 财务管理

【概况】 财务工作贯彻执行量入为出、从紧稳健的财务政策，继续加强调查研究，进行科学、规范管理，围绕学校的中心工作搞好财务服务，确保预算平衡。财务工作机构设置分为财务管理、会计核算和公费医疗、基建及代管核算3个部门，负责全面管理学校本部及2个异地校区的会计核算及预算管理工作。2009年，按照学校校院两级管理体制改革的要求，启动校院两级财务管理体制改革工作。在经费结构严重失衡的情况下，经过多次测算编制完成2009年校内综合财务计划，为学校教职工待遇提高提供了资金保证。

【财务收支状况】 2009年学校全年事业收入总额为141 581万元，比2008年增加4 068万元，增长幅度为2.96%。2009年学校事业支出总额为113 817万元，比2008年减少4 174万元，减少幅度为3.54%。2009年固定资产总额为239 060万元，比2008年增加12 180万元，增长幅度为5.37%。2009年学校财务收支状况详见表10-5、表10-6。

**表10-5 北京工业大学总收入增长对比分析表**

| 收入项目/年份 | 2008年/万元 | 占总收入比重/（%） | 2009年/万元 | 占总收入比重/（%） | 本年比上年增减额/万元 | 本年比上年增减/（%） |
|---|---|---|---|---|---|---|
| 运算栏次 | 1 | 2 | 3 | 4 | 5=3－1 | 6=5/1 |
| 财政补助收入 | 88 277.51 | 64.20 | 95 292.01 | 67.31 | 7 014.5 | 7.95 |
| 非财政收入 | 24 200.63 | 17.60 | 26 930.67 | 19.02 | 2 730.04 | 11.28 |
| 科研收入 | 19 327.33 | 14.05 | 19 087.22 | 13.48 | －240.11 | －1.24 |
| 基建拨款 | 5 707.00 | 4.15 | 270.77 | 0.19 | －5 436.23 | －95.26 |
| 合计 | 137 512.47 | 100.00 | 141 580.67 | 100.00 | 4 068.2 | 2.96 |

**表10-6 北京工业大学总支出增长对比分析表**

| 支出项目/年份 | 2008年/万元 | 占总支出比重/（%） | 2009年/万元 | 占总支出比重/（%） | 本年比上年增减额/万元 | 本年比上年增减/（%） |
|---|---|---|---|---|---|---|
| 运算栏次 | 1 | 2 | 3 | 4 | 5=3－1 | 6=5/1 |
| 财政补助支出 | 65 282.34 | 55.33 | 66 722.13 | 58.62 | 1 439.79 | 2.21 |
| 非财政支出 | 28 696.60 | 24.32 | 25 499.82 | 22.40 | －3 196.78 | －11.14 |
| 科研支出 | 15 402.08 | 13.05 | 20 468.09 | 17.98 | 5 066.01 | 32.89 |
| 基建支出 | 8 609.48 | 7.30 | 1 126.74 | 0.99 | －7 482.74 | －86.91 |
| 合计 | 117 990.50 | 100.00 | 113 816.78 | 100.00 | －4 173.72 | －3.54 |

【内控制度建设】 贯彻学校关于党风廉政建设的各项精神和要求，查找、纠正各关键控制点上不符合内部控制要求的管理漏洞，制定并完善《北京工业大学财经工作小组议事规程》、《北京工业大学专款项目管理办法》、《北京工业大学基建财务管理暂行办法》、《北京工业大学银行贷款资金管理规定》、《北京工业大学非财政拨款收入管理办法》、《北京工业大学收费管理办法》6个财务管理制度，组织各岗位工作人员签订岗位责任书。

【预算管理工作】 5月底，在经费结构严重失衡的情况下，经过多次测算编制完成2009年校内综合财务计划，为学校教职工待遇提高，提供资金保证。同时，按照学校校院两级管理体制改革的要求，按时启动校院两级财务管理体制改革工作。7月底，组织完成2010年专项申报工作。9月底，完成2010年部门预算申报，并及时上报北京市教委、北京市财政局。向主管财经工作校领导汇报2010年校内预算框架。12月初，组织2009年校内决算编报工作。完成2008年专款项目绩效考评组织工作。

【银行贷款工作】 学校银行贷款的基本原则是，充分考虑学校建设和发展的实际需要，以及学校的收入状况、贷款需求与实际偿债能力，做到量力而行，贷款期限适当。结合学校专款执行、基本建设投资概算，合理确定贷款规模，努力降低资金使用成本，完成大额资金调剂工作，保证学校基本建设的资金需求。

【会计核算工作】 规范经费使用行为，提高二级单位的财务管理水平，实施对全校各部门专兼职财务人员的网上预约报账系统使用培训和对各专款主管部门财务工作人员和全校各项目负责人的专款项目库管理系统培训。

推进无现金报销、名校卡使

用和校内就近分点报销服务，实施网上预约报账系统。完成核算系统与国库系统的衔接与核对工作。

【收费管理工作】 加强学校收费管理，严格执行收费政策，学校的各项非财政拨款收入按财政“收支两条线”原则全部纳入学校综合财务预算，实行统一核算、统一管理。理顺收费立项及结算环节，调整收费管理工作流程。

【其他财务工作】 理顺学校与投资管理公司的关系。针对控股公司与参股公司实行不同的管理思路和方法。协助信息处完成校园一卡通的建设工作，统筹管理校园一卡通和各银行账户，确保资金安全。

（王 卉 李国俊）

# 资产管理

【概况】 学校资产管理部门为国有资产与实验室管理处。2009年，国有资产与实验室管理处继续实施以“精密数字化”和“国有资产绩效考核”为核心的科学管理，提供热情周到的服务，发扬勤政廉洁的作风，构建开放共享的平台，努力实现国有资产的保值增值。

（刘有军）

【固定资产管理】 截至2009年12月31日，在账固定资产总额23.91亿元，其中仪器设备12.81亿元，建筑物构筑物9.31亿元，其他资产1.79亿元。2009年新增固定资产1.69亿元，报废固定资产2 753.66万元。

（郭梅芳 刘俊千）

【公用房管理】 2009年学校工程训练中心、建工学科楼、软件学科楼、建筑人文外语楼等新学科楼完成二次改造，陆续投入使用。国资处按照《学校公用房分配调整总体方案》的要求，组织各单位分阶段、分批有序进驻新学科楼（新学科楼各单位进驻情况详见表10-7）。交通印刷中心、五人制地下足球场等新楼也相继投入使用。

**表10-7 新学科楼各单位进驻情况表**

| 建筑物 | 建筑面积/平方米 | 进驻单位 |
|---|---|---|
| 工程训练中心 | 19 688 | 计算中心、大学物理实验中心、电工电子实验中心、机械设计实验中心、研究生创新实训平台 |
| 建工学科楼 | 15 544 | 建工学院 |
| 软件学科楼 | 10 922 | 软件学院 |
| 建筑人文外语楼 | 40 694 | 档案馆、校史馆、外语学院、建规学院、循环经济研究院、人文学院 |

（周 刚 刘有军）

【实验室管理】 （1）北京市教委“实验室信息统计上报”工作。截至2009年8月31日，学校教学仪器设备共计52 148台件，金额89 380.8万元；专任实验室人员221人；实验室经费共计13 456.98万元。

（2）大型仪器设备论证工作。国有资产与实验室管理处和发展规划处于8月22日召开论证会，对学校2010年“211工程”建设项目暨160万元以上大型仪器设备进行了购置论证。

（3）大型设备功能开发及小型教学仪器研制项目。10月，国资处邀请校内外学科专家及设备专家，通过评审、选拔，在全校设立了10个大型设备功能开发及小型教学仪器研制项目，资助经费共计20万元。

（4）大型仪器设备效益评价。11月，国资处对全校大型仪器设备从机时利用、人才培养、科研成果、服务收入、功能利用与开发5个方面进行效益评价。截至2009年8月31日，学校共有40万元以上大型设备195台件，效益评价合格183台件，不合格12台件。

（5）大型仪器设备开放共享工作。固体所、材料学院中心实验室、环能学院基础化学中心、激光研究院、生命学院分析测试中心5个单位对校内外开放共享，2009年服务收费共计101万元。

（6）大型仪器设备对本科、研究生开放活动。国资处联合各学院对本科生、研究生举办大型仪器设备讲座及使用培训。2009年度举办讲座7次，培训6次。

（7）实验室专款。2009年，北京市财政批复学校实验室修缮专款项目共计23项，预算总金额共计782.68万元；设备购置项目共计11项，预算总金额共计5 771.22万元。

（8）实验室安全。国有资产与实验室管理处继续执行实验室安全季报和自查制度。为确保国庆校园安全，联合校保卫处于9月25日对全校实验室安全工作进行了检查，并于9月11日、26日，进行了两次危险化学品报废处理工作，共处理废旧化学品8.822吨，剧毒化学品7.44公斤。

（温 涛 刘有军）

【设备采购】 2009年，市财政批复北京工业大学政府采购项目179个，预算总金额33 664.58万元。其中政府招标采购金额为31 367.96万元；协议采购金额为2 296.61万元。截至2009年底，政府招标采购完成金额为28 789.65万元，完成率约为91%，经费支付率为63.7%；协议采购完成2 232.32万元，完成率约为97%。

2009年，共办理进口仪器设备免税331笔，减免关税合同金额约9 800万元。

（祝永卫 刘俊千）

【制度建设】 2009年，修订《北京工业大学非政府采购工作手册（2009修订版）》、《北京工业大学关于学校自行组织招标采购的暂行办法》、《北京工业大学采购工作规范》、《北京工业大学招标专家管理暂行办法》、《北京工业大学闲置、报废设备管理办法》，重新制定《北京工业大学报废设备物资招标管理办法》。

（李 静 刘有军）

【廉政建设，防范风险】 根据学校廉政风险防范管理工作的要求，依据“加强管理力度，坚持民主决策，规范实施”的方针，结合业务工作，规范工作程序，制定监督网络图、业务流程图，形成“廉政风险点要找全、整改措施要到位、规章制度要完善”、“岗位为点、程序为线、制度为面”等切实可行的廉政风险防控体系。

《国资处廉政风险防范管理工作表》作为范本供其他单位参考。

（李 静 刘有军）

## 审计工作

【概况】 2009年，审计工作坚持“全面审计，突出重点，注重实效”的原则，围绕学校中心工作，全面开展内部审计工作。在不断加强常规性工作的同时，积极探索学校预算执行和决算审计的途径与方法，完善制度建设，加强队伍建设，提高人员素质。在推动学校内控制度的建立与执行，经济运行的规范管理，在防范风险、提高资金使用效益等方面，充分发挥了内部审计的监督和“免疫系统”功能作用，为学校科学发展和经济活动健康运行发挥重要作用。

审计处是学校设置的责任职能部门，设综合审计办公室和工程审计办公室。2009年，完成各类审计、审签项目200个，审计金额99 538万元（其中含审计调查两项，调查金额2 668万元），审减金额699.65万元，提出审计建议40多条。

【预算执行审计】 根据市教委2009年审计工作重点，学校将预算执行与决算审计列入内部审计常规性工作。2009年，审计以揭示预算执行和财务管理风险为主线，以健全制度、防范风险、加强管理、促进发展为目标，围绕维护学校资金安全、防范风险、规范管理，从体制、机制、制度层面有针对性地提出加强管理的审计建议。把全面推进和突出重点相结合、科学性和时效性相结合，达到了在预算执行过程中加强审计，通过审计加强管理的目的，较好地发挥了内部审计的“免疫系统”功能作用。共完成预算执行审计项目6个，审计金额63 393万元，出具中期审计报告6份，书面提出涉及制度建设、财务管理、职责分工、工作流程等各类有代表性的问题建议20多条。

【基建修缮工程审计】 2009年，共完成基建修缮结算、备案工程项目审计86个，审计金额12 721万元，审减金额699.65万元，提出审计建议10多条。重点加强了三个方面的工作：一是关口前移，预防为主。对3个工程项目进行了预算审计，对1个工程项目进行了过程中的审计，使工程审计从事后的结算审计逐步向事前的预算审计和事中的过程审计转变，从源头堵塞漏洞，加强规范管理。二是加强协作、形成合力。会同相关部门在校园网上联合发布了《关于加强基建、修缮工程项目归口管理》的通知，强调了实验学院、继续教育学院和艺术设计学院等异地办学单位的基建修缮工程均要参照本通知及《北京工业大学基础设施改造与修缮工程管理办法》执行。三是借助中介审计，缓解内审力量不足。与四家审计事务所续签了工程项目委托审计合同，并全部开展委托业务。

【经济责任审计】 2009年，共完成经济责任审计6个，审计金额20 756万元，提出审计建议意见和建议10多条。针对审计中发现的问题，把审计结果的有效利用作为一项重要工作来抓。帮助被审计单位分析自身工作的现状、取得的成绩和经验，明确存在的问题及原因，正确认识审计中发现的问题，认真落实整改。在加强干部队伍的党风廉政建设、促进和提高管理水平，制约权力、依法行政等方面发挥了重要作用。

【审计管理工作】 完善制度、规范流程。2009年，学校修订了《北京工业大学预算执行与决算内部审计实施办法》；审计处制定了外聘事务所招标工作流程；加强队伍建设、开展业务交流与学术研究。2009年，审计人员先后参加了预算执行与决算审计、经济效益审计、内部控制制度及评审以及会计人员“四新”教育等方面的继续教育培训；撰写科研论文1篇，公开发表论文1篇。中国教育审计协会资助的《建筑工程质量、安全方法和程序研究》课题获中国教育审计协会2007—2008年度教育审计科研项目研究成果三等奖。

**【参与完成的相关工作】** （1）学习实践科学发展观，加强党风廉政建设工作。2009年，在学校开展的学习实践科学发展观和落实党风廉政建设责任制的活动中，审计处紧跟学校的总体步伐，按照各阶段的具体要求，结合工作实际广泛调研、分析检查、整改落实、责任到人，认真完成各项工作任务。

（2）参与学校的管理工作。2009年，审计处在学校的各项工作中发挥着重要的作用。学校的财经领导小组、经济责任审计联席会、国有资产及实验室管理建设委员会、校园建设委员会、住房领导小组、校办产业改革领导小组、党风廉政建设领导小组、收费工作小组、校办企业转制工作小组等都有审计人员参加。在主管部门组织的专款评审、个别的预算追加、大额的资金往来、特殊的经费开支等凡是有审计处参与的相关工作中，审计处都从内控制度和加强管理的角度提出意见和建议。

（3）预算执行审计互查工作。2009年，预算执行预决算审计被列入内部审计常规工作。审计处于11月2日在科学楼召开会议，接受了教委审计处负责联系高校的同志、北京第二外国语学院、北京物资学院等兄弟院校审计负责同志对学校预算执行审计工作情况的检查。审计处对学校开展预算执行审计工作的总体思路、审计重点、具体审计工作的开展情况、经验、体会以及下一阶段的计划做了全面的汇报。教委审计处领导肯定了学校的做法和已取得的成果，兄弟院校的负责同志也一致认为预算执行审计工作起到了关口前移、防范风险、加强管理的作用。

（崔　荣　张宗颉）

# 基本建设

**【概况】** 学校校园总体规划和基本建设管理工作主要由基建处负责，内设前期工程部、工程监理部、合同预算部和办公室。主要职能是：依据学校学科发展规划制定校园总体建设规划；依照国家的法律、法规，对学校新建、改建、扩建工程进行管理。具体工作包括：工程前期手续申报，组织招投标，施工全过程管理，工程结算审核，档案资料归档和固定资产移交。2009年，学校启动“十一五”二期建设工程前期工作，推进“科技工大、绿色工大、人文工大”建设。

（张　健　祖占良）

**【前期工程】** （1）完善新老校区的整体功能布局。根据学校发展的需要，结合校园建设现状，在校园总体规划框架不变的前提下，积极调整各单体实际使用功能，完善新老校区功能布局。于2009年10月20日收到北京市规划委员会《关于北京工业大学校园总体规划局部调整方案的复函》（2009规复函字0250号）。确定各单体建筑具体使用单位，论证学校实验室的功能、布局、设备和配套设施需求。

（2）校园东南区学科楼二期工程前期管理工作。完成第四教学楼、艺术设计学院、环能学院、生命学院、材料学院等项目环境影响评价、土地预审、节能评估前期手续的办理及可行性研究报告的编制并报送相关主管部门。在确定各单体建筑具体使用单位，充分论证学校实验室的功能、布局、设备和配套设施需求的前提下，完成了以上项目的初步设计图纸。

（3）校园基础设施整治相关项目的招投标工作。完成东南校区代征绿地改造二期、体育馆北侧篮球场、田径场及排球训练场地恢复及面层改造、五人制足球馆三期、体育馆功能完善、新区景观照明系统工程、体育馆太湖石景观及夜景照明改造、奥运场馆雕塑群二期等专款项目的招投标工作。

（张　健　祖占良）

**【交付工程】** （1）建筑人文外语楼工程。该工程位于校南区科学楼东侧，工程建设用地面积13 230平方米，总建筑面积40 694平方米，其中地下为11 110平方米，地上为29 584平方米，建筑高度46.5米，地上10层、地下2层。2007年3月1日开工，2009年12月31日竣工。

（2）五人制足球训练馆工程。该工程位于游泳馆北面，工程建设用地面积3 173平方米，建筑面积2 005平方米，全部地下结构，屋顶全部绿化，结构挖深13.5米，跨度28米，由于采用绿色节能导光原理，不用照明采用自然光可满足训练需要。2009年2月26日开工，2010年1月5日竣工。

（3）东南区室外篮排球场工程。该工程位于学校奥林匹克体育馆北侧，建筑面积（用地）15 253平方米。建成14块篮球场（其中6块为半场），4块排球场，全封闭、全塑胶，没有地下排水，部分灯光照明，分东西两区。2009年3月开工，2009年8月竣工。

（4）学校2008年奥运会、残奥会荣誉墙工程。该工程位于学校奥林匹克体育馆热身馆西侧墙面上，荣誉墙分为五大部分：第一部分为奥运志愿者名单，由奥运志愿者和奥运志愿者督导两部分人员组成；第二部分是奥运大事记，分别记录了从奥运场馆的申办到奥运场馆的建设，以及奥运场馆的运行整个过程的重大事件；第三部分是北京2008年奥运会、残奥会比赛期间羽毛球、艺术体操获奖运动员个人及团体名单；第四部分为奥运场馆建设及运行期间工作人员名单；第五部分为在北京2008年奥运会、残奥会比赛期间工作人员名单。整个工程采用3毫米、5毫米、10毫米、16毫米黄铜板通过高技艺的人工氩弧焊制作而成，大板底板为3毫米黄铜板，立位为5毫米黄铜板，每一条人名选用5毫米黄铜板通过水切、刨平、电解腐蚀制作，标识图案、大字均用10毫米、16毫米黄铜板高压电弧线切而成。

（赵玉成　祖占良）

**【合同、预决算工作】**　(1) 根据学校校园总体规划建设实施进度要求，配合“十一五”二期建设项目前期准备工作，编制《年度基建工程投资用款计划》，加强项目投资运行计划管理，严格执行工程造价审核程序及工程费用支付管理，审核支付25个项目近2亿元项目资金。

(2) 组织完成对工程训练中心工程、国际交流中心、体育馆功能完善改造工程、东南区代征绿地改造二期工程等13项工程结算的审核工作，审核资金总额近4.1亿元。

(3) 完成50项工程合同及预算审核工作。

(4) 配合市发改委完成第三教学楼概算调整审计工作。通过市财政局对后勤交通服务中心工程和热力一次线改造两个专款项目绩效评审工作。完成后勤交通服务中心、东南代征绿地改造二期等15项工程结算审核并上报学校审计处审计。

(5) 完成西区配电室电源改造工程预算编制和上报财政评审工作。

（赵　宁　祖占良）

**【工程档案及统计工作】**　(1) 向校档案馆移交学校奥林匹克体育馆工程、生命交通环能学科楼工程、工程训练中心工程、篮排球场改造工程等近16项工程(350多卷)竣工档案。完成热力二次线工程、代征绿地改造工程等17项工程基建文件、竣工文件整理并录入档案平台。

(2) 向校档案馆移交《2007—2008年北京工业大学校园建设成果》、《改革开放30周年首都教育事业发展回顾（北工大篇）》DVD影像资料4份，上传照片220张。

(3) 依据市统计局、市发改委等主管部门要求，每月定期完成国际交流中心工程、生命交通环能学科楼工程、工程训练中心工程、五人制足球训练馆工程等项目投资完成数据统计及工程进度完成情况报表。

（赵　宁　祖占良）

**【内部管理工作】**　(1) 完善规章制度。重新审核规章制度32项，按照合法性、必要性、规范性和可操作性的原则，废止6项，修改16项，补充7项规章制度及流程。结合学习实践科学发展观活动和廉政风险防范管理工作的开展，细化各项工作流程。把制度建设真正落到实处，注重发挥党支部和工会的作用，坚持“三重一大”制度和处务公开制度。

(2) 规范内部管理。认真执行收发文、用车、用章、办公用品领用、固定资产领用归还等各类登记制度。

(3) 固定资产管理。完成了高科技能源楼项目的固定资产交付手续，对2009年新增固定资产即时建账，并对基建处现有固定资产进行梳理。

(4) 宣传报道工作。及时更新基建处校内网站，全年共撰写宣传稿件31篇，使基建处网站成为对外信息公开的一个窗口。

(5) 特色活动。①联合工会举办“科学发展观”知识竞答。②暑期慰问建设工地活动，为工程建设者送去防暑降温药品。③积极开展体育锻炼，举办后勤基建羽毛球联谊赛。④庆祝建国60周年，举办“辉煌60年”摄影展1期。

(6) 支部工作。支部名称由“基建规划党支部”变更为“基建处党支部”。11月3日，基建处党支部召开支委换届选举会议，选举产生新一届支委。结合学习实践科学发展观活动，赴北京大学和首都医科大学等兄弟院校进行调研。

(7) 获奖情况。4月，获中华全国总工会“工人先锋号”；3月，北工大体育馆工程获“北京市科技创新特别奖”；3月，北工大体育馆工程获建设部“建筑工程鲁班奖”（国家优质工程奖）；4月，北工大体育馆工程获“奥运工程落实三大理念突出贡献奖”；4月，北工大体育馆工程获“中国土木工程詹天佑奖”；11月，基建处办公室获“北京工业大学2009年度办公室工作先进单位”。

（齐宗林　祖占良）

## 场馆管理

**【概况】**　北京工业大学场馆管理中心成立于2008年10月，负责北京工业大学奥林匹克体育馆的管理和利用工作。场馆管理中心紧紧围绕学校的中心工作，全面落实科学发展观，合理规划体育馆利用功能，建立健全管理规章制度，突出管理和服务职能，立足学校，面向社会，本着优先满足学校体育教学、高水平运动队训练和体育教师训练工作，为学校师生员工提供文体健身活动场所，兼顾对社会开放的宗旨，合理高效的使用体育馆，取得良好的社会效益和经济效益。

（吴 勇 刘建萍）

**【场馆运行建设】** （1）队伍状况。2009年，场馆管理中心共有工作人员16人，其中代理主任1人，副主任1人，办公室主任兼市场开发办公室1人，前台管理服务1人，电工班组3人，空调水暖班组3人，场地管理班组2人，保洁班组4人。其中学校正式职工4人，合同工12人。

（2）固定资产管理。2009年，场馆管理中心增加固定资产122.86万元。

（3）信息化建设。2009年，场馆管理中心完成了体育馆羽毛球健身收费系统、体育馆淋浴收费系统和场馆管理中心网页三项信息化建设项目。

（4）场馆收费立项工作。2009年，经学校财经领导小组审批同意，场馆管理中心完成了《羽毛球健身收费立项》、《大中小型活动收费立项》、《篮球收费立项》、《排球收费立项》、《淋浴收费立项》、《健身卡押金收费立项》等项目的报批和审批工作。

（5）专款执行工作。2009年，场馆管理中心执行完毕的专款共4项，专款总额421.08万元。

（6）体育馆功能分区规划。体育馆设有场馆管理中心办公区、教学训练区（篮球、排球、羽毛球）、羽毛球健身区、大型活动房间使用区、形体健身区、学生活动中心、奥运纪念馆区等7个主要功能分区。

（7）员工培训工作。2009年，根据场馆运行需要，为提高场馆服务质量，场馆管理中心开展了消防知识、防汛知识、计算机知识、基本医疗知识和业务培训等多层面的人员培训工作。

（任启财 刘建萍）

**【场馆制度建设】** 2009年，场馆管理中心完善了《北京工业大学场馆管理中心职能》、《北京工业大学场馆管理规定》、《北京工业大学场馆羽毛球场地使用管理规定》、《北京工业大学场馆管理中心大型活动管理规定》、《北京工业大学场馆管理中心大型活动申请表》、《北京工业大学场馆管理中心工作人员管理规定》、《北京工业大学场馆管理中心安全消防管理规定》、《场馆和体育场地经营性项目操作规定》、《场馆管理中心请假制度（含场馆管理中心请假申请单）》、《场馆管理中心公章管理规定》、《北京工业大学体育馆防汛预案》、《场馆管理中心财务管理办法》、《场馆管理中心工作人员岗位职责》13项制度建设。

（任启财 吴 勇）

**【场馆设施设备改造】** 2009年，场馆管理中心配合基建处、后勤管理处、宣传部、招生就业处、校团委等部门完成北工大体育馆消防电消年检、消防设施维保、电梯年检、空调维保、更衣室淋浴刷卡系统、热身馆地板保养、热身馆防风门、热身馆音响及监控、体育馆入口电动门及玻璃幕墙、体育馆前院景观石、体育馆夜景灯、体育馆排水管道改造、体育馆太阳能供热水、体育馆太阳能灯、奥运纪念馆、奥运墙、志愿者雕塑以及体育馆入口、比赛馆、热身馆和贵宾电梯口显示屏等19个设施设备项目的改造。

（任启财 刘建萍）

**【场馆服务学校工作】** （1）服务学校体育教学。2009年，场馆管理中心服务学校羽毛球教学总课时384小时，总人数600人，班级数16个。

（2）服务学校体育训练。2009年，场馆管理中心服务学校羽毛球队训练总时数410小时，篮球队训练总时数280小时，排球队训练总时数268小时，教师业务培训学习24小时。

（3）服务学校师生文体活动。2009年，场馆管理中心承接学校文体活动13个，涉及58 950人次，为学校师生员工提供了免费羽毛球健身时段共计5 454小时，涉及21 816人次。

（4）服务学校接待参观。2009年，场馆管理中心共接待市级领导和单位以及学校各学院和职能部处组织的各类参观活动600多人次。

（吴 勇 任启财）

**【场馆市场开发工作】** （1）承接大型活动。2009年，场馆管理中心承接国际赛事1项，洲际赛事1项，国家级赛事2项，机关企事业单位文体活动41项。

（2）对社会开放羽毛球健身。2009年，场馆管理中心接待社会羽毛球健身者共计22 004个小时，涉及88 016人次。

（3）接受媒体宣传报道。2009年，场馆管理中心接受中央电视台、北京电视台、法制晚报、北京青年报等12家媒体单位的宣传报道。

（吴 勇 刘建萍）

# 后 勤 管 理

**【概况】** 学校后勤管理工作主要包括制定后勤规划、经费预算、组织项目招投标、校园环境整治、房管房改、节能管理、协调监督后勤甲方管理职能。

2009年，后勤管理工作围绕全面落实学习实践科学发展观整改方案和迎接建国60周年为重点，依靠科技创新和科学管理，推进资源节约型高校建设。认真做好教职工住房管理和房改工作。完善廉政风险防范措施，建立防控长效机制，协同后勤服务集团做好校内后勤服务保障工作。

（顾 红 刘建萍）

**【基础设施建设和专款改造项目】**

后勤管理处申报校内基础设施修缮改造专款项目31项，其他单位（由后勤管理处负责）申报19项，已完成专款项目如下：

（1）校内楼宇屋面防水工程改造。由北京市中建建友防水施工有限公司施工，重新铺装防水卷材。

（2）校内节电设备改造工程。由北京朝瑞国宏节能技术服务有限公司施工，安装GOLDWAY高和省电装置21台。

（3）校内更换节能灯具改造工程。由北京朝鹤明光节能技术服务有限公司施工，安装T5自镇流一体式双端荧光灯14 600套。

（4）北工大体育馆太阳能设备安装与利用工程。由北京市太阳能研究所有限公司施工，安装热管集热器208组，空气源热机组7台，太阳能路灯42套，太阳能循环泵6台。

（5）农光南路28楼外墙保温及粉刷工程。由北京金通远建筑工程公司施工，外墙外保温粘贴50毫米厚聚苯板4 689平方米，外墙面加气混凝土墙抹水泥砂浆2 283平方米。

（6）武圣东里50楼外墙保温及粉刷工程。由北京市朝阳区田华建筑集团施工，外墙刷丙烯酸弹性高级涂料面层5 868.16平方米，外墙外保温粘贴聚苯板5 868.16平方米，大板缝空腔做防水1 147.34平方米。

（7）信息楼、经管楼内改造工程。由北京迪迈建筑装饰工程有限公司施工，信息楼水磨石地面清洗整修9 537.49平方米，内墙刷乳胶漆13 456.79平方米。经管楼内水磨石地面清洗整修5 143.83平方米，内墙刷乳胶漆5 968.82平方米，木门、楼梯扶手修补油漆等。

（8）电梯及楼宇监控系统安装工程。由北京亚洲通信技术有限公司施工，对科学楼、基础楼、环化楼、第二实验楼、第三教学楼、图书馆、校医院、留学生楼及校外双龙南里206楼、慈云寺50楼、安华西里32楼、马甸南村8号楼33部电梯安装监控摄像机、监控随缆等。

（9）校内便道树池改造工程。便道树池改造，由北京巨恒博艺建筑装饰工程有限公司施工。铺设979个树池，透水材料1 281.61平方米；铺设树池围牙320.4平方米。庭院绿化工程，由北京市广源园林绿化工程有限公司施工。整理绿化用地885平方米，种植绿篱156米，小叶黄杨3 800株等。

（10）安装智能节能感应控制器工程（二期）。由北京普利斯特科技有限公司施工，安装照度感应控制器5 587个。

（11）室外大屏幕安装工程。由北京太极鹏发电子科技有限公司施工，在学校西门、第四食堂路口安装两块LED全彩显示屏，安装主控计算机2台，配电柜2套。

（12）第二、六、七、八餐厅改造工程。由北京建工一建工程建设有限公司施工，餐厅地面铺设新地砖，拆除并更换新墙砖，新做轻钢龙骨吊顶等。

（13）余热回收利用节能改造工程（延续）。由沈阳万利源节能工程有限公司施工，安装废热回收机组1台，不锈钢水箱2台，风机盘管35套，水泵10台，换热气2台。

（14）北工大体育馆基础设施改造工程。由后勤服务集团动力修缮中心施工。拆除旧百叶窗207.07平方米，新装断桥铝合金窗207.07平方米，安装低压柜4台，敷设电缆400米等。

（15）环能学院更换配电柜改造工程。由后勤服务集团动力修缮中心施工，更换14面低压柜，安装三级空开119台等。

（16）绿地微喷工程。由北京广源园林绿化工程有限责任公司施工，在校内东区、南区绿地内安装喷灌设备。

（17）校内设施改造工程。由后勤服务集团动力修缮中心施工，修补图书馆和科学楼前广场破损路面334.57平方米、墙面275.71平方米，更换教学楼内卫生间脚踏阀门121个。

（18）建工、环能学院周边环境整治工程。由后勤服务集团动力修缮中心施工，拆除旧混凝土路面，新铺渗水砖643.5平方米，建工学院周边新建板房256平方米。

（19）校南区下水道及雨水干管改造工程。由后勤服务集团动力修缮中心施工，安装PE400管道144米，污水检查井4座，清洗管道1 020米。

（20）校内部分楼宇更换雨水管及部分建筑散水改造工程。由后勤服务集团动力修缮中心施工，更换校内办公楼，实验楼、学生宿舍及附属用房破损严重的缸瓦雨水管，改造开裂、破碎、低洼的散水。

（21）地热回灌设施改造工程。由保定金迪地下管线探测工程有限公司施工，对校东南区新增的0.49平方公里地块和西校区新增的0.06平方公里地块内的各类管线进行探测，查明其走向、埋藏深度、材质、管径等。探测管线长度98 144.96米，其中给水管道9 068.13米、中水管道17 231.68米、雨水管道

13 931.42米等。本次测绘还对绿地、色带及单棵树木进行了测绘。成果图表27幅（含综合管网彩图），专业管网彩图170幅（1∶500），成果表一套。

（郑玉伦 刘建萍）

**【节能工作】** （1）校本部年用水67万吨，支付水费268万元；年用电3 302万度，支付电费1 612万元；年用燃气（含供暖、洗浴、茶炉）156万立方米，支付燃气费（校内供暖）304万元；外购热力（热力供暖）651万元。

（2）回收校内住宅、在校施工单位、有偿经营实体等水电气暖经费共590万元。

（3）全校更换T5节能灯1.46万只，节能50%以上，促进了“绿色照明工程”的推广，节省电费40万元。

（4）安装楼道内红外人体感应开关4065只，年节电约23万度，安装空调节电控制器145台，可有效节约用电。

（5）在游泳馆、锅炉房、换热站和科学楼空调机房安装锅炉节电设备21台，年节电73万度，节约电费36万元。

（6）完成公共浴室余热回收工程（二期）。安装1台余热回收机组，年节约天然气23万立方米，节约燃气费47万元。

（7）安装太阳能828平方米，每天可提供55℃热水70吨，年节约天然气14万立方米，节约燃气费29万元。

（8）全年使用中水26万吨，雨水0.43万吨，节约自来水26.43万吨，节约水费70万元。

（9）2009年，北京工业大学被北京市高校后勤专业委员会推荐参加全国高校节能工作成果示范单位评比，获“全国高校节能工作先进单位”称号。

（史 鹏 刘建萍）

**【住房管理】** （1）职工住房管理。1至12月，完成校产权房房改售房、望京210楼售房、标准价改成本价售房15户，收售房款122万元，维修基金3.6万元。完成房改售房3户及望京210楼5户产权登记工作。2至8月，完成4批255名教职工两限房资格的初审，落实174户教工选房公示及签约工作。6至9月，完成26名教工购买翠城经济适用房签约入住工作。4至9月，对2名购买望京及美景东方住房后调离学校的教职工按学校房管政策规定进行处理。6至9月，根据国管房改字〔2000〕130号文规定，对2名住北工大产权房的产权人进行房屋面积超标处理。8月，按照北京市〔2009〕156号文规定，协助校财务处将教职工1 200万元售房款按有关政策进行处理。美景东方住房竣工后，收回43套学校临时借用的周转房。加强对异地校区的住宅管理，启动管庄实验学院、原海淀区的计算机学院家属住宅的资产归属及产权变更工作，做好异地校区教工的房改售房工作。9至12月，完成全校职工供暖费和煤火费的审核报销发放工作；支付供暖费361万元，支付117户煤火费4.35万元。对外收取供暖费5.82万元，房租2.22万元。受理接待群众来信来访17件。

（2）房改房补工作。2009年8月，完成714名无房老职工的住房审核及房补预算上报工作，上报金额5 548.52万元。6至11月，为88名退休无房职工发放446.77万元住房补贴。1至12月，完成103名无房新职工建立住房补贴账户，共汇交、补交金额960万元。完成241名无房新职工住房补贴支取，支取金额159万元。

（3）公积金管理工作。完成114名新职工公积金的开户建账及154名调离或出国人员帐户封存工作。完成3 129人的住房公积金按月汇缴工作，缴存额为5 624.04万元，117人补缴，补缴额达44.58万元。726人购房支取2 403.26万元，退休消户127人支取639.09万元。为180人办理住房公积金太平洋联名卡。

（4）计算机管理工作。完成后勤处信息系统安全等级保护备案管理及处内网站住房公积、房补等信息维护工作。

（5）按照校长办公会议精神，职工住宅及引进人才等周转住房的解决方案进入实质性谈判阶段，青年教师住房困难问题将得到改善。

（申小龙 王连仲）

**【完成上级有关单位布置的工作】** 5月，按照北京市教委《关于做好2009年夏季安全迎汛保障工作的通知》要求和学校领导指示，认真组织、整合汇总全校防汛重点部位安全检查情况，完成北京工业大学《2009年安全迎汛责任制》、《北京工业大学防汛预案》、《2009年防汛重点部位安全大检查统计表》及与全校各单位签订防汛责任书等并上报教委防汛办。完成北京市节水办、市环保局等部门布置的相关工作及对外协调。

（顾 红 刘建萍）

# 离退休人员管理

**【概况】** 学校离退休人员管理工作在市教工委、市老干部局和学校党委的领导下，实行离休干部一级管理，退休人员校院两级管理。学校老干部工作领导小组定期召开会议研究工作，各二级单位设有相应领导小组。“北京工业大学关心下一代工作委员会”和“北京老教育工作者协会总会北京工业大学协会”挂靠离退休人员管理处。截至2009年12月

31 日，学校共有离退休人员 2 332 人，其中离休人员 129 人，退休人员 2 203 人。全年去世 24 人，其中离休 3 人，退休 21 人。学校设有 5 个老年活动站（室），11 个兴趣活动队。

**【离退休服务管理工作】** 2009 年，先后举办 5 次离退休局级干部学习班、离退休党支部书记学习班、离休干部学习班。组织离休干部参观实验学院、韩美林艺术馆、平谷玻璃台新农村，局级干部考察和离退休人员服务管理专兼职干部调研、学习和交流。

1 月 6 日，举办北工大老干部新春团拜会。

3 月 8 日，慰问离休及退休女职工，发放慰问品 1 200 份。

3 至 7 月，开设书法、绘画培训班，40 多人参加。举办“花卉拍摄及技巧”摄影知识讲座，100 余人参加。

4 月 22 日，参加北京市教工委、北京市教委举办的北京高校“颂祖国促发展、倡和谐乐晚年”健康老人风采展示，获最佳表演奖。

4 月 23 日和 11 月 17 日，会同人事处召开新退休教职工联谊会。

4 月，开展庆祝建国 60 周年、纪念改革开放 30 周年征文活动，收到征文 28 篇。

5 月 26 日，组织离退休女职工妇科体检，549 人参加。

6 月 17 日至 7 月 11 日，分 6 期组织近 300 位离退休人员赴北戴河休养。

6 月 24 日，举办庆祝建国 60 周年文艺演出，首经贸、对外贸易大学、第二外国语大学、传媒大学、物资学院、北工大等高校的离退休老同志参加了演出。

9 月 5 日，第八届全国政协常委，九三学社第八、九届中央委员会副主席，北京工业大学原副校长陈明绍去世。

9 月，参加北京市老干部局“祖国在我心中”全市离退休干部和老干部工作者歌咏比赛，获参与展示奖。送薛士圻老师的《秋实图》、潘非的《龙腾图》参加市教委“春华秋实——纪念建国 60 周年北京高校老同志优秀美术作品展览”。

10 月，参加市教工委、市教委举办的“与祖国同行”摄影展，获优秀组织奖。

10 月 28 日，举办北工大第五届离退休人员“金秋十月欢喜快乐趣味运动会”，近 800 人参加。

11 月 18 至 19 日，举办离退休五好党支部创建活动交流会。

离休干部罗琦、高远、王凤奎被评为校优秀党员，南磨房路南离休干部党支部被评为校先进党支部同时获北京市离休干部先进党支部。在市教工委开展的“我和我的祖国”主题党日活动中，学校制作的光盘获二等奖。

**【涉老部门工作】** 4 月，调整关工委人员组成，李荣发任主任，举办新老关工委成员工作会议；4 月 27 日，召开北工大老教育工作者协会第三次会员代表大会，选举李荣发为新一届会长，通过《北京工业大学老教育工作者协会章程》，成立数理学院、电控学院 2 个二级分会。5 月，举办老教协新老常务理事会议。6 月，在北工大召开北京市老教协会长联谊会。10 月，参加北京市老教协组织的重阳节登山活动。11 月，协助市老教协总会成功举办“北京纵横汉字输入技能大奖赛”。12 月 18 日，召开庆祝北工大老教协成立 10 周年大会。

（温海燕　张宝林）

## 机关事务

**【概况】** 机关事务主要包括 25 个职能部门的人事、组织及工会事务的日常管理工作。职能部门包括校两办（含计划生育办公室、档案馆、保密办、印刷服务中心）、纪委（含监察室）、组织部（含党校、党建研究会）、宣传部（含新闻中心）、统战部、学生处（含学宿管理中心）、保卫处、离退休人员管理处、机关党委、工会、团委、教务处（含现代教育技术中心、高教研究室）、科技处（含学报）、研究生部、招生就业处、人事处（含人才交流中心）、发展规划处（含“211”工程办公室）、国际交流合作处、信息处、国有资产管理处、财务处、基建处、后勤管理处、审计处、校友会。

2009 年，学校机关在职职工 507 人，其中校级领导 10 人，正处级 20 人，副处级 41 人。退休职工 304 人。

**【2009 年完成的主要工作】** （1）职工工资福利方面。7 月，组织落实机关 11 名新参加工作满一年职工岗位津贴的调整兑现工作；7 月，组织落实机关期末一次性奖励工作，此次共奖励 441 人合计 860 000 元，奖励计入 8 月份岗贴发放；12 月，组织落实机关期末一次性奖励工作，此次共奖励 449 人合计 854 525 元，奖励计入 2010 年 2 月份岗贴发放。

（2）行政工作方面。9 至 12 月，组织落实机关专业技术职务评审聘任工作，经过个人申报、组织机关教授会评审、单位聘任，2009 年聘任机关专业技术职务 26 人，其中正高职 1 人，副高职 3 人，中级职 16 人，初级职 6 人；11 至 12 月组织落实机关职工 2009 年度考核工作，机关副处级以下共 465 人参加考核，其中考核优秀 74 人，合格 379 人，不定档 12 人。11 至 12 月，机关党委举办“高校管理干部队伍建设与高校发展”主题征文，共征集到41篇论文。11月，机关党委举办第十一届“凝聚力”运动会，机关党委7个部门工会300余名职工参加运动会，比赛项目有广播操、拔河、趣味接力。比赛结果：校直机关工会获团体冠军。

（3）计划生育工作方面。组织机关参加学校计划生育知识竞赛，全年慰问孕产妇、生病住院以及生活困难职工80人次。

（王 凯 程晓琦）

## 信息网络

【概况】 2009年，重点完成校东区新建学科楼群的校园网建设、校本部IPv6校园网建设，一卡通系统升级改造并全面投入试运行，综合信息支撑平台及应用系统集成项目建设全面展开，各功能和子系统逐步投入试运行。校本部新增单模万兆光缆205芯·千米、核心交换机3台、汇聚交换机14台、接入交换机120台，升级汇聚交换机4台，新增服务器50台套，网络存储扩容12T，新开通网络信息点3 246个。

（秦 华 邢永利）

【网络建设与改造】 （1）校东区网络建设。1至5月，进行了学校校东区校园网建设工程。该工程主要完成了：校东区校园网光缆建设、整个东区网络的集成和开通工作、软件学科楼的网络布线改造。通过该项目的建设，学校校园网光缆延伸到了工程训练中心、建工交通学科楼、软件学科楼、奥林匹克体育馆、新体育场和人文外语楼等所有东区新建学科楼宇，同时在工程训练中心新建了一个校园网核心节点，完成了校东区工程训练中心楼、建工交通学科楼、软件学科楼、奥林匹克体育馆、新体育场、车队、印刷厂和校南门等建筑的网络系统集成，全部接入校园网并开通了IPv4/IPv6服务。总投资334万元。

（2）IPv6校园网建设。2007至2008年，顺利完成了“中国下一代互联网示范工程CNGI示范网络高校驻地网建设项目”的建设工作，并于2008年9月25日通过教育部专家组组织的验收，成为全国100所在校园网上部署并开通IPv6通信的高校之一。

学校的IPv6网络的建设采用的是IPv4/IPv6双栈的技术路线，IPv6网络和IPv4网络共用基础设施，包括园区光缆及楼宇结构化布线系统、核心层设备、分布层设备和接入层设备，在核心层和分布层设备上启用IPv6协议，为终端用户提供IPv6网络接入。在出口方面，BJUT的IPv4网络目前只有一对光纤接入北京邮电大学节点，不具备单独光纤接入CERNET2的条件，因此采用独立光波道的方式来实现IPv6接入，采购粗波分设备以1Gbps速率连接到CERNET2北京邮电大学核心节点，不仅支持用户端同时启用IPv4和IPv6协议上网，还支持用户使用纯IPv6协议上网。在国家CNGI项目和北京市财政的支持下，2009年完成了校园网IPv4/IPv6双核心的升级、部分楼宇IPv4/IPv6双栈部署以及硬件升级改造、IPv6基础服务的建设、IPv6视频服务建设，校本部校管网络IPv4/IPv6双栈覆盖率100%。IPv6校园网从2009年开始试运行，目前IPv6用户数稳定在2万以上，1 000Mb/s的IPv6网络出口带宽一直处于满载状态。2008至2009年两年完成项目总投资302万元。

（3）3至9月，对学校的3、4、5、6、7、8、9号宿舍楼和留学生楼楼宇布线改造和系统集成。本次改造按照每个房间2个信息点的标准进行建设，实现百兆到桌面，共安装信息点3 079个。系统集成完全采用可网管交换机，项目总投资340万元。

（4）3至7月，对学校网络中心机房进行改造。本次改造统一规划机房剩余空间，新增24个新机柜，完成了新增机柜的强弱电布线，更换了机房地板，扩展了旧桥架，使新旧机柜的桥架融为一体。对UPS电源室进行扩建，增加两台100KVA UPS为新增机柜提供电力支持。项目总投资126万元。

（5）10月，学校网络机房环境安全监测系统二期建设完毕。经过两期建设，已在58个机房或设备间部署了该监控系统。项目总投资94万元。

（6）3至7月，对学校邮件系统进行了软硬件升级改造。升级后的邮件系统采用双机热备的架构，提高了系统运行的可靠性。本次升级同时更新了邮件系统的存储系统，并将存储空间扩大到4T字节。在存储空间扩大的基础上完成了教职工信箱空间的扩容，将教师的邮箱空间从200M扩至500M，网络存储从100M扩至200M。项目总投资47万元。

（7）一卡通专网二期建设。二期建设完成后，一卡通专网覆盖了学校2009年之前（含2009年）已启用的所有的教学楼、办公楼、宿舍楼和食堂。项目总投资69.3万元。

（8）2009年，学校校园网出口的公网接入带宽有所调整，其中电信通出口带宽从原来的100M升级到155M，北京教育信息网出口带宽从原来的100M升级到1G。8月，校本部增加了1条带宽为30M的联通专线和254个实IP地址。

(9) 7月，起对教师和学生账号采用新的计费策略。教师账号每月的免费赠送流量数从原来的100M字节调整到1G字节，学生账号每月的免费赠送流量数从原来的100M字节调整到512M字节。

(10) 完成正版软件库管理平台建设。已投入使用的正版桌面软件库（包括Windows 7、Windows XP、Windows vista、Office2007、Office2003）可为学校所有教学、科研、管理用计算机免费提供系统升级服务，该平台运行稳定、使用方便。项目投资59.278 5万元。

(11) 2009年，建设了校园网数据存储容灾备份系统，整合与建设相结合，提供一个统一的存储系统管理平台，实现对电子邮件、校园网主页、中心数据库以及其他一些应用系统服务器的数据可靠、安全、统一的集中存储、容灾备份与管理。在校园网数据存储容灾备份系统中，使用IBM SVC管理的存储采用IBM DS 8000、IBM DS3400、EMC CX-320等，容灾站点的存储采用IBM DS4700。

IBM DS 8000存储容量为8.7T，存放一卡通业务、中心数据库数据、邮件数据等。IBM DS3400存储容量为1.67 T，存放刀片服务器数据。由IBM SVC接管EMC CX-320存储容量4.2 T，EMC存储存放有NAS数据、校内网和校外网数据。容灾站点存储使用IBM DS4700，容量为9.5 T，现容灾一卡通数据、邮件数据、中心数据库数据等。实现了存储先进性、高效性、可靠性规划。项目总投资180万元。

(12) 2009年9月建设了服务器群投入试运行，包括3套刀片中心、30片IBM X86刀片服务器、2片IBM JS22刀片服务器和2片IBM JS12刀片服务器。与同等规模的普通服务器相比，有效节约40%以上的能源和空间。该系统已用于人事、校友会等多个部门网站及管理信息系统的运行与建设。项目于11月通过验收，总投资148万元。

（秦 华 张 杰 邢永利）

**【一卡通系统升级改造】** 6月，学校校园一卡通系统升级改造完成并正式上线试运行。此次改造包括新建一卡通专网以及消费系统、圈存系统、自助服务系统、学生体能测试系统、图书馆管理系统、多媒体教室机柜管理系统、门禁系统等多个应用系统，并实现稳定运行，11月27日通过系统初验。

7月，学生宿舍楼一卡通门禁系统通过验收，一卡通水控管理系统（包括校内打开水和浴室、游泳馆淋浴等）升级改造完成并全面投入试运行。

8月，新生报到时给每人发放一张校园卡，持该卡即可满足其在校内进行身份识别及金融消费的基本需要。

（孙炎珺 邢永利）

**【应用信息系统】** (1) 8月，"数字迎新系统"在2009年本科生迎新、研究生迎新时正式启用。该系统通过分布在各迎新环节的系统终端及读卡器采集数据并提供统计查询服务，由新生在办理报到手续时刷卡注册，办理结果经各迎新环节工作人员现场确认后写入系统，学校各级管理者及有关人员可通过该系统及时查询迎新现场的相关数据。

(2) 9月，学校各部门建设门户网站的部门门户网站平台——网站群投入使用。经过在全校范围内进行培训，已有十多个院部处在此平台上重建或新建部门内网或外网，应用效果较好。

（柯冬香 邢永利）

# 档案管理

**【概况】** 档案工作主要包括：(1) 国家档案法令、政策和规定的贯彻执行，全校档案工作的规划；(2) 全校档案工作规章制度的制定、监督、指导和检查；(3) 全校档案及资料的接收（征集）、整理、鉴定、统计、保管；(4) 提供档案利用服务；(5) 档案参考资料的编辑，检索工具的编制，档案信息资源的开发；(6) 档案信息化建设，档案信息资源共享；(7) 全校档案工作人员的业务培训；(8) 档案宣传工作和教育活动；(9) 档案学术研究和交流活动。

档案馆是学校档案工作的职能管理部门，保存和提供利用本校档案的科学文化事业机构。档案馆挂靠校两办，副处级建制，专职人员8人，其中副高级专业技术职务1人，中级6人，硕士研究生学历5人。档案用房660平方米，设有档案库房、办公室、借阅室、计算机房、装订室。密集架长度4 500米。1997年晋升为"科技事业单位档案管理国家二级"。1987年、1991年、2003年被评为北京市档案系统先进集体，2003年被评为北京市档案执法检查先进单位，2006年、2008年被评为北京高校档案先进集体。档案馆凭借规范扎实的基础业务工作，科学有序的管理方式，专业高效的提供利用服务，为学校的教学、科研、管理等各项工作的开展提供信息支持。

**【档案馆库藏】** 北京工业大学档案馆共有7个全宗。其中，北京工业大学全宗（1960年—）包括全校党政管理（文书）档案、教学档案、科研档案、基建档案、出版物档案、设备档案、财会档

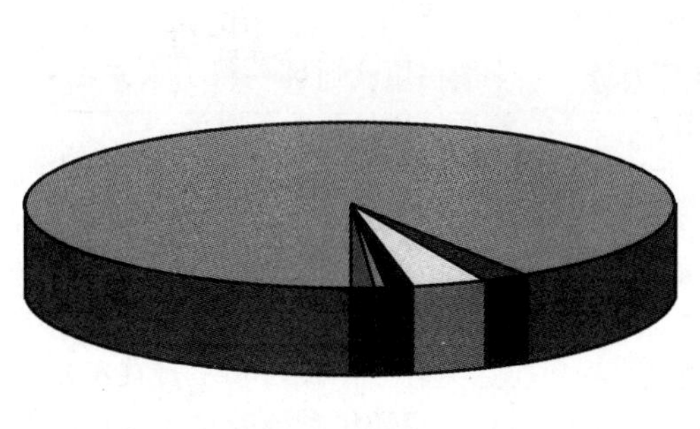


图 10-1　北京工业大学档案馆库藏全宗分布图

案、实物档案等 140 093 卷(件)，照片档案 28 157 张，光盘档案 1 028 张。北京联合大学经济管理学院全宗（1978 年—1990 年）2 240 卷。北京外贸学院分院全宗（1979 年—1983 年）133 卷。北京计算机学院全宗（1978 年—1993 年）4 013 卷。北京艺术设计学院全宗（1958 年—2005 年）1 372 卷。华北水利水电学院全宗（1971 年—2000 年）687 卷。国家建材管理干部学院全宗（1980 年—2000 年）1 182 卷。详细情况见图 10-1。

**【年度档案接收与利用统计】** 2009 年进馆各类档案 15 742 卷件，照片 2 872 张，光盘 158 张；接收学生档案 4 867 卷，发送学生档案 4 654 卷。接待来馆利用者 3 618 人次，利用档案 12 555 卷（件）次，网上访问量 43 549 次。

**【档案编研与业务交流】** 2009 年，档案馆承担的“北京工业大学档案馆信息化建设”、“北京工业大学实践教学纪实图鉴”、“高校档案开发利用中的规范化建设”3 项课题结题，与老教授协会、离退休管理处共同开展的“樊恭烋教育思想与教育实践”研究课题结题，并出版《樊恭烋高等教育文集》一书。2009 年接待兄弟院校参观访问和学术交流活动 320 余人次，在国家核心期刊发表论文 5 篇，先后组织专兼职档案员到北京市档案馆、崇文区人才服务中心参观学习和业务交流，累计 300 余人次。

**【新馆建设工作】** 2009 年开始新档案馆建设，新档案馆位于建筑人文外语楼南侧一层及地下一层，建筑面积约 5 000 平方米，实用面积 3 500 平方米。截至 2009 年底，完成了门禁管理系统及 955 节新密集架的安装调试工作。

**【档案专题利用】** 2009 年 9 月，档案馆向北京市档案馆提供馆藏的《北京工业大学志》、《北京工业大学年鉴》、《年鉴集萃》、《北京工业大学老照片回顾展》等史料共计 7 册，收录在“北京市档案开发利用成果展”中。10 月，档案馆向北京市教育委员会提供馆藏的反映北工大建校历史的档案文件、老照片等 90 余件次，部分收录在“北京教育史料展”中。

（赵宪珍　赵　明）

# 图　书　馆

**【概况】** 图书馆设有综合办公室、采编部、技术部、流通阅览部、信息咨询部 5 个部门。综合办公室承担行政、业务协调统筹和日常开馆的各种基本保障工作。采编部承担全馆图书期刊、电子出版物和数据库等所有馆藏的采访及纸本资源的编目，同时参加高校图书馆联机编目数据库的建设。技术部负责计算机网络平台和数据库系统的正常运行和首都图书馆北京工业大学分馆借阅系统的管理及维护。信息咨询部负责信息咨询及馆藏电子资源和网上学术信息的整合利用，数字资源应用和图书馆建设对策研究，以及数字资源应用方面的对外合作与学术交流，承担全校检索课教学和图书馆用户培训工作。流通阅览部负责馆藏各类书刊的流通和阅览服务。

图书馆在职正式职工 73 人，临时聘用人员 2 人。正式职工中，硕士 26 人，本科 28 人，大专 20 人；正高职称 2 人，副高职称 14 人，中级职称 39 人。

2009 年，图书馆全面清查所有馆藏，去除剔旧和报丢图书的累计数量，截至 2009 年 12 月 31 日，图书馆馆藏 108 万余册，其中图书 97 万余册，期刊合订本 11 万余册，还有大量的电子资源和多媒体视听资料。

9 月，图书馆荣获华北地区高等学校图书馆协作委员会授予的“先进图书馆”称号，3 名馆员获“先进工作者”称号。

（范蔚蔚　陈建新）

**【文献资源建设】** 中西文图书、期刊和数据库采购都通过公开招标确定供货商。实行学科馆员参与选购图书的模式，中文图书全年共组织到馆书展 3 次，组织学科馆员外出现采 17 次，参加全国性图书订货会选书 7 次，每 2 周 1 次在新华书店展厅现采，共订购图书 38 213 种，110 550 册，总计 4 650 610. 15 元。举办 8 次原版外文书展，北京市进出口公司现采1次，国际图书博览会采书1次，订购图书3 104种册，实际报账年度经费200万元，合2 630种，2 725册。完成2010年期刊预订，其中中文报刊1 280种，共1 321份，计193 567.47元；中文报纸62种，共89份，计16 814.24元；外文期刊321种，共321份，计3 300 000元。接受中文赠书，入库工大文库23册，校外捐赠264册。南、北两馆图书后库加装书架36列。

维护原有数据库50余个，新引进数据库4个，完成未来三年协议签订和付款任务，组织试用数据库50个。整理读者推荐的PQDD博硕论文，通过calis的提交系统完成200篇博硕论文的提交。

完成图书37 284种，109 886册，随书光盘11 129盘，中文图书编目34 274种，西文图书2 600余种。

在分馆建设方面，完成计算机学院图书2 914册，软件学院3 271册，人文学院4 190册。

（刘　健　陈建新）

**【读者服务】** 图书馆全年借还书305 357册，入库新书123 274册。为读者提供馆际互借与文献传递2 347篇/册；查收查引165项，12 906篇次；科技查新116项。举办LIST讲座22次，数据库专题讲座6次，共有875人次参加。全年共计680名本科生和研究生选修科技文献检索课。

4月，通过个人申请和馆学术委员会审核，图书馆新聘任11名学科馆员和见习学科馆员，分为6组，对口为学校15个学科开展服务。

4月23日至5月27日，举办“资源在你指尖·2009图书馆月”活动。活动以“电子资源的使用与推广”、“参考咨询服务的推送”为主要目的，通过开展“图书馆寻宝”、“中外文书展”、“你问我搜”大型户外咨询会、“大师讲座”、“知名数据库培训”等系列活动，向读者宣传图书馆各类资源的使用和各种服务的运用。

5月26日，在中蓝学生公寓建立“流动图书馆”，定期为该学生社区的读者提供70余种报纸杂志。

7月1日起，图书馆将读者借书册数扩大一倍，即教工、研究生可借书册数由10册增加到20册，本科生由5册增加到10册。

12月，由图书馆为主要负责人联合6所学校参与建设的“北京高校网络图书馆教学参考资源共享网”正式上线提供服务，参建学校的师生可以检索和下载该网站的教材教参、课件、视频等教学参考资料全文。

（万云芳　陈建新）

**【交流合作】** 3月，图书馆成立新馆建设调研组。3月8至13日，对暨南大学图书馆、中山大学图书馆（南校区总馆）、深圳市科技图书馆（深圳大学城图书馆）、深圳图书馆、上海交通大学图书馆、华东师范大学图书馆、北京理工大学良乡校区新图书馆进行实地考察和调研。

4月16日，兰州理工大学图书馆一行4人，来馆参观调研。

5月13日，美国中部各州教育委员会副主席玛丽（Mary）女士到访。玛丽（Mary）女士参观了逸夫图书馆并听取馆藏与对外交流合作情况。

5月22日，北京信息科技大学一行6人，到馆考察硬件设备。

6月13至14日，图书馆新馆建设调研组对大连医科大学图书馆、沈阳师范大学图书馆进行实地考察和调研。

9月3日，河南科技大学新校区指挥部一行5人来馆参观，共同探讨新馆扩建问题。

10月10日，中国农业大学图书馆新馆建设调研组，来馆就新馆建设展开相关调研。

11月16日中国人民公安大学图书馆流通部一行三人来馆就流通书库外包业务座谈。

10月19日至23日，副馆长刘俊武一行6人到湖南农业大学、中南大学、南京大学、南京邮电大学图书馆实地参观考察。

（魏育辉　陈建新）

**【图书自动化系统的建设与管理】** 图书自动化Aleph500从16版升级至18版。正式起用OA办公自动化管理系统。更新工作及服务用PC机200余台。

（赵志刚　陈建新）

**【党的建设】** 截至2009年，图书馆党总支共有4个支部，教工党支部3个，退休党支部1个。党员53人，其中在职党员28人，退休党员25人。发展党员5名。

3月，图书馆党总支根据校党委的部署开展学习实践活动，以“更新观念、科学管理、提升服务、建设师生满意的图书馆”为调研主题和目标，通过召开读者座谈会、职工座谈会、校外调研，广泛搜集群众意见，调查研究，从中分析问题、解决问题，将科学发展观的学习实践落到实处，制定了切实可行的整改方案。9月1日前已完成的整改内容共8项，涉及馆藏调整、科学管理、增设服务、需求调研等方面，启动5项完成时限在2009年12月31日前的整改内容，涉及全馆各个部门、各个业务环节。

6月，图书馆党总支获校级“先进党组织”，第三支部获校级“先进党支部”，1人获校级“优秀党务工作者”，1人获校级“优秀共产党员标兵”，2人获校级“优秀共产党员”。

7月，图书馆党总支组织党员和入党积极分子到井冈山参观考察。

12月，党总支对落实党风廉

政建设责任制推进惩防体系任务完成情况进行自查，同时对图书馆规章制度进行全面“废、改、立”。

（林铁莉　陈建新）

# 出版印刷

**【北工大出版社概况】**　2009年，出版社实现各项经营指标持续增长。全年共出版图书271种，其中新书206种，比上年增长48%，发货数量209万册，比上年增长15%，发货码洋6 300万元，比上年增长15%，回款实洋2 550万元，比上年增长10.42%，产品销售收入2 306万元，比上年增长14.6%，实现利润370万元，同比增长60%。全年上缴学校利润100万元，比上年增长66%。

**【经营运行情况】**　2009年出版社实现各种经营能力的稳步增长。其中债务偿还能力年末流动比率为13.65，比年初提高7.12；流动资产与流动负债之比超过2∶1，偿还债务能力越来越强。营运能力增强，2009年出版社应收账款周转次数为5.84次，比2008年多0.15次，应收账款的周转速度较好，管理工作有所提高。2009年存货周转次数达到2.8次，比2008年多0.24次，存货的流动性及变化能力有所提高。出版社2009年销售毛利率为36.61%，比2008年提高5.16%，税前利润为12.3%，比2008年增加3.9%，获利能力有所提高。2009年出版社的营业收入增长率为10.56%，比2008年增长4.38%，销售收入稳步提高。

**【图书出版发行情况】**　2009在坚持为教学、科研服务的宗旨下，除教材、专著外，出版的一般图书品种比2008年大幅提高，取得良好的社会效益和经济效益。如《影响孩子一生的36个好习惯》再版重印13次，《卡耐基成功学全书》再版重印8次，《21世纪十万个为什么》、《中国地理1000问》、《世界地理1000问》、《好父母胜过好老师》、《培养孩子记忆力的50种方法》、《培养孩子注意力的50种方法》和《影响孩子一生的173个成长故事》等书，不仅在市场上畅销，且在5个省的中小学图书馆采配中被选中，每种累计近1.2万册，装备到这些省份的中小学图书馆作为馆藏图书。2009年9月，出版社为配合新中国成立60周年，特为全国青少年出版了《100位为新中国成立作出突出贡献的英雄模范人物》和《100位新中国成立以来感动中国人物》两本书，弘扬了主旋律，一经出版便得到社会的好评，《中国新闻出版报》和《中国图书商报》都予以很高的评价。

通过开卷市场监测报告统计，出版社所出图书在全国新华书店系统的零售指标显示：2009年四个季度中，北工大版图书在全国110家大学出版社中的排名为16至21名。

2009年，出版社有5种图书首次被国家新闻出版总署选入《2010年全国农家书屋建设必备书目》。农家书屋建设是国家的一项重要文化建设工程，入选这一书目意味着将给出版社带来良好的社会效益和经济效益。

在2009年全国图书交易会、图书馆现场采购会上，出版社实现的交易额位列427家参会出版社中的前30名。

**【教材、专著出版情况】**　学术专著始终是出版社的出版方向。建社以来，出版社出版了一批体现教学改革特别是课程改革成果，内容创新，有利于人才培养的高校教材，以及反映北工大科研水平和成果的学术专著。2009年，出版社共出版各类高校教材及专著50余种，其中新版教材及专著24种。在新版教材和专著中，由北工大教师编写的有12种。

为促进高等职业教育的提高和发展，突出高等职业教育中应用型人才培养的要旨，出版社组织出版了由有教育经验、实践经验和工程背景的老教授指导，具备“双师”资格的系列规划教材。该系列教材涵盖信息、建筑、汽车、经管、文法、外语等专业，现已出版《经济法简明教程》、《高职高专英语应用文写作教程》等。

《电子发射材料》以王金淑教授和周美玲教授等的研究为基础，结合目前电子发射材料的最新进展，对电子发射材料进行了全面系统的介绍。基于该书的研究成果获得教育部技术发明一等奖、国家技术发明二等奖、国防科工委技术发明二等奖。该专著反映了学校在该域的最高科研水平和成果。

**【重点图书出版情况】**　多年来，出版社致力于出精品，创品牌，下大力气狠抓重点图书和精品图书的出版。2009年，已纳入北京市重点图书出版计划并获资金支持的图书有《消失的村庄——北京60年的城乡变迁》（8月出版），《超常人才教育丛书——你也能出类拔萃》、《超常人才教育丛书——像天才一样思维》（分别于2月和10月出版），其中《消失的村庄——北京60年的城乡变迁》一书同时被北京市列入庆祝新中国成立60周年重点图书。

**【加强管理工作情况】**　2009年，出版社结束长期以来一个编辑部的局面，并按照突出图书的专业特点、出书的范围、发展的需要、经营中的侧重点等分别成立教材编辑室，一编室、二编室、外编室和宣传策划室等新的部门，分工更加明细，管理更加到位，效率明显提高。

严格图书质量管理，提高图书质量特别是编校质量也是出版社2009年的重要工作之一。出版社不断加强编校人员的思想教育，把保证图书编核质量提高到出版人员职业道德和职业精神以及向读者负责的高度来认识，同时安排人员参加有关业务培训，提高编辑的质量意识和业务能力。在此基础上，进一步强化“三审、三校、二抽检”制度，加大在人力、时间和资金上的投入。在2009年新闻出版总署和北京市新闻出版局对出版社所出版的图书二次抽检中，北工大版图书全部合格，为此，北京市新闻出版局在全年总结会上对北工大出版社提出表扬。

**【基本建设情况】** 出版社在2009年分两期完成原有库房的改建工作，投资近120万元扩大了800多平方米的办公用房，解决了多年来制约出版社发展的最迫切、最亟待解决的问题，为出版社2009年度的发展和今后的可持续发展提供了必要的条件。

**【队伍建设情况】** 2009年，完成新老领导班子的交替，并从4月起，陆续从本校和社会上毕业的研究生或本科生中聘用10余名编辑来出版社工作，这也是建社以来在一年中聘用增加人员最多的一次。为培养新编辑，出版社在一年中分期分批或集中进行社内和社外的业务培训，取得良好的成效。

**【转企改制工作情况】** 根据党中央、新闻出版总署、教育部的文化体制改革的部署，2009年，有条不紊地进入由事业单位向企业的转制程序，并在中央规定的时间，全部完成了财务审计、清产核资、资产评估和工商预申请等转企改制所要求的一切工作。出版社的转企改制工作多次受到教育部、新闻出版总署和北京市主管部门的好评。在完成以上转企改制工作的基础上，出版社根据现代企业的要求，基本完成发展规划、各项规章和管理制度、薪酬体系实行办法的制定。

**【党支部及工会工作情况】** 2009年，出版社党支部、工会按要求认真做好并完成各项工作。党支部按照学校的要求做好学习和实践科学发展观的工作，针对党员中存在的缺乏竞争意识、危机感的问题，进行深入细致的学习和讨论，提高党员的认识，调动党员的积极性。工会在行政领导的支持下，开展多种多样的活动，并在学校机关工会和科技产业工会举办的文体活动比赛中取得好成绩。同时，出版社工会在学校工会的关怀和支持下，为出版社职工建立“职工之家”，添加各种健身器材和娱乐设备。

2009年，出版社党支部和工会完成换届选举工作，选举产生新的支委会和工会委员会；同时明确出版社党支部由机关党委划归科技产业党总支管辖，部门工会仍直接归校工会管辖。

（朱　军　郝　勇）

**【北工大印刷服务中心概况】** 印刷服务中心隶属校两办。截至2009年底，共有正式职工11人，临时聘用人员2人；下设业务室、财务室、计算机照排、学校军工保密复印室、胶印车间、装订车间，各种印刷设备近30余台件。主要承担学校教材试题及办公文件的印刷任务。

2009年，学校为中心投资新建厂房，建筑面积700余平方米，使中心的办公及生产条件有很大改观，结束了多年来无固定厂房的历史，为更好地提高为教学服务质量奠定了基础。中心注重内部管理，着重加强印刷质量的管理，更新部分印刷设备，使印刷质量有所提高的同时减轻部分工种的劳动强度，以适应学校不断发展的需要。在人员减少的情况下调动职工的积极性，保证了教学及行政办公文件印刷任务按时完成。

2009年，中心共完成各类文件、试题、讲义等印刷任务用纸1 000余令，下达印刷任务书2 100余件，产值60余万元。

（杨宝坤　王燕琪）

## 后勤服务

**【概况】** 后勤服务集团设立董事会、监事会，实行董事会领导下的总经理负责制。后勤服务集团下设9个服务中心，2个经营实体。9个服务中心是：饮食服务中心、校园环境服务中心、动力修缮服务中心、住宅物业服务中心（该中心一部分服务项目设有企业法人及独立账号，对外服务）、交通服务中心、通讯服务中心、幼儿教育中心、供应服务中心、文印服务中心；2个经营实体是：北京熙园宾馆、北京工大通联科技有限公司。

截至2009年底，后勤服务集团共有事业编制人员377人，产业编制人员8人，编制外聘用人员609人。

后勤服务集团是以学校师生服务为核心，以维护学校各部门职能活动正常运转为重要目标，在服务工作中所涉及的面较广，管理复杂，责任重大，为不断加强后勤服务的管理，提高工作质量，在工作实践中不断加强优质服务理念的培养并应用专业执行标准，继饮食服务中心在2008年通过ISO 9001质量管理认证后，动力修缮服务中心于2009年10月经北京市认证机构的严格评审，亦通过认证，并获得ISO 9001—2008质量管理体系资质证书。

为配合学校圆满完成国庆60周年活动各项任务，集团对餐饮质量、设备正常运转及校园环境卫生保洁等做了精心的部署和安排。交通中心顺利完成接送教官和学生排练的交通服务工作；饮食中心确保为参加活动的师生提供安全放心的饮食；动力中心的浴室全天开放，为学生服务。同时，国庆期间，学校各种设备运行正常，校园环境整洁，确保了国庆期间未出现任何纰漏，圆满完成了学校国庆60周年各项任务。

（张建国　涂　鸣）

**【党建工作】** 后勤服务集团现有11个党支部，党员198人，2009年发展党员8人，转正党员6人，参加北工大党校培训的积极分子10人。

2009年，后勤服务集团党委开展学习实践活动，认真组织召开学习实践科学发展观动员会、研讨会、专题辅导报告等，赴多所兄弟院校工作调研活动等。一是建立践行科学发展观学习机制，坚持“每月一课”领导干部带头讲党课制度；二是建立科学发展观党员联系群众机制，后勤领导班子成员每人联系下属2个支部，参加双重组织生活会的干群工作机制，长期坚持“保效益、送服务、转作风、促和谐”活动；三是建立科学发展观党内民主参与机制，集团建立起党员参与党内民主生活的长效机制；四是进一步完善各项财务管理制度。凡涉及重要资金使用等重大问题，必须经集团领导集体研究做出决定。

后勤集团党委建立了长效的党风廉政建设和反腐败工作机制，把党风廉政建设和反腐败工作纳入全局工作的重要议事日程，与其他业务工作同安排、同部署、同检查、同考核、同奖惩。后勤集团建立了党风廉政风险防范体系，查找出集团及所属10个中心、实体58个岗位的风险点，并对各风险点制定了廉政责任书，下一步将与各责任人进行签订，使廉政责任落实到人。

后勤集团12个党支部经过换届选举后，重组为10个支部。其中，交通中心、通讯中心、熙园宾馆支部成立交通通讯熙园联合党支部。

6月，集团党委组织新发展的12名党员进行了入党宣誓活动，并参观天津平津战役纪念馆，进行革命传统教育。12月，完成后勤集团198名党员，75名入党积极分子的信息数据库的更新建设工作。

2009年“北工大后勤心声”报，全年共出版4期。2009年集团在校园网发布各类宣传信息50篇。后勤集团的四项课题研究获得学校立项批准。

2009年，后勤集团连任北京高校后勤思政专委会主任单位。在北京高校后勤第二届艺术节中，学校后勤的舞蹈《草原的风》获文艺汇演二等奖。

（高　蕾　涂　鸣）

**【工会、职代会等工作】** 10月，后勤集团工会举行“职工之家”启用仪式，总建设面积184.73平方米。其中设有培训室、健身房、图书室、棋牌室，使后勤职工在搞好服务保障工作的同时，开展有益健康，寓教于乐，陶冶情操的活动，提高职工素质，培养团结协作精神。后勤集团职代会对全体代表进行了关于二级职代会常见问题与相关实务等方面的培训。2009年，为14名子女考上大学的职工给予奖励；慰问了93名生活困难、患重病的职工，全年支出困补和慰问金数万元。2009年后勤集团工会获校“模范教工之家”称号。

为使退休职工老有所为，康乐晚年，组织集团退休职工进行健康体检。组织150余名退休职工游览怀柔生存岛。组织96名退休职工参加校离退休职工趣味运动会。

为宣传国策，落实责任，集团举行人口和计划生育责任书签订仪式，涂鸣书记代表集团与所属单位签订了2009年度计划生育责任书。集团参加校计生办举行的计划生育知识竞赛，选派由事编职工和合同工3人组成的代表队参加了比赛，并获得二等奖。

（高　蕾　涂　鸣）

**【人事管理】** 截至2009年底，事业编制职工377人（其中干部61人，学历：研究生7人、大学27人、大专12人、高中2人、中专12人、初中1人，职称：正高1人、副高1人、中级24人、初级1人；工人316人，学历：大学5人、大专35人、高中73人、技校及职高23人、初中及以下180人，技术状况：高级技工71人、中级技工99人、初级技工106人、普工40人；完全人事代理人员2人，学历：大专1人，中专1人）。2009年1月1日与事业编制在岗人员重新签订了《北京工业大学事业编制人员聘用合同书》，后勤服务集团此次共有347名事业编制人员签订《北京工业大学事业编制人员聘用合同书》；编制外聘用人员609人。

退休人员管理。2009年集团办理了事业编制职工23人的退休手续（其中上半年8人、下半年15人）。

（邵　健　涂　鸣）

**【财务资产管理】** （1）2009年，学校继续将各项公用经费削减40%，并且是在2008年后勤超支120多万元的基础上，后勤动力中心住宅中心6月已将全年经费使用完毕。为保证学校各项工作的正常运转，必保的经费继续支出，学校并未实际追加经费。年终结算，后勤集团所管理的公用经费累计超支188万元（扣除拨款错误因素）。

（2）2009年后勤为了实施系统化专业化管理，申报2010年专款准备购置后勤管理软件，添置8台新计算机。

（3）2009年年末，后勤财务向后勤二级职工代表大会提交后勤财务状况说明，并向大会报告。

（4）为了提高职工素质，保障职工业余学习、生活娱乐的需要，后勤集团在主管后勤工作副校长、校工会的支持下，投入资金建立后勤职工活动中心。购置了体育健身器材、图书杂志、音响设备等，并将办公淘汰下来的计算机安置到活动中心，使后勤职工特别是外来务工人员有一个学习活动的场所。

（王家桐　涂　鸣）

**【饮食服务中心】** 中心坚持规范管理，坚持以行业化的标准，重视服务质量的提升。在2009年度中，餐厅保持了饭菜价格稳定，饭菜质量又有新的提高，全年餐饮销售的回收额达到3 964.08万元，服务水平不断得到提升。

（1）食堂建设。2月16日，晏苑餐厅正式开张，成为学校的第十个食堂，分为楼上楼下两层，共为5 000平方米，楼下为学生基本餐饮形式，楼上为风味餐饮形式。11月份获得北京卫生监督部分颁发的卫生“A”级标准证书。12月，通过北京市教委高校伙专会标准化食堂的评估验收。10月9日，学校教工餐厅在原第六餐厅基础上改造装修后正式开张。9月新学期，新生开始使用校园一卡通就餐，各餐厅售饭进入太阳卡和一卡通并用阶段。

（2）工作交流。7月，饮食中心被增选为北京市高校伙专会副主任单位，兼第六协作组组长单位。11月，北京高校伙专会第十一届联合采购招标大会在学校体育馆召开，来自北京高校70多所院校的相关领导，来学校参加了联采招标活动。在员工培训方面，中心多次组织员工到省内外高校进行学习考察活动，对提高餐饮管理水平起到促进作用。

（李　忠　涂　鸣）

**【校园环境服务中心】** 负责全校室内外保洁、教室管理、绿化养护、自行车摆放、垃圾清运及校内有关单位交办的临时性工作。中心下设9个班组。现有正式职工47人、外聘人员130人、离退休职工58人。承担全校道路室外保洁308 300平方米，绿化养护208 803平方米，室内保洁127 724.2平方米的日常工作。

2009年，校园环境服务中心被评为校级“我为北京工业大学科学发展建言献策”活动优秀支部。

（1）2月，新建成的软件、建工、工程训练中心、人文外语学科楼的40 000平方米室内保洁工作，通过公开招标，委托给北京三替城市管理有限责任公司承担。银杏大道以南至第三教学楼西路以东范围138 300平方米内室外保洁和62 600平方米绿化养护工作，通过公开招标，委托给北京广源园林绿化工程有限责任公司承担。

（2）教学服务。负责全校5个教学楼207个教室的管理、多媒体管理和卫生保洁工作。2009年第一教学楼的80个教室改为多媒体教室。学校是北京市多学科的考试点，为各类型考试提供布置考场20次，摆放桌椅服务约78 018套。职工捡拾师生遗失的物品491件（除归还本人外，其余定期上交保卫处），价值近6.1万元。

（3）5月，学校东南区一台压缩式垃圾处理站建成投入使用。2009年清运垃圾3 000多吨。

（4）保洁设备购置。2009年，新购置室内不锈钢分类垃圾桶100个，室外铁制分类垃圾桶30个，室外不锈钢垃圾储存箱10个。

（5）宣传工作。中心在校园网发表稿件15篇。制作宣传橱窗2期。

（管仁德　涂　鸣）

**【动力修缮服务中心】** 中心主要负责学校房屋建筑、围墙道路及给排水、中水、雨水回收、供配电、燃气调压、冬季供暖、地热空调、浴室茶炉等设备运行和日常维修保养等工作。截至2009年底，中心现有职工131人，其中正式工81人、合同工50人。中心下设1室（即办公室）、3部（即预决算部、维修运行部、工程施工部）、7站（即房屋建筑维修站、供配电维修站、锅炉水暖维修站、空调机组维修站、煤气供应维修站、浴室茶炉维修站和材料物资供应站）、1队（即土建工程施工队）。

（1）标准化管理。以校院两级管理模式改革为契机，4月，中心引进国际标准化ISO 9001：2008质量管理体系，编制《质量手册》，细化质量管理作业程序，共编制二级程序文件14个，三级作业指导文件105个，质量管理记录文件142个，法规文件14个，建立形成完善的质量管理体系，10月28日通过国家质量管理认证机构的评审及专家认证，获得ISO 9001：2008质量管理体系证书。在体系运行过程中，中心运用PDCA科学的管理理念和方法，不断强化“三化管理”（即规范化、程序化和文件化管理），并结合实际，持续进行动态改进和完善，使中心的维修工作质量和服务质量管理大大提升。

中心在严格执行设备运行值班巡视制度的基础上，建立先进的设备运行监控模式，安装远程设备运行监控系统，对主要专业运行设备实施全程监控管理。设置中心办公室总台监控点，下设2个分台监控点（即水暖站点、空调站点），通过无线采集、中转数据经校园网传至各工作站值班室，对全校设备运行点进行实时监测，主要包括：热力交换机房4处，地热泵机房2处，空调热风机组房3处，二次供水泵房5处，中水泵房2处，消防泵机房5处，雨水回收设备房1处，下水泵排水提升井1处等，一旦出现故障，迅速做出报警反应，达到了全天候对设备运行状态与数据进行记录，对设备运行中的故障、停电、超负荷运载等情况进行报警，提高了设备安全运行系数的可靠性。

（2）信息化维修服务。利用计算机信息化应用管理功能，逐步加强维修服务信息化建设。安装设备维修、报修网络连通版管理软件，将质量管理体系作业文件和质量手册输入计算机，便于维修质量管理的文件记录与应用查找，提高维修管理效率。全年共更换管灯15 032根、节能灯3 568个；修换电源闸具605次；更新电源线1 659米；更换灯启辉器、镇流器、灯角3 827个；更换修理水龙头218个、水配件1 923件；疏通下水1 786处；更换修理门窗229扇、门窗玻璃63块、门锁179把；修理更换五金件125件；更换黑板38块。

（3）工程施工改造。2009年，承接学校改造工程专款及校自筹改造项目550万元。包括：校内雨水管道改造更新工程、中水三期工程和第三教学楼中水改造、羽毛球馆电改造工程、环能学院配电柜改造工程、东南区下水管线铺设、建工学院周边环境整治工程、二次供水设备改造、校内设施改造、空调机组改造、博士后公寓维修与电教改造工程、出版社办公用房建设、集团工会活动用房等16项改造工程，为实验与教学工作提供了有力的后勤施工改造服务保障。

（4）党的建设和思政工作。重视加强组织建设和党员发展工作。11月，支部换届改选，支委从3人增至5人。中心共有正式党员28名，预备党员2名。按照“坚持标准、保证质量、改善结构、慎重发展”的原则，严把质量关。培养积极分子累计20余人，1名预备党员转正。深入开展学习实践科学发展观系列教育和“深化改革、优质服务、科学发展，建立有北工大特色的新型高校后勤服务体系”大讨论，增强中心党员、职工贯彻落实科学发展观的自觉性和坚定性。举办题为“从节能减排到科学管理”节能科技宣传活动，自筹资金1万元，以鼓励学生对节能工作的支持免费发放洗浴巾8 000个。积极开展送温暖、送服务活动，及时看望、慰问患病和有困难的同志。积极开展丰富多彩的文娱体育活动。中心党支部联合工会和环能学院学生党支部举办有70多名职工学生参加的大型羽毛球对抗赛活动，为更好地开展服务保障搭建沟通理解的桥梁。积极开展廉政风险防范管理工作，制定廉政风险防范管理体系购置图，根据岗位不同全部签订重要岗位廉政风险防范责任书，并按照ISO 9001：2008质量管理体系标准加强廉政风险防范制度的落实。中心党支部被北京工业大学评为先进党支部。

（李振通　涂　鸣）

**【住宅物业服务中心】** 中心主要负责学校27栋教职工宿舍楼，30万平方米（包括住宅区的供暖面积）的物业管理工作；60余部电梯的运行维保工作；9个自管和托管家委会工作；近3万平方米的代管住宅楼和1个独立法人的企业。中心现有正式职工40人，编制外聘用人员64人。

（1）中心管理工作。①中心规范岗位管理责任制，重新修订相关制度，成立制度汇编小组、对外联络小组、设备管理小组、安全领导小组、职工文体活动小组。②深入学习科学发展观，为居民拆除45楼、46楼之间的影壁墙，为居民伐去困扰多年的临窗树，重新修建校园西区1号楼、慈云寺50楼围墙，消除安全隐患。③迎接国庆60周年，各小区组织党员、楼门长成立义务防范队，加强巡逻，国庆期间没有发生一起刑事案件。参加执勤900余人次，组织开展不安全不稳定因素排查工作，对查出的问题限期改正，全时监督，定时回访。

（2）重点工程建设。①建立小区现代化监控网络，电梯及楼宇监控系统通过在中控室对电梯的实时监控，实现了24小时无司乘人员开梯。设立24部楼宇及小区外部摄像头，可随时监控小区及楼宇人员出入情况。②对28楼、50楼两个高层建筑的外墙保温处理。③对辖区老旧楼房重新做防水，申请专款对17、28、31、32、45、46、50楼重新做防水处理。④绿化小区环境，46楼后树木由于离窗很近，雨季易遭雷击，对居民造成生命危险。更换了树种，重整了绿地。⑤二次供水无负压改造，停用了原有的材质不合格水箱，市政自来水可以通过完全密封的无负压设备直接输送。

（3）物业管理组工作。①在居民党支部的带领下，各小区的居民活动丰富多彩，现有居民合唱队、布艺班、编织班、舞蹈班，还有居民读书会等。②为老龄居民解决实际困难，办理老年优待证124个，处理家庭纠纷，进行调解40余次。③向居民宣传国家的法律、法规、防火、防盗、防骗知识，提高居民自我防范的意识，住宅中心组织楼门长进行防火知识讲座两次，全年各种宣传共计600多次。④在人员培训上，对管理岗的8名职工进了技术培训。

(4) 日常维修服务。全年总维修量达到了3 400余人次，夜间抢修180余人次。维修用线800多米。协助维保单位完成了校内外40多部电梯的年检工作。完善电梯监控点57部，监控室更新用电线路。

(5) 武圣东里供热站工作。更换武圣东里的外管线300余米，小区厨房及厕所供暖立管，更换管线480米，改造垂杨柳中区6号楼供暖管线，更换燃气报警探头10个，检测安全阀9个，压力表30多块。截至12月4日，当年供暖费收130余万元，达32%，收旧欠91万元，达21.76%，年度收费率在85%以上。

(李京阳 涂 鸣)

**【交通服务中心】** 中心实行经费承包岗位责任制，在保证完成学校各项任务的前提下，面向社会开展预算外创收。共有职工30人，各种类型车辆40部。

中心各种规章制度健全、完善，坚持为学校教学、科研及学校广大师生员工的服务，不断强化中心内部各环节的管理。现有大班车线路7条，通勤班车9部，年发车辆4 000余次，行程20余万千米。司机人员每天坚持维修保养车辆，通勤班车每年的准点运行率都保持在99.9%以上。中心还承担学校领导、教学、科研、行政、外事、学生实习、体育比赛等运输任务。2009年，交通服务中心共计出车27 000余次，行程近980 000万千米，节假日加班2 850余人次，夜间值班1 700余人次，从未发生重大交通事故。

2008年学校为中心投资数百万元，建成永久性车库及办公地点，建筑面积2 000平方米，2009年投入使用，大大地改善了中心的工作环境。

(刘振启 涂 鸣)

**【通讯服务中心】** 中心受中国联通北京公司七区局委托负责6739局电话的安装、维修和管道维护工作。承担学校所有报刊、杂志及信件、机要件的收发、征订等服务工作，现有正式职工13名。

(1) 电话管理。4名职工负责全校6739局7千多部电话的管理、维修、查号、传真、业务咨询等项工作。承诺全年24小时服务。2009年完成装、移机220部，维修电话1 387部次，办理电话增项等业务100多起，学生宿舍201电话改宽带718部，对外电话咨询达近万次。完成学校新东区及人文社科楼电话电缆引入，楼内竖井、交接柜全面接手，做到用户随时要求装机随时可办理。协助中国联通在校内建立手机3G基站3处（第二教学楼顶、计算机学院北楼顶及东南区）。2009年为学校回收电话超支费40余万元。

(2) 邮政发行。完成90多万件重达百吨的报刊、信函、邮件的分发、收寄，其中报刊348 000多份、挂号公文4 319件、机要5 902份、平信30 493件、国际信函145件，接收个人挂号18 413件、快递10 420件、汇款3 285笔、邮包1 995件，征订报刊1 617份，征订款30.58万元。坚持义务送报及大宗邮件上门服务制度。按时限、无差错、高质量完成2009年研究生招生简章、考试试卷、录取通知书的寄发、回收等专项机要件4 000余封。全年投递地址不详等“死信”8 000余封。

(刘文杰 涂 鸣)

**【幼儿教育中心】** 中心共有9个教学班，其中7个为全日制融入式英语班，幼儿年龄2至6岁共计278人。现有正式在编职工20人，完全人事代理2人，外聘职工14人。

(1) 实践中改进教育过程，提高教育质量。结合学前教研工作，加强组织教师学习探索研究，紧紧抓住尊重、适合、快乐、发展四个关键点，教师以“游戏化教学”为教育研究重点，切实提高教师教育教学水平及执教能力。

(2) 利用现代化教育手段，激发幼儿学习兴趣。为各班均添置了电子白板设备，教学效果明显提高，并作为特色教学。

(3) 作为全国妇联“心系好儿童”活动教育基地，10月，全园师生参加2009年儿童健康家庭教育活动启动仪式。

(4) 为有效控制甲型H1N1流感的传播，加大传染病的防控工作。教师严格执行“一摸、二看、三问、四查”的晨检制度，每天坚持使用电子体温计测量幼儿的体温并进行记录，发现异常或传染病及时隔离，控制传染病的传播，做好防控工作。

(5) 加大设备实施投入，改善办园条件。重新铺设了北门地面，避免了事故隐患并美化了园所环境。

(6) 为确保幼儿安全，提高防火能力，安装了消防烟感喷淋装置及安全门禁系统。

(王秀梅 涂 鸣)

**【供应服务中心】** 供应中心负责学校教学、科研和各能部门的消耗性材料及师生日常生活用品的供应工作，并承担着全校学生公交IC卡的办理工作。中心共有正式职工10人，合同工5人。

（1）为教学、科研提供满意、周到的服务。2009年，供应中心年采购额为149万元，销售额为171万元。随着校园一卡通的使用，供应中心扩大了供应范围。增加了预订业务，满足教师的需求。2009年，校园一卡通在供应中心的销售额为24.28万元。

（2）积极协调关系，为在校的学生办理公交IC卡。2009年，供应中心共办理学生公交IC卡12 245张。

（冯淑敏　涂　鸣）

**【文印服务中心】** 中心为学校教学、科研、行政办公及学生提供复印、打印、装订、照相、洗像及会务实行一条龙服务。在编职工4人，外聘合同工10人。经营收入比上年同期增长17%。固定资产投入（自筹）44 587元，（专款）113 595元。

（1）2009年，为国家级、市级学术交流会等提供服务共计27次，中心主要负责以上会议的会场布置、文件资料印刷。胸卡、桌牌、路牌等制作及摆放。（2）为学校大型活动及各种会议提供一条龙服务，为数十次会议及活动制作条幅、文件资料印制、胸卡、路牌、光盘刻录等。（3）为学校各类宣传活动制作了约2 560余块宣传展板。（4）研究生论文的打印、复印、装订约1 500余人次，约10 600余册。（5）为学校国庆群众游行方阵提供一流的文印工作，其中包括：演练时间表、乘车牌、胸卡、彩旗等。

（褚艳兵　涂　鸣）

**【北京熙园宾馆】** 熙园宾馆属学校独立核算的产业单位。设有客房部及餐饮部。有事业编制职工10人、集体编制职工7人、编制外聘用人员11人。餐厅以承包方式交由承包人经营。

2009年对原不符合消防安全要求的南侧平房进行了拆除新建，同时修整院落地面，增加了停车位，使宾馆环境有了进一步的改善。在硬件设施完善的同时，对院内不规范的广告也进行了统一整治管理。客房投资安装了电话计费管理系统，满足客人的需求，加强了对电话使用的管理和控制。为方便学校接待使用，增设了16间配有微机的商务办公房。

2009年，接待学校各院、部、处会议、交流及培训等共计20余批次，接待党建督导组近半年的住宿，并且提供了一间免费用房，为学校节约费用7.52万元。2009年实现销售收入271.15万元、经营及管理费用203.56万元、销售利润121.97万元、上交学校30万元、上缴国家利税22.83万元、固定资产投资9.4万元、更新南侧平房及平整院落地面投资13.6万元、餐厅承包人自筹资金扩建餐厅面积130平方米。

2009年获评潘家园地区文明共建先进单位及潘家园地区交通安全先进单位。

（周莉莉　涂　鸣）

**【通联科技有限公司】** 通联科技有限公司属后勤集团经营型实体。经营范围有科技产品的技术开发、技术转让、技术咨询、技术培训、技术服务、网络技术服务、安装调试计算机，销售五金交电、电子计算机、软硬件、百货、机械设备及电器设备等。注册资本金100万元人民币。

（刘长清　涂　鸣）

**【中蓝公寓二期工程开工建设】** 11月24日，"中蓝公寓二期工程建设项目"开工奠基。北工大范伯元、王守法、马志成、张革、蒋毅坚等校领导和学生代表，中国蓝星集团总公司总经理白忻平、副总经理高建军、金华市副市长李国辉以及参与该项工程的各单位领导参加奠基仪式。该项目自2007年初启动以来，校领导十分重视，多次参与和中国化工集团、中国蓝星集团的谈判工作，以及和市政府有关委办的沟通工作，终于和中蓝集团签署了有关协议。项目也得到了市发改委、市规委的批复。

北工大中蓝二期学生公寓，由中国蓝星集团总公司负责开发建设，总建筑面积6万平方米，其中学生宿舍建筑面积为47 000平方米，约1 200间标准学生宿舍，该项目还包括约1 000个座位的大型学生餐厅，400座位的学生阅览室，室内羽毛球、乒乓球、台球运动馆，1 000辆自行车地下车库，综合超市及供一期、二期学生使用的大型浴室，预计于2011年5月竣工，并交付北工大使用，该学生公寓的建成使用，将彻底解决学校学生宿舍紧缺的问题。

（涂　鸣）

# 医疗服务

**【概况】** 北京工业大学医院（以下简称校医院）是一级甲等综合医院，北京市医疗保险定点医院及社区卫生服务中心。校医院总建筑面积3 235平方米，固定资产总值915万元，达万元医疗设备82余件，编制床位30张，开放床位30张。现有职工56人，其中卫生技术人员49人（包括副主任医师10人，主治医师、主管护师27人，医师、护师12人），行政后勤7人。承担全校师生和附近居民的诊疗工作。

**【机构设置】** 校医院设有内、外、妇、儿、口腔、眼、耳鼻喉、中医8个普通门诊，设护理、医技、保健等7个业务科室。学校外设海淀门诊分部1个，管庄分部医务室1个，艺术设计学院医务室一个。

【医疗与预防保健】 2009年，校医院门诊106 622人次，急诊4 257人次。心电图、动态心电图、动态血压检查共约4 386余人次。B超检查约5 168余人次。检验科共检查24 856余人次。放射科检查30 794余人次。入学新生及毕业生体检11 000余人。教工健康体检3 553人。健康教育和对校内各种培训14余次。

(1) 在医疗质量上，严格按照各项医疗规章制度和操作规程执行，未曾因误诊或医疗差错出现任何医疗纠纷。医疗质量管理委员会定期对门诊病历、抢救记录、处方等进行检查，并将结果向全院通报。

积极宣传医院服务范畴，开展新项目、新疗法，如B超室开展的脑血流图、血管超声等、检验科新增加的生化检查项目，康复理疗科增加新的治疗内容。

(2) 面向全校师生积极开展健康教育、预防保健工作。通过校园网、院报、宣传栏、宣传资料等形式进行健康知识的宣传，发放宣传资料15 000余份。每月举办一期健康知识讲座，如“脂肪肝是否需要治疗”、“高血压治疗新进展”、“妇科常见病诊治”等，还开展了医生进学院活动，受到了教工们的好评。在预防结核、高血压、糖尿病、艾滋病等特定宣传日医院都组织公益宣传活动。在加强对学生预防传染病工作中，预防接种传染病疫苗9 000人次、2009级本科生结核菌素接种试验2 600人，对各学院传染病报告员进行相关知识的培训。

(3) 在预防院内感染工作方面，认真贯彻执行《中华人民共和国传染病防治法》、《中华人民共和国传染病防治实施细则》的有关规定，建立健全预防院内感染的监控组织，成立领导小组，建全相关制度，配备兼职人员认真履行工作职责，并对全体职工进行了相应的培训和考核。

(4) 做好参加国庆60年活动人员的健康保健工作，有效预防和控制突发公共事件的发生，严格控制甲型H1N1流感的暴发流行。根据国庆指挥部的要求，分别成立了突发公共卫生事件应急小组、甲型H1N1流感防控工作小组、公共医疗卫生保障小组，在假期牺牲休息时间为参加国庆活动人员体检、接种疫苗，选派保健医对参加活动人员进行医疗保健，并圆满地顺利完成任务。

(5) 2009年，医院把防控甲型H1N1流感工作作为工作的重中之重，成立防控甲型H1N1流感工作中心，制定防控应急预案，储备相应物资、药品等，设置独立的发热筛查室，建立隔离病房，派专人负责发热病人，力争做到早发现、早报告、早隔离、早治疗。全年收治发热留观病人180余人。在校内积极开展防控甲型H1N1流感宣传教育，为师生举办4次防控甲型H1N1流感讲座，发放宣传资料1万多份，经常派人到学院监督检查防控甲型H1N1流感工作。在校医院人员少的情况下，力争将防控工作做细、做实、做到位，并有效地遏制了疫情在全校蔓延的可能。

【医学教育】 2009年，50人参加中华医学会、中华护理学会组织的继续教育课程，并全部通过年终审核注册。医院对主管部门以及各类医学会组织的业务培训、理论研讨班都非常重视，积极组织有关人员参加。为支持国庆60周年活动，开展急救知识的培训、传染病知识培训及考核。内科选派一名骨干医生去友谊医院进修。2009年，已有12人取得全科医师证，14名护士取得社区护士资格证书、3人取得社区检验上岗证书、1人取得社区康复指导员证书、1人取得社区口腔科上岗证书、1人取得社区放射上岗证书等。在院内每月1次业务讲座，对传染病、常见病、多发病进行强化学习，并进行考核。全院共发表论文4篇。

【体制改革与管理】 根据北京市人事局和学校人事制度改革的要求，对聘任上岗职工进行了岗位考核，在个人总结、小组评比的基础上评选出优秀职工8人。

随着社会的发展，医疗市场的竞争也日趋激烈，为了适应新的形势，结合校医院的实际，确立了质量立院、诚信树院、人才强院、和谐兴院的发展思路。一是积极开展社区卫生服务，为社区居民提供安全、有效、方便、廉价的公共卫生和基本医疗服务，真正实现“小病在社区，大病到医院”的目标，促进社会全面协调发展。二是积极拓宽医疗服务项目，增设专家门诊，方便病人就医。在工作中积极开展新项目、新疗法，增加药品种类，改善就医环境，如在输液室安装电视、就诊大厅安装显示器等。

【党的建设】 (1) 3月，在全院范围内开展学习实践活动。在学习调研阶段，先后组织召开了“医院非党员在职职工座谈会”、“医生护士座谈会”、“校学生代表座谈会”、“校学生会各部委员座谈会”、“医院退休职工座谈会”，广泛听取师生员工意见和建议共收集涉及职工福利待遇、医院管理及医疗服务等方面建议18项。在落实整改阶段，制定了具体落实措施，涉及加强领导班子和领导干部思想作风建设、完善各项规章制度及规范流程、保障医疗质量安全、关心职工生活想方设法为职工谋福利以及加强对校内校外服务等内容逐项得到落实，分析检查报告群众满意率达 100%。

(2) 重视抓好党员发展工作，强大党员后备力量。注重在青年职工中发展党员。在党支部的培养、鼓励下，上半年 2 名同志向党组织递交了入党申请书，积极向党组织靠拢。1 名预备党员转正，使校医院党员队伍不断壮大。

(3) 积极倡导职工参与医院的民主决策 民主管理 民主监督工作。在院党总支和工会的共同努力下今年召开了一届二次职工大会。

(4) 积极开展党风廉政建设，贯彻落实党风廉政建设责任制。根据《北京工业大学推进廉政风险防范管理工作实施意见》的部署要求，院党总支建立了廉政风险防范管理工作机制，上报工作计划，查找了风险点 6 个，制定了防控措施，根据岗位职责不同，分别签订了《北京工业大学党风廉政建设暨风险防范责任书》，推进惩防体系任务的完成，使校医院党风廉政建设工作稳步发展，从根本上遏止腐败。

(5) 寓党员教育于主题活动中，党员教育管理成效显著。党总支开展了一系列活动。参观焦庄户地道战纪念馆，李大钊烈士墓。2009 年被学校评为先进党支部。

(6) 做好统战工作，重视工会、计生、退休职工工作。认真贯彻落实党的人才和统战工作政策，尊重人才的政治参与的热情，充分发挥民主党派人士参与政治协商、民主监督和参政议政的作用，听取他们意见，使他们在校医院的工作中发挥更大作用。充分发挥工会作为党联系群众的桥梁和纽带作用，经常听取教职工意见，组织好各项工会活动。积极开展丰富多彩的文娱体育活动，活跃职工生活，增强凝聚力。开展送温暖、送服务活动，对患病的同志和家有困难同志及时看望和慰问。院工会被评为学校的模范职工之家。在计划生育方面，定期出健康教育宣传展板，针对教工、学生开展健康教育培训，在医院职工内部开展学习计生知识，并对所学内容进行考核等活动。被学校评为出席市教委计划生育先进单位。

(陈智慧 田 莉)

# 计划生育

**【概况】** 计划生育工作负责全校教职员工、学生、流动人口计划生育宣传教育与管理服务。2009 年已婚育龄职工 2 347 人，独生子女家庭的育龄职工 2 006 人，全年出生婴儿 92 人，计划生育率 100%，晚育率 100%，出生婴儿缺陷率 0 指标。

2009 年，学校计生工作再次获“北京市人口和计划生育工作红旗单位”称号，这是学校连续第 22 年获此项北京市人口计生工作的最高奖项，也是北京地区高校唯一获此殊荣的单位。此外，学校还获“2009 年度南磨房地区人口和计划生育工作先进集体”、“南磨房地区人口和计划生育工作标兵单位”称号；校计生办、环能学院等 9 个单位获市教委系统计划生育工作先进集体；1 人获北京市计划生育工作先进个人；1 人获南磨房地区计划生育工作先进个人；13 人获市教委计划生育工作先进个人；材料学院等 6 个单位获校计划生育工作标兵单位；8 人获校计划生育工作先进个人。

**【管理服务】** 党政一把手亲自抓、负总责，强化责任，严格落实“一票否决”制，落实各项任务。校内公开招聘，计生办新老主任顺利交接，现有专职主任 1 人，专职干部 2 人。

4 月 21 日，召开学校计生综合治理领导小组会，研究新一年工作。5 月 19 日，召开全校计生工作会，总结、表彰、签订责任书、部署工作。

**【政策落实】** 计划生育家庭各项奖励政策全面落实。全年办理一孩《生育服务证》99 人（6 人为在校学生），办理二孩审批手续 4 人，办理发放独生子女费、托补幼补费、一次性奖励等计划生育奖励费共计 412 890 元。

**【队伍建设】** 全年开展 4 次计生干部培训，主要内容：政策法规、优生优育、知情选择、办事流程等。组织计生兼职干部及部分宣传员参观石景山区计生委举办的“性与生殖健康科普展”。全员管理软件投入使用。与外省市高校加强交流，组织计生干部 25 人赴浙江大学参观学习。

**【宣传教育】** 坚持以宣传教育为导向，开展经常性和重大节日、纪念日的宣传教育活动。宣传晚婚晚育、优生优育优教等婚育新风尚，开展出生缺陷一级预防工作。办好“图书角”，为新婚、孕产妇、更年期职工赠送借阅书籍、光盘，为新婚夫妇赠送礼物，针对不同人群提供咨询、指导和帮助。

六一儿童节，开展对独生子女家庭慰问和奖励获奖职工子女活动。特邀人文学院心理教研室主任赵丽琴博士在青年教工中开办“0—3 岁婴幼儿心理发展及教育启示”专题讲座。

举办教职工、在校学生以及流动人口参加的“落实基本国策，为了和谐美好明天”演讲比赛和“知国情国策，促和谐发展”知识竞赛大型活动。9 月，计生办与校工会在北戴河联合举办大龄未婚青年联谊活动。

参加市计生委举办的“我与国策共成长”演讲比赛选拔赛，获得朝阳区演讲比赛及征文二等奖。

**【学生计生管理】** 根据国家和北京市有关文件精神，起草了《北京工业大学在校学生计划生育管理暂行办法》。开展《高校在校学生计划生育依法管理的实践与探索》重点课题研究，召开学生座谈会，组织600余名学生问卷调查，外出调研，撰写调研报告、发表论文等，探求依法做好在校学生计生工作的有效途径。建立学生婚育备案制度。制作并启用《学生入校婚育情况证明》、《学生结婚登记表》、《学生申请一胎登记表》、《学生毕业婚育情况证明》，严格把握四个环节。

**【流动人口】** 将流动人口计划生育服务管理纳入本部门的经常性工作范围，坚持以“四同”为原则，积极开展计划生育政策宣传，提高流动人口国情国策意识。关心流动人口的工作、学习和生活，主动提供帮助和服务，解决后顾之忧。维护流动人口合法权益。为254人注册《流动人口婚育证明》；组织40余名已婚育龄妇女免费孕检。

**【理论研究】** 撰写《高校学生计划生育服务工作的初探》、《高校人口计生工作面临的难点及对策》、《严格执行纪律确保国策落实——北京工业大学人口计生工作几点做法》、《高校在校学生婚前同居现象分析及法律对策》论文，先后发表在《人口与计划生育》杂志和《高校学术》、《现代学术研究》刊物上。

（黄彦萍　王燕琪）

## 校友联络

**【概况】** 北京工业大学校友总会(Beijing University of Technology Alumni Association，简称BJUTAA)会址设在校内。现有校友约十万余人。服务学校、服务校友、服务社会是校友会的工作宗旨，加强校友与母校的联系，团结校友，迎接50年校庆是2009年主要的工作任务。

2009年，成立在校学生校友志愿团，并进行培训；改组旅港校友会；整合河北、江苏、内蒙校友分会；联络美国、日本、加拿大分会。顺利通过北京市社团校友总会、教育基金会安排的注册登记年检工作，整合筹备各地校友分会，对原有校友分会进行跟踪调研，协助港澳深校友会进行顺利改选。筹备《无价财富（三）》一书的编写，并采访优秀校友，出版第19期《校友通讯》和《校友通讯》专刊。

为扩大学校的影响力，于5月12日组织市属高校校友会工作研讨会；11月26日召开老校友代表座谈会，近20名校友参加。

**【公益活动】** 为完成社团办公益活动要求，发挥校友作用，与校友合作，创建60年代校友科普乐园（核桃园）并制作老照片展，筹备全校本科生家谱档案展，接待参观的有校友及老教授、关工委，各市属市管高校校友会等近700人次。

**【服务学校、服务社会】** 开展联络校友创业企业调研工作，并颁发校友创业成功的企业“校友之家”牌，为学生开展优秀校友讲座，并配合校毕分办面向母校进行招生咨询。2009年，校基金会得到教育基金支持近70万元，与校勤工俭学中心及相关学院配合，对学生进行资助与奖励。根据校友要求，为更好的服务校友，带领贫困生组织若干校友企业共同完成市基金会要求的社会公益活动“支持青少年科技创新活动展”，为校友企业搭建联络平台，受到校友们的欢迎。

**【表彰60年代校友】** 12月29日，为迎接学校50周年校庆，举行2010年新春团拜会暨60年代校友表彰会。活动由校友总会联合北京工业大学科技老教授协会，关心下一代委员会、老教育工作者协会协办、离退休人员管理处等部门举办。参加大会的人员有60年代（1960至1965年入学）校友近500人，科技老教授协会会员近400人，北工大关心下一代工作委员会、北工大离休老领导近40人，大会表彰了多年来关心学校发展、热心校友工作的老校友26人。校长范伯元到会致辞，副校长卢振洋做北工大近年来发展及50周年校庆筹备工作情况的报告，放映了北工大第一任校长李晨对校友们的希望和祝福。学校老教师艺术团、老校友合唱团、科技老教授协会、在校大学生艺术团分别带来了精彩的表演，大会在歌唱祖国嘹亮的歌声中落下帷幕。

（林美珍）

# ·党建和思想政治工作·

## 组织工作

**【概况】** 2009年组织工作的指导思想和思路为：以中国特色社会主义理论体系为指导，进一步深入学习“十七大”精神，全面贯彻落实科学发展观，贯彻落实第十七次全国高校党建工作会议和上级组织工作会议精神，促进组织工作科学发展，为学校事业发展提供强有力的思想保障和组织保障。通过深入开展学习科学发展观活动，努力提高广大党员和干部队伍的素质，提高校院两级领导班子领导科学发展的意识与能力；大力推进基层党建工作创新，努力构建“五型”党组织，切实提高基层党组织的活力；扎实做好党校的各项培训工作，发挥党校教育、宣传、研究功能。

（周洪芳 纪树兰）

**【党组织基本情况】** 2009年，北工大共有13个基层党委、11个党总支和4个直属党支部。基层党支部378个，其中在职教职工党支部153个、离退休党支部52个、学生党支部173个。

学校共有党员6 903人，占全校总人数的29.85%。全校党员中，专任教师及教辅人员党员1 065人，占该类人员总数的52.75%；管理人员党员572人，占管理人员总数的80.68%；工人党员114人，占工人总数的19.62%；学生党员4 019人，占学生总数的23.11%；离退休人员党员1 057人；未就业毕业生党员及长期在国外党员76人（以上数据不含耿丹学院）。

专任教师党员中，具有教授职称的党员151人，占教授总数的58.08%；具有副教授职称的党员304人，占副教授总数的64.41%；具有讲师职称的党员309人，占讲师总数的63.20%；其中352人为35岁以下的青年教师党员，占35岁以下青年教师总数的87.13%。学生党员中，研究生党员2 597人，占研究生总数的53.68%；本科生党员1 422人，占本科生总数的11.33%（以上数据不含耿丹学院）。

耿丹学院党总支共有党员63人，其中专任教师及教辅人员党员38人、管理人员党员15人、学生党员10人。

2009年共发展党员1 192人，其中在职教职工36人，退休教师1人，学生1 155人。

（王立强 纪树兰）

**【党建工作】** （1）深入开展学习实践科学发展观活动。2009年3至7月，学校党委围绕“立足服务北京，坚持科学发展，凝聚全校力量，建设有特色高水平的北京工业大学”的活动主题深入开展学习实践科学发展观活动，学习实践活动分为学习调研、分析检查、整改提高三个阶段，学习实践活动达到“党员干部受教育、科学发展上水平、人民群众得实惠”的目标要求。经过群众评议，对校、院领导班子分析检查报告满意和比较满意率分别达到99.3%和98.84%，对校院两级学习实践活动的满意和比较满意率分别达到97.84%和98.08%。2009年9月，学校党委接受北京市委关于学习实践活动整改落实和“回头看”工作检查，获得检查组的充分肯定。

（2）“七一”评优表彰工作。2009年，“七一”评优表彰工作紧密结合学习实践科学发展观活动展开。在院级党委评比、推荐的基础上，学校党委评选出4个先进院级党组织、56个先进党支部、180名优秀共产党员（其中20名优秀共产党员标兵）、15名优秀党务工作者。6月24日，学校召开纪念中国共产党成立88周年暨“七一”表彰大会，对获奖个人和集体进行表彰。

（3）参加市委教育工委组织的“先进基层党建经验”申报活动。推荐生命学院教工第一党支部等基层党支部参加市委教育工委举办的先进基层党建经验交流活动。生命学院教工第一党支部的事迹材料“信仰凝聚力量，创新引领发展”在《现代教育报》上刊出。

（4）制订《北京工业大学党建五年规划》（讨论稿）。在科学发展观活动的学习调研阶段，组织部牵头制订《北京工业大学党建五年规划》（讨论稿），在12月份的处级干部培训班上广泛征求意见，并召开多个不同层面的征求意见座谈会。

（5）按照“坚持标准，改善结构，保证质量，慎重发展”的十六字方针，做好党员发展工作。对院级党组织的发展工作提出指导性意见，要求各院级党委继续重点做好在青年学生和教学科研骨干、学术带头人、优秀留学归国教师中发展党员工作。要在稳定发展党员数量的基础上，进一步提高发展党员的工作质量。2009 年，全校共发展党员 1 192 人，其中有 63 名在国庆群众游行及广场群众联欢活动中表现突出的优秀学生入党积极分子光荣入党。

（6）做好困难党员帮扶和生病党员慰问工作。组织部树立为党员服务的意识，坚持严格确定申报对象、集中帮扶与日常帮扶相结合、及时发放补助等原则，做到对生病和生活困难党员真心关爱、真诚帮扶，将党组织服务党员落到实处。全年慰问生病和生活困难党员 81 人，发放帮扶补贴 70 400 元。

（7）组织“共产党员献爱心”活动。根据市委组织部、市委宣传部、市慈善协会的部署，学校党委在全校范围内组织进行“共产党员献爱心”集中捐款活动。组织部向全体党员发出捐款倡议，并对捐款情况进行了全程报道。2009 年 6 月 24 日至 7 月 10 日，共收到捐款 142 689.2 元，参加捐款的党员 2 174 人，入党积极分子 105 人，民主党派、群众 98 人。组织部将全部捐款汇至北京市慈善协会，并收到北京市慈善协会颁发的捐款证书。

（周洪芳　纪树兰）

**【干部工作】** （1）校级干部调整。2009 年 1 月，中共北京市委教育工委研究决定，龚裕同志任北京工业大学党委常委。2009 年 6 月，《中共北京市委关于张泽同志职务变动的通知》（京委〔2009〕204 号）和北京市人民政府、中共北京市委教育工委通知：张泽同志任北京市科学技术协会党组成员，并正式当选为市科协七届委员会副主席，不再担任北京工业大学党委常委、副校长职务。2009 年 12 月，中共北京市委教育工委研究决定，免去赵凤琴同志北京工业大学党委常委职务，调北京物资学院工作。

（2）处级干部队伍状况。截至 2009 年底，处级干部共计 157 人，其中正处级干部 55 人。处级干部中 45 岁以下占 44.6%；具有研究生学历的占 65.6%，博士占 40.8%，硕士占 29.9%；具有高级职称的占 83.4%，其中具有正高级专业职称人员占 50%。处级干部平均年龄 46.6 岁。

（3）处级干部任免。2009 年，处级干部任免共 26 人次，其中任命 20 人次（新任或提任 6 人），免职 8 人次。

按照《北京工业大学关于完善校院两级管理体制的意见》的总体精神，2009 年 10 月根据计算机学院领导班子届期已满及干部实际情况，在计算机学院先行启动干部人事聘任改革工作，推进干部聘任制、任期制的实施，采用在全校范围内聘任、竞争上岗的方式产生学院新一届领导班子。2009 年 11 月，完成正处级岗位聘任。

2009 年，对 2008 年任命的 12 名处级干部进行试用期考察，全部考核合格，正式任职。

（4）干部培训。2009 年，张毅刚、龚裕分别参加北京市委党校第 61 期、第 64 期区县局级干部进修班，卢振洋参加北京市教育工委第 6 期高校领导干部教育管理研修班。参加市级培训的处级干部：纪树兰、薛素铎参加北京高校领导干部赴美高等教育管理培训班，张忠占参加北京市委党校第 3 期优秀正处级领导干部培训四班，吴斌参加北京市委党校第 35 期优秀中青年干部培训二班，刘中良参加北京市教育工委第 6 期高校领导干部教育管理研修班。

2009 年，分别在 1 月和 12 月组织全校处级干部培训班。与教务处、人事处、国际交流合作处共同组织第 3 期高等教育管理骨干境外培训，9 名处级干部参加。1 批共 4 人参加高校干部培训中心在国家教育行政学院组织的处级干部培训。

组织副处级以上干部进行“干部在线学习”，151 人完成 40 学时的学习任务。

（5）干部考核。2009 年底，对全校处级干部进行年度考核。其他副处级干部的考核结果由各二级单位考核领导小组集体研究确定考核等级。12 名正处级干部和 30 名副处级干部考核结果确定为优秀。

（6）干部监督。2009 年，修订《中共北京工业大学委员会关于处级领导干部选拔任用工作的规定》，干部选拔聘任过程中坚持做好干部任前考察和任前公示工作，落实对考察对象书面征求校纪委、监察部门意见和干部监督工作联席会议制度。

2009 年，对 5 名正处级干部和 1 名校直属单位负责同志提请进行离任经济责任审计，继续规范和完善干部收入申报制度，对处级以上党员领导干部开展个人有关事项报告制度。

2009 年，按照校纪委总体部署，针对组织部的工作特点开展了廉政风险防范管理工作，结合岗位职责和业务流程逐一查找风险点，制定相应的规章制度，完善防控措施和相关工作程序，签订责任书并落实责任主体。

（7）后备干部。2009 年，按照中共北京市委集中调整区县局级后备干部工作总体部署，协助市委组织部、市委教育工委干部处对北京工业大学校级后备干部进行集中调整补充。

(8) 出国政审。完成因公出国政审共计 92 份。

(9) 院士、局级干部体检。组织院士体检 4 人次、局级干部体检 11 人次。

(白志强　纪树兰)

**【政工职评】** 北京工业大学思想政治工作专业职务中级评审委员会成员调整为：主任委员王守法，委员由张毅刚、龚裕、卢振洋、赵凤琴、纪树兰、程水源、何岑成组成。根据市政工职评办和市委教育工委的工作部署，经北京工业大学思想政治工作专业职务中级评审委员会和北京市思想政治工作专业职务高级评审委员会的评审，2 名同志取得高级政工师任职资格，1 名同志取得政工师任职资格。

(张亚红　纪树兰)

**【北京市委组织部优秀人才资助工作】** 经基层各单位组织申报，组织部、科技处审核，共推荐 56 人申报市委组织部优秀人才资助项目，最终 13 人获得资助，资助金额总计 53 万元，其中 A 类 2 人，B 类 1 人，D 类 10 人。

(张亚红　纪树兰)

**【党校工作】** 北京工业大学业余党校成立于 1986 年，1997 年 3 月正式更名为北京工业大学党校，党校校长由党委书记担任。2009 年，党校以深入学习实践科学发展观为主线，发挥党校理论学习“阵地”作用和党性锻炼“熔炉”作用，开展各类宣传、培训、研究工作，主要围绕干部培训，基层教工、学生党支部书记及党务干事培训，入党积极分子培训等多个层面开展，共举办各类培训班 7 个，参加培训人数 2 431 人。各类培训班情况详见表 11-1。

**表 11-1　北京工业大学党校 2009 年各类培训班一览表**

| 时间 | 培训班名称 | 学生/人 | 教工/人 |
|---|---|---|---|
| 合 计 | | 1 857 | 574 |
| 1 月 7 至 8 日 | 中层干部培训班 | — | 155 |
| 3 月 20 至 21 日 | 学习实践科学发展观处级干部培训班 | — | 160 |
| 3 月 24 日 | 基层党务干事、组织员培训班 | — | 38 |
| 4 至 5 月 | 第 46 期学生入党积极分子培训班 | 927 | — |
| 9 至 10 月 | 第 17 期教职工入党积极分子培训班 | — | 43 |
| 10 至 11 月 | 第 47 期学生入党积极分子培训班 | 930 | — |
| 12 月 10 至 12 日 | 贯彻落实十七届四中全会精神处级干部培训班 | — | 178 |

(1) 中层干部培训。1 月 7 至 8 日，党校举办中层干部培训班，对学校领导班子成员和全校各院部处副处级以上领导干部 150 余人进行科学发展观的专题辅导。3 月 20 至 21 日，党校举办深入学习实践科学发展观活动处级干部培训班，通过集中学习、个人自学、聆听报告、小组座谈、大会交流等方式，近 160 名处级干部进一步深化了对科学发展观理论体系的理解，为学习实践活动有序扎实开展奠定了坚实的思想理论基础。12 月 10 至 12 日，党校举办处级干部培训班，通过举办辅导报告、开展集体学习、分组讨论等形式，加深干部对党的十七届四中全会精神的理解。

(2) 入党积极分子培训。9 至 10 月，党校举办了第 17 期教职工入党积极分子培训班，培训对象涉及教学科研单位、党政管理机构、后勤产业系统的 40 余名教职工入党积极分子。培训课程安排了多次集中辅导、分组讨论和外出考察环节，组织全体积极分子赴山西刘胡兰纪念馆进行参观学习。4 月、10 月，党校共举办学生入党积极分子培训班 2 期，共培训学员 1 857 人。学生党课培训在内容的设置上紧密结合深入学习科学发展观活动以及庆祝祖国六十年华诞的契机，组织开展多次集中培训。培训中注意与实践相结合，在学生入党积极分子中广泛开展“寻访身边的优秀共产党员”活动。

(董　静　周洪芳)

**【党建研究会】** 北京工业大学党建和思想政治工作研究会成立于 2000 年 9 月，研究会会长由党委书记兼任，研究会秘书处设在党校办公室。

4 至 5 月，对 2008 年党建与思想政治工作研究的 26 项课题进行了中期考核，全部考核通过。

6 至 12 月，组织参加由北京市教工委、北京高校党建研究会组织开展的 2009 年度课题的申报、立项工作，其中“高校党校功能定位及工作机制创新研究”(重点课题) 和“新形势下高校共青团系统推优入党工作的途径研究与制度完善”（一般课题）2项课题最终立项并顺利结题。

（董 静 周洪芳）

## 宣 传 工 作

【概况】 2009年，学校宣传思想工作以学习实践活动和迎接、庆祝新中国成立60周年为重点，围绕学校中心工作和稳定大局，加强思想理论建设和意识形态工作，开展内外新闻宣传，推进大学文化建设，努力营造文化育人氛围。

（刘 玮 李四平）

【理论学习】 以深入学习实践科学发展观活动和十七届四中全会精神为重点，进一步深化理论学习和理论武装工作。

（1）以学习实践活动为主线，抓好教职工思想政治学习。结合学习实践活动开展主题教育，采取中心组学习、集中辅导报告、个人自学等形式，加强对党员干部的学习培训。原校长左铁镛、北京师范大学校长钟秉林、教育部发展研究中心主任张力及高等教育研究室主任马陆亭、北京奥运经济研究会执行会长陈剑分别以“贯彻科学发展观，实现可持续发展”、“坚持科学发展，推进教育创新”、“现代大学制度与大学内部管理改革”、“建设人文北京、科技北京、绿色北京，推动北京现代化城市发展”为题作辅导报告，带动全校理论学习从点到面逐步深化。

（2）传达和学习胡锦涛总书记在党的十七届四中全会的讲话精神，请中央党校张荣臣教授就学习十七届四中全会精神作辅导报告，教育工委副书记唐立军同志作北京高校党建工作报告。两级中心组学习做到有计划、有内容、有记录、有考勤、有交流。

（3）为学习实践活动的开展营造氛围。研究制订宣传工作方案，营造氛围、引导舆论、引领学习、宣传典型、沟通信息、办好载体。编印《北京工业大学深入学习实践科学发展观活动学习材料》，围绕学习实践活动总体要求和任务目标，拟定标语口号，设计制作大型宣传广告牌。注重加强专题策划，开通专题网页，充分运用校报、网络、广播台、网络视频、电子显示屏等多种形式，形成全方位联动、整体推进的立体宣传态势，营造良好舆论氛围。撰写学习实践活动简报81期、新闻信息稿件284条，全面宣传反映学习实践活动情况，其中9期被教工委采用，3期被中央学习实践活动官方网站采用；《人民日报》、《光明日报》等媒体刊登王守法书记就北工大学习实践活动的主要做法所作的典型发言；《中国教育报》头版报道学校开展学习调研工作，刊登王守法书记笔谈文章《强化科学定位建设有特色高水平地方大学》；中央电视台和北京电视台对校科学发展观活动进行多次报道。

（刘 玮 李四平）

【校园文化建设】 以深入开展师德建设为载体，以建设和繁荣学校文化为目标，加强校园文化建设，进一步营造校园文化氛围。

（1）传承奥运遗产，弘扬奥运精神，策划、建设北京工业大学奥运纪念馆。为真实记录两万师生奉献奥运的光辉历程，牵头筹建北京工业大学奥运纪念馆。纪念馆在弘扬奥运文化和赛后利用的基础上进行整体设计和建设，在汇集大量图文资料和实物的基础上，使用包括远程监控、无线讲解等许多当今较先进的计算机和多媒体技术手段，是一座集声、光、电于一体的现代科技奥运纪念馆，也为校园文化增添一道人文风景。

（2）以学习实践活动为契机，加强学习与调研大学文化建设。组织专家学者、部分学院和职能部处负责人、教师和学生代表召开校园文化建设座谈会；就校园文化建设工作走访北京师范大学、中国人民大学等高校；就如何建设大学文化和大学精神随同校领导赴兰州大学、兰州理工大学学习调研；梳理校园文化建设主要问题，寻求解决问题的思路和途径，对文化建设工作做出部署安排。

（3）大力弘扬“不息为体、日新为道”的大学精神，加强大学精神的宣传。《光明日报》第十版“大学生活”整版刊登《走进北京工业大学》。通过书记访谈、校长寄语、工大精神、工大关注、工大记忆、工大地标等板块全面宣传学校精神和办学理念。

（4）推进校园网改造整合，加强网络文化建设与管理。为迎接学校五十周年校庆，开展校外版网页规范建设工作，启动校园网主页改版工作，力图打造新形象的校园网络平台。

（5）弘扬职业精神，建设与时俱进的教师文化。以青年教师为重点，进一步深入开展“红烛工程”创建实践活动。根据市委教育工委有关要求，结合师德建设工作安排，启动青年教师“走进革命老区、感受改革新区、关注地震灾区”社会考察活动，分四队赴延安、井冈山、四川地震灾区、华西村和上海浦东新区开展考察。旨在深入开展革命历史和爱国主义传统教育，让青年教师深入了解改革开放的历史进程和伟大成就，增强教书育人、服务社会的社会责任感。举行考察活动交流会，回顾考察经历，分享活动收获。策划、组织教师节表彰大会，开展师德典型宣传。在校报和新闻网等载体上进行名师系列报道，发挥师德典型的引领作用；制定《北京工业大学师德教风建设制度》；深入开展以探索师德建设时代内涵、运行机制为主要内容的师德建设课题研究工作，从价值取向、行为准则、氛围营造和制度设计等多方面推进师德建设的深入。

（刘 玮 李四平）

**【对外新闻宣传】** 以提高新闻宣传效果为目的，以整合宣传资源和创新工作机制为依托，进一步推动新闻宣传能力和水平的提高。围绕教育教学、科学研究等中心工作，以学习实践活动宣传为契机，先后报道校学习实践活动、科技服务北京、学生学业与就业辅导、大型招生咨询会和奥运场馆赛后利用等内容，整合校报、网络、广播、电视、橱窗等媒体的优势资源，形成报道合力，进一步扩大学校影响力。

继续加强新闻策划力度，通过组织协调，就学校文化建设和教育教学成果宣传与校外媒体开展合作。2009 年 5 月 13 日，在《中国教育报》宣传招生政策。《中国教育报》、《北京日报》和《科学时报》5 月 14 日、4 月 22 日和 6 月 15 日分别大篇幅刊登由宣传部撰写的宣传学校材料专业建设与改革成绩的文章。9 月 11 日，《光明日报》整版刊载《走进北京工业大学》，宣传报道学校精神理念和文化建设。通过提前策划、集中采访和新闻发布等形式，各类教育和科研学术活动如北工大“国家人才培养模式创新实验区”开园、中国管理科学与工程学会成立、信息与组织符号学国际会议、第五届全国工科研究生教育工作研讨会、全国博士生土木工程学术会议和国内首座高校奥运纪念馆揭牌等新闻多次见诸报端，取得良好新闻报道效果。2009 年，组织撰写、编发新闻报道 120 余篇，合计 10 万字，其中中央电视台、中国教育电台、北京电视台等电视新闻报道 10 余条，涉及网络、广播、平面、电视等媒体 30 余家。

与人民日报、中国教育报、光明日报、北京日报、新华网等主流媒体和京华时报、新京报等都市类媒体保持良好沟通，联系媒体记者 500 余人次。开拓与中央电视台、北京电视台、新华网、搜狐网等媒体教育类专题频道和栏目的合作，为开辟学校对外新闻宣传工作的新渠道奠定基础。

加强新闻宣传工作的业务研究，进一步增强把握新闻宣传的规律，提高应对突发事件的能力。11 月，与市委教育工委宣教处共同举办“高校突发事件与新闻危机管理研讨会”，来自北京 33 所主要高校的党委宣传部负责人参加，部分高校分别就其近年来应对突发事件新闻危机的典型案例做交流发言，共同探讨高校突发事件的应对与新闻危机管理。

落实校外媒体采访制度，严格新闻采访的环节要求，专人负责媒体联络和接待工作。加强新闻宣传相关预案制定，进一步加强对外宣传报道资料的整理和存档制度，保证对外宣传报道的实时发布及外宣资料的及时汇集整理。

（刘 玮 李四平）

**【北工大报】** 结合中心工作，共出版报纸 12 期。其中配合学习实践活动，开辟《学习实践科学发展观活动》专栏 7 期，《辅导员手记》专栏 3 期、《校史钩沉》专栏 3 期。配合阶段性工作开设运动会、庆祝三八妇女节等栏目。制作学习实践活动专版 3 期、教代会专版 1 期、教师节专版 1 期、文化校园专版 1 期。从 561 期开始对四版进行变革，致力于提高思想性和文化品位，开设《它山之石》、《心情物语》、《悦读》、《景语镜界》等栏目，扩大教职工稿件来源。二版对国家教育教学成果奖及北京市教学成果奖进行及时深入报道，撰写《精品 这样铸就》等 4 篇通讯，反映教师在教学科研领域的重要成果。其中，《精品 这样铸就》被《中国教育报》和《科学时报》转载；通讯《应用型人才培养 十年磨剑终成锋》被《北京教育》转载。

坚持联系实际培训学生记者，强化学生版的新闻深度及文化内涵，提高学生稿件整体水平。整合发行渠道，扩大社会影响，管理发行员队伍。完成出版发行、财务管理、固定资产等日常相关管理工作和编辑部搬家工作。

2009 年，教育部对校报进行质量评估。按照工作进度完成自评工作，包括自评打分和撰写自评报告，与相关领导研讨，参加北京高校校报系统的评优答辩等。校报被评为北京市优秀校报。

在 2008 年北京市好新闻评选中，获一等奖 5 篇、二等奖 3 篇、三等奖 7 篇，获奖等级和数量再创历史新高。

（蔡 朔 李四平）

**【广播台】** 共制作节目 200 余期，其中每日新闻 150 余期，栏目和专题节目 500 余个，各部门和社团活动资讯近 300 条次，送出点歌祝福 200 余份，总计播出时长 350 个小时。

（1）广播节目制作。围绕中心工作策划制作大量专题节目，如学习实践科学发展观、纪念中华人民共和国成立 60 周年、防控甲型 H1N1 流感、为患白血病同学献爱心等专题节目等。完成广播台总片花、新闻及各频道片花的改版策划和制作，全部更新播出。为学校相关部门提供配音、音频制作10余件。

（2）学生队伍管理。招新工作采取更规范和人性化的流程。成立培训部组织播音、技术培训，提高台员整体素质和新台员上节目速度。鼓励台员参加各类大型活动的主持、策划工作，完成校运动会、歌手大赛、学院联欢会等多项活动的主持工作。密切广播台与专业电台的联系，推荐优秀节目和主持人，先后有多名台员在北京都市广播、北京文艺广播、中青网录制节目并播出。在中国传媒大学举办的面向北京市大学生的“妙趣声音秀”比赛中，共有5名学生入围，3人获得奖项，1人获得最终的公益大奖。2009年，广播台再次获“北京工业大学优秀社团”称号。

（3）日常管理。对广播设备和室外音柱进行检修和维护，完成音频文件的编辑、存档工作。完成二教条幅显示屏和三食路口彩屏的后期安装调试并启用，成为学校的一个重要宣传窗口。

（尤 欣 李四平）

**【电视台】** 围绕学校中心工作，积极为学校内、外宣传工作提供服务。

（1）编导、制作学校重大题材宣传片。在学习实践活动中，跟踪报道各类专题辅导、报告会、培训班、研讨班、各级班子民主生活会和各种形式的意见征求会等。校学习实践活动总结大会播放纪录片《在新的起点上》，全面反映各层面学习实践活动生动画面。

（2）完成学校内网、新闻网、理论学习网的视频转录、制作、上传工作。完成学校专题片、理论学习专题片、社会媒体视频报道等共计14个。

（3）整理宣传视频档案，为相关部门提供视频服务，为社会媒体提供专访、新闻、专题片所需视频资料。整理视频光盘28份，约110G容量。

（4）为学生开辟第二课堂，发挥育人功能，开展学生记者团招考、培训及日常管理工作，指导学生完成校园新闻等节目的制作。

（苏雅洁 李四平）

**【网络工作室】** 工大新闻网发布新闻消息600余条，平均日访问量达8 000人次以上，比上年有所增长。围绕中心工作，制作学习实践科学发展观、教育教学成果奖、甲流H1N1防控、学生发展与人才培养研讨会、庆祝第25个教师节、国家奖学金获得者系列采访、回眸2008系列报道等专题。在2008年度北京新闻奖（高校新闻系列）网络新闻类别评选中，专题《图说工大30年》获一等奖，《回眸2007》获三等奖。

北京工业大学学习实践活动专题网站3月10日开通。设有上级精神、领导讲话、学校文件、工作简报、学习动态、典型报道、嘉宾访谈、辅导材料、建言献策、网上视听等10个栏目。运行期间共发布新闻信息近500条，在学习实践活动中发挥积极作用。

审核备案新建校内网站20余个。与信息处召开网络信息安全工作会议，完成各院部网络与信息系统安全检查与年度登记备案工作。开展校外版网页规范建设工作，对学院和部处工作网页的栏目设置及内容发布提出明确规定，并进行规范改版。

（刘 冰 李四平）

**【摄影工作室】** 完成拍摄任务121项，包括学习实践科学发展观活动、全球极限运动中国站比赛、五人足球东亚地区比赛和国内联赛等年度重要活动。参与学校奥运纪念馆建设工作。主要完成展厅工程设计的合理化建议及相关修改、绝大部分图片的选稿编辑优化以及版面的设计工作。

在校园网、校报及校外媒体刊发图片近400幅。完成学校年鉴及有关主题相册的图片稿编辑与版面设计工作。

组织管理校园橱窗展9期。设计制作校园广告牌1期。维护《钟诚视线》影像工大栏目，拍摄编辑校园风光图片21幅。为学校有关部门提供影像支持、照片服务400余幅。

（牟钟诚 李四平）

## 纪检监察工作

**【概况】** 2009年，纪检监察工作坚持以邓小平理论和“三个代表”重要思想为指导，以科学发展观统领反腐倡廉建设。坚持“标本兼治、综合治理、惩防并举、注重预防”的方针，以廉政风险防范管理工作为抓手，落实党风廉政建设责任制，把推进惩防体系建设与深入学习实践科学发展观相结合、与完善制度建设相结合、与党风廉政建设责任制的延伸相结合，促进党风廉政建设和反腐倡廉工作的深入开展。

**【党风廉政建设】** 校纪委以深入开展学习实践科学发展观活动为契机，贯彻落实党的十七大，十七届三中、四中全会及中纪委四次全会和市委全委会议、高校领导干部会议精神，以及北京市和教育系统党风廉政建设工作会议精神，贯彻执行党风廉政建设责任制，建章立制，完善防控措施，建立健全惩治和预防腐败体系，保障学校科学和谐发展。

3月2日，校纪委第30次全委会讨论通过《中共北京工业大学纪律检查委员会2009年工作要点》，明确工作重点：一是抓好领导干部作风建设；二是建立健全惩防体系完善制度，加大对制度贯彻落实的检查力度；三是做好党风廉政建设责任制向下延伸；四是切实加强对重点部位、关键环节监督，落实岗位责任人，层层签订廉政承诺书。

5月21日，学校召开2009年党风廉政建设工作会议，校党委书记王守法传达胡锦涛总书记在中纪委全会上的讲话精神，对学校2009年的党风廉政建设做出指示，要求抓好反腐倡廉工作任务分解、责任考核、责任追究，构筑严密的反腐倡廉责任体系。

校纪委在年初协助党委制定下发《北京工业大学2009年党风廉政建设和反腐败工作任务分工》，将反腐倡廉工作与党的建设、教学科研和其他行政管理工作有机结合，同部署、同落实、同检查、同考核，使党风廉政建设工作和教育事业同推进、同发展。年底，学校对各二级单位落实党风廉政建设责任制推进惩防体系任务开展和完成情况进行检查。12月11至18日，在各单位开展自查的基础上，校纪委组织8个检查组展开分组互查，各组通过听取工作汇报、查阅材料、召开座谈会等方式进行检查。30日，召开党风廉政建设责任制检查工作总结交流会。

12月15日，北京高校党风廉政建设责任制第十检查组对学校党风廉政建设工作进行检查。检查组对北工大党委落实党风廉政建设责任制推进惩防体系任务完成情况给予肯定，认为：学校党委非常重视党风廉政建设工作，工作体制机制健全，领导责任分工明确、责任落实到位；惩防体系制度建设比较完善；廉政风险防范管理工作在高校有示范作用。同时，提出三点希望：一是进一步把党风廉政建设责任制与学校科学发展结合起来，加强党风廉政建设责任制向二级单位延伸；二是加强干部监督工作，强化审计结果的利用；三是加强制度落实的监督检查和责任追究工作，使执行制度成为干部的行为习惯。

**【廉政风险防范管理】** 校党委下发《北京工业大学关于推进廉政风险防范管理工作实施意见》，校纪委针对权力运行中的风险和重点岗位、关键环节监督管理中的薄弱环节，逐步推进廉政风险防范管理工作，推动惩治和预防腐败体系建设。

5月21日，在2009年学校党风廉政建设工作会议上，龚裕代表校党委作题为“深入学习实践科学发展观，扎实推进廉政风险防范管理工作”的报告，标志着北工大廉政风险防范管理工作正式推进。校纪委先后组织召开11次相关会议，其中：学习部署会2次，动员会1次，试点单位交流会2次，培训会1次，联络组工作会3次，汇报会2次。

作为北京市教育纪工委重点联系单位，校纪委先后3次介绍北工大廉政风险防范管理工作进展情况。其中6月11日，在北京市廉政风险防范工作交流会上，龚裕作“以科学、创新精神，扎实推进廉政风险防范管理工作”的主题发言。向市教育纪工委上报廉政风险防范管理工作信息3次，发布校内《纪检监察信息》12期，校园网设置开展廉政风险防范管理工作专栏，编辑《廉政风险防范管理工作学习材料》。北京青年政治学院等20余所高校来校学习交流。

校纪委成功申请北京市教委人文社会科学研究计划重点项目“基于PDCA理论的高校廉政风险防范研究与实践”，探索研究高校廉政风险防范管理工作；组建由校纪委委员、院级纪检员、党风廉政监督员和专职纪检干部组成的廉政风险防范管理联络组；构建以“五三五”为主要内容的廉政风险防范运行机制，即：针对岗位职责、工作流程、制度机制、思想道德和外部环境等方面产生的“五类风险”；建立前期预防、中期监控、后期处置“三道防线”；基于PDCA循环理论，将工作环节充实概括为确定风险点、制定防范措施、落实责任主体、实施考核监督、进行反馈完善的“五步工作法”。将财务处、基建处、后勤管理处、国资处、后勤集团作为试点单位，以点带面，根据《廉政风险防范管理工作进度表》的要求，在全校全面推进，总结提炼了“三个逐一”、“确保三全”、“把好三关”、“顺查倒理”和“双责一体”等工作标准，逐步形成校、院（部处）、系（室）及工作人员三级廉政风险防范管理的长效机制，增强全体教职工及相关部门的监督意识、防范意识和责任意识。

**【干部作风建设】** 校纪委结合“领导干部作风建设年”的要求，开展领导干部廉洁教育，加强领导干部党性修养和作风建设。坚持以学习教育为先导，制订《党风廉政宣传教育工作制度》，以正面宣传为主，加强示范教育和警示教育。开展“五个一”活动，即组织上一次廉政教育党课、对新任处级干部进行一次廉政谈话、举办一次领导干部廉政教育大会、召开一次专题民主生活会、进行一次廉政警示教育活动。5月中旬，校纪委组织学校副处级以上领导干部160余人参观北京市反腐倡廉警示教育基地，接受党风廉政建设警示教育和普法教育。

12月12日，在学习十七届四中全会精神的处级干部培训班上，龚裕作题为“学习贯彻四中全会精神，深入推进党风廉政建设”的报告，要求广大领导干部切实增强廉洁从政意识，不断加强作风建设和党性修养，让权力在阳光下运行。

【监察工作】 校监察室履行监察职责，对学校的基建、设备采购、招生考试、教育收费等工作进行监督。全年共参加学校各类监察工作73次。

6月，学校开展“小金库”专项治理工作，全校66个单位开展自查自纠工作，学校检查组重点检查了校内停车、运动场馆收费、后勤服务、房屋和设备出租及二级学院国际合作办学收费的情况，督促相关部门积极整改，制订防范措施。

【制度建设】 校纪委以落实中央《建立健全惩治和预防腐败2008—2012年工作规划》为契机，对照《关于加强北京普通高等学校惩治和预防腐败体系基本制度建设的意见》，督促组织学校建立完善各项管理监督制度74项，完成《北京工业大学惩治和预防腐败制度汇编》。梳理现有纪检监察制度，制定《北京工业大学招投标监督工作规定》、《北京工业大学关于对处级干部实行廉政谈话的规定》、《北京工业大学严格依纪依法办案工作暂行办法》等，修订《北京工业大学党风廉政建设责任制实施办法》、《北京工业大学招生监察工作实施办法》等14项，基本形成涵盖责任落实、反腐倡廉宣传教育、规范化管理、监督制约、违纪违法行为惩处五方面内容的惩治和预防腐败制度体系。

【队伍建设】 校纪委注重加强纪检监察干部队伍建设，提高纪检干部综合素质和工作水平。新增专职纪检干部2人，加强队伍建设；规范内部工作程序和制度，定期开展政治和业务学习，参加相关部门组织的业务培训，提升思想和业务素质；聘任13名民主党派、教代会、学生代表为校第五届党风廉政监督员，加强民主监督。

（王小利　马维娜）

# 学生工作

【概况】 2009年，学生工作紧密围绕学习贯彻党的十七大精神，深入学习实践科学发展观，积极落实整改措施。结合国庆60周年，继续深化“我与祖国共奋进”主题活动，唱响共产党好、社会主义好、改革开放好、人民军队好、人民群众好、伟大祖国好的时代主旋律。本着“抓基础、重实效、出人才”的原则，统筹资源，加强管理，凝聚力量，优化结构，不断提升学生工作管理与服务的专业化、规范化和科学化；全面推进学生辅导体系的构建，进一步推进辅导员队伍的专业化建设，努力营造合理有序、积极向上的校风和学风，建设和谐发展的育人环境。继续坚持以服务学生为目标的学生约谈和学生接待日制度，拓宽了学生参与学校建设的渠道。积极推进学生信息系统建设，逐步实现学生事务信息化管理；切实加强学生工作队伍建设，推进辅导员队伍的专业化建设。

（文　然　王秀彦）

【学生党建与思想政治教育】

（1）学生党建。①学习实践活动。2009年上半年，学生工作部和研究生工作部共同制定《关于在学生党员中开展深入学习实践科学发展观活动的指导意见》，在学生党员中开展了深入学习实践科学发展观活动。针对学生特点，以“我与祖国共奋进，与学校共发展，与同学共成长”为主题，以“提高人才培养质量、促进学生全面发展”为主线，以深化大学生素质教育为切入点，以实施学生学业推进计划为载体全面展开学习实践活动。学习实践活动包括学习培训、分析调研、推进落实三个阶段，全校1 300多名本科生党员和171个本科生党支部参加了学习实践活动，并取得实效。3月28日，学生工作部和研究生工作部组织召开学生党支部书记学习培训会，邀请了北京第一机床厂厂长崔志成和北京科技大学学生党支部书记代表参加培训会并作报告，170余名学生党支部书记以及校学生会、研究生会的代表参加培训。通过开展学生党支部书记培训会和论坛，增强学生党员骨干的学习能力与工作水平。②与学业困难学生手拉手主题党日活动。3至12月，开展“学生党支部与学业困难学生手拉手”主题党日活动，积极创建学习型、实践型、民主型、服务型、和谐型，即“五型”学生党支部，推进学生党支部建设。各学生党支部通过开展“手拉手”共建活动，共帮扶学业困难学生368人。③以参与国庆游行训练为契机，积极开展爱国主义教育，扎实做好思想政治工作。成立国庆游行方阵临时党支部党员服务岗和开展入党宣誓仪式。在训练中制定《在国庆活动中加强学生党建和思想政治教育工作的实施方案》，明确这一特殊时期学生党建和思想教育工作的目标要求和具体安排，成立国庆活动临时学生党支部，建立党员先锋岗，开展一系列主题教育活动。训练期间，先后有50名同学递交入党申请书，上交个人思想汇报260余份。9月28日，举行参加国庆60周年庆典活动学生入党宣誓大会，63名新老党员面向党旗庄严宣誓。组织开展“我与祖国共奋进”主题征文活动。共征集作品105篇，经过北京市群众游行指挥部的评审，获一等奖2篇，二等奖6篇，三等奖9篇，纪念奖88篇。

（2）主题教育活动。以新中国成立60周年为契机，在全校范围内开展“我与祖国共奋进，与学校共发展，与同学共成长”主题教育活动。以纪念新中国成立60周年，“五四”爱国运动90周年为契机，在全校学生中开展爱国主义、集体主义教育，树立共产主义远大理想和责任意识。

（3）安全教育。结合市教工委《大学生安全自护自救手册》，编写学生安全教育动画教材，组织学生制作出一套北京工业大学学生安全教育宣传FLASH动画片，挂于学生工作部网页上供学生浏览学习。

继续实行安全事件月报制度，对各学院上报材料审核筛选和归档，系统管理好学生安全信息。积极做好学生防控甲型H1N1流感工作。坚持日报制度，做好每天信息的采集筛选以及上报工作。在国庆60周年游行活动中，完成了2 700名师生接种甲流疫苗组织管理工作。

（4）形势政策教育。2009年，根据教育部社科司下达的《2009年形势与政策教育大纲》，制定了学校形势与政策课程的教学大纲，组织教研组全体教师进行学习与研讨，以平时测验结合论文考核的方式，从8个专题方向进行授课。共对2 500余名本科学生进行了课堂教学，计32个班次，1 536个学时。

深化形势与政策课程教育教学改革，加强教师队伍专业化建设。年度形势与政策课教研组教师人数达到24人次。队伍建设采用人员队伍固定化管理，通过混合排课的方式，推动课程专题化，促进任课教师专注于一个领域开展更为深入的研究。课程采用日常考核、定期研讨与备课等管理模式，敦促教师相互交流与发展，推动教师队伍的专业化、精英化发展。

形势与政策课程教材编纂工作。完成形势与政策课程教材的初稿。多次组织与形势政策教育的学生约谈及2次大型问卷调查活动。组织同行教师“听课评教”及课程录像，并以此为基础在教研组内开展教育教学大讨论。

（5）学生思想动态调查。3月15日至4月12日，北京市教工委组织“学生思想状况滚动调查”，北京工业大学组织了学生座谈会；发放200份相关问卷，回收194份，回收率97%。根据不同人群的特点召开座谈会，参加人员共52人。整理学生们最想说的一句话，撰写座谈纪要和调查报告。

（赵庆明　王秀彦）

**【学生事务管理】**（1）三大典礼。2009级新生开学典礼在体育馆举行。校院各级领导和3 100余名本科生、1 500余名研究生一起参加了开学典礼。各学院新生代表在“与祖国共奋进、与学校共发展、与同学共成长”的背板上签下了新生誓言，各学院新生将自己的美好心愿写在心愿卡片上，将心愿卡片投到了心愿箱中。

2009年7月，共毕（结）业学生3 109人，其中本科毕业生2 773人（其中专科起点本科毕业13人）、本科结业生30人、高职毕业生305人、高职结业生1人。共授予2 729人学士学位，其中工学学士学位1 689人，理学学士学位180人，法学学士学位114人，管理学学士学位403人，经济学学士学位167人，建筑学学士学位48人，文学学士学位128人。共评出优秀毕业生319人，其中北京地区高校优秀毕业生121人，北京工业大学优秀毕业生198人。2009届毕业典礼在体育馆隆重举行，毕业生把刻有自己名字的石子郑重地放在了“北京工业大学”的字模中，并把自己的毕业心愿写在卡片上，与气球一同飞上蓝天。

各学院采取灵活形式进行奖学金的表彰。

（2）学生辅导。①新生辅导。9月4日，2009级全体新生开学典礼之后接受了为期一个学期的新生辅导。蒋毅坚作“大学生成长教育”专题讲座；学院分别安排学生管理规定解读、学籍管理规定解读、校园安全教育、图书馆资源使用讲解、校园网络教育资源讲解、专业认知教育以及大学生心理适应指导。入学教育采用课程的形式呈现给2009级新生。9月28日，对全体2009级本科新生进行了校规校纪考试，校本部应考学生2280人，通过2269人。②深度辅导。学生工作部门、各学院以学生发展为本，坚持“面向全体、针对问题、科学指导、整合力量”的工作原则，以辅导员工作为抓手，形成学生全面覆盖、重点精细处理的工作网络，确保了每名学生都能得到至少一次有针对性的深度辅导，为学生健康成长成才提供良好服务。学生辅导工作全面开展，内容涉及学业辅导、心理辅导、生活辅导、职业规划辅导、新生适应辅导等，形式包括团体辅导、个体辅导、工作坊、讲座、座谈等。在深度辅导过程中，学校和各学院学生工作部门精心策划、认真组织，开展新生和新上岗辅导员培训，提高辅导员工作的水平。

（3）学生奖惩。5月26日至6月29日，对全校本、专科毕业生进行优秀毕业生评选，共评选出121名北京市优秀毕业生、198名北京工业大学优秀毕业生，并在毕业典礼上颁发奖状并授予学位。

9月27日至11月13日，进行奖学金评定，2009年奖学金评定个人奖全部施行了网上申请审批。全校共有9 257名本科生参加奖学金的评定，共有 2 309 人获奖，占参评人数的 24.94%。评选结果：北京工业大学先进班集体 19 个，北京工业大学优良学风班 35 个（含先进班集体），北京工业大学标兵团支部 16 个，北京工业大学优秀团支部 33 个，北京工业大学优秀社团 11 个，北京工业大学优秀社区 4 个，北京工业大学三好学生获得者 300 名，北京工业大学学习优秀奖获得者 1 413 名，北京工业大学科技创新奖 138 名，北京工业大学突出事迹奖 4 项，北京工业大学励志奖 50 名，北京工业大学优秀学生干部 399 名，科技之星奖 3 名，科技之星提名奖 2 名。

2009 年，共处理学生违纪事件 42 起。配合税务机关进行学生教育储蓄核查工作，共开立证明 49 份。

（4）辅导员工作。①辅导员制度建设。辅导员工作深化创新，全面落实中央及北京市文件精神，制订了《北京工业大学辅导员队伍建设实施办法（试行）》。在对全体学生多层面、多方位开展各种主题教育的同时，着眼学校发展与学生发展的大局，着力加强德育队伍建设，特别是专职辅导员队队伍建设，力求建设一支职业化、专业化、专家化的辅导员队伍。截至 2009 年 12 月，共有专兼职辅导员、班主任 353 人，其中专职辅导员 150 人，兼职辅导员 16 人，班主任 187 人。②辅导员培训。2009 年，为深入开展新生辅导工作，夯实深度辅导工作的基础，加强辅导员队伍建设，学生工作部、研究生工作部对 2009 级新生 65 名辅导员及新上岗的 34 名辅导员进行了系统培训。按照校院两级管理模式，本次培训由学校和学院共同组织完成，分为两个阶段进行，第一阶段为学校组织全体辅导员参与的培训活动，第二阶段由各学院组织开展。12 月 24 日，召开新生辅导员培训结业仪式暨学生工作总结表彰大会。党委副书记张革、副校长蒋毅坚、各学院和职能部处领导以及全体专兼职辅导员、班主任参加会议。共评选出 10 个学生工作先进单位，46 名优秀辅导员。③专职辅导员专业技术职务聘任。11 至 12 月，学校首次进行专职辅导员专业技术职务聘任工作。确定正高级岗位职务 1 人，副高级岗位职务 2 人，中级职务 8 人，初级职务 15 人。④辅导员考核和奖励。根据《北京工业大学辅导员考核条例》，落实《北京工业大学辅导员岗位补贴发放暂行办法》。各学院还制定符合本院特色的《辅导员绩效考核实施细则》。

（5）推荐免试攻读硕士研究生的优秀学生干部。2009 年共挑选出 18 名优秀学生干部加入到 11 个学院、5 个职能部门工作。

（6）接待和约谈。进一步拓宽学生工作的信息沟通渠道，完善学生约谈和接待制度。2009 年共进行约谈会 33 次，有 320 名学生参加，其中本科生 270 人，研究生 50 人，编辑约谈会简报 33 期。2009 年，全年共设接待日 32 次，接待学生 40 余人次。

（7）能力素质培训。2009 年，学生能力素质教育中心紧密围绕国庆 60 周年庆祝活动，继续开展提高学生能力和素质的系列培训工作。与北京方元蓝图咨询顾问有限公司合作开设学校任意选修课 7 门次，包括路由交换技术、计算机网络基础、无线网络工程师、现代计算机技术、思科 CCNA 网络工程师、现代计算机技术、网络安全详解等课程，共有 106 人次选修；与文登考研学校开设考研英语、政治、数学辅导课程，共 7 门次，共有 148 人次参加辅导培训。

（文　然　王秀彦）

**【国防教育工作】**　（1）军训工作。2008 级 15 个学院 3100 余名学生参加军事理论学习和军事技能训练。2009 年军事技能训练分别在北京工业大学本部操场、实验学院体育场、艺术设计学院体育场进行。此次军事理论课与军训穿插进行，完成 32 学时的课程。

军事理论课由国防大学派出的教官对学生进行为期一周的军事理论教育，教学内容包括：中国国防、古代军事思想、国防法规、新军事变革、国际战略环境、核生化武器、中国武装力量、军事高技术、美国军事战略、印度军事战略等军事理论内容。

武警北京总队二师七支队官兵承担 2008 级学生军事训练任务。在 17 天里，承训部队对全体参训学生进行了包括队列、军体拳、格斗、战术以及分列式等内容的训练，选拔训练优秀学生参加首都国庆群众游行方阵的训练，评选出 900 余名优秀学员。

（2）征兵工作。2009 年度的征兵工作从 10 月开始，以征兵工作为契机加强国防教育，开展宣传教育活动；印刷宣传单 2 万多张，制作宣传条幅 20 余条，广播台和校园网的大力宣传促进了征兵工作的顺利开展。学校共有 4 名大学生通过体检和政治审查，光荣入伍。

（3）国防教育活动。2009 年，武装部积极开展国防教育活动。国旗班、定向队、民兵组织等学生社团积极开展丰富的国防教育活动。2009 年，学校定向队参加北京市组织的定向越野比赛四次。5 月，学校成立民兵组织，组建重机枪连队和阵地抢修连队。

（陈佳楠　王秀彦）

**【勤工助学工作】**　2009 年，北京工业大学共有家庭经济困难学生2 031人，其中本科生1 477人，研究生554人。共对5 548人次的家庭经济困难学生进行不同程度、不同形式的资助，这些资助来自国家、北京市、学校、校外慈善机构和企事业单位，共计470.69万元。

（2）绿色通道。2009年，新生入学绿色通道共接待2009级家庭经济困难学生401人，其中本科生346人，研究生55人，为137名学生办理学费缓交手续，缓交金额70.67万元，发放免费生活用品和一次性补助共计2.74万元。

（3）资助工作。2009年，北京工业大学主要通过以下助学渠道对家庭经济困难学生进行资助：国家励志奖学金448人，助学金额224万元；国家助学金2 044人，资助金额45.81万元；专项伙食、饮水、通讯补贴1 635人，资助金额23.35万元；安排勤工助学岗位1 200人次，资助金额106.58万元；减免学费26人，减免金额7.91万元。北京工业大学收到以下助学单位的爱心资助：六合兴助学中心资助学生13人，资助金额6.5万元；中国红十字会资助学生28人，资助金额1.4万元；希望工程北京捐助中心学子阳光助学金资助学生7人，资助金额2.8万元；中国扶贫基金会新长城助学金资助学生16人，资助金额2.94万元；曦明助学金资助学生20人，资助金额5万元；华民慈善基金会就业扶助项目资助学生111人，资助金额44.4万元。

（4）素质教育工作。2009年，北京工业大学开展了全方位、多角度的家庭经济困难学生素质教育工作，举办多次教育与培训活动。4至5月开展学生心理团队辅导及学生干部培训；参与中国青少年发展基金会的“激励行动”项目，多个团队项目入围，并获得优秀组织奖；针对双困学生开展就业辅导；针对新生开展计算机技能培训等。

（袁 文 王秀彦）

**【学生社区管理与服务】** 学生社区管理服务中心是学生社区的管理和服务部门，职工160人，其中主管岗43名。学生社区现有学生公寓17幢，校内公寓13幢，校外中蓝公寓4幢，为16 000名学生提供住宿服务。

（1）文化建设工作。社区中心于5月和11月分别举办了第11、12届“居室美化”活动。6至7月，展开毕业离校工作，开展“文明离校”活动。8至9月，开展迎新工作，整理和设计各类迎新资料，其中包括：《学生社区常识问答手册》、《学生社区文化手册》，重新修订《学生入住手册》。

2009年，共开展毕业生经验交流座谈、“活力社区、闪动智慧”益智游戏大比拼、“健康有你我，默契三人行”活动、“超越自我，让激情飞扬”混合双打羽毛球赛、“优良环境联创，共建绿色社区”文明共建活动、“爱我国家、盛世中华”——展板设计活动、和谐中蓝——“我爱我家”社区舞会、“温暖励志”——电影放映活动、相声文化传播与相声表演活动、“点亮万圣节，活跃四号楼”——万圣节活动、“时有罢酒 烟知非福”——戒烟戒酒宣传活动、“明亮活动室 温暖暖人心”——辅导室开放活动、“为旧爱找新欢”跳蚤市场活动等社区文化教育活动16项。

4月中旬，学生社区开展主管岗高校交流学习活动，共派出4名主管岗到首都经济贸易大学学生公寓担任挂职楼长，交流学生管理工作。

（2）辅导及信息工作。2009年，社区对24名学生进行“一对一”学业帮扶，开展团体辅导15场次，个体辅导40人次，参与团体辅导、个体辅导的教师60人。社区编辑出版会刊《北京高校学生公寓》杂志，2009年共出版3期。4月17日，在知新园多功能报告厅，举行北京工业大学学生成长志愿辅导行动启动仪式，共120人参加。11月，学生社区信息化管理平台正式投入使用，进行信息化管理平台实操培训，参加培训的有30人。

（3）学生社区学生党建工作。2009年，学生社区直属党支部共有学生党员28人，入党积极分子64人，发展党员17人，党员转正11人。对积极分子考察培养，举办理论学习10次，理论考试2次，演讲比赛2次，党日活动5次，群体见面会2次，二对一谈话34次，班级调查17次。学习实践活动，支部党员自发成立先锋助学团，深入各楼学生宿舍调查11次，召开征求意见座谈会3次，受邀参加座谈访谈人员62人，收到建言献策表39份，征集到对社区及学校发展意见27条，已列出5个突出问题，办理惠民实事5件。学生直属党支部获得“优秀支部”和“先进院级党组织”称号，3人获得“优秀个人”称号。

学生社区助理联席会，采取“1+1+1”的新型服务模式，举办活动10次，5月6日开展纪念汶川地震一周年义演晚会，共有100名学生参演，800名学生观看演出，募集善款3 595.06元，全部交朝阳区南磨房红十字会重建四川原石乡希望小学。

奖学金评定工作，共有11人评为校级优秀学生干部，27人评为社区优秀学生干部，2人免试推荐攻读硕士研究生。

（4）物业及安全工作。公寓楼内改造一卡通系统；北研公寓楼105间宿舍指纹门禁系统安装完毕；举办“119”消防宣传活动，共160人参加；社区坚持健全安全预案，完备“零报告”制度，控制H1N1流感蔓延，确保社区安全无隐患。

（张　玥　王秀彦）

**【北京高校学生事务管理研究中心】** 2009年，学生事务管理研究中心在继续加强与北京市教工委和其他高校联系交流的同时，着重关注辅导员职业化的研究，针对辅导员职业化培训体系等项目进行理论探讨，完成第二批委托课题的鉴定和结题工作，2008年25项委托课题项目在2009年顺利结题。中心策划、资助了《彰德启智——大学生思想教育工作探索与实践》、《启迪智慧——大学生深度辅导实录》两本书。

（王　超　王秀彦）

**【心理健康教育】** ①心理素质教育宣传工作。以构建和谐校园为目标，以“直面压力、放飞理想——我与祖国共奋进”为主题，学校第十六届心理健康宣传月在四月下旬启动，以“周”为单元推出了一系列丰富多彩的活动。第一周为学院周，以各学院的心理宣传活动为主打活动。第二周为嘉年华周，中心和校心理健康协会组织学院参加心理拓展运动会，学生们通过此项活动获得了团队合作的宝贵体验。第三周为心理小品大赛，各院展示了不同主题的心理小品和其他精彩节目。第四周以“5.25”心理健康宣传日为主题，中心和校院两级心理协会在礼堂前的树干上系上代表关爱心理和精神健康的绿丝带；开展“善用网络 远离网瘾”主创作品展选活动；“倾语心理热线”的志愿者推出关于“恋爱风格和职业倾向”的专业心理测试，实验学院推出“直面压力 放飞心情”气球放飞活动，以及北京高校心理横幅传递活动等系列心理健康主题活动。此外，中心还坚持开通“倾语”心理热线，建立一支热线志愿者队伍；协助研究生会举办了研究生“心理沙龙”，推进了研究生的心理素质教育工作。②大学生心理适应指导课程。自2009年9月起，中心面向2009级全体本科生开设了“大学生心理适应指导”课。此课程为第二课堂必修课程，共计6次课，1个学分，15名教师参与授课。共开设23个课堂，2 300余名学生参与听课。达到了让每一个学生入大学伊始就关注自身和他人心理健康的基本效果。该课程的授课教师以专业心理教师队伍为基础，吸收相关专业的其他教师，组成了“心理素质教育教师团队”，并且完成了对该课程教材的编写，于2010年印刷出版。③新生心理普查工作。2009年新生心理普查工作，于10月初开始，至12月中旬结束。心理测查工作：中心通过网络平台对新生进行了三项问卷测试，分别为UPI（大学生人格问卷）、SCL-90（90项症状清单）和BDI（贝克抑郁自评问卷）。4 492名学生完成测试，其中，研究生1 420人，本科生3 072人。心理筛查工作：在对问卷结果分析的基础上随机挑选出部分同学，由各院负责组织学生参访，由中心派专业教师到各院开展面对面访谈。约谈学生115名，其中，研究生21人，本科生86人，其他8人。建议咨询的学生16名，需要关注的学生17名，需要危机干预的学生1名，并已经通知该院心理负责教师予以关注，并由心理咨询中心教师协助其开展后续工作。

（阮　玲　王秀彦）

## 统战工作

**【概况】** 2009年北京工业大学统战工作围绕学校开展的学习实践活动，支持协助民主党派、无党派人士开展学习贯彻科学发展观活动；以科学发展观为指导，不断加强党外干部队伍建设，建立和完善统战工作制度和机制；加强党的统战理论和政策的学习宣传，努力形成大统战的意识和氛围。

北京工业大学党委统战部是隶属于学校党委系统的职能部门，职能是了解情况，掌握政策，调整关系，安排人事。

北京工业大学八个民主党派共有237名成员。其中中国国民党革命委员会（简称民革）15人，中国民主同盟（简称民盟）101人，中国民主建国会（简称民建）22人，中国民主促进会（简称民进）14人，中国农工民主党（简称农工党）10人，中国致公党（简称致公党）10人，九三学社64人，台湾民主自治同盟（简称台盟）1人。北工大民主党派建立校级基层组织有5个：民革支部、民盟北京工业大学委员会、民建支部、民进支部和九三支社。各学院还有一批无党派人士、归侨侨眷、少数民族和归国留学人员等统一战线成员。

北工大民主党派和统战人士积极参政议政，在各级人大、政协组织中担任要职，同时参与学校的民主决策和监督管理。在北工大民主党派成员中有3人任中央委员，3人任市委副主委，4人为市委委员，1人任区委主委，2人任区委副主委，3人任区委委员。在党外人士中有2人任第十一届全国人大常委和第十一届全国政协委员，1 人任市第十三届人大委员，4 人任市第十一届政协委员，8 人任区政协委员、人大常委，有 6 人被聘为北京市特约监察员和督导员等。担任副校长职务的民主党派人士和少数民族各 1 人。民主党派和无党派人士中担任处级职务的有 16 人。

**【主要工作】** （1）坚持民主协商座谈制度。12 月 31 日，学校召开党外代表人士通报会，民主党派、侨联负责人和无党派人士代表参加会议，张革、龚裕、张爱林、蒋毅坚出席会议并通报学校相关工作。张革代表党委通报了学校开展科学发展观学习实践活动以来学校在服务北京、基层党建、为师生办实事、国庆 60 周年庆祝活动等方面的情况；张爱林、蒋毅坚分别就学校科研、“十二五”规划、教育教学、质量工程等工作向党外人士通报；龚裕通报了学校党风廉政制度建设以及廉政风险防范工作开展情况。民主党派、侨联和无党派人士就学校的学科建设、人才培养、教学科研、校院两级管理、教学科研的考核等方面提出建设性的意见和建议。

（2）邀请民主党派和无党派人士参加学习实践活动。从最初的提炼学习主题、调研座谈、分析检查到最后阶段的落实整改报告、满意度测评，多次组织党外人士参加，听取他们的意见和建议。校长和书记亲自参加民主党派和无党派人士的座谈会。党委统战部为民主党派学习活动提供《毛泽东邓小平江泽民论科学发展观》、《科学发展观重要论述》、《深入学习实践科学发展观活动领导干部文件选编》等学习资料，邀请民主党派负责人参加学校的学习报告会、研讨会等，组织党外人士参加学校开展的“为学校科学发展献良策”活动。民革支部获学校建言献策先进集体奖，11 位党外人士获先进个人奖。

（3）加强党外干部队伍建设。制订《北京工业大学党外代表人士队伍建设规划（2009—2013)》，进一步完善党外代表人士、党外后备干部队伍的信息库，重新调整了学校领导和党外人士联系交友的名单，同时和民主党派协商建立党派负责人后备队伍人选，推进党外后备干部队伍建设工作制度化、规范化。2009 年，选派党外干部 4 人参加北京市委统战部、教工委组织的学习培训班。选派 5 名民主党派青年教师参加学校组织的暑期社会实践活动，到老区和革命圣地参观考察。经学校常委会认真讨论通过，顺利完成了推荐全国、北京市政协后备人选的推荐工作。

（4）加强党的统战理论和政策的学习宣传。9 月，和组织部联合开展统战理论、政策和统战知识的培训。邀请人民大学统战部长、世界政党理论专家周淑真教授给学院党委书记、统战委员、党务干事、教工入党积极分子作“发展中的中国特色政党制度”辅导讲座。11 月，统战部、组织部共同举办统战工作培训班，学院党委书记、统战委员、组织委员均参加培训。邀请北京大学党委统战部长卢咸池教授作题为“统战情——认识与行动”的辅导讲座。

（5）开展庆祝新中国成立 60 周年和政治协商制度建立 60 周年主题活动，举办民主党派、无党派人士、侨联代表“迎国庆、庆中秋”座谈会，参观“复兴之路”展览，到北京郊区参观新农村建设成就，举办“发展中的中国特色政党制度”讲座。

（6）参加统战系统的征文和调研活动。组织学校专业教师、党委书记以及关注统战工作的人员，参与北京市委统战部组织的纪念“多党合作制度建立 60 周年理论与实践”研讨会征文。向第十四次全国高校统战工作研讨会递交的两篇论文入选大会论文集。统战部组织撰写的《大学生宗教信仰状况调查与高校统战工作服务育人探析》一文获 2009 年北京市统战理论研究成果二等奖。统战部撰写的《以科学发展观为指导拓展高校无党派人士参政议政工作新局面》一文获 2009 年北京市统战理论研究成果三等奖。统战部获 2009 年北京市统一战线理论研究和调查研究优秀组织奖。

（7）2009 年女教授协会工作。举办庆“三八”座谈会，组织编印《巾帼风采，美丽情怀》女教授事迹汇编，组织女教授参观北京市妇联举办的巧娘工程——手工艺品制作工厂。

**【重要事件】** （1）九三学社北京市朝阳区委北京工业大学支社于 3 月 11 日召开支委会，增补张金喜为支社副主委，并调整主委、副主委分工。

（2）5 月 19 日，崔铁宁、张建宇、高向宇、蔡勉、何秀丽、路艳梅担任学校第五届党风廉政监督员。

（3）6 月 19 日，黄帅受朝阳区人民政府聘请担任朝阳区人民政府第九届特约工作人员，聘期为三年。

（4）2009 年，中央统战部六局聘请卢清国、崔铁宁、蔡勉、黄海峰、戴俭担任中央统战部信息联络员，聘期三年。

（5）9 月 5 日，第八届全国政协常委，九三学社中央原副主席、北京市委原主委，北京市第八届、第九届人大常委会副主任，北京市第五届政协副主席，北京工业大学原副校长、教授陈明绍在北京病逝，享年 95 岁。

（王 跃 程晓琦）

## 保卫工作

【概况】 2009年，为确保“平安北京”、“平安校园”和“国庆平安行动”任务有效落实，保卫处（党委保卫部）坚决贯彻落实党中央和北京市关于维护高校安全稳定指示精神，坚持专群结合，进一步完善校园维稳工作长效机制，确保了学校安全、顺利、圆满完成首都国庆60周年群众游行、广场合唱及联欢晚会群众联欢大学生联欢板块的集体舞和联欢节目表演任务，确保了学校教学、科研、管理、服务等各项工作的顺利进行，确保了全年校园安全稳定。

2009年，保卫处下设5室1队1中心：治安管理办公室、政保管理办公室、消防管理办公室、校治安综合治理办公室（兼交通安全管理办公室和外来人口管理办公室）、信息综合管理办公室（兼户籍管理办公室）、校卫队及监控中心。主要职责：校内案件侦破，查处违规，调解治安纠纷；稳定工作；消防器材设备与设施配置维护，火险火灾扑救，隐患检查整改，危险化学品以及放射源安全监督管理；校内及周边治安环境治理，交通安全管理以及外来人口、施工工地、出租房屋、商业网点、安全生产、公共场所、大型活动安全监督管理；安全防范宣传教育，户籍管理和处内财务、档案、人事、信息、退休人员、固定资产以及后勤服务；门卫、看楼、巡逻以及“2110”出警服务等；安全技术防范系统建设、监控中心运行管理。

2009年，北工大被北京市国家安全局评为2009年度先进单位，保卫处获北京市公安局集体二等功（该项奖励首次向北京高教系统颁发，获表彰高校仅有5所）。2人被北京市国家安全工作领导小组办公室评为2009年度首都国家安全工作先进个人。1人获北京市公安局个人三等功，4人获北京市公安局个人嘉奖。1人被评为校级优秀党员和校级优秀党员标兵。

【国庆平安行动】 根据市委教育工委“国庆平安行动”工作要求和部署，保卫处积极贯彻校党委制订的《北京工业大学深入开展“国庆平安行动”实施方案》，高质优效地开展战前整治专项行动和战时严控工作，为建国60周年营造出安全、稳定、和谐的良好校园环境与氛围，确保了学校参加首都国庆60周年各项活动万无一失，做到了“校园区域有人巡、矛盾纠纷有人解、重要部位有人看、重点人员有人控、突出问题有人管、敏感事件有人报”，实现了“大事不出、小事减少、秩序良好”的总体工作目标。

（1）确保学校参加国庆群众游行等各项活动安全、准时、有序完成。制订多项内容的工作方案，采取分段、分区包干负责制并将各项工作责任严格落实到岗、到人，并组织桌面推演和交通疏导、现场警戒、门卫查验等一系列专门业务培训。确保7月25日至9月30日学校参加国庆群众游行方队在校内新、老体育场训练、合练共计13次训练任务安全、顺利完成。圆满完成8月3日至10月1日学校参加国庆群众游行方队、广场合唱及联欢表演师生外出合练彩排、国庆庆典游行和演出期间的校园交通疏导和安保工作。

（2）做好防控甲型H1N1传染病防控工作，确保参加国庆活动师生健康安全。8月20日至国庆期间，保卫处先后对校园实施二级加强防控和三级超常防控，严格实施校门体温检测和验证管理，有效地阻止了疫情在校园蔓延。

【安全技术防范系统建设】 按照市委教育工委、市教委和市公安局联合下发的《关于全面加强高校安全技术防范工作的意见》要求，保卫处完成技防七期工程、监控中心升级改造工程和剧毒放射库联网工程建设。全年监控中心技防系统运行正常，共计派勤40次。圆满完成场馆技术防范工作，确保了场馆安全。

【“2110”报警求助热线】 坚持“2110”长效应急机制，服务师生，应对突发事件，维护校园安全秩序。全年共接到“2110”求助电话14次并迅速到位、妥善处理。

【消防管理】 加强消防管理和宣传培训，严防火险火灾。①消防检查。以电、气、火、放射源、化学危险物品、人员密集场所等部位为重点，坚持日常巡查，并围绕雷霆行动、国庆60周年以及节假日等开展消防大检查4次，完成31个单位的火灾隐患检查督促整改工作，并完成检查计划、总结报告、消防档案、火灾预案和隐患台账制作和完善工作。②消防器材。完成了5 420套器材的配置工作，新建学科楼已进驻单位以及需增补、报废更新器材单位的消防器材均发放到位。完成了全校7 992具手提灭火器、16辆灭火车的检修工作，并完成全校1 433个室内消防栓、72个室外消防栓的维护保养工作。③危化监管。在公安机关监督指导下，进一步加强对剧毒、放射、易燃、易爆等危险化学物品的安全监管工作，强化检查，掌握情况，落实措施，严格审核，做好服务，保障教研，确保安全。为确保首都国庆60周年期间校园安全，保卫处与国资处共同配合，先后2次监督完成对校内6吨废旧化学试剂的清查、移交和报废处理工作；在寒假、五一、暑假、十一等节假日前夕对校内实验室进行安检，不断加强实验室管理，消除安全隐患。④宣传教育。以冬季防火为重点，大力开展消防宣传培训工作，进一步增强师生员工消防安全意识和火灾自防自救能力，不断提升校园义务消防队的实战能力，营造全员支持消防、人人参与消防的良好氛围。全年对新生、学生安全员、学院和重点防火部位进行消防培训770余人次，对保安员培训81次5 316人次。“119”期间，通过广播、横幅和消防演练加强宣传教育，并组织开展“119”消防知识答卷有奖活动，全校621名师生员工参加，30名师生分别获得一、二、三等奖。

**【交通及综合治理】** （1）通过板报、广播、电视、考试等方式开展交通安全宣传教育12次。

（2）加强大型活动管理。全年校内共举办各类活动327次，其中200人以上的大型活动79次。国庆期间按照学校要求严格控制各类活动举办。

4月11日，学校举办“高招开放日”咨询活动，5万余名学生及家长前来咨询。保卫处配合招生就业处制订详细的安全预案，并在市公安局文保处、南磨房派出所、朝阳交通支队等公安机关的大力帮助下采取了严密的工作措施，圆满完成了安保任务。

（3）开展环境整治、施工工地及外来人口管理。全年入校施工单位35个、工地39个，保卫处与施工单位签订安全协议书31份，深入工地开展安全宣传教育28次1 200余人、安全检查217次并排除安全隐患26起。在两会和春秋游期间，配合交管部门深入各单位对车辆和重点驾驶员进行安全检查、宣传和登记，明确责任，提出要求，落实安全保证书等任务。

**【校卫队工作】** 查验携贵重物品出校260余次，阻止无手续外运物资8起、无证无邀请进校机动车2 400余辆次。2110巡逻车接警出车服务15次。为大中型活动、校园安全整治、押运试卷、治安蹲守、财务收费等派勤服务889余人次。

**【信息综合和户籍管理】** 更新补充办公设备19台（价值37 328.00元），整理治安档案10卷，整理上交文书档案5卷。为1 006名毕业生办理了户口迁出手续，为2 019名新生（外地本科生、研究生）办理了户口迁入手续。为师生员工零散办理户口迁出手续430人、户口迁入手续91人，为全校各类人员开具证明信2 336封，发放核对户口底票1 873张，协助更换二代身份证1 971人（学生1 871人、教工100人），制作发放便民服务卡500张，并做好户口证明、借用户口、户口咨询等日常工作。

（张雪梅　赵铁庄）

# 工会、教代会工作

**【概况】** 2009年，校工会紧紧围绕学习实践科学发展观和深化校院两级管理改革等中心工作，以新形势为主导，配合学校进一步加强工会工作，优化工会工作环境；以教代会为载体，参与民主管理，促进学校的政治文明建设；以“健康年”为主线，推进工会工作项目化管理，深化建家工作；以完善机制建设为抓手，做好维权工作，积极为教职工办好事、办实事；以科学发展为主题，广泛开展调研学习活动，建设学习型工会组织；以“大学校”为主旨，提升教职工素质，推进人才强校，在多方面取得新的成绩。

（刘显武　安　琳）

**【北京工业大学工会工作会议】** 6月11日，北京工业大学工会工作会议在科学楼召开。这是学校党委第一次召开工会工作专题会议。会议的主要任务是：认真学习贯彻胡锦涛总书记关于加强工会工作的重要指示和工会十五大精神，贯彻落实《中共北京市委关于加强和改进工会工作的意见》，进一步做好新形势下学校的工会工作。党委书记王守法，党委副书记张毅刚出席会议。副校长马志成主持会议。各院（部）直属单位的行政负责人、主管工会工作的负责人、部门工会主席、二级教代会执委会主任、校工会委员会委员70余人参加了会议。张毅刚在会上作题为“加强工会工作，推进民主建设”的报告。参加会议的人员分行政负责人、主管工会工作的负责人、部门工会主席、二级教代会执委会主任四个组进行讨论和经验交流。

（刘显武　安　琳）

**【第十一届工代会暨第六届教代会第三次会议】** 3月18至25日，北京工业大学第十一届工会会员代表大会暨第六届教职工代表大会第三次会议召开。大会的主题是“深化管理改革，促进科学发展”。会议听取并讨论范伯元校长作的工作报告和卢振洋副校长作的财务工作报告；听取并审议张毅刚主席作的工会、教代会工作报告和提案委员会主任赵凤琴作的提案工作报告；讨论《北京工业大学关于完善校院两级管理体制的意见（征求意见稿）》和《北京工业大学2008年职工福利费使用情况报告》。大会对7个优秀提案、1个提案工作优秀代表组进行表彰；评选出教务处、校工会两个单位为六届二次教代会提案承办先进单位，提请校党委审核批准后由校党委进行表彰。

（刘显武　安　琳）

**【六届三次教代会提案】** 六届三次教代会共收集提案69件，代表建议、批评与意见38件。4月23日，校工会教代会与校两办在逸夫馆报告厅联合召开六届三次教代会提案交付承办会。王守法、张革、马志成、张爱林、蒋毅坚、卢振洋、赵凤琴及学校校院两级中心组成员出席会议。会议由校工会主席、教代会常设主席团主席张毅刚主持。教务处、科技处等18个单位的负责人现场签收本部门承办的提案。

（刘显武　安　琳）

**【第三十五届田径运动会】** 4月22日、25日，举行第三十五届田径运动会。760名教职工参加开幕式第八套广播体操表演。教工组设立两类项目。田径项目为老、中、青三组共15个项目；趣味项目分个人项目6项、两人项目2项、集体项目3项。教工团体总分前八名依次为实验学院、耿丹学院、数理学院、材料学院、电控学院、后勤集团、机电学院、艺术设计学院。

（张　楠　安　琳）

**【"营造和谐环境、做健康工大人"项目】** 3月，校工会开展以"营造和谐环境、做健康工大人"为主题的项目申报工作。项目分规定动作和自选动作。29个部门工会共申报项目29个，共评出16个重点项目，13个一般项目。10至11月，29个项目结题，经过专家评分、各部门互评、工会考核等环节，共评出8个一等奖、15个二等奖、6个三等奖。

（张　楠　安　琳）

**【北京高校第六届青年教师教学基本功比赛】** 北京高校第六届青年教师教学基本功比赛于5月举行，学校选拔3名教师参赛。电控学院青年教师雷飞参赛课程"模拟电子技术基础"获理工A组基本功比赛一等奖，该课程还获得最佳演示奖和最受学生欢迎奖；环能学院青年教师崔有为参赛课程"环境微生物学"获理工A组基本功比赛二等奖；外语学院青年教师霍晓峰参赛课程"非英语专业研究生综合英语"获英语组基本功比赛三等奖。

（刘显武　安　琳）

**【北京工业大学第七届青年教师教学基本功比赛】** 北京工业大学第七届青年教师教学基本功比赛于9至12月举行。各教学单位首先在预赛的基础上选拔出35名优秀选手，分理工一组、理工二组，人文社科组3个组别参加了学校的决赛。比赛共评选出一等奖3名，二等奖6名，三等奖13名，优秀奖13名，"最佳教案奖"、"最受学生欢迎奖"、"最佳教学演示奖"各6名；另有8个学院获优秀组织奖。获奖名单具体如下：

一、综合奖项：

理工一组：

一等奖：刘鹏宇（电控学院）

二等奖：杜家政（机电学院）、郭春生（电控学院）

三等奖：滕海文（建工学院）、刘晓民（电控学院）、张小军（机电学院）、许成顺（建工学院）

理工二组：

一等奖：金雪云（计算机学院）

二等奖：和　薇（实验学院）、桑丽霞（环能学院）

三等奖：万玉红（数理学院）、梁　毅（计算机学院）、李依丽（环能学院）、金彩云（数理学院）

人文社科组：

一等奖：陈丽娟（外语学院）

二等奖：邵　辉（外语学院）、王　鹏（人文学院）

三等奖：杨玮娣（艺术设计学院）、王国彬（艺术设计学院）、李红霞（外语学院）、魏亚萍（人文学院）、李华东（建规学院）

优秀奖：

刘增华（机电学院）、全贞花（建工学院）、郭　瑾（环能学院）、尹素菊（数理学院）、贺定勇（材料学院）、杨晓军（材料学院）、赵丽娇（生命学院）、严海蓉（软件学院）、刘凯威（建规学院）、罗春燕（经管学院）、刘俊婉（经管学院）、史　敏（艺术设计学院）、李一岚（实验学院）

二、最佳教案奖：

刘晓民（电控学院）、张小军（机电学院）、桑丽霞（环能学院）、李依丽（环能学院）、邵　辉（外语学院）、陈丽娟（外语学院）

三、最受学生欢迎奖：

刘鹏宇（电控学院）、刘晓民（电控学院）、金雪云（计算机学院）、金彩云（数理学院）、史　敏（艺术设计学院）、陈丽娟（外语学院）

四、最佳教学演示奖：

刘鹏宇（电控学院）、郭春生（电控学院）、金雪云（计算机学院）、和　薇（实验学院）、杨玮娣（艺术设计学院）、陈丽娟（外语学院）

五、优秀组织奖：

机电学院、电控学院、环能学院、计算机学院、人文学院、外语学院、实验学院、艺术设计学院。

（刘显武　安　琳）

**【庆"三八"活动】** 3月4日，在北工大体育馆举行"激情舞动，欢庆'三八'健美操（舞）汇演”活动。学校27个部门工会500多名教工组成的22个表演队表演了形式多样的健美操、健身舞。张革、马志成、龚裕及全校1 300多名教职工现场观看了表演。

（刘金兰　安　琳）

**【部门工会建家验收结果】** 2009年部门工会建家验收结果：

模范教职工之家（13个）：机电学院、电控学院、建工学院、环能学院、数理学院、材料学院、人文学院、建规学院、继教学院、后勤集团、校医院、图书馆、实验学院。

先进教职工之家（14个）：校直机关、计算机学院、生命学院、软件学院、经管学院、外语学院、艺术设计学院、体育部、国资财务、后勤基建、科技研究生、激光院、保卫处、科技产业。

合格教职工之家（2个）：教务处、出版社。

优秀教职工之友19名，优秀工会干部20名，优秀工会积极分子81名。

（张　楠　安　琳）

**【送温暖工作】** 2009年全年，校工会共上报市教育工会特困户7户，批准6户，领取慰问金6 000元；慰问特困职工50户，发放慰问金66 400元；慰问转街道职工20户，发放慰问金10 000元。共为教职工办理“在职职工重大疾病保险”2 581人；办理“女职工特殊疾病保险”投保479人。以老教协成员、离退休局级干部、教学管理人员、单身青年教师为重点组织24批北戴河休养慰问活动。

（李素珍　安　琳）

# 共青团(学生会)工作

**【概况】** 2009年，共青团工作紧密围绕学校党委和团市委的各项中心工作，深入学习实践科学发展观，严格落实各项整改方案，以庆祝新中国成立六十周年活动为契机，以“抓基础、重实效、出人才”为宗旨，开展青年爱国主义教育，保障国庆各项工作顺利进行；发挥校院两级团组织优势，开展“我与祖国共奋进”主题教育活动，构建和谐校园文化氛围；加大以促进大学生就业和专业能力培养为导向的青年就业创业见习基地和学生课外科技创新基地建设；建立健全志愿者工作长效机制；评估和健全学生课外科技创新实践工作和机制。校团委设行政办公室、组织部、宣传部、社团部、信息部、团刊部、科技实践部、社会实践部，并指导学生会、阳光志愿服务总团、学生艺术团开展工作。校团委在17个学院设立分团委，各分团委设专职团委书记1人。

（杨　蕾　邱晓飞）

**【思想政治教育工作】** 围绕学校的学生思想政治教育工作理念，以党的十七大精神为指导，结合中共中央、国务院《关于进一步加强和改进大学生思想政治教育的意见》的文件精神，以庆祝新中国成立60周年和纪念“五四”爱国运动90周年为契机，深入开展思想政治教育宣传活动，围绕学生工作核心，提高人才培养质量，促进学生全面成长，将集体主义教育和爱国主义教育有机结合，组织各级团员青年深入开展学习实践科学发展观活动。深入开展“我与祖国共奋进，与学校共发展，与同学共成长”主题教育活动；开展“礼赞祖国，讴歌时代”主题团日活动；5月17日，举办“弘扬五四精神，我与祖国共奋进，我与工大共发展”青年座谈会；12月，举办“打造新优势、服务促发展——解放思想大讨论”主题论坛。认真做好并执行共青团各项宣传及媒体工作，巩固强化宣传阵地，出版团刊《火种》3期。

继续开设任意选修课“志愿服务与社会实践”，2学分，总计32学时，其中课堂授课环节24学时，实践环节8学时。

（佟　巍　邱晓飞）

**【基层组织建设与学生干部培养】** 2009年，全校共有共青团员13 781人，分团委17个，团支部501个。3月18日，召开共青团北京工业大学第十一届委员会第五次会议，举行了委员会常委、委员换届选举工作，共增补常委7名，委员17名。组织开展第20届“闪光支部，青春风采”系列活动，全校共有160个团支部参加，共设置6项奖项，41个支部获奖。在2009年优秀标兵支部评比中，评选出标兵支部16个，优秀支部34个。授予机电、建工、数理、建规、实验学院团委“五四红旗团委”称号。

校团委坚持深入贯彻落实党中央、团中央、北京市委关于加强青年人才培养的指示精神，紧密结合团市委对北京高校共青团工作的具体要求，加强学生团干部的教育培养功能，深入开展干部培训和团校工作。5月，以“独辟青春理想，梦开始的地方”为主题开办中级团校，为学校中层学生干部提供学习思想和锻炼能力的平台，提升学生干部队伍的整体素质。

（佟　巍　邱晓飞）

**【社会实践】** 坚持“受教育、长才干、做贡献”的原则，分层次、分阶段地广泛开展社会实践活动。在暑期社会实践中，共组成21支团队，奔赴北京、上海、四川、云南等8个地区开展了文化宣传、专业调研、环境保护等形式多样的实践活动，发放调查问卷3 000余份，完成专题调研40余次，撰写调查报告及实践总结200余篇。在青年就业创业见习工作中，被选为团中央重点课题试点单位。已建立北京现代汽车、中国机电商会、中关村科技园丰台园区、潘家园街道办事处等9个青年就业创业见习基地，组织学生160余人到北京移动、大有时空、北京现代等单位参加见习，并通过开展就业力训练营、组织学生参加市区级青年夜校和创业大赛等形式把就业创业教育不断推向深入，推向长效。同时，重点做好北京现代和机电商会两个见习基地的建设工作。

（杨　蕾　邱晓飞）

**【志愿服务】** 2009年，校团委继续贯彻和推广“奉献、友爱、互助、进步”的志愿者精神，推动大学生志愿服务的发展。校团委开展了国际志愿服务交流与合作项目，7至10月，组织22名师生赴德国参与国际志愿者工作营；11月，邀请德国7个志愿者组织的10名代表到北工大访问交流，进一步总结了项目经验。在长期志愿服务活动中，北京工业大学阳光志愿服务总团赴慧灵智障人士关怀中心、通州区人工耳蜗关怀中心、潘家园街道武圣农光里社区、联合国环境规划署中国儿童环保教育计划组委会开展志愿服务，服务30余次，参与志愿者200余人。在日常志愿服务中，与多个公益组织建立长期稳定的合作关系，营造良好的志愿服务氛围，组织和开展为贫困山区小学募集学习用品活动、联合百度公益在校内举办“小橘灯捐书”活动，举办“青春·感恩·铭记”系列公益活动，为汶川地震受灾同胞祈福活动，开展国庆天坛公园游园志愿服务，参与亚洲室内五人制足球锦标赛东亚区预赛赛会志愿服务，举办“健康志愿，快乐人生”北京工业大学第二届志愿者文化节等。

（姚振瑀　邱晓飞）

**【学生课外科技创新活动】** 2009年，学生课外科技创新活动从基金体系、竞赛体系和实践体系三方面推进工作：

基金体系为学生科技“星火基金”和“国家大学生创新性实验计划”。2009学年第十届“星火基金”于12月落下帷幕，共立项314项，结题270项。由教育部直接拨款支持的北京工业大学2009年“国家大学生创新性实验计划”20个项目全部顺利结题。

竞赛体系包括“21世纪杯”学生课外科技论文竞赛与“挑战杯”系列竞赛。北京工业大学第十届“21世纪杯”学生课外科技论文竞赛共评出一等奖3个、二等奖3个、三等奖5个，优秀作品汇编成《北京工业大学第十届“21世纪杯”学生课外科技论文竞赛优秀论文集》。在第五届“挑战杯”首都大学生课外学术科技作品竞赛中，北京工业大学参赛作品分别获得特等奖1项，一等奖1项，二等奖4项，三等奖6项。11月，获得特等奖的项目参加第十一届“挑战杯”全国大学生课外学术科技作品竞赛，获三等奖。

实践体系包括科技活动基地以及各类科技展览等。5月，北京工业大学“星火”学生课外科技创新基地在北京工业大学体育馆内的学生活动中心正式成立。10月，校团委配合中国科协、北京市科协顺利举办第十届中国青少年机器人竞赛教练员培训班。11月，校团委选拔3件科技比赛获奖作品参加第四届中国北京国际文化创意产业博览会。

（张　帆　邱晓飞）

**【艺术实践】** 坚持以高雅艺术为导向，以艺术团建设为途径，以艺术实践为载体，努力推进校园文化建设，提升青年团员的综合素养。2月8至10日，北京工业大学学生合唱团与北京工业大学学生舞蹈团在南京参加第二届全国大学生艺术展演并获一等奖。3月5日，学生合唱团在国家大剧院与天津大学北洋合唱团联合举办合唱音乐会。4月16日，北京工业大学学生交响乐团举办2009年“春之声”学生第八期专场音乐。4月29日，北京工业大学“我与祖国共奋进”五四合唱比赛决赛在校礼堂举行。5月4日，学生合唱团参加由团中央举办的在北京大学百年讲堂召开的“我与祖国共奋进——纪念五四运动九十周年主题歌会”高等学校专场的演出。5月26日，学生舞蹈团举办了“情系灾区，舞动爱心”的慈善募捐演出。10月1日，学生合唱团参加国庆六十周年群众游行广场合唱团演唱任务，并获由中共北京市委教育工委、北京市教育委员会颁发的“首都国庆60周年群众游行广场合唱、民族打击乐活动纪念奖”荣誉称号。10月22至29日，应中国驻俄罗斯联邦大使馆邀请，学生交响乐团远赴俄罗斯圣彼得堡举行了2场专场演出。

2009年1月、3月、7月，顺利完成艺术特长生测试、签约、招生工作，共录取63名艺术特长生。11月中下旬起，2010年艺术特长生招生咨询、报名工作开始。

（李　梅　邱晓飞）

**【学生会工作】** 北京工业大学学生会成立于1965年，下设公关部、执行部、权益部、行政部、社区拓展部、宣传部、新闻部7个职能部门，现有学生会会员

14 000人，学生会干部 230 人，指导教师 1 人。

4 月 26 日，召开北京工业大学第十九次学生代表大会，选举产生新一届学生委员会。4 月、10 月，开展第五届、第六届旧书市活动，循环利用图书资源，为新老生提供学习交流平台。5 月，举办“情系母爱，用心感激”母亲节活动与“激情五月，活力无限”——第五届北京工业大学篮球冠军赛。9 月，编发杂志《新起点——迎新专刊》第八期。9 月 10 日，举办教师节祝福活动。11 月，针对甲型 H1N1 流感事件爆发的情况开展传染病口罩设计大赛，并与校医院合作推出了防治传染病的系列专题。12 月 28 日，以承办方之一的身份在北工大体育馆举办新年晚会，通过庙会与节目并行的方式为 2009 年的学生会工作画上完美的句号。

（高　原　邱晓飞）

**【学生社团工作】** 2009 年，北京工业大学共注册学生社团 62 个，其中学术类社团 9 个，理论类社团 1 个，文艺类社团 15 个，体育类社团 16 个，公益类社团 8 个，实践类社团 6 个，传媒类社团 7 个。在册会员 4 100 人。

2009 年，共审批并指导社团活动 375 次，其中面向全校学生的大型活动 24 次，如北京工业大学学生社团发展现状调查、社团文化节、绿色环保校园行、新生辩论赛、新生杯羽毛球冠军赛、新年联欢晚会中心表演区表演等。

（任　炜　邱晓飞）

**【红十字会工作】** 北京工业大学红十字会成立于 1984 年，设会长 1 人，副会长 1 人，常委 2 人，秘书长 1 人，下设教工分会与学生分会，工作内容为组织无偿献血的宣传和服务工作、开展造血干细胞的宣传及捐献活动、开展预防艾滋病宣传教育活动、开展健康知识教育活动等。

2009 年，北京工业大学红十字会组织学生代表参加了朝阳区高校结核病防治知识竞赛，获三等奖；开展了中华骨髓库和志愿捐献讲座；组织 142 名学生参加初级急救员培训，共 120 人取得初级急救员证书；9 月 26 至 27 日在全校开展无偿献血活动，共 716 人成功献血，北京工业大学获北京市国庆应急无偿献血工作先进单位称号；组织会员参加北京市红十字会同伴教育主持人培训，并在校内举办青年同伴教育课程 6 次，共 121 名学生参加。

（姚振瑀　邱晓飞）

# ·学院与教学部·

## 机械工程与应用电子技术学院

**【发展概况】** 北京工业大学机械工程与应用电子技术学院（College of Mechanical Engineering and Applied Electronics Technology，以下简称机电学院）成立于1998年3月，主要由机械工程、力学和仪器科学与技术3个一级学科组成。机电学院设有机械制造及自动化、机械电子工程、机械设计及理论、力学、仪器科学与技术等5个学科部及教学实验中心，精密超精密加工国家工程研究中心、汽车结构部件先进制造技术教育部工程研究中心、先进制造技术北京市重点实验室等3个国家/教育部级工程中心/重点实验室，北京市焊接设备研究开发中心、北京工业大学机电技术研究所、工程数值模拟中心、管道完整性评价中心等4个研究机构。学院设有机械工程及自动化、测控技术与仪器2个宽口径本科专业，拥有一级学科博士学位授权点1个，二级学科博士学位授权点2个，一级学科硕士学位授权点1个，二级学科硕士学位授权点1个，以及机械工程、力学2个博士后流动站。拥有机械设计及理论、机械制造及自动化2个北京市重点学科，机械电子工程、工程力学2个北京市重点建设学科，仪器科学与技术1个北京市重点建设一级学科。

2009年，学院有教职工153人，其中专任教师104人。专任教师队伍中博士生导师15人、教授29人、副教授（高级工程师）48人，其中具有博士学位的教师70人。

2009年，毕业学生321人，其中，研究生147人（博士生14人，硕士生133人），本科生174人。招生333人，其中，研究生182人（博士生19人，硕士生163人），本科生151人。在校生1 090人，其中，研究生463人（博士生61人，硕士生402人），本科生627人。

（刘立霞　何存富）

**【学科建设】** 机电学院有一级学科博士点1个：机械工程；二级学科博士点2个：工程力学、流体力学；一级学科硕士点1个：仪器科学与技术；二级学科硕士点1个：固体力学。

2009年，新晋升教授1人，副教授5人，讲师6人，助理研究员4人，实验师3人，新引进博士、博士后共8人。聘请聂松林教授为北京市特聘教授。以余跃庆教授为负责人的团队入选北京市高校学术创新团队。石照耀教授入选北京市高校拔尖创新人才。刘赵淼、焦敬品、张建宇入选北京市中青年骨干人才支持计划。机电学院博士生导师20人（兼职博导1人）、硕士生导师67人，有北京市特聘教授3人、北京市拔尖人才5人、北京市高校学术创新团队3个、北京市中青年骨干教师9人、北京市科技新星7人、新世纪百千万人才工程1人。“211工程”三期建设进展顺利。

（刘立霞　何存富）

**【教学工作】** 2009年，机电学院教学重点工作是高质量地建设机械工程系列课程，建设目标是提高机械工程专业的品牌效应。完成教学成果总结和申报、优秀教学团队建设和专业认证。贯彻主讲教授负责制，全面负责教学队伍和教学内容以及设备环境全面建设工作。同时，深化网络化教学管理建设。

2009年，学院共获8项校级优秀教育教学成果奖。隋允康教授作为负责人的教学成果获北京市优秀教育教学成果一等奖。机械工程设计与制造教学团队，获评北京市优秀教学团队及国家级优秀教学团队。机电学院连续两年（2008年、2009年）获评2个国家级优秀教学团队：基础力学优秀教学团队和机械工程优秀教学团队。

3月，在中国机械工程学会的支持下，学校和学院共同努力，进行为期约3个月的机械工程及自动化本科专业工程教育专业认证工作，通过P/W级认证。

（田　越　李晓阳）

**【科研工作】** 2009年，学院到校科研经费3 326万元，其中纵向经费1 641万元，横向经费1 685万元。纵向科研项目新立55项，其中国家自然科学基金11项；国家科技支撑攻关项目1项；国家“863”计划1项；北京市教委项目26项，其中重点项目2

项；北京市科技成果转化2项。横向科研项目48项。2009年，授权发明专利18项，实用新型专利14项，软件著作权35项。获省部级奖3项，一等奖、二等奖和其他奖各1项。发表科研论文354篇，其中在国际会议、国际期刊发表论文91篇，被SCI、EI、ISTP三大检索收录的论文共130篇次。出版教材或专著7部。2009年，学院教师参加学术交流会94场，宋永伦教授在“世界海洋工程峰会”上作特邀报告。

张伟教授指导的博士研究生的博士论文获国家百篇优秀博士论文提名，吴斌教授指导的博士研究生的论文获评北京市优秀博士论文，机电学院研究生培养质量达到新层次。

2009年，机电学院重大科技产业化应用项目推进顺利：李德胜教授凝聚态液冷永磁方面的研究成果，获准首批北京市重大科技产业化落地工程“液冷永磁刹车助力器产业化应用”项目；高立新教授以其在大型设备故障诊断方面的长期研究成果，成功申请国家“863”计划项目1项；何存富教授拓展其前期研究的超声检测技术，获批高速公路护栏拉杆埋深探测重大项目；蔡力刚教授、王民教授、刘志锋教授、杨文通教授等分别与北京第一机床厂、北京机床研究所等单位合作，获批“国家高档数控机床重大专项项目”4项。

（魏　娜　范晋伟）

**【党建工作】** 截至2009年12月31日，机电学院党委共有26个党支部，其中教工党支部8个，学生党支部14个，退休教工党支部4个。共有党员480名，其中在职教工党员87名，退休党员76名，研究生党员278名，本科生党员39名。全年共发展党员73人，预备党员转正47人。

2009年，机电学院党委围绕“贯彻落实科学发展观，构建和谐学院”的工作主题，把思想理论建设放在首位，注重发挥学院党委的政治核心作用，保证校党委的各项政策措施在学院贯彻执行，学院教学、科研、人才培养等工作顺利开展。

学院党委在校党委的领导下，深入开展学习实践科学发展观活动，加强对党员的教育：3月18日，举行学习实践活动动员大会。4月1日，召开教授座谈会研讨学院发展。4月16日，学院党委组织退休党员为学院、学校的发展建言献策。4月24日，机械电子工程党支部由院党委副书记陈树君带队，赴上海大学调研。5月8日，工程训练中心党支部、机械制造第二党支部由副院长范晋伟带队赴山东大学考察学习。博士生一支部组织到中国计量科学研究院和北京博格华纳汽车有限公司调研。学院电子院务网的开通为学院学习实践活动提供了交流和信息平台。

学院党委评出“院级先进党支部”7个、“院级优秀共产党员”29人。12月2日，举办师德报告会，北京市教学名师隋允康教授作题为“内修外运　范鉴师准——促膝谈心话师德”的报告。

学院党委注重对入党积极分子和预备党员的教育，确保党员的发展质量。2009年，组织120名学生入党积极分子和1名教工入党积极分子参加校党校学习，共发展党员94名，其中教工党员1名。

学院党委注重抓党风廉政建设，成立专门领导机构，认真查找风险点，全院教职工签订《学院党风廉政建设暨风险防范责任书》。12月15日，通过学校党风廉政建设责任制检查组的检查。

学院工会组织旅游、竞走比赛、健康讲座等活动增强学院的凝聚力。召开新教师座谈会、为新教师送教育教学书籍。6月，学院召开教代会，修改《机电学院教代会工作条例》，表决通过《机电学院业绩奖励办法》。

（周树文　陈树君）

**【学生工作】** 机电学院学生工作坚持“以人为本”的工作理念，以“优人才培养之道，强工程教育之路”为指导思想，立足机电学院的特色和学生特点，以学风建设为重点，抓好学生的教育、管理和服务工作，努力提高机电学院人才培养的质量和水平。2009届毕业生签约率为83.07%，就业率为96.24%。

3月举办学院春季运动会；5月组织学生参加“我与祖国共奋进”五四合唱比赛、校运动会和虚拟招聘会；6月组织第二十二届学生代表大会；7至10月组织学生参加国庆游行演练和合唱方阵，并完成国庆游行任务；9至12月在新生中开展大学生成长教育、学涯规划、思想政治教育、环境适应教育、学籍管理规定等入学教育活动；10至11月开展2009级新生干部培训；11月组织学生参观第十届北京国际工程机械展，举办第二届工程制作创新大赛，招募20名2006级学生参加北京现代汽车实习项目，举办北工大第三届杨叔子院士奖学金颁奖典礼，机电学院奖学金颁奖典礼；12月举办机电学院人才培养培训交流会；全年开展后进生学业帮扶活动。

本科生获国家奖学金2人，国家励志奖38人，校级学习优秀奖89人，校级优秀学生干部22人，校级三好学生21人，校级科技创新奖8人，校级优良学风班1个，院级奖学金130人，院级优秀班集体3个，院级优秀团支部3个，院级优秀学生社团1个。3名学生分获“第二届高教杯全国大学生先进图形技能与创新大赛”机械类计算机二维绘图一等奖和三维建模二等奖；本科生1项科技作品获第五届“挑战杯”首都大学生课外学术科技作品竞赛三等奖。

研究生获科技之星1人，科技之星提名1人，校级学习优秀奖36人，校级科研优秀奖44人，校级优秀学生干部16人，校级三好学生推荐名单16人，校外科技竞赛奖推荐名单3人，校级励志奖学金推荐名单22人，校级优良学风班1个，院级学习优秀奖15人，院科研优秀奖18人。

文体活动。获北工大春季运动会道德风尚奖第一名、学生团体总成绩第八名、体育先进学院；“我与祖国共奋进”合唱比赛优秀组织奖、大合唱二等奖、小合唱一等奖；工大杯足球赛第一名、篮球赛第二名。

（李　柯　叶红玲）

**【对外交流】** 2009年，机电学院积极拓展国际交流与合作，成功申办2011年IEEE ICMA国际会议。应邀来访参观交流的外国专家学者先后有18批次，学院出访或出国参加国际学术会议约20批次，现有在册留学生6人。

（刘　辉　何存富）

**【继续教育】** 2009年春季专升本的“机械工程及自动化”专业有55名学生正式入学。2009年1月机械工程及自动化毕业学生27人，其中1人获得工学学士学位。专科毕业82人。

（刘　辉　李晓阳）

**【工程硕士】** 2009年春季招收11名工程硕士研究生。21名工程硕士完成学位论文答辩并取得工程硕士专业学位，3名高校教师完成学位论文答辩并取得工学硕士学位。

（刘　辉　范晋伟）

**【地震研究所】** 2009年5月，地震研究所“震前次声波研究”获北工大2008年度优秀科技成果二等奖。7月10至16日，地震研究所夏雅琴一行3人应台湾“国立中央大学”刘正彦教授的邀请赴台湾进行学术交流。

（陈维升　李均之）

## 电子信息与控制工程学院

**【发展概况】** 北京工业大学电子信息与控制工程学院（College of Electronic Information and Control Engineering，以下简称电控学院）由原北京工业大学自动化系与电子工程系在2000年合并而成。学院设有本科专业4个：电子信息工程、通信工程、自动化及电子科学与技术，拥有4个二级学科博士点、2个一级学科硕士点、10个硕士点和1个博士后流动站，建立起了从大学本科到硕士、博士各个层次的实验体系及人才培养基地。学院拥有教育部“数字社区工程中心”、教育部与北京市共建的“北京光电子技术实验室”、北京市嵌入式系统重点实验室、北京工业大学国际WIC研究院以及1个北京市重点学科和4个北京市重点建设学科。

截至2009年底，学院共有专职教师154人，其中正高级职称27人（其中博士生导师15人，硕士生导师12人），副高级职称60人（其中硕士生导师42人）。学院具有博士学位（含博士后）教师98人，硕士学位教师24人。

2009年，学院毕业全日制学生566人，其中，研究生185人（博士生8人，硕士生177人），本科生381人；招收全日制学生573人，其中，研究生223人（博士生20名，硕士生203名），本科生350人；在校全日制学生2 182人，其中，研究生614人（博士生80人，硕士生534人），本科生1 568人。

（赵子涵　贾克斌）

**【学科建设】** 2009年，电控学院有二级学科博士点4个：微电子学与固体电子学、电路与系统、模式识别与智能系统、检测技术与自动化装置；一级硕士学科点2个：控制科学与控制工程、信息与通信工程；二级学科硕士点10个：物理电子学、电路与系统、微电子学与固体电子学、信号与信息处理、通信与信息系统、控制理论与控制工程、模式识别与智能系统、检测技术与自动化装置、大系统理论与工程、制导与导航系统。北京市重点学科1个：微电子与固体电子学；北京市重点建设学科4个：检测技术与自动化装置、信号与信息处理、模式识别与智能系统、电路与系统。

2009年学院新增教授3人，副教授5人，高级实验师1人，新进教师12人（均具有博士学位）。

（赵子涵　贾克斌）

**【教学工作】** 2009年，电控学院开展对4个本科专业办学理念和培养目标的讨论，改革完善不适应创新型人才培养的教学计划，优化教学课程体系，提升本科教学质量，完成第一轮重点课程岗位的考核工作，对2门重点课负责人重新聘任，完善重点课程考核制度。出台关于指导本科生毕业设计的相关文件。继续推广部分基础课程的计算机出题考试制度，在学院8个重点课程内实施计算机出题考试制度。新增北京市精品课程1门（电子工程课设）、校级教学团队2个，正式获批国家集成电路人才培养基地1个，获北京市教育教学成果二等奖2项，获学校青年教师教学基本功大赛一、二、三等奖各

1项。

开展多种科技竞赛活动，2009年新增嵌入式竞赛。推进本科生的校外实习活动，完善实习经费预、决算制度。组织学院教育教学项目的申报，申报51项，获批23项，总金额36万元。

做好研究生招生宣传工作，硕士研究生报名人数增长近40%。修订完善研究生末位淘汰、末位监控制度，实施导师团队成员回避制、优秀论文外审制、公开优秀论文制，提高研究生学位论文质量。配合学校研究生部初步建立导师考核制度，针对新增导师论文评审的标准掌握问题，进行论文评阅标准的问卷调查和讨论工作；进一步落实研究生实践学分制度，加大研究生创新学分建设力度。

2009年，学院教师雷飞获北京高校第六届青年教师教学基本功比赛理工A组一等奖、最受学生欢迎奖、最佳演示奖、校级优秀教学质量奖；吴强、李明爱获ADI中国大学生创新设计竞赛高级组一等奖（集体奖）；贾惠忠获“飞思卡尔”杯智能车竞赛国家二等奖、全国大学生电子设计竞赛北京地区二等奖（指导教师）；贾克斌、张印春等的“电子工程设计”课程获北京市精品课程；贾克斌等获全国电子信息实践教学成果一等奖；张子明获中国国际工业博览会中国高校展区优秀展品一等奖；陈双叶获全国“电脑鼠走迷宫”竞赛北京区二等奖（指导教师）；左国玉获“2009中国机器人大赛暨RoboCup公开赛第五分区赛”FIRA仿真组项目比赛一等奖、二等奖，“长春工程学院杯”仿真性5vs5机器人足球比赛二等奖，“长春工程学院杯”半自主型5vs5机器人足球比赛三等奖（指导教师）；韩光胜获“长春工程学院杯”仿真性5vs5机器人足球比赛二等奖（指导教师）；张利国获“第八届全国多媒体课件大赛”高教理科组优秀奖；孙亮获首都教育先锋教学创新个人、校级优秀教学质量奖一等奖；李建军获北京市高校第二届多媒体教育软件大奖赛优秀奖；李如玮获校级优秀教学质量奖；刘鹏宇获校级第七届青年教师教学基本功比赛一等奖；郭春生获校级第七届青年教师教学基本功比赛二等奖；刘晓明获校级第七届青年教师教学基本功比赛三等奖。

（赵子涵　贾克斌）

**【科研工作】** 2009年，学院科研团队28个（见表12-1），到校科研经费1 573万元，其中纵向经费1 021万元，横向经费552万元。共申报国家自然基金项目54项，获批8项（其中面上项目4项，青年科学基金项目3项，专项基金项目1项）；国家“863”计划项目获批6项；申报北京市自然科学基金项目34项，获批5项；申报北京市教委项目31项，获批4项；北京市科技新星项目6项；申报北京市委组织部项目19项，获批1项；申报横向项目共64项。2009年，学院共收取科技发展基金总计25.27万元，其中纵向发展基金9.08万元，横向发展基金16.19万元。

共申请专利61项（其中发明专利36项，实用新型25项），专利授权数达28项（其中发明专利16项，实用新型10项，外观设计2项）；申请软件著作权49项，获权42项。发表论文533篇，其中核心期刊论文260篇，三大索引收录论文324篇（其中SCIE收录24篇，EI收录270篇，ISTP收录30篇）。各学科部举办学术报告会8场。

**表12-1　2009年电控学院科研团队情况一览表**

| | 团队名称 | 负责人 |
|---|---|---|
| 1 | 半导体光电子研究室 | 沈光地 |
| 2 | 超高速微电子器件与集成技术 | 陈建新 |
| 3 | 微电子器件与集成技术 | 冯世维 |
| 4 | 功率半导体器件与功率集成电路 | 张万荣 |
| 5 | 集成电路设计与系统集成技术 | 吴武臣 |
| 6 | 微电子技术与可靠性 | 吕长志 |
| 7 | 半导体光电子器件与微纳米结构 | 徐　晨 |
| 8 | 人工智能与机器人研究所 | 阮晓钢 |
| 9 | 教育部数字社区工程研究中心 | 王　普 |
| 10 | 混杂系统与智能交通 | 陈阳舟 |
| 11 | 测控系统与装置研究所 | 段建民 |
| 12 | 自主技术与智能控制研究中心 | 居鹤华 |
| 13 | 智能系统研究所 | 乔俊飞 |
| 14 | 语音与音频信号处理 | 鲍长春 |
| 15 | 数字多媒体处理技术 | 贾克斌 |
| 16 | 无线接入与通信信号处理 | 张延华 |
| 17 | 神经网络、光电信号处理与跟踪 | 孙光民 |
| 18 | 图像/视频信号与信息处理 | 卓　力 |

续表

| | 团队名称 | 负责人 |
|---|---|---|
| 19 | 新型光电子器件 | 郭　霞 |
| 20 | 可视信息处理与应用 | 毋立芳 |
| 21 | 电气信号检测与电气系统智能化 | 王铁流 |
| 22 | 功率半导体器件与功率集成电路 | 吴　郁 |
| 23 | 通信与网络研究 | 张润禾 |
| 24 | 无线通信与自动测试技术 | 王　瑛 |
| 25 | 电气信号检测与自动化 | 雷　飞 |
| 26 | 光电信息处理与嵌入式 | 毛　征 |
| 27 | 电磁新技术研究方向 | 张一鸣 |
| 28 | 移动机器人 | 贾松敏 |

（赵子涵　贾克斌）

**【党建工作】** 截至2009年底，学院共有27个党支部，其中教工党支部5个，学生党支部20个，离退休人员党支部2个。共有党员588人，其中教工党员107人，学生党员419人（本科生81人，硕士研究生318人，博士研究生20人），离退休党员62人。2009年学院新发展党员63人（全部为学生党员）。

3至7月，电控学院党委参加学校学习实践活动，成立电控学院学习实践活动领导小组、办公室和宣传小组，围绕公共平台建设、专业培养方案、师资队伍建设及机关管理与服务4个突出问题，制订整改落实工作方案，推动学院科学发展。

组织全院教工党员及入党积极分子赴江苏华西村，组织退休党员赴唐山开展主题党日活动。5人被评为校优秀共产党员，1人被评为校优秀党员标兵。学院党委被评为校级先进基层党组织。

10月，学院二级教代会换届选举，选出新一届教代会代表36人，选举韩军担任学院第二届教代会执委会主任。学院部门工会进行换届选举，成立了新一届（第四届）电控学院部门工会委员会，工会主席范国强。

（赵子涵　贾克斌）

**【学生工作】** 2009年，电控学院本科生获国家奖学金4人，国家励志奖61人，北川奖学金学习优秀奖3人，北川奖学金科技创新与实践奖8人；校级科技新星奖2人，校级学习优秀奖238人，校级优秀干部65人，校级科技创新奖345人，校级励志奖8人，校级三好学生38人，校级先进班集体3个，校级优良学风班3个，校级先锋团支部1个，校级标兵团支部1个，校级优秀团支部4个。全国大学生机器人大赛二等奖2人。

学院学生获科技奖："NEC杯"全国大学生电子设计大赛二等奖1人，三等奖1人；北京市大学生电子设计大赛一等奖5人，二等奖10人，三等奖3人；"飞思卡尔杯"全国大学生智能车竞赛华北赛区一等奖3人、优秀奖4人，全国总决赛二等奖3人；"长春工程学院杯"第九届全国机器人大赛暨2009年FIRA世界杯机器人大赛中国队选拔大赛二等奖5人，三等奖2人；北京市物理竞赛三等奖1人。2009年，获国家新型实用专利5人，在国内外学术、专业期刊发表论文6人。2009年，获校级优秀本科毕业论文38篇，优秀硕士学位论文11篇，优秀博士学位论文1篇。

（赵子涵　贾克斌）

**【对外交流】** 电控学院与美国、日本、德国、瑞士、瑞典等国长期开展学术交流，每年聘请多名国外知名学者来学院讲学，并鼓励教师参加国内外学术会议。2009年，学院教师参加国际学术会议约100人次，出国参加教学培训或科研项目6人。学生出国参加短期项目4人，参加短期国际会议8人。学院本科学生赴芬兰留学4人，赴法国留学3人。有3名国家政府奖学金留学生在学院攻读本科学位，2名国家政府奖学金留学生攻读硕士学位，4名法国工程师学院本科生来院进修本科课程。2009年，共接待瑞典、英国、台湾等国家和地区专家短期学术访问7次。

（赵子涵　贾克斌）

**【继续教育】** 2009年，电控学院共招收工程硕士39人，其中电子与通信工程领域工程硕士22人，控制工程领域工程硕士11人，集成电路工程专业6人。2009年底，共有46人完成工程硕士学业，并获学位证书。学院自2003年起招收高校教师系列人员在职攻读研究生，学制3至5年，2009年共毕业7人。在教学和管理过程中，学院坚持"学用结合，按需施教，注重实效"的原则，进行教育教学改革，加强课程建设，努力培养符合社会需要的应用型技术管理人才。

（赵子涵　贾克斌）

**【光电子技术省部共建教育部重点实验室（北京工业大学）】** 北京光电子实验室于1993年在北工大成立，2004年列为教育部和北京市共建的教育部实验室。室主任和学术带头人由光电子和微电子学专家沈光地教授担任，学术委员会由国内外8名半导体专家组成。实验室的主要研究方向包括半导体发光电子学、红外探测光电子学、超高速光电子学及其应用，均为信息领域中先进的前沿课题，均提出了新的物理构想和新的器件结构，并研制出了具有国内领先、国际先进水平的半导体激光器、高效高亮度发光二极管、单芯片白光 LED、中远红外探测器和外探测器和 siGE/siHBT 等。

2009 年，教育部正式批复北京光电子技术实验室成为教育部与北京市共建的教育部重点实验室并挂牌，实验室正式更名为"光电子技术省部共建教育部重点实验室（北京工业大学）"。

（赵子涵　贾克斌）

**【北京市信号与信息处理研究实验室】** 北京工业大学信号与信息处理研究室成立于 1993 年，1997 年经北京市自然科学基金委批准成为北京市信号与信息处理基础性研究室，是"211 工程"在北工大重点建设的信息科学学科基地之一。研究室以智能化信息处理为主要研究方向，重点开展图像/视频信号与信息处理若干关键技术的研究工作，研究领域涉及图像/视频信息的采集、处理、分析、传输、存储、压缩、重建、检索以及医学图像分析处理，特别是中医舌象采集与分析技术等诸多方面，并培养高素质的专门人才。

2009 年，研究室承担国家自然科学基金、"863"计划项目、北京市自然科学基金等科研项目和一批横向项目共 10 余项。在国内外学术期刊、学术会议上发表论文 35 篇，获批软件著作权 4 项，申请发明专利 4 项。2009 年，获北川奖学金科技创新与实践三等奖 1 项，校级优秀硕士学位论文 1 篇，优秀本科毕业论文 1 篇，研究生科技创新奖 22 项，研究生科研优秀奖 3 项，研究生创新设计竞赛奖 2 项，研究生学习优秀奖 1 项，研究生优秀学生干部奖 2 项，优秀共产党员 1 人，研究生优秀毕业生 1 人。共培养硕士 8 人。

研究室由学术带头人、中青年学术骨干以及博士生、硕士生等 30 多人组成，研究室主任为沈兰荪教授。研究室先后与悉尼大学、香港理工大学、中国科技大学、中科院声学所等多家国内外研究机构开展合作研究，并与加拿大渥太华大学、英国诺丁汉大学、香港浸会大学等建立了密切的学术交流关系。

（赵子涵　贾克斌）

**【教育部数字社区工程中心】** 2001 年，国家教育部在北工大电控学院成立教育部数字社区工程研究中心，2004 年 8 月，教育部数字社区工程研究中心通过验收，纳入教育部工程研究中心的管理序列，同时聘任王普教授为教育部数字社区工程研究中心第一届主任。教育部数字社区工程研究中心是专注于中国数字社区与智能建筑领域技术研究、标准规范制定、产品开发和工程示范的科研基地。2009 年，中心共承担纵、横向科研项目 20 项，其中：国家自然科学基金等纵向科研项目 4 项，经费 110 多万元；横向科研项目 16 项，经费近 200 万元。中心承接了北京市水务局水务信息共享交换平台建设的工程项目。师生在国内外刊物上共发表论文 36 篇，其中三大检索收录 16 篇。获国家专利 5 项，计算机软件著作权 6 项。

（赵子涵　贾克斌）

**【北京工业大学国际 WIC 研究院】** 北京工业大学国际 WIC 研究院（The International WIC Institute，WICI）隶属北工大，是一种以全新的模式建立的教育研究机构，是国际学术组织网络智能协会（Web Intelligence Consortium，WIC）的实体研究机构。其核心研究内容为网络智能（Web Intelligence，WI）与脑信息学（Brain Informatics，BI）相互交叉融合的基础理论及其应用技术。国际 WIC 研究院以 WI 的基础理论、系统技术、脑信息学及其应用为主要研究方向，以 WI、BI 以及 WI 与 BI 的交叉融合为核心研究课题，以分析和理解数据、知识、智能和智慧的机理及它们之间的关系为基本研究内容。研究院由 WI 研究室、BI 研究室、北京市脑信息学开放实验室等组成。2009 年，研究院获科研项目 8 项，经费约 200 万元。招收博士生 1 人，硕士生 10 人，出站博士后 1 人，毕业博士生 1 人。在读博士生 15 人，在读硕士生 30 人。

（赵子涵　贾克斌）

**【北京市嵌入式系统重点实验室】**

北京市嵌入式系统重点实验室是系统级芯片（SOC）复合型设计人才的培养基地。自 2003 年成立以来，在国家和北京市的扶植下，实验室建立并优化了从系统设计、软硬件联合设计、模拟和数字芯片联合设计、芯片前端设计和芯片后端设计的完整的 SOC 教学平台。这一平台还包括 SOC 验证系统，以及 SOC 应用的板级软硬件联合设计平台。实验室在无线宽带通信和数字电视领域研究和开发的数模混合 SOC 芯片在中芯国际（SMIC）和台积电 130 纳米、180 纳米工艺线上多次流片成功，为实验室可持续发展打下了良好基础。2004 年，国家教育部批准实验室成为集成电路人才培养基地之一，与全国 17 所院校联合为国家培养集成电路设计人才。2009 年，实验室拥有专、兼职教师 20 人，其中北京市特聘教授、博士生导师 1 人，硕士生导师 5 人。2009 年，实验室共有学生 80 人，包括博士、工学硕士、工程硕士、本科毕设等。招收博士研究生 1 人，硕士研究生 25 人。毕业硕士研究生 23 人。

继续开展与国内、外的学术交流与合作工作。多次接待国内外大学与公司的工程技术专家到实验室访问和交流。实验室 1 名博士生在美国伊利诺伊大学香槟分校电子工程系进行为期两年（2008—2010）的联合培养。

（于忠臣　林平分）

## 建筑工程学院

**【发展概况】** 北京工业大学建筑工程学院（College of Architecture and Civil Engineering，以下简称建工学院）成立于 1998 年。学院下设 4 个系：土木工程系、市政工程系、建筑环境与设备工程系、交通工程系；9 个研究所：岩土与地下工程研究所、结构工程研究所、防灾减灾与防护工程研究所、道路与桥梁工程研究所（土木系与交通工程系共建）、市政工程研究所、水资源与水工程研究所、建筑节能减排研究所、交通信息与控制研究所、交通研究中心；3 个工程实验中心：土木工程实验中心、市政工程实验中心、交通工程实验中心；设有专业基础课教学部。

学院有 2 个省部共建重点实验室：北京市与教育部共建城市与工程安全减灾教育部重点实验室、北京市与科技部共建交通工程国家重点实验室培育基地。3 个北京市重点实验室：工程抗震与结构诊治实验室、水质科学与水环境恢复工程实验室和交通工程实验室；2 个科技企业：北京工业大学建筑勘查设计院、北京汉威工程爆破高新技术公司。此外，中国勘察设计学会抗震减灾分会、中国城市规划学会城市安全与防灾学术委员会、中国钢结构协会空间结构分会、全国智能交通技术培训网络北京研究中心、中国—西班牙交通发展中心、高等学校交通运输与工程学科教学指导委员会交通工程教学指导分委员会等挂靠在建工学院。

学院设有 5 个本科专业，9 个硕士学位授权点，7 个博士学位授权点，2 个博士后流动站。国家重点学科 1 个，北京市重点学科 2 个，北京市重点建设学科 2 个。2009 年，学院教职工 172 人，其中专任教师 121 人。有中国科学院和中国工程院院士 3 人，教育部长江学者奖励计划特聘教授 2 人，北京市属高等学校人才强教深化计划讲座教授 1 人，新世纪百千万人才国家级人选 1 人，国家有突出贡献中青年专家 4 人，享受政府特殊津贴专家 7 人。博士生导师 35 人（含外聘 2 人），硕士生导师 103 人，正高职称 44 人，副高职称 62 人，其中具有博士学位教师 99 人。

2009 年，毕业生 593 人，其中研究生 255 人（博士 22 人、硕士 193 人、工程硕士 37 人，高校教师在职申请硕士学位 3 人），本科生 338 人。招生 629 人，其中研究生 327 人（博士 44 人、硕士 232 人、工程硕士 51 人），本科生 302 人。在校生2 314人，其中研究生1 064人（博士 183 人、硕士 648 人、工程硕士 219 人、同等学历 5 人、高校教师攻读硕士 8 人、留学生 1 人），本科生 1 250 人。

（白玉华　杜修力）

**【学科建设】** （1）本科专业 5 个：土木工程、给水排水工程、水务工程、建筑环境与设备工程、交通工程。

（2）博士、硕士学位授权点：一级学科博士点 1 个（土木工程）；二级学科博士点 7 个（岩土工程、结构工程、防灾减灾工程及防护工程、桥梁与隧道工程、市政工程、供热/供燃气/通风及空调工程、交通运输规划与管理）；二级学科硕士点 9 个（岩土工程、结构工程、防灾减灾工程及防护工程、桥梁与隧道工程、市政工程、水利水电工程、供热/供燃气/通风及空调工程、交通运输规划与管理、道路与铁道工程）；博士后流动站 2 个（土木工程、交通运输规划与管理）。

（3）工程硕士招生领域 3 个：建筑与土木工程、交通运输工程、物流工程。

（4）高校教师在职攻读硕士学位招生专业 8 个：岩土工程、结构工程、防灾减灾工程及防护工程、桥梁与隧道工程、市政工程、供热/供燃气/通风及空调工程、交通运输规划与管理、道路与铁道工程。

（5）国家重点学科 1 个：结构工程。

（6）北京市重点学科 2 个：防灾减灾工程与防护工程、交通运输规划与管理。

（7）北京市重点建设学科 2 个：市政工程、道路与铁道工程。

2009 年，学院综合实验室新增仪器设备 928 台件，金额 1 790.89万元。截至 2009 年底，学院综合实验室仪器设备共7 262台件，总金额13 311.94万元。

（关宏志　杜修力）

**【教学工作】** 建工学院获评学校 2008—2009 学年教学质量监控工作优秀学院。获 2008—2009 学年校级优秀教学质量奖 3 项，其中一等奖 1 项、三等奖 2 项；北京教育教学成果奖（高等教育）二等奖 1 项；北京市多媒体课件比赛二等奖、三等奖各 1 项。北京市教学名师 1 人。2009 届学生 4 人获评校级本科特优毕业设计（论文）。

6月，土木工程实验教学中

心通过北京市级实验教学示范中心评审，11月，获批国家级实验教学示范中心建设单位；建筑环境与设备工程专业被批准为第四批教育部特色专业建设点；交通工程专业被批准为北京市特色专业建设点。

新开课程2门，组织专家听课180门次。学院教学指导委员会对教育教学研究和教学管理规范化起到促进作用。

完成22门本科生创新实践课程教学研究立项。公开发表教学研究论文80余篇，其中在《建筑教育改革理论与实践》发表60篇。出版本科生教材5本。

（李炎锋　杜修力）

**【科研工作】** 2009年，到校科研经费4 825万元。其中纵向科研经费2 831万元，横向科研经费1 994万元。纵向科研新立73项、横向科研新立89项，其中“863”计划项目1项，国家科技支撑计划项目8项，国家科技重大专项项目6项，国家自然科学基金项目13项，教育部博士点学科专项科研基金项目2项，博士后科学基金4项，北京市自然科学基金项目5项，北京市教委重点项目3项、面上项目7项，北京市委组织部优秀人才培养计划项目2项，北京市科委科技计划项目2项，中青年骨干教师培养计划项目1项，校青年基金9项，创新平台9项，其他纵向科研项目9项。学院教师在研项目总计1 316项。

2009年，获省部级以上奖励8项，其中主持5项。新增学术创新团队1个。主持国际学术会议3次。发表论文763篇，其中发表在核心期刊上的论文511篇，三大检索264篇。出版科研论著7部。新专利100项。外请专家作学术报告38场次。

（关宏志　杜修力）

**【党建工作】** 建工学院有37个党支部，其中在职教工支部8个，退休教工支部1个，本科生支部9个，硕士研究生支部15个，博士研究生支部4个。

学院共有党员797人。其中在职教工党员92人，占在职教工总数51.3%，具有博士学位43人，具有硕士学位10人，副高以上职称50人。退休教工党员51人，占退休教工总数49.5%。学生党员645人，其中本科生党员178人，占学生总数14.5%；硕士生党员229人，占总数27.7%；博士生党员51人，占总数93.1%。新发展党员131人（本科生61人、硕士生70人）。预备党员转正114人。

2009年，学院教工机关党支部和4个学生党支部分别获评校级先进党支部，5名教工党员和13名学生党员获评校级优秀共产党员，教工支部书记1人获评校级优秀党务工作者，本科生党员1人获评校级优秀共产党员标兵。

全年在校内主页上发布信息、报道58篇，在各项活动中制作宣传专栏和展板3期。组织教工党员献爱心捐款共计3 270元，学生党支部“六一”为汶川地震儿童献爱心捐款7 000元，本科水务党支部为数理学院患白血病同学捐款1 055元。

学院党委开展学习实践活动，联系实际查找问题，开展调研，组织讨论，深化效果。组织教工党支部党员观看优秀爱国电影和红色歌剧。成立学院廉政风险防范管理工作领导小组，制订学院廉政风险防范监控表和岗位责任书并报学校纪委备案。

本科生党员继续义务担任助理班主任；党员和积极分子利用休息时间对新旧图书馆阅览室墙壁彻底清理；举办欢送毕业和新生联谊活动。2006级硕士研究生全体党员举办毕业党员文明离校宣传活动，并制作离校纪念品；在朝阳公园和香山公园举办环保宣传活动；慰问敬老院老人；去郊区绿化环境种植树木；制作展板宣传奥运精神和爱国主义精神；定期举办党史知识竞赛，组织参观奥运场馆、科技馆、军事博物馆、中华民族园、抗日英雄纪念馆等。

在职教工中有民主党派成员12人，其中：民革1人，民盟4人，民建1人，农工党1人，致公党1人，九三学社4人；中央委员1人，市委委员3人，市政协委员2人（常委1人），市特约工作人员2人，区委主委1人，区委副主委1人，区政协委员2人。

（邢雅茹　张永祥）

**【学生工作】** 2009年，本科生奖学金共有906人参评。获国家奖学金4人，国家励志奖51人；校先进集体3个，优良学风班4个，校标兵团支部1个，优秀团支部4个；校学习优秀奖181人，优秀学生干部52人，三好学生33人，励志奖9人，科技创新奖18人。其他各类奖学金获得者共计238人次。

研究生奖学金共有520人参评。获校优良学风班1个，校三好学生28人，校学习优秀奖52人，校优秀学生干部30人，校励志奖6人，研究生科研优秀奖80人。其他各类奖学金获得者共计75人。

本科生获第三届全国大学生结构设计大赛优秀奖1项，第四届全国大学生交通科技大赛优秀奖1项，首届全国大学生创新设计大赛优秀奖1项，国家大学生创新实验项目计划1项，第二届“高教杯”全国大学生先进图形技能与创新大赛一等奖2项、二等奖2项、团体三等奖1项。第八届北京高校建筑结构设计联赛一等奖1项、二等奖1项、三等奖1项、优秀奖3项，2009年北京地区大学生物理竞赛三等奖 3 人。校第十届星火基金结题 13 项（其中重点项目 3 项），获校第六届结构设计大赛一等奖 2 项、二等奖 4 项、三等奖 5 项。研究生获校第七届科技基金立项 108 项。11 月举办第五届建工学院“创新杯”科技论文大赛。

（李振兴　李　悦）

**【继续教育】** 从 2000 年起，建工学院承办继续教育夜大性质土木工程专业专升本科班。在教学和管理过程中，按照“按需施教，注重实效”原则，根据成人教育特点，适时修改教学计划，培养符合社会需要的应用型技术人才，办学规模逐渐扩大。从招生以来，共毕业 228 人。2009 年招收 50 人，在校生 133 人。

（陈长安　李炎锋）

**【对外交流】** 2009 年，建工学院共接待 6 个国家 5 次 12 人来访。派出参观访问交流 6 个国家 15 人次。举办国际学术会议 1 次，参加国际会议 22 人次，提交论文 15 篇，签署合作意向书 3 项，在科研合作、教师交流、合作培养本科生与研究生方面取得实质性进展。

（王雪竹　杜修力）

**【城市与工程安全减灾教育部重点实验室】** 主任杜修力教授。2009 年投入建设经费 1 000 余万元。实验室仪器设备总值达6 800余万元，其中万元以上仪器设备 400 余台件。大型特色科研设备主要包括：火灾模型试验台、4 000kN多功能电液伺服加载试验系统、9+1 子台阵模拟地震振动台台阵系统、竖向—扭转双向耦合剪切仪、土建结构静动态变形检测系统、建筑变形 radar 监测控制与分析系统等。

2009 年，新承担国家级重点项目 3 项，国家级面上项目 8 项，新增纵横向科研经费3 600余万元，相关研究成果获国家科技进步二等奖 1 项，省部级科技进步奖 2 项，发明专利 5 项，多项成果通过教育部科技成果鉴定，发表 SCI、EI 检索论文 90 余篇。杜修力、曹万林获北京市高层次人才计划资助，薛素铎获“北京市教学名师”称号，路德春获北京市科技新星称号。共培养博士后 3 人、博士生 11 人、硕士生 161 人，由本实验室教授指导的 2 篇博士生学位论文分别被评为全国百篇优秀博士论文提名奖、北京市优秀博士学位论文。承办 2009 全国博士生学术会议、国家自然科学基金重大研究计划“重大工程的动力灾变”项目群学术交流会等。

2009 年，实验室通过教育部验收。由曹万林负责完成的“新型组合剪力墙及筒体结构抗震理论与技术”获国家科技进步二等奖；由张爱林负责完成的“北京工业大学体育馆新型预应力弦支穹顶结构体系设计与全寿命健康监控”获北京市奥运工程科技创新特别奖。

（许成顺　关宏志）

**【北京市工程抗震与结构诊治重点实验室】** 主任周锡元院士。通过“211 工程”建设，实验室形成一支以中科院院士周锡元、国家杰出青年基金获得者杜修力等为学术带头人的科研团队，自主研发了 40 000kN 特大型多功能液压伺服试验系统、9+1 子台阵模拟地震振动台台阵系统等国际国内先进设备，仪器设备总值达6 100余万元，形成了工程抗震与减震、城市及村镇综合防灾减灾、结构健康监测等优势和特色的研究方向。

2009 年，新投入建设资金 180 万元，用于购买静态数据采集系统、传感器及高低压油管系统、叉车和设置实验室开放基金等。承担“973”计划课题 3 项，“863”计划课题 2 项，“十一五”科技支撑计划项目 10 余项，国家自然科学基金重点项目 77 项，以及国家自然科学基金面上项目等 200 余项。2009 年承担的代表性科研项目包括钢筋混凝土剪力墙体系低周反复荷载试验、带屈曲支撑耗能构件的框架结构抗震性能试验研究、考虑楼板效应的空间节点抗震性能试验、黏滞阻尼器性能测试、钢框架抗震性能研究等。

2009 年，获国家科技进步二等奖 1 项、专利 10 余项，出版著作 2 部，发表 SCI、EI 检索等论文 100 余篇 。培养博士后 3 人、博士研究生 18 人、硕士研究生 118 人。参加国际国内学术会议特邀报告 5 次，聘请外国专家讲学 4 次。实验室与美国国家地震中心等近 20 余所国外大学或研究机构建立长期合作关系。

在北京市重点实验室二期建设验收评估中被评为优秀。

（闫维明　关宏志）

**【北京市水质科学与水环境恢复工程重点实验室】** 主任张杰院士。2009 年实验室主要研究方向：水环境系统恢复工程理论与应用、城市污水深度处理技术与资源化工艺理论、活性污泥法等污水处理理论与应用、水资源保护与节水技术、城市排水系统信息计算机网络化管理和自动控制与智能控制及系统模拟技术、地下水生物除铁除锰技术、饮用水安全技术等。

2009 年，实验室主持和参加国家重大水专项课题 6 项，参加国家“十一五”科技支撑项目 2 项。引入 1 名博士后，招收博士研究生 7 名。新立项科研项目 14 项，2 人获国家自然基金资助。以重点实验室名义发表学术论文 55 篇。实现设备增值 180 万元。完成北京市教委二期建设的中期检查，配合学校完成北京市结构力学实验中心申请工作。

（杨　宏　关宏志）

【北京市交通工程重点实验室】 主任刘小明教授。实验室是北京市与科技部共建的“国家重点实验室”培育基地，交通部行业重点实验室（智能交通关键技术实验室）。主要研究方向有交通规划与仿真技术、智能交通信息与控制技术、驾驶行为与交通安全、路面性能分析与材料再生技术等。

2009年，实验室整体搬迁至建工学科楼，面积4 866平方米，建有交通规划与仿真、驾驶行为检测、道路性能检测和交通流检测等实验室及智能交通控制实验基地。同时整合交通信号控制实验室、交通系统控制实验室、交通行为控制实验室和智能交通信息平台，形成全新的交通控制实验室。全年新增10万元以上仪器设备10台套。实验室拥有驾驶模拟舱系统，动态脑电仪、眼动仪、驾驶适性检测系统、光导材料细空隙测定仪、动态GPS等仪器、实时噪声检测仪、路面厚度检测仪等先进设备。

实验室作为牵头单位主持承担“十一五”科技支撑计划项目2项、“十一五”科技支撑计划项目子题5项，获批国家自然科学基金面上项目2项，省部级项目3项，横向合作及其他项目28项。到校科研经费872万元。在核心期刊发表学术论文74篇，被SCI、EI或ISTP检录23篇。出版学术专著4部（其中译著1部），获发明专利3项、软件著作权4项。实验室师生参加交通工程领域的国际和国内会议87人次，在各类会议上作报告28人次。

（石建军　关宏志）

【土建工程训练中心】 中心创建于1985年（原名计算机站）。在“十五”建设规划中，土建工程训练中心建设机房项目获50万元投资，现有2个教室80余台计算机，主要为建工学院本科生、研究生及继续教育的学生提供授课、上机、课程设计等常规性教学服务。

（韩志远　白玉华）

【北京工业大学建筑勘察设计院】 设计院创建于1964年，2002年取得建筑甲级资质，2003年取得勘察乙级资质。现有技术人员50余人，其中国家一级注册建筑师6人、一级注册结构师5人、注册岩土工程师6人。注册资金由100万元增加到300万元。参加北京市规委工程设计资质证书更换新证工作。10月，设计院搬迁到建工学科楼。

（王奎仁　杜修力）

【北京汉威工程爆破高新技术公司】 公司创办于1994年2月，由北工大、北京市路政局联合经营。依托高等院校科技优势和北京市路政局工程施工与技术力量，主要从事各类工程爆破，是融研究、设计与施工为一体的高科技应用型企业，具有北京市公安局颁发的A级爆破工程资格证书。

2009年，爆破公司结合北京市交通工程与土建工程建设，主要承担了北京市重点建设工程——京承高速公路（三期）路基、桥基、隧道工程石方爆破，八达岭过境线路基工程与隧道工程（左右线全长5 647米）石方爆破，延庆西铁路新建工程路基、隧道开挖爆破工程，怀柔区水库1号路改建工程石方爆破，平谷区上堡子路石方爆破工程，平谷区金海湖景区改造工程基础石方爆破等。

（高文学　关宏志）

【北京工业大学抗震减灾研究所】 所长周锡元院士，常务副所长苏经宇研究员。2009年，承担的秦皇岛市、贾汪市、如皋市等城市抗震防灾规划通过评审。承担无锡、石家庄、攀枝花、石狮、晋江等多个城市的抗震防灾规划项目。继续开展国家标准《城镇综合防灾规划标准》和《城镇防灾避难场所设计规范》的编制工作，期间多次召开编制组全体会议。获河北省科学技术进步奖一等奖、江苏省科学技术进步奖一等奖、河南省科学技术进步奖三等奖各1项。

（苏经宇　关宏志）

【北京工业大学空间结构研究中心】 主任张毅刚教授。中心现有教授2人、副教授2人、讲师1人，在校博硕士研究生30余人。2009年培养毕业研究生10人，其中博士2人。承担国家自然科学基金重大研究计划重点项目、国家自然科学基金面上项目、“十一五”科技支撑项目、北京市自然基金项目、北京市教委基金项目、北京市人才强教项目、北京工业大学城市与工程安全减灾教育部重点实验室/工程抗震与结构诊治北京市重点实验室重点项目等多项纵向科研课题，新增横向科研课题多项。2009年，到校经费100余万元，发表论文20余篇，共有20余人次参加国内外的大型学术会议。作为中国钢结构协会空间结构分会的挂靠单位，研究中心承担中国钢结构协会空间结构分会的所有活动组织。

（吴金志　关宏志）

【中国勘察设计学会抗震防灾分会】 分会理事长为周锡元院士，秘书长苏经宇研究员。2009年开展咨询、培训、科技发展和技术推广工作，将先进的抗震防灾理念做讲座与咨询，为各地开展抗震防灾工作提供参考。参加住房和城乡建设部质量安全司组织编制的“城乡建设防灾减灾十二五规划”的预研究和编制工作，为城乡建设系统开展防灾减灾工作提出建议。有关人员作为建设部第一届全国城市抗震防灾规划审查委员会委员参加各地抗震防灾规划的技术审查，指导各地城市抗震防灾规划编制工作。

（苏经宇 关宏志）

**【中国钢结构协会空间结构分会】** 理事长张毅刚教授，正副秘书长薛素铎、吴金志教授。由分会与中国纺织工业协会共同组织编制的行业标准《膜结构用涂层织物》于1月通过审查。8月，在太原召开年会，来自全国各地105个单位的200多名代表参加会议。会议期间，召开第四届四次常务理事会及第二届二次膜结构专业委员会全体会议，分会还组织10多个包括科研、高校、索及索具生产厂家、施工单位的代表讨论分析索结构的发展，建议分会成立索结构专业委员会。9月，分会组织由高校、科研、设计和施工等方面的16个代表团参加在西班牙举办的国际薄壳与空间结构协会（IASS）50周年大会。12月，召开第二届三次膜结构专业委员会并进行第二批膜结构企业等级会员评审，对原有3个单位的等级予以升级，新评定22个单位的等级。空间结构分会共有73个单位获得膜结构企业等级会员证书，覆盖全国绝大部分地区。2009年，分会吸收27个新会员单位。

（吴金志 杜修力）

**【高等学校交通运输学科教学指导委员会交通工程教学指导分委员会】** 分会于2008年设置在北京工业大学建工学院交通工程系。主任委员刘小明教授，秘书长关宏志教授。负责协调开展高等学校交通工程专业的本科教学的研究、咨询、指导、评估和服务等工作。

（关宏志 杜修力）

**【北京工业大学岩土与地下工程研究所】** 所长杜修力教授。现有教师16人。2009年，国家“973”课题“城市地下基础设施的地震破坏与抗震理论”、国家自然科学基金重大研究计划“城市大型地下结构强震动力灾变机理及过程模拟研究”正式启动，主持的国家“十一五”科技支撑项目“建筑物抗爆炸与撞击的工程技术研究”、“城市地下空间防火技术、防水技术与抗震技术研究”和“山区村镇地质灾害与工程防治技术”处于攻坚阶段。2009年，获2项国家自然科学基金资助，岩土所研究经费达1 500余万元。4名博士生和20余名硕士生通过学位论文答辩。有15人次参加国内外大型学术会议，发表论文20余篇。有8人次出国考察和学术交流，与新加坡国立大学、南洋理工大学建立合作关系。

本所教授、著名岩土工程专家张在明院士因病于2009年12月4日在北京逝世。

（陶连金 杜修力）

**【结构工程研究所】** 所长霍达教授。成员20人，其中教授8人、副教授12人。2009年承担国家“十一五”科技支撑计划重点项目和重大项目、国家自然科学基金重点项目、国家自然科学基金面上项目、“863”项目、北京市科技计划重大项目、北京市自然科学基金重点项目及其他省部项目30余项。

曹万林、张建伟等完成的“新型组合剪力墙及筒体结构抗震理论与技术”科研成果获国家科技进步二等奖，张爱林、闫维明等完成的“2008奥运羽毛球比赛馆新型预应力弦支穹顶结构体系创新与应用”科研成果获北京市科学技术二等奖，曹万林等参加完成的“国家体育场大跨度钢结构设计成套技术”科研成果获北京市科学技术二等奖，薛素铎、曹万林等完成的“地方工科院校‘四维一体’教学质量保障体系的构建与实践”教研成果获国家级教学成果二等奖。曹万林入选北京市属高校人才强教深化计划高层次人才，薛素铎被评为北京市教学名师和北京市师德标兵。

获国家发明专利和实用新型专利20余项。发表学术论文60余篇，其中被SCI、EI收录20余篇。培养博士6人、硕士58人。50余人次参加国内外学术会议。

（曹万林 杜修力）

**【防灾减灾工程与防护工程研究所】** 2009年，研究所有科研与教学人员9人，包括院士1人、教授5人、副研究员1人。研究所紧密结合北京市、全国大中城市、村镇的建设需求，立足北京，面向全国，主要研究方向为工程抗震、结构控制和城市综合防灾减灾以及结构健康监测。2009年，承担纵横向科研项目20余项，其中国家自然科学基金重大计划重点项目3项、国家自然科学基金面上项目4项、“973”计划课题1项。研究所承担北京怀柔峪道河矮塔斜拉桥的施工监控、通州通顺路钢管混凝土拱桥健康监测、长春市伊通河钢管混凝土拱桥的施工监控等技术服务与技术开发项目。获省部级科技进步奖1项，发表学术论文50余篇，国家发明专利3项。培养博士后1人、博士生3人、硕士生20余人。参加国际国内学术会议5次，聘请外国专家讲学4次。

（闫维明 杜修力）

**【道路与桥梁工程研究所（道路与铁道工程）】** 所长杜修力教授。现有教授7人，副教授7人。设有桥梁工程实验室、道路材料实验室、道路检测实验室、道路安全实验室、道路结构分析和设计实验室等专业实验室，设备总价值1 000多万元。主要从事桥梁与隧道工程、道路与铁道工程的规划、设计、咨询以及相关科学研究工作。2009年，承担国际合作项目、国家自然科学基金项目、北京市自然科学基金项目、北京市教委项目以及其他企事业单位科研项目等30余项，在研项目经费总计600余万元。2009年，获国家级奖励1项、其他科研奖励5项，出版专著1部，另有2部教材签订出版合同。有25人次参加国内外学术会议，发表论文80余篇。2009年，与北京公路学会合作，邀请日本、美国等国外学者举办技术讲座和交流2次，参加人数共计80余人次。拥有在校博士研究生12人、硕士研究生90人。

（高文学　杜修力）

**【市政工程研究所】** 所长吕鑑教授。成员16人，其中中国工程院院士1人、教授8人。在研项目包括国家“863”项目“饮用地下水锰生物去除机理及除铁除锰系统技术研究”，国家自然科学基金、北京市自然科学基金30余项，研究内容涉及城市污水脱氮除磷技术研究、水环境恢复决策系统研究、锰盐混凝剂的研制及净水效能的研究等方面，到校科研经费500余万元。2009年，获批国家自然科学基金项目3项，国家重大水专题研究项目2个。出版专著5部，发表论文200余篇，其中被EI、SCI检索20余篇。

在张杰院士带领下，2009年市政工程学科在国家重大科研项目申请中取得重大突破，获国家“十一五”重大课题——国家水体污染控制与治理科技重大专项主持权4项，国家“863”项目课题主持权1项，包括“饮用地下水锰生物去除机理及除铁除锰系统技术研究”、“南水北调中线总干渠水质安全关键技术”、“北京城市再生水水质提高关键技术研究与集成示范课题”，合同到校金额3 500余万元。

（吕　鑑　杜修力）

**【水资源与水工程研究所】** 所长张永祥教授。成员7人，其中教授1人、副教授5人。与北京市水利科学研究所等单位在水资源利用、灌溉技术、水利经济管理方面开展合作，依托建工学院结构工程在水工结构和市政工程在水资源与水环境方面的研究优势，申报水利工程一级硕士点。申请国家污染控制重大专项“南水北调中线总干渠水质安全关键技术”1项，北京市重大科技项目1项，国家部委项目2项，到校科研经费200余万元。2009年发表论文40余篇。

（吕　鑑　杜修力）

**【建筑节能减排研究所】** 所长为北京市特聘教授赵耀华。专职研究人员15人，其中博导3人、教授4人、副教授7人。研究所主要从事可再生能源、建筑节能减排、建筑热湿环境及建筑火灾科学等领域的研究。2009年，承担国家“十一五”科技支撑项目、国家自然科学基金、北京市科委及北京市教委等纵向课题及横向科研项目10余项。2009年，到校科研经费200余万元，发表论文50余篇。

（赵耀华　杜修力）

**【交通信息与控制研究所】** 研究所围绕智能交通信息与控制技术、交通仿真机应用技术、驾驶行为与安全技术等研究方向开展工作。2009年，研究所筹建了交通与控制技术实验室、交通行为实验室。完善交通信息检测实验室和交通仿真实验室。承担项目7项，其中教育教学项目2项，包括教育部双语教学示范课程等重点教育教学项目。到校经费约180万。研究所成员发表学术论文20篇，获学校教学成果奖2项，出版学术专著1部，译著2本，获软件著作权2项。成员多次参加国际、国内智能交通会议以及教学会议包括双语教学探讨会等，为双语示范教学的最新模式的研究和实践奠定了基础。

（翁剑成　杜修力）

**【北京工业大学交通研究中心】** 中心创建于1996年，主任荣建教授。2009年在研科研项目包括国家和北京市自然科学基金项目、国家“十一五”科技支撑计划课题“城市道路通行能力及交通实验系统”、“城市停车设施建造技术”、“城市公共交通运行保障技术”及北京市科委重大项目“北京新城智能交通管理系统示范工程”、“北京市地面公交网络优化与枢纽接驳技术研究及示范”等，到校科研经费1 000余万元。新立项国家自然科学基金3项，北京市自然科学基金1项，研究内容涉及交通流理论、城市路网评价、公共交通、停车规划、智能交通等方面。获省部级科研奖4项，教学奖2项。获专利授权2项，申请新发明专利6项，获软件著作权5项，出版教材专著5部。在各类核心期刊、国内外学术会议上发表论文160余篇，其中EI检索50余篇。

（荣　建　关宏志）

**【土木工程国家级实验教学示范中心】** 主任杜修力教授。1961年，北工大设立的第一批实验室之一——土木工程实验室成立，承担全校土建类专业基础课程以及专业课的实验教学任务。2000年，“建筑工程学院教学基地”项目列入北工大“211工程”“十五”建设项目。2004年8月，土木工程实验教学中心正式成立，中心覆盖土木工程、建筑环境与设备工程、交通工程、市政工程等多个学科和专业，目标是建设成为培养土建类工程应用型人才的创新平台。中心依托2个一级学科、1个国家重点学科、3个北京市重点学科以及2个省部共建重点实验室、3个北京市重点实验室，拥有一支由长江学者牵头的优秀教学团队，紧密结合城市建设发展需要，坚持理论教学与工程实践及创新精神并重的办学方针，坚持“学生为主体、教师为主导、创新是灵魂”的教学理念，提出以能力培养为核心的教学目标，以功能为核心设置实验室，形成了理论教学与实践教学环节、实践教学与科研实践、必修的基础实验与选修的个性化实验，校内实验与校外实习相结合的实验教学模式，为土木建筑行业发展培养“实践能力强、专业基础厚”的高素质工程应用型人才。通过多渠道投资，包括“211 工程”教学基地建设投入、“211 工程”重点学科建设投入以及董事会形式的产学研合作，中心在实验设备、软件、管理、实验环境等方面快速发展。现有有效设备台套数2 020台，主要设备总资产4 182万元，实验室面积6 697平方米。2009 年 6 月，中心被评为北京市级实验教学示范中心。11 月，被批准为国家级实验教学示范中心建设单位。

（李振宝　李炎锋）

## 环境与能源工程学院

**【发展概况】** 北京工业大学环境与能源工程学院（College of Environmental and Energy Engineering，以下简称环能学院）是在原化学与环境工程学系和热能工程学系的基础上，于 1999 年 1 月组建而成，涉及环境科学与工程、动力工程与工程热物理、化学与化工等多个学科领域。设有环境能源技术研究所、环境工程研究所、化学化工系、环境科学系、汽车工程系、制冷与低温工程系及北京市化学实验教学示范中心 7 个教学与科研机构。

学院设有环境科学、环境工程、应用化学和热能与动力工程专业（汽车工程和制冷空调及其自动控制专业）4 个本科专业，一级学科博士学位授权点 1 个，二级学科博士学位授权点 4 个，博士后流动站 2 个，一级硕士学位授权点 1 个，二级硕士学位授权点 5 个，工程硕士授权点 3 个，拥有教育部“传热强化与过程节能”重点实验室（同时也是北京市“传热与能源利用”重点实验室）和北京市“水质科学与水环境恢复工程”重点实验室（与建工学院联合建设），以及北京市重点学科 2 个，北京市重点建设学科 1 个。

教职工 112 人，其中专任教师 74 人。专任教师中，博士生导师 19 人，教授 27 人，副教授与高级工程师 44 人，其中具有博士学位的教师 68 人。

2009 年，毕业学生 261 人，其中研究生 98 人（博士生 16 人，硕士生 76 人，工程硕士 6 人），本科生 163 人；招生 290 人，其中研究生 142 人（博士生 24 人，硕士生 107 人，工程硕士 11 人），本科生 148 人；在校生 1 035 人，其中研究生 438 人（博士生 97 人，硕士生 292 人，工程硕士 49 人），本科生 597 人。

（李　晶　刘中良）

**【学科建设】** 2009 年，新增教授 1 名、副教授 5 名、硕士研究生指导教师 3 名。环境科学与工程在全国一级学科评估中取得优异成绩（排名 17）。北京市传热与能源利用重点实验室和与建工学院联合建设的北京市水质科学与水环境恢复工程重点实验室顺利通过北京市二期建设验收。召开学院 2009 年学术交流与学科建设研讨会。

学院现有一级学科博士点 1 个（环境科学与工程），二级学科博士点 4 个（热能工程、应用化学、环境科学和环境工程），博士后流动站 2 个（环境科学与工程博士后流动站和动力工程及工程热物理博士后流动站），一级学科硕士点 1 个（化学工程与技术），二级学科硕士点 10 个（物理化学、热能工程、制冷及低温工程、化学工程、化学工艺、生物化工、应用化学、工业催化、环境科学和环境工程），工程硕士培养领域 3 个（环境工程、动力工程和化学工程），北京市重点学科 2 个（环境工程、热能工程），北京市重点建设学科 1 个（化学工程与技术）。拥有教育部“传热强化与过程节能”重点实验室（同时也是北京市“传热与能源利用”重点实验室），北京市“水质科学与水环境恢复工程”重点实验室（与建筑工程学院共建）。环能学院各学科的主要研究方向见表 12-2。

**表 12-2　环能学院各学科的主要研究方向**

| 学　科 | 研究方向 |
|---|---|
| 环境科学与工程 | 1. 污水处理与水污染控制工程<br>2. 大气污染控制工程<br>3. 环境污染防治与规划管理<br>4. 环境化学与监测<br>5. 固体废弃物处理与资源化 |
| 热能工程 | 1. 强化传热及其在高新技术中的应用<br>2. 环境能源高新技术的研究与开发<br>3. 可再生能源利用与建筑节能<br>4. 制冷与空调系统的环保节能技术<br>5. 内燃机污染控制、燃烧与节能技术 |
| 应用化学 | 1. 有机化工与绿色化学<br>2. 工业催化与纳米科学<br>3. 材料化学理论与应用<br>4. 电化学理论及应用<br>5. 膜科学与化工分离技术 |

续表

| 学　科 | 研究方向 |
|---|---|
| 化学工程与技术 | 1. 有机化工与绿色化学<br>2. 工业催化与纳米科学<br>3. 膜科学与化工分离技术<br>4. 生物化工与仿生催化<br>5. 材料化学及应用 |
| 制冷及低温工程 | 1. 制冷空调系统及设备的现代技术<br>2. 制冷（热泵）机组及主要部件的研发与应用<br>3. 人工环境技术及其能源综合利用<br>4. 制冷空调的测试与自动控制 |
| 物理化学 | 1. 环境电化学<br>2. 催化化学<br>3. 能源材料化学 |

（孙秀红　刘中良）

【教学工作】 2009年，环能学院实施质量工程建设规划，加强制度建设，推进教学过程的规范化管理，注重培养青年教师，深化实验实践教学内涵建设，改革实践教学内容，完善实践教学体系，创新实践教学方法，加强创新实践课程建设。

2009年，学院彭永臻教授获2009年第五届高等学校教学名师奖。1人获北京市第六届青年教师教学基本功比赛二等奖。获学校第七届青年教师教学基本功比赛二、三等奖各1人，优秀奖1人，最佳教案奖2人，学院获优秀组织奖。“环境质量评价”获2009年度北京高等学校精品课程。“化学与环境”获校优秀教学质量奖二等奖。学院共获学校教育教学立项7项，发表教育教学论文21篇。组织学生参加2009年大学生制冷空调科技竞赛北京地区邀请赛，获特等奖第一名；参加全国大学生节能减排社会实践与科技竞赛，2个参赛队分获总决赛二等奖和三等奖。

（张　颖　夏国栋）

【科研工作】 2009年，科研到校经费2 920万元，其中纵向经费2 053万元，横向经费867万元。学院在研纵向科研项目88项、横向科研项目98项，包括国家“973”项目3项，国家“863”项目6项，国家自然基金项目16项，其中重点项目1项；北京市自然科学基金项目19项，其中重点项目3项；北京市教委项目16项，其中重点项目1项；北京市科委项目8项，国家部委项目2项，市级其他项目8项。新增国家“863”项目2项；国家“973”项目2项；国家自然基金项目8项，其中面上项目6项，青年基金2项；北京市自然科学基金项目9项，其中重点项目1项，面上项目4项，预探索项目4项。共发表科研论文319篇，其中被SCI检索83篇、EI检索60篇、ISTP检索5篇。出版专著3部。国家发明专利34项，实用新型25项，软件著作权14项。

彭永臻、王淑莹主持的“SBR法污水处理工艺与设备及实时控制技术”获国家科学技术进步二等奖；彭永臻、王淑莹主持的“北京城市北环水系水环境质量改善技术研究与示范”获北京市科学技术二等奖；程水源主持的“北京及周边区域污染控制战略研究与示范应用”获北京市科学技术二等奖；彭永臻、王淑莹主持的“SBR法污水处理工艺与设备及实时控制技术”获华夏建设科学技术一等奖；刘中良、马重芳、吴玉庭主持的“《奥运工程环保指南》编制与实施跟踪”获北京市奥运工程环境保护技术进步奖（单位集体奖）；刘中良、马重芳参与完成的“小城镇节能与新能源利用关键技术研究及设备开发”获华夏建设科学技术三等奖（单位排名第三）；张国俊“动态负压层层静电吸附自组装内皮层中空纤维聚电解质多层膜”论文获北京青年优秀科技论文一等奖；马国远主持的“高效智能化非接触式换气热回收机组的研究开发”获中国轻工业联合会科学技术二等奖；冯能莲主持的“无人驾驶汽车的多控制方式”获第十八届全国发明展览会三等奖。

（裴宝弟　夏定国）

【党建工作】 学院共有党支部25个，其中在职教工党支部8个，退休教工党支部2个，博士生党支部2个，硕士生党支部9个，本科生党支部4个。学院共有党员509人，其中在职教工党员77人，占在职教工总数66.3%；具有博士学位49人，占党员总数63.6%；副高以上职称47人，占党员总数61%；退休教工党员72人，学生党员共360人，其中博士生党员52人，硕士生党员186人，本科生党员122人。新发展党员87人，其中教工党员2人，学生党员85人。

2009年，学院党委按照学校党委统一部署，开展学习实践活动，围绕“节能减排环保的专业特色，坚持科学发展，建设有特色高水平大学”的主题，创新学习方式，开展调查研究，组织解放思想大讨论，开展“我为北京工业大学科学发展建言献策”活动，学院分层面、分类别召开专题座谈会16次，共发放问卷10类、330余份，广大教师积极建言献策，提出意见和建议，共计110条。对学院领导班子分析检查报告满意率为100%。学院共有25个党支部和473名党员全程参加教育活动，离退休党员以学习讨论等形式参加活动。

学院党委注重抓党风廉政建

设，落实党风廉政责任制，加强内控机制建设，健全预防腐败工作长效机制。学院党委结合工作任务，认真分析和逐一查找在思想道德、岗位职责、业务流程、制度机制和外部环境等方面可能发生腐败行为的风险点，逐一明确风险点责任人，逐人签订党风廉政建设暨风险防范责任书。学院设置重点岗位 20 个，查找风险点 40 个，针对每个风险点制定的防范措施 98 条，签订风险防范协议书 53 份。

学院党委发挥基层党支部参政议政作用，建立党政默契配合机制。组织开展“共产党员献爱心”捐款活动，学院党员、入党积极分子、民主党派及群众纷纷献出爱心，共捐款6 160元。获评校级教工先进党支部 1 个，校级学生先进党支部 2 个；校级优秀党员 12 名，其中教工优秀党员 5 人，学生优秀党员标兵 1 人，学生优秀党员 6 人；院级教工优秀党支部 3 个，院级优秀党员 7 名和院级优秀党务工作者 1 名。

（李　晶　程水源）

**【学生工作】** 围绕学风建设开展学生党员与学习困难学生“手拉手”互助活动，辅导员、班主任“进课堂”、“深度辅导”活动和促进考研的各种活动，鼓励、引导学生积极参与科研活动。3 月，召开学生工作研讨会，探讨学生工作长效机制，逐步形成“多位一体”的学生工作局面，如可再生能源专业实行导师制，学科部关心、促进学生就业，教师义务指导本科生科技活动，加强学生科、教务科、班主任、学科部互相协调配合机制。2009 届毕业生一次签约率为 77.39%。

2009 年本科生获国家奖学金 2 人，校级三好学生 16 人，校级先进班集体 2 个；获校 2009 年“星火基金”立项 23 项，结题 19 项（其中获优秀项目 5 项）。

研究生获校“科技之星”称号 2 人，“科技之星”提名奖 2 人，校级优良学风班 1 个；校 2009 年研究生科技项目立项 45 个，其中科技基金项目 35 个，创新计划 10 个；校科技创新奖 260 项，其中一等奖 142 项，二等奖 118 项。

（韩　晶　谢亚勃）

**【教育部传热强化与过程节能重点实验室】** 实验室拥有一支实力较为雄厚、结构合理、富于开拓创新的学术队伍，构筑了较为完善的、在国内外有相当影响的学科平台；面向国家和北京市经济建设和社会发展主战场，本着为北京市“能源结构调整”和“绿色奥运、科技奥运、人文奥运”服务的原则，努力开展科学研究。

2009 年，新增教授 1 名；毕业硕士研究生 21 名，博士研究生 7 名（含 1 名国际留学生）；招收硕士研究生 21 人，博士研究生 5 人。2009 年，承担科研项目 38 项，在研科研经费 957.26 万元，其中纵向科研项目 24 项（国家级项目 10 项，市级项目 14 项），横向科研科目 11 项。2009 年，获专利授权 11 项（其中发明专利 5 项）；发表论文 110 篇（国际期刊 15 篇，国内核心期刊 50 篇，国际会议论文 11 篇），其中 SCI 收录 16 篇，EI 收录 39 篇，ISTP 收录 2 篇。

承担包括国家“973”项目、国家“863”项目、国家“十五”科技攻关项目、国家自然科学基金重点项目在内的多项科学研究项目。在应用研究方面，实验室先后开展太阳能熔融盐发电技术、单螺杆压缩机/膨胀机能量利用与回收技术、先进热泵技术、中央空调风道清洗技术、太阳能纳米光催化技术、抗垢技术、抑霜技术、天然气除湿技术、微热沉技术、燃料电池技术、光导管绿色照明技术、涡流管制冷技术等多项应用技术的研究开发，取得大批具有知识产权的研究成果。

（叶　芳　刘中良）

**【主办可再生能源国际会议】** 5 月 28 至 30 日，环能学院受中国科学院工程热物理学会委托，主办首届中—欧—美热物理可再生能源国际会议（2009 US-EU-China Thermophysics Conference - Renewable Energy，May 28-30，Beijing，China）。学院马重芳教授担任大会主席。此次国际会议由中国科学院工程热物理学会、美国机械工程师学会、英国皇家物理学会和英国机械工程师学会共同发起，来自欧美国家和中国国内的 150 名专家学者（其中欧美及海外专家 43 名）参会，围绕“促进可再生能源科技发展的国际交流与合作”的主题进行广泛讨论和交流。

（李　晶　刘中良）

**【对外交流】** 2009 年，环能学院接待荷兰特文特大学、中国台湾清华大学 3 人次来访交流。派出教师 2 人赴英国华威大学进行 1 个月双语教学培训及学术交流，2 人赴日本东京大学和前桥工科大学进行 1 周的学术交流。派出 10 余人次参加在丹麦、澳大利亚、意大利等国以及中国台湾等地举办的国际学术会议并宣读论文。如：5 月，彭永臻、王淑莹、崔有为参加在丹麦奥尔堡召开的国际水协会第五届活性污泥微生物学会议（The 5th IWA Activated Sludge Population Dynamics Conference），并在会议上发表学术论文；6 月，博士研究生 2 人参加国际水协会在澳大利亚召开的第十届仪表、控制和自动化会议（10th IWA Conference on Instrumentation, Control and Automation），并在会上宣读论文 2 篇；9 月，刘中良参加在意大利那不勒斯举办的第一届热物理问题计算方法国际会议（First International Conference on Computational Methods for Thermal Problems），并宣读论文1篇；10月，王景甫、李艳霞参加在韩国济州召开的亚洲计算传热与流体流动国际会议（The Asian Symposium on Computational Heat Transfer and Fluid Flow 2009），在大会宣读论文2篇；10月，马重芳、吴玉庭赴台湾成功大学参加第五届两岸能源与环境永续发展科技研讨会，作大会报告2篇。

（李　晶　刘中良）

# 应用数理学院

**【发展概况】** 北京工业大学应用数理学院（College of Applied Sciences，以下简称数理学院）成立于2000年1月，由应用数学系和应用物理系合并而成。学院设有基础数学、概率论与数理统计、计算数学、应用数学、运筹学与控制论、应用物理学、光电子学、实验物理8个学科部和教务、学生工作、科研研究生、行政、继续教育等办公室，设有信息与计算科学、普通物理、近代物理、应用物理和演示物理5个教学实验室和北工大物理实验中心、北工大统计研究所、北工大应用数学研究所。学院设有信息与计算科学、应用物理学2个本科专业，拥有一级学科博士学位授权点1个，二级学科博士授权点1个，一级学科硕士学位授权点1个，一级学科博士后流动站2个。中国现场统计研究会和中国现场统计研究会生存分析分会挂靠北工大，张忠占任中国现场统计研究会副理事长，程维虎任常务理事兼秘书长，张忠占、薛留根分别任中国现场统计研究会生存分析分会副理事长、秘书长。

2009年，学院有教职工149人，其中专任教师114人，教辅人员与管理工作人员35人，在站博士后5人。高级专业技术职务中教授30人，副教授48人，教师中具有研究生学历人员比例为85%，具有博士学位人员比例为72%。

2009年，毕业学生220人，其中研究生71人（硕士63人，博士8人），本科生149人；招收新生241人，其中研究生86人（硕士73人，博士13人），本科生155人；在校生895人，其中研究生280人（硕士生225，博士生55人），本科生615人。

（李晓梅　李宝富）

**【学科建设】** 物理学科为一级学科博士学位授权点，其中光学为国家重点学科，凝聚态物理为北京市重点学科。数学学科为一级学科硕士学位授权点，其中概率论与数理统计为博士学位授权点，概率论与数理统计、应用数学为北京市重点建设学科。设有数学和物理学2个一级学科博士后流动站。招收工程硕士的专业有：工业工程、光学工程；招收高校教师在职攻读硕士学位的专业有：概率论与数理统计、光学、凝聚态物理。数理学院学位授予点情况见表12-3。

2009年，新进教师5人，其他人员2人，新评聘教授2人、副教授4人。配合学校进行博士生培养质量调查。陶世荃被评为2009年北京市优秀教师，李寿梅被评为“北京市人才强教深入计划创新人才（学术类）”，张新平入选教育部新世纪优秀人才。6名学生获校优秀硕士学位论文奖。

**表12-3　数理学院学位授予点统计**

| 序号 | 学　科 | 博士学位授予权 | 硕士学位授予权 | 备　注 |
|---|---|---|---|---|
| 1 | 物理 | ☆ | ☆ | 国家一级学科博士点 |
| 2 | 数学 | | ☆ | 国家一级学科硕士点 |
| 3 | 概率论与数理统计 | ☆ | ☆ | 北京市重点建设学科，中国现场统计研究会挂靠 |
| 4 | 运筹学与控制论 | | ☆ | |
| 5 | 基础数学 | | ☆ | |
| 6 | 应用数学 | | ☆ | 北京市重点建设学科 |
| 7 | 计算数学 | | ☆ | |
| 8 | 光学 | ☆ | ☆ | 国家重点学科 |
| 9 | 凝聚态物理 | ☆ | ☆ | 北京市重点学科 |
| 10 | 理论物理 | ☆ | ☆ | |

（张东玲　张忠占）

**【教学工作】** 2009年，学院教育教学获奖情况：北京市优秀教学团队1个，北京市精品课程1门，北京市教育教学成果奖二等奖1项；获校级优秀教学质量奖二等奖1人，校青年教师基本功大赛奖三等奖2人、优秀奖1人。学院教师发表教育教学研究论文53篇，出版教材3部、译著1部。学院举办工程大师论坛6场，学校名师论坛1场。继续实行青年教师助课培训制度，为青年教师配备指导教师，提高青年教师的教学能力，共有2名青年教师完成助课培训任务。坚持教授和副教授为本科生授课制度，加大力度从校外聘请国家教学名师和知名专家，为本科生开设校选课程。召开学院青年教师教学研讨会，为提高青年教师业务水平创建交流平台；召开学院教育教学工作研讨会，促进专业建设与教学团队建设；召开“大学物理”精品课程建设总结交流会。

在2008级的“高等数学”、“大学物理”和“数学分析”的教学中对6个合班课堂、9个自然班开设小班习题课；完成2007级本科生教学计划和实践教学大纲的修订，并制订创新学分课程的教学大纲。数理学院公共课程建设情况见表12-4。

（张辉霞　王　丽）

**【科研工作】** 学院科研项目到校总经费476.40万元，其中纵向经费411.45万元，横向经费64.95万元；学院在研科研项目76项，其中纵向66项，横向10项；获国家自然科学基金资助5项，其中专项基金3项，北京市自然科学基金资助8项，共资助金额52万元，北京市优秀人才培养资助项目2项；共发表论文202篇，其中被三大检索收录116篇，出版学术著作及编著3部；获国家发明专利5项，实用新型专利2项，专利申请受理12项，计算机软件著作权4项；获校2008年优秀学术成果一等奖1项，全国高校第九届物理演示教学仪器奖三等奖3项。

（张　震　王　术）

表12-4　数理学院公共课程建设一览表

| 序号 | 课程名称 | 国家精品课程 | 北京市精品课程 | 北京市精品教材 | 校优秀课程、校精品课程 |
|---|---|---|---|---|---|
| 1 | 高等数学 | | ☆(2006) | | ☆(2003) |
| 2 | 线性代数 | | | | ☆(2009) |
| 3 | 概率论与数理统计 | ☆(2005年) | ☆(2003) | ☆(2004) | ☆(2004) |
| 4 | 大学物理 | | ☆(2004) | | ☆(2003) |
| 5 | 实验物理 | | ☆(2007) | | |
| 6 | 计算方法 | | | | |
| 7 | 复变函数与积分变换 | | | | |
| 8 | 运筹学 | | | | |
| 9 | 数学建模 | | ☆(2005) | ☆(2004) | |
| 10 | 应用泛函分析 | | | ☆(2008) | |
| 11 | 高职高等数学系列教材 | | | ☆(2004) | |
| 12 | 激光原理 | | ☆(2009) | | ☆(2009) |
| 13 | 数学分析 | | | | ☆(2009) |
| 14 | 信息光学 | | | | ☆(2009) |

**【党建工作】** 2009年，数理学院共有26个党支部，其中教师党支部8个，学生党支部16个，退休教工党支部2个。共有党员326人，其中在职党员83人，退休党员44人，学生党员199人。入党积极分子230人。2009年，发展教工党员2人，转正6人；发展学生党员66人（本科生44人，研究生22人），转正49人（本科生23人，研究生26人）。

（1）学院党委全面贯彻校党委部署，认真组织完成学习实践活动，确立学院整改方案，构建学院以人为本、统筹协调可持续发展的建院理念。贯彻领导班子尽职、沟通、廉政的工作原则，提高集体领导与会商能力；努力搞好理论中心组学习，不断提高领导集体思想理论水平，加强支部建设，启动第四期支部组织生活创新立项活动。（2）推进党风廉政建设责任制和风险防范制度建设，制定《应用数理学院廉政风险防范管理实施规定》，确定学院风险点、防范程序和责任人，制定院领导班子、院机关科室、学科部相关责任书。（3）加强宣传引导等思想政治工作，使学生从中受到深刻的爱国主义教育，确保学院参加国庆活动的各项工作顺利完成。（4）学院党委积极开展甲型流感疫情防控工作，建立班级信息联系体制，坚持防控甲流报告制度，完成参与国庆游行任务学生的甲流防控工作。（5）院工会和教代会工作。院工会获2009年校“模范教职工之家”称号，并获校工会项目验收一等奖；获2009年学校春季运动会团体总分第三名，乒乓球单打男子领导组冠军，女子单打冠、亚、季军。初步完成教工活动室建设。完成教代会工作议案。

（黄锦秀　李宝富）

**【学生工作】** 2009年，学院学生工作以“我与祖国共奋进、与学校共发展、与同学共成长”为主题，以“双涯——职业生涯和学生生涯”辅导为主线，以“两个支部——学生党支部、学生团支部”为教育载体，以院学生会、院研究生会和院科协三大学生组织为活动载体，以学生全面发展为目标，开展教育性活动。

（1）学生工作队伍建设。学院建立心理教育与辅导、思想教育、学生事务管理、职业生涯规划4支学生工作队伍，其中有4名教师在心理教育与辅导方向参与学习、科研和教学活动，有1名教师在学生事务管理方向参与学习。12名专业教师担任兼职班主任，具有副高职称的人数比例67%。

（2）学生工作特色活动和重点活动。①导师制的试运行。在2008级物理专业学生中试行导师制运行1年。2009年，学生工作办公室召开导师制试行研讨会。②新生入学教育。根据学院新生特点，为每名新生设计“新生自我管理手册”，它成为新生自我监督、师生紧密联系的新渠道。③开展学生深度访谈。为班主任配发相应的访谈记录表格，建立学生谈话和成长档案。④校友沙龙活动。为庆祝学院建院十周年，学院邀请曾获牛津大学统计学硕士学位的张冬及获英国华威大学金融数学硕士学位的宋佳等10余名校友来校与学生开展以“学长的足迹”为主题的校友沙龙活动。共进行18期，共有学生720人次参加。⑤心理教育工作。2007年开始，学院设立心理书角，为学生提供心理读物。在2009年心理宣传月期间，学院组织多次心理电影赏析活动。

（3）学生科技活动。①学院举办北工大第九届数学建模竞赛，共有118组、354人报名参赛，10组学生分获一、二、三等奖，10组学生获优秀奖。②学院负责组织全校学生参加全国大学生数学建模竞赛和全国研究生数学建模竞赛，其中本科生组有26队学生，共计78人参赛，其中1队获北京市一等奖，3队获北京市二等奖。研究生组有7支参赛队，其中2队分获全国二等奖、三等奖。③学院2名学生与经管学院1名学生组队参加2009年美国大学生数学建模竞赛（MCM/ICM），并获二等奖，这是近年来学院学生在此项比赛中取得的最高奖项。④校星火基金项目申报40项，获批29项，近60名学生参与星火基金科研项目。2009年博士和硕士科技基金的申报数量比上年分别增加180%、42.8%。组织学生参与国家大学生创新性实验计划，2个项目获准立项。⑤在2009年“研究生科技文化节”活动中，开展科技文化论坛活动。邀请北京应用物理与计算数学研究所及北工大数理学院双聘院士、中科院院士郭柏灵作题为“浅谈老一辈科学家的创新精神与杰出人才培养”的报告。

（4）学生就业工作。畅通信息渠道、加强有针对性的指导，召开毕业生家长会、研究生导师会，加强就业政策的宣讲和就业技巧的培训，2009届本科生签约率为82.35%，较上一年度提高三个百分点，就业率为96.73%；研究生的签约率为85.48%，较上一年度提高近8个百分点，就业率为96.77%。

2009年，本科生42人获院级学习优秀奖、17人获优秀学生干部奖、7人获院级三好学生奖，研究生7人获院级学习优秀奖、4人获优秀学生干部奖。

（杜　娜　王海燕）

**【对外交流】** 2009年，学院举办各种学术讲座61场。在校荣誉教授、美国工程院院士、佐治亚理工学院可口可乐讲习教授吴建福（Jeff Wu）的倡议下，北工大第一届统计与工程国际学术会议（The First International Conference on the Interface between Statistics and Engineering）暨第四届统计科学前沿国际研讨会于7月12至15日举行。会议由北工大、中国科学院数学与系统科学研究院、Michigan University（密歇根大学）和Georgia Institute of Technology（佐治亚理工学院）联合主办，数理学院承办。国（境）内外150余名学者参加会议。会议着重报告了统计学与多个工程学科（如安全与质量工程、控制工程、纳米科学与工程、生物与医药工程、环境工程等）结合所取得的重要进展。

12月16至17日，数理学院理论物理研究所主办“2009年理论物理前沿研讨会”。中科院理论物理研究所吴岳良院士带队，蔡荣根、高怡泓、李淼、李田军、杨金民、张元仲、朱重远研究员等多名专家与会并作大会报告。

2009年，姚建铨院士、严加安院士、吴岳良院士、剑桥大学王枫秋研究员、美国哈佛大学Andrew Strominger（安东·史多明戈）教授、德国斯图加特大学技术光学研究所Giancarlo Pedrini（金卡罗·佩琦尼）博士、美国加州理工学院侯一钊教授、德国洪堡大学Andreas Griewank（安吉斯·格瑞文克）教授、香港中文大学辛周平教授等国（境）外著名大学和研究所20余人应邀来访，并作学术报告。

（张　震　王　术）

**【举行庆祝建院十周年大会】** 12月16日，学院隆重举行建院十周年庆祝大会。校领导王守法、张革、马志成、张爱林、蒋毅坚，曾毅院士到会祝贺，各兄弟学院、各部处致信祝贺并派代表参加大会。李宝富主持大会。张忠占回顾和总结了学院建设的路程和取得的成绩：注重发挥学科建设和科学研究对于提高教学质量的重要作用，不断加强课程、团队、学科点建设；注重科学研究、质量工程建设；把人才培养放在第一位，促进学生全面成长；不断加强党的建设与科学管理，提升工会、教代会工作水平，稳妥处理各种关系，注意保护和调动全员的积极性，推动了教育教学质量的提高和学科建设。蒋毅坚代表学校肯定学院十年来所取得的进步和成绩，同时希望学院大力加强师资队伍建设，深化教育教学改革，进一步提高科研水平，努力把学院建设成为高水平的教学研究型理学院。

（杨红卫　李宝富）

## 计算机学院

**【发展概况】** 北京工业大学计算机学院（College of Computer Sciences，以下简称计算机学院）由原北京计算机学院、北京工业大学计算机系和计算中心合并而成。计算机学院设计算机应用技术系、计算机系统结构系、软件系、信息安全系4个系，计算中心、计算机体系结构实验中心2个中心，及可信计算、计算机软件与理论、人工智能与知识工程、模式识别与图像处理、多媒体技术与图形学、计算机系统与控制、软件工程与软件自动化、计算机网络与应用技术、智能信息系统与数据库技术应用、加固型计算机等多个实验室和研究机构。

2009年，计算机学院有专任教师113人，其中博士生导师20人，教授34人，副教授及高级工程师54人。学院有国家有突出贡献中青年专家1人，北京市特聘教授1人、讲座教授5人，享受政府特殊津贴专家3人。新晋升教授1人，研究员1人，副教授2人，高级实验师1人，讲师3人，助理研究员2人，实验师2人，研究实习员1人。

2009年毕业学生516人，其中本科生279人，研究生188人（工学博士生12人，工学硕士生176人），工程硕士28人，高校教师21人。授予计算机应用技术博士学位14人、工学硕士学位178人，授予工程硕士专业学位28人、高校教师在职攻读硕士学位21人。

2009年招收全日制本科生267人、工学硕士研究生157人、工学博士研究生25人。招收工程硕士生22人。在册全日制学生1 697人，其中研究生537人（博士生108人，硕士生429人），本科生1 160人。在读工程硕士生238人。

（晋媛媛　石　勤）

**【学科建设】** 2009年，计算机学院有一级学科硕士学位授权点1个：计算机科学与技术；二级学科博士学位授权点1个：计算机应用技术；工程硕士授权领域2个：计算机技术、软件工程；博士后流动站1个：计算机科学与技术；北京重点学科1个：计算机应用技术；北京市重点建设学科1个：计算机软件与理论；“211工程”全校重点建设项目1个：可信计算技术及应用支撑平台。“网格中心高性能计算平台”建设经费到位。

（王　猛　石　勤）

**【教学工作】** 学院进一步加强教育教学研究，提高教育教学质量。“计算机基础教学团队”被评为“北京市优秀教学团队”及“国家优秀教学团队”。计算机操作系统原理教学团队、计算机系统结构课程教学团队、信息安全基础课教学团队获批北工大优秀教学团队。“计算机系统结构”获“教育部—英特尔精品课程”2009年建设项目。“计算机系统结构”、“基于FPGA的新型微型计算机接口设计技术”、“计算机组成与结构”获批北京市精品教材立项。发表教育教学研究论文29篇。

2009年学院获国家级教学成果二等奖2人，获北京市教育教学成果一等奖2人、二等奖1人。“高等学校计算机科学与技术专业核心课程内容实施方案研究”获教育部教学研究项目立项。获校教育教学研究项目立项9个。2人参加校第七届青年教师教学基本功比赛，分获一等奖、三等奖、最受学生欢迎奖、最佳教学演示奖。计算机学院获优秀组织奖。

计算机学院被评为“2008—2009学年教学质量管理工作优秀学院”。主持完成教育部“计算机科学与技术专业核心课程教学实施方案研究”，《计算机科学与技术专业核心课程教学实施方案》已出版。主持完成教育部计算机专业教指委“计算机科学与技术专业专业能力构成与培养研究”。

（段红峰　蒋宗礼）

**【科研与研究生教育】** 2009年，计算机学院共到校经费1 100万元，含纵向经费600万元、横向经费500万元。纵向项目新立项19个，其中，国家自然科学基金立项2个，即“基于面部视频的疲劳状态分析与理解”和“基于压缩感知理论的图像/视频编解码技术研究”；国家“863”计划项目1个，即“量子图灵机上公钥密码体制的研究”；“教育部—

英特尔精品课程”建设项目1个；纵向其他项目2个；北京市基金项目3个；市教委项目10个。横向科研项目新立项21个。

计算机学院共申请专利20个（发明专利16个，实用新型专利4个）；申请软件著作权105个。发表论文386篇，其中SCI收录19篇，EI收录111篇，ISTP收录22篇。

研究生教育由原来的注重规模转向内涵式发展，加大规范管理力度，提高研究生的培养质量。学院建立研究生听课制度和硕士研究生论文抽检制度，抽检硕士学位论文19篇，抽检率10%；组织全日制研究生论文申优答辩和在职研究生招生面试、开题、答辩工作。完成全日制双证工程硕士研究生培养方案的制定。加强导师队伍建设与学术交流，协助学校完成新增硕士研究生导师培训、导师年报和导师的考核工作。

（王　猛　石　勤）

**【党建工作】** 计算机学院有中共党员489人，其中教职工党员176人（在职84人，退休92人）、学生党员313人；有党支部24个，其中教职工党支部9个、学生党支部15个。

2009年，计算机学院获校级先进党支部3个、校级优秀共产党员12人、校级优秀共产党员标兵2人。根据学校党委开展学习实践活动的统一部署和要求，学院党委形成《计算机学院贯彻落实科学发展观分析检查报告》、《计算机学院深入学习实践科学发展观活动整改落实方案》、《计算机学院深入学习实践科学发展观活动自查报告》。

重视对学生入党积极分子和学生党员的培养、教育、考察。学院有学生入党积极分子360人，2009年发展学生党员138人，转正84人。各学生党支部开展“我与祖国共奋进——与学业有困难学生手拉手”主题活动，与试读学生结对子，通过制定详细帮扶措施，以基础课补习班的形式，帮助试读学生和其他学业困难的学生。各党支部先后参观西藏民主改革50年大型展览、建国60周年辉煌成就展览，观看大型教育片“复兴之路”；此外，本科生党支部和研究生2008级第二党支部同学校老干部处党支部、武东社区党委一起以合唱、独唱、诗朗诵和舞蹈等多种形式举办了“我和我的祖国”主题党日纪念庆祝活动；各党支部积极参加为灾区小朋友献爱心，捐献“爱心包裹”活动，全院共捐献“爱心包裹”44个。

7至10月，计算机学院273名师生参加国庆60周年群众游行活动，全体师生高标准、严要求，保证游行顺利进行。

（晋媛媛　石　勤）

**【学生工作】** 完成2009年招生宣传、2009届本科生和研究生毕业派遣工作。举办第八届“放飞科技月”活动。针对新生的特点，开展新生入学教育，逐步建立包括新生入学认知教育、安全教育、心理适应教育、管理服务教育、团体辅导等在内的新生入学教育内容体系。关注学生心理健康，有序开展心理咨询中心组织的网上心理测评。组织参与第十六届心理健康宣传月活动，包括：学院心理宣传周活动、心理嘉年华活动、校园心理小品剧大赛。在国庆和中秋等节假日，学院慰问外地生源学生、北京远郊区县学生、家庭经济困难的学生。关心帮助特困学生，为新入学特困生安排勤工助学岗位，审核通过259人次特困生申请助学金或奖学金。承办第九届北川奖学金颁奖典礼。完成2008—2009学年本科生和研究生奖学金评定工作。

2008—2009学年学校奖学金评定，学院本科生参评841人，研究生参评359人。计算机学院获北京地区高校优秀毕业生14人，国家奖学金3人。获校先进班集体2个，优良学风班3个，标兵团支部1个，优秀团支部5个。获校“科技之星”1人，“科技之星”提名奖2人，优秀毕业生38人，三好学生45人，学习优秀奖208人，科研优秀奖52人，优秀学生干部59人，优秀励志奖8人。校优秀硕士学位论文13篇，优秀博士学位论文2篇，本科特优毕业设计（论文）3篇。校研究生科技创新奖123个，本科生科技创新奖7个。

学院组织学生参与学科赛事，获第十一届“挑战杯”全国大学生课外学术科技作品竞赛三等奖，2009微软创新杯全球学生大赛软件设计专题全国二等奖，2009 ACM国际大学生程序设计竞赛上海邀请赛铜奖，全国第四届“思科网院杯”大学生网络技术大赛集体一等奖和集体二等奖，2009年ACM国际大学生程序设计竞赛宁波赛区比赛优胜奖等奖项。

2009年，申报校大学生创新性实验计划2个。面向全校组织开展2009微软“创新杯”大赛校内选拔赛、“思科网院杯”大学生网络技术大赛校内选拔赛、第二届北京工业大学IBM杯并行计算大赛。5月，举办“思科网院杯”全国大学生网络技术大赛校内选拔赛。共有10个学院的156支队伍467人报名参赛，39支队伍115人参加复赛，17支队伍49人获奖。

学院推荐作品“基于差分小波神经网络的智能家居保姆”（团队成员：高海辉、于人杰、曾渝、刘经纬、车效音、田洪宁；指导教师：王燕兴、王普）获第十一届“挑战杯”全国大学生课外学术科技作品竞赛三等奖。该项目曾在第五届“挑战杯”首都大学生课外学术科技作品竞赛获特等奖。

7月，学院60名第29届奥林匹克运动会赛时实习生毕业，获计算机应用技术硕士研究生学位。这些学生曾圆满完成第29届奥林匹克运动会测试赛、正式比赛及残奥会的信息服务工作。

（晋媛媛 石 勤）

**【搭建北京工业大学云计算实验平台】** 12月14日，学院与IBM共同打造“北京工业大学云计算实验平台”。北京工业大学云计算实验平台是基于云计算的高性能计算和数据中心的新一代解决方案，面向学校、企业、政府以及开源社区提供高性能计算资源及服务，是一种全新的IT资源服务及供应模式。

（邸瑞华 石 勤）

**【信息安全特色专业建设】** 以信息安全系为核心，推进“信息安全”国家特色专业建设。计算机学院信息安全专业是教育部第一批高等学校特色专业建设点。2009年，学院按计划着手各项工作的开展，专款执行情况良好。信息安全系组织的“思科网院杯”全国大学生网络技术大赛校内选拔赛圆满结束，优胜队参加全国第四届“思科网院杯”大学生网络技术大赛，获集体一等奖和集体二等奖等多个奖项。

（晋媛媛 石 勤）

**【承办会议】** 7月，学院筹办中国密码学会北京市首届会员学术交流会，北京市相关高校、部分企业和研究机构约100人参加会议，就教学与研究热点课题进行交流。9月19日，学院承办教育部高等学校计算机科学与技术专业教指委专家工作组北京小组会议。教育部高等学校计算机科学与技术专业教指委专家工作组北京小组的全体成员和5个联络员单位的代表共40人参加会议。12月17至19日，学院和密安公司联合承办2009可信系统国际会议。会议由中国工程院信息与电子工程学部、北工大、新加坡管理大学、海淀科技园国品处主办。是关于可信系统理论、技术和应用的第一次国际会议，主题涉及可信计算系统的所有方面，包括可信模块、平台、网络、服务和应用，包含了可信系统的基本特征和功能，设计原理、构造及实施技术。

（李 健 石 勤）

**【对外交流】** 计算机学院重视对外合作与交流工作，支持研究生导师参加国际学术会议，加大青年教师的培养力度。2009年，接收外国留学生14人（学位生5人，非学位生9人），接待国内外大学交流团体14批，如法国图尔大学，澳大利亚詹姆斯·库克大学、德国波斯坦大学等。在校生出国一学期以上的本科生30人、研究生2人，在校生出国参加短期项目1人，参加国际会议2人。与澳大利亚詹姆斯·库克大学的合作办学项目稳步进行，生源情况良好。该项目根据原《中外合作办学暂行规定》依法批准设立和举办，2009年经复核再次通过。

（段立娟 尹宝才）

## 材料科学与工程学院

**【发展概况】** 北京工业大学材料科学与工程学院（College of Materials Science and Engineering，以下简称材料学院）于1997年正式成立，经过学院运行机制和组织体制的一系列改革，现下设3个研究所、2个中心、1个办公室，分别为环境材料与技术研究所、功能材料与器件研究所、材料加工技术研究所、学院实验教学中心、学院工程试验中心及院办公室。学院设材料科学与工程1个本科专业，材料学、材料物理与化学、材料加工工程3个硕士学位授权点，材料科学与工程一级学科博士后流动站。拥有材料学国家重点学科、材料科学与工程北京市一级重点学科、教育部“长江学者奖励计划”特聘教授岗位、北京市特聘教授岗位、新型功能材料教育部重点实验室、北京市材料科学与工程人才培养基地。2009年，环境友好新材料技术北京高等学校工程研究中心批准成立。以电子信息、环境与能源、城市建设等领域功能和结构材料研究、制备及成形加工和应用开发为主体，结合首都经济和社会发展需求，重视材料与资源、能源和环境的协调发展，建立了优势明显的材料环境协调性评价与节能减排、新型轻合金材料、难熔金属与稀土材料、磁光电功能材料及其节能防污应用科学、绿色连接材料与工程科学及结构评估等学科研究方向，形成了以环境友好为主导的多门类材料专业人才培养、科学研究和技术开发的办学特色。

2009年，学院招收本科生80人，硕士研究生104人，博士研究生15人；毕业本科生88人，硕士研究生89人，博士研究生9人，工程硕士1人。在读本科生349人，硕士生301人，博士生70人。2009年，在职教职工128人，院士2人（兼职1人），博导20人（兼职2人），正高职称31人，副高职称48人；新进教师4人，进站博士后1人，退休3人；聘请国内外大学和研究所著名学者20余人为客座教授。

学院围绕“创建特色学科、培育实用人才”，以研究生和高水平本科生培养为核心，培养工程技术的实用型人才为目标，贯彻“厚基础、重特色”的专业人才培养和教育教学主导思路，设立公共基础课、一级学科公共专业基础课和方向模块课的“三段式”课程教学体系，构建形成了本科生和硕士、博士研究生一体化培养的完整教育体系。

（王国红　聂祚仁）

**【学科建设】** 2009 年，继续进行“211 工程”三期重点学科建设。保持以环境友好为特色的功能材料研究优势和推进产业化，重点建设国家大工程背景的轻质结构材料及加工学科方向。重点建设环境友好先进材料制备加工、环境友好先进材料性能测试、环境友好先进材料微结构分析及计算软件 3 个学科公共平台和 1 个工程化试验研究基地。

创建以资源节约与环境友好理念主导的材料专业人才培养模式和教学体系。“以资源节约与环境友好为主导”的材料专业建设与改革获国家教学成果二等奖。与美国、日本、瑞典和国内的著名大学建立长期的合作交流关系，中国材料研究学会环境材料分会挂靠在本学院，同时还是中国材料研究学会、中国有色金属学会等国家一级学会的副理事长单位。2009 年，承办中国材料研讨会材料 LCA 与节能减排技术分会，Conference of Welding Science and Engineering 2009（2009 焊接科学与工程国际会议）。多位教授受邀在国际会议上作特邀报告。

2009 年，学院与北京矿冶研究总院、北京金隅集团、北京住总集团、中冶集团等签订产学研合作协议，建立了包括课题攻关、人才培养和成果转化在内的全方位、深层次的合作平台。学院 3 个一级学科平台发挥优势，互相协作，承担大批国家级、省部级重点项目，科研及成果转化绩效显著。为积极推动研究成果的产业化，2009 年“环境友好新材料技术北京高等学校工程研究中心”批准成立。

结合首都经济和社会发展需求，重视材料与资源能源和环境的协调发展，已形成以环境友好为主导的多门类材料科学研究、技术开发、人才培养特色。依托国家重点学科和北京市一级重点学科材料科学与工程，发挥教育部重点实验室和国家级科技创新团队的优势，积极参与服务北京行动计划。针对建设资源节约、环境友好型城市，开展区域材料物质流环境分析、环境电磁波污染评价及防护研究；针对当前节能减排的国家战略，开展绿色建材与建筑节能材料、废弃物再生资源及无害化处理等研究；针对新能源与应用，开展新型太阳能光电薄膜、二次电池电极材料研究；针对首都先进制造业中提出的材料加工新技术与新材料，开发高性能、低成本且环境友好的关键材料，以及相应的清洁生产新技术。研究成果直接促进北京市新材料行业、现代制造业、建筑业、环境保护行业的发展。

（毛倩瑾　聂祚仁）

**【新型功能材料教育部重点实验室】** 2009 年，新型功能材料教育部重点实验室在集成创新建立的学科平台上，结合已有的研究方向进一步凝练。主要在以下五个方向开展研究工作：材料环境协调性评价与节能减排技术、新型轻合金材料、难熔金属与稀土材料、磁光电功能材料及其节能防污应用科学、绿色连接材料与工程科学及结构评估。实验室承担着“973”计划、“863”计划、国家自然科学基金、国家科技支撑计划、教育部重大项目、教育部博士点基金、北京市自然科学重点基金、北京市教委重点项目等一批重要的科研项目，获得了教育部创新团队、科技部高技术创新团队和 2 个北京市创新团队的支持。2009 年，科研成果获省部级奖项 3 项，铝合金微合金化研究团队获科技部材料领域高技术创新团队的支助。

实验室拥有当前世界先进水平的惰性气体雾化制粉设备、X 射线光电子能谱仪（XPS）、材料加工模拟设备、放电等离子烧结系统（SPS）等先进的仪器设备，2009 年新增电子束熔炼炉、800 吨压铸机、钛合金精密铸造设备、光学单晶炉、X-射线应力分析仪等大型仪器设备。实验室实行“开放、流动、联合、竞争”的运行机制，重视科学研究、人才培养、队伍建设、基地建设、国际合作交流等方面的工作。新一届重点实验室主任聂祚仁作为长江学者特聘教授在岗工作。

（毛倩瑾　聂祚仁）

**【教学工作】** 2009 年，材料学院教学工作顺利完成并取得突出成绩。《“以资源节约与环境友好为主导”的材料专业建设与改革》获 2009 年国家教育教学成果二等奖。以王金淑教授为课程组长的教学团队讲授的本科生课程“材料工程基础综合实验”入选国家级精品课程。由严辉教授指导的 1 篇博士学位论文入选 2009 年北京市优秀博士论文。

根据教学计划，结合学校创新精神的要求，学院 2009 年为本科生开设“香味可控的金属花卉制作”、“工业工艺品设计与制造”、“真空镀膜技术及艺术图案镀膜”、“纳米材料的物理制备方法”、“环保新材料的晶体结构分析及计算机模拟”等创新课程 10 余门，对 2008 级和 2009 级教学计划进行了微调。

（杜　玮　王金淑）

**【科研工作】** 2009 年，材料学院科研到校经费总额3 125万元，其中纵向科研经费 1 851 万元，横向科研经费 1 274 万元。学院新承担“863”项目6项、“973”项目1项、支撑计划项目2项、国家基金项目3项等一批国家重大、重点项目。其中“863”重点项目“含铒铝合金材料关键技术研究”项目的研究团队获得科技部高技术（863）创新团队称号。2009年，学院发表论文300余篇，其中被SCI、EI收录200余篇。全院出版专著5部。获国家授权发明专利58项，申请专利97项。“金属耐磨材料强韧化关键技术及其应用”项目获2009年度高等学校科学研究优秀成果奖（科学技术）技术发明奖一等奖。“废弃钴镍材料的循环再造关键技术及产业化应用”项目获中国有色金属工业科学技术奖一等奖。2009年，共组织学术报告十余场次，工程大师论坛13场次。组织教师参加院内的学术沙龙活动，特别是鼓励青年教师参与学术沙龙活动。通过这个平台，打破学科间的界线，为不同科研方向的教师提供交流科学思想的平台，也为青年教师提供一个拓展视野与相互交流的平台。学院鼓励教师申报科研项目，邀请科技部等上级单位相关领导对项目的申报工作进行指导，解答教师在申报项目过程中出现的问题和疑惑，拓宽教师思路，了解项目立项申报流程，为项目的申报奠定良好的基础。2009年，学院与北京矿冶研究总院和北京金隅集团股份公司技术中心签订了科研、教育合作协议。

（梁　馨　崔素萍）

**【学生工作】** 2009年，材料学院学生工作系统结合国庆60周年活动，继续深入开展以“我与祖国共奋进”为主题的思想教育活动，唱响“走进新时代”主旋律。本着“抓基础、重实效、出人才”的原则，以培养创新型人才为目标，统筹资源，加强管理，凝聚力量，优化结构，不断提升学生工作管理与服务的专业化、规范化和科学化水平。

在2009年奖学金评定中，评出本科生校级学习优秀奖52人，校级优秀学生干部15人，校级三好学生13人，校级励志奖6人，校级校外科技竞赛奖2人，院级学习优秀奖51人，院级优秀学生干部13人，院级三好学生10人，院级优秀班集体4个，院级优秀宿舍8个，特殊贡献奖6人。其中060901班和070903班荣获校级优良学风班称号，080903班获校级标兵支部称号。研究生获评突出贡献奖1人，校级科技之星2人，校级科研优秀奖37人，校级研究生学习优秀奖26人，校级优秀学生干部12人，校级校外科技竞赛奖5人，校级励志奖3人，校级三好学生12人；其他获得院级奖项共87人次；学院申报各类科技创新奖250项。

2009年，学院入学教育实施指导小组论证，确定11个系列的“梦驻新港，扬帆起航”新生入学教育课程，分别从熟悉工大、了解学校规章制度、确立志愿服务社会思想、专业认知、熟悉学习资源、科研论坛、创新发展、心理健康、个性发展、信念追求、规划人生等方面使新生了解大学。其中“BJUT101”、“我眼中的北京工业大学”、“校园的禁区”、“我的大学，我做主”4个主题教育，为新生尽快适应大学生活打下了良好的基础。

2009年暑假，来自材料学院的2007级、2008级本科生及部分研究生共105人参加国庆60周年群众游行活动。在训练期间牢固树立“祖国荣誉高于一切”和“我与祖国共奋进”的信念，热情参与、刻苦训练、无私奉献、携手并进，为首都国庆60周年庆典活动的圆满成功做出了贡献。国庆庆典活动激发了同学们的爱国情怀，使其积极向中国共产党党组织靠拢，其中3人因表现突出，经严格考察后在国庆游行临时党支部加入中国共产党。

2009年，材料学院学生工作先后获研究生科技文化节优秀组织奖、北工大“新生代”辩论赛冠军、“我与祖国共奋进”五四合唱比赛大合唱一等奖、学校运动会道德风尚奖、北工大2009年度校级女子排球联赛一等奖、学生工作先进单位等荣誉称号。

（刘晶冰　郭　福）

**【党建工作】** 材料学院共有15个党支部，其中学生党支部8个，在职教工党支部6个，退休教工支部1个。共有在职教师党员82人，退休党员36人，在校学生党员239人。2009年发展党员55人（教师1人，学生54人）。转正党员54人（教师1人，学生53人）。

继续完善学院党员信息库建设，每学期坚持更新党员及入党积极分子的资料。在院内进行党费使用收支情况公示。学院完成1名留学归国人员的党籍恢复程序。

学院党委及学院工会多次安排专人看望退休教师、生活困难党员以及生育女教师，对退休人员发放每年两次的节日慰问金。学院党委指导院教代会召开材料学院第二届教代会第一次会议，新老教代会委员完成工作交接。

学院党委指导各党支部开展支部活动。在“共产党员献爱心”活动中，材料学院113人共捐款7 691元。学院有2人获校级优秀党员标兵、7人获校级优秀党员称号，功能材料党支部、本科生低年级党支部获评校先进党支部。学院共评出院级优秀党员36人，院级先进党支部10个。

（连　钠　雷永平）

# 经济与管理学院

【发展概况】 北京工业大学经济与管理学院（School of Economics and Management，以下简称经管学院）成立于1997年。学科包括管理学、经济学和法学三大门类，设管理科学与工程学科部、应用经济学科部、理论经济学科部、工商管理学科部、法律学科部，及北京经济社会发展研究院、北京工业大学知识产权研究中心、中国经济转型研究中心、能源政策研究中心等研究机构，还设有技术与研发管理实验室、商务智能实验室、企业管理模拟与仿真实验室、电子商务实验室、MBA实验基地、研究生创新基地等实验设施。学院设有信息管理与信息系统、工业工程（软件工程）、国际经济与贸易（工业外贸）、金融学、统计学、工商管理、市场营销、会计学、法学9个本科专业，拥有管理科学与工程一级学科博士与硕士学位授权点、应用经济学一级学科硕士学位授权点、人口资源与环境硕士学位授权点、企业管理硕士学位授权点、工商管理硕士（MBA）专业学位授权点、管理科学与工程专业博士后流动站，拥有管理科学与工程学科北京市重点学科、国际贸易学与数量经济北京市重点建设学科。

2009年，经管学院教职工131人，其中专任教师108人。专任教师中，院士1人，博士生导师6人，教授17人，副教授58人。其中具有博士学位的教师59人。

2009年，本科生招收311人，毕业496人；硕士研究生招收155人（其中MBA为60人），毕业133人；博士研究生招收28人，毕业17人；工程硕士招收48人，毕业42人。2009年，在校学生共计2 179人，其中研究生805人（博士生113人，硕士生449人，工程硕士243人），本科生1 362人，留学生12人。

（李军英　黄鲁成）

【教学工作】 2009年，学院教学工作顺利完成并取得突出成绩。阮平南、葛志远、章帆、田伟先、李捷申报的“经济与管理专业实践教学体系建设与创新”获2008年度北京市教育教学成果奖（高等教育）二等奖；孙玉荣“科技法”、李佩“财务管理”、李玫“金融市场”获校级优秀教育教学成果奖三等奖；杨松令获校级会计学特色专业和校级财务管理精品课程；张蕾、靳晓东、罗亚非、贺晓波分获北工大“经济法概论”、“知识产权法”、“应用统计学”、“金融学”精品课程；阮平南等获“经管实践教学团队”项目，赵立祥获“工商学科重点课程群”项目，这两项均为校级优秀教学团队建设项目。2009年，学院还有8篇教育教学研究论文获学校奖励，2篇2005级本科生毕业论文获学校特优论文奖。

（李保荣　阮平南）

【科研工作】 2009年，经管学院获国家自然科学基金面上项目2项，包括张永安教授主持的“基于CAS的焦点企业核型结构产业集群创新网络演化机理研究”和禹海波副教授主持的“不确定条件下供应链系统的随机比较”；获国家自然科学基金国际交流与合作项目1项，为李京文院士主持的“第11届信息学和组织符号学国际会议”；获国家自然科学基金主任基金项目1项，为蒋国瑞教授主持的“基于辩论的多Agent商务谈判策略与模型研究”。国家软科学计划项目1项，教育部人文社科项目2项，科技部项目2项，北京市社科基金面上项目1项，北京市教委项目14项，北京市科委项目1项，北京市社科规划办项目1项，北京市委组织部项目1项，企事业委托项目9项。全年纵向项目立项33项，合同金额425.52万元，当年到校经费496.38万元；横向项目立项9项，合同经费60万元，当年到校经费90.18万元；校级项目立项5项，合同经费7.5万元，当年到校经费6.5万元；全院新立项项目总计47项，合同金额493万元，到校经费421万元。

共发表论文418篇，在核心期刊以上刊物发表论文206篇。其中EI检索26篇、ISTP检索38篇，CSSCI期刊54篇，人文核心期刊180篇。全年出版著作6部，教材2部，译著1部，标准1部。主办国际学术会议“第11届信息学和组织符号学国际会议”及国内学术会议“第七届管理科学与工程论坛”。由黄海峰教授主持完成的著作《德国循环经济研究》获高等学校优秀成果奖三等奖。

（何喜军　蒋国瑞）

【党建工作】 经管学院党委下设26个党支部，其中教工党支部6个，离退休党支部1个，学生党支部19个（研究生党支部15个，本科生党支部4个）。共有党员616人，其中教工党员80人，离退休党员33人，研究生党员319人（硕士生党员273人，博士生党员46人），本科生党员184人。

2009年，经管学院党委紧紧围绕学习实践活动，完成进一步做好学习实践活动整改后续工作及“回头看”工作。重新修订党风廉政建设责任制任务分工，制定党风廉政责任制细则，完成学院党风廉政建设风险点查找、党风廉政建设责任书的签订工作。院党委书记黄鲁成为全院教师做

“提高反腐倡廉能力，加强党风廉政建设”的专题党课，各党支部也将党风廉政建设相关文件作为理论学习的重点进行党风党纪教育，使广大党员的思想觉悟得到提升，从而在教学科研管理岗位上发挥重要作用。

学院共发展党员 119 人，其中教工 2 人，学生 117 人。坚持走访慰问制度，关心慰问年老多病人员，对重病患者给予一定的经济补助，2009 年学院组织看望慰问患病教师及生活困难教师 30 余人次。

院党委加大力度进行研究生党支部的建制、整编工作。学院设有研究生党支部 15 个，分别按专业纵向划分，使研究生党建工作按党日活动和党员发展两个部分有序展开。开展学习实践活动、“我与祖国共奋进”特色党日活动，并辅以各种能够增强研究生学术氛围和丰富研究生学术成果的活动，旨在调动全体研究生在学习科研方面的积极性，实现学生间的互帮互助，充分发挥研究生党员的先进性和模范带头作用。发展研究生党员 48 人，其中硕士生 46 人，博士生 2 人，转正 53 人。研究生 2008 级管理科学与工程党支部获优秀标兵支部荣誉称号；研究生 2009 级管理科学与工程党支部党员夏煊泽同学荣获校十佳青年称号等。

2009 年，本科生开展与学业困难学生的手拉手主题党日活动，实施跨年级帮扶，在帮扶同时建立学习互助平台。本科生共有 4 个党支部并按纵向专业设置，这样设置一方面与辅导员设置一致，强化辅导员在党支部内组织员的指导作用，另一方面加强了高年级对低年级的传帮带作用，即本专业内纵向的基层党支部对各团支部内入党积极分子的培养、党员发展的积极作用。组织学生积极分子参加了两期党校培训，报名 222 人，顺利结业 198 人，优秀学员 22 人。2009 年，发展本科生党员 69 人。本科生管理科学与工程党支部获学校优秀党支部称号。

（刘丽萍　王燕霞）

**【学生工作】** 2009 年，学院以学生全面发展为本，培养创新型经管专业人才为目标，结合学院学科专业特点和学生成长发展实际需要，以学生的学风建设和思想道德建设为主线，以深度辅导为切入点和独特视角，推进学业和就业工作，开展科技实践活动，加强心理健康教育，理顺党建工作机制，以党建促团建带班建，丰富学生课余文体生活，提高学生综合素质。通过建立健全科学合理的辅导机制，制定学业和就业推进计划并分阶段推进工作，力争解决学生在学业方面存在的普遍问题和个性化问题。

本科生全国创新计划项目获批 2 项，校级星火基金项目获批 34 项。研究生科技基金获批 62 项，科技创新奖获奖 292 项。院团委组织学生参加德勤税务精英挑战赛和市场调查分析技能大赛，建立校外社会实践基地，坚持开展活动。研究生工作组建立两个科研与就业实习基地。

完成国庆任务，有计划地推动深度辅导工作，促进学生成长成才。370 名师生参加 60 周年国庆游行和国庆游园志愿者工作。其间发展 5 名学生党员，100 多人获优秀奖。出台《经管学院本科生学业辅导计划》、《经管学院就业与职业规划辅导计划》、《经管学院研究生深度辅导计划》。获第 35 届校运会学生团体总分第三名、体育道德风尚奖和体育先进学院称号等。举办新生趣味运动会、经管杯篮球赛、新生小品赛、宿舍文化节等活动。获校级先进班集体奖 5 个，校优良学风班奖 7 个。

加强学生工作队伍建设，建设研究团队带动整体队伍在工作和研究两方面上水平。为了提升专兼职辅导员队伍的业务素质和可持续发展能力，每位专职辅导员都确定了个人专业研究和教学方向，其中 3 人开设相关课程，3 人列入开课计划，2 人准备开课；承担校教育教学科研项目 1 项，招就处课题 1 项。在学校学生工作年度评优中，学院获先进集体称号，5 人获评优秀辅导员，3 人获评就业工作先进个人。

（王燕霞　黄鲁成）

**【实验中心】** 经管学院实验中心总面积有1 021平方米，计算机约 300 台。累计投入设备资金约 600 万元，现有企业模拟与仿真实验室、沙盘模拟实验室、金融模拟实验室、电子商务实验室、研究生创新基地等实验室，主要满足学院本科生和研究生教学的需要，同时也面向全校开放。

2009 年，在实验中心进行的实验课程 52 个，实验学生约 700 人/年，实验人时数约 10 万/年。由中心独立承担的实践课程有面向学院开设的“ERP 沙盘模拟”、“现代企业经营决策仿真”等课程，面向 MBA 开设“战略管理模拟”课程，以及面向全校开设“企业竞争模拟大赛”。实验中心每年还带领和指导学生参加各项国内外管理实践赛事。4 月，中心作为学校参加全国文科计算机大赛的组织单位，指导学生获第二届全国文科计算机大赛三等奖 1 项。6 月，中心组织学生参加“金蝶杯”全国创业大赛，获纪念奖。10 至 12 月，中心指导学生参加 2009—2010 年度 GMC 中国赛区赛事，14 支队伍获复赛资格。

设有北京市社会经济发展研究院，下设经济政策研究室、技术经济与管理研究室、技术创新研究室、企业模拟研究室、区域经济和产业经济研究室，以及研究生创新基地和教师科研实验室。

（葛志远 阮平南）

**【国际交流】** 2009年，依托学校校际学生交流项目，新增美国苏必利尔湖州立大学学生交换项目，为学生开拓更加广泛的出国留学机会与途径。截至2009年底，与学院开展学生交流项目的国外大学共有16所。学院共外派学生19人，其中2人留学美国苏必利尔湖大学，13人留学美国迪克森州立大学，1人留学澳大利亚国立大学，1人留学韩国仁和大学，2人参加了2009年暑期韩大邱文化节。

2009年，共招收海外留学生46人，其中“经济汉语文化班”项目招收留学生42人，全日制博士学位留学生1人，短期交换生3人。

学院举办“第三届国际科学发展研究学会国际会议”。

经教育部批准的中美工程管理硕士学位项目的招生及教学工作有序进行。2009年，共招收52名学员，在校生达105人。

学院共接待来自美、法、澳、荷、瑞典等共12个国外代表团、科研机构或学者专家代表们的来访，双方就学术交流、合作办学等问题交流与磋商，学院相关专业的教师以及博、硕士研究生及本科生与来访学者交流学术问题。

（王庆华 廖 玫）

**【举办信息学与组织符号学会议】** 4月11至12日，第11届信息学与组织符号学国际会议在北工大召开。本次会议的主题是：变革时代的信息系统——理论与实践。大会邀请国内外信息学与组织符号学领域4位著名专家、学者做大会主题报告，来自20余个国家的100余名学者作分会发言，对本领域最新的研究成果进行自由地分享和深入地交流。组织符号学是信息系统里的一个理论分支，属于管理科学与工程学科的一个研究领域。本次会议旨在促进信息系统领域的国内外学术交流，活跃学术氛围，使相关研究人员、学者和工业企业的专业人员通过这一国际交流平台，共享最新研究成果和实践经验，交换最新发现和创新成果，共同提高学术水平。会议收到论文230余篇，录取70余篇，论文已经全部被ISTP检索。

（蒋国瑞 黄鲁成）

**【主办国际科学发展研究会】** 10月23至25日，由International Society for Scientific Inventions（ISSI）和北京工业大学主办的第三届国际科学发展研究会国际学术会议（ISSI 2009）在工大建国饭店举行。会议由经管学院承办。来自美国、英国、意大利等国学者和国内学者共100余人参加会议。会议主题是：系统、组织与管理，主要关注系统理论与方法在企业管理中的应用。会议包括3个主题演讲。与会学者围绕人力资源和组织行为、信息管理、系统建模等11个主题展开研讨交流。

（葛志远 阮平南）

**【管理科学与工程学会】** 6月27日，管理科学与工程学会成立大会在工大建国饭店举行。来自全国130余所高校的管理科学与工程领域的专家、学者到会。大会为管理科学与工程学会顾问团颁发了聘书，并对学会章程进行投票表决，同时投票选举出学会第一届理事会。

管理科学与工程学科已成为管理学门类下发展规模最大的一级学科，拥有管理科学与工程博士学位授予权的单位近70个、硕士学位授予权的单位100余个，本科招生院校200余所，每年本科及研究生招生规模13 000余人。管理科学与工程学科已为中国的经济、社会、科技发展做出了突出的贡献。2007年初，由李京文、王众托、汪应洛、刘源张等院士发起，近百所院校学者签名，建议在“中国管理科学与工程论坛”基础上，成立管理科学与工程学会。2009年初得到国家民政部正式批准，决定成立国家一级学会“管理科学与工程学会”，业务上接受国家教育部的指导，学会秘书处依托于北工大。

（李军英 李京文）

## 人文社会科学学院

**【发展概况】** 北京工业大学人文社会科学学院（College of Humanities and Social Sciences，以下简称人文学院）成立于2000年3月，由原北京工业大学社科部、德育教研室、文学研究所、艺术教研室和心理咨询中心等单位合并而成。著名社会学家陆学艺教授担任院长。学院设马克思主义理论学科部、社会工作系、社会学系、广告学系、中国语言文化系、艺术教研室、心理学教研室等教学单位，并设科学技术与社会研究所、社会学研究所、人力资源研究中心、文化创意产业研究所、国内外科技政策追踪分析与研究中心、社会政策研究与评估中心、现代广告研究中心等科研机构。学院现有社会工作、社会学、广告学和中国语言文化4个本科专业，以及科学技术哲学、社会学、马克思主义中国化研究3个硕士点。其中社会学为北京市重点建设学科。

截至2009年底，人文学院在岗教职工85人，其中专任教师72人，行政、教辅人员13人。专任教师中教授8人，副教授28

人；具有博士学位的教师30人。

2009年，人文学院毕业本科生118人（其中中国语言文化专业留学生1人），硕士研究生5人，博士研究生1人；招收本科生124人，硕士研究生22人，博士研究生2人。在校本科生423人，硕士研究生63人，博士研究生5人，留学生15人。

（钱伟量 杨 茹）

**【学科建设】** 人文学院有3个二级学科硕士点，并且挂靠本校管理科学与工程博士点招收“社会管理”方向博士生。

人文学院现有博士生导师1人，硕士生导师26人。2009年，硕士生导师新增国家或市级纵向课题10项（其中国家社科基金课题2项，教育部人文社科课题1项），横向课题3项，国际合作研究项目1项，校级课题2项，合同经费90万元。发表学术论文38篇（不含学生发表的论文），出版学术专著4部，《北京社会建设60年》一书获2009年学校科技成果奖三等奖。

作为北京市重点建设学科，社会学学科仍然是学院学科建设的重点。在学科带头人陆学艺教授带领下，该学科师生积极投入“服务北京行动计划”，组织重大课题研究，承办和主办国内外重要学术会议。2009年，第一届社会学本科专业学生入学，使社会学学科人才培养覆盖了本科、硕士和博士3个层次。

研究生培养质量不断提高。2009年，学院有5名研究生毕业（科学技术哲学专业）并获硕士学位，其中1人被评为学校优秀硕士毕业生，1篇论文被评为优秀硕士学位论文，1人考取清华大学科学技术哲学专业博士生。在研究生部进行的2008年研究生学位论文抽检工作中，科学技术哲学的硕士学位论文评分在全校各学科排名第一。2009年，人文学院博士研究生发表学术论文2篇（其中核心期刊论文2篇），获校级优秀论文奖3篇，硕士研究生发表学术论文15篇（其中核心期刊论文2篇）。

（唐 军 杨 茹）

**【教学工作】** 2009年，教学工作的基本思路是以科学发展观为指导，总结经验，深化改革，加强教育教学研究，继续深入开展教学质量与教学改革工程，探索教学管理规律，加强制度建设，推进应用型人才培养，全面提高本科人才培养质量。

思想政治理论课建设取得标志性进展。5月26日，学校发布《北京工业大学关于进一步加强思想政治理论课教师队伍建设的若干意见》，成立马克思主义理论学科部，师资力量得到进一步整合。建立以钱伟量教授为带头人的市级“思想政治理论课名师工作室”，积极推进思想政治理论课实践课新思路，并取得积极的效果。2009年钱伟量教授获得全国模范教师、全国高校优秀思想政治理论课教师，以及北京市高等学校教学名师称号；李东松教授入选北京市宣传文化系统“四个一批”人才。

本科专业建设稳定发展。新增社会学专业在2009年首次招生，学院对“社会学”和“社会工作”两个本科专业进行协调，通过整合师资队伍，资源共享，为提高办学效率和教学质量打基础。

素质教育工作稳步推进。人文素质教育选修课的开设与教学质量继续保持良好的发展态势，比较充分地满足了学生的需求。2009年，人文学院利用学校开办的工程大师论坛作为平台，聘请14位人文社会科学界的名家来校为学生作讲座，深受师生欢迎。

积极组织青年教师参加学校第七届青年教师教学基本功大赛，学院所有在校的青年教师都参加了院内预选赛；在学校决赛中，1人获二等奖，1人获三等奖，学院获优秀组织奖。2009年，学院有11项选题获校级教育教学研究立项批准。

学院与崇文区社会工作委员会合作，在崇文区建立社会工作专业实习基地。广告系结合广告竞赛加强对学生创新能力的培养。

（李东松 杨 茹）

**【科研工作】** 2009年，人文学院新增各级各类科研项目21项，合同经费98.7万元，当年到校经费73.3万元。在新增课题中，有17项为校外项目，其中纵向项目13项，包括国家部委项目3项（国家社科基金项目一般项目1项、青年项目1项，教育部人文社科项目1项）；省市级项目8项（北京市教委人文社科项目重点项目1项、面上项目3项，北京市规划办重点项目1项、一般项目3项），其他部门或机构项目2项；横向项目4项。立项数目和经费数额的绝对值相比2008年有所下降，省市以上级别项目占全部纵向项目的比例却首次超过一半并且高达84.6%，在一定程度上显示项目申报水平特别是课题研究潜力的大幅提高，说明人文学院相关学科实力在学界所获得的认可度显著提升；获得资助的项目分属马克思主义理论、科技哲学、社会学和传播学，以社会学最为突出，显示人文学院的科学研究在向布局均衡而又突出重点的方向发展。2009年，人文学院教师公开发表论文82篇，其中发表在学术期刊和报纸上的有59篇，收录在学术文集中的有23篇，另外还提交国内外会议论文34篇，出版各类学术专著7部。

2009年7月，以“中国社会变迁：60年回顾与思考”为主题的第19届中国社会学会学术年会在陕西西安举行。在此次年会上，人文学院成功举办“社会建设：理论探索与监测评估”分论坛，学院社会学及相关学科教师和研究生20余人参加，2008级社会学专业硕士研究生陈路获优秀论文二等奖。本届分论坛的举办对进一步提升北工大社会学学科的知名度起到积极的推动作用。10月，人文学院退休教师饶少平教授的学术专著《杂体诗歌概论》出版，举办“中国杂体诗歌专家论坛暨《杂体诗歌概论》出版座谈会”，本次论坛暨座谈会由北京市哲学社会科学规划办公室主办，来自清华大学、中国人民大学、华中师范大学等京内外高校的教授、学者及来自中国作家协会、北京作家协会的作家数十人参会研讨，这一活动进一步展示了北工大在人文社会科学领域的学术积累和实力，扩大了学校文学学科在学术界的影响。

（唐　军　杨　茹）

**【党建工作】** 截至2009年底，人文学院党总支共有党支部8个，其中在职教工党支部4个，退休教工党支部1个，学生党支部3个。党员总数174人，其中在职教工党员57人，占全院在职教工总数的67%，退休教工党员38人；本科生党员50人，研究生党员29人。2009年，学院新发展党员43人。

2009年，党建工作主要围绕学习实践活动和庆祝建国60周年，以及廉政风险防范管理工作进行。

3至7月，在学习实践活动中，人文学院围绕“同心协力，科学发展，建设适应高水平大学要求的、有特色的人文学院”的主题，以“校院两级管理体制下的学院内部管理体制改革”为载体，精心组织、扎实推进。3月，学院组织师生座谈会14个，收到建言献策表63份，思想政治理论课党支部被学校党委评为“建言献策优秀党支部”，6人被评为“建言献策优秀个人”。4月，学院领导及社会学学科负责人参加学校组织的到北京市社工委的调研；5月，学院组织思想政治理论课教师和社会学学科教师举行学习落实习近平、温家宝讲话精神座谈会，落实科学发展观进课堂工作。学习实践活动取得部分实质性成果，其中推动签署了北京市委社会工作委员会与北工大共建的“北京工业大学北京社会建设研究院”备忘录。学院开展的学习实践活动群众测评满意率为100%。

7至12月，在学校纪委进行的廉政风险防范管理工作中，人文学院制定了《廉政风险防范监控表》，查找风险点，完善规章制度，制定防控措施，被作为学校监控表范本。结合学校要求，学院还和领导干部及教师签订《北京工业大学党风廉政建设暨风险防范责任书》。

党总支十分重视院级领导班子建设，坚持每周一次的党政联席会议；坚持每月一次的党总支会议。结合庆祝建国60周年，组织思想政治理论课教师赴西藏进行考察。学院“纪念改革开放30周年”学术论文集《伟大的历程》，于8月由知识产权出版社正式出版。

党总支积极指导和支持学院工会围绕中心独立开展工作，加大活动经费投入，人文学院工会连续10年获学校“模范职工小家”称号。关心退休教师的生活，由福利费支出补贴退休和在职困难职工。

6月24至29日，召开人文学院第一届教职工代表大会第二次会议。代表们听取了院长报告和学院财务报告（2008年度），此次财务报告是学院成立十年来的首次。修订《人文社会科学学院基本教学工作量标准及计算办法》等文件。党总支三次开会讨论《人文学院教代会提案工作规程》，此文件于2009年12月1日正式开始实施。

（张娉蕊　杨　茹）

**【学生工作】** 2009年，人文学院学生工作的总体思路是以建国60周年为契机，在学生中深入开展爱国主义教育。工作重点是以学生全面发展为本，着力推进学生党建工作创新，进一步增强大学生思想政治教育实效。着力做好学生教育、管理与服务，培养全面发展的合格人才。着力加强辅导员队伍建设，落实北京市高校辅导员队伍建设的实施意见。迎接新中国成立60周年和五四运动90周年。2009年，人文学院共开展各类特色学生活动40余次，1 000余人次的学生参与。被学校评为“北京工业大学学生工作先进单位”和“就业工作先进集体”。

截至2009年底，人文学院共有16个本科生班级，在校学生486人，其中本科生423人，硕士生63人。学生工作队伍包括主管学生工作副书记1人，团委书记1人，学生工作办公室人员1人，兼职班主任14人。

继续组织举办党建品牌活动“人文党建讲堂”，全年共举办7场讲座，得到广大党员和入党积极分子的积极参与。

学院重视发挥专业的特色及优势，运用专业方法开展新生入学教育活动。在全体新生中进行问卷调查与个别访谈，基于数据分析，对新生状况做出综合评价，并在此基础上制定出学院的新生辅导方案和班集体建设方案；在校运动会中，获2009年学生体育先进学院、团体总分第七名和精神文明道德风尚奖集体奖项；在“我与祖国共奋进”五四合唱比赛中，获得大合唱第三名，表演唱第二名；为庆祝建国60周年，学院团委发起和组织“工大学子迎国庆，我为祖国送祝福”大型签名活动；成功召开人文学院第三届学生代表大会；举行“百事杯”学生才艺大赛、人文学院学生体育节、“羽动人文”羽毛球赛、研究生学术沙龙等一系列丰富多彩的活动。

在10月1日天安门广场举行的国庆60周年阅兵和群众游行活动中，人文学院92名学生同全校3 000余名师生组成群众游行第十方阵“走进新时代”，充分展示了工大学子的青春风采。学院部分学生作为广场联欢队伍的学生骨干成员，在国庆60周年联欢晚会上，和50余所高校的2 000余名大学生一起组成大学生联欢区。18名学生参与群众游行广场合唱团，国庆当天与三军联合军乐团、童声合唱团一起，组成5 000人的庞大演出阵容，完成国庆庆典活动中群众游行音乐的演奏演唱任务。

在2008至2009学年奖学金评定工作中，人文学院的本科生获三好学生16名，校级学习优秀奖63名，优秀学生干部24名，科技创新奖15名、励志奖5名、国家励志奖12名；081412支部荣获“优良学风班”称号，071412和081412荣获“先进班集体”称号；研究生获得校级学习优秀奖5名、科研优秀奖5名、优秀学生干部2名。

（魏 爽 杨 茹）

**【对外交流】** 2009年，学院共接待2个国家3次8人来访。派出合作研究和学习培训的师生共8名。其中社工系2名学生赴加拿大学习4个月；广告系2名学生交换到韩国和瑞典学习一年。积极做好留学生本科生的招生工作，2009年，人文学院招收本科留学生达到4名。2009年，留学生共有15名，涉及国家8个。

（杨 茹）

**【参与“服务北京行动计划”】** 2009年，学院立足专业特点和学科优势，积极参与“服务北京行动计划”，先后牵头成立北京社会建设研究院、北京新农村建设研究中心、首都文化创意产业研究中心等跨学校、跨学院的共建机构或合作平台，以社会建设、文化建设及城乡一体化为主线，整合社会学、传播学、哲学、马克思主义理论等多学科的力量，规划学院的人才培养、科学研究和社会服务，特别是将科学研究与服务首都经济建设和社会发展紧密结合在一起，以实现相互之间的促进。

（唐 军 杨 茹）

**【成立马克思主义理论学科部】** 7月14日，北京工业大学马克思主义理论学科部正式挂牌成立。王守法、张革、蒋毅坚等校领导和人文学院院长陆学艺以及马克思主义理论学科部的全体教师参加挂牌仪式。钱伟量担任学科部主任、杨茹担任学科部党总支书记、李东松担任学科部副主任。

（钱伟量 杨 茹）

## 建筑与城市规划学院

**【发展概况】** 北京工业大学建筑与城市规划学院（College of Architecture and Urban Planning，以下简称建规学院）成立于2003年4月，现有建筑、城市规划、工业设计3个系。并设有建筑设计、城乡规划、工业设计、城市照明规划设计4个研究所和北京城市与工程安全减灾、建筑与城市绿色环境技术、世界文化遗产保护、公共艺术设计4个研究中心，另有中国城市规划学会城市安全与防灾规划学术委员会、中国照明学会教育与培训工作委员会2个国家级的学术机构挂靠建规学院。

学院有“建筑设计及理论”和“城市规划与理论”2个硕士授权点，其中“建筑学设计及理论”为北京市重点建设学科。建筑学专业为北京市特色专业，连续3次通过全国高等院校建筑学专业教育评估，学生毕业授予建筑学专业学士学位，享有国际认证资格。

学院有教职工79名，专业教师62人，教授12人，副教授22人。教师中具有博士学位的教师23人。聘有双聘院士1名，博士生导师3名，国外大学客座教授1名。

在校生682人，其中研究生114人，本科生568人。在读本科留学生27名，硕士留学生8名，工程硕士43名。2009年招生176人，其中研究生42人，本科生134人。2009年，毕业120人，其中本科生85人，研究生35人。

（苏晨阳 戴 俭）

**【学科建设】** 2009年，学院设有“建筑设计及理论”、“城市规划与设计”2个二级硕士点。其中“建筑设计及理论”为北京市重点建设学科。引进博士生导师2名，学院导师队伍结构更趋合理。建筑设计及理论专业申请2010年进行全国高等学校建筑学硕士学位研究生教育评估。在学科方向方面，学院初步形成6个稳定的学科方向和团队。2009年，学院到校总经费1 726万元，出版论著25本，论文132篇。在国际国内竞赛及论文获奖21项。2009年，研究生毕业39名（中国35名、外国4名）。研究生共发表论文40余篇，在国内外竞赛中获奖7人次。

（赵之枫 戴 俭）

**【教学工作】** 2009年，顺利完成各项教学任务。获北工大优秀教学管理学院的奖励。学院对每年一次的建筑学、城市规划专业指导委员会高校作业评审工作重视，采取措施。3名学生获优秀作业奖，1名教师获校优秀教师称号。

修订《建规学院转专业工作管理规定》和《学院推面研究生工作管理规定》等规章制度，与学院廉政建设相结合，确定学院教学廉政建设责任目标。

组织“北京市教学模式创新试验区”、“建设部特色专业建设点”、“北京市精品教材”、“北京市精品课”等内容的申报工作。其中学院建筑学专业获首批“北京市校外人才培养基地”和“北京教学模式创新试验区”建设专业。教改论文获学校奖励15篇、教学改革立项6项。

（陈　喆　李艾芳）

**【科研工作】** 2009年，学院到校总经费1 726万元，其中横向1 531.4万元，纵向194.6万元。2009年科研项目新立项45项。申获1项国家自然科学基金项目，1个“863”计划项目课题。完成多项横向科研项目，实现社会价值。学院积极开展“建筑与城市绿色环境技术”和“文化遗产防灾减灾”科研基地建设。

（赵之枫　戴　俭）

**【党建工作】** 2009年，学院党总支下设9个基层党支部，其中在职教工党支部2个、学生党支部7个（本科生党支部4个，研究生党支部3个）。师生党员共计171人，其中教职工党员35人，占在职教工总数的44%，离退休人员2人；学生党员134人（本科生党员76人、硕士生党员58人），占学生总数的19.6%。新发展党员27人（教工1人、研究生5人、本科生21人），预备党员按期转正31人。截至2009年底，共有156人申请入党；69名学生参加业余党校学习并顺利结业，其中7名学生入党积极分子被评为优秀学员。

学院以学习实践活动为工作重点，历经学习调研、分析检查、整改落实3个阶段。从学院层面共征求意见和建议117条，梳理出7个突出问题，落实整改措施，办惠民实事11件，修订、制定和完善学院科学发展的长效机制10项、形成调研报告20篇。征集建言献策84条，8名师生获校级优秀建言献策个人奖，1个党支部获得校级优秀建言献策支部称号。

组织“中国农村经济改革30年的回顾与展望”专题辅导讲座；开展问计中青年教师，每个党员献一策，向吴大观同志学习，赴天津“坚持改革开放 推动科学发展”主题实践考察等党建活动。学院学生党建工作以学习实践活动为载体，搭建和发展学生党建特色平台。

学生党支部开展“我与祖国共奋进”主题党日活动，编辑《学生成长发展指导手册》，组建“与学业困难学生手拉手——ID. ID兴趣小组”，学院学生工作办公室和建筑学低年级本科生党支部分别创建“党员论坛”和“党旗下的大讲堂”两个特色活动平台。

基层党支部继续开展党建创新活动。教工第一党支部坚持“三会一课”，开展“党建沙龙”特色论坛3期；教工第二党支部开展“三评三促”活动，举办2期党员心语活动。教工第二党支部和工业设计本科生分别被评为校级先进党支部，1名教师获校级教工优秀共产党员称号，2名学生获优秀共产党员称号。

完成学院重点岗位廉政风险排查防范工作和落实党风廉政建设责任制推进惩防体系任务完成情况检查工作。学院成立廉政风险防范工作领导小组，查找学院风险防范管理工作风险点16处，制订防控措施，和责任人逐人签订风险防范责任书。学院共修订与补充20项制度：《建规学院廉政风险防范管理监控表》、《建规学院财务管理办法》、《建规学院教职工福利费管理使用规定》、《建规学院“三重一大”制度实施细则》、《建规学院党政联席会议制度及议事规则》、《建规学院重大人才引进工作程序与规定》、《建规学院院务公开制度》、《建规学院党总支例会制度》、《建规学院推免研究生工作制度》、《建规学院转专业工作制度》、《建规学院中心组学习制度》、《建规学院党费收缴管理使用制度》、《建规学院关于教学经费使用报销的要求》、《建筑与城市规划学院考勤规定》、《建规学院辅导员绩效考核实施细则》、《建规学院本科生奖学金评定条例》、《建规学院本科生“创新团队奖”评定条例》、《建规学院关于〈北京工业大学本科生奖学金评定条例〉部分奖项评定说明》、《建规学院实验中心资产管理补充规定》、《建规学院实验中心资产管理规定》。

加强师德建设实施，开展系列教师师德“诚信育人”活动。组织召开学院首届教代会第三次全体代表会议，讨论代表提案和院长工作报告、学院财务状况，通过学院教学经费预算。学院1名教师获校优秀提案奖。组织青年教师参加校第七届青年教师教学基本功比赛，其中学院2名教师分别获校级三等奖和优秀奖。2009年院工会以健康年为主题，组织丰富多彩的系列文体活动。学院工会被评为校级先进教工之家。

（吴秋意　李艾芳）

**【学生工作】** 2009年，学院有专职辅导员4人，兼职辅导员4

人，班主任 6 人。9 月份制定《建筑与城市规划学院辅导员绩效考核实施细则》和《建筑与城市规划学院辅导员深度辅导工作记录》。

学院组织 136 名学生参加国庆 60 周年群众游行、合唱、广场联欢系列活动。在学校国庆征文活动中，学院 1 名学生获一等奖，3 名学生获三等奖。

本科生获国家奖学金 1 人，北京市先进班集体 1 个，校级先进班集体 1 个，优良学风班 3 个，优秀团支部 2 个，国家励志奖 12 名；校级三好学生奖 18 人，学习优秀奖 85 人，优秀学生干部奖 24 人，励志奖 2 人，科技创新奖 8 人。硕士研究生获校级三好学生 4 人，研究生科技竞赛奖 3 人，科研优秀奖 9 人，学习优秀奖 9 人，优秀学生干部 4 人，科技创新奖 6 人，杨叔子奖学金 1 人。本科特困生中 12 名学生获国家励志奖，17 名同学获国家一等助学金，15 名同学获国家二等助学金。

2009 届毕业生就业签约率为 91.67%，其中建筑学 93.75%，工业设计 91.89%，硕士研究生 88.57%。4 名学生获北京市优秀本科毕业生称号，5 名学生获校级优秀本科毕业生称号，2 名学生获校级优秀硕士毕业生称号。

学院立足专业，搭建平台，多层次推进学风建设和学生学业发展计划。组织“博卡青年建筑师成长奖”项目竞赛与评定工作。4 月，举办第 12 期“毕业生论坛”、第 15 期“建筑沙龙”和“2010 年本科生考研咨询会”。9 月，编辑第 6 期《成长足迹》杂志和举办“第三只眼看荷兰”系列讲座。

学院立足学生科技平台，2009 年着力培养学生的科技创新能力。学院举办“北京工业大学第九届空间形态设计大赛”决赛。3 个参赛团队分获一、二、三等奖。学院本科生 37 项星火基金项目在校团委立项，36 项通过中期审核，31 项通过最终评审。10 月，国家大学生创新性试验计划项目（2008 年）一名本科生负责人参与在南京举办的第二届全国大学生创新论坛；学院 2 个本科生项目通过国家大学生创新性试验计划立项。学院研究生共发表 23 篇论文，核心期刊上发表 7 篇。

学院加强学生组织建设，提高学生组织的活力和战斗力。学院组织召开第一届学生代表大会，选出学院第二届学生委员会主席。学院团委在全院各班团支部中开展“科技文化校园行”活动。3 月，学院学生心理与安全协会进行重组；邀请中华女子学院健康社团 20 余人来校参观交流。

4 月，在学校“我与祖国共奋进”“五四”合唱比赛中，学院学生合唱团（54 人）获大合唱二等奖、小合唱三等奖。组织全院学生参加校田径运动会。在学校“激情五月”篮球赛中，学院学生篮球队获第二名。学院团委组织第四届棋牌大赛、第一届学生干部党员趣味运动会、新生篮球赛、新生才艺展示晚会和第一届建规建工羽毛球联赛。

（夏海洲　李艾芳）

**【对外交流】** 2009 年，学院共接待国外 3 个国家 3 次 9 人来访。派出参观访问 2 个国家 16 人次，签署合作意向 1 项，在合作办学和参与国际研讨班方面取得新进展。

7 月 10 至 20 日，在荷兰代尔福特理工大学（TU Delft）举办“荷兰兰斯塔德地区面临的挑战”——国际城市论坛学生设计交流活动学术交流。来自荷兰代尔福特理工大学、布鲁塞尔理工学院、清华大学等国际一流院校的几十名师生参加交流，学院 10 名师生赴荷兰参加该项学术交流活动。

11 月 26 日，美国衣阿华州立大学设计学院（College of Design，Iowa State University）一行 3 人访问学院。双方合意开展多层次、多学科的教师、学生及科研人员的交流。路易斯（Luis Rico-Gutierrez）院长与戴俭院长签署合作《备忘录》。

（胡　斌　戴　俭）

## 生命科学与生物工程学院

**【发展概况】** 北京工业大学生命科学与生物工程学院（College of Life Science and Bio-Engineering，以下简称生命学院）成立于 2002 年 10 月，学院设药物研究所（包括病毒与药理研究室、药物合成及天然产物研究室、分子设计与生物信息研究室、基础医学研究室、分析测试中心）、生物医学工程中心（包括生物力学与仿真工程研究室、生物电子与医疗仪器研究室）、生物医学工程教学实验室和北京市饮料及食品添加剂质量监督检验站。在“211 工程”重点学科建设项目支持下，生命学院建设了以病毒与药理学研究室为中心，配备有国际先进的仪器设备的新医药与生物工程研究基地。学院设生物医学工程、食品质量与安全 2 个本科专业，拥有生物医学工程、生物物理学和生物化学与分子生物学 3 个硕士学位授予点，生物医学工程工程硕士专业学位授予点，生物医学工程一级学科博士学位授予点，生物医学工程一级学科博士后流动站。生物医学工程学科是北京市重点学科。

生命学院在编职工 69 人，其中中科院院士 1 人，博士生导师 6 人，北京市特聘教授 1 人，教授 14 人（包括研究员），副教授（包括高工及副研）24 人。

2009 年，毕业 104 人，其中：博士研究生 5 人，硕士研究生 31 人，本科生 68 人。招生 136 人，其中：博士研究生 9 人，硕士研究生 64 人，工程硕士 1 名，本科生 62 人。在校生 448 人，其中：博士研究生 39 人，硕士研究生 148 人，本科生 261 人。

（徐　莲　曾　毅）

**【学科建设】** 2009 年，学院新建“食品质量与安全”新专业（已通过教育部审批）。承担完成生物医学工程北京市特色专业建设项目。完成生物技术专业教学实验室的建设工作。完成医疗仪器实验室设备的购置和筹建工作。完成生命学院新学科楼的建设规划工作。申请并获得北工大国家级教学团队和生物医学信息类重点课程（群）优秀教学团队建设项目各 1 项。申请并获得校研究生产学研基地建设项目和创新基地建设项目各 1 项。学院教师中获 7 项校研究生课程建设项目，其中 2 项重点项目、5 项面上项目。申请并获得生物技术教学实验基地建设项目。

（吴水才　钟儒刚）

**【教学工作】** 学院有 2 名北京市教学名师，2009 年教师晋升教授 1 名、副教授 2 名。11 名教师外出参加学习和培训。学院教师承担 9 项教育教学研究项目，发表教研论文 38 余篇，编写生物技术实验指导书。承担 2 门校级精品课程建设项目（生物化学和分子生物学、生物医学电子与仪器）。

学院本科生考研率为 26%，2006 级本科生中 4 名推免研究生分别被清华大学、北京大学、中科院和军事医科院录取。

学院举办 7 次“工程大师”讲座，田增民、刘志成、邓小燕、包尚联、谭文长、俞梦孙、周亨近等知名专家教授来学院讲学。1 门课程获校双语教学立项。学院教师获第九届全国多媒体课件大赛优秀奖、北京市高校第二届多媒体教育软件大赛优秀奖、第七届北工大青年教师教学基本功比赛校级优秀奖和校优秀教学质量二等奖各 1 项。

（谭京敏　吴水才）

**【科研工作】** 2009 年，学院科研项目 69 项，到校科研经费 742 万元。其中，“973”计划项目 1 项，“863”计划项目 2 项，国家科技重大专项项目 4 项，国家自然科学基金项目 8 项，北京市自然科学基金项目 14 项，北京市教委科技创新平台项目 1 项，科技计划面上项目 4 项，人才强教计划项目 2 项，北京市科委科研计划项目 2 项，创新人才培养计划 4 项，北京市市委组织部优秀人才培养计划项目 1 个，教育部博士点学科专项科研基金 1 项，横向科研项目 16 项等。发表论文 186 篇，其中被 SCI、EI、ISTP 收录 70 篇。2009 年，申请发明专利 10 项，授权专利 15 项，获计算机软件著作权 8 项。

在药物研究方面，与世纪康医药科技开发有限公司和兰贵东公司合作，深入开展抗 HIV 中药复方研究，KA-08 抗 HIV 中药复方的研究已完成全部临床前工作；在抗甲流药物开发研究方面，确定有效的抗甲流药物，并于 2009 年 9 月 9 日由北京市卫生局召开新闻发布会确定对该药物进行储备生产；在子宫颈癌预防性疫苗及手足口病预防性疫苗的研制方面，成功利用酵母系统完成乳头瘤病毒 4 个亚型的重组 HPV 病毒样颗粒的制备和重组 EV71 病毒样颗粒的制备，为研发宫颈癌预防性疫苗和手足口病预防性疫苗的研制奠定扎实基础。在新型医疗装备与技术研究开发上，开发基于 Internet 网的生理多参数远程监护系统、基于嵌入式 Web 服务器的心电远程监护系统及便携式运动员心血管功能无创检测与评价系统，并积极参与到北京奥运服务项目中。

（张　萍　闫　红）

**【党建工作】** 截至 2009 年底，生命学院党总支下设 9 个党支部，其中教工党支部 3 个、学生党支部 5 个、退休党支部 1 个。学院共有党员 159 名，其中在职教工党员 44 名，占教工总数的 68%，具有博士学位 23 人，硕士学位 16 人，具有副高以上职称 24 人；退休教工党员 6 名；学生党员 109 人，占学生总数的 25%，其中研究生 75 人，本科生 34 人。新增入党积极分子 113 人，新发展预备党员 30 人，预备党员按期转正 27 人（其中含 2 名教工），51 名师生参加业余党校的学习并顺利结业。

开展丰富多彩的特色活动。《现代教育报》在“北京高校基层党建专刊”上对教工一支部的党建创新进行专题宣传报道。4 月，在“我为北京工业大学科学发展建言献策”征集评选活动中，1 个支部获优秀支部、1 人获优秀个人奖；6 月，在校级先进党组织、优秀共产党员评选中，2 个支部被评为先进党支部，1 人被评为优秀党务工作者，4 人被评为优秀共产党员。七一前夕，党总支组织评选出院级教工优秀共产党员 9 名、优秀党务工作者 7 名；院工会在“营造和谐环境，做健康工大人”项目中获校一等奖；1 人获“第七届青年教师教学基本功比赛”优秀奖。

2 人获校优秀工会积极分子称号。

新增“生命科学与生物工程学院实验室工作人员考核办法”、“生命科学与生物工程学院学科部主任（研究室主任）职责”、“党员发展—转正月报”制度。

（韩彩玲 钟儒刚）

**【学生工作】** 2009 年，结合专业特点，深化本科生导师制，积极推动学生多模式培养。在国庆 60 周年庆典活动中，68 名学生与 2 名教师参加群众游行活动，21 名同学参与国庆天坛游园志愿服务活动，其中 27 名学生与 1 名教师获校级国庆 60 周年系列活动优秀个人称号。60 名同学参加国庆义务献血活动。

2009 年，开展走访柯瑞生物公司、积水潭医院、中达金桥、凯莱英生命科学技术（天津）有限公司等用人单位的活动，分别联合中食恒信（北京）质量认证中心与安捷伦科技大学合作开展 HACCP & ISO 9001 内审员认证培训与生物技术分析技能培训，与世通留学中心合作开展留学项目介绍等有关事项的咨询与辅导，举办毕业生考研政策宣讲和备考等多种活动。

2009 年，在全院学生中开展深度辅导。4 月，举办 2006 级本科生导师制座谈会、导师制问卷调查，共有 41 名学生，22 名教师参与导师制，全年发表各种论文十余篇。5 月，心理健康宣传月活动中，制作心理书签、心理知识宣传手册并组织全院心理骨干羽毛球比赛。9 至 12 月，针对新生进行为期 16 周的新生入学教育，在研究生新生中开展 2 次团体辅导，1 次出国辅导培训和职业生涯规划辅导等内容。9 月，在研究生科技文化节中有 6 项成果参与展览。10 月，联合院工会举办第三届师生趣味运动会。11 月，特邀人力资源专家王新宇来校做“如何打动面试官”的就业专题讲座；开展世界糖尿病日与“传递我的问候，呈递你的笑容”世界问候日的宣传和有奖问答活动；针对学院长期以来开展的“艾滋病”防控宣传活动，院红丝带志愿团成员先后代表学校参加朝阳区和北京市的一系列红丝带志愿活动，在校园宣传中制作志愿签名旗，红丝带爱心祝愿板，并开展艾滋病人手制工艺品义卖活动，同时在北京地坛医院建立社会实践基地。10 至 12 月，针对学生干部开展工作意识、软件操作、新闻撰写与职业规划等方面的培训。12 月，学院研究生会与北京大学、清华大学、北京理工大学等高校联合开展研究生学术沙龙活动；举办“迎新生，庆新年”元旦晚会。

2009 年，本科生申请星火基金项目 8 项；完成国家大学生创新性试验计划 1 项，新申请获批 2 项。学生开展的“个人健康网站设计与可行性研究”科研项目获中国人口与发展中心支持，并取得相应阶段性成果，获北京市社会实践项目优秀奖。有 4 个研究生科技基金项目与 4 个博士生创新计划项目立项并通过中期考核。

本科生 68 人中有 66 人毕业，62 人就业；硕士研究生共 31 人，全部毕业，28 人就业；博士研究生 5 人，全部毕业并就业。1 名学生于 12 月 11 日光荣入伍，成为学院首位入伍的大学生。

071011 班再获校级优秀班集体与校级优良学风班称号；本科生党支部获得 2007—2009 学年校级先进党支部荣誉称号。获校级（含）以上的个人奖共 74 人次，其中国家奖学金 1 人、市三好学生 1 人，市级优秀毕业生 4 人；校级学习优秀奖 40 人、优秀学生干部 12 人、科技创新奖 4 人、校三好学生 9 人，校级优秀毕业生 3 人。获院级奖共 92 人次，其中院级学习优秀奖 38 人、优秀学生干部 18 人、科技创新奖 5 人、三好学生 13 人、英语单项奖 12 人、文体竞赛奖 6 人。

2007 级硕士生班获优良学风班称号。获校级个人奖共 48 人次，其中科技之星 1 人，学习优秀奖 11 人、科研优秀奖 18 人、三好学生 6 人、优秀干部 6 人、励志奖 3 人，优秀毕业生 3 人。获院级个人奖共 21 人次，其中学习优秀奖 2 人、科研优秀奖 5 人、优秀干部 8 人，社会工作参与优秀奖 6 人。获研究生科技创新奖 67 项，其中一等奖 42 项，二等奖 25 项。

1 名教师获“北京工业大学招生就业先进个人”；1 名教师获“北京工业大学教育教学改革三十年”主题征文优秀奖、获“北京工业大学学生发展与人才培养研讨会”论文优秀成果三等奖、北京工业大学生生命学院“优秀党务工作者”称号；1 名教师获“北京工业大学优秀社区辅导”与“北京工业大学优秀辅导员”称号；1 名教师获“北京工业大学国庆 60 周年系列活动优秀个人”奖。

（廖满媛 李承杰）

**【对外交流】** 2009 年，生命学院共接待来自美国、加拿大、日本、瑞典、爱尔兰和以色列等地的专家来访 36 人次进行学术交流与项目合作洽谈。派出 12 人次前往美国、意大利、日本、德国等地进行国际学术交流活动，并在国际学术会议上作大会邀请报告 6 场。派出教师 3 人前往英国进行 1 个月的双语教学培训。

（赵丽娇 钟儒刚）

# 外国语学院

**【发展概况】** 北京工业大学外国语学院（College of Foreign Languages，以下简称外语学院）成立于2003年3月，主要有外国语言学及应用语言学1个二级学科。2009年，学院设有英语系、韩语系、日语系、大学英语教学一部、大学英语二部、研究生公共英语教学部等六个学科部和学院行政办公室、教务办公室、学生工作办公室、语言中心、培训中心、图书资料室等行政机构。

学院设有英语（翻译）、英语（商务）、日语（商务）、朝鲜语（科技方向）等4个本科专业，拥有外国语言学及应用语言学一个硕士点。

学院有教职工106人，其中，专任教师91人，专任教师中硕士生导师9人、教授5人、副教授28人，具有博士、硕士学位的教师占教师总人数的53.2%，主要承担全校博士研究生、硕士研究生、本科生公共英语课程教学工作，以及学院本科生专业课程。

2009年，毕业学生123人，其中，研究生7人（硕士研究生7人），本科生116人。招生108人，其中，研究生8人（硕士研究生8人），本科生100人。在校生417人，其中，硕士研究生34人，本科生383人。

（曹　巍　周俊英）

**【学科建设】** 学院本着重点建设、稳步发展的宗旨，以中外语言对比与教学、外国语言文学与教学和商务外语为主要学科方向，积极抓好学科点建设。2009年，学院利用多渠道积极开展硕士学科点的宣传，报考外语学院硕士研究生人数为85人，招生计划为8人，实际录取8人，录取的全部为报考本学科的一志愿考生。根据学校研究生教育改革的需要，外语学院研究生培养学制由3年调整为2.5年，2009年，已完成第一届2.5年学制研究生各培养环节及硕士论文答辩工作；2009年，外语学院新增硕士生导师2名；外语学院研究生除积极参与导师学科科研课题外，成功申报校研究生科技基金3项，获科技创新二等奖5项，发表论文13篇。

（靳秀琴　周俊英）

**【教学工作】** 外语学院承担全校本科生公共英语课程教学工作，小语种（日语、德语、韩语、法语和俄语）教学工作，英语、日语、韩语本科专业的教学工作。2009年，全校本科生大学英语授课课堂238个，授课人数8 252人；为全校本科生开设外语选修课18门，开设课堂92个，授课人数5 275人，其中日语、德语、韩语、法语和俄语等小语种课堂13个，授课人数647人。为英语（翻译）、英语（商务）、日语（商务）、朝鲜语（科技方向）4个本科专业开设各类课程94门。

学院组织专业负责人讨论并编写英语（翻译）、英语（商务）、日语（商务）、朝鲜语（科技方向）4个本科专业创新课程教学大纲。

教学质量监控，学院坚持“一条主线，三个阶段”的工作模式，坚持学期初教学布置、期中教学检查、期末教学总结、学院干部听课制、青年教师听课制、教学评比等工作。

2009年，学院共有115人参加毕业论文设计，其中5人获学院优秀毕业论文奖，114人毕业，114人获学士学位。

2009年4月，英语专业四级考试，2007级学生考试通过率为87.50%，高出理工类大学平均通过率23.05%，高出全国平均通过率28.88%。

2009年，获学校2007—2008学年、2008—2009学年2项教学质量工作管理优秀学院奖。参加学校第七届青年教师基本功大赛，获人文社科组一等奖1名，二等奖1名，三等奖1名，最佳教案奖2名，最佳教学演示奖1名，最受学生欢迎奖1名，学院获学校优秀组织奖。

基础日语、基础英语两门课程被评为校级精品课程。申请北工大教育教学研究项目立项5项，其中重点项目1项，面上项目4项。6人获北工大优秀教学质量奖，其中1人获二等奖，5人获三等奖。18篇教育教学研究论文获校级优秀教学论文奖。为外语专业和全校学生组织举办14场工程大师论坛。

1月12至17日，外语学院邀请新加坡Associated Inter-Tertiary Debaters（SAID）创始人Loke Wing Fatt（法特）教授为学校“英语公共演讲与辩论”创新班的学生做国际辩论赛讲学，并举办北工大亚洲英语辩论邀请赛。北工大和东北大学秦皇岛分校联合组队的选手夺得冠军，学校2队获季军。

4月10日，参加第十四届“21世纪·联想杯”全国英语演讲比赛总决赛，软件学院黄飞获二等奖。

5月，参加国际辩论教育协会国际辩论赛，外语学院袁靖亚、机电学院姚悌获英文组三等奖；电控学院杜洪吉、李威获中文组一等奖。

5月，参加第五届亚洲大学生英语辩论赛，经管学院金翼、电控学院张珊姗、计算机学院刘天屹获EFL组第五名。

5月，参加第十三届“外研社杯”全国英语辩论赛，软件学院黄飞、生命学院钟果程获三等奖。

11月，参加2009年CCTV杯全国英语演讲大赛，外语学院邹韵获北京赛区决赛一等奖，全国总决赛季军。

11月，参加首届首都大学生英语演讲比赛，人文学院何婉青获北京市三等奖。

11月，参加第十五届“21世纪杯”全国英语演讲比赛，人文学院何婉青获北京市决赛二等奖。

11月，参加第四届国际辩论教育协会国际辩论赛，经管学院毕铁鸣获中文组最佳辩手称号。

11月，参加2009东北亚国际英语辩论赛，计算机学院刘天屹获最佳辩手称号。

2009年，外语学院完成本学科两届硕士研究生论文答辩工作，即三年学制的2006级夏季毕业生和两年半学制的2007级春季毕业生；两届研究生全部通过学位论文答辩，2006级1篇论文被评为校级优秀硕士学位论文。2008级研究生于10月底完成学位论文的开题报告。

2009年，开设3门博士生英语课程；开设硕士研究生英语一外、英语二外、日语一外、日语二外等课程；开设6门英语公共选修课以及工程硕士等外语课程。

（郝秀兰　刘宇慧）

**【科研工作】**　2009年，外语学院在研项目35项，其中，学校“211工程”基地建设项目1项，北京市教委科研计划人文社科项目5项，北京市属高等学校人才强教计划1项，学校青年基金项目1项，学校2009级硕士研究生课程建设项目6项，学校博启动基金项目3项，学校教育教学研究项目8项，其他专款项目10项。新增项目19项，其中：学校2009级硕士研究生课程建设项目6项，学校博启动基金项目1项，学校教育教学研究项目4项，北京市教委科研计划人文社科项目2项，其他专款项目6项。到院经费共计103.4万余元。学院教师在各类刊物上发表论文43篇；出版译著、专著及教材教参13本；学院教师参加各类国际国内学术会议58人次，提交论文18篇；学科建设、教学改革及课程建设等考察23人次。学院完善健全科研管理条例。

（吴铁梅　周俊英）

**【党建工作】**　2009年，外语学院党总支下设11个党支部，其中学生党支部4个，在职教工党支部6个，退休党支部1个；共有党员128人，其中学生党员78人，在职教工党员38人，退休党员12人。2009年新发展学生党员34人，教工新发展党员3人。

学院党总支十分重视院级领导班子建设，坚持每周一次的党政联席会议制度。在学院内部继续开展学习实践活动，完善学院党组织建设。

积极支持学院工会围绕中心工作开展工作，完善学院工会小组建设，加大学院工会活动经费投入，在校工会组织的评选中，获“先进职工之家”称号。注重学院二级教代会建设，积极发挥民主监督职能。

（曹　巍　何岑成）

**【学生工作】**　2009年，外语学院学生工作以“我们与祖国共奋进，我们与学生共发展”为主题，坚持“抓基础、重实效、出人才”的工作原则，紧扣时代脉搏、突出专业特色，努力营造和谐有序、积极向上的院风和学风。

学院81名师生参加国庆60周年群众游行活动。开展“我与祖国共奋进，我与社会共成长”主题征文活动，收到投稿251件，评选出一等奖8名，二等奖16名，三等奖22名，班级组织奖3名。构建外语学院学生学业推进计划，并以学生第二课堂学分培养档案的形式，推进良好院风和学风的建设。10月评选出2008级第二课堂表现优秀的学生12名。学生党支部以“我与祖国共奋进——与学业困难学生手拉手”主题党日活动为载体，开展晨读和公共晚自习活动，累计出勤学生党员200余人次，帮扶对象150余人次。

开展由重点学生家长、教务科及系主任、班主任共同参与的2次“学风面面观”座谈会。制定完善的辅导员班主任考核制度，进行辅导员岗位认知、学生事务管理交流、辅导员角色定位及工作交流、大学生心理问题及应对、职业生涯规划及辅导等辅导员培训工作。开办“桅舵”辅导室，开设计算机考试辅导、高数辅导、专业性辅导及就业与心理健康辅导。深度辅导314名同学，占整体学生比例的78.5%。

召开毕业生的就业政策宣讲会，2009届毕业生的签约率首次超过全校平均签约率，为历届毕业生同一时期之最。

272名本科生、19名研究生参加奖学金评选，共评选出校级奖项101人次，院级奖项128人次，国家奖学金1人，国家励志奖学金7人，校级突出事迹班集体1个，校级优秀班集体2个，优良学风班1个，校级标兵团支部1个，优秀团支部1个，院级优良学风班3个，院级优秀团支部1个，院级研究生优秀班集体1个。

3名本科生申报星火科技基金项目并顺利立项。5名研究生申报研究生科技创新奖并全部获二等奖，这是首次获此项奖项。

11月，首届“外院杯”外语文化节开幕，分别以“展时代特色、现异国风采”为主旨的外国文化展示活动，展现各民族的特色文化。举办系列活动之“友谊杯”外教师生羽毛球赛。

（周文智 任永方）

**【对外交流】** 5月，美国缅因州立大学法明顿分校教授1人来访。9月、10月、11月分别接待加拿大 Medcine Hat College（海特医学院）、荷兰乌德勒支技术应用大学和美国南康洲大学对外交流负责人，洽谈合作事宜。

1至2月，1名教师赴英国华威大学短期进修；3至9月，2名教师赴美国明尼苏达大学进修；8月，2名教师赴英国华威大学短期进修；5月，3名教师赴韩国参加学术会议；8月，2名教师赴泰国参加学术会议；9月，1名教师赴美国缅因州立大学法明顿分校教授汉语。

9名外籍教师（6名英语外教，2名日语外教及1名韩语外教）开设英语写作、西方文学批评理论、英语学术论文写作、英语视听说、西方社会与文化、公共演讲、英语口语、高级日语、商务日语写作、商务日语专题探讨、日本概况、日语口语、韩国语会话、学术交流英语等课程。外籍教师在全国、校级和院级各类英语、日语和韩语竞赛中担任裁判，参与外语学院外国文化节活动。

拓展学生国际交流项目，派出33名学生出国留学。交流学校14所，包括荷兰乌特勒支应用技术大学，美国缅因州立大学，法国南特大学，爱尔兰都柏林国立大学，韩国的梨花女子大学、建国大学、仁荷大学、启明大学、釜庆大学，日本的金泽大学、佐贺大学、新泻经营大学、信州大学、国仕馆大学。8月，韩语系2007级所有学生（9名）赴韩国学习1年。

（柴晶晶 张俊梅）

# 软件学院

**【发展概况】** 北京工业大学国家示范性软件学院（School of Software Engineering，A National Pilot Software College，以下简称软件学院）成立于2001年3月，同年12月被教育部和国家计划发展委员会批准成为首批35所国家示范性软件学院之一，2006年11月通过教育部验收。软件学院设有软件与网络工程、嵌入式软件与系统、信息与服务工程、数字艺术4个系及实验中心、嵌入式软件与系统研究所、北工大—Xilinx软件工程（嵌入式系统方向）国家人才培养模式创新实验区、软件工程北京市实验教学示范中心。学院拥有软件工程和数字媒体技术2个本科专业，拥有计算机科学与技术和软件工程2个硕士学位授权点，招收计算机应用技术博士以及博士后。拥有教育部软件工程（嵌入式软件与系统）和软件工程（数字媒体技术）2个特色专业建设点，拥有北京市软件工程特色专业建设点。

软件学院拥有专职教职员工47人，其中专任教师28人。专任教师中，博士生导师3人，教授8人，副教授11人，其中具有博士学历的教师22人，外籍教师2人。兼职教师91名。2009年，学院新进专职教师5人，其中教授1人，副教授3人，1人被聘为北京市市属市管高校讲座教授。

软件学院建有本科、工学硕士、工程硕士和博士完整的人才培养体系。2009年，毕业学生401人，其中研究生329人（博士生5人，工学硕士生75人、工程硕士生249人）、本科生72人。招生554人，其中研究生450人（博士研究生7人、工学硕士研究生40人、工程硕士生403人）、本科生104人。在校生2 184人，其中研究生1 754人（博士研究生17人、工学硕士研究生32人、工程硕士研究生1 705人）、本科生430人。

2009年，软件学院的“北工大—Xilinx软件工程（嵌入式系统方向）应用人才联合培养模式创新实验区”入选国家人才培养模式创新实验区；学院完成的“面向产业服务北京拓展软件工程专业方向”教学成果获第六届国家级教学成果二等奖；“信息安全概论”课程获国家级双语教学示范课程。学院获“2009年度中国动漫游戏行业——高等院校产学研先进单位”。软件工程实践教学中心被评为“北京高等学校实验教学示范中心”。新增软件工程专业（嵌入式系统方向）本科实验班。

3月31日，软件学院顺利完成搬迁工作，新软件学科楼正式投入使用，建筑面积达11 000平方米。新楼的启用，为软件学院的可持续发展奠定良好的基础。

（刘宏珍 何泾沙）

**【学科建设】** 软件学院设有软件工程和数字媒体技术2个本科专业、计算机科学与技术和软件工程2个硕士学位点、招收计算机应用技术博士。在软件工程领域中设有软件与网络工程、嵌入式软件与系统、信息与服务工程和数字艺术4个专业方向，招收软件工程硕士研究生。2009年，学院新增“无线网络安全研究基地建设”和“移动数字娱乐二期”两项“211工程”建设项目，承担了科技创新平台—数字皮影研发平台建设项目，促进了学院学科建设的整体发展。

（刘宏珍 何泾沙）

**【实验中心建设】** 2009年，实验中心对软件学科楼的实践教学用房进行整体规划与设计，完成专业基础教学实验室、部分软件工程专业教学实验室、学生科技活动室和研究生室的修缮改造及综合布线工作。学院获批4个与实验室建设相关的专款项目，批复金额共计498万元。学院利用专款完成ARM实验室、软件基础实验室、软件设计实验室的建设，购置实时软件设计与测试系统用于软件工程专业嵌入式软件开发与测试相关课程的实践教学和工程实训，购置数字媒体技术专用设备完善数字媒体技术专业实验室的实验教学环境。

（俞　敏　朱　青）

**【教学工作】** 2009年，软件学院在深入分析、调研和征求意见的基础上，制订“学院质量工程建设规划”，大力提升教育教学质量与水平。积极申报国家、北京市和学校质量工程项目，加强基础性建设。

“北工大—Xilinx软件工程（嵌入式系统方向）应用人才联合培养模式创新实验区”获国家级人才培养模式创新实验区，填补学校质量工程建设的一项空白。学院在创新实验区建设的基础上，建立“软件工程（嵌入式系统方向）实验班”。在精品课程建设方面，“信息安全概论”课程获国家级双语教学示范课程。“软件测试”、“电子服务概论”、“信息安全概论”3门课程获校级精品课程。

获北京市教育教学改革项目1项，校级教育教学改革项目7项，其中重点项目1项。在各级教育教学刊物上发表教学研究论文11篇。

学院启动“工程硕士论文规范化工程”。在对学院工程硕士培养工作全面总结的基础上，提出软件工程硕士学位论文规范，整体提高软件工程硕士学位论文水平。

“面向产业、服务北京，拓展软件工程专业方向的探索与实践”教学成果获第六届国家教学成果奖二等奖，此项成果还被评为北京市教学成果奖一等奖。

（王建伟　朱　青）

**【科研工作】** 2009年，学院实现纵向科研项目到校经费130万元，横向科研项目到校经费98.71万元；新立项的纵向科研项目4项，其中“数字皮影研发平台”为北京市教委科研基地科技创新平台项目，新立项的横向科研项目7项。学院教师在国内外会议和专业期刊上共发表学术论文50篇，其中被SCI收录3篇、被EI收录28篇、被ISTP收录4篇（同时被SCI和EI收录的2篇、同时被EI和ISTP收录的2篇）；学院教师共申请发明专利3项，获软件著作权8项。6月4至6日，软件学院和美国圣何塞州立大学计算机工程系在青岛联合承办2009年第五届移动商务与服务国际会议［The 5th International Workshop on Mobile Commerce and Services(WMCS 2009)］，来自中国、美国等国的60余名代表参加会议，共交流学术论文18篇，该次会议给研发人员、科学家、软件架构师、行业人员提供探讨移动商务应用和服务的相关问题提供一个很好的交流平台。

（董晓梅　何泾沙）

**【党建工作】** 软件学院党总支下设7个支部，共有党员150人。其中教师党支部17人，行政党支部13人；本科生低年级党支部17人，本科生高年级党支部14人，工学硕士党支部16人，工程硕士党支部35人，双证工程硕士党支部38人。2009年，发展预备党员30人，其中教工2人，学生28人。截至2009年底，有入党积极分子186人，其中本科生112人，研究生73人，教师1人。

2009年，软件学院党总支围绕“面向产业、服务北京、积极探索、科学发展”的主题，以提高办学质量为主线，以推进校院两级管理体制改革为载体，以培养社会急需的紧缺人才和高素质劳动者为目标，开展学习实践活动。

软件学院工会围绕教学科研与学院建设工作，充分发挥工会组织在创建和谐校园中的作用，推进工会工作。工会组织参加学校“营造和谐环境，做健康工大人”项目申报，通过评审并获资金资助。2009年，扩建院工会活动场所，增加跑步机、力量器和乒乓球台等健身器材，为教职工开展多种文体活动提供便利。10月，召开学院第一届教职工大会第二次会议，院长和工会主席做工作汇报，开展提案征集工作和学院建设意见讨论工作，发挥教职工在学院建设中的主动作用。院工会被评为校级先进教职工之家。

（丁淑杰　朱　青）

**【学生工作】** 软件学院积极开展新生入学教育；开展网上心理测评；为特困生安排勤工助学岗位，审核通过39人次特困生申请助学金或奖学金；完成2009届本科生和研究生毕业离校和派遣工作，本科生一次签约率为84.72%，研究生一次签约率为86.67%，获校级“就业工作先进集体”称号；组织学生参加国庆60周年游行活动。

组织学生参加学校第45、46期党校学习共48人，其中顺利结业46人，优秀学员4人。在学校的党建评优中，本科生低年级党支部获优秀党支部荣誉称号，2人获优秀党员荣誉称号。

2009年，软件学院学生获星火基金重点项目3项，普通项目

4项，研究生科技基金2项。学生发表的学术论文有7人次、10篇论文被三大检索收录，10人次获国家专利或软件著作权。共有26人次获14项校内外竞赛奖励。获学校研究生第二届创新设计竞赛一等奖，第五届“挑战杯”首都大学生课外学术科技作品竞赛三等奖，2009微软创新杯中国预选赛三等奖，“中国第二届杰出数据库工程师评选寻找pure XML应用之星”比赛高校学生应用创新优秀奖，“太和顾问杯”第九届智慧三人行数学建模竞赛新秀奖，第二届全国大学生软件创新大赛三等奖，全国“新生代”游戏设计大赛三等奖，2009年度全国大学生优秀动漫游戏作品奖。

在2009年校级奖学金评定中，本科生共72人107次获校级奖学金，硕士研究生共20人28次获校级奖学金。获优良学风班称号1个，校优秀团支部称号2个，校标兵团支部称号1个，校研究生科技创新奖4人，北川奖学金4人，江苏奖学金1人，国家奖学金1人，国家励志奖学金8人，校优秀毕业生称号7人，市级优秀毕业生称号3人。

（桑洪峰　朱　青）

**【国际交流】** 2009年，学院共接待国外4个国家外宾来访15人次，与合作大学和机构进行交流；学院承办国际学术会议1次；学院教师参加国际学术会议7人次，在国际会议上交流学术论文7篇；学院现有全职外籍教师2名、兼职外籍教师7名参与教学、科研和管理工作；学院引进国外课程3门、组织外籍专家讲座5次；共接受来自法国、阿根廷的13名留学生学习，共派出8名学生到法国、丹麦参加校际交流项目的学习。

9月，6名参加学院与法国国立工艺学院［Conservatoire National des Arts et Métiers (CNAM)］联合培养软件工程双硕士项目的工程硕士研究生赴法国学习，2名本科生参加校际交流项目赴丹麦和法国学习。

（董晓梅　何泾沙）

**【招生工作】** 2009年，软件学院继续加大宣传力度，扩大招生渠道，先后深入全国20余所高校、走访全国70余所高校，面向应届毕业生举办招生座谈会，宣传软件工程硕士的培养特色以及国家示范性软件学院享有的办学特殊政策，取得很好的效果，提高了生源质量。

2009年，软件学院与清华同方、门头沟考试中心、国防科工委等企事业单位签署合作协议，为其所属行业培养急需的软件工程及信息化建设人才。2009年，软件学院开办全国第一个“数字体育”方向软件工程硕士班。开办“数字艺术”寒暑假师资班，教学效果和质量得到参加学习的高校艺术教师的好评。

（蒋有明　何泾沙）

**【嵌入式软件与系统研究所】** 北京工业大学嵌入式软件与系统研究所（Embedded Software and Systems Institute，以下简称研究所）成立于2003年，主要从事嵌入式软件与系统、新型计算机交互、计算机网络与多媒体、下一代互联网等技术的研究与开发。研究所共有专职教师9人，其中教授、博士生导师2人，副教授3人，讲师2人，实验员2人；聘请兼职教授9人，其中院士2人，外籍教授4人，教授1人，外籍副教授2人。主要承担教育部特色专业、国家创新人才培养模式实验区，以及国家、北京市、地方及企业的多项科研课题，承担博士后、博士生、硕士、本科生和国外留学生的培养任务，已形成在国内外有特色、有影响的嵌入式系统及计算机交互的人才培养基地。

研究所在读研究生51人，其中博士研究生7人，硕士研究生42人，国外留学生2人。2009年，毕业博士研究生3人，硕士研究生9人。1名硕士研究生获北京市高校学生创业大赛二等奖，2名硕士研究生获校优秀硕士论文奖，1名硕士研究生获学校优秀毕业生称号。

研究所建设完成多个先进的实验室，包括Xilinx-FPGA嵌入式系统专项实验室、ARM嵌入式系统实验室、AMI环绕智能实验室、电子实验室、CAD设计实验室、软件开发实验室、IPv6实验室等。

2009年，研究所承担国家自然科学基金项目、北京市自然科学基金项目、教育部科学技术重点项目、北京市教委科技重点发展项目及地方的产业化项目等6项，已结题3项，承担教育部特色专业、北京市特色专业、创新实验区、科技创新平台、“211工程”等项目9项，共发表学术论文19篇，其中一篇论文在IEEE-Trans发表，13篇被SCI，EI，ISTP检索。

（代慧峰　黄樟钦）

**【国家人才培养模式创新实验区】** 2009年5月22日，由软件学院承办的教育部“北工大—Xilinx软件工程（嵌入式系统方向）联合人才培养模式创新实验区”开园仪式正式举行。教育部高等教育司司长张尧学、北京市教委高教处处长黄侃、中国电子协会副秘书长刘明亮、赛灵思公司副总裁杨飞等参加会议，校长范伯元，党委书记王守法，副校长侯义斌、蒋毅坚等校领导参加开幕式，近百名来自中国、美国、英国、澳大利亚、中国台湾地区等国家和地区的嵌入式系统领域杰出的院士、教授和专家，及全国高校的嵌入式系统赛灵思联合实验室主任、软件学院师生代表参加开园仪式。

党委书记王守法在揭牌仪式上致辞，校长范伯元、教育部高等教育司司长张尧学、北京市教委高教处处长黄侃、赛灵思公司副总裁杨飞为教育部创新实验区揭牌。副校长侯义斌、赛灵思公司帕特里克莱赛特代表双方在创新实验区建设协议上签字。

Xilinx公司为北京工业大学软件学院投资大量的设备、软件、IP核及资金，共同建设国家人才培养模式创新实验区。仪式上聘请三院院士施敏教授为北京工业大学名誉教授，具体指导创新实验区的建设。还聘请中国科学院院士沈绪榜教授、美国伯克利大学 John Wawrzynek 教授等国内外专家共 8 人，指导创新试验区的学科建设、教学及科研工作。

软件学院“北工大—Xilinx 软件工程（嵌入式系统方向）应用人才联合培养模式创新实验区”获教育部批准成为“国家人才培养模式创新实验区”，这是北工大在教育部“质量工程”项目建设中取得的重大成果，填补了学校空白。

（丁淑杰　刘宏珍）

**【北京市实验教学示范中心】** 2009 年 9 月，软件工程实践教学中心被评为“北京高等学校实验教学示范中心”，此项成果是软件学院在实践教学改革方面取得的又一项突破。学院围绕紧缺人才培养的要求，结合软件工程复杂性高、规模大、应用面广、工程性强的学科特点，强化实践教学，建立了有利于培养学生实际动手能力、工程应用能力、自主创新能力的人才培养实践教学体系。

（王建伟　朱　青）

**【软件工程（嵌入式系统方向）实验班】** 2009 年，软件学院新增软件工程（嵌入式系统方向）实验班 1 个，学制 4 年，共招收 20 名本科学生。实验班按照与产业界紧密结合的教学计划培养软件工程领域嵌入式系统方向的高层次国际化应用型人才。实验班采用教育部“北工大－Xilinx 软件工程（嵌入式系统方向）应用人才联合培养模式创新实验区”的“目标导向（Goal orientation）—学习及培训（Learning and training）—实践（Practicing）—拓展（Expanding）—创新（Innovation）”的 GLPEI 教学模式开展教学活动。该班在人才培养上以就业为目的，采用“职业个性”培养方式，保护学生个性，并将职业生涯规划贯穿于四年教育之中；在专业能力上，培养学生具有嵌入式软件、嵌入式硬件、SoC 和嵌入式应用领域的前沿知识，了解和运用产业界最新的技术，富于创新精神。在提高实践能力方面，该班强调“做中学”的 CDIO 教育新理念，针对不同年级以实验课、课设、学生科技活动、创新实验区项目工程实践、国内外企业的项目工程实践、毕业设计等多种不同实践方式提高学生的实践能力，保证学生的创新能力。

（严海蓉　黄樟钦）

# 北京工业大学实验学院

**【发展概况】** 北京工业大学实验学院（College of Pilot Educaticn，以下简称实验学院），按照北京工业大学和通州区人民政府合作办学协议，于 2007 年 1 月迁入通州，位于通州区潞苑南大街 89 号，总建筑面积 62 000 平方米，是一所多学科综合院校，下设信息工程系、经济管理系、信息管理系、建筑与环境系、文法系、机电工程系、基础教学部（含数学、物理、英语、体育、政治 5 个教研室）6 系 1 部，及行政办公室、党委办公室、学生工作办公室等 17 个行政处室。本科设有电子信息工程、信息管理与信息系统、科学与技术、会计学、土木工程、法学、经济与贸易、工商行政管理 8 个专业，专科设有网络系统管理、计算机和信息管理、经济与贸易、市场营销、工商行政管理、会计电算化、旅游管理、文秘、建筑工程技术、汽车运用技术 10 个专业。

按照北京工业大学“科学定位、找准目标、发挥优势、办出特色”的办学理念和通州区委、区政府提出的“树高水平大学之帜，走有特色教育之路”的定位指导思想，学院以德育建设为首，以教学工作为核心，以培养应用型人才为宗旨，学科专业建设为龙头，教学研究为先导，师资队伍建设为重点，不断深化教育、教学改革，全面提高教育教学质量。

坚持“强化产学研合作、注重道德教育、突出实践能力”的办学目标，在学科专业设置上体现全面融入通州、融入北京经济和社会发展的思想，确定应用型人才的培养方向，突出实践能力和创新能力的培养。走访北京市及通州区一些知名的企事业单位，积极开展交流研讨活动，寻求相互合作的交点，与北京康拓科技发展有限公司、北京市通州新城金融服务园区、北京通州物流基地管委会等多家单位签署校企合作协议，建立起实习就业基地。学院已挂牌的校外实习就业基地达到 21 家，有利于探索校企联合培养创新型、实用型人才的新模式，构建起适应企业发展需求的人才输送渠道，寻求校企双方在就业招聘、产品研发、成果转让、技术培训等方面更广泛的合作，实现资源共享，提高了服务地方经济发展的能力和水平。

2009年，学院有教职工308人，其中专任教师154人。专任教师中，教授4人，副教授44人，讲师61人，具有博士学位教师16人，硕士学位教师50人。学院聘用学科专业导师13人，12人为教授。引进教师9人，其中博士后1人，博士3人。

2009年，毕业学生887人，其中本科374人，专科513人。招收本科生497人，专科生620人。在校学生3 406人，其中本科1 632人，专科1 774人。

（周　敏　王雅岚）

**【教学工作】** 按照“以规范管理为基础、以专业建设为龙头、以提高教学质量为核心、坚持内涵发展，探索培养应用型人才有效途径”的教学管理工作思路，教学工作以全面提高教育教学质量为主线，坚持以人为本，增强服务意识，加强常规管理，保障了教学运行稳定有序。

完成2007级本科理论课程教学大纲和实践教学大纲的修订工作与2007级高职理论课程教学大纲和实践教学大纲的制定工作，并编辑成册。引进“正方高校现代教学管理信息系统”后，启用学生管理、师资管理、教学计划管理、教学质量评价等模块，实现教学任务下达及安排、学生网上评教、成绩查询、四六级网上报名、教师网上登录成绩、学生与教师网上信息查询等功能，提高了工作效率。

特聘13名专家对院重点及主干课程、新开课程、外聘教师课程等重点听课，对立项的12门院级和16门系级重点建设课程项目，进行中期检查和反馈沟通；组织教师做好教研项目的预研工作，共收到预研项目52项；完成《北京教育》“实验学院增刊”审编发行工作，组审文稿34篇；组织申报完成校青年基金项目6项，获批4项；完成教学仪器研制项目申报工作，申报3项，获批2项；完成校人才强教工作，获批5项；12项教研项目的结题工作，也全部按时完成。

对师资队伍建设计划进行完善与修订，制订2010年引进人才计划；充分发挥指导教授对青年教师的指导作用，有21名教师参加国家精品课程高级研修班的学习，5名教师申报晋升高级职称教学考核。2名教师在“北京工业大学第七届青年教师教学基本功比赛”中，分别获理工二等奖及最佳教学演示奖和优秀奖，学院获优秀组织奖。

邀请各行业学科前沿大师来学院讲学，组织“工程大师论坛”9场，听报告的师生近2 000人。根据“校外教学名师讲学计划”，聘请1位教学名师承担土木工程专业必修课的教学任务，使学生有机会领略高水平教师的风采，感受高水平的学术熏陶，对提高学院教学质量和教师的授课水平起到一定推动作用。

（杜淑君　王雅岚）

**【党建工作】** 实验学院党委下设14个党支部：9个教工党支部、3个学生党支部、2个退休党支部。截至2009年底，学院有党员329人，其中教职工党员167人，学生党员116人，离退休党员46人。发展教工党员6人，转正1人；发展学生党员158人，转正94人。

按照北工大党委和通州区委的统一要求，从2009年3月起，院党委高度重视，精心组织，周密部署，扎实开展学习实践活动，较好地完成学习调研、分析检查、整改落实三个阶段的工作，做到扎扎实实走程序，认认真真抓落实，规定动作保质量，创新动作显亮点。通过活动的开展，提高了广大党员干部特别是领导干部贯彻落实科学发展观的执行力和创新力，切实解决了一些影响和制约学院改革与发展的突出问题，建立健全了学院科学发展的新机制，全面提高了学院科学发展的能力和水平，达到了党员干部受教育、科学发展上水平、人民群众得实惠的要求。

院党委加强领导班子建设，理论中心组制订专门的学习计划，每两个月确定一个专题，一个中心发言人。重视党员队伍建设，在加强理论学习、提高业务素质，结合学习实践活动和建国60周年的有利契机，组织丰富多彩的党员活动，寓教育于活动之中。

3月19日，学院召开学习实践活动动员大会，通州区学习实践活动第八指导检查组组长赵俊臣和学校学习实践领导小组成员、副校长卢振洋出席大会并做重要讲话；学院全体党员、中层干部、副教授职称以上教师、民主党派负责人等280余人参加会议。

6月30日，学院召开学习实践活动总结暨庆七一表彰大会，对学院开展学习实践活动进行全面总结，对在活动中获得校、院级“建言献策”优秀个人的20名党员和6个优秀支部，及2009年度31名优秀党员、10名优秀党务工作者、3个先进党支部进行表彰。

组织在职党员、离退休党员和民主党派人士参观北京国际图书城和老北京微缩景观天下第一城，参与“文博会”新书发布活动。组织党支部书记观看“庆祝中国人民解放军空军成立60周年飞行和跳伞表演”，开展国防教育。

9月9日，学院举行庆祝教师节暨优秀教师表彰大会，表彰25名优秀教师、34名优秀教育工作者、10名优秀青年教师和14名优秀班主任、辅导员。通州区委副书记张文山参加大会并做重要讲话。

签订党风廉政建设责任书、构建惩防体系，组织党员干部观看反腐倡廉警示片，开展廉政文化宣传等活动，认真落实党风廉政建设责任制，扎实开展党风廉政建设和反腐败工作。

（张　银　王雅岚）

**【学生工作】** 2009年，学生工作坚持德育为首，通过多种途径，努力创设和谐向上的校园氛围，第六期青年党校628人参加培训。

学院成立甲流防控小组，制订防控预案和工作流程，组织1 768人填写“接种疫苗知情书”，1 100人接种疫苗，有效地控制、预防疫情发生。

对2009级全体辅导员、班主任进行相关培训，并在各班推选出心理委员，将其纳入班委行列，形成全面覆盖的防范网络，提高在第一时间发现问题、解决问题的效率，对学生的心理辅导实现从个别咨询到团体指导、从分析心理障碍到危机干预的全面提升，并成功化解多种心理问题，完成从出现心理问题进行处理到积极采取各种措施预防心理问题出现的进阶。

结合建国60周年的有利契机，开展“我与祖国共奋进”系列活动。组织学生观看爱国主义电影，举办“我与祖国共奋进国庆征文”活动，510人报名参加，上交360篇征文。

学院800余名师生踊跃参加国庆游行活动。9月29日，学院举行国庆游行出征仪式；10月1日，队员们参加“和谐家园”和“走向新时代”方阵游行活动，多人次受到上级部门的表彰，获北京市优秀组织奖和通州区先进集体称号。

（李卫国　吕晓飞）

**【荣获“2009年度北京高校职业类优秀学生社团”称号】** 学生“创业就业协会”于2009年3月25日正式成立，该社团通过组织大学生职业生涯规划大赛、开展暑期大学生雏鹰实战创业计划大赛、举办终极创业讲座等活动，搭建起社会、学校、学生之间的创业就业桥梁，获“2009年度北京高校职业类优秀学生社团”称号，学生金文涛获“2009年度高校职业类学生社团优秀学生干部”称号。

（周　敏　王雅岚）

## 艺术设计学院

**【发展概况】** 北京工业大学艺术设计学院（College of Art and Design，以下简称艺术设计学院），设有动画、艺术设计2个艺术类专业，8个专业方向，包括：产品设计、展示设计、环境艺术设计、视觉传达设计、装饰艺术设计、公共艺术设计、服装艺术设计和数字媒体艺术设计。2009年，学院有编内在岗教职工244人，专任教师145人。专任教师队伍中，教授9人，副教授及其他副高级职称33人，讲师94人。具有博士学位教师3人，硕士学位教师68人，在读博士5人，在读硕士33人。通过毕业资审学生318人，其中本科毕业生12人，高职毕业生305人，高职结业生1人。招收专接本16人，本科生379人。在校学生1 347人。

（王毅强）

**【教学工作】** 2009级招生录取分专业方向，学生在校学习一年后根据学习成绩和个人意愿进入不同的专业方向学习。一年级课程实行教务办统一排课、教师集体备课。教学班级分配各系托管。

10至12月，院级选修课程增至23门以加强学生技能知识，提高毕业生就业能力。

完成《艺术设计教学软件平台》项目的实施工作。利用北京市专项经费更新机房设备。组织教师申报2009年校级教育教学研究项目，共获批14项。组织教师参加教育部第九届全国多媒体课件大赛，2人获二等奖，1人获高教文科组最佳艺术效果奖；2人获三等奖。组织完成教学质量奖评审工作，2名教师获奖。林志远组织编著的《从速写到草图——视觉训练基础》已由北工大出版社出版。推荐4名免试研究生。

学院通过“2009年北京工业大学教育教学研究立项评审”7项。

（李国平　谭铁志）

**【科研工作】** 2009年，学院获准2010年北京市属市管高等学校特色教育资源库建设延续项目，经费60万元；市教委平台项目金额50万元。获准2010年北京市教委科技面上项目1项，人文面上项目2项，人文面上重点项目1项，合计经费共35万元。校青基金1项，经费1万元。横向项目1项，经费2.65万元。

完成《艺术设计学院科研工作量核算办法（暂行）》并实施。完成市教委面上、平台项目及校青基金项目的细化及核准支撑材料及其网上申报工作。完成第七届“北京旅游商品设计大赛——北京礼物”组织、落实、报送作品工作，朱红作品“中国门”首饰系列获铜奖，学院获最佳组织奖。

（马文丽　廖　伟）

**【党建工作】** 2009年，学院党委下设19个党支部，其中在岗教工党支部12个，离退休党支部2个，学生党支部5个。师生党员共计443人，其中在岗教工党员125人（党员占在岗教工总数49%），离退休党员48人，学生党员261人（党员占学生总数19.4%），其他党员9人。2009年，发展新党员100人，预备党员转正105人，共有164名积极分子参加党校培训学习，申请入党师生454人。组织师生党员为灾区“献爱心”捐款7 725元。

学院党委注重加强领导班子建设，认真坚持理论中心组学习、院务公开、学期民主生活会等制度。坚持每月召开支部书记例会；培训学生党支部书记；全年共组织6次党课学习，调整专职党支部书记3人。

3月19日，学院召开“艺术设计学院科学发展观”活动动员会议，林志远主持，王毅强传达校党委相关工作要求，布置学院落实工作具体方案。教工第1党支部、第4党支部、民革党支部获建言献策优秀党支部奖；4名教工党员荣获优秀个人奖。数字系教工党支部、环艺系教工党支部获2007—2009年度优秀党支部称号；8名教工党员、4名学生党员被评为校级优秀共产党员。

学院成立艺术设计学院廉政风险防范管理工作领导小组。6月18日，学院下发《关于成立艺术设计学院廉政风险防范管理工作领导小组的通知》及《艺术设计学院2009年廉政风险防范管理工作计划》。

组织党员参加学校师德、党建等论文撰写工作，配合学院中心工作及建国60周年制作宣传展板等。

（周海虹　王毅强）

**【学生工作】**　在建国60周年专题教育中，林志远运用收集自编的影像史料，钩沉前事，为新生们揭示了社会、历史发展的必然。观看励志电影，举办心理讲座形式开展入学教育。

开展“红色1+1活动”，通过言传身教，帮带一个宿舍——老生党员和预备党员与新生共同参与活动，让新生更好更快地适应大学生活。

2009年，共有669人次获奖学金。其中国家奖学金3名，国家励志奖60名，国家助学金238名（其中一等95名、二等143名），校级学习优秀奖191名，校级三好生48名，校级优秀学生干部46名，院级三好学生11名，院级优秀学生干部48名，院级优秀组织奖7名，院级科技创新奖17名。

心理咨询室挂牌，心理协会建立例会制度等形式拓宽入学教育领域，关注新生心理健康。9、10月举办2009级新生心理讲座。

学院2008级300多名学生和7名教师参加国庆60周年游行方队游行活动，并顺利完成任务。

（秦克羽　林志远）

**【成人教育】**　学院自1982年开办成人继续教育以来，以学院专业教学为依托，以培养学生综合素质和专业能力为目标，共为国家培养1 750名艺术设计人才，多人已成为著名画家、艺术设计师、工艺美术大师、科研或教学等领域精英骨干，在艺术设计领域做出积极贡献。2009年，毕业学生55人，招收2010级新生123人。重新修订教学计划，完成本科视觉专业、环境艺术专业、绘画专业的培养计划、教学大纲、课程简介，使教学更贴近社会需求。

（史韵芳　武云超）

**【对外交流】**　4月16日，奥运火炬手、北京奥组委媒体运行部徐济成副部长来院举办讲座《2008奥运系列讲座（一）》。

5月19日，美国洛杉矶艺术中心设计学院硕士毕业生、现从事战略设计的美国自由设计师刘得来学院交流，介绍美国洛杉矶艺术中心设计学院专业课程设置等。

6月17日，美国景观设计师协会会员、美国注册景观规划设计师、EDSA总裁兼首席设计师李建伟来学院举办《景观设计的理论与实践》讲座。

公共艺术系教师姜维9月23日赴美国参加双语教学培训。

9月28至10月3日，学院装饰系教师胡俊、杨漫应邀参加在日本大阪举行的“国际首饰艺术展”，并与大阪首饰学校进行交流。

9月，工业系教师设计作品参加在美国芝加哥哥伦比亚学院举办的主题设计展。

10月16日，英国河谷大学张晓之到学院参观交流，探讨合作办学的事宜。

10月23至30日，林志远、李殿忠和数字媒体艺术设计系李智参加在中国台湾台北淡水镇举办的“中华动漫交流促进会”及“第十届国际漫画家大会”。

10月28日，日本工艺设计协会理事、日本首饰设计师协会理事平岩共代（Tomoyo Hiraiwa）来学院举办首饰设计讲座。介绍当代世界首饰艺术发展状况、日本近年的首饰艺术特点、青年首饰艺术家作品介绍、日本传统镶嵌工艺。

10月，学院公共文化课教师杨筠到波兰孔子学院任教。

11月27至12月6日，杨永生参加由文化部中外文化交流中心组织的“大陆中青年画家赴台艺术采风”活动，赴台湾学术交流。

（王燕京　安　宁）

**【后勤保障】**　4月中旬将原位于校外男生宿舍迁入院内。改造女宿设施安全条件，改装电磁门，铲除安全死角。制定《学院安全工作例会制度》，52 项安全课题基本覆盖校园安全工作的各个方面。

（赵 霞 李殿中）

【重要事件】 1月6日，加强学院艺术类专业考务工作的规范管理，成立艺术设计学院招生工作领导小组及工作组。

3月11日，校领导来学院检查工作。王守法代表党委宣布由龚裕代表学校党委负责与学院的工作联系。龚裕主持学院党政领导班子会议并提出工作要求。王守法和龚裕检查了教学、实验室等工作情况。

3月，工业设计系2006级学生刘强、胡静海合作发明产品"识别矿泉水瓶的瓶盖"获产品发明专利权。

3月3日，学院领导召开院务会议，专题讨论在校"二期建设"中艺术设计学院教学楼建设绘画规划问题。

由院领导牵头，邹锋教授设计完成的"奥运羽毛球馆景观雕塑"获学校优秀学术成果三等奖。

5月21日，朝阳区政府张春秀副区长带领区政府相关部门负责人一行9人到学院交流座谈。龚裕主持交流活动。张副区长介绍了朝阳政府关于积极推动文化创意产业工作的有关政策。

6月5日，工业设计系李楠、肖佳松同学的设计作品《环保无电池遥控》获"2009 TCL 全国大学生工业创意设计大赛"银奖。

6月10日，在第三届全国"节能减排"招贴设计大赛中，视觉系易倩梦同学作品《减少一次性筷子，增添一片森林》获银奖；另有6名同学获优秀奖。

在由北京市国际教育交流中心和ACG国际动画教育协会主办的"2009北京学生国际数字媒体艺术节动漫作品大赛"上，学院数字媒体艺术设计专业学生冯辉等3位学生创作的三维短片作品获动画单元佳作奖，另有8位学生作品获入围奖。

9月，工业设计系枣林为北京市教委设计制作的"北京教育史料展"在崇文东玖大厦开幕。

9月，学院部分教师作品参加"2009第11届全国美展"，其中公共装饰系教授林森的油画作品《村庄》获油画银奖。

9月，2009"中饰杯珠宝首饰设计创意大赛"，学生王伟获二等奖、关雪获三等奖，另有11位学生获入围奖，胡俊获优秀指导教师奖。

9月，学院动画专业教师吴限参加主创的动画电影《麋鹿王》获2009年电影华表奖 。

9月，视觉艺术传达系在2009第十届"白金创意"设计大赛中有7名学生获优秀奖及入围奖，学院获最佳组织院校奖，胡安华获优秀指导教师奖。

11月9日，在第三届中国汽车造型设计大赛中学院工业系2006级产品班学生胡静海作品获三等奖。

12月21日，北京市教委孙善学委员到学院介绍企业人才培养合作。

（安 宁）

## 继续教育学院

【发展概况】 北京工业大学成人高等教育始于1980年。1992年底，在原北京工业大学夜大学、北京联合大学经济管理学院成教部的基础上建立北京工业大学成人教育学院。2003年第14次校长办公会研究决定，北京工业大学成人教育学院更名为北京工业大学继续教育学院。2004年4月，第5次校长办公会决定，继续教育学院与原北工大西区分部进行教育资源整合，统称继续教育学院 。

学院在职人员115人，其中干部48人、教师28人、工人39人。2009年，毕业学生2 611人，其中本科生1 485人，专科生1 126人。计划招生2 880人，实际招生3 060人。北京地区2 882人（本科生1 666人，专科1 216人），外埠178人（本科生113人，专科65人）。

2009年暑假，学院完成西区学生宿舍2号楼卫生间、地下供暖管道、学生公寓楼地下室卫生间、教学楼卫生间、图书馆教室、外墙装修、室外道路、绿地喷灌、办公楼屋面防水、锅炉节能减排及琉璃井学区锅炉改造、屋面防水等工程。

（李建平）

【教学、科研工作】 2009年，成人高等学历教育继续保持已有规模，成人学历教育在校生共计8 817人。继续加强对成人学历教育的规范化、科学化管理，聘请校内有关学院的专家与本学院的教师，修订教学大纲，年底前已完成5个专业教学大纲修订。

4月，召开继续教育学院函授站及办学点工作会议，共有12个函授站和办学点的领导到会。会议对学院、各函授站、办学点上年度教学工作进行总结交流，对下一年度的工作提出要求。

学院在读博士学位的有5名教师，2009年取得博士学位的教师1名。

2009年，学院教师发表论文6篇，其中发表在核心期刊1篇，出版专著1部。全年到校科研经费18.8万元，其中横向科研项目6项，16.3万元；纵向科研项目2项，2.5万元。

（种国慈 李建平）

【党建工作】 2009年，继续教育学院党委下设13个党支部，其中教工党支部8个，离退休党支部3个，学生党支部2个。共有党员144名，其中教工党员50名，占教工总数的35%；离退休党员75人，占离退休人次总数的52%；学生党员19人，占学生总数的13%。2009年，发展学生预备党员10人。1个教职工党支部被评为校级先进党支部，4名教职工和1名学生被评为校级优秀共产党员。

学院以“坚持科学发展，壮大办学实力，建设和谐学院”为目标，积极开展学习实践活动。从3月启动，到7月结束，历时四个月时间，圆满完成学习实践活动的各项任务和要求，达到“党员干部受教育，科学发展上水平、人民群众得实惠”总体要求，群众满意和基本满意度为100%。

做好国庆60周年维稳工作。按照学校关于确保国庆60周年安全稳定的指示精神，学院以维护60周年大庆稳定为大局，结合“一院三地”的特殊环境，制定应急预案，坚持院领导班子值班、巡视制度，强化重点部位的排查、巡逻和稳控，全面加强学院的安全保卫工作，信息畅通、措施到位，保证国庆期间校园的安全、稳定。

学院以廉政防范为抓手，深化风险防范工作机制，制订学院推进廉政风险防范管理工作计划。召开全院教职工廉政风险防范管理学习动员大会，营造廉政建设宣传教育范围；召开中层干部工作会、座谈会，增强干部廉洁自律意识；签订全员风险防范责任书，全面布置，全员参与，全程监督，提高全员风险防范意识，和岗位管理水平。

学院定期召开院长办公会、党委会研究工作，做出决定、决议。不定期召开中层干部会、支部书记会和全院教职工大会，传达落实工作安排和部署。二级教代会和执委会积极履行职责，参与民主管理、民主监督。执委会成员参加学院干部会议。10月，执委会审议通过《学院教师教学工作量计算修改办法》。

学院工会被评为校级模范教职工之家，1人被评为校级优秀教职工之友，1人被评为校级优秀工会积极分子。申报、实施“2009健康行动计划”，组织全体教职工进行肿瘤筛查专项体检等。学院设立80平方米教职工专用活动室。

（刘海田　李建平）

**【学生工作】**　2009年1至6月，学院直接管理的成人教育学生有4 584人，97个教学班，其中脱产生594人，夜大生3 990人；下半年有4 487人，93个教学班，其中脱产生511人，夜大生3 976人。分布在校本部和花园村校区两处。同时在花园村校区还有其他各类学生600多人，花园村校区学生公寓入住各类学生1 000多人。

1月，组织2009届成人学历教育毕业生毕业典礼和学位授予仪式，200多名本专科毕业生参加。3月，组织2场新生开学典礼和入学教育，使学生了解校院情况、学籍管理规定、学生管理规定等。2009年评定出一等奖学金5人，二等奖学金6人，优秀毕业生38人（含二级学院），优秀学生干部64人（含二级学院），优秀毕业论文奖27人（含二级学院），品德优秀奖12人，文体优秀奖7人，先进宿舍若干。

在学生党支部和学生党员中开展学习实践活动，全年发展学生党员10名，1名同学被评为学校优秀共产党员。做好学生组织换届工作，开展学生干部培训活动。申报、立项、实施“我与祖国共奋进”系列活动，组织学院学生“五四”歌咏比赛、趣味项目比赛等。组织参加学校运动会，开展文明宿舍评比等活动。1个班级团支部被评为学校标兵团支部。

在学生中积极做好国庆60周年维稳工作和甲型H1N1流感防控工作。加强宿舍调配和管理，为各类学生提供安全、舒适的住宿环境。

（刘海田　李建平）

**【非学历教育】**　探讨新型的继续教育培训模式，引进中外优秀教育资源，注重自有项目的研发、创新与输出。重点加强国际委托培养项目、国际动漫艺术基地项目的宣传、管理、扶持力度，采取“课程引进，委托培训”的方式，提升继续教育项目的质量。

继续秉持“以人为本，艺术结合技术，兴趣发展知识，爱好融于职业”的宗旨，建设国际动漫艺术基地。新增电脑艺术设计本科专业，基地在校生共95人，95%以上的学生考入学院的艺术设计等专业的成人本专科学历教育。

继续扶持、监管已开展的中交建设集团培训项目、工程建设与管理培训项目、IBM软件工程师职业培训、高级交流培训项目、IT高级技能培训项目等。其中工程建设与管理培训项目进行人员调整，完成与水利部主管司局、流域委员会的对接，使培训步入发展的轨道。

（陈　嫒　李建平）

**【北工大留学人员创业园】**　2009年，北工大留学人员创业园以基础设施建设、服务体系创建、招商引智为重点。2009年，创业园加入中国技术创业协会，成为全国留学人员创业园联盟成员，加入国家级示范区中关村留学人员创业园协会，成为副理事长单位。

（1）园区基础设施建设。北京工业大学、中关村管委会共同设立专项，建设创业园二期孵化器。2009年底完成二期孵化器3 000平方米孵化面积的内部改造工程。

(2) 园区服务体系创建。围绕鼓励海外留学人员到北工大留学人员创业园创业和从事技术研发转化，构建包括基本商务服务、中介增值服务、投融资服务、特色服务、物业服务在内的“北工大留学人员创业园”商务、行政管理服务体系，为入园创业者提供手续简便、快捷的创业服务。

将北工大继续教育学院作为创业园中创业人才教育和培训的专门机构，重点开展高新技术企业知识产权专项培训，高新技术转移经理人培训，企业用工风险规避、政府项目推介。2009年，共推荐12家企业申报千人计划、高聚工程、海聚工程、留学人员科技活动择优资助等政府专项资助。为9家企业在中关村精品项目推介会“三三会”上争取获得风险投资的机会。邀请政府相关委办局、金融机构、律师事务所深入园区，召开“服务对接现场会”，切实地解决企业当前所面临的问题，并通过企业家沙龙、定期走访企业、大型项目跟踪服务、信息服务平台等方式加强与企业间的沟通。

2009年，先后与江苏省南京市、无锡市、常州市、丹阳市政府开展合作，为快速成长型企业建立加速器，为园区企业建立产业化发展平台。

2009年，园区与中科院以学研产方式合作为企业进行技术嫁接、成果转化。与中国人民大学科技园签署合作协议，帮助企业将自主知识产权转化为具有市场竞争力的产品提供支持。

(3) 园区孵化成果。2009年，北工大留学人员创业园累计孵化35家留学人员创业企业，其中9家企业毕业，1家企业离园，26家企业在孵，在园企业注册资金总额约为1.51亿元人民币。累计在园企业中留学人员74人。2009年园区企业技工贸总收入4 193.27万元，上缴税费110.08万元。创业园帮助在孵企业累计融资达2 700万元。另外，2009年还为园区企业申请到政府各项资金支持1 197.8万元。

2009年，在园企业承担国家级科技项目6项，省市级科技项目19项，企业申请专利34项。在孵企业中现已有3家留创企业获中关村管委会“海归创业50优”优秀企业称号；1家企业成为2009年度中关村国家自主创新示范区百家创新型企业；1家企业负责人获北京市青年企业家突出贡献奖；1家企业于2009年1月12日正式进入中国证券业协会代办股份转让系统，当日在深圳证券交易所挂牌。

(陈 嫚 李建平)

## 体育教学部

**【发展概况】** 北京工业大学体育教学部（Division of Physical Education,以下简称体育部）成立于1990年，为处级体育教学行政部门（前身为体育教研室），直属主管体育工作的副校长和北京工业大学体育运动委员会领导，全面负责学校体育教学，体育科研，运动队训练、竞赛，群众体育工作。有专任教师37人，具有高级职称20人，具有硕士学位教师3人，在读硕士研究生18人，1名教师晋升为副教授。

2009年10月，北工大“五人制”足球室内训练馆落成并投入使用；11月，新建塑胶篮球场13块和排球场4块，其中包括2块灯光篮球场；全年完成南区田径场添置灯光照明设备、北区田径场更换塑胶跑道和人造草坪改造项目；重新铺装5块篮球场和3块排球场的塑胶地面。协助学校场馆中心完成针对球类项目的北工大体育馆热身馆改造工程，添置室内专用篮球架、排球柱和健身器械等设备。

**【教学工作】** 2009年，完成5 000多名一、二年级本科生的体育教学工作和全校10 000多名本科生的“国家学生体质健康标准”测试工作，参加测试的学生合格率达到95%以上。获校级优秀教学质量奖二等奖2项、三等奖1项。5月16日，在逸夫馆举行北京市高校体育展示与交流汇报活动。体育部副主任做“体育课程建设”汇报，3位不同专项的教师进行“说课”演示。清华、北大、北理工等近60所高校参会。6月3日和11月11日，第三教学楼先后举办两场大师论坛，邀请北京大学张锐教授和北京体育大学运动心理学博士张力为教授作题为“人生规划与危机处理”和“美丽即痛苦”的讲座，本科生600余人参加。

**【科研与学科建设】** 2009年，北工大体育教学团队获“北京市优秀教学团队”称号；1人获北京市优秀教师称号；担任主编或副主编出版体育专业书籍6部；在体育核心期刊、专业期刊等学术杂志上发表学术论文14篇，6篇学术论文在各级各类高层学术论坛中发言并获奖；6项课题获学校资助立项研究，5项校级科研课题结题；12名教师的17篇学术论文获北工大教育教学研究论文奖励；2批6人次赴上海、南京、西安等高校学习调研。

**【党建工作】** 2009年，体育教学部直属支部共有党员29人，其中，在职党员19人，离退休党员10人。通过支部大会表决，

2名预备党员顺利转正，提出2名重点培养对象；支委分别参与体育部的教学、群体、训练和学科建设工作；召开第二届教职工大会；开展学习实践活动，制定了党风廉政防范体系；探望3名因病住院的教职工，利用节假日探望10余名离退休教职工；组织1次离退休教职工外出休养活动。

**【高水平运动队建设】** 6月，在北工大体育馆举行的北京市学校阳光体育表彰大会上，学校在2008年度北京市高校阳光体育竞赛成绩综合积分（数字运动会）评选中以3 473分排名第一，获2008年度体育竞赛优胜奖。7月，校游泳队8名运动员参加在意大利罗马举行的第13届世界游泳锦标赛，张琳获男子800米自由泳金牌，同时打破该项目世界纪录；刘京获女子4×200米自由泳金牌，同时打破该项目世界纪录。9月，北工大学生、北京奥运会羽毛球女子单打冠军张宁代表2009级研究生在开学典礼上发言，感谢母校的培养和支持。10月，共有22名运动员代表北京参加在济南举办的第十一届全运会，共夺得4枚金牌、5枚银牌、2枚铜牌，打破2项亚洲纪录、2项全国纪录，创造北京团游泳项目参加全运会最佳成绩；学校所有高水平运动队实现室内训练，特别是足、篮、排三大球在室外训练40多年。

11月，成功承办东亚室内五人制足球锦标赛，中国室内五人制足球队夺得首个洲际冠军。北工大4名学生运动员入选本届国家队。

12月，学校在北京市高校阳光体育竞赛成绩综合积分（数字运动会）评选中以4 756分再次排名第一，获2009年度体育竞赛优胜奖；学校参加北京市高校高水平运动队建设评估，获一等奖；蒋毅坚副校长再次当选北京市大学生体育协会副主席并荣获优秀校长称号；学校为培养冠军运动员成立导师团队，并同意保送世界冠军张琳、刘京攻读2010年硕士研究生。

4月，校室内五人制足球队获“2008—2009年度中国足球协会室内五人制足球甲级联赛”总分第五名并获公平竞赛奖，学校获“最佳赛区”称号。

5月，校男、女篮球队参加“Star杯”北京市大学生篮球联赛，获第四名和第三名；校男、女排球队参加北京市大学生排球超级联赛，获第五名和第三名；校田径队参加北京市高校第47届田径运动会，获1金2银，并打破北京市高校男子标枪纪录。

6月，校室内五人制足球队参加全国大学生五人制足球联赛总决赛，获第六名；校游泳队参加北京市高校游泳冠军赛，获男女团体冠军、男团冠军和女团冠军，共夺得28枚金牌，打破3项北京市高校纪录。

8月，校游泳队参加在上海同济大学举行的第十届全国大学生游泳锦标赛，获甲组男女团体总分第二名，并获体育道德风尚奖。

11月，校男、女篮球队参加全国大学生第12届CUBA“ANTA杯”北京预选赛均获第五名；由学校游泳队牵头组队代表北京市赴深圳参加2010年全国体育大会水上救生项目预赛，12名运动员获参加决赛资格。

12月，校乒乓球队参加北京市大学生乒乓球锦标赛，获甲组男子团体冠军和甲组女子团体第三名；校游泳队参加北京高校游泳锦标赛，获甲A组男女团体冠军，甲B组团体亚军，共获36枚金牌，打破2项北京市高校纪录，同时获体育道德风尚奖；校健美操队参加北京高校第30届健美操比赛，获女单第五名和第六名；校男、女排球队参加北京市高校排球联赛高水平组比赛，均获第四名；校女子排球队参加全国大学生排球联赛（乙组）获第二名，成功晋级2010年全国大学生排球甲级联赛。

**【群体工作】** 4月22至25日，召开学校第35届田径运动会，17个学院的学生、29个单位的教工共1 500余名运动员参赛，实验学院、耿丹学院、经管学院、建工学院、电控学院、环能学院、人文学院、机电学院分获团体总分前八名，机电学院、建工学院、环能学院、计算机学院、材料学院、人文学院、实验学院、经管学院获体育道德风尚奖；机电学院、电控学院、建工学院、建规学院、经管学院、人文学院、数理学院、计算机学院获2008年度学校体育先进学院称号。

4月，校男子篮球协会队参加北京市高校篮球乙级联赛，获第五名；校太极拳协会队参加北京市高校武术比赛，获太极拳项目1个第三名，2个第七名。

4至5月，组织“工大杯”学生足球超级联赛、女子篮球联赛、男子网球双打联赛、女子排球联赛、青春风采大奖赛，参与“工大杯”比赛和活动的学生人数达到3 000余人次。

5月，成功举办北京市大学生乒协联赛。

9至10月，组织“工大杯”学生足球甲级联赛、男子篮球联赛、男子网球单打联赛、男子排球联赛、形体舞蹈大奖赛。

10月，校男子排球协会队参加高校排球联赛，获B组第二名。

12月，参加北京市高校艺术体操健美操比赛，获单项第一名、第五名和第八名；参加北京市高校第一届体育舞蹈比赛，获学生交谊舞H组二等奖，并有2名教师获优秀教练员奖。

（赵桂生 陈建生）

## 激光工程研究院

**【发展概况】** 北京工业大学激光工程研究院（Institute of Laser Engineering，以下简称激光院）成立于2000年5月，由国家产学研激光技术中心（The National Center of Laser Technology）和北京市激光高技术实验室合并而成，2001年成立中德激光技术中心（The Sino - German Laser Technology Center），拥有光学工程一级学科和光学二级学科硕士和博士学位授权点、光学工程和物理学博士后流动站，光学为国家重点学科，光学工程为北京市重点学科。

教职工38人，其中专任教师33人。专任教师中博士生导师9人，正高级职称11人，副高级职称12人，其中具有博士学位的教师24人，占专任教师总数的72.7%。激光院现有北京市特聘教授1人、教育部跨世纪和新世纪优秀人才2人、北京市拔尖人才1人、北京市科技新星5人、北京市中青年骨干教师2人。

2009年，毕业研究生30人，其中博士研究生4人。招收研究生39人，其中博士研究生7人。在校研究生116人，其中博士研究生30人（在职博士研究生7人、留学博士研究生1人）。

（王 淳 肖荣诗）

**【科研工作】** 2009年，科研到校总经费1 259万元，其中纵向科研经费464万元，横向科研经费795万元，科研项目80项。新申请到一批科研课题，包括"973"项目和"863"项目各1项，国家科技重大专项1项，国家自然科学基金项目3个，国防预研项目和国防预研重点项目各1项，市基金2项，以及企业的重大工程项目、技术服务和加工任务。"能量光电子技术"创新团队入选北京市属高等学校人才强教计划学术创新团队建设计划。"激光先进制造"工程中心入选北京高等学校工程研究中心建设计划。发表论文80篇，其中，国外学术刊物12篇，国内学术刊物68篇，被SCI收录9篇，被EI收录17篇。申请专利26项，计算机软件著作权8项，其中发明专利6项，实用新型20项，另有3项发明专利被授权，实用新型13项被授权。出版专著1部。王智勇教授课题组"新型大功率半导体激光器"一组发明专利获转让费230万元。

2009年，学院自筹资金100万元购置实验设备48件改善实验条件，经改造后增加实验室面积120平方米；改造1间博士后、新进年轻教师办公室；改造报告厅为多功能会议厅。自筹资金10万元对试验设备维护维修，保证设备的正常运转。获北京市教委专项资金17万元，改造微技术实验室和实验大厅，使实验环境、实验条件进一步提高。建立完善各类实验室安全设施配备规范，完善各类设备安全操作规程，定期检查集中整治实验室安全隐患。

（郭文君 李 强）

**【学科建设】** 2009年，引进副教授1人，博士1人，硕士2人，进站博士后2人。新增"能量光电子技术"北京市属市管高校学术创新团队1支。引进海外留学高层次归国人员北京市特聘教授1人。1名教师当选为中国机械工程学会特种加工分会副主任。

获得571.6万元建设经费，重点加强激光微纳加工技术及超快物理、激光先进制造技术2个学科方向的建设，主要购置时间飞行等离子质谱仪、激光焊缝跟踪系统、多路高精度送粉系统等设备。

5月，顺利完成光学工程博士后流动站评估工作。5月，配合学校完成先进制造学科群验收工作，验收结果为优秀。

举办"激光技术与应用前沿系列报告"，邀请国内外知名专家作报告9场。

1月9至10日，承办"北京工业大学2008年度物理学科学术研讨会"。

3月，与IPG公司合作建立光纤激光应用研究中心。6月，6 000瓦光纤激光加工系统已完成安装调试、投入使用。

4月10至12日，承办激光先进制造技术应用学术研讨会。该研讨会是由中国机械工程学会特种加工分会与中国光学学会激光加工专业委员会联合主办。

7月15日，承办国家自然科学基金"十二五"规划领域"高能束与特种能场制造科学"发展战略第三次研讨会。肖荣诗教授作为该领域专家组成员全程参与规划的编制工作。

11月9至13日，参加上海工业博览会，展出新研究开发的"工业化激光切割机"。

11月17至18日，与清华大学机械工程系联合组织召开国家自然科学基金重大国际合作项目（SFB/Trans Regio）申请的首次中德双边研讨会。

12月，"激光先进制造技术"工程中心入选北京高等学校工程研究中心建设项目。

（王 淳 肖荣诗）

**【党建工作】** 激光院党总支共有5个党支部，其中教师党支部1个，学生党支部4个。2009年，共发展党员6人，预备党员转正8人，截至2009年底，共有党员

80 人，其中学生党员 54 人。

2009 年，院党总支开展学习实践活动，深入学习十七届四中全会精神。党风廉政建设根据工作实际，全面规划，逐一落实了从学科建设、教育教学及实验科研三个方面的风险点查找工作，并成立院领导小组汇总全院风险点，对查找的风险点提出补充、调整、完善意见，制定防控措施，完成《廉政风险防范监控表》，领导班子逐人签署《党风廉政建设暨风险防范责任书》。保证每项具体工作有专人管、有专人抓，确保党风廉政建设有效顺利开展。

2009 年，激光院教工党支部、2007 级研究生党支部被评选为校级先进党支部；1 人被评选为校级 2009 年优秀党员。

（季　良　肖荣诗）

**【招生培养与教学工作】** 2009 年，激光院针对光学、光学工程两个学位专业，建立导师按计划申报的招生制度。共招收研究生 39 人，其中博士研究生 7 人。在校研究生 116 人，其中博士生 30 人（在职博士生 7 人、留学博士生 1 人）。2009 年，毕业研究生 30 人，其中博士研究生 4 人。

（陈　南　刘世炳）

**【研究生工作】** 2009 年，激光院深入学习贯彻国家和北京市关于学位与研究生教育的有关精神，紧紧围绕学校党政工作要点，以“提高培养质量、推进教育创新”为核心，以更新观念、深化改革为前提，以条件建设、机制创新、制度完善为手段，推动院学位与研究生教育健康发展；坚持内涵发展，统筹人才培养质量、结构、规模、效益，促进研究生的全面发展，提升院研究生教育的整体水平；通过深入贯彻落实科学发展观，积极推进研究生就业工作。荣获 2009 年度学校就业工作先进集体，1 人获 2009 年校级就业工作先进个人荣誉称号，1 人获 2009 年校级优秀辅导员荣誉称号。

激光院研究生荣获校级“创新杯”研究生辩论赛优秀奖，校级 2009 级研究生新生篮球赛“精神文明奖”；第六届研究生科技基金顺利结题 8 项，第七届科技基金获课题 11 项，博士创新基金 3 项；共获 2008—2009 学年度北京工业大学研究生科技创新奖 83 项；获 2008—2009 学年度研究生奖学金共 32 项，其中优良学风班 1 个，学习优秀奖 7 人，科研优秀奖 12 人，科技之星 1 人，优秀学生干部 4 人，三好学生 4 人，励志奖 3 人。2007 级博士生刘洁激光的论文《激光辐照 ZnO 晶体的 Brillouin 散射研究》在 10 月 17 至 21 日郑州举行的第十五届全国光散射学术会议上荣获“青年优秀论文奖”；博士研究生吴世凯同学的论文“不锈钢薄壁 T 型接头 $CO_2$ 激光及 $CO_2$ 激光－TIG 复合焊接”在 2009 年 10 日 23 至 27 日江西南昌召开的第 13 届全国特种加工学术会议上获优秀论文奖。

5 月 27 日，举行“丹佛斯奖学金颁奖典礼”。丹佛斯集团中国区副总裁鲍尔森先生，副校长蒋毅坚，以及激光院、天津大学机械工程学院、华中科技大学机械工程学院的获奖研究生和教师代表等参加颁奖典礼。

11 月 1 至 6 日，12 位研究生赴美国奥兰多参加第 28 届激光和电光应用国际研讨会［28th International Congress on the Applications of Lasers & Electro－optics（ICALEO 2009）］，并分别作口头报告，此次激光院参会研究生数目之多被 LIA 誉为创 ICALEO 历史上同一届、同一单位口头报告数量之最。

（宋海英　刘世炳）

# 固体微结构与性能研究所

**【发展概况】** 北京工业大学固体微结构与性能研究所（Institute of Solid Micromechanism and Preformance，以下简称固体所）是以固体材料的微结构表征揭示材料的微观结构，并探索其性能关系为主要研究内容的跨学科综合研究所。该所集科学研究和研究生教育于一体，是北京工业大学重点科研单位。

固体所建立于 2003 年 12 月，主要从事各种先进材料（包括功能材料、纳米材料、轻金属结构材料等）的微结构与性能方面的研究、开发和应用；承担凝聚态物理、材料学等学科硕士、博士研究生及其他高层次专业技术人才的教育培养等工作；同时还承担为校内外师生提供科研测试服务的任务。

固体所现有教师 21 人，其中院士 1 人，教育部“长江学者”1 人，“国家杰出青年基金”获得者 1 人，北京市特聘教授 1 人，具有高级职称人员 9 人，博士生导师 4 人，硕士生导师 3 人，具有博士学位的 12 人，近半数的教师有海外研究进修以及承担或参加国家级大型科研项目的经验。固体所管理的大型仪器设备价值 3 000 多万元。现有在读博士研究生 8 人，硕士研究生 21 人。共承担国家重大基础研究“973 计划”、国家重大基础研究专项、国家自然科学基金等国家及省部委项目近 10 项，市级重点科研项目 20 余项，发表学术论文百余篇，到校科研经费1 000 余万元。

在“211 工程”项目的支持下，固体所为全校乃至北京市、全国提供了一个高水平的微观结构表征测试综合公共平台。全所管理的大型表征设备共 10 余台(套)，包括场发射透射电镜、高分辨透射电镜、环境扫描电镜、场发射扫描电镜、常规 X 射线衍射仪、面探 X 射线衍射仪、等离子体原子发射光谱仪、X 荧光光谱仪、原子力显微镜等。

(贾晓方　孙　威)

**【学科建设】** 固体所通过人才引进、合作研究等积极开展学科建设。2009 年，固体所引进新教师 3 人，包括博士毕业生 2 人、长江学者 1 人。2009 年，固体所共有教师 21 人，其中院士 1 人，教育部“长江学者”1 人，“国家杰出青年基金”获得者 1 人，北京市特聘教授 1 人。固体所通过形式多样的合作研究，例如，实施开放课题制度，邀请国内外知名专家学者前来讲学等，加强与同行专家的交流和沟通。

(贾晓方　孙　威)

**【教学工作】** 2009 年，固体所完成“固体微结构的电子显微分析方法”、“现代材料分析实验”、“电子衍射物理”等硕士、博士研究生课程的教学活动，教学效果良好。

(贾晓方　孙　威)

**【科研工作】** 2009 年，固体所承担校内外大量的分析测试工作，各仪器服务机时均远超过学校规定机时标准。2009 年，继续实行开放课题制度，6 项课题获批立项，2008 年 4 项开放课题顺利通过中期考核，2007 年 5 项开放课题顺利结题，推动了与兄弟院校的合作研究。

2009 年，由张泽院士担任首席科学家的“973 计划”项目“先进材料性能与结构演化间关系的现代表征方法及科学问题的研究”(2009 CB 623700)正式启动。这是继上一个“973 计划”项目以所有领域总分第一，材料领域第一的优异成绩结题后，张泽院士领导的第二个“973 计划”项目，是在上一个项目基础上的深入和提升。

2009 年，固体所共发表论文 26 篇，其中在国际期刊上发表论文 16 篇，包括在国际顶级专业学术期刊 Nano Lett.(影响因子为 9.96)上发表论文 1 篇，取得发明专利 7 项，实用新型专利 5 项，科研项目 19 项，其中 200 万元(含)以上项目 5 项，到校科研经费总计 965 万元。

(贾晓方　孙　威)

**【党建工作】** 2009 年，固体所直属党支部共有党员 27 人，其中教师党员 12 人，学生党员 15 人，1 名预备党员转正。

继续实行党员和积极分子“一帮一”制度。充分发挥教师党小组和学生党小组的特点，组织形式多样的支部活动，吸引更多党外积极分子和群体参与到支部活动中来。规范党员入党标准，继续加强党员入党前的考核工作，将党章知识考核作为入党的一项指标。

(贾晓方　徐学东)

**【学生工作】** 2009 年，固体所共有在读研究生 29 人，其中硕士研究生 21 人，博士研究生共 8 人。2009 年，毕业研究生 13 人，其中博士 5 人，硕士 8 人。同年招收硕士研究生 9 人，博士研究生 2 人。

2009 年，固体所继续以学生发展为本，进一步加强学生思想教育工作。注重学生工作队伍建设，形成书记带队、副书记指导、研工组组长具体执行、学生助管协助工作、导师全程参与的学生工作组织体系。

积极组织学生参加学术交流活动，坚持每周三下午的学生工作报告，由学生汇报自己的近期科研进展及成果。聘请国内外同行专家来到固体所进行学术交流活动，营造良好的学术氛围。组织学生参与申报学校研究生科技基金，2009 年，3 个项目得到北工大研究生科技基金支持，2 个项目得到北工大“博士创新计划”项目支持。在 2008—2009 学年北京工业大学研究生奖学金评定过程中，有 2 名学生获学习优秀奖、4 名学生获科研优秀奖、1 名学生获“优秀学生干部”的称号、1 名学生获“三好学生”称号、1 名学生获励志奖。2009 年，1 名博士生的毕业论文被评为“北京市优秀博士论文”。

邀请学校就业办的负责人开展就业政策讲座，注重信息畅通和个别辅导，有效提高就业率。2009 年，固体所毕业生就业率为 100%。

(贾晓方　孙　威)

**【对外交流】** 2009 年，固体所聘请国外专家讲学 20 人次，聘请国内专家讲学 30 人次。研究所教师有 15 人次参加国际学术会议，其中 5 人次做特邀报告。100 人次参加国内学术会议，其中 15 人次做大会报告或特邀报告，提高了研究领域的国内外知名度和影响力。

1 月和 3 月，分别聘请美国 John Hopkins Ulniversity(约翰霍普金斯大学)马恩教授和美国 Georgia Institute of Technology(乔治亚工学院)王中林教授为北工大客座教授，积极开展与北工大物理学科、材料学科等教授的合作，推动北工大物理学及相关学科的发展。

2009 年 11 至 12 月，聘请美国 National Institute of Standards and Technology(NIST)的 Antonio Santoro 教授开展科研合作和讲学工作。

(贾晓方　孙　威)

**【学术会议】** 3 月 2 日，由张泽院士担任首席科学家的“973 计划”项目“先进材料性能与结构演化间关系的现代表征方法及科学问题的研究”（2009 CB 623700）召开项目启动会议。来自清华大学、北京工业大学、北京大学、湖南大学、中科院金属所等五个课题的课题组长及学术骨干参加会议。科技部“973”项目咨询组和项目专家组六位专家也应邀出席。与会专家肯定该项目的指导思想和一些新的研究方案。会议受到科技部有关管理部门的高度评价。

5月8日，固体所召开学术委员会议，评审2009年开放课题申请、2008年开放课题中期考核及2007年开放课题结题情况，讨论固体所学术发展问题。会议由学术委员会主任张泽院士主持。蒋毅坚、孙威、韩晓东、聂祚仁、严辉、沈光地及夏定国等教授参加会议。

7月15至17日、7月18至21日，固体所近30名师生分别参加了在郑州大学举办的“2009年郭可信电子显微学与晶体学暑期讲习班”和“2009年全国电子显微镜年会”。会议由中国电子显微镜学会主办、北京工业大学与郑州大学协办。会议邀请了20多位国内外知名专家学者做报告，来自全国300余位活跃在生命、医学、材料等领域的电子显微学者参会。

8月7至9日，固体所协助科技部基础研究司举办“973计划材料领域轻合金及其结构表征研究专题讨论会”，会议参加人员包括“973计划”专家顾问组、材料领域专家咨询组相关专家，“973计划”首席科学家和部分学术骨干。

8月29至31日，第七届海峡两岸电子显微学会议在台湾花莲县召开，张泽院士作为大陆电子显微学会理事长组织并出席会议，固体所4位教授在会上做邀请报告。

（贾晓方　孙　威）

# 循环经济研究院

**【发展概况】** 北京工业大学循环经济研究院（Institute of Recycling Economy，以下简称循环经济院）是致力于循环经济研究的跨学科研究机构，成立于2005年4月。循环经济院下设办公室、研究室、技术合作部三个部门以及资源节约与循环利用实验室。依托学校多学科优势，并聘请相关领域若干知名学者等任院学术委员会委员，拥有一支跨学科的、实力雄厚的专兼职研究队伍。主持中国工程院、国家发改委、国家开发银行、国家信息中心、国务院发展研究中心等多项重大课题，在《中国有色金属学报》、《中国人口资源与环境》、《资源科学》等核心期刊及各类媒体、论坛发表大量相关论述，出版国内首套《循环经济研究丛书》。与政府相关部门、各高校科研机构、社会行业各界等建立广泛的联系。循环经济院的发展定位是建设成为在国内外有相当影响力的、具有一流研究水平的循环经济研究机构，建成促进北京工业大学多学科交叉、融入北京的重要基地和新兴学科增长亮点，培养具有战略眼光和研究能力的多学科交叉高层次人才。

**【学科建设】** 主持“人口、资源与环境经济学”和北京市重点学科——“资源、环境及循环经济”交叉学科建设，联合材料学院、环能学院、经管学院、人文学院等相关学科大力推动交叉学科发展。2009年《“资源、环境及循环经济”交叉学科创新人才培养模式研究》获学校教育教学研究重点课题立项。

**【教学工作】** 2009年，招收“人口、资源与环境经济学”研究生7人，具有理工科背景的生源为6/7，“211工程”高校生源为5/7，党员率为100%。

修订《人口、资源与环境经济学专业研究生培养方案（2009年版）》，凝练为5个新的研究方向，对课程设置进行了调整。建立“研究生学术论坛月会”制度，实行“导师负责、集体培养”机制。为全校本科生开设“资源、环境与循环经济”、“清洁生产与循环经济”、“环境经济学与环境管理”、“能源战略和科技发展”、“资源经济学”、“环境安全与可持续发展”6门交叉学科选修课，选修面覆盖12个学院。

**【科研工作】** 主持或参与教育部、中国环境科学研究院、中国石油天然气集团公司、北京市自然科学基金等多项循环经济重要课题。2009年获科研总经费299万元。

承担的课题或项目包括：中国环境科学研究院子课题“中国发展低碳经济的路径选择与保障体系”，教育部人文社会科学研究规划项目“发展循环经济的政府制度创新研究”，青年基金项目“我国产业结构演进的节能效应与潜力研究”，中国石油天然气集团公司“全球石油天然气资源规划”，北京市自然科学基金项目“生态工业园智能仿真与调控对策研究”，山西省政府委托项目“山西省阳城循环经济发展规划”课题，校教育教学研究重点课题“‘资源、环境及循环经济’交叉学科创新人才培养模式研究”，校级青年科研基金“废旧金属回收及再生利用技术研究”、“生命周期评价在典型废旧金属再生利用中的应用研究”，校级博士基金“北京市能源消费增长原因的计量分析”、“生态工业园稳定性研究”、“循环经济发展中的市场机制与政府行为研究”、“PCBs 土壤污染风险及其在土壤中的吸附/解吸行为研究”等课题。另外，还承担“211 工程”项目“资源再生利用理论与技术研究”、北京市重点学科“资源、环境及循环经济”以及学科与研究生教育“创新人才培养计划——创新人才培养机制和环境建设”项目等。

2009 年，在《中国有色金属学报》、《中国人口资源与环境》、《环境保护》、《生态环境》、《资源科学》等核心期刊和各类杂志上发表循环经济方面论文 50 余篇。在著作成果方面，出版专著《新能源和可再生能源发展与产业化研究》以及教材《工业生态学基础》、《环境风险评价》。

2009 年，通过北京市“构建有中国特色的循环经济理论和技术支撑体系”创新团队结题答辩；“构建有中国特色的循环经济理论和技术支撑”获校级优秀科技成果奖；《德国循环经济研究》获教育部高等学校科学研究优秀成果奖。1 人晋升教授。

**【党建工作】** 循环经济院党支部直属校机关党委。截至 2009 年底，有教工党员 7 人，其中 1 人被评为校级优秀共产党员。学生党员 17 人，学生预备党员 4 人，经过 2009 年对新党员的发展，三个年级的研究生党员率达到 100%。

学院党支部和研究生党支部充分发挥其核心作用，积极组织全院党员开展学习实践活动。开展“北京工业大学节能减排现状与对策”调研活动，通过节能减排展板，提高师生节能意识，对改进学校节能工作提出科学建议。

**【学生工作】** 2009 年，循环经济院有 1 人获校级三好学生，2 人获学习优秀奖，2 人获科研优秀奖，1 人获优秀学生干部奖，4 人次获校级科技创新奖等奖励，3 人承担学院助研工作。

2009 年 11 月，成立院研究生会，选举产生新的研究生党支部。

作为校“研究生科技文化节学术科技论坛系列报告”之一，举办第五次“循环经济名家讲坛”；参观第十二届北京科博会展览会，重点参观循环经济与节能减排技术展馆；参加由科技部、外交部、国家发改委、财政部、工信部、环保部等联合主办的“节能减排与应对全球气候变化高层论坛”；赴国家循环经济试点单位北京盈创再生资源公司调研；参与学校研究生系列活动，获学校研究生新生篮球赛最佳组织奖。

2007 级研究生（共 7 人）发表论文 12 篇（其中核心期刊 9 篇）。2008 级研究生（共 7 人）发表论文 7 篇（其中核心期刊 4 篇），4 人获校第七届“研究生科技基金”项目。

**【学术交流】** 应邀参加国内外重要学术会议 30 次，做学术报告 12 次。参加“国家软科学计划项目《柴达木循环经济试验区产业集群发展中大战略问题研究》启动会”、“持久性有机污染物论坛 2009 暨第四届持久性有机污染物全国学术研讨会”、“第五届全国环境化学大会”、“柴达木可持续发展高峰论坛”、“全国生态经济建设理论与实践学术研讨会”、“节能减排与应对全球气候变化高层论坛”、“中国有色金属压力加工发展与创新暨庆祝中国有色金属加工发展 60 周年大会”、“中国可持续发展研究会第四次会员代表大会”、“西江经济发展论坛”、“循环经济与环境保护‘十二五’规划研讨会”等。

参加温家宝总理、默克尔总理出席的“第五届中德经济技术合作论坛”并代表中方做循环经济报告，参加“第十届中俄双边新材料新工艺研讨会”、“21 世纪欧盟—中国学术研究和经济发展关系展望研讨会”并做报告。与丹麦奥尔堡大学、北工大材料学院、环能学院、国际交流合作处联合举办“中丹循环经济与生命周期评价学术研讨会”。与经管学院联合举办第四次“循环经济名家讲坛”，邀请日本著名经济学家东北大学农学院院长工藤昭彦教授做学术讲座。与瑞典吕勒奥理工大学教授代表团，中国台湾科技大学校长、院长、教授代表团进行学术交流等。

**【社会工作】** 为中央相关部委、北京市相关部门提供决策咨询服务。出席李克强副总理主持的“循环经济专家座谈会”；参加策划首批国家“循环经济专家行”活动；担任国家科技支撑计划循环经济项目评委，国家第二批循环经济试点评委，商务部、财政部再生资源回收体系试点评委，教育部“长江学者”人口、资源与环境经济学评委，国家发改委、全国人大环资委、国家环保部《循环经济促进法》全国电视大赛总决赛评委；入选“中国再生资源产业技术创新战略联盟”专家委员会，担任名誉主任委员和委员；参加国家发改委“十二五”规划研讨；参与科技部《“十二五”循环经济科技规划战略研究报告》、《循环经济科技政策研究》、《循环经济科技创新推动资源环境经济协调发展》撰写；作为唯一地方大学代表与清华大学、中科院等联合答辩成功中国首个“循环经济科技创新服务平台”；接受中央电视台《经济与法》采访，就废弃电器电子产品回收处理管理发表专家观点；为中央电视台《开心辞典》循环经济专题节目出题；接受新华社采访，发表循环经济观点；接受中央组织部“西部之光”选派的访问学者。

在服务北京方面，参加北京市发改委循环经济试点方案和管理办法论证；参加北京市人保局“北京市公务员和专业技术人员培训选题”论证；参加北京市科委《北京奥运对北京地区温室气体节能减排影响和对策》论证；参加北京经济技术开发区环保规划专题论证；与北京节能环保中心联合编制《延庆循环经济试点实施方案》；参加“循环经济专家行”北京站活动，为北京水泥厂、北京奥瑞金集团、北京盈创再生资源公司、北京密云等循环经济工作谏言献策、合作交流；为北京建筑材料科学研究做建材循环经济报告，并受聘为北京金隅集团技术中心高级顾问；参加“北京国际节能环保高层论坛”演讲；参加“创新北京论坛”演讲；参加“第八届北京迈向国际大都市论坛”演讲；为北京市委组织部、市发改委、市委党校、市环保局、市水务局组织的厅局级干部“保护环境，发展循环经济专题研讨班”做循环经济报告；两次为朝阳区委党校处级干部培训班做学术报告；为北京科协系统做网络学习循环经济课件讲座；通过研究课题对北京生态工业园、清洁生产、能源消费结构优化途径、产业结构演进的节能效应与潜力等提供科学依据和建议；接受北京电视台专访，就循环经济生活方式问题发表专家观点等。

（彭朝霞　程会强）

# 高等教育研究所

**【发展概况】**　北京工业大学高等教育研究所（Institute of Higher Education，以下简称“高教所”）成立于2006年6月。它的前身是1979年成立的工业教育研究室，1986年成立的高等教育研究室。高教所是集教育科学研究、教育政策咨询、人才培养、教育学术交流于一体的教学科研机构。

高教所努力跟踪国内外高等教育发展趋势，适应国内教育发展需求，紧紧围绕北京市和学校改革发展的主题，组织教育科学研究，为市教委有关部门和学校提供咨询、信息、决策服务；结合“高等教育学”硕士授权点及北京市重点建设学科的建设和发展，培养学术型人才和应用型的高校教育教学研究及管理人才；广泛开展国内外的学术交流，承接组织国际学术会议，编辑出版《教育研究通讯》；参与组织全校教师开展教育教学研究课题的立项、评审、结题工作，为学校教育教学工作服务；负责北京工业大学高等教育学会秘书处工作，加强与国家教育部、中国高等教育学会、北京市教委、北京市高等教育学会、北京市教育科学研究院以及兄弟院校高教研究机构的联系与合作。高教所已经成为全国高校中有影响的一个高等教育研究机构和北京工业大学教育科学研究和人才培养的骨干力量。

2009年，高教所招收院校研究、学位与研究生教育、比较高等教育、大学质量管理与评价、学生事务管理等方向硕士研究生11人（其中外国留学生1人）。高教所现有完整的三个年级在校硕士研究生31人，其中2007级11人，2008级9人，2009级11人。

高教所有教职工9人（新进硕士毕业生1人），其中专任教师6人，正高级职称2人，副高级职称3人（2009年晋升副研究员1人），具有博士学位5人。硕士生导师12人，其中高教所专任导师5人，校内兼职导师5人，校外聘请导师2人。

（张德忠　孙崇正）

**【学科建设】**　2009年，在广泛调研的基础上，制定高教所的学科建设规划。高教所申报的北京市属高等学校人才强教深化计划“学术创新团队建设计划”项目被批准。组织申报《服务北京优秀团队建设——北京学位与研究生教育年度发展报告》项目，利用北京市学位与研究生教育网，对北京市各高校学位与研究生教育发展现状，面临的优势、劣势，机遇与挑战进行全面的调研与分析，对整体教育资源配置和未来学位与研究生教育发展进行规划，完成年度发展报告，为北京市教委科学决策服务。

（金保华　孙崇正）

**【教学工作】**　4月2日，召开2009年教学工作会议，总结2007级和2008级“高等教育学”硕士研究生的教学管理和人才培养工作，进一步探讨如何设置更加科学、合理的研究生课程体系和学科发展规划。完善课程教学体系建设，进一步修订2009级“高等教育学”硕士研究生教学计划和培养方案。在课程设置上增加专业学位课“大学课程论”和专业选修课“高等教育热点专题研究”。基础学位课“教育科学研究方法”和专业学位课“比较高等教育”被列为学校研究生课程建设立项项目。

继续定期组织学生开展学术研讨活动，邀请专兼职及外聘导师参加指导。全年共组织2008级、2009级学生开展学术研讨会6次。8名学生在教育类期刊发表学术论文，5名学生参与北京市教育委员会委托项目或调研工作。

（范　明　肖　念）

**【科研工作】**　新增科研项目17个，到校科研经费33.58万元，其中新增教育部人文社会科学研究一般项目“规划基金项目”1

项、“青年基金项目”1项，北京市教育科学“十一五”规划青年专项课题1项，北京市教育委员会北京市属高等学校人才强教深化计划“创新团队”项目1项、“中青年骨干人才培养计划”项目1项，北京市教委师资队伍建设计划项目2项，北京市高等学校教育教学改革项目1项，北京市教委科技创新平台项目1项，北京市教委社会科学计划面上项目1项、北京市教委委托课题1项。专任教师发表学术论文19篇，其中核心期刊10篇。出版专著1部。完成研究报告2份。

3月，肖念《中国高等教育热点问题述评》专著、孙崇正《学生评教活动的理论研究与实践》论文、苏林琴《从“强制”到“同意”：高校与学生法律关系的转化与发展》论文分别获北京市高等教育学会第七次优秀高等教育科研成果奖一等奖。

（范　明　肖　念）

**【学术活动】** 1月7日，邀请全国教育科学规划领导小组办公室常务副主任曾天山研究员做“教育教学研究前沿与全国教育科学规划研究项目申报”的报告。

3月19日，邀请教育部高等教育教学评估中心副主任李志宏研究员做“高校教学评估工作的规划与组织”的报告，评价和总结全国第一轮高校教学评估工作，并结合当前国外高等教育评估的主要发展模式，展望中国高校教学评估的指导思想和发展方向。

4月和12月，派遣2名教师参加由清华大学主办的“中国大学生学习性投入调查”项目研究工作。

5月11日，邀请北京师范大学研究生院副院长石中英教授做“研究生教育改革与发展30年：回顾与展望”的学术报告。

5月13日，邀请校党委副书记张革教授做“关于学生事务管理工作”的报告，并就解决大学生成长成才过程中的困难等相关问题与师生展开讨论。

5月26至30日，高教所所长孙崇正、常务副所长肖念应香港中文大学香港教育研究所卢乃桂教授的邀请，赴香港学术访问和交流，共同商定双方合作研究和互派青年教师、研究生进行学术访问交流意向。

6月14日，作为第六届北京国际教育博览会的主要论坛之一，高教所与北京市国际教育交流中心共同承办由北京市人民政府教育督导室和北京市教育委员会共同主办的以“改革、发展、创新”为主题的“2009北京教育督导评价国际论坛”，来自英国、法国、德国、日本、荷兰等国家和地区及国内的教育督导官员、督学、专家近200人参加会议，共论21世纪教育督导的改革和创新。

10月10日、14日、15日，分别邀请芬兰坦佩雷大学Seppo Hölttä教授和蔡瑜琢博士做“芬兰职业高等教育——一个比较视角”和“高等教育研究方法——定性研究设计”等学术报告。

12月22日，邀请教育部高教司评估处朱洪涛处长做“关于开展新一轮教学评估工作的若干思考”的报告。高教所师生共有37人次参加国内7场学术会议。

（范　明　肖　念）

**【学会工作】** 3月21日，北京市高等教育学会第八次会员代表大会召开。第一届监事会监事长孙崇正做“北京高等教育学会第一届监事会工作报告”，王守法当选新一届监事会会长，肖念当选为北京高等教育学会第八届理事会常务理事。

8月21至23日，“中国高等教育学会教育评估分会2009年学术年会”在长春市召开。所长孙崇正应邀在大会上做“从高等教育质量保障体系的构建看我国高教评估发展走向”的报告，高教所常务副所长肖念当选为中国高等教育学会教育评估分会的常务理事。

10月26至27日，中国高等教育学会主办的“2009年高等教育国际论坛”在杭州召开，论坛主题是“遵循科学发展，建设高等教育强国”。高教所所长孙崇正、常务副所长肖念参加论坛并提交论文“办好地方重点大学，促进高等教育强国建设”。

（金保华　孙崇正）

**【党建工作】** 3至6月，组织党员开展学习实践活动，组织全体教师召开动员会、定期安排科学发展观理论学习、举办群众满意度测评，认真查找问题并落实进行整改，完善内部管理运行机制，促进高教所的建设与发展。

5月15日，高教所党支部召开“我与高教所共同发展”专题组织生活会。党员结合工作职责，围绕高教所教学、科研、管理等工作的现状，针对科学发展观的认识、实现高教所的科学发展、协调个人目标与集体利益等问题进行广泛深入讨论。定期组织教工党员开展理论学习、参加机关党委组织的干部培训、制作纪念改革开放30周年宣传展板等。

2009年，高教所共有教工党员7人，学生党员18人，其中2007级10人，2008级6人，2009级2人。

（范　明　孙崇正）

**【学生工作】** 2009年，高教所研究生工作紧紧围绕学校的发展目标，加强研究生思想政治教育，组织研究生认真学习科学发展观以及党的十七届四中全会精神，开展多种形式的思想政治教育活动。加强学生组织建设，10月21日，成立高教所研究生会，制定研究生会章程，充分发挥研究生自我服务、自我管理的积极性与主动性。做好奖、贷、补、助工作。2007级研究生中有3人获科研优秀奖，1人获优秀学生干部奖。2008级研究生中有2人获学习优秀奖，1人获励志奖，1人获“三好学生”称号。2007级研究生获“优良学风班”荣誉称号。帮助2008级1名学生申请国家助学贷款，为3名家庭经济困难的学生申请困难补助，1人获专门为家庭经济困难且学习优秀的同学设立的曦明奖学金；为3名学生争取到学校设立的勤工助学岗位。

组织高教所研究生积极参加学校组织的科技创新奖评比、科技创新竞赛活动，共有6名学生获7项学校科研创新二等奖，同时获学校科技创新竞赛奖3项。针对严峻的就业形势，采取有针对性的就业辅导活动，大量收集相关就业信息，积极帮助学生们树立良好的就业观念。

(金保华　孙崇正)

**【《教育研究通讯》】** 2009年，共编辑出版4期，刊登稿件98篇，其中刊登“北京工业大学教育教学改革三十年”主题征文获奖论文22篇，“2009年北京工业大学学生发展与人才培养研讨会专刊”刊发论文30篇。新增“创新教育”、“心理健康”、“国家级教学成果奖专栏”等栏目。与400余所高校建立长期稳定的交流关系。

(张宇庆　孙崇正)

## 北京工业大学耿丹学院

**【发展概况】** 北京工业大学耿丹学院（Gengdan Institute of Beijing University of Technology），成立于2005年7月15日，是经教育部批准，由北京工业大学和耿丹教育发展中心合办的独立学院。占地面积30.36万平方米，建筑面积18.64万平方米。固定资产总值4 060.17万元，其中，教学、科研仪器设备资产1 735.74万元。设有5个系、15个本科专业。教职工476人，其中，专任教师208人，正高级职称教师21人、副高级职称教师59人，博士9人，硕士87人，外籍教师5人。聘请校外教师135人，其中，正高级4人，副高级59人，博士6人，硕士89人，外籍教师1人。本科在校生4 927人。2009年招生1 373人。

学院申报的数字媒体艺术专业已获批，专业代码080623W，将于2010年正式招生。编写完成《教学管理导论》和《学生工作导论》。

(胡晓铭　刘　军)

**【教学工作】** 完成2009级新生网上学籍电子注册，2009届77名毕（结）业生的学历证书的电子注册。2009届68名毕业生被授予北京工业大学学士学位。

开设大学生心理健康和就业、创业系列课程，共开设4门。新建多媒体教室10个，语音教室4个，电子阅览室2个，计算机专业机房2间，口语训练室4间，经管实验室3个，楼宇安全监控实验室1间，以及17 000多平方米的工程训练中心。学院共有60个多媒体教室，8个多媒体语音室，8个高配置的计算机机房，并安装了无线调频发射台。

完成2009年6月、12月两个考次的全国大学英语四、六级考试考务工作及大学生英语竞赛。

召开专业论证会，分别对五系一部的专业规划、教学计划、课程设置、教学大纲进行了论证，形成了2005—2009年各级的培养方案和教学计划。在机械系增设2009级实验班。教学改革立项16项。启动《计算机与网络应用》和《英语口语》两个精品课程的建设工作。

组织参加北京市“CCTV杯”全国大学生英语演讲比赛、全国大学生电子竞赛、北京工业大学“TI杯”大学生电子竞赛、第五届飞思卡尔杯全国大学智能汽车比赛、第四届全国大学生机械创新设计大赛（首都）、北京市计算机绘图竞赛等赛事，并取得了1个全国个人三等奖、1个北京市团体二等奖的良好成绩。

投资近1 000万元建成了校内的工程实训基地用房近17 000平方米，计划2年内完成现代工程训练中心建设工作，为在校生提供工程认知、基础训练、综合训练和创新实践4个工程实训平台。

(张　铦　扎世君)

**【党建工作】** 3月19日，召开了学习实践活动动员大会，学习实践活动领导小组成员纪树兰、学院学习实践领导小组成员参加大会，全体教职工和学生党员、业余党校培训班学员参加会议。经过4个多月的学习实践活动，学院取得丰硕的成果。

4月8日，工会召开会员代表座谈会，会议以围绕学习实践活动，为学院建设献计献策。

10月27日，机械工程系、信息工程系、经济与管理系、艺术设计系和应用语言系党支部进行换届选举，产生新一届党支部委员会。

(齐建伟　郭　颖)

**【学生工作】** 以评估为契机，促进学生管理工作，认真贯彻落实学院的具体要求，制定迎评工作的详细工作方案并积极落实。

3月15日，成立院合唱团，现有成员80人。

4月，组织开展北京工业大

学耿丹学院分党校第三期党校学习。报名151人，学习并参加考试142人，正式结业135人，其中优秀学员15人。

5月，在耿丹大讲堂举办以“缅怀耿丹烈士，坚定理想信念”为主题活动的纪念耿丹烈士系列演讲比赛。

5月10日，举办“五四”表彰典礼暨社团文化节闭幕晚会。

5月15日，举办学院第五届夏季运动会。

5月25日，团委组织各系开展了每天一小时以长跑为主的阳光体育运动，同时配备运动健身器材，增加同学们运动的积极性。

6月20日，成立“学生宿舍管理中心”，建立宿舍管理小组，完善宿舍管理体系，加强学生宿舍的规范管理。

6月24日，成立安全检查小组，定期对公寓楼的公共部分和学生宿舍（包括死角）进行安全检查和归寝情况检查，及时收缴各种违章电器和管制刀具，维护了宿舍的安全稳定。

9月初，辅导员入住学生公寓，进一步加强学院学生宿舍的管理，确保学生宿舍安全，保证学生宿舍管理效果。

10月，结合60周年国庆游行活动总结，开展“我与祖国共奋进、我与学院共发展”爱国、爱校主题系列活动，开展征文、演讲、摄影等活动，重温中国60年的发展历程，回顾学院创办5周年的发展足迹。

10月20日，召开走读学生管理工作会议，针对学生各种原因走读增多的情况，进一步规范走读办理程序，并通知学生家长，签订走读承诺书，切实保障了学生走读的安全，加大学院校外走读学生的监管力度。

10月底，召开贫困生工作会议，继续深入开展扶贫助学工作，加强对贫困生群体的关心和帮助，稳定贫困学生的思想，注重对贫困生的认定、管理和资助，建立贫困生档案，关心特困学生的学习和生活，采用勤工助学、国家奖助学金、专业奖学金等方法，帮助特困生完成学业。

11月26日，学院邀请清华大学优秀辅导员来院座谈交流，就如何结合不同层次学生特点开展大学生思想政治教育进行研讨。

11月底，认真开展奖学金评定工作，把奖学金评定工作和日常教育结合起来。共计评选出：国家奖学金2名、国家励志奖学金83名、国家助学金207名、校内特等奖学金33名、一等奖学金144名、二等奖学金284名、三等奖学金355名、单项奖学金488名、四六级奖学金397名，共计发放奖学金204.32万元。

12月17日，举办以“我奉献、我成长、我快乐”为主题的学生干部演讲比赛，学生干部通过这种形式更加深刻地体会到主人翁的职责，在学生中起到良好的榜样作用。

（卞伟诚　郭　颖）

**【就业工作】** 4月26日，就业工作处举办“北京工业大学耿丹学院校企合作洽谈会”，邀请31家企业来学院进行合作洽谈。在洽谈会上学院领导和企业商谈校企合作事宜，根据企业用人需要探索学院的培养模式，并签订实习与就业基地建设协议。

2009届毕业生是学院第一届毕业生，5个专业，共77人，其中北京籍学生23人。截至2009年底，就业率为92.2%。

10月29日，召开2010届毕业生就业工作启动大会。

11月29日，2010届毕业生校园双选会在院图书馆召开。120家用人单位到会，提供近千个需求岗位。

（张云飞　刘　林）

**【图书馆建设】** 截至2009年底，共有藏书28.9万册，其中电子图书12.6万册，报刊期刊598种，随书光盘4 717张。拥有办证读者5 366人，阅览座位1 600席。周开放时间108.5小时。成立“读者协会”，刊出6期“悦读”报，举办4期“读书沙龙”活动，编制《图书馆读者手册》。

（付　瑶　扎世君）

**【综合治理】** 为加强国庆60周年大庆安保工作，学院成立安全稳定工作领导小组，制定学院国庆60周年大庆安全保卫工作实施方案和处置突发事件应急预案。完成国庆60周年大庆期间的安全保卫工作任务。

国庆安保期间，对学生公寓、教师公寓、第一和第二食堂、图书馆、实验室等重点要害部位，进行多次拉网式检查。同时对全院的消防设备、设施检修和保养，对到期的消防器材进行更换。

严格车辆管理和往来人员的管理，学生公寓实行封闭式管理，在校门口测量体温，严防“甲流”传播，确保国庆游行方队训练及国庆60周年庆典活动期间的安全稳定。

（秦永利　王舒蛟）

**【校园建设】** 基本建设完成新建项目5项，建筑面积6 308平方米，新建院内道路2 520平方米；完成改建项目27项，改建工程面积18 500平方米，设施维修146项，建筑修缮面积3 750平方米。

（张和平　王舒蛟）

**【参加国庆60周年群众游行】** 7至10月，组织1 467名师生参加国庆60周年群众游行活动，干部教师放弃暑假，积极参加带队和后勤服务，教师在训练间隙为学生上课。学生党员和入党积极分子积极报名参加训练。经过80多天的艰苦努力，圆满完成任务，并获北京市群众游行优秀组织奖。

（胡晓铭 刘 军）

**【第七届中国花博会志愿者工作】** 在顺义区承办的中国第七届花卉博览会中，学院共有206名师生参与志愿者服务工作。2009年10月，获“第七届中国花卉博览会先进单位”奖，“第七届中国花卉博览会最佳服务保障奖”。

（胡晓铭 刘 军）

**【迎接市政府督导检查工作】** 12月30日，北京市人民政府教育督导室、市教委领导莅临学院检查指导工作。检查组听取学院的办学状况专题汇报，详细查阅学院的相关材料，检查学院图书馆、各系实验室、实习车间、电子阅览室、语音室、学生宿舍、学生食堂、安全中控机房、自习室等教学设施，随机抽取正在上课的班级进行随堂听课，分别与学院干部、教师、学生代表进行了座谈，并就学院财务工作做专题讨论。

（胡晓铭 刘 军）

**【重要事件】** 2月24日，北工大党委书记王守法一行五人来学院检查指导新学期开学工作。

2月25日，北工大副校长蒋毅坚来学院检查指导教学工作。

5月19日，第十一届全国政协委员，新东方教育科技集团董事长兼总裁，北京工业大学耿丹学院理事俞敏洪先生应邀来学院做关于“我们用什么样的态度对待生命、大学生活和工作”的讲座。近千名师生齐聚耿丹讲堂，聆听俞老师的讲座。

7月1日，举行2009届毕业生毕业典礼，院领导和600余名师生参加典礼。

10月11日，学院举行2009级新生开学典礼。1 300名新生和家长代表及学院各系部领导参加开学典礼。

10月30日，学院成为首批中国服务外包人才培训中心（北京）服务外包人才培训机构，北京市商委、市教委联合举行授牌仪式。

经济与管理系教师徐崇杰在中共北京市教育工委、市教委、市人力资源和社会保障局、市财政局、市教育工会五部门共同组织的评选中，被评为“北京市优秀教师”。

11月，学院顺利完成北京市民办教育引导性项目检查验收工作。

在2009年冬季征兵工作中，学院有100余名同学报名咨询。经过选拔、体检和政审等环节，经管系孙美元、艺术系翟召涛、机械系汪剑伟3名同学被光荣地批准入伍。

12月2日，学院举行国庆游行、花博会志愿者表彰暨奖学金颁奖典礼。171名参加国庆游行的师生获得顺义区和学院的表彰，15名师生获得中国第七届花博会和学院的表彰，42%的同学获国家奖学金和学院奖学金，共颁发奖学金204万元。

为纪念“一二·九”运动，学院举行“一二·九”红歌会和环校园长跑活动。

学院健美操队在北京大学体育馆举办的“2009年首都高校第30届健美操、艺术体操比赛”中获得大众健美操五级乙组二等奖的优异成绩。

（胡晓铭 刘 军）

# 北京中加工商专修学院

**【发展概况】** 北京中加工商专修学院（以下简称中加学院）是根据教育部《中外合作办学暂行规定》，由北京工业大学和加拿大商业科技学院于1995年共同创办的中外合作学院，培养精通国际商务运作和惯例的现代管理和技术人才。中加学院已成为一所国际型学院，是加拿大、美国、英国、澳大利亚和新西兰等国一批著名院校的合作单位，并成功通过国务院学位办、北京市教委和美国西北区院校联合会的多次评估。

中加学院开设硕士高等教育和高等职业培训项目。硕士层次为北京工业大学与美国城市大学（City University，Bellevue）合作开办的工商管理硕士项目。

中加学院在北京设有3个校区，中、外教师百余名，在校生近千名，毕业生4 000余名。

**【中外合作硕士教育】** 北京工业大学—美国城市大学工商管理硕士项目，于1996年经北京市教委批准成立，1998年经国务院学位委员会办公室正式批准，允许颁发并承认美国MBA学位，是北京地区首批获准授予境外学位的国际MBA项目之一。近年来分别通过中国国务院学位委员会办公室和“美国西北区院校联合会”的评估，并于2004年入选《世界经理人》杂志评选的“最具影响力中外合作MBA”。该合作项目由中加工商学院负责教务组织和管理。2009年，毕业生109人，全部获美国城市大学工商管理硕士学位。2009年，本项目在校人数为129人。

2008年，中加学院与英国伦敦城市大学（London Metropolitan University）合作举办留学英国“专本升硕”（硕士预科）项目，为中国学生，尤其是大专毕业生提供了一条最快捷、最经济的赴英国攻读硕士学位的道路。课程分为两个阶段：第一阶段，学生根据自身入学条件和英文水平，先在国内参加学习一学期或两学期的英国硕士预科课程（Pre - Master Courses）；第二阶段，学生完成预科课程并通过

“雅思”考试或者英国校方组织的英语入学考试者，赴英国合作大学进行硕士专业课程学习，通常一年即可获得英国大学硕士学位，该学位可由教育部留学服务中心认证。2009年，该项目招收28名新生，同年，29名学生完成国内阶段学习，赴英国伦敦城市大学深造。

**【俄罗斯留学预科项目】** 北工大俄罗斯留学预科项目是与继续教育学院合作，面向国内应、往届高中毕业生的俄国留学预科项目。

学生首先在国内接受一年的俄语培训，合格者将获得俄教育部考试中心颁发的预科证书，即“外国人俄语等级考试”一级证书，免试进入外方合作大学本科学习，毕业获得外方学士学位。9月份招收新生15名。

**【教学工作与师资建设】** 2009年，教师中70%以上都具备国内外知名企业高级管理经验。独创学习技巧课（Study Skills），针对MBA、专科项目的各自特点，帮助学生在英语写作、表达以及案例分析等方面得到提高，以更快适应国外的教学环境。

**【学生工作】** 6月13日，学院协助MBA项目10名毕业生赴美参加美国城市大学毕业典礼。

10月31日，北京工业大学—美国城市大学波音—民航MBA项目毕业典礼和国际MBA项目毕业典礼分别在工大建国饭店举行，共有76名民航MBA新学员和74名国际MBA毕业生参加典礼。中加学院帅扬参加并主持了毕业典礼，美国城市大学校长Lee Gorsuch先生、民航总局人教司钱耿文等出席典礼。

9月12至19日，中加学院2009年级国际本科及预科近290名学生在昌平区青少年国防教育基地进行为期一周的军训。

**【对外交流】** 3月2日，英国PORTSMOUTH（朴次茅斯）大学语言学院的主管Paul Rastal（保尔·拉斯特）来访。3月底至4月初，商学院教师Penny Dossor（佩尼·多瑟尔）来院任教两周。4月28日，国际部主任Simon来访。10月15日，英国朴次茅斯大学语言学院的主管Paul Rastal来访。12月9日，中国办公室首席代表杨明河博士来访。

3月3日和11月6日，英国ESSEX大学国际部教师Charley来访。

11月18日，加拿大VCC国际部教师Sik On Hon来访。

11月18日，加拿大TRU大学市场部Richard Zhu来访。

6月1日，美国CSUS大学本科部副主任Greg博士来访。6月16日，语言学院国际部高级项目经理Josephine来访。

10月15日，美国CSEB大学语言学院老师Kelly Pan来访。

3月9日，澳大利亚La Trobe大学市场部经理Jane Tran来访。6月13日，大学驻中国区首席代表Maggie来访。11月6日，大学校长Paul Johnson一行来访。7月17日，中加学院副院长任卫群赴澳大利亚洽谈。

4月3日，新西兰UNITEC理工学院商学院的教授Laura来访。9月20日，国际部主管Jude、经理Irene Qu来访。

3月4日，马来西亚林国荣大学国际首席执行总监柯秦建来院洽谈IFP项目合作事宜。

11月12日，加拿大约克大学英语语言学院中国项目办公室史江群、曾祎熙来访。

（朱红旗　安拥政）

# ·2009 年大事记·

## 1月

7至8日　举办中层干部培训班。校领导班子成员和全校各院部处副处级以上领导干部 150 余人参加培训。培训班主题是：深入学习科学发展观，努力把握高等教育发展规律，解放思想，总结经验，推动学校事业又好又快发展。会上，中共北京市委组织部宣教政法干部处负责人宣读《中共北京市委关于龚裕同志、张毅刚同志职务变动的决定》：龚裕任北京工业大学纪委书记，张毅刚不再兼任纪委书记一职。

12日　举行 2009 年新春团拜会。校领导、院士、教授代表、院部处负责人、民主党派负责人、工会教代会代表、获奖人员以及学生代表 260 余人参加。王守法致新春贺词。

14日　北京市委组织部副部长、市人事局局长张志伟等到校看望中国工程院院士左铁镛和全国“杰出专业技术人才”获得者周美玲教授。张革陪同。

18日　北工大“先进制造技术及信息工程学科群——产学研联合培养研究生基地”入选首批“北京市高等学校产学研联合培养研究生基地”。

20日　“北工大- Xilinx 软件工程（嵌入式系统方向）应用人才联合培养模式创新实验区”入选 2008 年度国家级人才培养模式创新实验区。

## 2月

20日　中共北京工业大学委员会九届十三次全委扩大会议召开。会议主题是：以党的十七大、十七届三中全会精神为指导，学习贯彻第 17 次全国高校党建工作会议、北京市党建工作会议和北京高校寒假领导干部会议精神，认真贯彻落实科学发展观，以深化学校内部管理体制改革和着力推进质量工程、创新工程、“211 工程”为重点，推动学校各项事业科学发展。王守法作党委工作报告，总结 2008 年工作，部署 2009 年党政工作要点。张革主持会议。校党委委员、纪委委员、副处级以上干部、全体教授、工会教代会主席团成员、民主党派负责人等 300 余人参加会议。

27日　北工大获共青团中央、全国青联与国际劳工组织授予的“大学生 KAB 创业教育基地”称号。“大学生 KAB 创业教育基地”是联合国劳工组织针对发展中国家青年就业的创业基础教育项目，共青团中央 2005 年将该项目引入中国。

## 3月

9日　市委常委、教育工委书记赵凤桐一行到校调研。王守法、张革分别汇报深入学习实践科学发展观活动准备工作和毕业生就业工作。赵凤桐表示：北工大党委贯彻市委市政府精神迅速、认真，精心部署科学发展观学习实践活动，安排周到；毕业生就业工作很有成效。希望北工大进一步凝练办学思想和发展方向，站在新起点，以新要求、新标准，开展新的发展建设。

10日　北工大深入学习实践科学发展观活动专题网站开通。

12日　举办首次大型毕业生就业双选会。共有 118 家企业提供 1 400 个岗位，近 5 000 名北工大及其他高校毕业生参加。王守法、张革、马志成、赵凤琴到现场视察。

13日　召开深入学习实践科学发展观活动（以下简称“学习实践活动”）动员大会。王守法代表校党委作动员部署。张晓辉代表市委第 17 指导检查组提出开展活动的意见和要求。张革主持大会。市委指导检查组成员，北工大学习实践活动领导小组成员，在职教工和学生党员，院士、教授、副处以上干部、离退休党支部书记，工会、教代会代表，民主党派负责人等 6 000 余人参加大会。

16日　召开学习实践活动书记培训会，布置第一阶段工作。王守法、张革、龚裕，各院级党委及各党总支、直属党支部书记、副书记，校学习实践活动领导小组办公室副主任参加培训。

18日　第十一届工会会员代表大会暨第六届教职工代表大会

第三次会议开幕。会议主题是：深化管理改革，促进科学发展。校领导及工会教代会代表300余人参加会议。张毅刚主持开幕式。全校副高职称以上教师、副处以上干部、民主党派负责人、部门工会主席、二级教代会执委会成员等列席开幕式。大会印发《学习实践科学发展观，积极推进管理体制改革》校长工作报告。张毅刚、卢振洋、赵凤琴先后作《围绕中心 服务大局　为学校科学发展做贡献》、《关于2008年度学校财务工作》、《北京工业大学第六届教代会提案工作专门委员会关于六届二次教代会以来的提案工作》报告。大会表彰六届二次教代会优秀提案和提案工作优秀代表组。25日，通过大会决议，会议闭幕。代表们共提交提案与建议101件。

20至21日　举办学习实践活动处级干部培训班。160余名处级干部参加培训。王守法作培训动员，北京师范大学校长钟秉林作《关于如何建设高水平大学》报告。张革作总结。

21日　北京市副市长夏占义一行到校调研节水型单位建设情况，视察雨水收集利用设施工程、引进市政中水工程、奥运场馆节水设施及利用中水、雨水绿化喷灌和冲厕情况。马志成作学校节水工作汇报。北京市水务局局长程静等陪同。

21日　在北京市高等教育学会第八次会员代表大会暨优秀科研成果表彰大会上，王守法当选市高教学会新一届监事会监事长，北工大高教学会获一等奖3项、二等奖2项、三等奖3项。

25日　王守法带队，张革、蒋毅坚、赵凤琴以及教务处、发展规划处、学生工作部、研究生部、招生就业处、机电学院等部门负责人赴北京第一机床厂调研。旨在了解北京制造业发展新情况、新特点，探索与企业合作共谋发展新模式。北京京城机电控股有限责任公司人力资源部经理郑勇男、北京第一机床厂厂长崔志成等接待调研组。

28日　召开“与祖国共奋斗，与学校共发展，与同学共成长”学生党支部书记学习培训会。张革作《学习实践科学发展观，促进学生全面发展》报告。北京第一机床厂厂长崔志成和北京科技大学学生党支部书记代表应邀作报告。会议部署学生党员学习实践活动。17个学院、2个研究所学生党支部书记170余人参加培训。

28日　范伯元、王守法、张革、蒋毅坚与11名学生党员代表座谈，听取对学校发展建议。与会学生肯定学校在学生党建、社区文化建设、学生科技活动等方面为学生发展搭建良好平台，分析学生就业、考研、心理健康教育、校园文化建设等方面存在的问题并提出建议。

## 4月

9至10日　围绕“加强领导班子思想政治建设、能力建设，深化干部制度改革，开创学校党建工作新局面”主题，王守法分别与正处级干部、副处级干部、学生代表、一般管理干部、普通党员座谈交流。

10日　院级党委学习实践活动第一阶段学习调研进展情况汇报会召开。各院级党委和各党总支、直属党支部书记、副书记参加会议。会议要求，在下一步解放思想大讨论环节，各单位要在认真调研基础上找准存在问题。

11日　北京市大型高招咨询会在北工大举行。55所高校参加，其中北京高校44所、外省市高校11所。5万余人到现场咨询。张革及招生就业处负责人作政策宣讲。

11至12日　与国际信息处理联合会联合主办第11届信息学与组织符号学国际会议。会议的主题是：变革时代信息系统的理论与实践。张爱林参加开幕式并致辞。本次会议前身是组织符号学国际会议（International Conference on Organisational Semiotics，ICOS），这是其更名后的第一次会议，也是首次在中国举行。

13日　举办离退休校级领导学习实践活动培训班。现职校领导和离退休校领导座谈学校定位、师资队伍建设、教学研究、人才培养、干部队伍建设、离退休工作等。张革主持会议。离退休校领导建议重视调查研究、培育浓厚大学文化氛围、进一步重视民生问题等。

14日　王守法、张爱林、蒋毅坚、龚裕等以及发展规划处、科技处、建工学院、电控学院、研究生部、智源公司等部门负责人分别赴北京市科学技术委员会、北京市环保局、北京市知识产权局调研。就建立科技资源共享平台、参与研发服务，开展环保领域基础性、长远性科学研究，专利成果转化、知识产权文化建设，人才培养等问题与调研单位交换意见。

15日　北京联通公司与北京工业大学科学技术研究开发项目签约仪式举行。北京联通公司副总经理张光生及相关项目合作单位主要领导，马志成、蒋毅坚及科技处、电控学院及相关项目负责人参加。电控学院与北京联通公司合作，承担“互联网网络流量分析与预测”、“电池组性能分析与失效的检测”、“电力公司500kV输电线路对通信设施的影响及防护”、“传输维护支撑系统升级和改造方案的研究”以及“多种图像业务网络集中监控和维护方式的研究”5 个科学技术研究开发项目。

15 日　北工大第一任校长李晨为师生作报告，激励广大党员师生员工树立正确的人生观、价值观，为社会主义事业贡献力量。

15 日　召开校院两级中心组学习实践活动调研成果交流会。机电学院、环能学院、人文学院、艺术设计学院、科技处、学工部负责人做交流发言。校领导班子、校院两级理论学习中心组成员参加交流会。张毅刚主持会议。龚裕通报学习实践活动第一阶段调研情况。王守法强调解放思想大讨论环节的重点。

20 至 24 日　范伯元、王守法、张毅刚、张革、马志成、张爱林、蒋毅坚、卢振洋分别带队到市发改委、市交通委、市国资委、市建委、市规委、市水务局、市社会工委、朝阳区、北京矿冶研究总院，就更好立足北京、服务北京调研。校两办、宣传部、发展规划处、国资处、基建处、财务处、教务处、招生就业处、科技处、研究生部、后勤管理处、后勤集团、机电学院、电控学院、建工学院、环能学院、材料学院、人文学院等单位负责人共计 70 余人次参加调研。

23 日　举办第六届三次教代会提案交付承办会。校领导及校院两级中心组成员参加会议。张毅刚主持会议。第六届教代会第三次会议共收集提案 69 件，代表建议、批评与意见 38 件。教务处、科技处、研究生部等 18 个单位负责人现场签收承办提案。

26 日　第十九次学生代表大会举行。校领导、相关部处、各学院领导和兄弟院校学生组织代表等 400 余人参加大会。大会听取并审议第十八届学生委员会《坚持科学发展，发挥自身优势，凝聚青年力量，搭建学生成长的广阔舞台》工作报告，发出弘扬“五四”精神、争做有为青年的倡议，提出学生会工作奋斗目标。大会选举并产生北工大第十九届学生委员会。

29 日　原国家教委主任朱开轩到北京天坛医院看望名誉校长、新中国老一代高等教育家、北京市特等劳动模范、全国“五一”劳动奖章获得者樊恭烋。王守法、张毅刚等陪同。

29 日　举办第一届师生篮球友谊赛。比赛旨在贯彻落实“全民健身”计划，搭建师生交流平台。

30 日　“服务北京”调研收获交流座谈会召开。校领导以及参加调研的学院和部处负责人 50 余人参加。张革、龚裕分别主持。市委第 17 指导检查组成员到会听取情况。与会人员认为学校主动走出去搭建平台、疏通渠道很有必要。

## 5 月

5 日　成立北工大甲型 H1N1 流感防控工作小组，全面启动学校防控疫情信息零报告制度。校医院成立防控甲型 H1N1 流感应急中心。

6 日　学习实践活动解放思想大讨论暨分析检查阶段工作部署会召开。王守法做工作部署报告。6 名党员代表作解放思想大讨论心得体会发言。张革主持会议。市委第 17 指导检查组有关同志，校院两级学习实践活动领导小组及办公室成员，全校副处级以上干部、基层党支部书记及委员、党员代表，党外正高级职称教师、民主党派代表、教代会工会代表约 1 000 人参加会议。

7 日　在中央深入学习实践科学发展观活动领导小组召开的高校座谈会上，王守法作《立足服务北京，找准突出问题》主题发言。

7 日　2009 年科技大会召开。大会主题是：发挥工大科技支撑作用，服务北京经济稳健发展。副校长张泽院士做 2008 年科技工作总结。经校学术委员会评出的 2008 年度 12 项优秀学术成果的项目负责人作学术报告。与会教授现场投票评选出北工大 2008 年度优秀学术成果一等奖 2 项、二等奖 3 项、三等奖 7 项。

10 日　北京市 2009 年节约用水大会在北工大召开。北工大获“2008 年度北京市节水系统先进集体”，1 人获“2008 年北京市节约用水先进个人”。马志成作《节约用水，科学发展》重点发言。

11 日　学校在学生中开展学习党和国家领导人“五四”重要讲话活动。电控学院、经管学院等 6 个学院博士、硕士研究生和本科生代表参加座谈。同日，校青教委与校团委联合召开“弘扬五四精神、与祖国共奋进、与学校共发展”青年教师座谈会，张革、龚裕与青年教职工委员会部分委员、校共青团系统教职工等 20 人座谈。

13 日　学习实践活动分析检查阶段院部处工作部署会召开。王守法传达习近平在高校学习实践活动座谈会上的讲话精神及教育部学习实践活动视频会议精神。纪树兰宣读学校关于学习贯彻中央精神，切实做好分析检查阶段工作的指导性意见。张革主持会议。各院级党委、各党总支、直属党支部，学习实践活动领导小组组长，各职能部门负责人 70 余人参加会议。

14 日　北京市“先进制造”

学科群建设项目验收会召开。北京市学科群建设验收专家组、北京市教委领导以及先进制造学科群团队成员参加会议。蒋毅坚代表该学科群团队汇报工作。专家组肯定以北工大为依托单位的该学科群三年来的建设成效，指出北工大在项目规划与建设中全员重视，在学科群的管理运行、合作机制方面积极探索、求真务实，并培养一批高水平人才，发展目标思路清晰，体现北京市教委建设学科群“政府大力推进、高校实施到位”的初衷。

15 日　学校与北京市经济和信息化委员会联合举行“服务北京校区合作协议签字仪式暨信息社会发展主题论坛”。软件学院分别与北京市朝阳区信息化工作办公室、北京经济技术开发区信息化工作办公室签订战略合作协议。侯义斌致欢迎辞。国家、北京市信息化专家咨询委员会委员王安耕作题为《信息化与信息社会》的报告。

15 至 17 日　北工大承办实验力学与无损检测新技术高级研讨会。会议有 8 个大会特邀报告和 3 个大会邀请报告。与会专家深入讨论无损检测技术的发展趋势，以及如何将两者相结合，更好地服务于国家重大需求。会议由实验力学专业委员会主办，实验力学专业委员会委员、相关行业专家代表、特邀来宾及相关领导 50 余人参加。

17 日　北京市委常委、市委教育工委书记赵凤桐，市委教育工委副书记、市属高校学习实践活动领导小组副组长刘建到校调研，听取工作汇报。范伯元、王守法、张革、龚裕、赵凤琴参加。赵凤桐认为：北工大开展学习实践活动符合学校实际，抓住服务北京这条主线，带动学校整体科学发展上水平，具有鲜明特色；北工大应牢牢把握科学发展上水平这一核心，创新发展思路，使科学管理上水平；通过制定服务北京行动计划，在调整学科专业设置、创新人才培养模式，包括教师考核及职称评审等方面积极探索创造经验。

18 日　“践行科学发展观，完善维稳信访工作制度”研讨会举行。王守法主持会议。张毅刚、张革、马志成、蒋毅坚、龚裕、赵凤琴以及学校职能部处负责人 27 人参加。马志成传达上级文件精神，龚裕做关于《北京工业大学维护稳定和信访工作的实施意见》、《北京工业大学维稳和信访工作联席会议制度》说明，赵凤琴做关于《北京工业大学突发事件处置预案》说明。

19 日　北工大在与北京市人才服务中心开展就业培训、岗位推荐等前期合作的基础上，正式启动“大学生就业实践基地”合作项目。根据协议，就业实践周期约 100 学时，每年可为 200 至 300 名学生提供就业实践岗位。实践内容包括调研大学生就业市场需求、搜集招聘信息和筛选应聘简历等。市人才服务中心为该项目毕业生提供优先推荐工作等 8 项服务。

20 日　学习实践活动校级领导班子专题民主生活会召开。学校党政领导班子成员，市委第 17 指导检查组成员，教育工委干部处和市属高校学习实践活动办公室有关负责同志，学校党政领导班子成员参加会议。王守法主持会议。学校党政领导班子成员结合分管工作分析、查找存在的突出问题和原因。市委第 17 指导检查组组长许祥源指出，北工大校级领导班子民主生活会有质量、有深度，真正围绕主题，求真务实，找准影响和制约学校科学发展的突出问题，明确科学发展的思路和办法。

20 日　北工大第四届国际日活动举行。来自荷兰、法国、刚果（金）等 46 个国家的留学生参加。张革主持开幕式。留学生通过具有民族特色的服装、美食以及器乐、舞蹈表演、宣传画册、DV 片等展示交流各国文化。活动专设展台向中国学生展示在校生校际交流项目。

20、26 日　校纪委组织副处级以上领导干部 160 余人分两批参观北京市反腐倡廉警示教育基地。

21 日　朝阳区副区长张春秀一行 9 人到艺术设计学院调研，探讨该学院专业特色与朝阳区整体发展规划、朝阳区创意文化产业发展的结合。张春秀提出，区政府和学校应更多“对接”，发动艺术设计专业特长、潜力，更大范围搭建平台，在创意文化产业发展规划、合作项目上优先考虑学校资源优势。龚裕主持会议。艺术设计学院领导班子成员和各教学系主任参加会议。

21 日　2009 年学校党风廉政建设工作会议召开。会议学习贯彻胡锦涛总书记在中纪委三次全会上重要讲话，传达上级党风廉政建设工作精神，总结和部署党风廉政建设和反腐败任务。王守法对 2009 年党风廉政建设作指示，龚裕作《深入学习实践科学发展观，扎实推进廉政风险防范管理工作》报告。国资处、后勤集团、财务处负责人作推进廉政风险防范管理工作试点经验发言。张毅刚主持会议。校领导，全校副处以上干部、正高职称人员、校办企业负责人、校党风廉政监督员、院级纪检员等 150 余人参加会议。

22 日　教育部“北工大-Xilinx 软件工程（嵌入式系统方向）联合人才培养模式创新实验区”开园暨“第二届开放源码硬件及嵌入式大赛”开幕仪式举行。参加开幕式的有：教育部高教司司长张尧学，北京市教委高教处处长黄侃、中国电子协会副秘书长刘明亮、赛灵思公司副总裁杨飞，范伯元、王守法、侯义斌、蒋毅坚，近百名来自中国、美国、英国等国家和地区的专家，全国高校嵌入式系统赛灵思联合实验室主任。王守法致辞。范伯元、张尧学、黄侃、杨飞为教育部创新实验区揭牌。侯义斌、赛灵思公司帕特里克·莱赛特代表双方签署创新实验区建设协议。范伯元、王守法分别为学校聘请的美国工程院院士、中国台湾中研院院士、中国工程院外籍院士施敏等国内外著名科学家、专家颁发学校名誉教授、客座教授和副教授聘书。蒋毅坚和赛灵思公司经理谢凯年为“第二届开放源码硬件及嵌入式大赛”击鼓开赛。仪式后，美国加州伯克利大学教授约翰·沃斯莱克和施敏院士分别作《FPGA 和大学教育》、《纳米电子学- 21 世纪的挑战》特邀报告。

22 日　北京市教育纪工委书记周燕带队到校调研。王守法、龚裕及学校有关部门负责人参加座谈。周燕指出，北工大招投标项目的具体做法对项目管理中开展廉政风险防范管理工作具有示范作用。

25 日　北工大“星火”学生课外科技创新基地和学生就业创业实训基地揭牌仪式举行。共青团北京市委书记王少锋、副书记沈千帆以及团市委大学部、北京市劳动服务中心、全国创业培训工作指导委员会创业培训专家顾问团、全球模拟公司联合体中国中心负责人，范伯元、王守法、蒋毅坚以及各院部处负责人、师生代表 130 余人参加仪式。范伯元、王少锋为“星火”学生课外科技创新基地揭牌，沈千帆、蒋毅坚等为学生就业创业实训基地揭牌。张革主持仪式。

25 日　召开学生发展与人才培养研讨会。会议总结学校思想政治教育和创新人才培养最新进展和成果。王守法、机械科学研究总院研究员单忠德、张革、市委教育工委副书记王民忠先后作专题报告。与会人员研讨大学生创新精神与创新能力培养、大学工程教育与工程人才培养、教学内容与教学方法改革等。会议征集学术论文 90 篇，评选一等奖 6 个、二等奖 11 个、三等奖 23 个。校领导，各学院党政负责人，青年教师助课培训人员，学生工作人员，会议征文作者约 300 人参加会议。

27 日　2009 年教代会代表培训。北京市教育工会主席张青山作《学习贯彻北京工会十二大精神，在构建和谐校园中发挥作用》报告。张毅刚主持。学校教代会、二级教代会代表约 300 人参加培训。

28 至 30 日　首届中-欧-美热物理-可再生能源国际会议（2009 US - EU - China Thermophysics Conference - Renewable Energy）举行。会议由中国科学院工程热物理学会、美国机械工程师学会、英国皇家物理学会和英国机械工程师学会共同发起，北工大主办。范伯元出席开幕式并致辞。国内外 8 名学者做特邀报告。140 余名专家学者（其中海外专家 43 名）围绕“促进可再生能源科技发展的国际交流与合作”的主题进行研讨。

31 日　学习实践活动分析检查阶段群众评议工作部署会召开。张革作工作动员和部署。会议印发《关于对院级领导班子分析检查报告进行群众评议的通知》。校学习实践活动领导小组办公室成员，各院级党委、各党总支、直属党支部书记参加会议。

31 日　王守法、蒋毅坚、卢振洋一行到京城控股集团调研，听取企业对学校改革人才培养模式的建议。机电学院、电控学院、材料学院、激光院及学校有关部门负责人 12 人参加调研。京城控股集团副总经理阮忠奎及人力资源部、战略规划部、技术研究院、党委工作部负责人接待调研组。双方表示在已有基础上长期合作，提升合作层次，建立全方位战略性合作关系。

## 6 月

1 日　召开“预防甲型 H1N1 流感，维护校园安全稳定”工作会议。会议传达北京市有关会议精神，提出要进一步加强甲型 H1N1 流感防控力度和防治知识普及，完善安全工作机制和突发事件处理预案。马志成、龚裕以及各学院主管学生工作党委副书记、学校有关职能部门负责人参加会议。

2 日　召开校级领导班子分析检查报告征求意见座谈会。院士、专家学者代表，民主党派和离退休老干部代表，中层领导干部代表，师生党员代表分组座谈，校领导分别参加分组座谈会。与会人员认为分析检查报告查找自身问题比较准确全面，对主客观原因分析比较深刻，对学校发展既有战略性思考，又有可操作的措施，师生建言献策在报告中有所体现，反映学校领导班子促进学校科学发展的决心，并对办学定位、办学思路、人才培养、校园民生等方面提出建议和补充。

2 日　京冀高校优秀中青年干部挂职锻炼合作协议签署暨第一批挂职干部工作部署会在北工大召开。北京市委教育工委副书记、市教委主任刘利民，河北省委教育工委书记、省教育厅厅长刘教民，北工大党委书记王守法，来自河北大学等高校 11 名挂职干部近 50 人参加会议。刘利民、刘教民代表两地教育工委签署《京冀高校优秀中青年干部挂职锻炼合作协议》并讲话。王守法代表挂职干部接收单位讲话。

5 至 6 日　召开廉政风险防范管理工作培训会、第 32 次纪委全委扩大会。会议总结校内试点单位廉政风险防范管理工作进展情况，征求推广廉政风险防范管理的意见。龚裕、张毅刚分别作培训动员、会议总结。校纪委委员、党风廉政监督员、院级纪检员和学校专职纪检人员 50 余人参加会议。

8 日　主办全国可信计算标准研究与制订工作会议。张爱林代表学校讲话。会议下达国家《可信网络连接架构规范》等可信计算标准的研究和制订任务，确定由北工大负责国家可信计算标准的组织制订，沈昌祥院士担任可信计算标准工作组组长。全国信息安全标准化技术委员会、中国可信计算联盟的领导和来自全国 43 个企业、大专院校、研究机构的主管领导和技术骨干 150 余人参加会议。

10 日　学习实践活动分析检查阶段群众评议大会举行。王守法作学校领导班子分析检查报告起草情况及主要内容的说明。代表们对分析检查报告进行民主评议，满意和比较满意率为 99.3%。龚裕主持会议。北京市委第 17 指导检查组成员，校学习实践活动领导小组及办公室全体成员、专家咨询组成员、离休老干部代表、正处级干部、主持工作的副处级干部、工会、教代会、共青团、民主党派代表、基层党支部书记代表、党员代表 140 余人参加评议大会。

10 日　学习实践活动分析检查阶段总结、整改落实阶段工作部署会举行。王守法做整改落实阶段工作部署。张毅刚主持会议。北京市委第 17 指导检查组成员，校学习实践活动领导小组成员、院士、教授、离退休老干部、处级领导干部、工会、教代会、民主党派代表、基层党支部书记、党员代表等参加大会。检查组肯定北工大学习调研阶段和分析检查阶段的工作，对整改落实阶段工作提出具体要求。会议表彰“我为工业大学科学发展建言献策”活动优秀党支部 39 个、优秀个人 177 名。在该项活动中，学校共收到全校各党支部汇总的建言献策表1 919份，其中党支部建言献策表 308 份、个人建言献策表1 611份。

11 日　校党委首次召开学校工会工作专题会议。会议的主要任务是：认真学习贯彻胡锦涛总书记关于加强工会工作的重要指示和工会“十五大”精神，贯彻落实《中共北京市委关于加强和改进工会工作的意见》，进一步做好新形势下工会工作。张毅刚作《加强工会工作，推进民主建设》报告、《中共北京工业大学委员会关于加强和改进工会工作的意见》（讨论稿）起草情况的说明。马志成主持会议。王守法，各院（部）、直属单位行政负责人、主管工会工作负责人、部门工会主席、二级教代会执委会主任，校工会委员会委员 70 余人参加会议。

12 日　2009 年北京市学生阳光体育推进会在北工大体育馆召开。北京市副市长黄卫出席会议并讲话。会议表彰 2008 年国家学生体质健康标准测试结果优秀区县、高校和 2008 年北京市大中小学阳光体育联赛优胜单位。市教委副主任郑萼作《北京市学生阳光体育推进工作》报告。蒋毅坚作交流发言。会前，王守法接待参会市领导一行。

12 日　北工大与中共北京市委社会工委签署备忘录，合作建立“北京工业大学社会建设研究院”。王守法与社工委主任宋贵伦代表双方签字。该研究院成立后将围绕科技事业建设、公共服务建设、流动人口等开展课题研究、学科建设、人才培养和学术交流。

12 至 13 日　举行新增研究生指导教师集中培训班。共 44 人参加。本次培训增加研究生学术规范培养和研究生健康心理辅导专题。

13 至 15 日　参加第六届北京国际教育博览会，首次以联盟的形式参与国际合作。卢振洋代表学校参加京港大学校长论坛以及中西（西班牙）大学校长论坛，北工大同国内 8 所理工大学结成联盟并与西班牙 5 所大学联盟联合签署合作协议书。

14 日　2009 年北京教育督导评价国际论坛在北工大举行。该论坛为第六届北京国际教育博览会主要论坛之一，由北京市人民政府教育督导室与北京市教委联合举办，北工大高等教育研究所、北京市国际教育交流中心承办。来自英国、荷兰、法国、德国、日本、中国香港和 20 个中国内地省市教育督导官员、督学和专家约 200 人参加论坛，共议 21 世纪教育督导改革和创新经验。20 余名专家学者、官员作演讲。会议共收录论文 13 篇，其中，国内学者论文 6 篇，国外学者论文 7 篇。

17 日　召开校级后备干部集中调整民主推荐会。全校副处级以上领导干部、民主党派、教代会、工会、共青团负责人、老领导代表、市党代会、人大、政协代表 120 余人参加会议。王守法主持会议。会议传达市委组织部、市委教育工委有关精神、中共中央《关于在党政领导班子后备干部集中调整中加强监督认真治理拉票行为的通知》，与会人员按要求填写《后备干部民主推荐票》。

19日 北工大、苏州东菱振动试验仪器有限公司联合成立“振动环境实验室”。该实验室挂靠北工大，旨在校企联合研发高科技振动环境实验设备，共同培养科技人才，联合申请重大科技项目，共同开拓振动环境实验资源和市场。

24日 “七一”表彰大会暨“共产党员献爱心”活动启动仪式举行。会议表彰4个先进院级党组织，56个先进党支部，180名优秀共产党员，15名优秀党务工作者，20名优秀共产党员标兵。4名获表彰师生代表作大会交流发言。表彰会后，“共产党员献爱心”活动正式启动。该活动集中捐款时间为6月24日至7月9日。校领导，各院级党委、各党总支、直属党支部负责人，获奖集体及个人代表190余人参加仪式。张革主持会议。

24日 北工大维护稳定及信访工作联席会首次研讨会召开。龚裕作北工大维护稳定及信访工作总结。赵凤琴主持会议。有关职能部门负责人24人参加会议。

24日 北京工业大学、北京对外经贸大学、北京传媒大学、北京第二外国语学院、首都经贸大学、北京物资学院6所高校老教育工作者“庆七一、迎国庆”文艺演出在北工大举行。张毅刚、原校长王浒等以及500余名离退休老同志观看演出。

26日 北京高校纪念中国共产党成立88周年暨党建工作论坛在北工大举行。论坛主题是“践行科学发展观 推动高校科学发展”。出席论坛的有：教育部党组成员、副部长李卫红，北京市委常委、市委教育工委书记赵凤桐，教育部思政司司长杨振斌，市委教育工委副书记唐立军，北京市党建研究所所长、北京市党建研究会秘书长刘道福，60所高校的党委书记、主管书记、组织部长。市委教育工委常务副书记刘建主持论坛。王守法作《立足服务北京 强化科学定位 建设有特色高水平北京工业大学》的典型发言。典型发言单位还有北京大学、清华大学、北京航空航天大学、中国农业大学、北京建筑工程学院。

27日 承办2009年北京地区大学生制冷空调科技竞赛。北京市8所高校近300名学生参赛。8个代表队共24名选手（每队3人）进入决赛。决赛包括理论知识、操作技能和创新设计。北京联合大学代表队、北工大建工学院代表队获一等奖，北工大环能学院代表队、北京石油化工学院代表队获二等奖，其余4队获三等奖。

27日 举行管理科学与工程学会成立大会。范伯元、王守法，管理科学与工程学会首席顾问、中央财经领导小组办公室原主任王春正，中国工程院院士朱高峰、张寿荣、殷瑞钰等管理科学与工程学会顾问，全国130余所高校的百余位管理科学与工程领域专家、学者参加大会。王守法致辞。该学会为国家民政部批准成立的国家一级学会，学会秘书处依托于北工大。

29日 召开深入学习实践科学发展观活动整改落实阶段工作部署会。王守法作校级领导班子整改方案说明。龚裕作该阶段全校工作部署安排。张革主持会议。各学院党委书记及各职能部处负责人参加会议。

30日 北京高校产学研合作教育人才培养模式创新实验项目组一行20余人到校调研。该项目由北京市教科院牵头，北京化工大学、中国传媒大学、北京工业大学、北京石油化工学院和北京联合大学相关人员参加。

## 7月

1日 “北京工业大学——北京市规划委员会昌平分局大学生实践基地”挂牌成立。北京市规划委员会书记周忠秀，昌平区委常委、副区长陈秋生，北工大副校长张爱林及部分师生参加揭牌仪式。该基地是学校与地方政府城市规划主管部门合作建立的产学研基地。

3至4日 承办2009年第五届全国工科研究生教育工作研讨会。会议主题是“科学为魂 质量为根 强国为本——工科研究生教育的科学发展”。研讨会由中国学位与研究生教育学会工科工作委员会主办。国务院学位办、中国学位与研究生教育学会、中国学位与研究生教育学会工科工作委员会负责人，范伯元、王守法参加开幕式。蒋毅坚主持会议并作《地方工科高校提高研究生培养质量的探索与实践——以北京工业大学为例》报告。会议邀请国内知名专家和学者就工科研究生教育的热点问题作主题报告。全国70多所高校180余名研究生教育工作者围绕“培养定位与结构调整、培养机制改革”、“创新研究与实践”、“培养质量保证”、“专业学位教育”4个议题进行研讨。

7日 2009届毕业典礼在北工大体育馆举行。全体校领导，各学院领导和导师，2009届4 000余名毕业生及2 000余名家长参加典礼。

9日 深入学习实践科学发展观活动总结大会举行。范伯元、王守法，校学习实践活动领导小组全体成员，市委第17指导检查组全体成员，校学习实践活动专家咨询组成员，处级干部，工会、教代会、共青团代表，民主党派负责人，市人大、政协代表，基层党支部书记、党员代表参加大会。张革主持大会。王守法作《坚持服务北京，推进科学发展，为实现有特色高水平大学建设目标而奋斗》总结报告。总结大会后进行学习实践活动群众满意度测评，满意和比较满意率为97.84%。

9日　市监察局副局长杨小兵一行6人来校检查高招录取工作。龚裕接待检查组，介绍高招工作相关情况。招生就业处、监察室负责人汇报工作。杨小兵认为北工大将招生工作结合廉政风险防范管理，强化全程监督，加强沟通交流，确保“阳光工程”各项政策落实，树立了良好教育形象。

9日　北京高校女大学生SYB创业培训和北京市创业实训师资培训启动。该培训项目是国际三大通行创业培训课程之一，由北京市妇联、佳丽宝化妆品公司主办，北工大就业中心承办。北工大约30名女大学生免费获得为期10天的SYB创业培训，学习企业构思、评估市场、制定利润计划等课程。

10日　2009年青年教师社会考察活动启动。该活动主题是“走进革命老区、感受改革新区、关注地震灾区”。参加人员分4队分赴延安、井冈山、四川地震灾区、华西村和上海浦东新区开展社会考察。张毅刚，赵凤琴，有关部门负责人及80余名青年教师参加启动仪式。

10至11日　北京工业大学出版社与年鉴编辑部联合举办年鉴工作研讨会，20余人参加研讨。赵凤琴作《六年精诚合作，明朝再续新章》发言。

30日　2006级工商管理专业学生张琳获第十三届世界游泳锦标赛男子800米自由泳金牌，并打破该项目世界纪录。这是中国男子游泳选手首次在世锦赛获金牌。

31日　2005级工商管理专业学生刘京与队友合作，获第十三届世界游泳锦标赛女子4×200米自由泳金牌，并打破该项目世界纪录。北工大共有7名高水平游泳运动员参加第十三届世界游泳锦标赛。

## 8月

1至2日　校游泳队参加第十届全国大学生游泳锦标赛获佳绩。共获得甲组金牌1枚以及4枚银牌、5枚铜牌。学校获甲组男女团体总分第二名并获体育道德风尚奖。10名运动员获精神文明运动员称号，1名教师获优秀裁判员称号。本次比赛有全国33所高校近300名游泳运动员参加。

4至5日　主办第二届全国地方大学发展论坛。论坛的主题是：地方大学科学发展对策和地方大学在建设创新型区域、创新型国家中的地位、作用。地方大学教育研究分会会长左铁镛院士主持大会开幕式并作总结发言，副会长王守法主持大会交流，秘书长张爱林作分会工作报告。教育部高教司司长张大良，全国70多所地方大学校领导、专家、学者180余人参加论坛。

9日　北工大2个学生代表队分获“思科网院杯”2009年度大学生网络技术大赛集体一等奖和二等奖，并分获最佳技能、最佳问答、最优指导教师奖3个单项奖。此次大赛有全国高校110支队伍参赛。

26日　召开全校干部工作会议。会议传达2009年暑期北京高校领导干部会议精神，部署学校下半年工作，通报国庆游行训练、学生甲型H1N1疫情防控、校园建设、党风廉政建设等情况。校领导，副处级以上干部及有关部门负责人参加。张毅刚主持会议。

29至31日　北工大组织并参加第七届海峡两岸电子显微学会议。张泽院士作为大陆电子显微学会理事长出席会议，固体所4名教授应邀作报告。海峡两岸近90名学者围绕显微学及其在材料、生命医学等领域前沿科学技术问题作学术报告。

## 9月

2日　2009年研究生迎新工作圆满结束。1 600余名研究生新生报到。

4日　举行2009级新生开学典礼。王守法致辞。2008年北京奥运会羽毛球女子单打冠军、经管学院2009级研究生张宁代表新生发言。各学院新生代表在“与祖国共奋进、与学校共发展、与同学共成长”题板上签写入校誓言。参加典礼的有校领导，职能部处及各学院负责人，3 200余名本科生、1 600余名研究生。张革主持典礼。

5至6日　举办嵌入式系统技术与应用研讨会。侯义斌作《关于发展北工大嵌入式系统技术与应用的思考》主题报告。机电学院、电控学院、计算机学院、软件学院、环能学院科研人员40余人参加会议。

7日　北京市百姓宣讲团进高校专场报告会在逸夫图书馆举行。张毅刚主持报告会。

9 日　庆祝第 25 个教师节表彰大会召开。大会表彰 2009 年度满三十年教龄教职工，全国“五一”劳动奖章获得者，全国模范教师、教学名师、优秀教育工作者，优秀教学成果、教学团队，精品课程、精品教材，省、市以上科研获奖者，并特邀获奖代表和青年教师发言。校领导、教师代表约 1 000 人参加会议。龚裕主持会议。

9 日　研究生科技文化节在工程实训楼前开幕。本次科技文化节以“创新启迪智慧，梦想成就未来”为主题，由开幕式、科技作品展、创新设计竞赛、科技文化论坛及闭幕式组成，历时三周。王守法、张革、蒋毅坚参加开幕式，并为研究生工程实训平台二期启用剪彩。

10 日　召开深入学习实践科学发展观活动整改落实后续工作及“回头看”部署会。王守法主持会议。学习实践活动领导小组办公室成员，各院级党委书记、职能部处负责人参加会议。

16 日　北京市“十二五”规划社会建设专题座谈会在北工大举行。座谈会由北京市委社会工作委员会、市社会建设办公室组织召开，人文学院承办。会议主要议题是：对编制“十二五”规划大背景与总体形势的基本判断，编制“十二五”规划的基本原则、发展目标与主要任务，“十二五”规划社会建设与发展需要解决的重点问题及相应对策。国务院研究室、中国人民大学、中国劳动关系学院、北工大 10 余名专家学者参加座谈。

21 日　北京工业大学第九届“北川奖学金”颁奖典礼举行。45 名个人和 2 个集体获奖。北川奖学金奖项分为科技创新与实践奖、学习优秀奖、励志奖。出席典礼的有范伯元、原副校长周大森，日本 SORUN（索浪）集团董事长北川淳治及 SORUN 公司代表团，学校有关单位负责人，获奖学生。

22 日　召开深入学习实践科学发展观活动整改落实“回头看”汇报会暨座谈会。北京市委第八检查组组长许祥源、副组长陈之昌及市委指导检查组成员，校领导，学校学习实践活动领导小组成员参加汇报会。张毅刚、张革汇报学习实践活动整改落实自查报告及国庆游行训练组织工作、甲型 H1N1 流感防控工作。许祥源对北工大学习实践活动整改落实情况表示肯定。有关职能部门负责人及教师、党员、民主党派和无党派人士、学生代表约 20 人参加座谈。

25 日　举行“庆国庆、迎中秋，我与祖国共奋进——北京工业大学各民族学生茶话会”。张革及有关部门负责人、部分学院辅导员代表与 13 个学院 25 名各民族学生座谈。

26 日　举行 2009 年迎国庆、庆中秋暨秋季学期外教迎新会。王守法，有关职能部门、学院负责人，外籍教师等 50 多人参加迎新会。

28 日　举行参加国庆 60 周年庆典活动学生入党宣誓大会。63 名新、老党员和入党积极分子共同宣誓。王守法、张革、纪树兰，各学院参加国庆活动带队教师、预备党员、部分入党积极分子代表参加大会。

28 日　召开迎国庆、贺中秋统战人士座谈会。民主党派、侨联、无党派人士 30 余人参加会议。全国人大常委、九三学社中央委员侯义斌副校长参加座谈并作为九三学社代表发言。

29 日　参加国庆 60 周年庆典人员誓师大会在北工大体育馆举行。范伯元、王守法，崇文区委常委、区武装部政委何瑞杰，张毅刚、张革、侯义斌、龚裕、赵凤琴，有关部门负责人，参加国庆活动 3 600 余名师生参加大会。张革主持大会。范伯元讲话。与会师生集体宣誓：“秉承奥运精神，弘扬爱国情怀，铭记学校希望，树立青春理想，为祖国荣誉，展工大英姿，我与祖国共奋进”。

## 10 月

1 日　在天安门举行的首都国庆 60 周年庆典活动中，北工大3 000余名师生组成群众游行第十方阵即“走进新时代”方阵接收检阅，90 余名师生参加广场合唱团；40 余名师生参加天安门广场晚会光立方中心区表演活动；400 余名志愿者参加国庆游园志愿服务活动。

9 日　中共北京工业大学委员会九届十五次全委扩大会议召开。会议传达党的十七届四中全会精神，部署有关学习工作。会议强调：全校各级党组织和全体党员干部要认真学习领会全会决定，推动学校党的建设创新，切实把学习、宣传、贯彻全会精神与落实深入学习实践科学发展观活动整改任务相结合，把推动党建改革和创新与学校科学发展相结合，确保党建各项工作和改革发展各项措施落在实处，努力实现有特色高水平大学建设目标。校党委委员、副处级以上干部、党员教授和民主党派负责人参加会议。张毅刚主持会议。

11 日　举办中国杂体诗歌研究专家论坛暨《杂体诗歌概论》出版座谈会。张革致词。北京市哲学社会科学规划办公室、中华书局、北京语言大学、北京市社会科学院、首都师范大学、湖南大学等单位领导、专家、教授先后致辞、发言。座谈会由北京市哲学社会科学规划办公室主办，人文学院承办。

13 至 24 日 王守法率团参加“21 世纪欧盟-中国学术研究和经济发展关系展望研讨会”。王守法作大会发言，北工大 6 名学者参加会议，10 余名学者提交会议论文。研讨会由波兰奥波莱工业大学、德国斯图加特应用技术大学、北工大联合主办，奥波莱工业大学和奥波莱孔子学院承办。王守法一行受到奥波莱省省长 Józef Sebesta（约瑟夫·谢贝斯塔）、奥波莱工业大学校长 Jerzy Skubis（耶日·斯库比斯）教授等欢迎。研讨会后，王守法一行考察北工大与奥波莱工业大学合办的孔子学院，并访问捷克奥斯特拉瓦技术大学、匈牙利克多拉尼亚诺什应用技术大学。

17 至 24 日 张琳、陈祚等 22 名运动员学生参加第十一届全运会游泳比赛，获得 4 枚金牌、5 枚银牌、2 枚铜牌。

21 日 2009 年新教师岗位培训启动，各学院和行政部门 100 余名新教师参加为期 4 天培训。张革作动员讲话。卢振洋、蒋毅坚、龚裕以及有关部门负责人分别作学校概况、怎样做教师、教育领域廉政建设、科技管理和学生工作报告。

21 日 由北工大主办、华民慈善基金会支持的“大学生就业扶助项目”启动，110 余名经济困难毕业生参加培训。培训以能力实训为主，持续到 12 月中旬，课程包括就业形势与对策、就业力、职业力、IT 应用等系统实训与辅导。

21 日 2009 年研究生科技文化节闭幕式暨 2009 级研究生入学教育举行。闭幕式表彰研究生创新设计竞赛获奖优秀成果，张革、蒋毅坚，有关部门、各学院负责人出席。入学教育由蒋毅坚主持，全校 17 个学院、研究所 1 000 余名研究生参加。

22 至 24 日 承办 2009 智能媒体技术和脑信息学国际学术会议（AMT－BI 2009）。卢振洋参加开幕式并讲话，北工大国际 WIC 研究院学术带头人钟宁教授担任会议主席。中、美、日等 20 余个国家 80 余名学者和北工大师生 200 余人参加会议。会议包括 6 个大会特邀报告、15 个分会场报告以及墙报展览等，展示智能媒体技术和脑信息学最新进展和学术思想，以及国际 WIC 研究院研究成果。会议由 IEEE 计算智能协会脑信息学任务组和国际 Web 智能协会主办、北工大承办。

22 至 29 日 受北京市教委委托，应驻俄罗斯联邦大使馆邀请，龚裕率学生交响乐团一行 70 人赴俄罗斯圣彼得堡交流演出。学生交响乐团分别在圣彼得堡国立技术大学和瓦西里岛青年宫举行 2 场演出，庆祝中俄建交 60 周年。

27 日 召开新生辅导交流研讨会暨 2009 级新生辅导员培训会。张革、蒋毅坚，有关部门负责人，19 个教学院所辅导员参加会议。

28 日 北工大工会教代会委托课题结题暨 2009 年工会工作研讨会召开。会议听取 2008 年工会委托课题结题汇报。北京市教育工会主席张青山、北京师范大学工会发展研究室主任王彬教授应邀到会，分别对 5 项课题进行点评。张青山认为：北工大工会教代会工作的理论研究水平有质的飞跃，已处于北京高校前列。参加会议的有 2009 年申报工会课题的负责人，校工会常委，部门工会主席、委员，二级教代会执委会主任 140 余人。

28 日 教育部学位管理与研究生教育司处长唐继卫，北京市教育委员会副主任郭广生、副处长赵清参观研究生工程实训平台。蒋毅坚等陪同。郭广生等希望北工大把创新实训平台继续做大、做好。

28 至 30 日 承办 2009 全国博士研究生（土木工程）学术会议。此次会议由教育部学位管理与研究生教育司主办，主题是“汶川地震工程震害及致灾机理与土木工程防灾减灾”。教育部学位管理与研究生教育司处长唐继卫、北京市教委副主任郭广生、王守法先后致辞。蒋毅坚主持开幕式并致闭幕词。中国地震局工程力学研究所谢礼立院士、解放军后勤工程学院郑颖人院士、总参工程兵第四研究所周丰峻院士、东南大学孙伟院士、北工大周锡元院士以及 11 名中青年专家学者作特邀报告。18 所高校和研究机构 100 余名博士生通过论文宣讲、专家点评、集体讨论等展开学术交流和探讨，50 余名博士生宣读论文。会议收到论文 60 余篇，9 名博士生获优秀论文奖。

31 日 “基于差分小波神经网络的智能家居保姆”获第十一届“挑战杯”全国大学生课外学术科技作品竞赛三等奖。此项竞赛由共青团中央、中国科协、教育部、工业和信息化部、全国学联和北京市人民政府共同举办，内地 432 所高校 1 106 件作品、港澳地区 15 所大学 53 件作品入围决赛。

## 11 月

3 日 科研助理政策宣讲和签约会举行。张革及有关单位负责人、学院人事干事、11 名科研助理参加会议。根据 2009 年人力资源和社会保障部、北京市政府关于聘用应届高校毕业生参与科研项目研究工作（科研助理）的通知精神，学校经政策研究、岗位论证、公开招聘，从 2009 年应届硕士、博士毕业生中选拔 11 人为科研助理，参与学校申请的重大科研项目研究工作。

3 日 台湾科技大学（National Taiwan University of Science & Technology）校长陈希舜、副校长彭云宏等一行 6 人访问北工大。张革会见来宾。双方表示加强学术联系与合作。1996 年、2000 年两校先后签订、续签校际交流合作协议。

3 至 7 日 参加 2009 中国国际工业博览会。“智能网络版分娩及急救教学系统”获中国高校展区优秀项目一等奖，学校获优秀组织奖，1 人获先进个人奖。北工大展区在高校展区中规模最大，面积 100 平方米，参展项目 14 个，涉及先进制造、新材料、节能环保和电子信息。本届博览会高校展区有全国 57 所高校 458 项成果。

4 日 获批教育部第三批“国家集成电路人才培养基地”。该项目由教育部、科技部于 2003 年实施，目标是通过 6 至 8 年的努力，培养 4 万名集成电路设计人才和 1 万名集成电路工艺人才。

9 至 11 日 美国威得恩大学（Widener University）校长詹姆斯·哈里斯（James T. Harris Ⅲ）、副校长兼教务长乔·艾伦（Jo Allen）、副校长琳达·杜伦特（Linda S. Durant）一行 3 人到校访问。范伯元会见外宾，表示愿意积极促成两校孔子学院尽快落成。哈里斯校长希望借助孔子学院拓展两校合作与交流。蒋毅坚、卢振洋先后会见威得恩大学校长代表团。

11 日 爱尔兰国立都柏林大学（University College Dublin, National University of Ireland-UCD）校长布雷迪博士（Dr. Hugh Brady）一行 8 人到校访问。王守法、蒋毅坚会见外宾。王守法与布雷迪校长签署两校合作《谅解备忘录》、《学生交换协议》。按照此次协议，两校每年可免学费交换 3 名本科在校生。

12 日 中共北京市纪委副书记王海平在北工大召开座谈会，与北京 7 所高校的中央和北京市党代会代表、人大代表、政协委员、专家学者座谈，听取北京 9 所高校纪委书记交流发言，研讨党风廉政建设和反腐败工作。市教育纪工委副书记郑立波主持座谈会。

13 日 建规学院“建筑学综合应用型专业人才培养模式创新试验区”获评北京高等学校市级人才培养模式创新试验区。

14 日 获全国大学生职业生涯规划大赛北京赛区三等奖。全校 110 余名学生参赛，3 名学生进入北京市比赛，其中 1 人获三等奖，2 人获复赛优胜奖。此项赛事由教育部高校学生司主办。

16 日 在第九届全国多媒体课件大赛决赛中，北工大教师获高教文科组二等奖 2 项、三等奖 1 项、最佳艺术效果奖 1 项，高教工科组三等奖 1 项，学校获优秀组织奖，1 人被评为大赛组织工作先进个人。全国 1 030 所学校参赛，其中高校 749 所，参赛课件 4 533 个，比上届增加 15%。本次大赛于 2009 年 3 月开始，历时 9 个月。

17 日 北工大与北京矿冶研究总院、北京金隅集团技术中心签订产学研合作协议，强调在原有基础上细化并扩展合作领域与方式。北京矿冶研究总院书记夏晓鸥、北京金隅集团科技副总裁兼技术中心主任王肇嘉等 12 人，王守法、卢振洋及有关单位负责人参加签约仪式。

17 日 举行北京工业大学奥运纪念馆、北京工业大学 2008 奥运会残奥会荣誉墙揭牌仪式。范伯元、王守法为纪念馆揭牌。该馆是北京奥运会后第一座奥运题材高校纪念馆，位于北京工业大学奥林匹克体育馆二层北侧，由奥运会赛时贵宾区改建，汇集大量图文资料和实物。荣誉墙有大事记、奥运会羽毛球与艺术体操获奖牌名单、志愿者名单、奥运场馆运行团队名单和奥运工作人员名单 5 个部分。纪念馆和荣誉墙面向师生及社会开放。

18 日 《北京工业大学年鉴》编辑工作研讨会召开。王守法，出版社负责人及编辑部成员 29 人参加会议。赵凤琴作《起步、合作、收获》总结发言，回顾年鉴编纂历程，总结《年鉴（2009）》编印情况，提出 2010 卷编纂建议。会议表彰 19 名 2007 至 2009 年连续三年从事年鉴编辑工作人员。

24 日 北工大中蓝公寓二期工程建设项目开工奠基典礼举行。范伯元、王守法、张革、马志成、蒋毅坚、赵凤琴，中国蓝星集团总公司总经理白忻平、副总经理高建军、金华市副市长李国辉以及参与该工程各单位领导和学生代表参加奠基仪式。马志成致辞。中蓝二期学生公寓由中国蓝星集团总公司开发建设，总建筑面积 6 万平方米，其中学生宿舍建筑面积 4.7 万平方米，约 1 200 间标准学生宿舍。该项目包括约 1 000 座位大型学生餐厅、400 座位学生阅览室，室内羽毛球、乒乓球、台球运动馆，1 000 辆自行车地下车库，综合超市及大型浴室。

24 至 29 日 2010 年亚足联室内五人制足球锦标赛东亚区预选赛暨 2009 东亚足联室内五人制足球锦标赛在北工大体育馆举行。中国、中华台北、关岛、中国香港、日本、韩国、中国澳门 7 支队伍参赛。中国队获冠军，取得亚洲室内五人制足球锦标赛决赛阶段比赛资格。

25 至 26 日　2009 年度全校办公室工作总结会召开。来自全校各单位主管办公室工作负责人、办公室主任 60 余人参加会议。赵凤琴作 2009 年办公室工作总结。会议表彰 2009 年度办公室工作先进集体 5 个、单项优秀奖获得者 21 人。计算机学院、软件学院和基建处有关人员作工作经验交流发言。

27 日　王守法、张革等 13 人到北京现代汽车有限公司进行青年就业创业见习基地调研。接待方人员有北汽控股党委常委、工会主席张东升，团委书记张国富，北京现代党委副书记、工会主席李志立，人力资源部部长赵连杰。双方介绍各自单位基本情况以及北汽产学联盟理念、北工大共青团就业创业见习基地情况。

27 日　北京市委教育工委宣教处、北工大共同举办“高校突发事件与新闻危机管理研讨会”。33 所北京高校党委宣传部负责人参加会议。北京市教育工委副书记王民忠、北工大张毅刚致辞。北京市委宣传部副巡视员、新闻处处长苏仁先，北京市网管办网监中心主任张军讲话。清华、北师大、北工大等 17 所高校宣传部长分别作应对突发事件新闻危机典型案例发言。王民忠要求各高校不断总结、积累处理突发事件和新闻危机管理经验，提高技巧和能力，有效推进工作开展。

28 日　北工大土木工程实验教学中心入选 2009 年度国家级实验教学示范中心建设单位名单。至此北工大有 2 个国家级实验教学示范中心、7 个北京市级实验教学示范中心。

## 12 月

1 日　辅导员队伍建设及深度辅导工作交流会召开。张革及各学院、有关职能部门负责人参加会议。

4 日　2009 年毕业生就业双选会在北工大体育馆举行。100 家单位现场招聘，提供岗位3 800 余个，2 700 余名学生参加招聘会。范伯元、王守法、张革、赵凤琴视察现场。

11 日　北京市副市长苟仲文到校调研指导科技工作。北京市科委主任闫傲霜，北京市科委党组书记、副主任杨伟光，北京市经济和信息化委员会主任朱炎、副主任梁胜，市委教工委副书记、市政府教育督导室主任线联平等陪同调研。范伯元、王守法、侯义斌、张爱林、蒋毅坚以及有关学院、职能部门负责人参加会议。张爱林作科技工作汇报。沈昌祥院士、侯义斌分别介绍“可信计算技术研究与产业化”、“‘物联网’研发平台及其示范工程”两个项目的技术基础和发展前景。苟仲文指出，北工大高度重视科技在服务北京中的支撑作用，科学研究特色明显、积极活跃、成绩突出；北工大科技工作要贴近社会发展、经济发展需求第一线，加大产学研力度，在产业园区建立产学研合作实验室；北京市将加大对北工大“服务北京行动计划”支持。

10 日　举行当代大学生文明素质构架讲座。主讲人为中国首席谈判专家、北京警察学院教授高锋。200 余名学生聆听报告。

11 至 12 日　举办学习十七届四中全会精神处级干部培训班。校领导及全校副处级以上干部 130 余人参加。张革作动员讲话。教育部教育发展研究中心高等教育研究室主任马陆亭、北京市教育工委副书记唐立军分别作《现代大学制度建设和内部管理体制改革》、《深入学习贯彻十七届四中全会精神，不断推进党的建设》辅导报告。学工部和研工部、人文学院、电控学院、组织部负责人分别作《着眼学生发展，推进工作创新》、《加强意识形态教育，巩固马克思主义文化领导权》、《加强基层党组织建设》、《深化干部人事制度改革，努力建设高素质干部队伍》发言。龚裕作《学习贯彻四中全会精神，深入推进党风廉政建设》报告。王守法做总结讲话。参加培训人员结合学习十七届四中全会精神交流对学校工作的思考和对《北京工业大学党建五年规划》讨论稿的意见建议。

11 日　韩国国立忠州大学校长张炳辑、事务局局长李万熙等 4 人到校访问。范伯元会见来宾。张革及有关学院、职能部门负责人参加会见。两校续签校际交流协议。

14 日　与 IBM 共建“北京工业大学云计算实验平台”。该实验平台是基于业界领先的云计算技术的高性能计算平台，是中国首个云计算在科教领域应用。

15 日　中共北京市委常委牛有成一行到校调研指导新农村建设工作。中共北京市委副秘书长李福祥、北京市委农工委副书记高华，范伯元、王守法、张革、张爱林，有关单位负责人及课题组成员参加调研会。张爱林汇报科研工作整体状况和科技创新、服务北京成果，重点介绍参与新农村建设和城乡规划情况。人文学院新农村建设研究课题组汇报课题规划研究意义、社会建设规划目标、苏家坨镇实地调研情况等。

15 日　北京高校党风廉政建

设责任制检查组到校检查工作。检查组听取王守法《落实党风廉政建设责任制、推进惩防体系任务完成情况》汇报，查阅有关文件和资料，召开有关单位负责人、校党风廉政监督员和教师代表座谈会。检查组认为：北工大党委非常重视党风廉政建设工作，工作体制机制健全，领导责任分工明确、责任落实到位；惩防体系制度建设比较完善；廉政风险防范管理工作在高校有示范作用。

15 日　学校在北京现代汽车有限公司建立的青年就业创业见习基地开班仪式举行。张革，北京现代党委副书记、工会主席李志立，学校有关单位负责人和教师，以及参加见习活动 30 名学生参加开班仪式。

15 日　加拿大谢尔布鲁克大学（Université de Sherbrooke）副校长马里奥·拉法莱斯特（Mario Laforest）教授一行 7 人到校访问。侯义斌会见外宾。双方表示，两校在学科设置上有很多相似之处，在理、工、文、法相关专业有着良好的合作基础和合作前景。国际交流合作处、软件学院、病毒药理研究室负责人参加会见。

16 日　应用数理学院建院十周年庆祝大会举行。王守法、张革、马志成、张爱林、蒋毅坚，曾毅院士，以及各兄弟学院、各部处代表参加庆祝大会。蒋毅坚代表学校致词。应用数理学院院长及校内有关单位代表、校友代表、教师代表、学生代表分别致词。

16 日　崇文区委社会工委区社会办聘任社会建设专家暨北京工业大学人文社科学院实践教学基地揭牌仪式举行。崇文区委常委丁茂战、崇文区副区长高桂强、北京市委社会工委有关领导，张革、人文学院负责人及有关教师参加仪式。张革、丁茂战为实践教学基地揭牌。

16 至 17 日　北工大学生参加 2009 年 RoboCup 中国机器人大赛，小型组 5vs5 项目代表队获全国亚军，取得 2010 年 RoboCup 机器人世界杯参赛资格；仿真组 5vs5 项目代表队获二等奖；小型组 3vs3 项目代表队获三等奖。

17 日　青海民族大学党委书记熊敦邦、校长何峰一行 6 人来校考察，与北工大签订合作协议，建立对口合作关系。北京市委教育工委副书记、市教委主任刘利民出席合作协议签约仪式并讲话，希望两校坚持统筹兼顾、优势互补原则，相互学习、互惠共赢。范伯元、何峰分别代表两校签署合作协议。范伯元、王守法、张革、张爱林、蒋毅坚，曾毅院士，有关学院、部门负责人与青海民族大学代表团座谈。

18 日　2009－2010 年科技工作会议召开。会议主题是“加强组织领导，推动前期策划，倡导学科联合，抓好重大重点，着力服务北京”。范伯元、王守法、张革、侯义斌、张爱林、蒋毅坚，各学院院长、主管科技工作副院长、两院院士、长江学者、部分学术带头人和职能部处负责人参加会议。范伯元、王守法讲话。张爱林作《站在新起点　抢抓新机遇　有力推动科技工作再上新台阶》工作报告。16 个学院的院长或主管科技工作副院长发言。

18 日　举行 2009 年庆圣诞、迎新年中外教师联欢会。张爱林、龚裕，有关职能部门，各学院外事负责人、外事秘书以及外籍教师等 50 余人参加。张爱林代表学校致辞。

22 日　举行社会力量参与新农村建设座谈会。会议由北京市委农工委、市农委和北工大联合举办。北京市委农工委书记、市农委主任王孝东，市委农工委副主任高华、陈涛、王建中，张爱林，人文学院、环能学院、建规学院及有关部门人员参加座谈。张爱林致辞。高华介绍北京市新农村建设情况。人文学院院长陆学艺教授介绍有关新农村建设工作思路等。王孝东表示北京市委农工委愿意与北工大共同建设“北京工业大学北京新农村建设研究中心”，从社会学视角研究北京新农村建设。

24 日　2009 年度招生就业工作总结会召开。张革，校招生就业工作领导小组成员，各学院有关负责人及工作人员，2010 届毕业生班主任、辅导员，有关职能部处人员约 80 人参加会议。会议发布《北京工业大学 2009 年用人单位就业需求调研报告》（继 2006 年后第 2 次发布）和《北京工业大学 2009 届毕业生就业状况白皮书》（连续第 6 年发布），表彰 2009 年度招生就业工作 30 名先进个人和 8 个先进集体。

24 日　召开新生辅导员培训结业仪式暨学生工作表彰大会。张革、蒋毅坚，有关学院、部处负责人，各学院主管学生工作负责人，全体专兼职辅导员、班主任参加会议。校领导为参加培训辅导员颁发结业证书。会议表彰 10 个学生工作先进单位和 46 名优秀辅导员。

28 日　《北京工业大学年鉴（2010）》编辑工作部署会召开。北京教育志编纂委员会办公室主任李晓秋应邀作《浅谈大学年鉴的规范与创新》业务培训。王守法、卢振洋，《北京教育年鉴》编辑部专家，学校各单位年鉴编辑工作负责人、组稿人约 90 人参加会议。

29 日　2010 年新春团拜会暨 60 年代校友表彰会举行。参加大会的有60年代（1960－1965年入学）校友近500人，科技老教授协会会员近400人，北工大关心下一代工作委员会委员、离休老领导近40人。范伯元致辞。卢振洋作北工大近年发展及50周年校庆筹备工作报告。大会表彰老校友26人；放映北工大第一任校长李晨对校友的希望和祝福；观看北工大老教师艺术团、老校友合唱团、科技老教授协会和校大学生艺术团演出。

30日　2009年党风廉政建设责任制检查工作交流总结会召开。会议交流党风廉政建设责任制检查资料，听取8个检查组工作总结。龚裕通报北京市教育纪工委《关于北京工业大学2009年贯彻落实党风廉政建设责任制推进惩防体系建设任务完成情况的检查报告》，报告从七个方面肯定北工大2009年度党风廉政建设成绩，并提出三个方面工作建议。

31日　召开党外人士代表座谈会。张革、龚裕、张爱林、蒋毅坚，民主党派、侨联负责人和无党派人士代表参加座谈。张革主持会议并通报学校服务北京、基层党建、为师生办实事等情况，张爱林、蒋毅坚分别通报学校科研、“十二五”规划、教育教学、质量工程等工作，龚裕通报学校党风廉政制度建设以及廉政风险防范工作。与会代表对学校学科建设、人才培养、校院两级管理等提出建议。

（张　英　江飒英）

# ·人 物·

## 院士简介

### 中国工程院院士 左铁镛

**左铁镛** 材料科学专家，1936年生于北京。

1958年毕业于东北工学院（现东北大学）；1958年至1991年，历任中南工业大学教授、博士生导师、副校长；1991年至1996年任国家教委科技司司长；1995年当选中国工程院院士；1996年至2004年任北京工业大学校长；1996年至2006年任中国科协副主席；曾任中共十五大代表、第九届全国政协委员、第十届全国政协常委。现任北京工业大学学术委员会主任，兼任国务院学位委员会委员、中国工程院教育委员会副主任、教育部科技委员会副主任、教育部高校实验室建设指导委员会主任、中国有色金属学会副理事长、中国高教学会地方大学教育研究分会会长、北京市学位委员会副主任等重要学术职务。

左铁镛院士是中国难熔金属材料和金属加工领域的主要学科带头人之一。他大力开展富有资源材料的研究工作，不仅在难熔金属材料和稀土功能材料、低塑性材料及其加工等基础研究中取得了系列创新成果，而且解决了关键工程技术问题，对推动我国富有的资源钨、钼、稀土材料和铝加工工业的科技进步和发展做出了开拓性的重要贡献。

左铁镛院士是中国生态环境材料和循环经济研究的开拓者之一，研究成果在国内外产生重大影响。20世纪90年代以来，他组建了国内高校第一家生态环境材料与技术研究所，承担了国家973项目、863项目等重大课题；近年来又大力倡导循环经济研究，推动交叉学科建设。创办北京高校首家循环经济研究院；应邀在国内外作循环经济报告近百场；主编国内首套《循环经济研究丛书》；主持中国工程院、国家发改委、国家开发银行等重大课题。

左铁镛院士从事高等教育和科学研究50余年，成果丰硕。现已发表学术论文300多篇（被SCI、EI引摘160余篇），出版专著8部，获国家科技进步奖、技术发明奖2项，省部级科技奖9项。1991年被评为“国家有突出贡献中青年科技专家”；2000年被评为“北京市先进工作者”；主讲的《材料科学与工程学导论》2006年被评为国家精品课程；2006年获中国工程院“光华工程科技奖”；2007年获“第三届北京市高等学校教学名师奖”和教育部“第三届高等学校教学名师奖”；2008年获“北京市教育教学成果特等奖”；所率领的“材料科学与工程学科教学团队”被评为“2008年国家级教学团队”；2008年主持“资源、环境及循环经济”交叉学科被列为北京市重点学科；2008年被评为“国家973计划重要贡献者”和“中国有色工业改革开放30年有影响人物”；2009年获“国家教育教学成果二等奖”及“中国产学研合作促进奖”。

（吴玉锋　程会强）

### 中国科学院院士 张 泽

**张 泽** 材料科学专家，1953年生于天津。

1980年毕业于吉林大学物理系；1983年、1987年在中国科学院金属研究所获硕士、博士学位。1987年、1990年分别晋升为副研究员、研究员。2001年当选中国科学院院士。张泽院士是第九届、第十届全国政协委员。曾任中国科学院北京电子显微镜开放研究实验室主任、博士生导师，中国科学技术协会党组成员、书记处书记，亚洲晶体学会主席，国际晶体学会执委会成员。2003 年 2 月任北京工业大学副校长。现任国家重大基础研究项目 (973) 首席科学家、中国科学院技术科学部常务委员会委员、学部副主任、中国物理学会副理事长、中国分析测试协会理事长、中国材料学会副理事长、国家科技平台建设专家组副组长。

张泽院士长期从事准晶、低维纳米材料等电子显微结构研究，将原子层次显微结构分析与材料科学中重要问题相结合，系统研究解决了准晶、低维纳米材料等国际材料科学界的一些重要问题。其中，1984 年至 1985 年，在急冷条件下过渡族金属复杂晶体相生成及其特殊衍射现象探索中，发现 Ti-Ni-V 五次对称准晶，这属于国际准晶研究的开创性工作之一，被认为是“中国实验物理方面的重要成果”，成为国际准晶研究经典文献之一。主要成果被写入多本国际、国内有关晶体学、凝聚态物理学术专著和教科书。1988 年至 1990 年，将晶体中衍射衬度成像理论方法引入准晶缺陷研究，在 Al-Cu-Co 十次对称准晶中发现了位错、层错，并用新方法确定了位错的柏氏矢量方向，继而又首次确定了五次对称准晶中的位错方向及柏氏矢量方向，为国际准晶缺陷研究提出了新理论、新方法。在准晶体的结构、相变、缺陷研究方面取得新的突破，完成一系列创新成果。这些开创性研究居国际领先地位，其成果已成为国际准晶研究的经典性文献。

近年来，张泽院士利用高分辨显微结构研究方法，开展现代低维、纳米材料的显微结构及其物理性能间关系方面的系统研究。利用高分辨和电子全息等现代显微结构研究方法，开展巨磁电阻自旋阀、磁隧道结超薄膜半导体纳米线等现代低维、纳米材料的显微结构及其物理性能关系方面的系统研究，并取得重要成果，多次应邀主持国际会议专题会议或作报告。

张泽院士承担多项国家重大项目及其他基金研究项目的研究工作并取得突出成果。曾获“国家自然科学一等奖”、首届“吴健雄物理奖”、首届“中国青年科技奖”、首届“中国青年科学家奖”、“何梁何利奖”、“求是奖”等 9 项国家及部委级奖励。2007 年，由张泽院士主持的项目“首次发现共价键晶体及非晶结构一维纳米材料的大应变塑性形变”入选“中国高等学校 2007 年十大科技进展”。已在国际有影响的学术刊物上发表学术论文 200 余篇，被国际学术界同行引用 2 000 余次；编著《高分辨电子显微学在材料科学中应用》、《纳米结构及纳米材料》英文专著两部。主要学术成果被纳入国内外多部学术专著及教科书。

（贾晓方　孙　威）

## 中国工程院院士　李京文

**李京文**　技术经济学与数量经济学家和工程管理专家，1933 年生于广西陆川。

1951 年考入武汉大学经济系，1953 年秋被送选到莫斯科留学，1958 年毕业并获经济工程师称号和经济学硕士学位。回国后先后在河北省计委、国家计委、北京经济学院、国家建委、建材部和国家建材总局等单位担任技术员、工程师、教研室主任、处长、司长、总局局长助理。1985 年至 1998 年任中国社会科学院数量经济与技术经济研究所所长和经济学科片领导组组长。现任中国社科院学部委员、主席团成员、北京工业大学经济与管理学院院长，北京经济社会发展研究院院长。

李京文院士是第七届、第九届全国政协委员，全国政协经济委员会委员、第八届全国人大代表。1988 年被中共中央组织部选拔为国家有特殊贡献专家，并被国家科委、人事部选定为国家级有突出贡献的中青年专家；1991 年获国务院颁发的政府特殊津贴；1994 年被俄罗斯科学院选为外籍院士；1995 年被聘为俄罗斯人文科学院院士；1998 年被选为国际欧亚科学院院士；1999 年被选为世界生产率科学院院士；2001 年当选为中国工程院院士；2006 年当选中国社会科学院学部委员并任学部主席团成员，同时担任国家中长期科技规划总体组顾问委员会顾问等重要社会职务。

他长期致力于科技进步、生产率、经济形势分析与预测、工程项目技术经济评估、资源与环境、可持续发展和区域规划等领域的研究。他较早提出了符合中国实际的工程技术经济论证理论与方法，采用科学方法对中国经济作年度与长期预测和产业结构与地区发展的研究，曾主持多项国家重大工程项目论证和环渤海圈、中部五省、海南、深圳等地区经济发展战略规划等项目；曾担任三峡工程、南水北调工程、京沪高速铁路等重大工程项目技术经济论证专家组负责人。主持国家重大课题“技术进步与产业结构”、“中国经济形势分析与预测”、“1996～2010 年中国经济发展预测”、“1998～2050 年中国经济发展与预测”、“生产率与中国经济增长”、“经济增长方式转变综合研究”、“北京市经济增长与产业结构优化（1996～2010）”等项目的研究工作，近年主持研究的重大项目有：“矿产资源可持续发展战略的经济分析与宏观政策”、“城市化中的经济问题”、“中国油气资源可持续发展战略的立法与政策措施研究”、“区域经济问题研究”、“技术标准与科技研发协调发展战略理论研究”、“振兴老工业基地及其可持续发展研究”、“青藏铁路运营效益及政策支持研究”，以及国家“863”重大攻关课题“高速磁浮交通系统在长大干线适用性－宏观技术经济问题”等重大课题的研究工作。2005年以来，以李京文院士为首组建了“北京重大经济社会问题研究”创新团队，每年为北京市政府及有关部门提供《北京经济形势分析预测》、《北京现代制造业发展研究报告》、《艾滋病对我国经济和社会影响的分析及其控制机制》等研究报告，为政府部门提供决策参考。同时李京文院士参与了中国工程院“三峡水利枢纽阶段性评估”的研究工作，并主持了“中国铁路技术创新模式研究”、“高速磁浮交通技术创新及产业化研究”以及“十二五”规划政策支撑研究等国家重大课题以及国家自然科学基金项目“基于自组织理论的台海两岸经济系统运行机理研究”的研究工作。

李院士已出版专著40余部；发表论文500余篇，获国家科技进步一等奖2项、二等奖3项、三等奖1项；北京市哲学社会科学二等奖1项；获“五个一工程”奖、“孙冶方经济学奖”和多项省部级奖。已培养博士生60余人、硕士生70余人及博士后8人。所主持的博士后研究方向包括老工业基地改造、能源战略与政策、大型工程项目评估，同时还负责其他重大项目的研究工作。

（李军英　李京文）

## 中国科学院院士　周锡元

**周锡元**　地震工程专家，1938年5月出生于江苏无锡。

1953年至1956年在建工部苏州建筑工程学校工业与民用建筑专业学习，1956年在中国科学院哈尔滨工程力学研究所任技术员、实习研究员，1971年在北京市地震队担任实习研究员，1978年至今在中国建筑科学研究院工程抗震研究所任工程师、研究员，2001至今在北京工业大学从事科研工作。现任北京工业大学学术委员会副主任、工程抗震与结构诊治北京市重点实验室主任和学术委员会主任。

主要研究方向：结构隔震、减震与振动控制，城市与工程抗震减灾，地震危险性分析与设计地震，城市和区域综合减灾规划等。周锡元院士在工程结构与抗震减灾领域的主要贡献：（1）发展了考虑房屋空间工作特性的结构计算理论；（2）推动了随机地震力理论与结构地震反应的研究；（3）深化了场地条件对震害和地震动影响的研究；（4）发展了地震动参数和震害潜势的概率分析方法；（5）推进了城市和区域的综合抗震防灾；（6）促进了建筑结构隔震减震的研究与工程应用；（7）长期参与地震区建设规范的制订与修编。

40余年来，周锡元院士一直致力于结构抗震、工程地震学以及城市与区域的综合减灾研究。曾参与主持国家中长期科学技术发展规划公共安全专项的咨询评议和其他重大计划的评审工作。现担任中国灾害防御协会、中国勘察设计协会等学会理事或常务理事；国家减灾委专家委员会、中国地震学会、中国城市规划协会、建设部科学技术委员会、国家地震安全性评价委员会、国家地震局地震灾害损失评定委员会等委员会委员、常务委员或主任委员；《建筑结构学报》、《地震学报》、《地震工程与工程振动》、《Journal of Earthquake Engineering》等杂志编委。

发表论文300余篇，著作有《地震工程概论》、《场地·地基·设计地震》、《抗震工程学》、《工程抗震的新发展》等；曾获全国科技大会奖1项和国家科技进步二等奖4项、三等奖1项及北京市和省部级二等以上科技进步奖多项，指导培养硕士、博士生、博士后40余名。2009年度发表学术论文20余篇。

（周宏宇　杜修力）

## 中国工程院院士　张　杰

**张　杰**　给水排水工程专家，1938年生于辽宁本溪。

1962年毕业于哈尔滨建筑工程学院（现哈尔滨工业大学）给水排水工程专业，1985年获日本大阪大学博士学位。1992年获政府特殊津贴，1995年被评为吉林省设计大师，1996年被评为建设部和国家“八五”攻关先进个人，1997年当选为中国工程院院士。

张杰院士曾任中国市政工程东北设计研究院总工程师、副院长；1999年任哈工大教授、博士生导师，兼任建设部科技委员会委员，中国市政工程东北设计研究院名誉院长、顾问总工程师，全国高等给水排水工程学科专业指导委员顾问，中国土木工程学会水工业分会副理事长，全国给水排水情报网副主任，国家城市给水排水工程技术研究中心工程技术研究委员会副主任等职务。2000年兼任北京工业大学教授、博士生导师，水质科学与水环境恢复工程北京市重点实验室主任。

张杰院士在水质科学与水环境恢复工程领域的主要学术贡献和工程成就：（1）提出水环境恢复理论，指出城市水的健康循环是恢复良好水环境，实现水资源可持续利用的根本途径。完成了“深圳特区城市中水道系统规划”、“大连市海水与污水资源战略研究”和国家中长期科学与技术规划子专题“城市水系统健康循环研究”等项目，为中国的水环境恢复注入了崭新的理念。（2）在国内外首次提出生物固锰除锰机制，并应用于工程实践，解决了半个多世纪来地下水除锰难题，主持创建和运行了数座大中小型生物除铁除锰水厂，使中国在该领域跃居国际先进水平。（3）在国内率先开发了城市污水净化再生全流程，主持创建的国内首座污水再生水厂被评为国家“八五”优秀示范工程，开创了中国城市污水回用事业，并跻身于国际先进行列；（4）开发了厌氧-好氧活性污泥除磷技术，在普通二级生化处理中可同时完成去除营养盐磷的任务，有替代传统活性污泥法的必然趋势，用于大连开发区6万立方米每天的污水处理厂的$A^2/O$系统，在未增投资的情况下，改造成10万立方米每天的三级深度污水处理厂，被评为国家优秀示范工程。（5）在低温低浊湖泊水净化、低温生化等工程技术方面进行广泛的工程实践，取得良好效果。（6）主持和完成了东北城市重大给水排水工程设计数十项，推动了寒冷地区给水排水工程技术的发展。

张杰院士完成国家科技攻关9项，主持长春等城市重大给水排水系统工程设计36项，大中型92项；培养博士、硕士研究生数十名；发表论文230多篇，出版著作9部；曾获国家科技进步二等奖、三等奖，建设部科技进步一等奖，吉林省科技进步一等奖，黑龙江省科技进步一等奖，2009年华夏建设科技进步二等奖。

（李　冬　杜修力）

## 中国科学院院士　曾　毅

**曾　毅**　病毒学、肿瘤学专家，1929年生于广东揭西。

1952年毕业于上海第一医学院。1974年至1975年在英国的格拉斯哥病毒研究所做客座研究员从事肿瘤基础研究。1986年至1987年曾在法国国家科学研究中心作为客座研究员从事HIV的研究。曾任中国预防医学科学院院长，三届国务院学位评审组成员，世界卫生组织全球顾问委员会委员，国际微生物联盟执委，中国预防性病艾滋病基金会会长，中华预防医学会会长等职务。现任北京工业大学生命科学与生物工程学院院长，博士、博士后导师，国家性病艾滋病预防控制中心首席科学家，中国疾病预防控制中心病毒病预防控制所院士实验室主任，世界卫生组织肿瘤专家顾问组成员，联合国亚太地区艾滋病与发展领导论坛指导委员会成员，法兰西国家医学科学院外籍院士，俄罗斯医学科学院外籍院士。

曾毅院士从1973年开始研究EB病毒与鼻咽癌的关系，建立了一系列鼻咽癌的血清学诊断方法，应用血清学指标可以在发病前5至18年预测鼻咽癌发生的可能性，使早期诊断率从20%～30%提高到80%～90%，挽救了大批病人的生命。在国际上首次从高分化和低分化鼻咽癌建立细胞株，这些细胞株都带有EB病毒的DNA和蛋白；发现HLA与鼻咽癌发生有关，鼻咽癌高发区的一些中草药、植物和食物带有TPA等促癌物，人鼻咽部的厌氧杆菌能产生促癌物丁酸；在国际上首次证明在促癌物TPA和丁酸的协同作用下，EB病毒感染的人胎鼻咽部粘膜组织在裸鼠能诱发T、B细胞淋巴瘤和人鼻咽癌，这是EB病毒诱发人鼻咽癌的直接证据，同时也提供了研究鼻咽癌病因多因素和作用机制的模型；已研究出EB病毒疫苗；在国内首次研究了HTLV-1病毒在中国的分布及其与成年人T淋巴细胞白血病及神经系统疾病的关系；证明HPV18 E6E7单独或与促癌物、致癌物、放射等因素协同作用能诱发正常胎儿食管上皮细胞癌变；研究HPV与宫颈癌的关系；研究HHV-8病毒的分布及其与卡波西肉瘤和艾滋病的关系；首次应用人乙肝病毒与黄曲霉毒素合同作用诱发人胎肝细胞癌变并建立了细胞株。从1984年起开展艾滋病毒（HIV）和艾滋病的研究，证明1982年HIV随血液制品从美国传入中国，1983年感染中国公民，1987年分离到第一个中国的HIV—1毒株；进行HIV—1分子流行病学的研究，建立了HIV的快速诊断方法；一直从事艾滋病宣传教育和干预及HIV药物和疫苗的研究，疫苗已完成临床前研究，于2007年转让给深圳一家生物公司进行进一步开发。从1987年开始与李泽琳教授共同研究抗HIV-1药物、中药配方KA-08，并于2003年获“863”支持；现在北工大已建立抗HIV-1药物研究平台，基因水平、细胞水平、多种模型处于国内领先水平。

曾毅院士共发表中英文论文500余篇，著书6

本；曾获国家杰出贡献中青年称号，获国家和部级科技成果20余项及陈嘉庚医药科学奖、政府特殊津贴、2006年贝利马丁奖，2008年与中国疾病预防开展中心吴尊友教授合作的“我国既往有偿供血人群艾滋病流行病学与控制策略研究”获中华医学会科技奖一等奖，同年获得“中华预防医学会公共卫生与预防医学发展贡献奖”。

（沈思嗣　钟儒刚）

## 中国工程院院士　沈昌祥

**沈昌祥**　信息安全专家，1940年生于浙江奉化。

1965年毕业于浙江大学数学系，从事计算机信息系统、密码工程、信息安全体系结构、系统软件安全（安全操作系统、安全数据库等）、网络安全等方面的研究工作。他先后完成了重大科研项目20余项，取得了一系列重要成果，曾获国家科技进步一等奖2项、二等奖3项、三等奖3项，军队科技进步奖10多项。这些成果在信息处理和安全技术上有重大创造性，多项达到世界先进水平，在全国全军广泛应用，取得十分显著的效益，使中国信息安全保密方面取得突破性进展。

沈昌祥院士被授予“海军模范科技工作者”荣誉称号，是国家有突出贡献的中青年专家、第七届全国人大代表，1996年获军队首届专业技术重大贡献奖，1995年5月当选中国工程院院士，2002年获国家第四届“光华工程科技奖”。发表学术论文200余篇，著《实时系统软件设计》、《信息安全工程导论》、《信息安全》和《信息安全导论》等专著，作为编委主任主持出版了《信息保障技术框架》和《银行信息安全知识读本》2本著作。

沈昌祥院士现任国家信息化专家咨询委员会委员，国防科技大学、海军工程大学、解放军信息工程大学、北京大学、浙江大学、中科院研究生院、上海交通大学等多所著名高校的博士生导师，国家密码管理委员会办公室顾问，国家保密局专家顾问，公安部“金盾工程”特邀顾问，中国人民银行信息安全顾问，国家税务总局信息技术咨询委员会委员，中国计算机学会信息保密专业委员会主任，教育部高等学校信息安全类专业教学指导委员会主任委员。

（刘　毅　石　勤）

# • 2009 年逝世人物 •

## 陈明绍

陈明绍，男，广东大埔人，1914 年 8 月出生，2009 年 9 月 5 日在北京逝世，享年 95 岁。

1948 年 11 月参加工作，1949 年 3 月加入九三学社。第五、六、七届全国政协委员，第八届全国政协常委、全国政协教育文化委员会副主任，九三学社第八、九届中央委员会副主席，第十届中央委员会名誉副主席，北京市第八、九届人民代表大会常务委员会副主任，政协北京市第五届委员会副主席，北京工业大学原副校长、教授。

1936 年 6 月毕业于清华大学土木工程系，此后历任南京水工试验所工程员，甘肃省会工务所副工程师，西北农学院、东北大学、重庆大学、河北工学院、北京大学工学院教授。1950 年 1 月至 1958 年 12 月间，历任北京市卫生工程局副局长、总工程师，北京市上下水道工程局局长，市政设计院代院长，北京市城市规划委员会副主任、总工程师。龙须沟工程的设计和施工总负责人。1958 年 12 月后任北京市建筑工程学院、北京工业大学教授。1980 年 1 月任北京工业大学副校长。1982 年 3 月至 1983 年 3 月任北京市政协副主席，1983 年 3 月至 1993 年 2 月任北京市人大常委会副主任，1993 年 2 月至 1998 年 12 月任全国政协常委兼科教文委副主任。1998 年 12 月离休后，任九三学社中央名誉副主席。

陈明绍为国家有突出贡献专家。1991 年至 1996 年任第一届国务院环境保护委员会科学顾问。曾任北京市科协副主席，中国水利工程学会理事兼秘书长、中国土木工程学会计算机应用学会理事长、中国建筑热能动力学会理事长、北京能源学会理事长，中国土木工程学会荣誉会员，全国计量单位技术委员会负责人。

长期从事土木工程、能源环境的研究和教学，在水利学科多相流体力学方面，对气、固、液三流体的混掺、分离机理及运动规律作过深入细微的探索与试验。编著出版《工程流体力学》、《除尘技术的基本理论与应用》、《能源与环境》、《人类的隐忧——由能源滥用所引起的生态破坏》等论著。晚年研究传统文化为经济建设服务，撰写了《老子其人与其书·老子维护生态良性循环哲理之一》、《“道”和生态环境系统·老子维护生态良性循环哲理之二》等。

## 张在明

张在明，男，岩土工程专家，中国工程院院士，1942 年出生于云南昆明，2009 年 12 月 4 日在北京逝世，享年 67 岁。

北京市有突出贡献专家，入选北京市跨世纪第一流学者计划，北京市“五一劳动奖章”获得者，北京市科技成果推广先进个人。2000 年被评为全国勘察大师，2003 年当选中国工程院院士。

1965 年毕业于北京工业大学土木建筑系工业与民用建筑专业。1982 年至 1984 年赴美国加州大学伯克利分校（Berkeley）做访问学者。1990 年至 1991 年在加拿大萨省大学（Saskatchewan）做高级访问学者。曾与希德（Seed）教授、弗莱德伦德（Fredlund）教授等国际著名土力学家进行合作研究多年。

1965 年在北京市勘察设计研究院从事工程勘察和岩土工程方面的生产和研究，曾任副院长、总工程师、顾问总工程师，教授级高工。研究领域包括室内外动力、静力试验机理研究及仪器研制、工程评价方法与数值分析、计算机应用研究、地震工程的参数评价与反应分析、地下水饱和一非饱和渗流分析研究，以及国家与地方技术标准制定等。20 世纪 80 年代初以来，一直承担重大工程勘察和岩土工程项目的领导、策划与审定。负责重大工程百项以上，包括奥运会场馆、国家大剧院、中央商务区的北京电视台和中央电视台及国贸三期等超高层建筑项目及若干重大地下工程。曾受建设部委托主持制定行业科技进步与技术政策要点，主持了一系列重大工程的岩土工程问题的论证和处理工作。

2005 年 4 月受聘北京工业大学双聘院士。他到校后启动了城市岩土与地下工程安全检测技术平台建设等项目，完成了北京地区地方性规范《北京地区建筑地基基础勘察设计规范》的修订工作。主持国家自然科学基金项目、国家科技计划支撑项目、北京市自然科学基金项目及北京市科委、北京市教委项目等多项科研课题；获国家级优秀工程奖 4 项，国家优秀软件奖 1 项，部市级优秀工程奖 11 项，部市级科技进步奖 9 项，北京市规委科技进步奖 8 项；出版专著、译著各 2 部，在国内外核心刊物和会议上发表论文 100 余篇。

2009 年 1 月参加市科委主持的地下水项目中期汇报，5 月参加学院与北勘院合作课题的学术交流并做学术报告。领导完成的《北京地区建筑地基基础勘察设计规范》5 月 11 日正式颁布实施。主持的北京市科委项目“地下水对北京城市地铁规划建设的影响及对策研究”通过验收；国家自然科学基金项目及北京市教委重点项目“地下水在城市地下空间的赋存与渗流特征及相关灾害研究”完成并结题。

（张钦喜　杜修力）

# 北京工业大学 2009 年各级人大代表、政协委员名单

第十一届全国人大常委　侯义斌
第十一届全国政协委员　范伯元　张　泽　左铁钏　蔡　勉
第十三届北京市人大代表　高向宇　李寿梅
第十一届北京市政协委员　张延庆　唐　兢　杜修力（常委）　李德胜
第十四届朝阳区人大代表　马志成　阮平南
第十四届朝阳区人大常委　蔡　勉
第十一届朝阳区政协委员　高向宇　卢清国　张久兴　李　杨　林美珍　邹　锋　李德胜
第十一届崇文区政协委员　纪常伟

# 北京工业大学 2009 年民主党派人士在各级党派中担任职务的名单

九三学社中央委员会常委、九三学社北京市副主任委员　侯义斌
九三学社中央委员　张延庆
台盟中央委员、台盟北京市妇委会副主任、台盟北京市副主委、台盟朝阳区委副主委　蔡　勉
农工党中央教育工作委员会委员　赵耀华
致公党中央参政议政委员会委员　何　宁
九三学社北京市委委员、九三学社北京市委农林委员会第一副主任　杜修力
民革北京市委委员、民革北工大支部主委　唐　兢
致公党北京市常委、朝阳区政协副主席、致公党北京市朝阳区委员会主任委员　高向宇
九三学社北京市朝阳区副主委、九三学社北工大支社主委　卢清国
民革市委经济委员会委员　常晓年
民进北京市委青年委员　张汉林
民盟北京市委员会副主任委员、民盟北工大主委　李德胜
民盟北京市朝阳区委委员　刘有军
民盟朝阳区委员、区参政议政委员会副主任委员、民盟北工大综合支部主委　朱满康
民建朝阳区委委员、民建朝阳区委经济科教委员会主任、民建北工大支部主委　李　杨
民盟北京工业大学支部主委　李俊勤
民进北工大支部主委　郝　伟
民革北京市委委员、民革中央教科文卫体委员会委员　崔铁宁

（以上由统战部提供）

# 北京工业大学2009年正高级专业技术职务名单

（按姓氏汉语拼音字母顺序排序）

**教授**

鲍长春 蔡 勉 蔡力钢 蔡永泉 曹万林
陈 哲 陈建生 陈建新 陈树君 陈向东
陈艳艳 陈彦江 陈阳舟 陈子勇 程曹宗
程水源 程维虎 戴 俭 戴洪兴 戴铁军
邓金祥 邓宗才 翟东升 杜文博 范伯元
范晋伟 范周田 冯能莲 冯士维 冯秀珍
付 胜 高坤元 高立新 高文学 高向宇
顾力刚 关 峻 关宏志 郭 福 郭 航
郭 霞 郭明珠 郝 伟 郝瑞霞 何 洪
何存富 何泾沙 贺定勇 侯碧辉 侯义斌
胡 深 胡惠琴 胡江碧 胡利明 黄海峰
黄鲁成 黄永畅 黄樟钦 霍 达 冀俊忠
纪常伟 纪树兰 贾克斌 贾荣建 贾松敏
江竹青 蒋大林 蒋国瑞 蒋毅坚 蒋宗礼
金头男 金毓荃 居鹤华 康天放 孔德慧
雷永平 李 冬 李 坚 李 健 李 静
李 军 李 雷 李 农 李 欣 李 悦
李 哲 李爱芳 李德胜 李东松 李红旗
李剑锋 李寿梅 李双杰 李文正 李晓琴
李晓延 李晓阳 李炎锋 李玉鑑 李云章
李振宝 栗卓新 梁岩松 廖湖声 林 森
林志远 林平分 刘椿年 刘建丽 刘景园
刘有明 刘宇慧 刘赵淼 刘中良 龙连春
卢清国 吕 鑑 吕胜富 罗亚非 罗云敬
马 捷 马国远 马民涛 聂松林 聂祚仁
彭良雪 彭一江 彭永臻 钱伟量 乔爱科
乔俊飞 秦 飞 邱 坚 曲延瑞 任 毅
荣 建 阮平南 阮晓钢 尚德广 盛 望
石秀丽 史耀武 宋晓艳 宋永伦 宋晏蓉
隋曼龄 隋允康 孙 威 孙宝歧 孙崇正
孙光民 孙继红 孙艳丰 孙治荣 孙小端
索红莉 谭铁志 唐 兢 唐 军 陶连金
陶世荃 涂 鸣 汪 浩 王 波 王 丹
王 丽 王 民 王 群 王 珊 王 术
王 为 王 越 王 湛 王从曾 王大虎
王大勇 王国华 王吉有 王建华 王金淑
王景甫 王守法 王铁流 王小逸 王新华
王燕兴 王彦萍 王志宏 韦 奇 吴 斌
吴宝晶 吴水才 吴伟和 吴武臣 吴玉庭
毋立芳 伍良生 夏定国 夏国栋 夏志东
肖荣诗 谢伦立 徐 晨 徐大川 徐贺文
徐劳立 薛 毅 薛留根 薛素铎 严 辉
杨昌鸣 杨建武 杨庆生 杨士林 杨松令
杨文通 杨孝宽 姚爱军 姚海楼 尹宝才
于乃功 于忠臣 余跃庆 俞春喜 俞宽新
苑中显 岳 明 张 建 张 荆 张 蕾
张 丽 张爱林 张汉林 张红光 张建标
张金喜 张久兴 张明聚 张钦喜 张万荣
张新平 张延华 张延庆 张一鸣 张亦良
张毅刚 张永安 张永祥 张忠占 赵 京
赵 均 赵凤琴 赵立祥 赵书华 赵耀华
钟儒刚 周俊英 周恕义 周玉文 朱 青
卓 力 宗 刚 邹 锋 左铁钏 左铁镛
亓路宽 佘远斌 邸瑞华 闫 红 栾良才

**研究员**

陈 涛 陈 铠 陈继民 程会强 崔素萍
段建民 龚 裕 韩晓东 李 港 李 娟
李 强 李 星 李宝富 李洪泉 李四平
刘丹敏 刘世炳 刘有军 卢振洋 吕长志
马东辉 马雪梅 马志成 石 勤 石宇良
苏经宇 王 普 王淑莹 王秀彦 王智勇
温瑞兴 肖 念 肖创柏 阎维明 杨艳玲
张 革 张 伟 张 泽 张晓玲 赵一夫
周竞学

**教授级高工**

陈 超 杜修力 高 风 蒋建敏 兰明章
毛 征 秦 华 石照耀 苏盛辉 苏学宽
王智慧 王子明 徐学东 杨 宏

**研究馆员**

魏育辉

# 北京工业大学2009年特聘教授名单

蔡力钢（机电学院） 张新平（数理学院）
钟　宁（计算机学院） 盛　望（生命学院）
杨昌鸣（建规学院） 石宇良（软件学院）
隋曼龄（固体所） 聂松林（机电学院）
韩永飞（计算机学院） 王　璞（激光院）

# 北京工业大学2009年兼职（客座）教授名单

名誉教授（新聘）：施　敏
兼职教授（新聘）：李岱松　朱启超　李建平
刘建中　Yuebin Guo
丁茂战　宋　浩　郑吉春
客座教授（新聘）：马　恩（Evan Ma）
王中林　沈绪榜　何新贵
John　Wawrzynek　Bob
Steward Patrick Lysaght
谢凯年　陈立群
Michael Krystek
客座副教授（新聘）：Clint Cole John Williams
兼职教授（续聘）：姚　燕
客座教授（续聘）：赵力东　古川宪治

（以上由人事处提供）

# 北京工业大学2009年博士生导师名单

机电学院（21人）　李德胜　石照耀　吴　斌　余跃庆　何存富　尚德广　费仁元　李晓阳　宋永伦　伍良生　张　伟　殷树言　张慧慧　隋允康　杨庆生　蔡力钢　范晋伟　赵　京　聂松林　曹凤国（兼职）　方岱宁（兼职）

电控学院（25人）　鲍长春　崔平远　贾克斌　沈光地　吴武臣　陈阳舟　冯士维　陈建新　段建民　李志国　沈兰荪　阮晓钢　王　普　张万荣　吕长志　亢宝位　张一鸣　徐　晨　乔俊飞　秦裕林　贾松敏　钟　宁　吴景龙（兼职）　刘际明（兼职）　姚一豫（兼职）

建工学院（35人）　曹万林　杜修力　刘小明　苏经宇　周锡元　李　星　李　军　陈　超　霍　达　邓宗才　薛素铎　张　杰　陈艳艳　关宏志　李振宝　陶连金　闫维明　张金喜　张延庆　张毅刚　张永祥　张在明　赵耀华　周玉文　张爱林　任福田　杨　宏　汪光焘（兼职）　段里仁（兼职）　何若全（兼职）　罗　玲（兼职）　孙小端（兼职）　全永燊（兼职）　周　伟（兼职）　周福霖（兼职）

环能学院（20人）　程水源　何　洪　康天放　马重芳　余远斌　夏定国　范伯元　戴洪兴　刘中良　彭永臻　孙继红　王淑莹　马国远　金毓荃　周大森　夏国栋　王　湛　俞　坚（兼职）　任阵海（兼职）　何梓年（兼职）

数理学院（18人）　程曹宗　刘有明　王大勇　姚海楼　李寿梅　杨振海　王　丽　侯碧辉　陶世荃　王松桂　俞宽新　张忠占　薛留根　王　术　杨士林　张新平　李云章　黄永畅

计算机学院（15人）　邸瑞华　尹宝才　廖湖声　沈昌祥　张鸿宾　刘椿年　张书杰　肖创柏　蔡永泉　郭百宁（兼职）　高　文（兼职）　陆汝钤（兼职）　宋　柔（兼职）

| | |
|---|---|
| | 赵春江（兼职） 徐茂智（兼职） |
| 材料学院（20人） | 杜文博 郭 福 李晓延 史耀武 王金淑 严 辉 周美玲 雷永平 |
| | 聂祚仁 汪 浩 张久兴 左铁镛 张文熊 索红莉 宋晓艳 王 波 |
| | 栗卓新 陈子勇 徐滨士（兼职） 姚 燕（兼职） |
| 经管学院（10人） | 李京文 黄鲁成 吴国蔚 黄海峰 宗 刚 阮平南 张永安 黄梯云（兼职） |
| | 王林生（兼职） 冯宗宪（兼职） |
| 人文学院（1人） | 陆学艺 |
| 建规学院（2人） | 杨昌鸣 宛素春 |
| 生命学院（16人） | 王存新 闫 红 曾 毅 钟儒刚 盛 望 刘有军 马雪梅 |
| | 吴祖泽（兼职） 贺福初（兼职） 杨晓明（兼职） 王升启（兼职） |
| | 钱小红（兼职） 王 林（兼职） 孙启鸿（兼职） |
| | 董俊兴（兼职） 高 月（兼职） |
| 软件学院（3人） | 侯义斌 何泾沙 黄樟钦 |
| 激光院（7人） | 蒋毅坚 李 港 刘世炳 肖荣诗 左铁钏 王智勇 李 强 |
| 固体所（3人） | 韩晓东 孙 威 张 泽 |
| 嵌入式系统实验室（1人） | 林平分（兼职） |

合计数：197人，其中兼职博导37人，新引进博导3人（聂松林、贾松敏、陈子勇）。

（研究生部 提供）

## 北京工业大学2009年满30年教龄表彰名单

尹玉华 韩连茹 崔畔起 李长平 陈 玉
沈 忱 周志清 纪树兰 宋 红 祝孝正
杨德荣 蒋宗礼 赵瑞翔 李 萌 姚淑云
庞 福 张长顺 王 玲 车 宏 刘 平
王雅丽 范自建 陈敢旺 宋 芮 杨 影
柴维克 李大有 安 琳 胡瑞祥 何秀丽
王连仲 张丽华 李振堂 李小虹 吴守先
刘惠娥 王月荣 王 琍 周恕义 仝文治

杨 丽 杨宝生 王 晶 田华民 吴俊杰
郭红武 沐大春 李长征 魏 健 屈善志
闫凑喜 李建华 潘 才 常俊海 马树良
刘晓光 张书利 崔立秋 董德财 曹树和
张启身 许顺义 张志海 徐翠欣 朱华林
郝俊明 郭俊月 梁志光 崔荣菊 王素萍
宋建平

（校两办提供）

# ·毕业生名单·

## 北京工业大学2009年度授予博士学位人员名单（合计126人）

其中：工学博士学位94人（含1名留学生）、理学博士学位15人、管理学博士学位17人。

### 机械工程与应用电子技术学院（工学博士合计17人）

**工程力学**

姚志刚　张君华

**机械电子工程**

邓　菲　古金茂　胡坤平　李秀明　任福深
汤　洁　王　磊　杨　帅

**机械设计及理论**

窦万波　郝育新　刘庆波　刘善增　聂　林
宋国荣　王雯静

### 电子信息与控制工程学院（工学博士合计8人）

**微电子学与固体电子学**

耿淑琴　金冬月　张跃宗　郑立评

**检测技术与自动化装置**

郑榜贵

**模式识别与智能系统**

雷振伍　刘　杰　穆效江

### 建筑工程学院（工学博士合计22人）

**土木工程**

王　卓

**结构工程**

李　莉　王　成　王　敏　杨海军　杨兴民
苑　辉

**市政工程**

魏海娟　谢善斌

**防灾减灾工程及防护工程**

刘　猛　王志涛　张向东

**桥梁与隧道工程**

赵　密

**交通运输规划与管理**

陈　玫　杜　渐　费志荣　龚晓岚　胡　红
罗　铭　吴　晓　徐秋实
Akpakli Vincent Kwami

### 环境与能源工程学院（工学博士合计16人）

**热能工程**

刘　斌　刘　璿　么居标　王晓涛　王　艳
闫小克　张　明

**环境科学**

李惠宁　王忠丽　张　雁

**环境工程**

王　伟　杨　庆　叶　晓　张　融　赵秀勇
竹　涛

### 应用数理学院（含固体微结构与性能研究所）（理学博士合计14人）

**概率论与数理统计**

戴家佳　李俊刚　刘　强　唐古生　王大荣
张国志

**凝聚态物理**

陈艳辉　罗俊锋　毛圣成　王俊萍
王　珂　王雅丽　郑　坤

**光学**

门艳彬

## 计算机学院（工学博士合计 14 人）

**计算机应用技术**

陈　锐　范　晓　付颖芳　高荣华　李国瑞
李　辉　林　民　刘金伟　吕罗文　马占国
乔　峰　苏　航　苏依拉　朱　亮

## 材料科学与工程学院
## （工学博士合计 9 人）

**材料物理与化学**

李国星　李红花　米仪琳

**材料学**

刘文彬　邢泽炳　赵跃常

**材料加工工程**

程汉池　傅斌友　于　洋

## 经济与管理学院
## （管理学博士合计 17 人）

**管理科学与工程**

柴金艳　程会强　黄　梅　李慧颖　刘启浩
刘玉芳　卢文光　任伟宏　任玉琨　田　钢
王丰岐　王丽珂　王仕卿　王宛秋　王允修
肖华茂　杨东升

## 激光工程研究院
## （理学博士合计 1 人，工学博士合计 3 人）

**光学**

刘学胜

**光学工程**

陈　檬　丁　鹏　祁　恒

## 生命科学与生物工程学院
## （工学博士合计 5 人）

**生物医学工程**

常　珊　南　群　齐立省　孙庭广　张小轶

# 北京工业大学 2009 年博士毕业生、结业生名单
# （合计毕业生 122 人、结业生 1 人）

## 机械工程与应用电子技术学院
## （合计毕业生 18 人）

**工程力学**

**毕业生（2 人）**

张君华　姚志刚

**机械电子工程**

**毕业生（9 人）**

胡坤平　邓　菲　王　磊　王　锋　古金茂
李秀明　汤　洁　杨　帅　任福深

**机械设计及理论**

**毕业生（7 人）**

郝育新　宋国荣　窦万波　刘善增　王雯静
聂　林　刘庆波

## 电子信息与控制工程学院
## （合计 9 人）

**微电子学与固体电子学**

**毕业生（4 人）**

郑立评　张跃宗　耿淑琴　金冬月

**模式识别与智能系统**

**毕业生（3 人）**

穆效江　雷振伍　刘　杰

**电路与系统**

**毕业生（1 人）**

张　菁

**检测技术与自动化装置**

**毕业生（1 人）**

郑榜贵

## 建筑工程学院（合计20人）

**结构工程**
**毕业生（7人）**
李　莉　张科军　杨海军　王　敏　苑　辉
杨兴民　王　成
**防灾减灾工程及防护工程**
**毕业生（3人）**
刘　猛　　王志涛　　张向东
**桥梁与隧道工程**
**毕业生（1人）**
赵　密
**市政工程**
**毕业生（1人）**
魏海娟
**土木工程**
**毕业生（1人）**
王　卓
**交通运输规划与管理**
**毕业生（7人）**
罗　铭　徐秋实　胡　红　杜　渐　吴　晓
陈　玫　龚晓岚

## 环境与能源工程学院（合计14人）

**热能工程**
**毕业生（7人）**
刘　璿　刘　斌　王晓涛　王　艳　么居标
闫小克　张　明
**环境工程**
**毕业生（4人）**
张　融　杨　庆　竹　涛　王　伟
**环境科学**
**毕业生（3人）**
张　雁　李惠宁　王忠丽

## 应用数理学院（合计8人）

**概率论与数理统计**
**毕业生（6人）**
张国志　唐古生　戴家佳　王大荣　李俊刚
刘　强
**光学专业**
**毕业生（1人）**
门艳彬
**凝聚态物理**
**毕业生（1人）**
王雅丽

## 计算机学院（合计12人）

**计算机应用技术**
**毕业生（12人）**
苏依拉　朱　亮　刘金伟　陈　锐　李　辉
苏　航　高荣华　范　晓　乔　峰　付颖芳
林　民　李国瑞

## 材料科学与工程学院（合计10人）

**材料物理与化学**
**毕业生（3人）**
李国星　李红花　米仪琳
**材料学**
**毕业生（3人）**
邢泽炳　刘文彬　赵　跃
**材料加工工程**
**毕业生（3人）**
于　洋　傅斌友　程汉池
**结业生（1人）**
严永长

## 经济与管理学院（合计17人）

**管理科学与工程**
**毕业生（17人）**
卢文光　刘启浩　王仕卿　李慧颖　王允修
任玉琨　刘玉芳　程会强　任伟宏　田　钢
肖华茂　王丽珂　王丰岐　黄　梅　杨东升
王宛秋　柴金艳

## 激光工程研究院（合计4人）

**光学**
**毕业生（1人）**
刘学胜
**光学工程**
**毕业生（3人）**
陈　檬　丁　鹏　祁　恒

## 生命科学与生物工程学院
## （合计 5 人）

**生物医学工程**

**毕业生（5 人）**

张小铁　齐立省　孙庭广　南　群　常　珊

## 固体微结构与性能研究所
## （合计 6 人）

**凝聚态物理**

**毕业生（6 人）**

陈艳辉　郑　坤　王　珂　王俊萍　罗俊锋
毛圣成

（研究生部　提供）

# 北京工业大学 2009 年度授予硕士学位人员名单（合计 1 172 人）

其中：工学硕士学位 928 人（含 5 名留学生）、理学硕士学位 98 人、管理学硕士学位 83 人（含 2 名留学生）、经济学硕士学位 51 人、文学硕士学位 7 人、哲学硕士学位 5 人。

## 机械工程与应用电子技术学院
## （工学硕士合计 135 人）

**固体力学**

安　彤　常婧雅　华　冰　姜公锋　李济民
李建刚　刘金艳

**流体力学**

安　惠　高建成　马瑞艳　马紫光

**工程力学**

陈兴华　冯　景　高　惠　何运成　刘　健
薛贵林　岳彩锐　张明利　张　谭　张文璋
张　阳　朱　青

**机械制造及其自动化**

常　海　陈　浩　陈　龙　陈茂光　陈　文
陈　鑫　程　倩　邓颖辉　段文军　范亮宇
方　斌　顾　宇　何金群　姬晓光　李琳娜
李　威　李艳辉　李雨婧　刘　磊　刘新星
刘　煜　吕彦辉　秦合营　卿建喜　区炳显
戎　伟　孙雷春　孙奕昀　王思民　王　通
王伟华　王永宾　王跃辉　王治东　闻　伟
吴丽娟　肖　峰　谢阁新　谢　剑　杨晓燕
杨　勇　叶　威　郁　坤　昝　威　翟奋楼
张聪敏　张　飞　赵立君　赵增强　钟丽琼
朱美玲　朱晓勇

**机械电子工程**

迟　宁　邓　君　高文宁　郭丽娟　胡　婷
蒋健伟　李　艳　刘　进　刘　鑫　刘振国
龙伟生　陆　鑫　邱　祁　汤金蕾　王　冲
王世莹　魏　琦　徐　璐　杨万然　张　存
张　鹏　张　涛　张晓亮　张云廷　朱丽娜
Bong Weli Eyenga

**机械设计及理论**

陈文斌　方　承　顾兆勇　黄　薇　蒋传彪
李海龙　李学朋　李玉龙　刘安琦　刘菊银
刘庆来　马　琳　孟宪龙　倪君杰　邵　楠
唐　捷　王叶昊　吴绍群　杨　辉　周健伟

**测试计量技术及仪器**

陈　伟　郝向非　籍庆校　李　静　刘海峰
马玫娟　王　晶　王　玮　吴再奇　杨凯文
张　强　赵彩萍　周　超　朱海涛

## 电子信息与控制工程学院
## （含嵌入式实验室）（工学硕士合计 177 人）

**物理电子学**

康玉柱　李天璘　杨　臻

**电路与系统**

陈美玲　丁学爽　范伟彬　高　嵩　郭建新
李　罡　李宗方　刘李明　刘晓晋　刘张宇
乔传标　秦璐璐　邱建伟　唐　榕　王亚丽
翁玉凤　辛　杰　辛　颖　薛二娟　杨　元
周作成　曾　金

**微电子学与固体电子学**

白云霞　戴天明　邓　琛　丁　亮　段天利
段　毅　方　狄　甘军宁　胡　锋　贾学姣
李　菲　李　佳　李晓波　李洋洋　李一博
李盈莹　罗　璋　毛德丰　毛泓东　裘利平

尚守锦 苏 蓉 孙建辉 童佳杰 万昌盛
王龙伟 王 宁 王 佩 王同喜 王秀玲
王秀玲 王元春 吴颖杰 游雪兰 虞晓凡
张国伟 张彦飞 张玉敏 庄四祥

**通信与信息系统**

曹 杨 陈 祺 方玉明 高 青 胡 健
胡赛君 黄谢学 金 樾 李大伟 刘华益
刘敬宇 刘仁品 千 路 任 晴 沈 军
石玉龙 唐 峰 王 峥 王宗涛 吴 军
徐佳谋 张美娜 张秀丽 张振冬 赵 鑫

**信号与信息处理**

曹 蕾 高雪娟 韩秀丽 何 絮 何 岳
刘瑞之 刘 星 刘垚巍 卢修文 马军强
马子明 申 伟 宋 煜 随晓谛 孙少卿
王 晶 王 颖 王昱镔 魏福领 徐 昊
许 磊 闫 磊

**控制理论与控制工程**

陈 芳 陈 雨 范立权 付晓光 黄 旭
江光秀 焦利芳 康 硕 李 淼 李 荣
刘经纬 彭 勃 彭婧璇 彭兴文 钱海峰
宋 微 孙章固 谭 凯 王 晨 王嶷然
吴振华 张 华 张 杰 张静娴 赵 娅

**检测技术与自动化装置**

蒋炜靓 焦圣伟 刘 强 彭 博 冉 川
时 菁 王 静 王 钰 杨洪祥 张汝成
赵廷法 赵 焱 赵泽文 周 毅 朱 亮
朱晓硕

**模式识别与智能系统**

邓 尉 樊瑞元 高志坤 耿世松 巩佳伟
关 伟 贾艳梅 李 军 李 萍 李志谦
刘净瑜 刘 喆 刘 卓 马 江 马 岩
秦永钢 石 英 孙喜龙 田晓云 王 蕊
邢雪涛 许晓明 袁 也 张洪亮 周 健

## 建筑工程学院
## (工学硕士合计 191 人)

**岩土工程**

陈 蔚 樊 鑫 管 江 郭跃龙 姜厚停
刘方元 刘鸿哲 吕 琦 牛大伟 王诚浩
文利明 闫 鑫 杨文峰 赵 强 周晓菊

**结构工程**

白 嘉 蔡炎城 曹坤远 成 锟 崔金印
崔伟龙 冯 淼 高 军 韩兆兴 胡 斌
胡云辉 李 娜 李 楠 李朋远 李清宽
李文博 李 毅 李忠静 李宗凯 刘明友
刘 强 刘显旺 刘 昱 孟 涛 邱井林
饶雯婧 任 颖 佘向军 宋 蕊 王大春
王 杰 王 奎 王 敏 王 涛 王 岩
吴玉生 忻 嘉 徐 敏 徐泰光 杨 波
叶锦华 袁建岭 张建强 张 晶 张 磊
张 磊 张鹏飞 张申全 张士炼 张志强
赵博尧 赵维娜 赵胥英 郑敬杰 郑 忠
朱 珩 曾 彬

**市政工程**

陈 莉 狄剑英 郭 岩 韩 煦 蒋 源
晋存田 李灿波 李大功 李乃实 李 威
梁小田 刘 杰 马富国 孟凡能 牛庆利
乔文燕 饶 明 任 健 任书魁 单苍竹
施同平 史京伟 孙文鹏 谈玲玲 田 森
万宏文 王 峰 王花平 王新庆 王 永
熊晓丽 徐瑶清 于萍波 张 晨 张红旗
张 磊 张晓萍 朱国春

**供热、供燃气、通风及空调工程**

端木祥玲 何开远 侯丛兰 华高英
康国青 李月萍 李志远 刘 斌 万旭东
王瑞锋 王欣红 王 樱 伍 品 杨 超
张富荣

**防灾减灾工程及防护工程**

陈 巍 高晓明 郭二伟 姜纪果 刘 平
邱钦钦 石鹿言 苏 亮 汤华颖 铁 瑞
王 晟 王维凝 王 艳 杨小强 尹 青
张腾龙 张宜磊 周进军

**桥梁与隧道工程**

白雪峰 高 博 高 云 高志升 管 诚
何 珺 蒯本秋 梁昌征 廖 丹 刘宏宇
马祥禄 石 伟 孙丽丽 孙玉辉 王 宇
王正念 杨海滨 张丹华 张 萍 张 勇
赵晓娟 卓祖城

**道路与铁道工程**

艾树波 范 猛 李 爽 连 嘉 史 扬
张 晨 赵恩强 周一鸣

**交通运输规划与管理**

曹新涛 方 佳 高丽梅 耿 雪 过雁鸣
金冰峰 李 娟 厉 瓅 刘 妍 卢 亮
浦 亮 王 超 王一祎 王子雷 吴文斌
武 平 徐 林 殷焕焕

## 环境与能源工程学院
## (理学硕士合计 2 人，工学硕士合计 74 人)

**物理化学**

马玉茹 王绥军

**热能工程**

邓福山 高丽丽 何 阳 贾明兴 刘 欣
刘志辉 罗光亮 牟笑迎 倪 盈 庞会中
邱钊鹏 邵兵华 孙俊芳 王丁会 王 玲
王 宁 王 涛 吴晓晖 徐婷婷 徐志波
闫 皓 于 浩 于文俊 张 强 郑 铁
朱 江

**制冷及低温工程**

郝玉涛 黄生云 金 尧 刘璐璐 刘艳品
彭 珑 汪亮兵 王鑫特

**应用化学**

白晓光 崔彦杰 付文文 高 学 郭丰艳
韩 华 李志美 梁艳莉 刘彩欣 任传利
宋 雪 王爱欣 张 悦 赵卫锋

**环境科学**

白 洁 董伟娜 胡 婧 刘桐珅 马淑平
沈 婷 万译文 王晓伟 杨 莹

**环境工程**

陈冉妮 葛 慧 何丽娟 李夕耀 尚会来
邵 华 时晓宁 苏静芝 王江萍 许小伟
杨媛媛 殷芳芳 袁金萍 张 菁 章小军
张 悦 郑雅楠

## 应用数理学院（含固体所）
## （理学硕士合计 66 人）

**基础数学**

陈 涛 陈雪坤 郭 威 郭宇华 韩春华
马 潇 王丽霞 王梅娟 许 飞 尹宗明
张广华 张利平 张 涛 周丽丽

**概率论与数理统计**

李俊英 李 旭 马月红 杨子怡 张宝芹

**应用数学**

樊心艳 贾儿则 姜利敏 李 霞 孙 敏
张 杨

**运筹学与控制论**

陈 燕 董丽莉 韩凌辉 姜君娜 王 星
张 沛

**理论物理**

黄 鹏 李 楠 卢冀林 吕 磊 齐寿涛
王滕滕

**凝聚态物理**

蔡 迪 胡振江 黄晓芳 李顺锁 李 霞
刘成章 汪旭洋 王 飞 王红利 杨永建
姚 倩 袁 芳

**光学**

郭铁成 李 光 梁京平 刘 东 刘 健
刘 宁 刘鹏飞 刘少杰 刘 巍 马相军
欧阳甸 宋娇阳 宋晓阳 孙亚军 魏利晓
张雪静 赵 娟

## 计算机学院
## （工学硕士合计 178 人）

**计算机软件与理论**

包塔林 陈 悦 狄 斌 丁 喆 顾 博
韩连华 胡仁兵 贾慧彤 孔 亮 李 鹏
梁 晨 鲁长东 毛学会 尚艳玲 史领航
史 诗 孙晓希 王东升 王 强 王 妍
吴 波 徐 优 杨霞玲 尹 珅 袁 飞
张鸿勋 赵 晶 赵 旭 郑 伟 周 伟

**计算机应用技术**

曹俊彬 曹 森 陈 辉 陈 颖 陈志强
陈志阳 陈 卓 崔平军 邓红兰 丁 杰
樊永华 冯 佳 付 博 付仲恺 葛 玲
顾江锋 刮俊杰 郭 宏 郭 瑞 郭艳庆
郭云嵩 韩 强 何冰慧 何 涛 何燕超
胡 斌 胡 帅 胡 涛 黄李平 黄 琰
贾秀琴 姜小军 金卫振 金 鑫 康昕昀
旷 芸 李福帮 李华丽 李 晖 李会娟
李 佳 李 洁 李京辉 李守超 李 帅
李小勇 李亦佳 李园花 梁文灿 林志强
凌 木 刘 灿 刘晨光 刘 东 刘 芳
刘 涵 刘鸿年 刘会强 刘梅芳 刘秋峰
刘晓辉 刘 岩 刘 洋 刘易枫 刘 珍
刘 铮 卢太龙 鲁小兵 罗序明 吕 宁
马鸿雁 马 莉 潘奕君 齐金亮 邵 温
沈迎君 石聪慧 史纪军 宋汉营 宋丽娟
孙 嘉 孙 旭 孙炎森 覃海焕 唐兰贵
唐文志 王宝国 王 峰 王海燕 王宏图
王记坤 王 恺 王 然 王 睿 王 硕
王晓艳 王志亮 王子琛 魏晓萌 翁梓钧
邬 鹏 吴树国 吴 涛 吴艳华 谢 俊
徐 超 许博文 许 鹏 许 涛 薛 冰
严先有 杨光伟 杨贵彬 杨 涛 杨 洋
叶可佳 尤 飞 于永庆 岳少园 张伯宏
张晨光 张 栋 张国明 张 航 张慧涛
张晋锋 张 乾 张 旭 张雪迪 张雪峰
张 扬 张 烨 张永超 张有康 张云青
张 争 赵洪伟 赵静伟 赵 益 郑小静
郑重雨 周 珂 周 培 周 巍 周雅稚
朱金衢 朱平香 曾庆隆

## 材料科学与工程学院（含固体所）
## （工学硕士合计94人）

**材料物理与化学**

葛海燕 胡翰宸 孙宏达 王峰瀛 王 锐
王宪谋 吴宁宁 赵路阳 赵学平

**材料学**

蔡柏奇 曹翠华 陈 蓓 陈 澍 陈 希
丁大伟 高 非 黄大建 贾进义 訾志刚
姜亦斌 李凤辉 李浩嘉 李建敏 李 婷
李文秀 李晓鹏 李 艳 刘洪沛 刘立江
刘山宇 刘玮玮 娄载亮 罗 楠 马剑峰
马灵姬 孟 刚 庞 建 皮 雄 冉 津
宋芳苹 孙 慧 谭惠芬 万成龙 王 朝
王 峰 王玉良 卫 斌 魏 君 吴振兴
宿静然 许 刚 许云龙 严振杰 杨华伟
于成伟 占春耀 张冰心 张 迪 张皓琨
张 群 张彦栋 张志军 赵 樑 郑国龙
周 洋 朱世旦 祝永华 邹泽昌

**材料加工工程**

安树春 陈 勇 董文兴 冯艳玲 高 晨
纪小健 李广东 李 莉 刘 彬 刘 娜
申 灏 汪应玲 王 斌 王 琴 王晓芳
王 勇 王振强 夏立明 许 飞 杨爱弟
张 华 张林伟 张志政 赵明书 郑丽君
周永馨

## 经济与管理学院（管理学硕士合计83人，经济学硕士合计51人）

**国际贸易学**

白 娟 白 燕 陈 曦 邓 杰 丁 苗
高 飞 高小红 管晓宇 郭灿波 韩 菲
吉晓喆 姜 晨 匡 娴 李 博 李 晖
李翔宇 李小雪 刘 畅 刘 娜 刘 鹏
刘秀鹏 路 清 秦轶翀 苏 薇 唐 雯
王 飞 王 娟 王 勋 向 筠 徐 畅
许久海 张春霞 张 弓 赵 莉 赵伟丽
振 佳 周 雅

**数量经济学**

蔡乾龙 丁 硕 范 超 付 鹏 葛腾飞
郭 旭 林 月 莫慧强 王园园 王卓琳
夏柯山 杨实君 于海静 于玉斌

**管理科学与工程**

蔡 爽 高 杰 高丽霞 高 滔 耿宝利
顾传龙 韩 涛 何华成 姜 宁 柯 林
李 博 李继媛 李黎芬 李廷喜 刘 晨
刘 伟 刘一剑 柳中胜 马爱琴 牟苗苗
彭德斌 青 海 任伟毛 任文隆 司学峰
王岱凌 王 健 王丽芳 吴 威 夏 月
徐文璐 杨 丹 杨 琪 杨少娣 杨微微
杨先鹏 杨 莹 尹希杰 岳文磊 张礼兴
张 权 张蕊芬 赵林伟 赵 宁 赵 鑫
周健明 朱雪东 曾丽娜
PUREVJAV NARANJARGAL

**企业管理**

艾静涛 蔡洁雯 柴志妍 常晓玲 段虹伊
盖 超 高海军 高彦婷 赫 光 孔海洋
寇 宇 李 翠 李慧雪 刘 超 刘世超
刘婷婷 马 清 邱 景 申子超 万晨鹿
万 坤 汪文杰 王 甲 王 晴 王婉丽
王 欣 邢李志 杨 平 尹大婕 张佳璐
赵庆明 赵 宇 赵正艳 KIM BO KYUN

## 建筑与城市规划学院
## （工学硕士合计39人）

**建筑设计及其理论**

柴丽君 董 萌 高 萌 郭 威 侯晓莉
胡卫华 李 镭 李素云 李雯雯 李一楠
梁 宓 林桂红 吕 超 马 静 马水静
佘怡宁 孙 丽 王京华 王少奎 吴昕川
邢耀匀 杨红阳 杨 鹏 杨 姗 张金红
张璟磊 赵 鹏 LEE KANG MAN
YOON SUNG YUNG

**城市规划与设计**

高 洁 蒋 羿 李 贺 沈 静 徐翠萍
张 姣 张巧霞 张 鑫 KIM HAN KIE
LEE BEOM

## 激光工程研究院
## （理学硕士合计9人，工学硕士合计15人）

**光学**

高 毅 蒋茂华 李 晶 任 艺 肖艺娟
许春晓 颜凡江 张 雪 邹淑珍

**光学工程**

蔡艳芳 惠勇凌 焦传江 兰 天 李 智
刘 腾 宁 丰 彭坤丽 王宝军 王凌昊
徐洁洁 闫 婷 杨 博 于志宇 赵 莹

## 人文社会科学学院
## （哲学硕士合计 5 人）

**科学技术哲学**

陈赵云　潘　苗　肖忠榜　张亚赟　赵正国

## 生命科学与生物工程学院
## （理学硕士合计 21 人，工学硕士合计 10 人）

**生物物理学**

陈　霞　丛肖静　崔　爽　邓鸿飞　焦自国
赖再枝　刘　平　刘　岳　潘竞林　桑云虎
唐　巍　王　康　薛运周　杨道山　杨海儒
杨　伟　张记军　张清悦　张四成　赵　蕊
周　媛

**生物医学工程**

陈廷鋆　卢玉林　吕　伟　马　楠　王杨柳
肖海玲　肖江艳　张　迪　张　兰　赵　磊

## 外国语学院
## （文学硕士合计 7 人）

**外国语言学及应用语言学**

郭圆圆　韩曙光　李迎春　宋瑞娜　杨彩云
赵　茜　赵　霞

## 软件学院
## （工学硕士合计 15 人）

**计算机应用技术**

毕永泽　代富鹏　姜树昕　刘　洋　刘子辰
吕晓旭　马瑞复　谭　波　覃　华　卫　征
邢　利　徐　哲　伊　宏　于水清　张　鹏

（研究生部　提供）

# 北京工业大学 2009 年授予具有研究生毕业同等学力硕士学位人员名单（合计 1 人）

其中：授予工学硕士学位 1 人

## 材料科学与工程学院（合计 1 人）

材料学（工学硕士共 1 人）

张隐奇

（研究生部　提供）

# 北京工业大学 2009 年授予高校教师在职攻读硕士学位人员名单（合计 41 人）

其中：授予工学硕士学位 34 人，理学硕士学位 6 人，管理学硕士学位 1 人。

## 机械工程与应用电子学院（合计 3 人）

**机械电子工程（工学硕士共 1 人）**

王续明

**机械设计及理论（工学硕士共 2 人）**

刘保华　任瑞恩

## 电子信息与控制学院（合计 7 人）

**模式识别与智能系统（工学硕士共 6 人）**

白敏丹　李　慧　刘　红　刘利平　田　奕
王江峰

## 微电子学与固体电子学
## （工学硕士共 1 人）

武　利

## 建筑工程学院（合计3人）

**结构工程（工学硕士共1人）**

曹志强

**市政工程（工学硕士共2人）**

王维军 周红星

## 应用数理学院（合计6人）

**概率论与数理统计（理学硕士共2人）**

孙彩云 雍进辉

**光学（理学硕士共4人）**

华玲玲 李海军 刘敏蔷 米银梅

## 计算机学院（合计21人）

**计算机应用技术（工学硕士共21人）**

安　颖 陈桂强 陈智慧 崔炳德 杜晓军
杜义君 冯国玲 龚佳剑 郝胜男 李　鹏
李　妍 刘丹青 裴祥喜 田润芙 万春旭
王亚敏 郗海龙 杨　阳 尹志东 于咏霞
张文静

## 经济与管理学院（合计1人）

**管理科学与工程（管理学硕士共1人）**

桑洪峰

（研究生部　提供）

# 北京工业大学2009年硕士毕业生、结业生名单（合计毕业生1 166人、结业生1人）

## 机械工程与应用电子技术学院（合计毕业生135人）

**固体力学**

**毕业生（7人）**

华　冰 安　彤 李济民 李建刚 姜公锋
常婧雅 刘金艳

**流体力学**

**毕业生（4人）**

马瑞艳 马紫光 高建成 安　惠

**工程力学**

**毕业生（12人）**

薛贵林 何运成 张文璋 陈兴华 张明利
岳彩锐 张　谭 张　阳 刘　健 高　惠
朱　青 冯　景

**机械制造及其自动化**

**毕业生（53人）**

刘　煜 肖　峰 程　倩 吴丽娟 李雨婧
陈　文 谢阁新 闻　伟 陈　龙 顾　宇
段文军 朱晓勇 王治东 赵增强 陈茂光
王伟华 赵立君 孙奕昀 李琳娜 张聪敏
郁　坤 孙雷春 方　斌 刘　磊 昝　威
戎　伟 范亮宇 吕彦辉 姬晓光 刘新星
邓颖辉 叶　威 陈　鑫 王思民 常　海
张　飞 陈　浩 翟奋楼 朱美玲 杨　勇
王　通 王跃辉 钟丽琼 李　威 区炳显
谢　剑 杨晓燕 李　帅 王永宾 李艳辉
卿建喜 秦合营 何金群

**机械电子工程**

**毕业生（25人）**

郭丽娟 陆　鑫 杨万然 徐　璐 蒋健伟
魏　琦 龙伟生 刘　鑫 张晓亮 张　鹏
张　涛 邱　祁 迟　宁 邓　君 王世莹
张　存 张云廷 高文宁 朱丽娜 刘振国
王　冲 李　艳 汤金蕾 刘　进 胡　婷

**机械设计及理论**

**毕业生（20人）**

李海龙 马　琳 方　承 吴绍群 孟宪龙
陈文斌 黄　薇 刘菊银 刘安琦 李玉龙
杨　辉 李学朋 刘庆来 顾兆勇 倪君杰
邵　楠 唐　捷 王叶昊 周健伟 蒋传彪

**测试计量技术及仪器**

**毕业生（14人）**

马玫娟 籍庆校 杨凯文 陈　伟 王　玮
周　超 吴再奇 朱海涛 赵彩萍 王　晶
李　静 刘海峰 郝向非 张　强

## 电子信息与控制工程学院
## （合计 152 人）

**物理电子学**

**毕业生（3 人）**

康玉柱 李天璘 杨臻

**电路与系统**

**毕业生（21 人）**

李宗方 周作成 郭建新 邱建伟 薛二娟
刘张宇 唐榕 丁学爽 翁玉凤 刘李明
王亚丽 杨元 乔传标 李罡 辛杰
秦璐璐 陈美玲 高嵩 刘晓晋 辛颖
曾金

**微电子学与固体电子学**

**毕业生（29 人）**

甘军宁 李洋洋 李菲 毛德丰 王元春
王秀玲 孙建辉 白云霞 王龙伟 尚守锦
王宁 段毅 张彦飞 张玉敏 李一博
李盈莹 苏蓉 裘利平 庄四祥 贾学姣
李佳 游雪兰 李晓波 段天利 戴天明
丁亮 王同喜 邓琛 张国伟

**通信与信息系统**

**毕业生（11 人）**

金樾 高青 徐佳谋 吴军 赵鑫
沈军 李大伟 曹杨 唐峰 张美娜
胡健

**信号与信息处理**

**毕业生（22 人）**

徐昊 高雪娟 何岳 孙少卿 何絮
曹蕾 王颖 马子明 闫磊 刘星
申伟 宋煜 王昱镔 刘瑞之 许磊
马军强 随晓谛 魏福领 韩秀丽 卢修文
王晶 刘垚巍

**控制理论与控制工程**

**毕业生（23 人）**

刘经纬 彭勃 张静娴 赵娅 彭兴文
范立权 张杰 王嶷然 康硕 陈芳
王晨 彭婧璇 付晓光 谭凯 宋微
黄旭 李荣 钱海峰 张华 李森
江光秀 陈雨 吴振华

**检测技术与自动化装置**

**毕业生（17 人）**

时菁 冉川 彭博 赵廷法 朱亮
蒋炜靓 赵焱 张汝成 周毅 朱晓硕
杨旭东 焦圣伟 王静 王钰 刘强
杨洪祥 赵泽文

**模式识别与智能系统**

**毕业生（25 人）**

贾艳梅 刘喆 巩佳伟 李志谦 马岩
孙喜龙 田晓云 关伟 袁也 王蕊
刘净瑜 刘卓 马江 李萍 周健
耿世松 邢雪涛 邓尉 许晓明 石英
李军 高志坤 秦永钢 张洪亮 樊瑞元

**结业生（1 人）**

闫峰

## 建筑工程学院（合计 193 人）

**岩土工程**

**毕业生（15 人）**

管江 赵强 姜厚停 闫鑫 杨文峰
王诚浩 郭跃龙 吕琦 刘鸿哲 陈蔚
周晓菊 文利明 樊鑫 牛大伟 刘方元

**结构工程**

**毕业生（57 人）**

张晶 张鹏飞 饶雯婧 刘强 蔡炎城
曹坤远 刘明友 任颖 赵博尧 宋蕊
张磊 李毅 刘昱 李娜 李宗凯
叶锦华 冯森 李楠 赵胥英 白嘉
王奎 张志强 吴玉生 李朋远 忻嘉
邱井林 徐泰光 赵维娜 孟涛 王敏
崔金印 袁建岭 崔伟龙 张士炼 李忠静
李清宽 朱珩 胡斌 王涛 张申全
郑忠 高军 徐敏 杨波 张建强
胡云辉 刘显旺 王杰 王大春 曾彬
李文博 韩兆兴 王岩 成锟 郑敬杰
张磊 佘向军

**市政工程**

**毕业生（38 人）**

王永 蒋源 梁小田 郭岩 晋存田
狄剑英 孙文鹏 韩煦 朱国春 牛庆利
李威 王花平 饶明 任书魁 陈莉
李灿波 任健 徐瑶清 马富国 张晓萍
孟凡能 熊晓丽 张磊 史京伟 张红旗
施同平 王峰 田森 张晨 于萍波
李乃实 李大功 王新庆 乔文燕 刘杰
单苍竹 谈玲玲 万宏文

**供热、供燃气、通风及空调工程**

**毕业生（15 人）**

杨超 万旭东 何开远 王樱 伍品
华高英 刘赟 王欣红 侯丛兰 李月萍
端木祥玲 王瑞锋 张富荣 康国青 李志远

**防灾减灾工程及防护工程**

**毕业生（18人）**

周进军 高晓明 邱钦钦 王维凝 张腾龙
刘　平 姜纪果 陈　巍 郭二伟 尹　青
汤华颖 王　晟 铁　瑞 王　艳 张宜磊
石鹿言 杨小强 苏　亮

**桥梁与隧道工程**

**毕业生（22人）**

刘宏宇 何　珺 梁昌征 白雪峰 张　萍
杨海滨 蒯本秋 管　诚 孙丽丽 高　云
孙玉辉 卓祖城 王正念 高　博 王　宇
张　勇 赵晓娟 石　伟 马祥禄 张丹华
高志升 廖　丹

**道路与铁道工程**

**毕业生（8人）**

史　扬 周一鸣 连　嘉 张　晨 艾树波
赵恩强 李　爽 范　猛

**交通运输规划与管理**

**毕业生（20人）**

耿　雪 王一祎 厉　璨 浦　亮 过雁鸣
方　佳 王　超 王卫东 金冰峰 贾金龙
武　平 王子雷 吴文斌 曹新涛 李　娟
刘　妍 徐　林 殷焕焕 卢　亮 高丽梅

## 环境与能源工程学院（合计76人）

**物理化学**

**毕业生（2人）**

马玉茹 王绥军

**热能工程**

**毕业生（26人）**

牟笑迎 邓福山 王　玲 于　浩 郑　轶
高丽丽 徐婷婷 张　强 于文俊 朱　江
王丁会 罗光亮 王　宁 贾明兴 刘志辉
王　涛 吴晓晖 刘　欣 闫　皓 邱钊鹏
邵兵华 孙俊芳 徐志波 何　阳 倪　盈
庞会中

**制冷及低温工程**

**毕业生（8人）**

王鑫特 彭　珑 刘艳品 刘璐璐 黄生云
金　尧 郝玉涛 汪亮兵

**应用化学**

**毕业生（14人）**

张　悦 赵卫锋 李志美 宋　雪 刘彩欣
王爱欣 高　学 付文文 白晓光 韩　华
任传利 崔彦杰 郭丰艳 梁艳莉

**环境科学**

**毕业生（9人）**

刘桐珅 沈　婷 杨　莹 万译文 胡　婧
王晓伟 白　洁 董伟娜 马淑平

**环境工程**

**毕业生（17人）**

尚会来 殷芳芳 邵　华 许小伟 陈冉妮
张　悦 何丽娟 葛　慧 时晓宁 王江萍
苏静芝 李夕耀 章小军 杨媛媛 张　菁
郑雅楠 袁金萍

## 应用数理学院（合计63人）

**基础数学**

**毕业生（14人）**

郭　威 郭宇华 尹宗明 陈雪坤 张利平
周丽丽 马　潇 陈　涛 张　涛 韩春华
张广华 王梅娟 王丽霞 许　飞

**概率论与数理统计**

**毕业生（5人）**

杨子怡 李俊英 张宝芹 马月红 李　旭

**应用数学**

**毕业生（6人）**

孙　敏 贾儿则 樊心艳 张　杨 李　霞
姜利敏

**运筹学与控制论**

**毕业生（6人）**

姜君娜 韩凌辉 陈　燕 张　沛 董丽莉
王　星

**理论物理**

**毕业生（6人）**

卢冀林 齐寿涛 李　楠 吕　磊 王滕滕
黄　鹏

**凝聚态物理**

**毕业生（9人）**

蔡　迪 李顺锁 姚　倩 汪旭洋 胡振江
王红利 刘成章 李　霞 袁　芳

**光学**

**毕业生（17人）**

刘　宁 刘　巍 张雪静 刘鹏飞 刘　健
梁京平 郭铁成 李　光 孙亚军 魏利晓
赵　娟 宋娇阳 欧阳甸 宋晓阳 马相军
刘少杰 刘　东

## 计算机学院（合计177人）

**计算机软件与理论**

**毕业生（30人）**

史领航 周　伟 吴　波 顾　博 王　妍
孔　亮 史　诗 赵　晶 袁　飞 陈　悦

徐　优　李　鹏　梁　晨　包塔林　孙晓希
赵　旭　尹　珅　郑　伟　鲁长东　胡仁兵
王　强　张鸿勋　王东升　贾慧彤　韩连华
狄　斌　丁　喆　尚艳玲　毛学会　杨霞玲

**计算机应用技术**

**毕业生（147 人）**

陈志阳　魏晓萌　李　洁　张　乾　黄李平
王宝国　刘梅芳　邓红兰　唐兰贵　李　佳
吴　涛　孙　旭　胡　涛　郭云嵩　唐文志
潘奕君　周　培　王海燕　李华丽　石聪慧
崔平军　于永庆　葛　玲　刘　洋　马鸿雁
李京辉　金卫振　李守超　刘秋峰　张　栋
樊永华　张云青　徐　超　沈迎君　张　航
李　晖　王宏图　郑小静　李福帮　何冰慧
韩　强　齐金亮　尤　飞　赵洪伟　周　珂
许　鹏　朱平香　林志强　严先有　陈志强
邵　温　赵　益　张伯宏　刘　珍　王子琛
郑重雨　王　睿　顾江锋　杨　涛　陈　卓
张　旭　吴树国　胡　斌　张　争　金　鑫
刘　铮　翁梓钧　凌　木　赵静伟　朱金衢
丁　杰　胡　帅　王　然　杨　洋　张雪迪
郭艳庆　吕　宁　王记坤　郭　宏　李小勇
王志亮　宋丽娟　张国明　史纪军　王晓艳
刘会强　宋汉营　姜小军　张雪峰　吴艳华
薛　冰　曾庆隆　李　帅　张永超　刘易枫
张　扬　李园花　张晨光　覃海焕　王　峰
杨贵彬　鲁小兵　刘　东　何燕超　罗序明
陈　辉　周　巍　曹　淼　刘　灿　岳少园
刮俊杰　黄　琰　许博文　康昕昀　梁文灿
曹俊彬　杨光伟　李会娟　许　涛　刘晨光
卢太龙　刘　芳　张晋锋　何　涛　马　莉
李亦佳　邬　鹏　冯　佳　王　恺　陈　颖
刘鸿年　张有康　谢　俊　孙炎森　周雅稚
付仲恺　刘　涵　张慧涛　贾秀琴　刘　岩
付　博　郭　瑞　旷　芸　张　烨　孙　嘉
叶可佳　王　硕

## 材料科学与工程学院
## （合计 89 人）

**材料物理与化学**

**毕业生（9 人）**

赵学平　吴宁宁　赵路阳　孙宏达　胡翰宸
葛海燕　王　锐　王峰瀛　王宪谋

**材料学**

**毕业生（54 人）**

郑国龙　陈　蓓　周　洋　严振杰　刘玮玮
马剑峰　张　群　罗　楠　李文秀　孙　慧
张彦栋　李凤辉　赵　樑　张冰心　邹泽昌
李晓鹏　占春耀　张志军　许云龙　魏　君
宋芳苹　娄载亮　王　朝　于成伟　刘洪沛
贾进义　李建敏　姜亦斌　蔡柏奇　宿静然
许　刚　王玉良　马灵姬　李浩嘉　张　迪
訾志刚　万成龙　皮　雄　庞　建　王　峰
谭惠芬　高　非　刘山宇　杨华伟　孟　刚
黄大建　曹翠华　李　婷　朱世旦　吴振兴
李　艳　祝永华　陈　希　冉　津

**材料加工工程**

**毕业生（26 人）**

董文兴　申　灏　杨爱弟　高　晨　赵明书
李广东　李　莉　刘　彬　夏立明　刘　娜
汪应玲　王振强　安树春　纪小健　冯艳玲
周永馨　王　琴　张林伟　张志政　王　斌
王晓芳　陈　勇　郑丽君　张　华　王　勇
许　飞

## 经济与管理学院
## （合计 131 人）

**国际贸易学**

**毕业生（37 人）**

韩　菲　张　弓　陈　曦　管晓宇　王　勋
刘　畅　姜　晨　苏　薇　刘　娜　邓　杰
唐　雯　李　晖　李小雪　高　飞　赵　莉
吉晓喆　高小红　周　雅　王　飞　刘　鹏
许久海　秦铁翀　张春霞　徐　畅　刘秀鹏
郭灿波　丁　苗　振　佳　王　娟　向　筠
李　博　赵伟丽　匡　娴　李翔宇　路　清
白　娟　白　燕

**数量经济学**

**毕业生（14 人）**

丁　硕　范　超　林　月　郭　旭　于海静
于玉斌　付　鹏　蔡乾龙　杨实君　王园园
夏柯山　莫慧强　葛腾飞　王卓琳

**管理科学与工程**

**毕业生（47 人）**

赵　宁　尹希杰　高丽霞　刘一剑　徐文璐
李继媛　杨　琪　刘　晨　姜　宁　岳文磊
赵林伟　李廷喜　王丽芳　周健明　张礼兴
杨　莹　夏　月　任文隆　赵　鑫　刘　伟
顾传龙　杨微微　青　海　张　权　牟苗苗
王　健　杨　丹　任伟毛　蔡　爽　高　滔
朱雪东　柳中胜　耿宝利　司学峰　张蕊芬

高　杰　何华成　彭德斌　吴　威　马爱琴
李黎芬　杨少娣　王岱凌　韩　涛　柯　林
杨先鹏　曾丽娜

**企业管理**

**毕业生（33人）**

申子超　艾静涛　寇　宇　万　坤　杨　平
盖　超　马　清　段虹伊　王婉丽　柴志妍
张佳璐　高彦婷　李慧雪　万晨鹿　李　翠
刘　超　常晓玲　刘世超　赵　宇　王　欣
汪文杰　王　甲　孔海洋　尹大婕　高海军
王　晴　邱　景　邢李志　赫　光　刘婷婷
蔡洁雯　赵庆明　赵正艳

## 建筑与城市规划学院（合计35人）

**建筑设计及其理论**

**毕业生（25人）**

董　萌　杨　姗　杨　鹏　张金红　柴丽君
王少奎　王京华　杨红阳　李　镭　李素云
张璟磊　梁　宓　胡卫华　郭　威　吕　超
马　静　孙　丽　李雯雯　佘怡宁　李一楠
邢耀匀　马水静　侯晓莉　赵　鹏　高　萌

**城市规划与设计**

**毕业生（10人）**

张传娜　沈　静　高　洁　张巧霞　李　贺
张　姣　孙兴文　徐翠萍　蒋　羿　张　鑫

## 激光工程研究院（合计25人）

**光学**

**毕业生（9人）**

邹淑珍　肖艺娟　许春晓　张　雪　颜凡江
李　晶　高　毅　任　艺　蒋茂华

**光学工程**

**毕业生（16人）**

徐洁洁　闫　婷　惠勇凌　蔡艳芳　刘　腾
王　鹏　宁　丰　王宝军　赵　莹　王凌昊
彭坤丽　李　智　兰　天　于　志　杨　博
焦传江

## 人文社会科学学院（合计5人）

**科学技术哲学专业**

**毕业生（5人）**

潘　苗　赵正国　张亚赟　肖忠榜　陈赵云

## 生命科学与生物工程学院（合计31人）

**生物物理学**

**毕业生（21人）**

张清悦　王　康　薛运周　赖再枝　丛肖静
刘　岳　赵　蕊　唐　巍　刘　平　桑云虎
陈　霞　邓鸿飞　崔　爽　潘竟林　焦自国
周　媛　张记军　杨　伟　杨海儒　杨道山
张四成

**生物医学工程**

**毕业生（10人）**

王杨柳　张　迪　陈廷鋆　肖江艳　马　楠
赵　磊　卢玉林　张　兰　吕　伟　肖海玲

## 外国语学院（合计7人）

**外国语言学及应用语言学专业**

**毕业生（7人）**

杨彩云　郭圆圆　韩曙光　赵　霞　宋瑞娜
赵　茜　李迎春

## 软件学院（合计15人）

**计算机应用技术专业**

**毕业生（15人）**

伊　宏　姜树昕　覃　华　张　鹏　谭　波
刘　洋　马瑞复　邢　利　吕晓旭　毕永泽
徐　哲　卫　征　刘子辰　于水清　代富鹏

## 固体微结构与性能研究所（合计9人）

**凝聚态物理专业**

**毕业生（4人）**

陈　刚　黄晓芳　王　飞　杨永建

**材料学专业**

**毕业生（5人）**

张皓琨　刘立江　丁大伟　卫　斌　陈　澍

## 嵌入式系统重点实验室（合计24人）

**微电子学与固体电子学专业**

**毕业生（10人）**

毛泓东　罗　璋　吴颖杰　童佳杰　方　狄

虞晓凡 万昌盛 胡 锋 王 佩 王秀玲

**通信与信息系统**

**毕业生（14）**

方玉明 张振冬 张秀丽 陈 祺 王 峥

胡赛君 刘敬宇 黄谢学 石玉龙 千 路

任 晴 刘华益 王宗涛 刘仁品

（研究生部 提供）

# 北京工业大学2009年授予工程硕士专业学位人员名单（合计504人）

## 机械工程与应用电子学院（合计21人）

**机械工程（专业学位共21人）**

陈 华 陈立静 程红伟 程原野 崔喜瑞

冯立义 李建业 李志强 刘新霞 田 凯

王 江 王进增 王 强 王 伟 王晓晖

吴 颖 杨丽丽 于冠东 赵玉兵 郑德超

周 涛

## 电子信息与控制学院（合计46人）

**电子与通信工程（专业学位共46人）**

陈建军 付丽然 傅 健 高 磊 高雪松

高玉才 高玉红 耿利江 郭 薇 何 李

何鹏辉 洪 波 洪 刚 侯晓乔 江志远

金 杨 李 锋 李 剑 刘 阁 刘建华

刘 森 孟淑丽 倪志强 阮志彬 苏 静

孙 晶 孙 懿 田 亮 王 静 王 楠

王维华 吴裔骞 虞 霞 张大雪 张海龙

张 红 张 建 张 健 张 琪 张智慧

赵 京 赵新宇 赵旭春 郑 波 周克勤

祝宇辉

## 建筑工程学院（合计37人）

**建筑与土木工程（专业学位共33人）**

陈海卫 陈 琳 陈 玲 崔润超 丁 政

高群山 郝媛媛 何丽颖 何亚琪 蒋 愉

李公平 李建刚 蔺再强 刘卫东 刘彦辉

刘 洋 潘 京 彭 涛 宋璟毅 王长青

王长忠 王成彦 王亚楠 王 莹 吴海旭

薛玉琴 杨光亚 杨 瑞 杨智勇 姚曙光

袁卫军 张 军 周志锋

**交通运输工程（专业学位共3人）**

冯永琪 李寿海 刘 燃

**物流工程（专业学位共1人）**

张宏达

## 环境与能源工程学院学院（合计6人）

**环境工程（专业学位共3人）**

全颖弘 王春艳 周凯音

**动力工程（专业学位共3人）**

胡志强 郎铁军 牟欣强

## 计算机学院（合计28人）

**计算机技术（专业学位共22人）**

陈志东 程治国 段国锋 郭 丰 郭延巍

兰 峥 李宝军 刘 扬 卢 春 庞 巍

石 峰 石 磊 田 申 王 澄 王晓东

王玉新 吴立新 熊高斐 闫 莉 杨 宁

张 欢 周 波

**软件工程（专业学位共6人）**

张培森 李 鹏 刘 磊 王 鹏 王 伟

魏海功

## 材料科学与工程学院（合计10人）

**材料工程（专业学位共10人）**

霍承松 车咚咚 陈新疆 葛 栋 关生林

刘文彦 钱晓强 任铁钺 王 昕 杨玉启

## 经济与管理学院（合计34人）

**项目管理（专业学位共33人）**

曹 伟 曹 勇 陈玥屹 杜志刚 樊 琳

甘晓晶 黄 蔓 江 海 姜 娜 焦 琳

孔 锐 李丰年 李 红 李 猛 李 强

李振东 刘景卉 刘永远 卢长炯 卢 赓
马慕楠 彭 雷 孙 勇 田铁刚 王 丹
冼江宁 张 磊 张 猛 张 秋 张 炎
张兆伟 赵 蕾 赵 旭

**物流工程（专业学位共1人）**

管 娜

## 建筑与城市规划学院（合计8人）

**建筑与土木工程（专业学位共8人）**

李家健 刘阳河 吕晶莹 司晓玲 唐 峰
徐永清 姚春宇 郑莉霞

## 软件学院（合计314人）

**软件工程（专业学位共314人）**

白继海 白泉涌 包长春 边峥峥 卞 佳
蔡黔鸥 曹 佳 曹晋源 曹志刚 陈 强
陈 芳 陈 辉 陈建新 陈 磊 陈立治
陈清雄 陈晓燕 陈 欣 陈志红 程 炯
仇道霞 楚晓彦 崔 毅 崔 勇 代晋颖
戴晓明 丁宏伟 董佳妮 董帅语 董有鋆
杜 辉 杜文军 段剑星 段玮玮 樊培强
范日强 范淑香 冯 重 付贝嘉 付长青
高桂香 高建国 高敬媛 高璐静 高绍强
高 星 高云雷 葛 松 古扎努尔·艾木肉拉
谷志华 关利芳 关贤兆 管子涵 郭剑英
郭立锐 郭思綖 郭维平 郭 宇
哈妮克孜·伊拉洪 韩 博 韩多杰 韩 凯
郝 臻 合尼古力·吾买尔 何湘岩 贺 睿
贺 宏 呼世亮 胡 伟 胡继新 皇甫昱
吉文龙 纪 宁 江保利 姜 凌 焦泓博
金 霖 金顺倩 靳大卫 寇建明 来继敏
赖 锴 乐 娜 雷 英 雷雨淇 李 敏
李 毅 李 渊 李冰心 李彩云 李凤丽
李广焱 李 珩 李 虎 李华锋 李华茂
李 京 李京颐 李胜龙 李顺增 李伟鸿
李霄鹏 李小亮 李晓辉 李晓琳 李新华
李 雪 李 岩 李有栋 李 政 连炜玮
廉诗阳 林 慧 刘春阳 刘国颖 刘 骥
刘建才 刘景汇 刘 旎 刘荣生 刘少坤
刘 苏 刘 涛 刘蔚蔚 刘文明 刘西青
刘晓琳 刘晓雨 刘兴顺 刘学义 刘占军
刘自萍 龙 漪 卢 楠 卢世敏 鲁 晔
陆河米 路国庆 吕 村 栾 鹏 罗 丽
马国光 马铁良 马宗北 毛凌志 孟祥娟
牟啸天 木尼拉·塔里甫 聂建昆 庞静娟
庞 勇 齐华山 乔 波 秦广平
热依曼·吐尔逊 任海铭 任 征
容汝佳 佘春燕 沈 杰 盛全铭 石 磊
石彦杰 宋长军 宋朝辉 宋 楠 宋玉璞
苏 哲 孙 剑 孙 洁 孙守海 孙 硕
孙文清 孙 毅 孙咏梅 唐 昕 陶 鹏
田柏林 田东辉 田 胜 田 岩 吐尔地·托合提
汪晓武 汪 洋 汪正东 王保平 王 粲
王常星 王登才 王 丁 王东瑾 王 帆
王 芳 王 飞 王红梅 王鸿雁 王 姬
王金海 王景丽 王俊峰 王 磊 王 勉
王 娜 王苏华 王文清 王小青 王 旭
王 珣 王永强 王 宇 王玉兴 王争花
王志红 魏 巍 温日昭 文 华 吴小炎
吴晓群 吴友兰 吾尔尼沙·阿布都热依
伍莉娜 奚军庆 夏 航 夏艺扬 肖 娜
肖 娜 肖念新 肖 伟 熊 伟 修位蓉
许 锋 薛长喜 薛江明 闫俊伢 颜 彤
杨 霞 杨翠玲 杨功元 杨 婕 杨劲虎
杨林波 杨瑞林 杨尚群 杨玉霞 杨玥琳
杨 珍 依皮提哈尔·买买提 仪孝平
于 涵 于 欣 于颖杰 于张红 袁龙如
苑 征 翟福军 张 凯 张 斌 张东菊
张海波 张 辉 张 慧 张建平 张 鑑
张 谨 张凯特 张 锟 张黎明 张礼悦
张明华 张 沫 张 琦 张瑞生 张铁宝
张 婷 张 婷 张 娴 张晓春 张晓东
张艳伟 张 扬 张 泽 张 洲 张驻国
赵 璞 赵 淳 赵方哲 赵贺然 赵 欢
赵克宝 赵理明 赵 丽 赵巍然 赵心欣
赵 岩 赵 阳 赵永光 郑 华 郑 磊
郑立新 郑 欣 钟 佳 周 刚 周明红
周文文 周晓焱 周正凯 朱 宏 朱金峰
朱 娜 朱 沛 朱润东 朱天志 朱 彤
邹德文

（研究生部 提供）

# 北京工业大学2009年本科毕业、结业生名单(合计2786人)

## 机械工程与应用电子技术学院

**测控技术与仪器专业（四年制本科）**

**毕业生（33人）**

王正楠 王国金 王跃维 王 雪 王 歆
王 衡 王 鑫 刘 杰 寻 然 许 周
吴任重 张 帆 张晓晨 李夕洋 李文欣
李 卓 李 韵 陈 柠 陈 斌 宫殿博
赵安子 徐达峰 曹 爽 梁 厦 彭 啸
谢志聪 谢继周 谢 斌 雷 静 靳红仙
蔡莎莎 谭鹏飞 雒 驼

**机械工程及自动化专业（四年制本科）**

**毕业生（140人）**

丁 川 丁 涛 于 波 于 辉 马 超
仇 恒 王 凡 王子铭 王 飞 王 飞
王 业 王羽辞 王若昀 王虎成 王彦彬
王 晨 王银山 王 博 王 磊 邓 庆
付 靖 冯 松 史再思 史 磊 田 浩
田虓晨 田 晶 白玉华 白建国 石 伟
关跃征 刘于健 刘 冰 刘达林 刘 骁
刘 倩 刘 晨 刘 然 刘 超 刘 磊
吉 扬 吕 慧 孙晓宁 孙 超 孙鹏飞
朱英杰 朱晓琳 江海威 祁潇楠 米 义
许有威 邢志刚 闫 肃 何 奇 佟震国
吴日光 吴思达 吴祖生 吴家旺 吴 彬
吴鹤松 宋 勇 宋 涛 张 立 张刘君
张安刚 张 帆 张伯公 张宏伟 张良栋
张晓永 张啸宇 张 硕 张 琦 张 零
李东京 李东欣 李岩书 李 彪 李星海
李 峰 李 超 李 想 李 雷 李 震
杜小双 杜立安 杨宇琦 杨国喜 杨 茁
杨 柳 杨 超 汪 亮 沈凌波 邱 硕
陈智通 陈 焱 周 岩 周 娜 孟 鑫
林治辰 郑洁滨 郑 路 金 钰 赵 瓛
赵 旭 赵伯阳 赵 虎 赵 巍 唐小瑭
唐振勇 席方剑 徐建明 徐 偲 徐 赛
浦小双 袁翊赟 贾雨杰 郭建伟 郭 磊
钱 洋 高学朋 曹 娟 梁鹏飞 梅 凯
黄乐蘅 黄 巍 龚艳鹏 温润泽 蒋 宇
蒋 昊 谢文洪 谢京伟 谢碧云 褚成春
鲍 超 臧 威 薛 超 薛 超 魏 明

**结业生（1人）**

李忠磊

## 电子信息与控制工程学院

**电子科学与技术专业（四年制本科）**

**毕业生（87人）**

于人杰 马慧玲 孔令翔 牛山林 王亚新
王 芊 王 娟 王 淼 王 超 王煜翔
王 鹏 冯祥晨 卢 熙 史 冬 田立伟
关 升 刘少龙 刘 召 刘 宇 刘 倩
刘 路 刘 鹏 刘 静 孙建宇 孙 钢
朱 敏 朱梦龙 祁克成 许希鹏 闫 石
闫俊杰 齐 玮 佘烁杰 佘梦婕 余 跃
张东晖 张 帆 张 阳 张建平 张海云
李冬阳 李晨硕 李 硕 李雪梅 杜 鑫
杨 明 杨欣梅 杨 玲 沈福雄 陈 悦
陈 曦 周 萌 周 源 周 鹏 尚振东
苗 霈 金博石 侯俊捷 侯博闻 姜 宸
胡 洋 贺 坚 赵 昕 赵 娇 郝韡川
钟兆石 徐永强 徐远哲 徐 坤 徐昕伟
徐思昂 徐 智 郭 敏 郭煜楠 高文雷
高建明 崔 欣 彭欣鑫 焦 尚 董田甜
董 宣 韩佳庆 窦佐超 褚翠莲 蔡一杰
潘 静 魏 嵩

**电子信息工程专业（四年制本科）**

**毕业生（57人）**

马可铮 毛年胜 王 立 王学芹 王明兴
王胜楠 王贵明 王 跃 王 琳 王 巍
韦 薇 田 森 伊 涛 刘 月 刘晋轩
刘 喆 刘斯亮 刘 鹏 刘镔纬 孙乾淞
孙萌博 成 嘉 朱元硕 朱永华 江思琦
闫文娟 吴子虓 宋光镇 张卫锋 张松岭
张 盛 李冬阳 李 昂 李昊昱 李 洁
汪文静 陈 玓 周 博 周 璇 侯建强
姜 岩 段凌昊 胡佳琨 胡 楠 夏 青
席绍原 聂 磊 贾志娟 郭 松 高 飞
高玥明 曹伯翰 梁 岩 黄怡然 葛 文

廖承旭　戴　明

**通信工程专业（四年制本科）**

**毕业生（101人）**

丁　赫　马庆莹　马　骏　马　越　尤　敏
王叶蓬　王　旭　王　征　王金晨　王胜前
王　萌　王　熙　王　蕊　邓亚丽　冉　川
史渊慧　任小波　刘文鑫　刘亚锦　刘　佳
刘赛菲　刘　聪　孙　雯　朱　星　池　威
闫　雪　齐　霁　宋　阳　张　苏　张　岳
张雨希　张砚博　张凌冡　张　雪　张　黎
李中茹　李　丹　李　迎　李继尧　李　博
李　楠　李懿达　杨少云　杨丽丽　杨志远
杨思宇　杨　振　杨晓强　杨　朕　邱　学
邵　鑫　陈金良　陈　翔　周　亮　周真理
周　超　孟　伟　尚　斌　武　宇　武　璇
罗宁家　郑宇光　郑　鑫　金　昕　侯　维
侯寓文　段　慧　种　磊　赵长逸　赵　宇
赵宏伟　骆　乐　徐　京　徐　勇　徐　腾
徐毅民　涂　强　秦　晶　秦　琦　耿　亮
贾鸿飞　贾腾飞　郭　强　顾乡南　高　山
崔　君　康久臣　康　路　梁　康　隗　萌
黄　帅　黄若婧　黄　骞　傅　博　彭明非
彭艳军　谢　莹　雷　冬　管建华　谭孟昭
戴　翔

**结业生（2人）**

石硕男　陈　博

**自动化专业（四年制本科）**

**毕业生（139人）**

于　萌　于　磊　马　龙　马　超　方　辰
毛艳斌　王　飞　王天淼　王争艳　王　严
王怡轩　王　朋　王　朋　王　玥　王　威
王思清　王柯远　王树祺　王　涛　王　硕
王淼淼　王　雷　王　攀　车　佳　代京坡
叶荣炬　甘　泉　田小晨　申莎莎　边　伟
任　韧　刘一杨　刘　文　刘陈虎　刘　明
刘　峥　刘　洁　刘博韬　刘　雷　刘懿彬
孙克宇　朱天龙　朱延巍　邢宇光　邢　涛
阴少萌　余　枫　佟　磊　吴晓园　吴　鹏
吴　璠　宋朋亮　宋唯强　宋　琪　张九洲
张书旭　张凤南　张天颖　张宏伟　张欣欣
张　贺　张继伟　张　强　张　攀　李　冬
李亚楠　李　扬　李　至　李　欣　李　金
李　威　李洪森　李　健　李恩平　李　铎
李商洋　李雪松　李　然　李　然　李　想
李　攀　李　骧　杜　杰　杨　何　杨雪光
杨　楠　邱显军　邹立鹏　陈华斌　陈宇翀
陈昊鹏　周弘见　周　博　周　骥　孟鹏云
罗　晨　胡孝喜　胡　晨　胡景诚　胡　超
赵　丹　赵　冉　赵　刊　赵　未　赵　讯
赵秉辉　赵金亮　赵　雪　赵新哲　赵　鑫
夏小萌　徐啸岩　涂　远　贾　琤　郭松森
陶友明　陶　寅　高　博　高　雷　常　玥
扈　超　曹卫巍　梁　超　盛潇萌　萧宇博
阎宝光　黄传鹤　曾炜星　董少洋　董　旭
董焕鑫　董　鑫　覃　洋　韩建秋　甄博然
雷　音　管晨希　蔚　欣　蔡万松

**结业生（3人）**

李　巍　杨乐游　肖　驰

## 建筑工程学院

**土木工程专业（四年制本科）**

**毕业生（149人）**

于欣洋　于　涛　于慧燕　卫司南　马云童
仇淋铎　尹华兴　方立宁　王开源　王志成
王　昊　王金晔　王　恒　王洪超　王晋蕾
王莹莹　王　谦　王福泉　王德正　王　瑾
王璐琳　王　鑫　邓小帅　冯译心　史苏寒
平学远　白羽耕　石亚琦　刘　伟　刘　实
刘尚彬　刘　欣　刘朔甲　刘　敏　孙吉聪
孙　妍　孙　娜　孙春亮　孙　珂　孙培智
朱　宇　朱　江　牟连运　何彦宏　冷　宇
努尔买买提·吐尔逊　努尔买买提·玛木提
吴　颖　吴膳初　宋海燕　张加岐　张　伟
张宇博　张　建　张建超　张　法　张　洋
张海芳　张　舜　张新雨　张蒙戈　张　慧
张　澍　张　磊　张　鹤　李　宁　李永林
李延光　李　彤　李　轩　李建勤　李　松
李洪波　李　祥　李　晨　李　萍　李　媛
李　蕊　杜亚昕　杜　萍　杨立娟　杨　光
杨林易　杨　波　杨　鹏　汪　晨　肖　尧
肖鹏飞　花　鑫　邱　丽　邱博文　邵　喆
陆晓堃　陈　刚　陈　明　陈晓铃　周金玺
周蕙心　和　嘉　孟庆桓　武一晖　罗虎林
郑祎轩　侯文韬　侯　森　侯鹏程　侯增昊
养文征　洪　涛　洪　彬　要旭冉　赵鹏程
郝　瀚　倪　鹏　凌虎伯　徐伊慰　徐伟松
徐　威　徐　健　栗　超　涂　军　耿　麟
袁寒黛　袁舜华　贾子恒　贾占伟　贾　宁
郭　烨　钱　勇　陶　遂　高　杨　高　莹
高鸿伟　崔占东　常晶磊　梁梦彬　喻　涛
董晓川　谢博文　韩　啸　韩　彬　窦　越
解明利　赖　斌　漆礼慧　管翼飞　燕　茹
穆方舟　瞿　旭

土木工程（交通土建工程）专业（四年制本科）

毕业生（1人）

吕 森

结业生（2人）

刘 硕 金一锴

土木工程（建筑工程）专业（四年制本科）

毕业生（10人）

王小飞 曲 晨 朱 雷 张 宁 李 雨
李 旋 李晨浩 李维超 秦 曦 曹智刚

结业生（2人）

任志皎 周寅虎

水务工程专业（四年制本科）

毕业生（73人）

于 丹 马占川 马欣宇 马晓虹 马慧慧
王 岳 王 珊 王笛帆 王 雪 王 琪
王 辉 王 蒙 王 蕾 白 杨 刘 京
刘明佳 刘晓雨 刘雪娇 孙建中 孙婷婷
朱 宇 邢 磊 张一帆 张广帅 张 玥
张彦清 张思京 李 旭 李建业 李林超
李振宇 李 爽 李 腾 李 聪 杜见鑫
杜瑞君 杨立臣 杨晓旭 辛 凯 陈 悦
周 政 孟 岩 罗肖雅 范彩娇 姚 晗
姚新生 施虎粤 祝福增 胡 大 胡晓娜
赵 双 赵 莹 唐 仪 唐超群 秦子明
秦 晶 翁窈瑶 贾晓磊 贾紫雷 高沫然
商婵娟 常仁杰 曹大威 梁 爽 黄 晨
焦双吉 董晓凯 董新淼 谢红伟 鄢胜勇
靳永辉 薛扬娣 霍 飞

结业生（2人）

赵子梅 敖 煜

交通工程专业（四年制本科）

毕业生（33人）

于 跃 山程明 王 刚 包旻熙 石小培
仲子龙 任 慧 刘 钊 刘珊珊 孙文亮
闫卫坡 张平升 张银平 张静怡 李永超
李金平 李 涛 李惟斌 杨笑尘 苏 腾
陈宝强 郑 欣 修德成 赵 今 赵 永
赵晓光 郭子佳 郭若曦 钱 伟 高雅薇
高 赫 韩 静 魏 冲

结业生（1人）

董 超

建筑环境与设备工程专业（四年制本科）

毕业生（61人）

马梦宇 马 赛 毛玉婷 王中华 王 江
王欣悦 王若瑆 王 洋 邓昊营 古浩璁
关 鹤 刘智德 刘 森 刘 蕊 孙晓钢
吴海超 宋 文 宋 钊 张 丹 张敏杰
李 丹 李 扬 李 旭 李 娜 李海南
李 琢 杨 平 杨 冰 沙 翔 苏一沫
陈 思 陈浩华 陈 敏 陈 瑜 陈 磊
周 琦 郑 波 姚 瑶 胡艳臣 赵 宇
赵欣然 赵慕博 徐晨光 郭雪梅 高 鹏
脱 琦 黄艳婷 喜崇悦 彭光溪 彭 彪
舒 贝 葛昊天 董 玥 韩 茜 缪敬智
翟 路 蔡 爽 赫连文静 薛 园 霍 磊
戴 琳

## 环境与能源工程学院

环境工程专业（四年制本科）

毕业生（36人）

于泓锦 于 鹏 王小冉 王广磊 王 鑫
买买提·麻木提 刘宝义 刘艳冬 孙 乐
孙付佳 佟 玲 吴 月 张 旭 张丽娟
张岳翀 张陶然 张骏峰 李 刚 李蒙茜
尚素娟 郑迪凯 郑 森 段京威
祖力皮亚·阿巴白克日 赵 璇 赵 磊
夏 季 徐 鹏 高 帅 高俊杰 崔 钰
绳传武 解 缙 管 硕 蔡建超 谭祎炜

结业生（3人）

陈 欧 范鉴之 戴 冉

环境科学专业（四年制本科）

毕业生（30人）

方志磊 王玉婷 王志娟 王银山 孙 颖
孙慧超 许大鹏 邢 芳 闫 旭 齐付东
吴 迪 吴 琼 宋希民 张 旭 张 玥
张 玮 李 敏 李曹乐 杨 喆 杨鹤年
周海青 胡 卉 胡研宏 赵 宇 赵 楠
秦翠红 陶抒远 顾 玥 强 林 翟夕滢

热能与动力工程（汽车）专业（四年制本科）

毕业生（34人）

马 征 孔令凯 尹 嵚 尹晶晶 王启生
王 斌 王 静 刘 洋 刘 彬 安 术
朱永明 闫 鹏 吴 夕 宋杰静 张复秋
李 冬 李 京 杨 凯 杨 拯 汪 旭
陈 研 陈 媛 金 波 施泰峰 胡 洁
赵 勇 唐思远 徐 达 郭 靖 高炜忱
商富强 崔嫣楠 蔡燕飞 穆 霖

热能与动力工程（制冷）专业（四年制本科）

毕业生（29人）

于晓磊 马梦南 方 芳 王 珺 任正杰
刘志云 刘 昊 刘施阳 严 冬 张子衡
张丽群子 张 彤 张海明 张琪之
李伟鹏 李 沐 李 彪 李 恩 李 晨
李 然 李 磊 杜 卫 杨 菲 南析纯

赵　悦　徐　伟　高梦龙　董　雪　樊　旭

**结业生（4人）**

王小晰　刘　理　陈　耀　韩晨阳

**应用化学（生物化学）专业（四年制本科）**

**毕业生（33人）**

丁毅斌　丁　薇　于　朋　马　宇　马　超
尤　琪　尹京娜　王玉巳　王　任　王　佳
贝晓海　冯　越　叶　蕴　帅宗信　刘　铮
孙永军　何晓峰　张　妍　张　彤　张春旺
张　梁　张璐璐　李伟鹏　杨亦祺　苏　春
胡志新　赵　虎　徐奥博　钱　宇　戚海峰
韩　硕　墨　锴　融　杰

**结业生（3人）**

任　昊　刘天明　翟　川

## 应用数理学院

**信息与计算科学专业（四年制本科）**

**毕业生（91人）**

马文慧　马　利　马　欣　马　骋　牛　枭
王宇培　王志猛　王学伟　王建国　王　欣
王　亮　王　昭　王钧依　王笑远　王　寅
王　硕　王　澍　车　征　冯　今　卢建飞
田　硕　乔　京　刘　卫　刘子健　刘可春
刘　阳　刘　硕　刘　犇　刘　潇　吕建勋
何忠慧　何　剑　何晓萌　吴治钢　吴　炜
吴　蓓　吴　蕾　宋维嘉　张　巧　张　园
张　凯　张　峰　张　斌　张嘉硕　张　幪
李艺威　李　帅　李　芳　李　垚　李　娜
李　哲　李　辉　李　瑞　李霏霏　杨　杰
杨洪帅　杨晓瑞　沈　乐　肖　晗　陈正挺
陈兆磊　周一飞　周益民　周　锐　罗　旭
郑　珽　侯玉桥　侯森阳　姜　军　胡景明
赵兴昌　赵寅宁　赵　锴　钟　奕　项　楠
党　雷　奚晨炜　席文颖　耿　彪　谈晓思
贾　峥　郭思文　钱知源　高　楠　黄雅静
董佳林　韩　宇　韩　旭　蔡佳迪　蔡　莹
黎　珊

**结业生（3人）**

田　浩　张　浩　郑　琦

**应用物理学（光通信与光电子）专业（四年制本科）**

**毕业生（58人）**

丁　毅　王一帆　王　沫　王　勇　王　垚
王　钜　王　硕　丛侃侃　冯　鑫　白　钰
白　璐　任永进　伊　娟　刘中阳　刘思思
刘思源　孙永懿　孙　硕　朱亦彤　齐悦一
宋大林　张永辉　张晓飞　张　楠　李　军
李　昂　李　璐　杜乐东　杜志尧　邱　雷
陈晓川　陈越妍　周圣尼　孟子健　武　虎
郑　彬　姜立楠　赵　昆　赵梦黎　赵睿哲
徐宁安　徐静宇　贾　非　郭佳齐　陶宾宾
陶硕豪　高　岳　高　铎　康　华　康博识
焦　雷　董　熹　蒋壮壮　韩　悦　韩莹莹
雷毅平　裴　硕　戴亚南

**结业生（1人）**

刘　一

## 计算机学院

**计算机科学与技术专业（二年制专科起点本科）**

**毕业生（1人）**

王　雪

**计算机科学与技术专业（四年制本科）**

**毕业生（223人）**

丁晓丰　万　政　于建峰　于　金　于　涛
于素因·艾热提　马　月　马骏发　牛　鹤
王大阔　王云普　王文可　王　旭　王伯桢
王武生　王金龙　王　峥　王　帝　王　彪
王　倩　王　晖　王海旭　王　菁　王逸群
王　谦　王瑞峰　王　赫　车效音　付鹏程
代　凯　冯晓晨　卢　飞　叶　明　司　远
甘国强　田　野　申　远　石新凌　乔　晨
任　才　任　燚　伊　民　刘子楠　刘　飞
刘天扬　刘永年　刘立哲　刘宇鉴　刘延伟
刘启佳　刘　辰　刘　远　刘　明　刘　星
刘　洋　刘悦斌　刘新华　孙天硕　孙　伟
孙兆轩　孙向杰　孙振华　孙　铎　宇天凯
安　鹏　朱广聪　朱　珊　朱维佳　毕　翼
纪　冉　纪庆学　闫　明　齐　然　余金钊
吴　航　吴啟彪　吴　遥　宋继海　宋　铮
宋　雪　张天元　张　文　张文通　张　迅
张　佟　张宏宇　张　远　张　远　张佳男
张国锋　张　建　张相武　张晓雯　张　桐
张　莹　张啸轩　张　曼　张　爽　张　超
张　碟　张德宁　张鑫铎　李义萍　李月伦
李东东　李　成　李　扬　李　阳　李　阳
李希民　李京生　李建成　李秉哲　李　春
李　准　李海威　李　虓　李彬彬　李维娇
李菲菲　李雪昕　李　然　李　雯　李　腾
李　鹏　李睿心　李燕宾　李　鑫　杜　雷
杨宇鸿　杨　帆　杨　扬　杨　扬　杨海宁
杨　硕　肖俊峰　肖　威　肖　霞　苏笑婕
陈子怡　陈中岳　陈巧云　陈孟琪　陈彦松
陈思承　陈新玲　周　昕　周　虎　周雨石
周辉荣　周　巍　季　超　易凌云　林　宇

瓮江 罗宇翔 罗辉 范远超 郑磊
侯松 俞宁炜 姚聪 姜兆年 姜茂
姜博 柳磊相政 祖力胡马尔·马木提
祖曦 胡晓瑞 胡晓霞 胡烽 胡博
费旭东 赵天宇 赵伟 赵帆 赵晔
赵博宣 赵璞铮 钟闻 钟祥宜 夏烁
夏猛 徐少华 徐怀飞 徐晓旭 徐晓迪
涂加彬 耿昊 郭虎 郭莉莉 顾思宇
高洋 高嵩 高鹏 崔振 康琦
梁凯 菅硕 龚伟 龚南翔 彭冠一
曾渝 温国梁 程时 程超 韩迪洋
韩璐 满秋宇 甄东宇 甄政 窦云亮
鲍杰 缪峥 蔺东 樊阳 潘旭光
黎巍 薛毅 戴宗夫 魏立春 魏秋菊

**结业生（3 人）**

刘畅 杨路鹏
阿依努尔汗·买买提艾买尔

**信息安全专业（四年制本科）**

**毕业生（53 人）**

刁恪 马天宇 马钊 尹鑫 王云
王立波 王欢 王宗成 王若曾 王培
王攀 付跃 史芳宜 宁静 甘爽
田耕 申策 石雪涛 关立国 刘丽华
刘鸣一 刘瀚文 吉硕 吕雅琴 孙显帅
吴昊 张蕾 李远 李远 李智
谷磊 陈春艳 卓然 周磊 孟令君
季丁丁 林旭 郑璨 俞继东 姚鑫
段毅 郝玮昌 徐雯 贾宇冰 高依阳
高葛 崔澜波 常嘉维 黄涛 彭昊
董荻 路跃 雷行云

## 软件学院

**软件工程专业（四年制本科）**

**毕业生（72 人）**

王军 王爽 王硕 王新 王滨
王篪 邓天硕 冯永凯 冯睿 卢晨光
卢然 田力军 刘伊菲 刘荆 吕超卿
孙博 朱兴 汤汇 许文瑛 许岩
许闻怡 吴堃 张小旭 张云渡 张秋怡
张晓山 张莹 张跃 张雪 时永欣
李俊彪 李树天 李轶 李超 杜杰
杨天放 杨薇 沈全增 陈昕 陈翔
周丰 周天宇 林萌芽 林超 武琳
罗卿 金山 金英梅 侯天逸 柏彭合美
胡亚光 胡巍 赵天武 赵京超 郭威
高伦 高昕鹏 曹頔 续森 景逸
蒋力 蒋培培 蒋潇 谢斌 谢意
甄白宇 窦伟 靳菲菲 蔡伦 蔡雪琴
潘惠聪 潘源

## 材料科学与工程学院

**材料科学与工程专业（四年制本科）**

**毕业生（87 人）**

于泽 马千里 马向宇 马欣 戈兵
王中泰 王东辰 王茜 王晓晨 王潇悦
邓凝丹 古跃 刘冉 刘宇 刘庆恺
刘钊 刘烨 刘艳 吕博 吕博男
孙忠巍 孙波军 巩非凡 师东杰 朱天钊
朱頔 齐跃 何山 何晓艺 吴逸哲
张丹丹 张昆鹏 张星 张海滨 张寒
张蕾 李乐 李冉 李冉 李司洋
李华硕 李勇 李莹 李淦祥 李跃
李赓 李毅 李瀛莹 杜斌 杨明
杨钦 沈永博 沈洋 苏卯生 苏全双
谷林 迟碧川 邱楠 陈昕 陈迪
周静怡 季良 胡立嵩 胡宗志 赵珏
赵晓舟 赵海杰 赵盛杰 赵萌珂 郝爽
唐鹏 徐睿 袁文杰 顾晓宇 高云飞
崔喆 梁旭 章丕资 嵇铮 温杰
游然 童逾 谢刚 谢思静 韩朝会
解海亮 臧磊

**结业生（1 人）**

马源臻

## 生命科学与生物工程学院

**生物医学工程专业（四年制本科）**

**毕业生（34 人）**

于洋 马天棚 孔晶晶 尹瑞 方舟
王一川 王艳 王寅生 史笑航 甘宇
石文静 任稆平 刘赫 吴乐和 张涛
张涵宇 张新磊 张赟 李渊 李鹤
杨则强 杨宇 杨春燕 邱茂洲 武君
姜彭杰 洪焦 郝梅 秦桐 袁俊涛
高树一 崔维 梁安石 韩葛

**生物医学工程（生物技术）专业（四年制本科）**

**毕业生（32 人）**

卜钰 王良 王炜 王剑 王颖
申纯德 刘洋 刘皓男 刘嘉 刘慧敏
孙其众 孙博思 孙媛媛 许菲 张潇
李芸 李政 肖文帅 陈琳 陈静
周全 周玥 武隽 姚瑶 宫晓丽

赵　扬　赵鹏翔　郭　艺　常文清　程　江
覃仕瑞　韩治国

## 经济与管理学院

**法学专业（四年制本科）**

**毕业生（34人）**

马　晨　牛　钰　邓　悦　冯　然　刘　娟
刘　然　刘　微　许　飞　齐孟华　吴　丽
张小庆　张　衍　杨　盼　邹　晖
阿依托兰·图尔洪　保尔江·哈列里
段　然　祖朋新　赵东阳　赵宜北　郝　岳
郝　莹　郦晨阳　徐　歆　袁澍阳　贾俊兴
郭俊妙　郭　星　梅　璟　谢　晖　韩一牧
靳天雄　靳晓旭　穆　斌

**工商管理专业（四年制本科）**

**毕业生（36人）**

马博谦　王　飞　王丽君　王　莹　王　琪
王　磊　刘一陆　刘晓峰　孙　蕊　邢　月
闫　洁　何延松　何国镇　宋啸山　张　一
张广迪　张　帆　张盛宇　张馨月　李　卓
李思奇　李晓凯　李　想　荀　敏　侯晓舟
侯博华　赵英硕　徐　文　袁　媛　高　琲
高　鹏　崔小雅　程婷婷　董　冉　熊大伟
戴文博

**工商管理（企业管理）专业（四年制本科）**

**毕业生（42人）**

马　林　马　啸　王亚超　王　昊　王　茉
田晓煜　刘　柳　刘　麒　孙　赫　曲传萱
朱　旭　朱　琳　吴　鹏　张　宁　张　帅
张　晗　李会楠　李　季　李嘉文　杨　旭
汪　静　屈海静　罗　霆　苑　旺　郑　硕
侯兴良　侯昕囡　宫绍正　段　超　赵海鹏
郝　运　夏煊泽　徐　燃　贾日超　郭　佳
郭　奕　高　琳　曹　泉　隋　虹　董雨丝
谢　冉　穆连超

**结业生（1人）**

刘　靖

**工业工程（软件工程管理）专业（四年制本科）**

**毕业生（33人）**

马伊鸣　王亢抗　王雨晨　王　峥　王　晗
王媛媛　王　琦　王错男　白　伟　石　蒙
伍　尧　关　思　刘　畅　刘　爽　刘博洋
宋　迎　张若儒　张春梅　张　斌　张　斌
张　然　李　鹏　杜婷婷　杨入云　杨剑霈
杨胜炎　周昀锶　康劭岑　彭　博　曾　楠
黎　颖　薛洁丹　魏海娇

**国际经济与贸易（工业外贸）专业（四年制本科）**

**毕业生（41人）**

丁琳懿　马浩然　尹　艳　王可然　王学斌
王家瑢　卢彦明　史　鑫　刘英男　刘　莺
刘雪珍　印杨英　朱蔓宇　朱　赫　江巧荣
汤正海　闫明丽　阮伊郎　吴树正　张　琪
张　蕾　李　林　李　鹏　杜　佳　汪　浪
郑　璐　金　翼　施　星　胡杨茜　赵明月
徐　冉　徐佳佳　徐　哲　徐晓璇　贾小宇
顾鹏勇　高　杰　傅　萍　韩彦博　翟伯烜
瞿　妍

**会计学专业（四年制本科）**

**毕业生（35人）**

尤桂溪　王　峰　王淑美　王　超　生奕芳
石　蒙　任　君　刘梓弘　毕琳琳　纪明明
张　洋　张　雯　张　瑶　张　蕊　时月亮
李　玲　李潇雯　杨　帆　芦宏涛　岳晓雪
易际熹　林　楠　范钦波　娄　圆　胡　洋
胡嘉远　胡　蕊　党　莹　徐　岩　贾金薇
高　远　梁　虎　梅亚彪　黄思静　霍艺萌

**结业生（1人）**

郭晓宇

**金融学专业（四年制本科）**

**毕业生（29人）**

王　昶　王　筠　申　颖　刘玉明　刘　闯
孙　艳　朱昊宇　朱明哲　朱洪锦　吴文哲
张　迎　张　雯　李井旸　李妍楠　李　鹏
芦　超　陈　琛　陈　頔　周伟忠　赵晓菊
钟尔京　郭　颂　顾　馨　高瑜泽　康思柳
康　薇　梁绍伟　鲁哲鹏　雷　霖

**市场营销专业（四年制本科）**

**毕业生（34人）**

马　静　王　良　叶冰洁　刘志伟　刘时宇
刘　博　刘　睿　华丽颖　孙　然　朱　丽
朱　瑾　权　威　汤　磊　许　博　严贤福
张　庆　张　越　李延水　李泳材　李婧思
李瑜琨　李　蕊　杨长发　杨晓云　沈　杰
陈　爽　岳　麟　赵　晥　郝卓文　夏甜甜
贾小瑞　顾　婷　常　浩　董　祯

**统计学专业（四年制本科）**

**毕业生（33人）**

万里飞　方博文　王　钊　王晓蕾　王　硕
兰　超　冯晓辉　田　铮　关　颖　刘子夜
刘广鹏　孙　瑶　朱立枫　许　佳　吴君泽
宋　凡　李　尧　李佳颐　李　玥　李　莉
李　培　李　鲜　杨　雪　辛　娜　姜　茜
赵　晶　赵　鑫　钟　铖　徐　冉　袁　田

贾　岩　谢　婧　谭　浩

**信息管理与信息系统专业（四年制本科）**

**毕业生（33人）**

卜筱晶　文红燕　王　垚　王　倩　王　萌
申兆庭　全光星　刘羽萱　刘丽丽　刘　凯
刘　星　孙小虎　孙明芳　闫　雪　张春生
张　辉　张　毅　李　斌　肖　燕　陈　剑
周友富　孟　斯　屈志强　俞　晔　姜　瑞
胡　琨　赵米兰　秦　岩　宿东超　康　宁
曹沛然　傅　琳　蔡　悦

## 建筑与城市规划学院

**工业设计专业（四年制本科）**

**毕业生（37人）**

于　洋　王　丁　王　月　王振斐　王　钰
王景龙　王　琛　王　慧　史思惠　白　莹
刘子昂　刘宇茜　孙　椿　朱　述　佘　璇
佟　莹　张昱风　张　柘　张　圆　张　璇
李　峥　李　茜　杨　岚　杨　希　陆　冉
陈　炘　陈薪羽　陈醒诺　胡　怡　郭立强
高　苑　崔丹丹　崔硕达　焦彩丽　董　喆
裴　朵　戴　玮

**建筑学专业（五年制本科）**

**毕业生（48人）**

丁　英　马　骏　王　未　王　岩　王家赓
左　娜　刘　云　刘　宁　刘　伟　刘华婧
刘　嘉　刘燕晖　孙京辉　毕晓希　许雯婷
张　波　张　勍　李怀玉　李晓晨　李　喆
李　楠　李嘉音　杜　鹏　杨一菲　杨尚庄
汪艾璐　祃冀然　辛　博　邵国栋　陈大鹏
陈洛奇　陈　璐　孟令宇　范妍君　郑钦心
徐　梦　袁　丹　贾　珊　郭　韡　郭　佳
郭娜静　曹浩伟　梁　莹　彭海曦　景　娜
程海天　鲍　方　潘　超

## 人文社会科学学院

**广告学专业（四年制本科）**

**毕业生（65人）**

文迤葭　王水桥　王　纯　王芯羽　王俊葛
王晓茜　王晚欣　王　微　王　歌　王　颖
卢思冉　史然喆　伍　捷　刘乃賨　刘二军
刘　迎　刘佳音　刘胜男　刘　鸿　朱士君
许晓霏　许嘉文　许　静　何盼盼　张　倩
张笑竹　张歆晔　张璐茜　李　光　李浩然
李　程　李　楠　杜玉斌　杨冬旭　杨美志
沈　莹　连杰龙　陈文婷　陈　淅　周　丽
周　倩　林　雪　武晓旭　侯玉环　姜　丰
赵　丹　赵文宇　赵园园　赵　滢　夏　雪
徐宗冕　徐　婧　郭海阳　顾　磊　高　旭
高妮娜　高虹川　崔晓希　曾　鸣　植美娜
谢　莹　谢　霏　蔡雯菁　蔡　影　戴　莹

**社会工作专业（四年制本科）**

**毕业生（52人）**

于　燕　马　亮　牛　博　王立柱　王　玮
王倩倩　王　雪　邓立珠　史殿喆　刘恺楠
刘　强　孙佳佳　孙　姣　庄　众　朱　静
闫茜莹　何梦为　何　维　何　蓓　宋　杰
张　竹　张　雨　张思源　张　航　张　莹
时　文　李明玉　李明明　李思思　李　栋
李　钺　李　镭　杜　欣　杨　凯　杨　莘
邵　静　陈璐华　周丽莉　孟令瑶　金　婧
侯莉玲　侯婧远　柳　悦　赵颖欣　夏　圆
钱　芳　常亚娟　董　念　韩建一　韩　艳
解思明　鲍雪莲

## 外国语学院

**国际经济与贸易（外贸日语）专业（四年制本科）**

**毕业生（30人）**

王思婷　王晓彤　王银璐　白　明　任　月
刘可翔　刘　峙　刘晗霈　刘梦婕　刘璐祺
孙　竞　闫思哲　闫　雪　齐　飞　宋　超
张亚男　张芳秋　李玉武　李　伟　李倩昀
孟　拓　徐伟峰　殷　朋　高　明　龚　翊
焦江涛　焦　娜　葛未未　蒋煜欣　管志文

**国际经济与贸易（外贸英语）专业（四年制本科）**

**毕业生（35人）**

马　琳　王中平　王　宁　王　菲　王菲菲
王　锐　王鹏飞　王燕黎　付雪婷　田　萌
田　慧　刘　征　孙静怡　孙静姝　朱晓旭
何　玫　张　洲　李天欢　李　昂　李　峥
李艳楠　李晗燕　李　瑶　陈　曲　周　莱
范晓萌　郑　雪　胡　晨　夏　雨　秦志勇
高　杉　崔忆巍　程　功　董姗姗　韩　卉

**日语专业（四年制本科）**

**毕业生（23人）**

王宇熙　田　静　刘　冬　刘思思　向　彬
孙伟杰　江　姗　邢晓婧　佟　云　吴雪静
宋茜怡　张　岚　张　茜　张晓云　李　丹
李京玉　李　鹏　杜晓冬　庞婷婷　柳　青
胡晓伟　赵　阳　徐靖燃

**英语专业（四年制本科）**

**毕业生（26人）**

于　汐　于博文　马晶晶　王　卓　付红梅
任宝新　刘冬冬　刘　嫄　刘　源　孙　妍
孙　周　何婷婷　余倩雯　宋　艺　张　津
张梦媛　李　辉　杨颖方　肖　琼　周海英
周　楠　徐　建　高　训　高　扬　寇　妍
潘　蕊

**结业生（2人）**

刘　力　周博楠

## 实验学院

**电子信息工程专业（四年制本科）**

**毕业生（64人）**

马宗旭　马桂芸　王　阳　王志全　王学革
王宝岩　王　岳　王颀玥　冯　晨　石　岳
刘　义　刘　庆　刘　畅　刘　洋　刘　恋
刘　通　刘　惟　刘煜宵　米　鑫　许　轩
闫　旭　张国臣　张泽辉　张　奥　张雅楠
张　翼　李伟华　李杨威　李　周　李昊嵩
李振宇　李　爽　杨　昊　谷凯云　邱洁平
陈仓颉　陈　劲　陈　虎　陈鹏远　周宇飞
周　钧　岳亚男　郑　晨　胡建楠　胡圆媛
赵　诚　赵雨农　钟京楠　班　腾　郭珊珊
高　杨　高腾飞　曹　慧　梁　戈　梁　烁
梅亚雷　彭化强　程克瀛　程昊宇　程　赛
董国梁　董筱枭　霍延超　魏　双

**法学（知识产权法）专业（四年制本科）**

**毕业生（30人）**

凤超颖　王子晗　王春紫　王婧文　王　隆
卢丹琪　白　铠　刘　旻　刘秋爽　刘紫晨
孙华迎　孙宇梅　朱梦玉　吴　韬　张简儒
张曦月　李大鹏　李　圣　李　颖　杨　光
孟思露　郑会然　柳亚林　胡　杨　徐　磊
栾一飞　郭雨譞　高　远　崔　天　薛　婷

**工商管理专业（四年制本科）**

**毕业生（64人）**

丁　玥　马月超　马春燕　马　跃　马　强
王会园　王师伟　王　彤　王　恒　王　跃
车京晶　冯家鑫　叶　双　叶宇薇　田维熙
申鹏飞　关　月　刘　萍　刘　鹏　刘　蕾
朱　岩　朱景焕　闫　旭　何　畔　宋晓鹿
张玉烨　张　玥　张树实　张　娣　张　群
张　巍　李元杰　李亚威　李　丽　李　丽
李　悦　李　辉　李　璨　杨楣奇　汪　洋
谷　博　陆雪峰　陈　绅　贯　爽　郎晓娜
段小倩　洪　川　种　瓅　胡　君　胡嘉兴
赵　月　赵思纯　郝　伟　唐　彪　夏　原
徐　曼　殷淑凤　秦　菲　耿淑轩　崔栋美
梁　峥　葛天闻　董莉莎　韩　峥

**会计学专业（四年制本科）**

**毕业生（69人）**

刁银龙　马　宁　王大为　王　克　王念一
王金剑　王　浩　王　琳　王雅娇　付春梅
刘卓雅　刘　杰　刘　昭　刘健伟　刘维旸
刘潇音　刘　静　吉妍婧　孙千斐　孙　彤
孙欣蕊　孙莉博　孙　博　齐　静　宋正敏
宋　薇　张　卫　张　冉　张　帅　张　宇
张　玥　张　峥　张　雪　张　晶　张晶晶
时　晨　李一璠　李　可　李建珅　李胜男
李　晨　李　楠　李翼翔　李　巍　杨　宁
陈彩云　周　璐　岳垚鑫　罗　森　郑　垒
贺文达　赵杨筱　赵宗琦　赵　婧　赵　萌
郝柳昕　夏　秋　郭　嵘　崔　婷　曹丽萍
曹　冕　曹　琳　彭　丽　蒋　拓　谢　丹
韩　禹　韩　菲　裴明玮　魏　骁

**计算机科学与技术专业（四年制本科）**

**毕业生（61人）**

丁　磊　于青松　马　樱　及　庆　王　凯
王学彬　王　浩　王　硕　王　焱　王翔宇
王　超　王　超　付　强　田晓亮　边　静
关思远　刘　征　刘　鹤　刘　鑫　朱欣兴
许　松　何　建　何　斌　吴正一　吴　闯
吴思佳　吴晨浩　张　义　张　进　张雪东
张　蕾　李　云　李　杨　李　纯　李　卓
李　喆　李　斌　李　阔　李静远　杨　翊
肖　宇　陈乐然　周雨辰　庞　臣　弥剑锋
郑天翔　郑文辉　姚　畅　姜晓寅　赵　洵
赵　禹　闻　超　唐　静　贾宏伟　郭世屹
郭　尧　彭　涛　景长寅　韩雪梅　廖寅彪
颜　磊

**土木工程专业（四年制本科）**

**毕业生（30人）**

王茂杰　王　艳　王钰铭　王腾跃　石振强
刘　妍　孙安博　孙建娇　张　伟　张　烨
张　敏　张　璐　李山微　李文婕　李　纯
李春生　李博森　杨承恩　陆　伟　周　阳
胡　睿　赵　跃　贾蕗宇　高　坚　高银征
黄　颖　黄　巍　覃　南　鲍　捷　樊　强

**信息管理与信息系统专业（四年制本科）**

**毕业生（58人）**

卫裕琪　马　亮　马智山　仇　硕　王光磊
王征宇　王　洋　王　颖　石　岩　刘　扬
刘　佳　刘振兵　刘梦寒　吕　明　吕　莹

吕　超　孙　跃　孙　策　朱晓娇　牟雪松
许小燕　何　铮　吴　熙　张　伟　李　晨
李　靖　杨　旭　杨　硕　汪东月　沈　静
陈博雯　陈　鹏　陈鹏远　周　凡　林志杰
侯　勃　姚　鑫　赵天然　赵辰枫　赵佳奇
赵　明　赵　博　项清学　袁　昕　郭　彬
陶　越　隗功涛　黄　勇　焦　悦　董　臣
谢　晨　韩　巍　廉文超　蒲　莹　鲍　霜
樊　迪　潘　楠　戴文博

### 艺术设计学院

**艺术设计（电脑艺术设计）专业（二年制专科起点本科）**

**毕业生（12人）**

朱　丹　吴岩溪　吴　瑜　李玉蓬　杨海超
陈小培　陈晓娟　陈睿翾　龚翔龙　董　峥
谢立莉　韩丽萍

（教务处　提供）

# 北京工业大学2009年专科（高职）毕业、结业生名单（合计306人）

### 艺术设计学院

**电脑艺术设计（美术设计）专业（二年制高职）**

**毕业生（50人）**

刁文琦　马　娴　王玉珏　王　玥　王　晨
王　鑫　冯　辉　卢建晖　宁　鑫　田　甜
白　辰　任子烨　刘　宁　刘　彤　刘　彬
刘雪楠　齐　羽　宋鹏飞　张　丹　张　伟
张钟雅　张　瑶　张墨贤　李　沛　李曌清
李锦晴　杨子锋　杨　艺　汪　佳　肖叶枫
谷　楠　陈　醒　孟晨露　罗和杰　郑　宁
郑婷婷　赵晓晴　赵斯辰　赵　鹏　郝佳丽
郝虹虹　徐瀚霖　栗晓旭　高　山　高　师
景　乐　董明利　臧醒鸽　潘　尧　霍　亮

**雕塑艺术设计专业（三年制高职）**

**毕业生（20人）**

王　寅　王　鹏　刘钦钦　孙　宁　闫思宇
张　贺　张　维　李　伟　李　娜　李　茜
李　慧　杜　静　谷　迪　范旭东　赵　洋
郭　辰　曹海姣　彭　博　温伯格　韩昊楠

**装饰艺术设计专业（三年制高职）**

**毕业生（22人）**

马　婧　王　宇　王　佳　王玲霞　邓　萌
邓　璇　任　爽　刘佳颖　江　岚　张　帆
张丽媛　李　杨　李玲娜　李　博　杜　蕊
苏　慧　呼世阳　胡爱丽　赵　明　贾　奇
郭立荣　曹文涛

**装饰艺术设计（空间装饰设计）专业（三年制高职）**

**毕业生（24人）**

文　君　王子钰　王　晨　王　策　白馨彤
伍　婧　关　征　刘建江　张　然　张嘉艾
李欧楠　杨　阳　杨康博　苏　君　苏　妍
辛　月　陈　羽　周梦婕　荀文婷　崔　玥
崔　颖　曹　璐　滑建琦　韩　烨

**视觉传达艺术设计专业（三年制高职）**

**毕业生（41人）**

马　冉　马　越　王人平　王丹妮　王　邸
王艳飞　王　硕　龙菲菲　刘　扬　刘莹莹
刘　淼　吕思思　吕添棋　孙乐乐　孙　畅
孙　雪　齐艳君　何　宇　吴羽新　宋馨菲
张祎晗　张　莹　张惠卿　李　瓅　李云飞
杨丹娜　杨　莹　辛　博　邸钰涵　周　蕊
金　杰　郭晓盈　郭艳美　郭艳婕　郭晨博
郭　鹏　梁　曦　彭　嵋　蒋　纯　蔡　梦
冀　欢

**电脑艺术设计（美术设计）专业（三年制高职）**

**毕业生（45人）**

王玲玲　王　倩　王　莉　王　薇　邓　鹏
付仁艺　田　静　白　晨　边常亮　任晓希
刘文慧　刘晟昊　刘梦楠　刘　静　孙元明
孙　妍　朱　棣　宋　阳　张云婷　张　祥
李亚菲　李迎杰　李晓盟　李菲菲　李　蕊
杨洪轲　杨晓旭　邱睿博　陈　妍　陈希颖
卓　琳　周思行　孟　曦　岳建春　胡晶晶
项　征　徐晓庆　徐婧雯　郭岩妍　陶默菲
高文漪　曹　磊　董丽娜　韩　文　熊　岳

**多媒体设计与制作专业（三年制高职）**

**毕业生（20人）**

于　欢　王　良　王艳红　王　淇　王　维

王　雪　王　琳　王超飞　王　微　刘　伟
刘艳丽　吕艺佳　朱　静　李　贺　杨　洋
赵　薇　饶思闽　绪晓晨　彭　勃　靳　莹

**艺术设计（展示设计）专业（三年制高职）**

**毕业生（21人）**

毛　茅　王　佳　王春篠　乔　智　刘宇航
刘孟昊　孙宏磊　朱丽苹　张　冉　张　青
张　艳　张　鹏　杨天天　宗文静　庞学红
姜雪春　姜　喆　赵婉莹　贾　莹　焦　妍
冀冉冉

**艺术设计（室内设计）专业（三年制高职）**

**毕业生（21人）**

马　佳　马金懿　刘学敏　刘胜天　朱晓蒙
何　赛　张　平　张　良　张　倩　张　瑶
张　磊　张　璐　杨孟吉　胡　娜　唐玉平
秦晓娟　郭雨琛　高　昆　龚　锦　韩冠茅
翟悦琪

**艺术设计（服装设计）专业（三年制高职）**

**毕业生（41人）**

丁　云　丁　震　马　铮　方　牧　王冯珊
王梦颖　冯　雪　卢莎莎　田雨琛　申筱清
白　雪　白　靖　刘　畅　吕允鉴　孙月光
孙艳文　成雨霏　余　楠　张怡晨　张洁琼
张　莹　张　璇　张　璐　李重虎　李　博
杜　玥　杨　钊　周国翠　周　斌　周　鑫
郑　怡　郑　琦　徐　涛　贾海月　高　淼
梁丽荣　焦　艳　谢博宇　黑晓明　缪　玲
霍　达

**结业生（1人）**

石名晓

# ·表彰与奖励·

## 北京工业大学2009年所获集体奖励

| 序号 | 获奖单位/项目 | 申报部门 | 获奖名称 | 授奖部门 |
|---|---|---|---|---|
| 1 | 北京工业大学 | 招生就业处 | 2009年北京地区高校毕业生就业工作先进集体 | 北京市教育委员会 |
| 2 | 北京工业大学 | 后勤管理处 | 2008年度北京市节水系统先进集体 | 北京市水务局 |
| 3 | 北京工业大学 | 后勤管理处 | 全国高校节能工作先进单位 | 中国高等教育学会后勤管理分会 |
| 4 | 北京工业大学 | 学生处 | 首都国庆60周年群众游行优秀组织单位 | 首都国庆60周年群众游行指挥部 |
| 5 | 北京工业大学 | 学生处 | “迎国庆、讲文明、树新风”活动先进单位 | 首都精神文明建设委员会 |
| 6 | 北京工业大学 | 学生处 | 最佳风采奖 | 首都国庆60周年群众游行指挥部第二分指挥部 |
| 7 | 北京工业大学 | 校团委 | 国庆大学生联欢板块先进集体 | 首都国庆60周年北京市筹备委员会联欢晚会指挥部 |
| 8 | 北京工业大学 | 校团委 | 首都国庆60周年联欢晚会群众联欢大学生联欢板块优秀组织奖 | |
| 9 | 北京工业大学 | 校团委 | 首都国庆60周年群众游行广场合唱、民族打击乐活动纪念奖 | 中共北京市委教育工委、北京市教育委员会 |
| 10 | 北京工业大学 | 校工会 | 2009年度工会工作先进单位 | 北京市教育工会 |
| 11 | 北京工业大学 | 计划生育办公室 | 北京市人口和计划生育工作红旗单位 | 北京市计生委 |
| 12 | 北京工业大学 | 保卫处 | 2009年度先进单位 | 北京市国家安全局 |
| 13 | 基建处 | 基建处 | 全国工人先锋号 | 中华全国总工会 |
| 14 | 纪委 | 纪委 | 集体一等功 | 北京市纪委 |
| 15 | 保卫处 | 保卫处 | 集体二等功 | 北京市公安局 |
| 16 | 北工大体育馆 | 基建处 | 北京市奥运工程科技创新特别奖 | 北京市“08”工程指挥部办公室 |
| 17 | 北工大体育馆 | 基建处 | 奥运工程落实三大理念突出贡献奖 | 北京市“08”工程指挥部办公室 |
| 18 | 学生合唱团 | 校团委 | 爱国歌曲大家唱——全国教育系统“祖国万岁”歌咏活动优秀组织奖 | 教育部 |
| 19 | 学生合唱团 | 校团委 | 第二届全国大学生艺术展演一等奖 | 教育部 |
| 20 | 学生舞蹈团 | 校团委 | 第二届全国大学生艺术展演一等奖 | 教育部 |
| 21 | 学生处心理咨询中心 | 学生处 | 2008-2009年北京高校心理健康教育工作突出进步单位 | 中共北京市委教育工委宣教处、北京高教学会心理咨询研究会 |
| 22 | 学生社区管理服务中心 | 学生处 | 北京市高校先进学生公寓中心 | 北京市教育委员会 |
| 23 | 智源公司 | 智源公司 | 第四届“中国技术市场金桥奖”先进集体 | 中国技术市场协会 |

**续表**

| 序号 | 获奖单位/项目 | 申报部门 | 获奖名称 | 授奖部门 |
|---|---|---|---|---|
| 24 | 后勤集团 | 后勤集团 | 中国高等学校伙食工作先进单位 | 中国高校伙食专业委员会 |
| 25 | 出版社 | 出版社 | 2009 年度北京市新闻出版和版权工作先进集体 | 北京市新闻出版局、北京市人力社保局 |
| 26 | 电控学院 | 校工会 | 首都教职工第三届艺术节最佳工会小组活动最佳工会小组奖 | 北京市教育工会 |

（校两办提供）

# 北京工业大学 2009 年各级各类教育教学成果奖

## 北京工业大学 2009 年各级各类教育教学成果奖

| 项　目 | | 成果/专业/课程/团队/教材/课件等名称 | 负责人 | 所在单位 |
|---|---|---|---|---|
| 第六届高等教育国家级教学成果奖二等奖 | | “以资源节约与环境友好为主导”的材料专业建设与改革 | 左铁镛　聂祚仁　王志宏　崔素萍　王金淑 | |
| | | 面向产业、服务北京，拓展软件工程专业方向的探索与实践 | 侯义斌　朱　青　蔡建平　黄樟钦　刘宏珍 | |
| | | 地方工科院校应用型创新人才培养的研究与实践 | 蒋毅坚　薛素铎　张红光　赵一夫　周竞学 | |
| | | 地方工科院校“四维一体”教学质量保障体系的构建与实践 | 薛素铎　曹万林　李庆丰　李振泉　安　琳 | |
| | | 瞄准专业基本能力，科学施教，培养计算机人才的研究与实践 | 蒋宗礼　张晓霞　姜守旭　王　丹 | |
| 教育部特色专业建设点 | | 建筑环境与设备工程 | 赵耀华 | 建工学院 |
| 国家级精品课程 | | 材料工程基础综合实验 | 王金淑 | 材料学院 |
| 国家级双语示范课程 | | 信息工程概论 | 何泾沙 | 软件学院 |
| 国家级教学团队 | | 计算机软件基础课教学团队 | 蒋宗礼 | 计算机学院 |
| | | 机械工程教学团队 | 赵　京 | 机电学院 |
| 第五届高等学校教学名师奖 | | — | 彭永臻 | 环能学院 |
| 国家级实验教学示范中心建设单位 | | 土木工程实验教学中心 | 杜修力 | 建工学院 |
| 2008 年度国家级人才培养模式创新实验区 | | 北工大-Xilinx 软件工程（嵌入式系统方向）应用人才联合培养模式创新实验区 | 侯义斌 | 软件学院 |
| “教育部—英特尔精品课程”建设项目 | | — | 方　娟 | 计算机学院 |
| 第九届全国多媒体课件大赛 | 高教文科组二等奖 | 动画立体造型 | 杨琳等 | 艺术设计学院 |
| | 高教文科组二等奖 | 数字媒体艺术概论 | 赵玮等 | 艺术设计学院 |
| | 高教文科组三等奖 | 动画造型 | 张朋等 | 艺术设计学院 |
| | 高教工科组三等奖 | 空间设计 | 赵玮等 | 艺术设计学院 |
| | 高教文科组最佳艺术效果奖 | 动画立体造型 | 杨琳等 | 艺术设计学院 |

## 北京工业大学2009年北京市级各类教育教学成果奖名单

| 项目 | | 成果/专业/团队/名师/课程/教材/等名称 | 负责人 | 所在单位 |
|---|---|---|---|---|
| 2008年北京市教育教学成果奖(高等教育) | 特等奖 | “以资源节约与环境友好为主导”的材料专业建设与改革 | 左铁镛 聂祚仁 王志宏 崔素萍 王金淑 | |
| | 一等奖 | 砥砺创新理念，引导基础力学建设成精品型、示范性的课程群 | 隋允康 李晓阳 张亦良 杨庆生 秦 飞 | |
| | | 面向产业、服务北京，拓展软件工程专业方向的探索与实践 | 侯义斌 朱 青 蔡建平 黄樟钦 刘宏珍 | |
| | | 打造教学科研型团队平台，推动水污染控制课程群的建设 | 彭永臻 王淑莹 任 仁 孙治荣 曾 薇 | |
| | | 地方工科院校应用型创新人才培养的研究与实践 | 蒋毅坚 薛素铎 张红光 赵一夫 周竞学 | |
| | | 地方工科院校“四维一体”教学质量保障体系的构建与实践 | 薛素铎 曹万林 李庆丰 李振泉 安 琳 | |
| | | 瞄准专业基本能力，科学施教，培养计算机人才的研究与实践 | 蒋宗礼 张晓霞 姜守旭 王 丹 | |
| | 二等奖 | 经济与管理专业实践教学体系建设与创新 | 阮平南 葛志远 章 帆 田伟先 李 捷 | |
| | | 基于网络听说教学模式的大学英语口语测试体系建设 | 刘晓燕 刘宇慧 何岑成 王 瑾 段江平 | |
| | | 深化地方院校大学英语教学改革，强化学生语言应用能力的培养 | 刘宇慧 周俊英 闫岫峰 屈桂菊 刘晓燕 | |
| | | 强化实践教学环节，构建创新型应用物理专业人才培养模式 | 王 丽 陶世荃 郝 伟 祝孝正 江竹青 | |
| | | 电子信息类人才综合实践能力培养体系的建设 | 王 普 张印春 赵 影 冯士维 綦 慧 | |
| | | 通过自动控制原理课程建设，推进自动化专业创新人才培养 | 乔俊飞 孙 亮 于建均 陈梅莲 李振龙 | |
| | | 建筑学专业实践教学体系的改革与实践 | 胡 斌 陈 喆 夏海州 胡凤来 | |
| | | 以大工程理念为指导，培养土建类专业应用型人才的改革与实践 | 霍 达 李炎锋 赵 均 吕 鑑 滕海文 | |
| | | 依托“放飞技术网”，激发学生兴趣，培养学生创新精神和创新能力 | 石 勤 冯 培 叶乃文 徐旭东 | |
| | | 建设大学网络课堂，用现代教育技术助力人才培养 | 周恕义 曹 茜 郭 煜 乔 虹 徐世东 | |
| | | 立足导师岗位塑造，提高地方院校研究生培养质量 | 吴 斌 李 娟 王秀彦 乔俊飞 肖 念 | |
| | | 思想政治理论课程群内涵式建设的理念与实践 | 钱伟量 李东松 吴宝晶 丁 云 艾 国 | |
| | | 普通高等学校高水平体育人才培养模式的探索与实践 | 陈建生 阮平南 刘振卿 索艳军 陈其林 徐建中 沈立人 | |
| 北京市特色专业建设点 | | 交通工程 | 张金喜 | 建工学院 |
| 北京市优秀教学团队 | | 大学物理与实验教学团队 | 王 丽 | 数理学院 |
| | | 大学体育课程教学团队 | 陈建生 | 体育部 |
| | | 计算机软件基础课教学团队 | 蒋宗礼 | 计算机学院 |
| | | 机械工程教学团队 | 赵 京 | 机电学院 |

**续表**

<table>
<tr><th colspan="2">项 目</th><th>成果/专业/团队/名师/课程/教材/等名称</th><th>负责人</th><th>所在单位</th></tr>
<tr><td colspan="2" rowspan="3">第五届北京市高等学校教学名师奖</td><td>—</td><td>钱伟量</td><td>人文学院</td></tr>
<tr><td>—</td><td>薛素铎</td><td>建工学院</td></tr>
<tr><td>—</td><td>余跃庆</td><td>机电学院</td></tr>
<tr><td colspan="2" rowspan="6">北京市精品课程</td><td>工程力学</td><td>杨庆生</td><td>机电学院</td></tr>
<tr><td>电子工程设计</td><td>贾克斌</td><td>电控学院</td></tr>
<tr><td>土木工程概论</td><td>霍 达</td><td>建工学院</td></tr>
<tr><td>环境质量评价</td><td>程水源</td><td>环能学院</td></tr>
<tr><td>激光原理</td><td>俞宽新</td><td>数理学院</td></tr>
<tr><td>军事理论与训练</td><td>张 革</td><td>学生处</td></tr>
<tr><td colspan="2" rowspan="2">北京高等学校实验教学示范中心</td><td>土木工程实验教学中心</td><td>杜修力</td><td>建工学院</td></tr>
<tr><td>软件工程实践教学中心</td><td>朱 青</td><td>软件学院</td></tr>
<tr><td colspan="2" rowspan="13">北京高等教育精品教材建设立项</td><td>化学与环境(第三版)</td><td>任 仁</td><td>环能学院</td></tr>
<tr><td>光电子学基本原理与技术</td><td>王 林</td><td>电控学院</td></tr>
<tr><td>暖通自动化控制</td><td>李炎锋</td><td>建工学院</td></tr>
<tr><td>结构分析有限单元法</td><td>张延庆</td><td>建工学院</td></tr>
<tr><td>建筑给水排水工程</td><td>张 英</td><td>建工学院</td></tr>
<tr><td>信息光学</td><td>陶世荃<br>万玉红</td><td>数理学院</td></tr>
<tr><td>计算机系统结构</td><td>方 娟</td><td>计算机学院</td></tr>
<tr><td>基于FPGA的新型微型计算机接口设计技术</td><td>韩德强</td><td>计算机学院</td></tr>
<tr><td>计算机组成与结构</td><td>毛国君</td><td>计算机学院</td></tr>
<tr><td>财务会计</td><td>杨松令</td><td>经管学院</td></tr>
<tr><td>心理健康与人才发展</td><td>赵丽琴</td><td>人文学院</td></tr>
<tr><td>嵌入式系统设计原理教程</td><td>黄樟钦</td><td>软件学院</td></tr>
<tr><td>电子服务概论</td><td>朱 青</td><td>软件学院</td></tr>
<tr><td colspan="2">北京高等学校市级校外人才培养基地</td><td>北京裕兴软件校外人才培养基地</td><td>周竞学</td><td>实验学院</td></tr>
<tr><td colspan="2">北京市级人才培养模式创新试验区</td><td>建筑学综合应用型专业人才培养模式创新试验区</td><td>陈 喆</td><td>建规学院</td></tr>
<tr><td colspan="2" rowspan="3">北京高校第六届青年教师教学基本功比赛</td><td>理工A组一等奖<br>最佳演示奖<br>最受学生欢迎奖</td><td>雷 飞</td><td>电控学院</td></tr>
<tr><td>理工A组二等奖</td><td>崔有为</td><td>环能学院</td></tr>
<tr><td>英语组三等奖</td><td>霍晓峰</td><td>外语学院</td></tr>
<tr><td rowspan="3">北京市高校第二届多媒体教育软件大奖赛</td><td>网络课件二等奖</td><td>水分析化学</td><td>郝瑞霞<br>吴 珊<br>吕 鉴</td><td>建工学院</td></tr>
<tr><td>多媒体课件二等奖</td><td>动画立体造型</td><td>杨 琳<br>王 丹</td><td>艺术设计学院</td></tr>
<tr><td>多媒体课件三等奖</td><td>空调原理与设备</td><td>底 冰</td><td>环能学院</td></tr>
</table>

续表

| 项 目 | | 成果/专业/团队/名师/课程/教材/等名称 | 负责人 | 所在单位 |
|---|---|---|---|---|
| 北京市高校第二届多媒体教育软件大奖赛 | 多媒体课件三等奖 | 机械设计 | 王大康<br>高国华<br>李浩群 | 机电学院 |
| | 多媒体课件优秀奖 | 固体物理学—晶格振动 | 李建军 | 电控学院 |
| | PPT电子教案二等奖 | 工程力学 | 杨庆生<br>崔 芸 | 机电学院 |
| | PPT电子教案三等奖 | 智能车载导航系统 | 翁剑成<br>于 泉<br>荣 建 | 建工学院 |
| | PPT电子教案优秀奖 | 《仪器分析》课程 第七章<br>质谱分析法 | 赵丽娇<br>钟儒刚<br>甄 岩 | 生命学院 |
| | PPT电子教案优秀奖 | 交通工程学导论——<br>交通安全 | 魏中华<br>边 扬 | 建工学院 |
| | PPT电子教案优秀奖 | 宋代大木作 | 张 昕 | 建规学院 |
| | PPT电子教案优秀奖 | 毛泽东思想、邓小平理论和<br>“三个代表”重要思想概论 | 张禹飞 | 实验学院 |

## 北京工业大学2008-2009学年优秀教学质量奖获奖名单

| 序号 | 院(部) | 教师姓名 | 职 称 | 课程名称 | 获奖等级 |
|---|---|---|---|---|---|
| 1 | 建工学院 | 彭一江 | 副教授 | 结构力学Ⅱ | 一等奖 |
| 2 | 电控学院 | 孙 亮 | 副教授 | 自动控制理论 | 一等奖 |
| 3 | 环能学院 | 陈 莎 | 副教授 | 化学与环境 | 二等奖 |
| 4 | 数理学院 | 万玉红 | 副教授 | 信息光学 | 二等奖 |
| 5 | 计算机学院 | 周 君 | 讲 师 | 面向对象程序设计 | 二等奖 |
| 6 | 实验学院 | 席志国 | 讲 师 | 民法学 | 二等奖 |
| 7 | 生命学院 | 马雪梅 | 研究员 | 分子生物学Ⅰ | 二等奖 |
| 8 | 体育部 | 李 鑫 | 讲 师 | 游泳专项选修课和游泳训练课 | 二等奖 |
| 9 | 实验学院 | 和 薇 | 讲 师 | 数据结构 | 二等奖 |
| 10 | 体育部 | 高 兵 | 讲 师 | 大学生乒乓球体育课 | 二等奖 |
| 11 | 艺术设计学院 | 张春娆 | 讲 师 | 视听语言 | 二等奖 |
| 12 | 外语学院 | 陈 浩 | 讲 师 | 大学英语一二级 | 二等奖 |
| 13 | 建规学院 | 武风文 | 副教授 | 城市设计概论 | 三等奖 |
| 14 | 艺术设计学院 | 王文娟 | 副教授 | 服装版型与工艺 | 三等奖 |
| 15 | 电控学院 | 雷 飞 | 副教授 | 电路分析基础 | 三等奖 |
| 16 | 建工学院 | 樊洪明 | 副教授 | 流体力学 | 三等奖 |
| 17 | 外语学院 | 李丽华 | 讲 师 | 大学英语 | 三等奖 |
| 18 | 经管学院 | 孙玉荣 | 副教授 | 科技法 | 三等奖 |
| 19 | 电控学院 | 李如玮 | 副教授 | 信息理论基础 | 三等奖 |

续表

| 序号 | 院(部) | 教师姓名 | 职　称 | 课程名称 | 获奖等级 |
|---|---|---|---|---|---|
| 20 | 建工学院 | 严　海 | 副教授 | 城市总体规划原理 | 三等奖 |
| 21 | 外语学院 | 文丽华 | 讲　师 | 基础韩国语－1、2 | 三等奖 |
| 22 | 外语学院 | 王雪霏 | 讲　师 | 大学英语一级、二级 | 三等奖 |
| 23 | 经管学院 | 李　佩 | 副教授 | 财务会计 | 三等奖 |
| 24 | 人文学院 | 王　鹏 | 讲　师 | 平面设计基础 | 三等奖 |
| 25 | 外语学院 | 龚文静 | 讲　师 | 基础英语 | 三等奖 |
| 26 | 外语学院 | 赵　燚 | 助　教 | 基础英语Ⅱ－3、4 | 三等奖 |
| 27 | 软件学院 | 于学军 | 副教授 | 软件工程概论 | 三等奖 |
| 28 | 人文学院 | 付德根 | 副教授 | 传播学概论 | 三等奖 |
| 29 | 体育部 | 胡朝霞 | 讲　师 | 乒乓球 | 三等奖 |
| 30 | 经管学院 | 李　玫 | 副教授 | 金融市场 | 三等奖 |

（教务处　提供）

## 北京工业大学2009年全国优秀博士学位论文提名名单

| 序号 | 博士生 | 导　师 | 学科、专业 | 博士学位论文题目 |
|---|---|---|---|---|
| 1 | 俞瑞芳 | 周锡元 | 结构工程 | 非比例阻尼线性系统随机地震输入下的动力反应分析 |
| 2 | 姚明辉 | 张　伟 | 机械设计及理论 | 多自由度非线性机械系统的全局分叉和混沌动力学研究 |
| 3 | 王晓莲 | 彭永臻 | 环境科学与工程 | $A^2/O$工艺运行优化及其过程控制的基础研究 |

## 北京工业大学2009年北京市优秀博士学位论文奖名单

| 序号 | 博士生 | 导　师 | 学科、专业 | 博士学位论文题目 |
|---|---|---|---|---|
| 1 | 张跃飞 | 张　泽 | 凝聚态物理 | SiC纳米线力学性能原位电子显微学研究 |
| 2 | 禹建功 | 吴　斌 | 机械电子工程 | 功能梯度材料结构中的波动特性及其检测方法研究 |
| 3 | 杨　巍 | 严　辉 | 材料物理与化学 | 形变碳纳米管的结构及晶格振动特性研究 |

## 北京工业大学2009年校级优秀博士学位论文作者及指导教师名单

| 序号 | 博士生 | 导　师 | 学科、专业 | 博士学位论文题目 |
|---|---|---|---|---|
| 1 | 张君华 | 张　伟 | 工程力学 | 高维非自治非线性系统的全局摄动分析和多脉冲混沌动力学研究 |
| 2 | 金冬月 | 张万荣 | 微电子学与固体电子学 | 微波功率HBT自加热和热耦合效应的补偿及抵消技术研究 |
| 3 | 赵　密 | 杜修力 | 桥梁与隧道工程 | 近场波动有限元模拟的应力型时域人工边界条件及其应用 |
| 4 | 王　敏 | 曹万林 | 结构工程 | 钢管混凝土边框内藏桁架组合剪力墙抗震试验与理论研究 |
| 5 | 刘　璿 | 马重芳 | 热能工程 | 微重力环境下质子交换膜燃料电池内两相流体动力学特性研究 |
| 6 | 杨　庆 | 彭永臻 | 环境工程 | 基于实时控制的SBR工艺短程深度脱氮基础研究和中试 |

续表

| 序号 | 博士生 | 导 师 | 学科、专业 | 博士学位论文题目 |
| --- | --- | --- | --- | --- |
| 7 | 郑 坤 | 韩晓东 | 凝聚态物理 | 原位原子尺度下纳米线室温力学性能与行为的研究 |
| 8 | 范 晓 | 尹宝才 | 计算机应用技术 | 基于面部视频的疲劳状态分析与理解 |
| 9 | 李国瑞 | 何泾沙 | 计算机应用技术 | 无线传感器网络中安全保障模型和方法的研究 |
| 10 | 刘文彬 | 张久兴 | 材料学 | WC-Co 复合粉的原位合成与块体硬质合金的烧结 |
| 11 | 赵 跃 | 周美玲 | 材料学 | 涂层导体镍合金基板及过渡层的研究 |
| 12 | 常 珊 | 王存新 | 生物医学工程 | 蛋白质结构预测方法学研究 |

## 北京工业大学2009年校级优秀硕士学位论文作者及指导教师名单

| 序号 | 硕士生 | 导 师 | 学科、专业 | 硕士学位论文题目 |
| --- | --- | --- | --- | --- |
| 1 | 安 彤 | 秦 飞 | 固体力学 | 跌落冲击载荷作用下焊锡接点的力学行为研究 |
| 2 | 马瑞艳 | 刘赵淼 | 流体力学 | 血栓形成及介入治疗的动力学研究 |
| 3 | 张 强 | 焦敬品 | 测试计量技术及仪器 | 机械结构流体层厚度超声测量方法研究 |
| 4 | 顾兆勇 | 乔爱科 | 机械设计及理论 | 不同结构内支架植入蜿蜒型动脉瘤的仿真研究 |
| 5 | 蒋传彪 | 余跃庆 | 机械设计及理论 | 一种小型双足人形机器人平台的研究与开发 |
| 6 | 方 承 | 赵 京 | 机械设计及理论 | 基于视觉的冗余度机械臂避障规划及实验研究 |
| 7 | 刘 进 | 陈树君 | 机械电子工程 | 电压暂降抗扰性预相容测试设备研究 |
| 8 | 张 鹏 | 陈树君 | 机械电子工程 | O 型环焊接设备工装及控制系统的研制 |
| 9 | 王世莹 | 宋永伦 | 机械电子工程 | 焊接电磁曝露环境的检测、仿真与评估 |
| 10 | 王思民 | 王新华 | 机械电子工程 | 双相对置 GMM 自传感驱动喷嘴—挡板式水压伺服控制阀研究 |
| 11 | 方 斌 | 李剑峰 | 机械制造及其自动化 | 三自由度和四自由度并联机构的奇异性研究 |
| 12 | 何金群 | 高立新 | 机械制造及其自动化 | 基于 Duffing 振子的低速重载设备故障诊断方法及应用 |
| 13 | 戎 伟 | 李富平 | 机械制造及其自动化 | 摆角铣头的热特性分析计算与试验研究 |
| 14 | 高雪娟 | 沈兰荪 | 信号与信息处理 | 面向无线移动终端的 H. 264 编码复杂度控制技术研究 |
| 15 | 徐 昊 | 鲍长春 | 信号与信息处理 | 3GPP AMR-NB 与 ITU-T G. 729ab 间的语音转码方法研究 |
| 16 | 马子明 | 贾克斌 | 信号与信息处理 | 基于感兴趣区域的彩色图像检索算法研究及系统实现 |
| 17 | 刘张宇 | 鲍长春 | 电路与系统 | 基于 GMM 的 AMR-NB 与 G. 729A 之间的 LSP 与基音参数转码技术研究 |
| 18 | 李志谦 | 阮晓钢 | 模式识别与智能系统 | 双足步行机器人系统设计与运动控制及虚拟现实仿真实验研究 |
| 19 | 杨洪祥 | 朱世宁 | 检测技术与自动化装置 | 基于广义预测控制的变风量空调末端仿真与控制研究 |
| 20 | 李 荣 | 乔俊飞 | 控制理论与控制工程 | 基于细胞自动机的污水处理过程建模与仿真研究 |
| 21 | 王 静 | 张会清 | 检测技术与自动化装置 | 基于信号强度室内定位技术的研究与实现 |
| 22 | 秦永钢 | 于乃功 | 模式识别与智能系统 | 应用于机械臂伺服的双目视觉系统研究 |
| 23 | 虞晓凡 | 于忠臣 | 微电子学与固体电子学 | 基于 USB2. 0 的时钟数据恢复电路的设计 |
| 24 | 陈 祺 | 聂红儿 | 通信与信息系统 | 深亚微米 ASIC 物理设计中的信号完整性分析 |
| 25 | 刘鸿哲 | 张钦喜 | 岩土工程 | CFG 桩复合地基工作性状及实用沉降计算方法研究 |

**续表**

| 序号 | 硕士生 | 导 师 | 学科、专业 | 硕士学位论文题目 |
|---|---|---|---|---|
| 26 | 张鹏飞 | 邓宗才 | 结构工程 | 高强度纤维素纤维混凝土耐久性试验研究 |
| 27 | 刘 强 | 曹万林 | 结构工程 | 再生混凝土低矮剪力墙抗震性能试验与分析 |
| 28 | 赵胥英 | 李永梅 | 结构工程 | 弦支穹顶结构在地震作用下的动力稳定性研究 |
| 29 | 王 敏 | 李 悦 | 结构工程 | 橡胶集料水泥砂浆的力学及建筑功能特性研究 |
| 30 | 王 涛 | 滕海文 | 结构工程 | 基于振动特性的结构损伤识别方法与试验研究 |
| 31 | 任 健 | 李 军 | 市政工程 | 城镇污水处理厂碳源开发与利用试验研究 |
| 32 | 马富国 | 孟雪征 | 市政工程 | 部分亚硝化-厌氧氨氧化耦合工艺处理污泥脱水液的研究 |
| 33 | 孟凡能 | 吕 鑑 | 市政工程 | 污泥消化液半短程硝化——厌氧氨氧化全程自养脱氮研究 |
| 34 | 万宏文 | 郝瑞霞 | 市政工程 | 泥区废液中消毒副产物前体物的表征及其回流影响研究 |
| 35 | 王 樱 | 赵耀华 | 供热/供燃气/通风及空调工程 | 微管内工质流动阻力特性的实验研究 |
| 36 | 华高英 | 赵耀华 | 供热/供燃气/通风及空调工程 | 城市地下交通联系隧道性能化防火设计研究 |
| 37 | 王欣红 | 毕月虹 | 供热．供燃气．通风及空调工程 | 土壤源热泵系统在不同地区的推广及其优化 |
| 38 | 王绥军 | 赵煜娟 | 物理化学 | 锂离子电池富锂正极材料 $L[Ni_xLi_{1/3-2x/3}Mn_{2/3-x/3}]O_2$ 的研究 |
| 39 | 郑 轶 | 张红光 | 热能工程 | 天然气发动机起动及怠速转速闭环控制的试验研究 |
| 40 | 王丁会 | 鹿院卫 | 热能工程 | 低温等离子体作用下室内污染物甲醛的光催化去除实验研究 |
| 41 | 吴晓晖 | 郭 航 | 热能工程 | 小型被动式直接甲醇燃料电池动态性能实验研究 |
| 42 | 刘彩欣 | 戴洪兴 | 应用化学 | meso-MO、$CrO_x$/meso-MO 和 $CrO_x/VO_x$/meso-MO(M=Ca，Mg)的制备及异丁烷氧化脱氢催化性能研究 |
| 43 | 高 学 | 张国俊 | 应用化学 | 外力协同强化静电吸附制备聚电解质复合物膜的研究 |
| 44 | 尚会来 | 彭永臻 | 环境工程 | 污水生物脱氮过程中 $N_2O$ 产生的影响因素研究 |
| 45 | 陈冉妮 | 高景峰 | 环境工程 | 好氧颗粒污泥的培养、维持及应用的基础研究 |
| 46 | 葛 慧 | 孙治荣 | 环境工程 | 表面活性剂修饰催化电极的制备及2，4－二氯酚的电还原脱氯 |
| 47 | 赵 娟 | 王大勇 | 光学 | 光学稀疏孔径成像系统实验研究和误差分析 |
| 48 | 李 光 | 王 丽 | 光学 | $ZnGeP_2$ 中红外激光器的特性研究 |
| 49 | 刘 东 | 王大勇 | 光学 | 基于体全息光栅的波分复用器件的制作及其特性研究 |
| 50 | 宋娇阳 | 宋晏蓉 | 光学 | 波导耦合金属光子晶体的制备和光学特性研究 |
| 51 | 王丽霞 | 彭良雪 | 基础数学 | 关于CSS空间与k-CSS空间及某些广义度量空间的合并 |
| 52 | 贾儿则 | 乔元华 | 应用数学 | 一类基因表达时滞系统的稳定性与分支 |
| 53 | 袁 飞 | 廖湖声 | 计算机软件与理论 | 基于SECD抽象机的XQnery编译实现技术的研究 |
| 54 | 包塔林 | 周小兵 | 计算机软件与理论 | GPS数据挖掘技术在物流企业中的应用 |
| 55 | 赵 旭 | 蒋宗礼 | 计算机软件与理论 | 维数约减技术及应用 |
| 56 | 张鸿勋 | 冀俊忠 | 计算机软件与理论 | 基于K2评分的贝叶斯网络结构学习算法的研究 |
| 57 | 杨 涛 | 张鸿宾 | 计算机应用技术 | 基于内容的三维模型检索 |
| 58 | 王 峰 | 张鸿宾 | 计算机应用技术 | 基于双核复合的核分类算法研究 |

续表

| 序号 | 硕士生 | 导师 | 学科、专业 | 硕士学位论文题目 |
|---|---|---|---|---|
| 59 | 杨贵彬 | 张鸿宾 | 计算机应用技术 | JPEG图像信息隐藏检测方法的研究 |
| 60 | 岳少园 | 施云惠 | 计算机应用技术 | 基于H.264 /AVC的码率控制算法研究 |
| 61 | 孙炎森 | 侯义斌 | 计算机应用技术 | 基于蓝牙标准的点到点音视频传输技术的研究与设计 |
| 62 | 张慧涛 | 廖湖声 | 计算机应用技术 | 基于XQuery的网页编程语言的设计与实现 |
| 63 | 付　博 | 肖创柏 | 计算机应用技术 | H.264模式选择与码率控制算法的研究与改进 |
| 64 | 叶可佳 | 尹宝才 | 计算机应用技术 | 标记语言驱动的中国手语合成研究 |
| 65 | 王　硕 | 黄樟钦 | 计算机应用技术 | 环绕智能环境下感知系统行为模型建立及性能分析 |
| 66 | 胡翰宸 | 朱满康 | 材料物理与化学 | NBT基三元系无铅压电陶瓷掺杂改性的研究 |
| 67 | 葛海燕 | 侯育冬 | 材料物理与化学 | 熔盐法制备$KNbO_3$和$NaNbO_3$无铅电子陶瓷 |
| 68 | 高　非 | 王金淑 | 材料学 | $Y_2O_3$-$Lu_2O_3$-Mo体系稀土-钼阴极材料发射性能与机理研究 |
| 69 | 孟　刚 | 聂祚仁 | 材料学 | 含铒Al-5.7wt.%Mg合金高温变形行为及微观组织研究 |
| 70 | 董文兴 | 史耀武 | 材料加工工程 | 微量元素对SnAgCu无铅钎料性能和显微组织影响 |
| 71 | 冉　津 | 王金淑 | 材料学 | 阳极氧化钛纳米阵列的制备及其光生阴极保护性能的研究 |
| 72 | 刘　彬 | 郭　福 | 材料加工工程 | 应用电阻法进行锡基无铅焊点可靠性的研究 |
| 73 | 汪应玲 | 栗卓新 | 材料加工工程 | TiNi形状记忆合金与不锈钢瞬间液相扩散焊工艺及接头性能研究 |
| 74 | 吴宁宁 | 宋雪梅 | 材料物理与化学 | 驰豫铁电陶瓷PMN-PT的拉曼光谱研究 |
| 75 | 邹泽昌 | 韦　奇 | 材料学 | 氧化硅介孔泡沫材料的制备及其木瓜蛋白酶固定化 |
| 76 | 魏　君 | 宋晓艳 | 材料学 | 纳米尺度下金属热稳定性与合金相稳定性的研究 |
| 77 | 李广东 | 史耀武 | 材料加工工程 | 微量元素对Sn-Cu无铅钎料性能影响的研究 |
| 78 | 范　超 | 李双杰 | 数量经济学 | 前沿分析的比较研究与结果组合 |
| 79 | 刘　晨 | 翟东升 | 管理科学与工程 | 专利信息获取与分析系统关键技术研究 |
| 80 | 周健明 | 刘云枫 | 管理科学与工程 | 资源约束对北京现代制造影响的系统动力学研究 |
| 81 | 蔡　爽 | 黄鲁成 | 管理科学与工程 | 基于专利的新兴技术商业化潜力评价研究 |
| 82 | 邢耀匀 | 戴　俭 | 建筑设计及其理论 | 中西方古典建筑外部空间构成比较预研究 |
| 83 | 马水静 | 陈　喆 | 建筑设计及其理论 | 基于中心地理论的北京城市街道活力研究 |
| 84 | 邹淑珍 | 李　港 | 光学 | 蓝绿单模掺镱光纤激光器的理论及实验研究 |
| 85 | 任　艺 | 吴　坚 | 光学 | 微流控PCR芯片的数值模拟与荧光检测微器件及实验装置研究 |
| 86 | 肖忠榜 | 李东松 | 科学技术哲学 | 技术进步与艺术退化 |
| 87 | 赖再枝 | 王存新 | 生物物理学 | 加权蛋白质折叠构象网络的拓扑特征研究 |
| 88 | 肖海玲 | 钟儒刚 | 生物医学工程 | 奶制品中三聚氰胺的拉曼快速检测方法研究 |
| 89 | 陈廷鋆 | 张　松 | 生物医学工程 | 脉搏波自动检测及无线通讯技术的研究 |
| 90 | 卢玉林 | 刘有军 | 生物医学工程 | 水冷却天线微波热疗温度场的数值研究 |
| 91 | 杨彩云 | 李　晋 | 外国语言学及应用语言学 | 《他们眼望上苍》中黑人女性身份建构研究 |

（研究生部　提供）

## 北京工业大学2009年本科特优毕业设计(论文)作者及指导教师名单

| 序号 | 学　院 | 学生姓名 | 毕设论文题目 | 指导教师 |
|---|---|---|---|---|
| 1 | 机电学院 | 谢碧云 | 机器人运动灵活性问题的研究 | 赵　京 |
| 2 | 电控学院 | 甄博然 | 污水处理过程中溶解氧的神经网络控制 | 乔俊飞 |
| 3 | | 刘　雷 | 瞬态视觉诱发脑电信号的采集与处理 | 李明爱 |
| 4 | | 李雪梅 | 基于FPGA的电话远程控制系统中控制器研究与设计 | 吴武臣 |
| 5 | | 梁　岩 | 基于听觉掩蔽效应的谱减法语音增强算法的研究与实现 | 鲍长春 |
| 6 | | 张松岭 | 基于图像处理技术的交叉口状态甄别技术研究 | 赵晓华 |
| 7 | 建工学院 | 梁梦彬 | 包头市少年宫Ⅰ区结构设计 | 陈向东 |
| 8 | | 张海芳 | 上海世博民居新酒店区与月亮河酒店员工宿舍楼结构设计 | 赵　均 |
| 9 | | 胡晓娜 | 建德市马目污水处理厂(一期)工程设计 | 杨　宏 |
| 10 | | 杨　平 | 成都某广场项目办公楼地板送风空调系统设计 | 全贞花 |
| 11 | 环能学院 | 宋杰静 | 基于光电导航的大学生竞赛智能汽车控制研究 | 冯能莲 |
| 12 | | 张　旭 | 分段进水深度脱氮除磷工艺性能中试研究 | 彭永臻 |
| 13 | 数理学院 | 谈晓思 | 分数阶导数及其在常微分方程中的应用 | 王　术 |
| 14 | 计算机学院 | 刘立哲 | 生命探测小车的软、硬件设计与实现 | 韩德强 |
| 15 | | 李睿心 | CCTV网络点播节目源发现系统的设计与实现 | 张建标 |
| 16 | | 张　爽 | 一般用途众核图形处理器编程 | 蒋宗礼 |
| 17 | 材料学院 | 赵萌珂 | 焦耳热引发共晶SnBi钎料晶须生长的研究 | 郭　福 |
| 18 | 经管学院 | 周友富 | 多元异构数据库元数据ETL的设计与实现 | 冯秀珍 |
| 19 | | 杜　佳 | 中韩产业内贸易实证分析——以资本和技术密集型产品为例 | 廖　玫 |
| 20 | 建规学院 | 袁　丹 | 北京大学汇丰商学院(深圳分院)设计－1 | 王冰冰 |
| 21 | 生命学院 | 赵鹏翔 | 新型HIV检测技术的研究 | 马雪梅 |
| 22 | 软件学院 | 蔡雪琴 | 基于GL Studio的虚拟座舱仪表仿真研究 | 姚伟力 |
| 23 | 人文学院 | 何　蓓 | 本土慈善类非政府组织项目运行研究 | 蔡扬眉 |
| 24 | | 高妮娜 | 网络游戏内置广告研究 | 陈火金 |
| 25 | 实验学院 | 周宇飞 | 基于Zigbee的便携式DAQ终端设计 | 孙景琪 |
| 26 | | 朱景焕 | 我国企业多元化战略的利弊探析 | 杨兔珍 |
| 27 | | 林志杰 | 基于cortex嵌入式处理器的数据采集与网络传输技术研究 | 王铁流 |
| 28 | 艺术设计学院 | 李玉蓬 | 浅谈网站的人性化设计 | 谭铁志<br>张　岩 |

(教务处　提供)

# 北京工业大学2009年各级各类科技成果奖

| 序号 | 奖　项 | 获奖等级 | 项目名称 | 学校排名 | 学　院 | 学校主要完成人 |
|---|---|---|---|---|---|---|
| 1 | 2009年度国家科学技术进步奖 | 二等奖 | 新型组合剪力墙及筒体结构抗震理论与技术 | 1 | 建工学院 | 曹万林(1)、张建伟(4) |
| 2 | 2009年度国家科学技术进步奖 | 二等奖 | SBR法污水处理工艺与设备及实时控制技术 | 1 | 环能学院 | 彭永臻(1)、王淑莹(2)、杨庆(4) |
| 3 | 2009年度国家科学技术进步奖 | 二等奖 | 非牛顿流体流变学特性测试技术研究及应用 | 4 | 机电学院 | 石照耀(5) |
| 4 | 2009年度高等学校科学研究优秀成果奖(科学技术)技术发明奖 | 一等奖 | 金属耐磨材料强韧化关键技术及其应用 | 2 | 材料学院 | 符寒光、雷永平 |
| 5 | 2009年度高等学校科学研究优秀成果奖(人文社会科学) | 三等奖 | 《德国循环经济研究》 | 1 | 经管学院 | 黄海峰 |
| 6 | 2009年度国家安全生产监督管理总局安全生产科技成果奖 | 一等奖 | 埋地钢质管道风险评估技术研究与工程示范 | 2 | 机电学院 | 王新华 |
| 7 | 2009年度中国公路学会科学技术奖 | 一等奖 | 北京奥运交通规划与管理的方法与实践 | 1 | 建工学院 | 刘小明、荣建、陈艳艳、杨孝宽、尹宝才、魏中华、孔德慧 |
| 8 | 2009年度中国建筑材料联合会·中国硅酸盐学会建筑材料科学技术奖 | 二等奖 | 垃圾焚烧炉尾气、废渣一体化处理系统设备的开发研究 | 无集体证书 | 材料学院 | 刘燕琴 |
| 9 | 2009年度中国有色金属工业科学技术奖 | 一等奖 | 废弃钴镍材料的循环再造关键技术及产业化应用 | 2 | 材料学院 | 聂祚仁、席晓丽、王志宏 |
| 10 | 2009年度河北省建设科技进步奖 | 一等奖 | 城市与工程抗震防灾关键技术研究 | 无集体证书 | 建规学院 | 马东辉、郭小东、王志涛 |
| 11 | 2009年度河南省科学技术进步奖 | 二等奖 | 改进型铸造高速钢的组织性能及应用研究 | 2 | 材料学院 | 符寒光、雷永平 |
| 12 | 2009年度北京市奥运工程环境保护技术进步奖 | | 《奥运工程环保指南》编制与实施跟踪 | 3 | 环能学院 | 刘中良、马重芳、吴玉庭 |
| 13 | 北京市奥运工程科技创新特别奖－钢结构 | | 北京工业大学体育馆新型预应力弦支穹顶结构体系设计与全寿命健康监控 | 1 | 建工学院 | 张爱林 |

续表

| 序号 | 奖　项 | 获奖等级 | 项目名称 | 学校排名 | 学　院 | 学校主要完成人 |
|---|---|---|---|---|---|---|
| 14 | 2009年度北京市奥运工程优秀勘察设计奖 | | 北京奥林匹克公园中心区雨水系统研究 | 2 | 建工学院 | 周玉文 |
| 15 | 第十届北京青年优秀科技论文评选(论文奖) | | 动态负压层层静电吸附自组装内皮层中空纤维聚电解质多层膜 | 1 | 环能学院 | 张国俊 |
| 16 | 2008年度北京市科学技术奖 | 二等奖 | 北京城市北环水系水环境质量改善技术研究与示范 | 2 | 环能学院 | 彭永臻、王淑莹 |
| 17 | 2008年度北京市科学技术奖 | 二等奖 | 2008奥运羽毛球比赛馆新型预应力弦支穹顶结构体系创新与应用 | 1 | 建工学院 | 张爱林、闫维明 |
| 18 | 2008年度北京市科学技术奖 | 二等奖 | 国家体育场大跨度钢结构设计成套技术 | 5 | 建工学院 | 曹万林 |
| 19 | 2008年度北京市科学技术奖 | 二等奖 | 北京及周边区域大气污染控制研究与示范应用 | 1 | 环能学院 | 程水源、陈东升、王海燕、金毓荃、康天放、陈莎 |
| 20 | 2008年度华夏建设科学技术奖 | 一等奖 | SBR法污水处理工艺与设备及实时控制技术 | 1 | 环能学院 | 彭永臻、王淑莹 |
| 21 | 2008年度华夏建设科学技术奖 | 二等奖 | 水环境恢复与城市水资源健康循环研究 | 2 | 建工学院 | 张杰、李冬、吕鑑 |
| 22 | 2008年度中国轻工业联合会科学技术奖 | 二等奖 | 高效智能化非接触式换气热回收机组的研究开发 | 2 | 环能学院 | 马国远 |
| 23 | 2008年度中国标准创新贡献奖 | 二等奖 | GB/T 18759.1—2002 机械电气设备 开放式数控系统 第1部分:总则、GB/T 18759.2—2006 机械电气设备 开放式数控系统 第2部分:体系结构 | 3 | 机电学院 | 陈卫福 |

(科技处　提供)

# 北京工业大学2009年教师所获奖励与表彰

## 2009年教育部长江学者奖励计划特聘教授

固体所　隋曼龄

## 2009年新世纪百千万人才工程国家级人选

固体所　韩晓东

## 2009年北京市"人才强教深化计划"团队及人选

**创新团队**

**学术类：**

电子功能材料技术研究创新团队　严　辉
数字多媒体技术创新团队　尹宝才
能量光电子技术创新团队　李　强
现代机械系统动态分析与设计
基础理论和关键技术研究团队　余跃庆
大气污染防止与创新技术团队　程水源
大学教学改革研究创新团队　肖　念

**教学类：**

大学物理与实验教学团队　王　丽
大学体育课程教学团队　陈建生
计算机软件基础课教学团队　蒋宗礼
机械工程教学团队　赵　京

**管理类：**

高校学生事务管理研究创新团队　张　革

**高层次人才**

材料学院　聂祚仁
建工学院　曹万林
固体所　韩晓东

**创新人才**

**学术类：**

材料学院　王金淑
数理学院　李寿梅
电控学院　乔俊飞
机电学院　石照耀
材料学院　栗卓新

**教学类：**

人文学院　钱伟量
建工学院　薛素铎
机电学院　余跃庆

**特聘教授**

激光院　王　璞

**讲座教授**

张爱冬　易　平　李长久　林　华　赵宇亮

**中青年骨干人才**

**学术类：**

刘赵淼　焦敬品　张建宇　吴　强
雷　飞　左国玉　李　冬　李俊梅
路德春　韦　奇　岳　明　侯育冬
葛志远　蒋建军　冀俊忠　张建标
方　娟　张国俊　张红光　高春娣
徐大川　王晋茹　万玉红　马雪梅
赵洪武　杨　荣　丁　云　李晓婷
何　坚　于学军　席志国　黄晓红
文丽华　吴晓梅　龚文静　李华东
李　强　杨胶溪　郑剑晖　刘振卿
张跃飞　王国斌　郜　建　钟　声
范　明

**管理类：**

夏海州　党　杰　李四平　张　欣　吴文英

**留学人员科技活动择优资助：**

高坤元、卓力

**科技新星：**

A类：路德春
B类：赵丽姣　陈　戈　陈冬升

（人事处　提供）

## 北京工业大学先进院级党组织（4个）

电控学院党委
材料学院党委
图书馆党总支
学生社区学生直属党支部

## 北京工业大学教工先进党支部（29个）

机电学院机械电子工程党支部
电控学院自动化党支部
建工学院机关党支部
环能学院环境工程研究所党支部
数理学院应用数学党支部
计算机学院计算中心党支部
软件学院教师党支部
材料学院功能材料党支部
生命学院教工第一党支部
经管学院应用经济学科部党支部
建规学院教工第二党支部
人文学院联合党支部
外语学院机关党支部
艺术设计学院环境艺术设计系党支部
艺术设计学院数字媒体艺术设计系党支部
实验学院教学基础党支部
耿丹学院机关党支部
继续教育学院教工第二党支部
机关党委校两办党支部
机关党委宣传部党支部
机关党委学生处党支部
机关党委组统机联合党支部

后勤集团动力修缮服务中心党支部
后勤集团饮食服务中心党支部
离休干部南磨房路南离休党支部
图书馆第三党支部
校医院第二党支部
科技产业企业第二党支部
激光院教工党支部

## 北京工业大学教工优秀共产党员标兵（10人）

机电学院　张亦良
电控学院　范国强
数理学院　邓金祥
计算机学院　刘椿年
材料学院　郭　福
人文学院　康　娜
实验学院　孙宝岐
保卫处　赵铁庄
后勤集团　张建国
图书馆　刘彩娥

## 北京工业大学优秀党务工作者（15人）

机电学院　周树文
建工学院　赵晓华
生命学院　李承杰
经管学院　王燕霞
人文学院　张齐生
外语学院　任永芳
艺术设计学院　黄　韬
实验学院　郭力平
机关党委　纪树兰
机关党委　马维娜
机关党委　王秀彦
机关党委　金　峰
后勤集团　涂　鸣
图书馆　刘俊武
科技产业　王梦然

## 北京工业大学教工优秀共产党员（100人）

机电学院　张亦良　朱宪宪　林家春　康存锋
朱永豪
电控学院　范国强　李成启　张士杰　杨旭东
刘鹏宇
建工学院　白玉华　穆冀康　黄　艳　张金萍
吴　珊
环能学院　亢锦洁　舒静傑　晏祥慧　戴洪兴
左泽瑞
数理学院　徐　敏　张义泉　张　旭　邓金祥
计算机学院　金雪云　段立娟　刘椿年　韩德强
段红峰　宋广学
软件学院　丁淑杰
材料学院　刘燕琴　严　辉　连　钠　郭　福
生命学院　杨怡姝　方　方
经管学院　张淑玲　冯秀珍　朱远程　刘丽萍
建规学院　赵之枫
人文学院　石雨湘　姜　惠　康　娜
外语学院　张俊英　王　虹
艺术设计学院　葛卫华　杨晓娟　王茂春　董　静
王小利　王　伟　韩天玉
实验学院　孙宝岐　李卫国　王　玲　马瑞芹
耿丹学院　王舒蛟　赵　艳
继续教育　杨爱东　种国慈　李建平　吴　琼
机关党委　赵铁庄　赵　明　吴文英　周洪芳
朱　静　刘　玮　李国俊　乔　虹
安　琳　赵曙东　戴铁军　祖占良
张晓玲　张晓霞　张彦军　郑玉伦
李荣发
后勤集团　张建国　刘　忠　周莉莉　徐景丽
王万刚　王国俊　高淑秀
离休干部　王凤奎　罗　绮　高　远
图书馆　范蔚蔚　刘彩娥
校医院　张学军　杨光荣
科技产业　朱　红　郭庆栓
激光院　王喜兵
体育部　李玉琤
固体所　徐学东

（组织部　提供）

# 北京工业大学 2009 年教师所获其他奖励

| 序号 | 姓　名 | 所在部门 | 获奖名称 | 授奖部门 |
|---|---|---|---|---|
| 1 | 钱伟量 | 人文学院 | 全国模范教师 | 人力资源和社会保障部、教育部 |
| 2 | 钱伟量 | 人文学院 | 全国高校优秀思想政治理论课教师 | 教育部 |
| 3 | 张彦军 | 招生就业处 | 全国普通高等学校毕业生就业工作先进个人 | 教育部 |
| 4 | 吴　斌 | 机电学院 | 北京市优秀教师 | 北京市教育委员会、北京市人力资源和社会保障局 |
| 5 | 严　辉 | 材料学院 | 北京市优秀教师 | 北京市教育委员会、北京市人力资源和社会保障局 |
| 6 | 王　普 | 电控学院 | 北京市优秀教师 | 北京市教育委员会、北京市人力资源和社会保障局 |
| 7 | 陶世荃 | 数理学院 | 北京市优秀教师 | 北京市教育委员会、北京市人力资源和社会保障局 |
| 8 | 戴　俭 | 建规学院 | 北京市优秀教师 | 北京市教育委员会、北京市人力资源和社会保障局 |
| 9 | 陈建生 | 体育部 | 北京市优秀教师 | 北京市教育委员会、北京市人力资源和社会保障局 |
| 10 | 马志成 | 校直机关 | 北京市优秀教育工作者 | 北京市教育委员会、北京市人力资源和社会保障局 |
| 11 | 李东松 | 人文学院 | 北京市宣传文化系统“四个一批”人才 | 中共北京市委组织部、中共北京市委宣传部 |
| 12 | 李亚娟 | 学生处 | 2009 年度北京高校学生公寓工作先进个人 | 北京市教育委员会 |
| 13 | 周　亮 | 学生处 | 2009 年度北京高校学生公寓工作先进个人 | 北京市教育委员会 |
| 14 | 张彦军 | 招生就业处 | 北京地区高校毕业生就业工作先进个人 | 北京市教育委员会 |
| 15 | 吴　斌 | 研究生部 | 首都教育先锋管理创新标兵 | 北京市教育工会 |
| 16 | 胡东旭 | 后勤集团 | 首都教育先锋技术创新个人 | 北京市教育工会 |
| 17 | 季景书 | 学生处 | 2009 年度北京高校学生公寓工作先进个人 | 北京高校后勤研究会 |
| 18 | 王金峰 | 学生处 | 2009 年全国高校后勤系统信息与宣传先进工作者 | 中国高等教育学会后勤管理分会 |
| 19 | 王秀彦 | 学生处 | 教育部“高校德育创新发展研究成果”三等奖 | 教育部高等学校社会科学发展研究中心 |
| 20 | 高春娣 | 学生处 | 教育部“高校德育创新发展研究成果”优秀奖 | 教育部高等学校社会科学发展研究中心 |
| 21 | 何震海 | 纪委 | “12·17”案个人二等功 | 北京市纪委、北京市监察局 |
| 22 | 赵铁庄 | 保卫处 | 2009 年度首都国家安全工作先进个人 | 北京市国家安全工作领导小组办公室 |
| 23 | 杨润敏 | 保卫处 | 2009 年度首都国家安全工作先进个人 | 北京市国家安全工作领导小组办公室 |
| 24 | 金小强 | 保卫处 | 北京市公安局个人三等功 | 北京市公安局 |
| 25 | 杨　义 | 保卫处 | 北京市公安局个人嘉奖 | 北京市公安局 |
| 26 | 刘玉红 | 保卫处 | 北京市公安局个人嘉奖 | 北京市公安局 |

**续表**

| 序号 | 姓　名 | 所在部门 | 获奖名称 | 授奖部门 |
| --- | --- | --- | --- | --- |
| 27 | 张雪梅 | 保卫处 | 北京市公安局个人嘉奖 | 北京市公安局 |
| 28 | 臧体刚 | 保卫处 | 北京市公安局个人嘉奖 | 北京市公安局 |
| 29 | 郝　勇 | 出版社 | 2009年度北京市新闻出版和版权工作先进个人 | 北京市新闻出版局、北京市人力社保局 |
| 30 | 张富林 | 后勤集团 | 2009年度首都绿化美化积极分子 | 北京市人民政府、首都绿化委员会 |
| 31 | 李建平 | 后勤集团 | 北京高校伙食工作先进个人 | 北京市教育委员会 |
| 32 | 李　忠 | 后勤集团 | 北京高校伙食工作先进个人 | |
| 33 | 张启身 | 后勤集团 | 北京高校伙食工作先进个人 | |
| 34 | 王　丽 | 后勤集团 | 北京高校伙食工作先进个人 | |
| 35 | 滕乐亭 | 后勤集团 | 北京高校伙食工作先进个人 | |
| 36 | 刘海钰 | 图书馆 | 先进工作者 | 华北地区高等学校图书馆协作委员会 |
| 37 | 胡　娟 | 图书馆 | 先进工作者 | |
| 38 | 潘　洁 | 图书馆 | 先进工作者 | |
| 39 | 张　革 | 校直机关 | 首都国庆60周年群众游行优秀工作者 | 首都国庆60周年北京市筹备委员会群众游行指挥部 |
| 40 | 王秀彦 | 学生处 | 首都国庆60周年群众游行优秀工作者 | |
| 41 | 杜　峰 | 学生处 | 首都国庆60周年群众游行优秀工作者 | |
| 42 | 高春娣 | 学生处 | 首都国庆60周年群众游行优秀工作者 | |
| 43 | 赵庆明 | 学生处 | 首都国庆60周年群众游行优秀工作者 | |
| 44 | 陈佳楠 | 学生处 | 首都国庆60周年群众游行优秀工作者 | |
| 45 | 袁　文 | 学生处 | 首都国庆60周年群众游行优秀工作者 | |
| 46 | 郑　哲 | 学生处 | 首都国庆60周年群众游行优秀工作者 | |
| 47 | 孙　磊 | 学生处 | 首都国庆60周年群众游行优秀工作者 | |
| 48 | 裴　朵 | 学生处 | 首都国庆60周年群众游行优秀工作者 | |
| 49 | 苑苏萌 | 学生处 | 首都国庆60周年群众游行优秀工作者 | |
| 50 | 岳德钰 | 学生处 | 首都国庆60周年群众游行优秀工作者 | |
| 51 | 陈春跃 | 学生处 | 首都国庆60周年群众游行优秀工作者 | |
| 52 | 郭　福 | 材料学院 | 首都国庆60周年群众游行优秀工作者 | |
| 53 | 关佳亮 | 电控学院 | 首都国庆60周年群众游行优秀工作者 | |

续表

| 序号 | 姓　名 | 所在部门 | 获奖名称 | 授奖部门 |
|---|---|---|---|---|
| 54 | 谢亚勃 | 环能学院 | 首都国庆60周年群众游行优秀工作者 | 首都国庆60周年北京市筹备委员会群众游行指挥部 |
| 55 | 叶红玲 | 机电学院 | 首都国庆60周年群众游行优秀工作者 | |
| 56 | 石　勤 | 计算机学院 | 首都国庆60周年群众游行优秀工作者 | |
| 57 | 李　悦 | 建工学院 | 首都国庆60周年群众游行优秀工作者 | |
| 58 | 夏海州 | 建规学院 | 首都国庆60周年群众游行优秀工作者 | |
| 59 | 王燕霞 | 经管学院 | 首都国庆60周年群众游行优秀工作者 | |
| 60 | 魏　爽 | 人文学院 | 首都国庆60周年群众游行优秀工作者 | |
| 61 | 朱　青 | 软件学院 | 首都国庆60周年群众游行优秀工作者 | |
| 62 | 李承杰 | 生命学院 | 首都国庆60周年群众游行优秀工作者 | |
| 63 | 任永方 | 外语学院 | 首都国庆60周年群众游行优秀工作者 | |
| 64 | 王海燕 | 数理学院 | 首都国庆60周年群众游行优秀工作者 | |
| 65 | 贯会明 | 实验学院 | 首都国庆60周年群众游行优秀工作者 | |
| 66 | 林志远 | 艺术设计学院 | 首都国庆60周年群众游行优秀工作者 | |
| 67 | 黄　韬 | 艺术设计学院 | 首都国庆60周年群众游行优秀工作者 | |
| 68 | 邓凝丹 | 材料学院 | 首都国庆60周年群众游行优秀工作者 | |
| 69 | 郑榜贵 | 电控学院 | 首都国庆60周年群众游行优秀工作者 | |
| 70 | 袁海英 | 电控学院 | 首都国庆60周年群众游行优秀工作者 | |
| 71 | 刘晓民 | 电控学院 | 首都国庆60周年群众游行优秀工作者 | |
| 72 | 奥　顿 | 电控学院 | 首都国庆60周年群众游行优秀工作者 | |
| 73 | 孔曙华 | 电控学院 | 首都国庆60周年群众游行优秀工作者 | |
| 74 | 关宝璐 | 电控学院 | 首都国庆60周年群众游行优秀工作者 | |
| 75 | 张士杰 | 电控学院 | 首都国庆60周年群众游行优秀工作者 | |
| 76 | 郭载勋 | 电控学院 | 首都国庆60周年群众游行优秀工作者 | |
| 77 | 于　磊 | 环能学院 | 首都国庆60周年群众游行优秀工作者 | |
| 78 | 郭连杰 | 环能学院 | 首都国庆60周年群众游行优秀工作者 | |

续表

| 序号 | 姓　名 | 所在部门 | 获奖名称 | 授奖部门 |
|---|---|---|---|---|
| 79 | 李　柯 | 机电学院 | 首都国庆60周年群众游行优秀工作者 | 首都国庆60周年北京市筹备委员会群众游行指挥部 |
| 80 | 白　洁 | 机电学院 | 首都国庆60周年群众游行优秀工作者 | |
| 81 | 刘　超 | 机电学院 | 首都国庆60周年群众游行优秀工作者 | |
| 82 | 晋媛媛 | 计算机学院 | 首都国庆60周年群众游行优秀工作者 | |
| 83 | 李晓京 | 计算机学院 | 首都国庆60周年群众游行优秀工作者 | |
| 84 | 韩孟婷 | 计算机学院 | 首都国庆60周年群众游行优秀工作者 | |
| 85 | 武锦婷 | 建工学院 | 首都国庆60周年群众游行优秀工作者 | |
| 86 | 李雄彦 | 建工学院 | 首都国庆60周年群众游行优秀工作者 | |
| 87 | 任仲宇 | 建工学院 | 首都国庆60周年群众游行优秀工作者 | |
| 88 | 陈适才 | 建工学院 | 首都国庆60周年群众游行优秀工作者 | |
| 89 | 李　妍 | 建工学院 | 首都国庆60周年群众游行优秀工作者 | |
| 90 | 彭凌云 | 建工学院 | 首都国庆60周年群众游行优秀工作者 | |
| 91 | 侯鹏程 | 建工学院 | 首都国庆60周年群众游行优秀工作者 | |
| 92 | 余　承 | 建规学院 | 首都国庆60周年群众游行优秀工作者 | |
| 93 | 许雯婷 | 建规学院 | 首都国庆60周年群众游行优秀工作者 | |
| 94 | 刘润先 | 建规学院 | 首都国庆60周年群众游行优秀工作者 | |
| 95 | 郭宏伟 | 经管学院 | 首都国庆60周年群众游行优秀工作者 | |
| 96 | 刘　卓 | 经管学院 | 首都国庆60周年群众游行优秀工作者 | |
| 97 | 刘　丽 | 经管学院 | 首都国庆60周年群众游行优秀工作者 | |
| 98 | 毕重林 | 经管学院 | 首都国庆60周年群众游行优秀工作者 | |
| 99 | 周　雅 | 经管学院 | 首都国庆60周年群众游行优秀工作者 | |
| 100 | 王丽君 | 经管学院 | 首都国庆60周年群众游行优秀工作者 | |
| 101 | 单晓成 | 数理学院 | 首都国庆60周年群众游行优秀工作者 | |
| 102 | 杨　帆 | 数理学院 | 首都国庆60周年群众游行优秀工作者 | |
| 103 | 史　冬 | 人文学院 | 首都国庆60周年群众游行优秀工作者 | |

续表

| 序号 | 姓　名 | 所在部门 | 获奖名称 | 授奖部门 |
|---|---|---|---|---|
| 104 | 门高磊 | 人文学院 | 首都国庆60周年群众游行优秀工作者 | 首都国庆60周年北京市筹备委员会群众游行指挥部 |
| 105 | 朱培毅 | 软件学院 | 首都国庆60周年群众游行优秀工作者 | |
| 106 | 刘　芳 | 软件学院 | 首都国庆60周年群众游行优秀工作者 | |
| 107 | 许　非 | 生命学院 | 首都国庆60周年群众游行优秀工作者 | |
| 108 | 刘　军 | 实验学院 | 首都国庆60周年群众游行优秀工作者 | |
| 109 | 赵　刚 | 实验学院 | 首都国庆60周年群众游行优秀工作者 | |
| 110 | 李卫国 | 实验学院 | 首都国庆60周年群众游行优秀工作者 | |
| 111 | 张彦彬 | 实验学院 | 首都国庆60周年群众游行优秀工作者 | |
| 112 | 高振花 | 实验学院 | 首都国庆60周年群众游行优秀工作者 | |
| 113 | 赵　岩 | 实验学院 | 首都国庆60周年群众游行优秀工作者 | |
| 114 | 张海英 | 实验学院 | 首都国庆60周年群众游行优秀工作者 | |
| 115 | 卢万生 | 实验学院 | 首都国庆60周年群众游行优秀工作者 | |
| 116 | 吴正一 | 实验学院 | 首都国庆60周年群众游行优秀工作者 | |
| 117 | 张　宏 | 实验学院 | 首都国庆60周年群众游行优秀工作者 | |
| 118 | 周文智 | 外语学院 | 首都国庆60周年群众游行优秀工作者 | |
| 119 | 李国财 | 艺术设计学院 | 首都国庆60周年群众游行优秀工作者 | |
| 120 | 赵　欣 | 艺术设计学院 | 首都国庆60周年群众游行优秀工作者 | |
| 121 | 林蜜蜜 | 艺术设计学院 | 首都国庆60周年群众游行优秀工作者 | |
| 122 | 李晓琛 | 艺术设计学院 | 首都国庆60周年群众游行优秀工作者 | |
| 123 | 郭子龙 | 艺术设计学院 | 首都国庆60周年群众游行优秀工作者 | |
| 124 | 王文娟 | 艺术设计学院 | 首都国庆60周年群众游行优秀工作者 | |

续表

| 序号 | 姓　名 | 所在部门 | 获奖名称 | 授奖部门 |
|---|---|---|---|---|
| 125 | 张　鹏 | 艺术设计学院 | 首都国庆60周年群众游行优秀工作者 | 首都国庆60周年北京市筹备委员会群众游行指挥部 |
| 126 | 闫洪瑛 | 艺术设计学院 | 首都国庆60周年群众游行优秀工作者 | |
| 127 | 杜　文 | 艺术设计学院 | 首都国庆60周年群众游行优秀工作者 | |
| 128 | 杨　嵘 | 人文学院 | 优秀个人 | |
| 129 | 胡秀荣 | 计生办 | 2009年度北京市计划生育先进工作者 | 北京市人口和计划生育委员会 |

（人事处、学生处　提供）

# 北京工业大学2009年学生所获奖励与表彰

## 国家奖学金（32人）

机电学院　许腾云　王　婕
电控学院　李　杨　胡刘洋　张姗珊　任昱晨
建工学院　刘玉璠　张　伟　薛晓虹　张琬菁
环能学院　王　欣　和　阳
数理学院　于子蛟　林子惜
计算机学院　陈　晨　顾琦骐　靳　禹
软件学院　陈羽然
材料学院　张冬月　郝维维
生命学院　曹　珺
经管学院　陶　然　郭　鑫　李佳明
建规学院　张天池
人文学院　赵　霄
外语学院　孙　林
艺术设计学院　李　潇　田启鸽
实验学院　薛　飞　茅雪涛　孟湘怡

## 国家励志奖学金（448人）

名单（略）

## 北京工业大学先进班集体（21个）

**研究生**

经管学院　08级管理科学与工程班
计算机学院　08级三班

**本科生**

电控学院　060212班　060203班　070233班
建工学院　060461班　070461班　080431班
环能学院　080511班　080551班
计算机学院　080700班
生命学院　071011班
经管学院　081181班　071181班　061141班　071121班
建规学院　071221班
人文学院　071412班
外语学院　071531班　081511班
实验学院　076151班

## 北京工业大学优良学风班（45个）

**研究生**

电控学院　07级通信班
高教所　07级研究生班
环能学院　博士环化班
机电学院　08级二班
经管学院　08级应用经济班
数理学院　07级物理班
生命学院　07级研究生班
建工学院　07级市政四班
软件学院　07级研究生班
激光院　07级研究生班

**本科生**

机电学院　060131班
电控学院　060212班　060203班　070233班

建工学院 060461班 070461班 080431班 070405班
环能学院 080511班 080551班 080571班
数理学院 070621班
计算机学院 080700班 060700班 070700班
材料学院 060901班 070903班
生命学院 071011班
经管学院 081181班 071181班 061141班 071121班 081151班 081191班
建规学院 071221班 081211班 081222班
人文学院 071412班 081412班
外语学院 071531班 081511班
实验学院 076151班 076152班 076142班 076141班

## 北京工业大学标兵团支部（16个）

机电学院 080131支部
电控学院 080242支部
建工学院 070461支部
环能学院 080511支部
数理学院 070611支部
计算机学院 S2008073支部
软件学院 080811支部
材料学院 080903支部
生命学院 071011支部
经管学院 08研管理科学与工程支部
建规学院 071221支部
人文学院 081412支部
外语学院 071531支部
艺术设计学院 环艺系08级2班支部
实验学院 086101支部
继续教育学院 976122支部

## 北京工业大学优秀团支部（33个）

机电学院 080102支部
电控学院 080211支部 080212支部 080231支部 080232支部
建工学院 070431支部 080431支部 080442支部 080461支部
环能学院 070571支部 080551支部
数理学院 080612支部 080621支部
计算机学院 080700支部 080706支部 080721支部 S2008072支部
软件学院 070811支部
材料学院 080902支部
生命学院 081011支部
经管学院 061141支部 071121支部 071181支部 081181支部
建规学院 081212支部
人文学院 071412支部
外语学院 081511支部
艺术设计学院 081611支部 081671支部
实验学院 075212支部 076151支部 086141支部 086151支部

## 北京工业大学优秀社团（11个）

心理协会 红十字会 学生舞蹈团 ID时尚舞社 OURFEET足球协会 电影爱好者协会 传笑堂相声社 计算机协会 英语协会 自然爱好者协会 广播台

## 北京工业大学优秀社区（4个）

2号公寓楼 8号公寓楼 11号公寓楼 中蓝C区

## 北京工业大学突出事迹奖（5个）

**研究生**
材料学院 徐广臣
**本科生**
数理学院 杜诺桑
外语学院 071511班
北京工业大学游泳队
北京工业大学交响乐团

（研究生部、学生处 提供）

## 北京工业大学学生先进党支部（27个）

机电学院本科生第一党支部
机电学院博士生第一党支部
电控学院05级本科自动化党支部
电控学院07级本科生党支部
电控学院07级研究生电信党支部
建工学院暖通第一党支部
建工学院结构工程第四党支部
建工学院本科生交通工程党支部
建工学院07级研究生市政党支部

环能学院本科热能党支部
环能学院研究生06级环境党支部
数理学院06级本科生党支部
数理学院07级研究生物理党支部
计算机学院本科生低年级党支部
计算机学院研究生07级第三党支部
软件学院本科生低年级党支部
材料学院本科生低年级党支部
生命学院本科生第一党支部
经管学院本科生管理科学与工程党支部
经管学院本科生工商管理党支部
经管学院07级企业管理研究生党支部
经管学院08级管理科学与工程研究生党支部
建规学院工业设计本科生党支部
人文学院研究生党支部
外语学院英语党支部
实验学院学生第一党支部
激光院07级硕士研究生党支部

## 北京工业大学学生优秀共产党员标兵（10人）

高　颖　机电学院本科生第一党支部书记
李　健　电控学院07级本科生党支部书记
朱　毅　建工学院学生会副主席、060402班班长
田小飞　环能学院本科热能党支部书记
扈　琦　数理学院06级本科生党支部书记
吴春鹏　计算机学院08级研究生第三党支部书记
郤　枫　材料学院05、06级博士研究生党支部书记
王春宇　经管学院管理科学与工程党支部书记
张　倩　外语学院外贸英语学生党支部书记
韩　艳　学生社区学生直属党支部宣传委员

## 北京工业大学学生优秀共产党员（80人）

**机电学院**
高　颖　赵继辰　赵延龙　顾兆勇　叶乐志
黄　巍
**电控学院**
王　欢　李　健　张　杰　沙永涛　汤益丹
韩秀丽　徐晓昭　张　旺　李冬玲
**建工学院**
曹国寻　朱　毅　梁小田　徐金蓓　孟宪婷
张丽云　薛晓虹　魏　铮　吴婷婷　张　伟
郝　静　孟　虎　李晓亮
**环能学院**
钟巍盛　尚会来　彭　珑　田小飞　司　维
高维鸿　和　阳
**数理学院**
扈　琦　张　晓　王海军　赵军健
**计算机学院**
吴春鹏　孙炎森　丁　菁　裘　爽　晋月培
吴启彪
**软件学院**
路文亮　周　阳
**材料学院**
郤　枫　马　然　王丽敏　董銮琛　祝　蕾
**生命学院**
许　菲　张四成
**经管学院**
王春宇　程善宝　冯　叶　尹逊雅　夏　炎
任　娇　黄　涛　孙　谦　邵　波
**建规学院**
李　旋　崔　洁
**人文学院**
陈　熙
**外语学院**
孙　林　张　倩
**艺术设计学院**
孙美毅　田启鸽　薛洁茹　杨　阳
**实验学院**
贯　爽　吴正一
**继续教育学院**
倪月婷
**激光院**
闫　婷
**固体所**
马秀梅
**学生会社团**
赵　寒
**学生社区**
韩　艳
**耿丹学院**
徐亚楠

（组织部　提供）

## 北京工业大学三好学生
（共计458人，其中研究生158人，本科生300人）

**研究生**
**机电学院**
叶乐志　郑秋月　殷建杰　武　娜　刘　宇

杨颂　朱润　李谦　杨晓红　郜永
骆斌　李茜　陈守兵　肖毅川　张白
吴衍才

**电控学院**

赵建伟　王宝强　牛晓晖　赵卫杰　王勃
田洪宁　张玮　赵伟　韩红桂　高海辉
甘家飞　侯旭阳　张志超　李磊　宋敏
盖辰宁　刘英明　张媛　胡敬敏

**建工学院**

惠存　凌沛春　李玲洁　李聪　张帅
常乐　陈瑜　杨大彬　随春娥　常胜昆
唐夕茹　胡洋　张粲　王俊安　邹文杰
徐志　李学辉　陶晓晓　秦鹏飞　朱剑
刘培华　王威　王力　肖婧　何祖彦
唐潇

**环能学院**

马娟　于翮　李国强　黄惠珺　戴晓旭
崔跃　郎建垒　周阳　邓积光　汪硕峰
张超艳　刘雅敏　白小磊

**数理学院**

王海军　刘军丽　黄强　徐智强　李瑞
周凤英　赵军健　李娜　杨帆

**计算机学院**

吴旭　刘苏毅　宋强　蔡华元　杨峰
谢伟　井薇　张晓博　庄琭　文雯
纪文成　王楠　熊进　朱通　吴春鹏
卢万譞　尹静静　宋洋洋

**材料学院**

王继东　祝蕾　任国强　冯萌　沈文婷
郜枫　王少丽　卢年端　马然　李晗
周虎　孔伟

**经管学院**

孟韬　任娇　夏炎　钟少颖　程善宝
顾成建　蒋同明　兰卫国　刘毅　韩捧会
曹强　王振宇　谢建刚　李晨光　李欣
郭班兵　尹逊雅　武高峰

**建规学院**

傅博　龙慧　刘素娟　王怡文

**激光院**

刘院省　黄永光　刘友强　高双欣

**生命学院**

刘明　贯建春　陈科　孙智
张宏雷　姜佩杰

**外语学院**

于新颖

**人文学院**

王琨涵　张丽娟

**软件学院**

林媛　肖鹏　刘茜　张恒迪

**固体所**

刘镇洋

**高教所**

叶耀东

**循环经济院**

李新

**嵌入式系统实验室**

缪祎晟　李莉　黄冠中

**本科生**

**机电学院**

冯羽　张二永　许腾云　胡秋实　刘岳鹏
焕雄　周贺　胡涛涛　韩龙飞　邓天华
马兰　刘峥　颉征　卓旭　王婕
唐烁　刘国付　郭文增　刘丽昆　刘兴奇
刘茜

**电控学院**

朱琳　姚益武　麻晓熙　胡刘洋　宗亮
孙逸鹏　彭雅华　江丹　张璋　黄宏耀
杜洪伟　生俊扬　李志　张姗珊　李丹
许少鹏　张铁林　沈浩杰　翁羽　刘晨
王继五　齐如君　张靖非　张天齐　张俊腾
李杨　任昱晨　安雨飞　刘冠宇　岳元
黄苏一　贺晓伟　李健　李笑漪　宋文娜
王琼捷　王羽琦　方心宇　马燕薇　李蕊
赵霙頔　张良坪　龚萍　李威　李琳
张浩龙　赵东畅　王妮娜　姜亚松　周孟男
刘文斌　齐小龙　白澍　魏春鹏　贾旭光
贾伟　王恒超　魏洁　杨雨晨　王海龙

**建工学院**

刘羡琮　王巾杰　张佳玥　张欢　夏志洁
黄欢　王韧　揭鹏力　边江　陶莎娜
朱毅　辛光涛　周龙壮　张艺　陈腾力
刘丹　薛晓虹　何欢　张琬菁　张伟
徐金蓓　刘人杰　刘玉璠　吴克寒　曹士强
侯隆澍　谢方卿　任金柱　李为亮　贺萌萌
孙晓翠　王哲　胡筱　刘佳

**环能学院**

司维　田小飞　边高祥　王明明　鲁元军
柯昊辰　李论　江宦明　高维鸿　唐大千
王皓　李洪辉　和阳　崔金菊　王欣
苏贺

**数理学院**

范海涛　庞葳洁　李晓珏　靳东旭　张春萍
扈琦　刘佳怡　惠群　龚俊超　杨彦楠
佟帅　米祥雪　欧阳丽婷　李婷　张青楠

李腾海子　陈奕辰　于子蛟　龙明亮　杜诺桑

**计算机学院**

晋月培　王　宇　郭　航　张　旭　李　达
陈　都　李　超　邵珠兴　寇文心　王　琦
张　楠　林　青　李　萌　郭锦如　薛慧斌
甄红南　刘杨湃　陈　晨　顾琦骐　靳　禹
孟凡庸　连　鑫　李一汀　吴　鑫　华　夏
张紫宇　王　赛

**软件学院**

张　薇　蔡培森　龚剑锋　张丹拓　郭祎祎
王鹏程　王　乐　刘北辰　轩兴刚　唐朋博
霍晓珍　赵　萌　李小龙　陈羽然　金　童

**材料学院**

许　頔　季　丰　王晓雅　陈河锋　戚　亚
李　真　王丽敏　邓思旭　邓韵文　郝维维
张冬月　聂　朦　杨天龙

**生命学院**

曾　珍　宋　淼　金叔宾　董　骁　王薇薇
赵赫龙　钟果程　曹　珺　彭梦非

**经管学院**

李　林　段彦婷　王　雪　王志敏　谢培珑
刘　涛　晏文婷　吕雪梅　张丽伟　国曦萌
张　静　李一哲　徐　偲　朱珊珊　周冬野
李　硕　王　鹏　郭　鑫　张　昕　张　猛
刘　琴　张　慧　宋　微　高汇聪　李佳明
贾海婷　杨　铎　高　岩　王路凯　张　杰
张元元　张雅哲　陶　然　张闻达　盖文玥
金　琪　康君爱　陈　明

**建规学院**

张　舟　陈熹微　王振海　刘　佳　魏陶然
史　源　王　媛　孙红梅　任柏欣　张云梦
张天池　沈　晨　柳　洋　沈　远　崔　洁
尹大寨　赵　蕊　周　惟

**人文学院**

高蓓芸　闫　大　王　峥　李凌钰　张兴良
陈　熙　冯　磊　尹中宇　刘　蕊　杨晓璐
赵　霄　张晓阳　郭元淇　闪　鑫　罗晓莉
朱　笛

**外语学院**

邹　韵　宋占坤　卢佳佳　赵杨雪珠　谭　迪
徐雨婷　孙　林　袁靖亚　李丽红　张　倩
王心怡　陈　映　龚　旻

**艺术设计学院**

薛洁茹　田　园　马　航　赵意祺　隋明晓
吴　培　黄明洁　时圣钧　李　晥　张　岱
郭　萌　赵　宇　田启鸽　田伯文　贾庆红
戴晶晶　张　彬　柴　妹　李　潇　徐　冰
蔚　娟　刁淑会　赵云飞　李伯杨　于　磊
王雯灏　张一平　张婷婷　赵　笛　李佳音
孟　楠　韩　玥　贾　楠　杨　阳　张　傑
王　芬　闫　安　侯奕屹　张路衢　张　华

**实验学院**

王　衎　刘家琦　耿亚璋　王　梦　唐梦煦
张新明　祁景玉　王孟瑶　郭　超　张　杨
孟湘怡　薛　飞　茅雪涛　潘德芸　刘人龙
劳旻溟　丁　雪　李　浩　文　佳　马　旭
张　熹　陈　凯　王慧慧　张羽锋　王　洋
司　仿　张　颖　曾晓晨

## 北京工业大学学习优秀奖

（共计1739人，其中研究生326人，本科生1413人）

名单（略）

## 北京工业大学科研优秀奖

（共计461人，均为研究生）

名单（略）

## 北京工业大学优秀学生干部

（共计575人，其中研究生176人，本科生399人）

**研究生**

**机电学院**

叶乐志　张万年　杨　坤　肖毅川　郜　永
崔晓艳　张　白　马　琳　吴衍才　宋　斌
武　娜　朱　润　王树志　闫霍彤　刘继亮
周　亮

**电控学院**

徐晓昭　李欣源　汤益丹　周中华　沙永涛
田　卫　蔡胜利　田卫娟　董石峰　李　辉
邹奇敏　肖　盈　吴　岩　王　勃　么东阁
田洪宁　宫　玉　李展鹏　王　丽

**建工学院**

周孝军　王　阳　胡　洋　靳卫恒　陈立楠
付成云　赵　亮　张丽云　曹　佳　钟　园
李晓亮　万　操　李伟峥　张永伟　冯　姗
侯树展　郝丽敏　唐夕茹　唐世文　杨小艳
龚　鸣　王俊安　刘金广　刘春阳　徐　婷
王　宁

**环能学院**

蒋文明 李凌云 孙志成 田瑞丽 李国强
钟嶷盛 戴晓旭 白小磊 刘雨溪 王丽芬
周 阳 田 婧 葛超楠

**数理学院**

赵军健 刘军丽 周凤英 王海军 杨 帆
刘玉涛 赵亚亮 李 瑞 黄 强

**计算机学院**

高允翔 唐恒亮 庄 球 黄宁玉 阮富生
杨科朝 丁志浩 冯治强 刘燕辉 谢 伟
裘 爽 王 迪 吴春鹏 常建生 李学龙
牟群民 郝文英

**材料学院**

陈春龟 常 虹 李慧群 李振青 秦亚灵
赵彦蕾 杨建军 马 然 曹 帅 周 虎
王旭东 郤 枫

**经管学院**

孟 韬 王素珍 尹逊雅 任 娇 赵志华
韩捧会 李少清 夏 炎 许晓帆 马立端
孙东涛 李 欣 蒋同明 兰卫国 刘 毅
盛新鹏 顾成建 郭班兵

**建规学院**

梁志刚 张 琰 陈 皓 杨明亮

**激光院**

付 洁 贺雪鹏 赵建哲 张国锐

**生命学院**

李劲涛 吴森仁 张 蕾 朱 皓 代 敬
韩思媛

**人文学院**

王琨涵 张丽娟

**外语学院**

周国宁

**软件学院**

王 戎 李 翔 孟 瑶 宋卓聪

**固体所**

薛大帅

**嵌入式系统实验室**

王 栋 李冬玲 成 程

**高教所**

郑 伟

**循环经济院**

韩冬梅

**研究生会**

董銮琛 王继东 程 伟 方宏萍 陈 雪
王鸿睿 关小龙 杨 威 王 宁

**学生社区**

张米鑫 唐发强 王 磊 马献领 穆 璇

**研究生通讯社**

孟 博 陈 路 张诗文 赵 盼

**勤工助学中心**

于 群

**本科生**

**机电学院**

肖 晶 史东山 刘丽昆 刘兴奇 刘 茜
夏焕雄 邓天华 许腾云 胡秋实 刘岳鹏
高 颖 张二永 刘 峥 韩龙飞 吕 威
于修涛 张令晖 唐 烁 颉 征 肖梦捷
王 婕 王静曦 刘国付

**电控学院**

朱 琳 贾 伟 高宇辉 张天齐 刘 晨
杜洪伟 彭雅华 于 冲 刘冠宇 张俊腾
王治阳 生俊扬 李晟昊 李笑漪 岳 元
高 文 齐如君 张 喆 程 龙 宋文娜
许少鹏 任昱晨 方心宇 马燕薇 李 蕊
李 杨 贺晓伟 王进朔 李 威 李 琳
付新月 张良坪 龚 萍 姜亚松 周孟男
黄苏一 赵东畅 王妮娜 魏春鹏 王 建
王琼捷 齐小龙 白 澍 杨雨晨 杜洪吉
赵雯頔 王恒超 魏 洁 宗 亮 贾旭光
张浩龙 麻晓熙 胡刘洋 黄宏耀 王海龙
刘文斌 台斯瑶 张 璋 李 丹 陈雅琼
江 丹 李 征 高 灿

**建工学院**

刘羡琮 宫晓刚 王 研 吴克寒 曹士强
夏志洁 周尤宁 任金柱 雷 辰 刘念周
闫 蕊 辛光涛 闫 磊 李为亮 赵 梦
刘 丹 王 涛 胡 筱 张佳旭 林 锐
裴建厂 薛晓虹 王 旭 陈 阳 李 硕
王 辉 平 原 边 江 刘 佳 李昌春
李 静 王 珊 冉一辛 陶莎娜 王 成
马 江 刘人杰 张 艺 陈腾力 贺萌萌
姜海航 谢方卿 王 蔚 邓奕雯 孙晓翠
何 欢 谢 谦 赵 刚 孟宪婷 刘玉璠
张琬菁 张 伟

**环能学院**

司 维 王小洋 李 论 韩 宇 李洪辉
赵宇环 张 蓉 崔东阁 李振园 苏 贺
鲁元军 田小飞 王 皓 王明明 赵光耀
高维鸿 王 磊 王 琬 江宦明 陈 龙
和 阳 边高祥 刘 程 杨 楠 赵宏洋

**数理学院**

焦 彬 陈奕辰 王 喆 张 欢 杨彦楠
佟 帅 王胜男 靳东旭 杨 雪 张青楠
王露旸 惠 群 康 蒙 李 婷 陈 旭
刘佳怡 欧阳丽婷 孙姬蕊 龙明亮 张春萍

米祥雪 常 远 龚俊超 卢芳龙

**计算机学院**

王玉静 张 楠 王 宇 李 萌 郑 熠
杜 林 甄红南 李 超 连 鑫 范 磊
王晨阳 曹斯娜 林 青 仲凤行 王 琦
张 涛 靳 禹 于 超 张紫宇 薛慧斌
晋月培 陈 曦 刘杨湃 张 旭 杨宇泽
秦雪梅 孙 彬 孟凡庸 寇文心 李习君
陈 都 李博洋 华 夏 李一汀 苏 琦
吴 鑫 郭 航 王 赛 殷海涛 马明宇
邵珠兴 邵沁砚

**软件学院**

张 薇 文 平 李 娇 陈羽然 周 阳
龚剑锋 李小龙 唐朋博 刘志恒 刘北辰
张丹拓 金 童 王 冲 韩 婷 轩兴刚
雷 奇

**材料学院**

许 頔 季 丰 张思聪 聂 朦 杨天龙
李 真 王丽敏 王晓雅 陈河锋 戚 亚
郝维维 张冬月 邓思旭 邓韵文 成 鹏

**生命学院**

杨家润 霍 筝 崔可佳 王薇薇 石 涛
金叔宾 董 骁 张 然 任晓辰 曹 珺
彭梦非 张 淳

**经管学院**

刘 涛 李振新 刘思淼 王志敏 王 丹
张 静 孙 谦 王 雪 钟杨川子 王路凯
周 佳 苏梦琦 吕雪梅 仲 蔚 高汇聪
刘 琴 王 桐 侯萌萌 王 也 张思雯
陈 楠 黄 勉 徐 偲 朱珊珊 张闻达
钟 静 王 鹏 郭 鑫 贾凤莉 陈 明
盖文玥 周 洋 康君爱 步璐思 王春来
运起铭 邵 波 刘 铭 张 昕 谢培珑
刘 学 李夜光 付 琳 马 健 国曦萌
曹 瑶 岳 静 方 宇 王杰文 金 琪
张 猛 晏文婷 蔡雨凝 张丽伟 王宇纯
李佳明 李一哲 宋 微 王 蕊 张 慧
张 杰 刘 月 董 伟 刘 杨

**建规学院**

张 舟 王 媛 孙红梅 任柏欣 张云梦
许南阳 沈 晨 申亚红 沈 远 邱腾菲
崔 洁 尹大骞 柳 洋 周 惟 冯 媛
于 贝 王振海 赵 蕊 商 萌 韩潇雪
陈熹微 许斯萌 刘 佳 魏陶然

**人文学院**

生 龙 闪 鑫 陈 靖 朱 笛 陈 芮
张兴良 王 峥 尹中宇 刘 蕊 王小诗
闫 大 冯 磊 李 晨 边 凯 徐心儿
朱淑君 邹 然 王瑞刚 房博男 韩 维
刘 辰 黄思佳 张晓阳 李明茜

**外语学院**

徐雨婷 宋占坤 苏 闻 卢佳佳 赵杨雪珠
李 楠 赵 靓 孙 林 傅 越 李丽红
张 倩 娄婧爽 王心怡 陈 映 谭 迪

**艺术设计学院**

薛洁茹 姬 婷 柴 妹 李沫瑾 董慧良
郭 萌 任凤祥 张婷婷 赵 笛 路 彤
蔚 娟 田 园 贾 楠 杨 阳 赵梦妍
王雯灏 孙美毅 侯奕屹 董锦悦 杨 锐
代 亮 赵守超 李梦溪 隋明晓 张 华
高海钰 余 婕 齐晶妮 张 岱 李 浩
张媛恬子 张栗楠 田伯文 徐 冰 赵 旻
吕宗坤 赵 宇 李 潇 牛玉馨 高 磊
周欣桐 张 彬 李伯杨 李瑞明 王 雪
田启鸽 刘立强 于 杰

**实验学院**

吴 楠 郭 钰 马 蒂 王 泽 王 祎
李 晖 陈 晓 王慧慧 陈 曲 马 筝
陈 凯 茅雪涛 苏 筱 刘天奇 金一戈
王 晖 康毅恒 张 颖 张羽锋 张雨薇
郭 锋 梁 爽 王 梦 杨绍童 王 琳
付 蕊 王 洁 吴玲菲 曾晓晨 杨雨薇
李 超 及 亮 郭 超 彭 娓 张 杨
王 雷 刘逸霏 马 然 线冰曦 耿 婕
宁 旭 师宇辰 潘德芸 孟 璐 刘人龙
司 仿 李 浩 文 佳 唐梦煦 陈冰柯
周 微 张晨晖 刘自发 杜晶晶 唐 琪
王孟瑶 只曼晞 万 琦 毕 曦 马 旭
刘 璇

## 北京工业大学励志奖

（共计169人，其中研究生119人，本科生50人）

名单（略）

## 北京工业大学科技创新奖

（共计2149项，其中研究生2011项，本科生138项）

名单（略）

## 北京工业大学校外科技竞赛奖

（共计33项，均为研究生）

名单（略）

## 科技之星（12人）

**博士生**

电控学院　韩红桂
环能学院　孙洪伟
材料学院　徐广臣
生命学院　何红秋
计算机学院　吴　旭

**硕士生**

机电学院　刘　宇
环能学院　张超艳
材料学院　王　维
激光院　闫胤洲

**本科生**

电控学院　孙逸鹏
建规学院　程昊淼
实验学院　王　皓

## 科技之星提名奖（10人）

**博士生**

机电学院　高宗余
建工学院　王　威
数理学院　赵培信
环能学院　邓积光
经管学院　兰卫国

**硕士生**

电控学院　高海辉
环能学院　汪硕峰
计算机学院　王　楠

**本科生**

机电学院　夏焕雄
计算机学院　靳　禹

## 北京市优秀毕业生

（共计121人，其中本科生110人，专科生11人）

**本科生**

**机电学院**

谢碧云　吴日光　王　凡　薛　超　周　娜
田　浩

**电控学院**

刘　峥　冉　川　张海云　王　鹏　周　超
刘　雷　段凌昊　董　宣　赵　昕　甄博然
毛年胜　徐远哲　周真理

**建工学院**

张海芳　梁　爽　漆礼慧　王　瑾　赵　今
杨　平　翁窈瑶　赵　双　刘　实　梁梦彬
李　琢　侯鹏程　胡晓娜　李维斌

**环能学院**

李　敏　张丽娟　吴　月　苏　焘　管　硕
宋杰静

**数理学院**

陈晓川　丛侃侃　李　帅　吴　蓓　刘　卫
高　岳　宋大林　黄雅静　谈晓思

**计算机学院**

王武生　车效音　吴　遥　费旭东　李睿心
宁　静　李月伦　肖　霞　刘　远　易凌云
马　钊　乔　晨　曾　渝　刘立哲

**软件学院**

吕超卿　汤　汇

**材料学院**

臧　磊　赵萌珂　李　冉　周静怡　刘　艳

**生命学院**

秦　桐　杨春燕　许　菲　赵鹏翔

**经管学院**

周友富　赵东阳　魏海娇　刘　畅　王丽君
党　莹　靳晓旭　王亢抗　翟伯烜　李　培
梅　璟　郭俊妙　王　莹　孙　然　刘　微
宋　凡　王　筠　李思奇

**建规学院**

刘　宁　左　娜　白　莹　王　慧

**人文学院**

植美娜　高妮娜　何　蓓　李　镭

**外语学院**

李　辉　孙静姝　闫思哲　余倩雯　李艳楠
李　丹

**艺术设计学院**

李玉蓬

**实验学院**

林志杰　贯　爽　张　璐　蒲　莹

**专科生**

**艺术设计学院**

彭　嵋　孙艳文　胡　娜　李亚菲　王丹妮
王　宇　庞学红　景　乐　郑　怡　王　鹏
白　晨

## 北京工业大学优秀毕业生

（共计272人，其中研究生74人，本科生185人，专科生13人）

**研究生**

**机电学院**

马瑞艳 安彤 蒋传彪 顾兆勇 方承 刘进 王世莹 刘庆波

**电控学院**

金冬月 徐昊 高雪娟 马子明 李志谦 杨洪祥 李荣 王静 秦永钢

**建工学院**

龚晓兰 刘妍 王敏 张鹏飞 万宏文 梁小田 过雁鸣 赵胥英 王欣红 孙玉辉 刘宏哲

**环能学院**

杨庆 郑轶 王丁会 高学 尚会来

**数理学院**

王雅丽 张沛 陈燕 刘东

**计算机学院**

李国瑞 赵晶 张鸿勋 贾慧彤 吴涛 胡涛 岳少园 张有康 张慧涛 刘岩

**材料学院**

赵跃 周洋 严振杰 刘玮玮 张群 高晨

**经管学院**

刘一剑 曾丽娜 赵林伟 杨实君 范超 段虹伊 寇宇 王宛秋

**建规学院**

杨姗 高洁

**人文学院**

潘苗

**生命学院**

张记军 陈廷鍫 常珊

**外语学院**

杨彩云

**软件学院**

邢利

**激光院**

于志宇 张雪 闫婷

**固体所**

郑坤

**嵌入式系统实验室**

虞晓凡

**本科生**

**机电学院**

王雪 席方剑 黄乐蘅 王业 褚成春 王国金 江海威 吴家旺 谢文洪 吴祖生 黄巍

**电控学院**

宋朋亮 邹立鹏 胡楠 张东晖 闫雪 罗晨 刘洁 梁岩 梁康 贾鸿飞 宋琪 董鑫 张卫峰 郭强 王树祺 刑宇光 杨欣梅 隗萌 夏小萌 赵金亮 王煜翔 武旋 阎宝光 高玥明 胡洋 马骏

**建工学院**

燕茹 黄艳婷 刘智德 孙文亮 刘尚彬 肖尧 苏一沫 姚晗 邵喆 侯森 倪鹏 韩茜 王蕾 洪彬 吴颖 张洋 陈磊 李金平 仇淋铎 杨波

**环能学院**

杨鹤年 何晓峰 刘彬 李沐 张玥 赵磊 刘洋 董雪 丁薇 朱永明 方芳

**数理学院**

白钰 戴亚南 蔡佳迪 杨洪帅 刘思源 黎珊 杨杰 王钧依

**计算机学院**

苏笑婕 顾思宇 史芳宜 刘宇鉴 季丁丁 张爽 赵晔 王倩 张莹 张蕾 李菲菲 齐然 钟祥宜 李然 宋铮 窦云 李智 李海威 崔澜波 张天元 李阳 韩璐 路跃 张国锋 李义萍 杨宇鸿 吕雅琴 郭莉莉

**软件学院**

林超 张云渡 蔡雪琴 谢斌

**材料学院**

张星 李瀛莹 邓凝丹 杨钦 郝爽

**生命学院**

常文清 杨则强 张潇

**经管学院**

李斌 刘凯 王茉 李佳颐 孙艳 徐冉 范钦波 李鲜 顾馨 生奕芳 王淑美 田晓煜 刘梓弘 徐冉 朱蔓宇 贾日超 祖朋新

**建规学院**

许雯婷 张勍 李嘉音 裴朵 胡怡

**人文学院**

孟令瑶 孙姣 林雪 韩建一 郭海阳 王水桥

**外语学院**

何婷婷 刘璐祺 庞婷婷 马琳 龚翊

宋茜怡

**艺术设计学院**

龚翔龙

**实验学院**

张　卫　黄　颖　陈乐然　董国梁　胡嘉兴
孙千斐　王　艳　郭雨譞　梅亚雷　朱景焕
吉妍婧　马　樱　李　颖　王宝岩　刘梦寒
王　克　王学彬　张简儒　谷凯云　戴文博
张　雪　何　建　刘　通　郝　伟　潘　楠
赵　萌　李　杨　刘　恋　王　恒　牟雪松
张　玥　李　斌　张雅楠　杨楣奇

**专科生**

**艺术设计学院**

王　硕　张　莹　马金懿　徐晓庆　靳　莹
蒋　纯　杜　蕊　孙宏磊　李望清　卢莎莎
曹海姣　周思行　刘　伟

（研究生部、学生处　提供）

# 北京工业大学 2009 年学生科技竞赛省部级以上获奖

## 2009 微软创新杯全球大学生竞赛

（主办单位：微软公司）

**“软件设计”专题中国区二等奖**

计算机学院　王志勇　绳　云　邵　睿　陆　晨

## 国际企业管理挑战赛中国选拔赛（GMC）

（主办单位：国务院国有资产监督
管理委员会研究中心、
全国工商管理硕士教育指导委员会）

**中国区金奖**

经管学院　　任　娇　段宇琛　邹艳蕊　张强胜
阮亚杰

## 2009 年 ACM 国际大学生程序设计竞赛亚洲区选拔赛

（主办单位：美国计算机协会）

**上海邀请赛铜奖**

计算机学院　孙　彬　王　进　张一锐

## 2009 美国大学生数学建模竞赛

（主办单位：美国数学学会、
美国工业与应用数学学会）

**国际二等奖**

数理学院　　范海涛　李晓珏
经管学院　　杨　铎

## 2009 亚洲大学生英语辩论赛

（主办单位：亚洲辩论协会）

**EFL 组（非母语组）第五名**

电控学院　　张姗珊
计算机学院　刘天屹
经管学院　　金　翼

## 第二届全国大学生先进图形技能与创新大赛

（主办单位：教育部高等学校
工程图学教学指导委员会）

**建筑类计算机二维绘图一等奖**

建工学院　　杜　洋

**机械类计算机二维绘图一等奖**

机电学院　　马佳弘　李　根

**建筑类尺规绘图一等奖**

建工学院　　李　超

**机械类计算机二维绘图二等奖**

材料学院　　鲁　玥

**建筑类计算机二维绘图二等奖**

实验学院　　闫　续

**建筑类计算机三维建模二等奖**

建工学院　　李建新

**机械类计算机三维建模二等奖**

机电学院　　张晨旭

**个人全能二等奖：**

建工学院　杜　洋

**建筑类团体三等奖**

建工学院　李　超　王　乐　杜　洋　李建新

实验学院　闫　续

## 2009年全国大学生数学建模竞赛

（主办单位：教育部、中国工业与应用数学学会）

**北京市一等奖**

数理学院　杨　雪　陈奕辰

计算机学院　谢　帅

**北京市二等奖**

建工学院　华　靖　杜洪吉

数理学院　范海涛　靳东旭　王　纯　姜　艺

计算机学院　李　维

生命学院　饶　雪

经管学院　郭芷君

## 全国大学生电子设计竞赛

（主办单位：教育部）

**全国二等奖**

电控学院　孙逸鹏　姚益武　宁柯琳

实验学院　殷　飞　张文迪　郭文雪

**北京市一等奖**

电控学院　于　冲　沈浩杰　万　敏

**北京市二等奖**

电控学院　杨柏洁　李尔男　张　益　张姗珊
时　韬　谭　斌　张浩龙　秦　岳
马　龙　安雨飞　李　健　山其君
薛　越　薛　飞　王都都　何雨昂
王　鹏　刘　瑞

**北京市三等奖**

电控学院　张靖非　宋　翾　李　彤　杨　杨
刘汉夫　张　羽　胡玉生　梁　鑫
王　莹

实验学院　祁景玉　张子腾　胡　霄　王　洋
张　熹　郭　旭　王　皓　张新明
胡艳鹏　吴洪超　王孟瑶　黄　腾
王　衎　于建新　崔　贺　宋子皓
杨子砚　陈　晓　卢一楠　康毅恒
乔　峤　贾　坤　李　欢　秦　雨

## 第四届“飞思卡尔杯”全国大学生智能汽车竞赛

（主办单位：教育部高等学校自动化专业教学指导分委员会）

**全国二等奖**

电控学院　赵鹏程　张浩龙　马　龙

**华北赛区一等奖**

电控学院　赵鹏程　张浩龙　马　龙

## 第二届全国大学生节能减排社会实践与科技竞赛

（主办单位：教育部高等教育司）

**全国二等奖**

环能学院　王　锐　展宗城　徐奥博　孟立静
卫　婷

**全国三等奖**

环能学院　朱永明　梁　晨

## 2009年（第二届）中国大学生（文科）计算机设计大赛

（主办单位：教育部高等学校文科计算机基础教学指导委员会）

**全国三等奖**

艺术设计学院　王　印　伍斓洁

## 第三届全国大学生广告艺术大赛

（主办单位：教育部、高等学校新闻学学科教学指导委员会）

**全国三等奖**

人文学院　徐　哲　赵　霄

**北京市一等奖**

人文学院　罗晓莉　徐　瑶　朱鹏飞　吴福海
陈　熙

**北京市二等奖**

人文学院　徐　哲　赵　霄　张宝龙

**北京市三等奖**

人文学院　　赵紫帆　郭元淇　赵　霄　朱雪城

## 第三届全国节能减排主题招贴设计大赛

（主办单位：国家发改委环资司）

**全国银奖**

艺术设计学院　易倩梦

## 2009年“思科网院杯”大学生网络技术大赛

（主办单位：思科网络技术学院理事会）

**全国一等奖**

计算机学院　高　峰　马江华　张建宗

**全国二等奖**

计算机学院　陈　晨　连　鑫

实验学院　　王昱波

## 2009“正保教育杯”全国 ITAT 教育工程就业技能大赛

（主办单位：教育部教育管理信息中心）

**全国三等奖**

电控学院　　李　彤

计算机学院　孙凌宇

## 2009 中国机器人大赛

（主办单位：中国自动化学会）

**小型组 5vs5 项目一等奖（亚军）**

电控学院　　王昱峰　孙荣毅　王　冠　李　志

**仿真组 5vs5 项目二等奖**

电控学院　　张铁林　孙荣毅　龚　萍　李世臻

**小型组 3vs3 项目三等奖**

电控学院　　张　鹏　孙荣毅　王　冠　宋科科

## 第九届全国机器人足球锦标赛

（主办单位：中国人工智能协会）

**仿真类二等奖**

电控学院　　李　志　白　刚　翁　羽　张铁林
　　　　　　姜亚松　张珊珊

**半自主型三等奖**

电控学院　　孙荣毅　龚　萍　朱　祎

## 2009 全国大学生英语竞赛

（主办单位：全国大学生英语研究会）

**一等奖**

计算机学院　顾琦琪

材料学院　　郑　辰

经管学院　　刘亚欣　周冬野

**二等奖**

电控学院　　李　健

数理学院　　阴成龙

计算机学院　杨肇墨　孙　彬

材料学院　　刘曦璨

生命学院　　王羽欧

经管学院　　陶　然　徐梦玫

建规学院　　魏陶然

实验学院　　孙　煜　王　然　王辰汐

**三等奖**

电控学院　　陈　苏　张姗珊

建工学院　　刘玉璠

计算机学院　李　达　尧　正　郭锦如

软件学院　　陈羽然　郭祎祎

材料学院　　邓韵文

经管学院　　刘　涛　张元元　贾海婷　刘晓囡
　　　　　　李婧怡

建规学院　　尹大寨

人文学院　　杨晓璐　毕铁鸣

实验学院　　梁　谦　周怡婷　李　铮　刘运召
　　　　　　沈夏曦　何　畔

## 第十四届“外研社杯”全国大学生英语辩论赛

（主办单位：外语教学与研究出版社）

**三等奖**

软件学院　　黄　飞

生命学院　　钟果程

## 2009“CCTV 杯”全国大学生英语演讲大赛

（主办单位：中央电视台、全国大学生英语研究会）

**全国季军**

外语学院　　邹　韵

**北京赛区一等奖**

外语学院　　邹　韵

## 2009“21世纪·联想”杯全国大学生英语演讲比赛

（主办单位：中国日报社、联想集团）

**三等奖**

软件学院　　黄　飞

## 第二届北京大学生物理实验竞赛

（主办单位：北京市教委）

**北京市三等奖**

建工学院　　甘渝林　牛建强

数理学院　　沈　度　孙　孟　房元秋　惠　群　于子蛟

实验学院　　殷　飞　张文迪　宋　玥　张新明　苏　航　胡艳鹏

## 第一届北京市大学生化学实验竞赛

（主办单位：北京市教委）

**三等奖**

环能学院　　周健楠　訾　伟　曹立崴　李少博　张　晨　裴　峥　徐梦迪　马　进　郭颖超

## 首届北京市大学生英语演讲比赛

（主办单位：北京市教委）

**三等奖**

人文学院　　何婉青

## 第八届北京市高校建筑结构设计联赛

（主办单位：茅以升科技教育基金会、中国建设教育协会、北京土木建筑学会）

**一等奖**

建工学院　　朱　毅　张文潇　徐金蓓　范　洁　刘东顺

**二等奖**

建工学院　　李　慧　侯文滔　王巾洁　张　欢　韦奕然

**三等奖**

建工学院　　揭鹏力　王　哲　周龙壮　丁　君　鲍本林

## 北京地区制冷空调科技竞赛

（主办单位：中国制冷协会）

**北京市一等奖**

建工学院　　华　靖　侯隆澍　马　江

**北京市二等奖**

环能学院　　唐大千　崔金菊　王　磊

## 第二十六届全国部分地区大学生物理竞赛

（主办单位：北京市物理学会）

**二等奖**

数理学院　　李　楠　龙明亮

生命学院　　陈　庚

**三等奖**

电控学院　　郭彤旭　沈　京

建工学院　　魏赞洋　刘彦君　张翼飞　张　伟

材料学院　　李富源　谢濡泽

实验学院　　毛德伟

## 第二十届北京市大学生数学竞赛

（主办单位：北京市数学学会）

**非专业组二等奖**

冯　轩

**非专业组三等奖**

龚　萍　李富源

**专业组三等奖**

潘齐芸

（教务处　提供）

## ADI中国大学创新设计竞赛（2009年度）

**高级组一等奖**

电控学院　　杨林豹　林　琳

## 全国研究生数学建模竞赛

**二等奖**

计算机学院　蔡华元　文　雯　宋阳阳

**三等奖**

电控学院　　赵振波　杜晓东　么东阁

## 2009微软创新杯全球学生大赛

**嵌入式比赛中国赛区二等奖**

电控学院　　高海辉

## 第十一届“挑战杯”全国大学生课外学术科技作品竞赛

**三等奖**

电控学院　　高海辉　田洪宁

（研究生部　提供）

# ·2009 年学校事业发展统计数据·

## 北京工业大学 2009 年办学条件

| 学校占地面积 | | 801 236 平方米 | 属学校产权 |
|---|---|---|---|
| 学校建筑面积 | | 805 732 平方米 | 属学校产权 |
| 图书馆建筑面积 | | 26 010 平方米 | 属学校产权 |
| 图书馆藏书 | 纸质 | 153.61 万册 | 包括校图书馆（含本校区各单位资料室）、艺术设计学院、实验学院、继续教育学院藏书 |
| | 电子图书 | 6 583.23GB | |
| 国定资产总值 | | 23.91 亿元 | 属学校产权 |
| 其中：教学仪器设备资产值 | | 12.81 亿元 | |

## 北京工业大学 2009 年教学科研机构

| 直属院（部）、研究院（所） | 22 个 |
|---|---|
| 国家工程研究中心 | 1 个 |
| 国家级产学研中心 | 1 个 |
| 国际合作研究中心 | 1 个 |
| 教育部工程中心 | 2 个 |
| 教育部重点实验室 | 2 个 |
| 省部共建重点实验室 | 3 个 |
| 北京市级重点实验室或研究基地 | 13 个 |
| 北京高校工程研究中心 | 2 个 |

## 北京工业大学 2009 年学科、专业设置

| 国家重点学科 | 3 个 |
|---|---|
| 北京市重点学科 | 14 个 |
| 北京市重点建设学科 | 18 个 |
| 博士后流动站 | 15 个 |
| 一级学科博士学位授权点 | 8 个 |
| 二级学科博士学位授权点 | 37 个 |
| 一级硕士学位授权点 | 7 个 |
| 二级硕士学位授权点 | 81 个 |
| 工程硕士培养领域 | 19 个 |
| 本科专业 | 45 个 |

## 北京工业大学2009年教职工情况

| 教职工总数 | 3 309人 |
|---|---|
| 其中：1. 中国科学院院士 | 3人 |
| 2. 中国工程院院士 | 4人 |
| 3. “长江学者奖励计划”特聘教授 | 4人 |
| 4. 国家杰出青年基金获得者 | 7人 |
| 5. 国家有突出贡献专家 | 5人 |
| 6. 享受政府特殊津贴专家 | 27人 |
| 7. 人员结构 | |
| (1) 教师岗位人员 | 1 511人 |
| (2) 其他专技岗位人员 | 503人 |
| (3) 管理岗位人员 | 714人 |
| (4) 工勤岗位人员 | 581人 |
| (5) 外籍教师 | 28人 |
| 其中：教授 | 4人 |
| (6) 离退休人员 | 退休2 203人、离休129人 |

## 北京工业大学2009年教职工及专任教师职称、学历结构

| | | 教职工 | | 专任教师 | |
|---|---|---|---|---|---|
| | | 人数（人） | 比例（%） | 人数（人） | 比例（%） |
| 职称结构 | 正高职称人员 | 323 | 9.8 | 306 | 20.3 |
| | 副高职称人员 | 792 | 23.9 | 593 | 39.2 |
| | 中级职称人员 | 1 230 | 37.2 | 579 | 38.3 |
| | 初级职称人员 | 241 | 7.3 | 19 | 1.3 |
| | 无职称人员 | 723 | 21.8 | 14 | 0.9 |
| 学历结构 | 研究生学历 | 1 461 | 44.2 | 1 120 | 74.1 |
| | 其中：博士 | 809 | 24.4 | 789 | 52.2 |
| | 本科学历 | 995 | 30.1 | 383 | 25.3 |
| | 专科及以下 | 853 | 25.8 | 8 | 0.5 |

## 北京工业大学2009年学生情况

单位：人

| | 毕业生数 | 招生数 | 在校学生数 |
|---|---|---|---|
| 合计 | 7 698 | 9 350 | 29 692 |
| 一、研究生 | 1 865 | 2 940 | 7 928 |
| 1. 全日制研究生 | 1 290 | 1 642 | 4 838 |
| 1.1 博士生 | 123 | 202 | 852 |
| 1.2 硕士生 | 1 167 | 1 440 | 3 986 |
| 2. 在职研究生 | 575 | 1 298 | 3 090 |
| 2.1 博士生 | 0 | . 0 | 0 |
| 2.2 硕士生 | 575 | 1 298 | 3 090 |
| 二、普通本专科生 | 3 056 | 3 169 | 12 551 |
| 1. 本科生 | 2751 | 3 169 | 12 551 |
| 2. 专科生 | 305 | — | — |
| 三、成人教育本专科生 | 2 610 | 3 060 | 8 799 |
| 1. 本科生 | 1 488 | 1 779 | 4 636 |
| 2. 专科生 | 1 122 | 1 281 | 4 163 |
| 四、留学生 | 167 | 181 | 414 |

## 北京工业大学校区设置

| 校区名称 | 地　址 | 邮　编 |
|---|---|---|
| 北京工业大学（校本部） | 朝阳区平乐园 100 号 | 100124 |
| 北京工业大学艺术设计学院 | 朝阳区惠新东街 8 号 | 100029 |
| 北京工业大学实验学院 | 通州区潞苑南大街 89 号 | 101101 |
| | 朝阳区管庄西里 20 号 | 100024 |
| 北京工业大学继续教育学院 | 海淀区车公庄西路 35 号 | 100044 |
| | 崇文区永外琉璃井路 41 号 | 100075 |

## 北京工业大学直属院（部）、科研院（所）设置

| 序号 | 机构名称 | 简　称 |
|---|---|---|
| 1 | 机械工程与应用电子技术学院 | 机电学院 |
| 2 | 电子信息与控制工程学院 | 电控学院 |
| 3 | 建筑工程学院 | 建工学院 |
| 4 | 环境与能源工程学院 | 环能学院 |
| 5 | 应用数理学院 | 数理学院 |
| 6 | 计算机学院 | 计算机学院 |
| 7 | 材料科学与工程学院 | 材料学院 |
| 8 | 经济与管理学院 | 经管学院 |
| 9 | 人文社会科学学院 | 人文学院 |
| 10 | 建筑与城市规划学院 | 建规学院 |
| 11 | 生命科学与生物工程学院 | 生命学院 |
| 12 | 外国语学院 | 外语学院 |
| 13 | 软件学院 | 软件学院 |
| 14 | 实验学院 | 实验学院 |
| 15 | 艺术设计学院 | 艺术设计学院 |
| 16 | 体育教学部 | 体育部 |
| 17 | 继续教育学院 | 继续教育学院 |
| 18 | 激光工程研究院 | 激光院 |
| 19 | 固体微结构与性能研究所 | 固体所 |
| 20 | 循环经济研究院 | 循环经济院 |
| 21 | 高等教育研究所 | 高教所 |
| 22 | 北京工业大学耿丹学院（独立学院） | 耿丹学院 |

## 北京工业大学2009年重点学科情况

|  |  |
|---|---|
| 全国重点学科（3个） | 材料学 |
| | 光学 |
| | 结构工程 |
| 交叉学科北京市重点学科（1个） | 资源、环境及循环经济 |
| 一级学科北京市重点学科（4个） | 材料科学与工程 |
| | 管理科学与工程 |
| | 光学工程 |
| | 生物医学工程 |
| 二级学科北京市重点学科（9个） | 机械制造及其自动化 |
| | 机械设计及理论 |
| | 微电子学与固体电子学 |
| | 防灾减灾工程及防护工程 |
| | 交通运输规划与管理 |
| | 热能工程 |
| | 环境工程 |
| | 凝聚态物理 |
| | 计算机应用技术 |
| 一级学科北京市重点建设学科（2个） | 仪器科学与技术 |
| | 化学工程与技术 |
| 二级学科北京市重点建设学科（16个） | 工程力学 |
| | 机械电子工程 |
| | 电路与系统 |
| | 信号与信息处理 |
| | 检测技术与自动化装置 |
| | 模式识别与智能系统 |
| | 市政工程 |
| | 道路与铁路工程 |
| | 概率论与数理统计 |
| | 应用数学 |
| | 计算机软件与理论 |
| | 国际贸易学 |
| | 数量经济学 |
| | 建筑设计及其理论 |
| | 社会学 |
| | 高等教育学 |

## 北京工业大学 2009 年博士后流动站情况

| 学科门类 | 流动站名称 | 所属学院 |
|---|---|---|
| 工学 | 力学 | 机电学院 |
| 工学 | 机械工程 | 机电学院 |
| 工学 | 电子科学与技术 | 电控学院 |
| 工学 | 控制科学与工程 | 电控学院 |
| 工学 | 土木工程 | 建工学院 |
| 工学 | 交通运输工程 | 建工学院 |
| 工学 | 动力工程及工程热物理 | 环能学院 |
| 工学 | 环境科学与工程 | 环能学院 |
| 工学 | 光学工程 | 激光院 |
| 工学 | 计算机科学与技术 | 计算机学院 |
| 工学 | 材料科学与工程 | 材料学院 |
| 工学 | 生物医学工程 | 生命学院 |
| 理学 | 物理学 | 数理学院、激光院、固体所 |
| 理学 | 数学 | 数理学院 |
| 管理学 | 管理科学与工程 | 经管学院 |

## 北京工业大学 2009 年博士、硕士学位授权学科

| 学科门类 | 一级学科名称 | 二级学科专业名称 | 学科、专业代码 | 所属学院 |
|---|---|---|---|---|
| 工　学 | ◆力学 | 固体力学 | 080102 | 机电学院 |
| | | 流体力学 * | 080103 | |
| | | ●工程力学 * | 080104 | |
| | ◆机械工程 * * | ▲机械制造及其自动化 * | 080201 | |
| | | ●机械电子工程 * | 080202 | |
| | | ▲机械设计及理论 * | 080203 | |
| | | 车辆工程 * | 080204 | |
| | ●仪器科学与技术○ | 精密仪器及机械 | 080401 | |
| | | 测试计量技术及仪器 | 080402 | |
| 工　学 | ◆电子科学与技术 | 物理电子学 | 080901 | 电控学院 |
| | | ●电路与系统 * | 080902 | |
| | | ▲微电子学与固体电子学 * | 080903 | |
| | 信息与通信工程○ | 通信与信息系统 | 081001 | |
| | | ●信号与信息处理 | 081002 | |
| | ◆控制科学与工程○ | 控制理论与控制工程 | 081101 | |
| | | ●检测技术与自动化装置 * | 081102 | |
| | | 系统工程 | 081103 | |
| | | ●模式识别与智能系统 * | 081104 | |
| | | 导航、制导与控制 | 081105 | |

续表

| 学科门类 | 一级学科名称 | 二级学科专业名称 | 学科、专业代码 | 所属学院 |
|---|---|---|---|---|
| 工　学 | ◆土木工程＊＊ | 岩土工程＊ | 081401 | 建工学院 |
| | | 结构工程 ＊★ | 081402 | |
| | | ●市政工程＊ | 081403 | |
| | | 供热、供燃气、通风及空调工程＊ | 081404 | |
| | | ▲防灾减灾工程及防护工程＊ | 081405 | |
| | | 桥梁与隧道工程＊ | 081406 | |
| | 水利工程 | 水利水电工程 | 081504 | |
| | ◆交通运输工程 | ●道路与铁道工程 | 082301 | |
| | | ▲交通运输规划与管理 ＊ | 082303 | |
| 理　学 | 化学 | 物理化学（含：化学物理） | 070304 | 环能学院 |
| 工　学 | ◆动力工程及工程热物理 | ▲热能工程 ＊ | 080702 | |
| | ●化学工程与技术○ | 制冷及低温工程 | 080705 | |
| | | 化学工程 | 081701 | |
| | | 化学工艺 | 081702 | |
| | | 生物化工 | 081703 | |
| | | 应用化学＊ | 081704 | |
| | | 工业催化 | 081705 | |
| | ◆环境科学与工程＊＊ | 环境科学＊ | 083001 | |
| | | ▲环境工程 ＊ | 083002 | |
| 理　学 | ◆数学○ | 基础数学 | 070101 | 数理学院 |
| | | 计算数学 | 070102 | |
| | | ●概率论与数理统计 ＊ | 070103 | |
| | | ●应用数学 | 070104 | |
| | | 运筹学与控制论 | 070105 | |
| | ◆物理学＊＊ | 理论物理＊ | 070201 | 数理学院、固体所、激光院 |
| | | 粒子物理与原子核物理＊ | 070202 | |
| | | 原子与分子物理＊ | 070203 | |
| | | 等离子体物理＊ | 070204 | |
| | | ▲凝聚态物理＊ | 070205 | |
| | | 声学＊ | 070206 | |
| | | 光学 ＊★ | 070207 | |
| | | 无线电物理＊ | 070208 | |
| 工　学 | ◆计算机科学与技术○ | 计算机系统结构 | 081201 | 计算机学院 |
| | | ●计算机软件与理论 | 081202 | |
| | | ▲计算机应用技术 ＊ | 081203 | |
| 工学 | ◆▲材料科学与工程 ＊＊ | 材料物理与化学 ＊ | 080501 | 材料学院 |
| | | 材料学 ＊★ | 080502 | |
| | | 材料加工工程 ＊ | 080503 | |

**续表**

| 学科门类 | 一级学科名称 | 二级学科专业名称 | 学科、专业代码 | 所属学院 |
| --- | --- | --- | --- | --- |
| 经济学 | 理论经济学 | 人口、资源与环境经济学 | 020106 | 经管学院 |
| | 应用经济学○ | 国民经济学 | 020201 | |
| | | 区域经济学 | 020202 | |
| | | 财政学（含：税收学） | 020203 | |
| | | 金融学（含：保险学） | 020204 | |
| | | 产业经济学 | 020205 | |
| | | ●国际贸易学 | 020206 | |
| | | 劳动经济学 | 020207 | |
| | | 统计学 | 020208 | |
| | | ●数量经济学 | 020209 | |
| | | 国防经济 | 020210 | |
| 管理学 | ◆▲管理科学与工程 * | | 01201 | |
| | 工商管理 | 企业管理 | 0120202 | |
| 工　学 | ◆▲光学工程 * * | | 0803 | 激光院 |
| 理　学 | 生物学 | 生物化学与分子生物学 | 071010 | 生命学院 |
| | | 生物物理学 | 071011 | |
| 工　学 | ◆▲生物医学工程 * * | | 0831 | |
| 工　学 | 建筑学 | ●建筑设计及其理论 | 081302 | 建规学院 |
| | | 城市规划与设计（含：风景园林规划与设计） | 081303 | |
| 哲　学 | 哲学 | 科学技术哲学 | 010108 | 人文学院 |
| 教育学 | 社会学 | ●社会学 | 030301 | |
| | 马克思主义理论 | 马克思主义中国化研究 | 030503 | |
| | 教育学 | ●高等教育学 | 040106 | |
| 文　学 | 外国语言文学 | 外国语言学及应用语言学 | 050211 | 外语学院 |

说明：1. * * 为博士学位一级学科授权学科，* 为博士学位二级学科授权点，○为硕士一级学科授权学科，★为国家级重点学科，▲为北京市重点学科，●为北京市重点建设学科。◆为博士后科研流动站。

2. 共8个博士学位一级学科授权学科，37个二级学科博士点，7个一级学科硕士点，81个硕士点。其中3个国家级重点学科，14个北京市重点学科（其中资源、环境及循环经济是北京市重点学科交叉学科），18个北京市重点建设学科，15个博士后科研流动站。

## 北京工业大学2009年专业学位培养领域

| 序号 | 代　码 | 工程领域名称 |
| --- | --- | --- |
| 1 | 430102 | 机械工程 |
| 2 | 430103 | 光学工程 |
| 3 | 430104 | 仪器仪表工程 |
| 4 | 430105 | 材料工程 |

续表

| 序号 | 代　码 | 工程领域名称 |
|---|---|---|
| 5 | 430107 | 动力工程 |
| 6 | 430109 | 电子与通信工程 |
| 7 | 430110 | 集成电路工程 |
| 8 | 430111 | 控制工程 |
| 9 | 430112 | 计算机技术 |
| 10 | 430113 | 软件工程 |
| 11 | 430114 | 建筑与土木工程 |
| 12 | 430117 | 化学工程 |
| 13 | 430123 | 交通运输工程 |
| 14 | 430130 | 环境工程 |
| 15 | 430131 | 生物医学工程 |
| 16 | 430137 | 工业工程 |
| 17 | 430138 | 工业设计工程 |
| 18 | 430140 | 项目管理 |
| 19 | 430141 | 物流工程 |

## 北京工业大学2009年本科专业设置

| 序号 | 专业代码 | 专业名称 | 学制 | 学位 | 所在学院 |
|---|---|---|---|---|---|
| 1 | 080305y | 机械工程及自动化 | 4年 | 工学 | 机电学院 |
| 2 | 080401 | 测控技术与仪器 | 4年 | 工学 | 机电学院 |
| 3 | 080602 | 自动化 | 4年 | 工学 | 电控学院 |
| 4 | 080603 | 电子信息工程 | 4年 | 工学 | 电控学院 |
| 5 | 080606 | 电子科学与技术 | 4年 | 工学 | 电控学院 |
| 6 | 080604 | 通信工程 | 4年 | 工学 | 电控学院 |
| 7 | 080703 | 土木工程（建筑工程、交通土建） | 4年 | 工学 | 建工学院 |
| 8 | 080709w | 水务工程 | 4年 | 工学 | 建工学院 |
| 9 | 080704 | 建筑环境与设备工程 | 4年 | 工学 | 建工学院 |
| 10 | 081202 | 交通工程 | 4年 | 工学 | 建工学院 |
| 11 | 080701 | 建筑学 | 5年 | 建筑学 | 建规学院 |
| 12 | 080303 | 工业设计 | 4年 | 工学 | 建规学院 |
| 13 | 081001 | 环境工程 | 4年 | 工学 | 环能学院 |
| 14 | 071401 | 环境科学 | 4年 | 理学 | 环能学院 |
| 15 | 070302 | 应用化学 | 4年 | 工学 | 环能学院 |
| 16 | 080501 | 热能与动力工程（汽车、制冷） | 4年 | 工学 | 环能学院 |
| 17 | 070202 | 应用物理学（光通信与光电子技术） | 4年 | 理学 | 数理学院 |
| 18 | 070102 | 信息与计算科学 | 4年 | 理学 | 数理学院 |
| 19 | 080607 | 生物医学工程 | 4年 | 工学 | 生命学院 |
| 20 | 080605 | 计算机科学与技术 | 4年 | 工学 | 计算机学院 |
| 21 | 071205w | 信息安全 | 4年 | 工学 | 计算机学院 |
| 22 | 080205y | 材料科学与工程 | 4年 | 工学 | 材料学院 |
| 23 | 110102 | 信息管理与信息系统 | 4年 | 管理学 | 经管学院 |

**续表**

| 序号 | 专业代码 | 专业名称 | 学制 | 学位 | 所在学院 |
|---|---|---|---|---|---|
| 24 | 110103 | 工业工程（软件工程管理） | 4 年 | 管理学 | 经管学院 |
| 25 | 020102 | 国际经济与贸易（工业外贸） | 4 年 | 经济学 | 经管学院 |
| | | 国际经济与贸易（外贸英语、外贸日语） | 4 年 | 经济学 | 外语学院 |
| 26 | 110202 | 市场营销 | 4 年 | 管理学 | 经管学院 |
| 27 | 110201 | 工商管理 | 4 年 | 管理学 | 经管学院 |
| 28 | 071601 | 统计学 | 4 年 | 经济学 | 经管学院 |
| 29 | 110203 | 会计学 | 4 年 | 管理学 | 经管学院 |
| 30 | 030101 | 法学 | 4 年 | 法学 | 经管学院 |
| 31 | 020104 | 金融学 | 4 年 | 经济学 | 经管学院 |
| 32 | 030302 | 社会工作 | 4 年 | 法学 | 人文学院 |
| 33 | 050303 | 广告学 | 4 年 | 文学 | 人文学院 |
| 34 | 050106w | 中国语言文化 | 4 年 | 文学 | 人文学院 |
| 35 | 050201 | 英语 | 4 年 | 文学 | 外语学院 |
| 36 | 080611w | 软件工程 | 4 年 | 工学 | 软件学院 |
| 37 | 050207 | 日语 | 4 年 | 文学 | 外语学院 |
| 38 | 080705 | 给水排水工程 | 4 年 | 工学 | 建工学院 |
| 39 | 080702 | 城市规划 | 5 年 | 工学 | 建规学院 |
| 40 | 050408 | 艺术设计 | 4 年 | 文学 | 艺术设计学院 |
| 41 | 050418 | 动画 | 4 年 | 文学 | 艺术设计学院 |
| 42 | 080628s | 数字媒体技术 | 4 年 | 工学 | 软件学院 |
| 43 | 050209 | 朝鲜语 | 4 年 | 文学 | 外语学院 |
| 44 | 030301 * | 社会学 | 4 年 | 法学 | 人文学院 |
| 45 | 081407w | 食品质量与安全 | 4 年 | 工学 | 生命学院 |

## 北京工业大学科研机构

| 序号 | 机 构 名 称 |
|---|---|
| 1 | 精密超精密加工国家工程研究中心 |
| 2 | 国家产学研激光技术中心 |
| 3 | 中德激光技术中心 |
| 4 | 新型功能材料教育部重点实验室 |
| 5 | 传热强化与过程节能教育部重点实验室 |
| 6 | 数字社区教育部工程研究中心 |
| 7 | 汽车结构部件教育部工程研究中心 |
| 8 | 交通工程重点实验室——省部共建国家重点实验室培育基地 |
| 9 | 光电子技术省部共建教育部重点实验室 |
| 10 | 城市与工程安全减灾省部共建教育部重点实验室 |

续表

| 序号 | 机 构 名 称 |
|---|---|
| 11 | 北京光电子技术实验室 |
| 12 | 北京激光技术实验室 |
| 13 | 北京市焊接设备研究与开发中心 |
| 14 | 北京信号与信息处理基础性研究实验室 |
| 15 | 多媒体与智能软件技术北京市重点实验室 |
| 16 | 交通工程北京市重点实验室 |
| 17 | 先进制造技术北京市重点实验室 |
| 18 | 工程抗震与结构诊治北京市重点实验室 |
| 19 | 传热与能源利用北京市重点实验室 |
| 20 | 水质科学与水环境恢复工程北京市重点实验室 |
| 21 | 嵌入式系统北京市重点实验室 |
| 22 | 北京现代制造业发展研究基地 |
| 23 | 先进制造北京市技术转移中心 |
| 24 | 激光先进制造工程研究中心 |
| 25 | 环境友好新材料技术工程研究中心 |

（信息处　提供）

# ·媒　体　报　道·

## 2009年媒体报道（摘选）

**报纸：**

1. 高考美术专业首次举行统考　7000余人报名考试——《京华时报》(2009年1月4日)

2. 再探奥运场馆——《人民日报》(2009年1月9日)

3. 全校动员救血癌女博士——《新京报》(2009年1月10日)

4. 2008年度国家科技大奖高校喜获丰收——《中国教育报》(2009年1月10日)

5. 五人制联赛北京开赛——《新京报》(2009年1月14日)

6. 五人制联赛北京站开赛　高校球队云集倡体教结合——《信报》(2009年1月14日)

7. 五人制北京站享受奥运待遇——《体坛周报》(2009年1月19日)

8. 用青春诠释使命与担当——《中国教育报》(2009年2月23日)

9. 北工大办两场校园招聘会——《北京考试报》(2009年3月2日)

10. 北工大外籍专家获“长城友谊奖”——《北京考试报》(2009年3月7日)

11. 高校科技创新　去年课题超3万——《北京青年报》(2009年3月8日)

12. 北工大外籍专家获长城友谊奖——《中国教育报》(2009年3月9日)

13. 北工大增社会学专业——《京华时报》(2009年3月17日)

14. 校园招聘会：就业之计在于春——《科学时报》(2009年3月24日)

15. 北工大招办：09七成半招生计划投北京——《北京考试报》(2009年3月25日)

16. 高考“招生最大户”联大、北工大公布在京计划——《京华时报》(2009年3月26日)

17. 北京09年高考报名人数锐减　多数高校缩减计划——《北京晨报》(2009年3月26日)

18. 北工大今年在京招生2346人——《北京青年报》(2009年3月28日)

19. 北京工业大学新增社会学和软件工程专业——《科技日报》(2009年3月31日)

20. 高招咨询会11日首开锣——《新京报》(2009年4月5日)

21. 高招咨询会今天起举行——《北京青年报》(2009年4月6日)

22. 高招咨询会本周六举办——《北京晨报》(2009年4月6日)

23. 2009年高招咨询拉开序幕——《北京晚报》(2009年4月6日)

24. 北京高校09年招生咨询启动——《北京日报》(2009年4月7日)

25. 11日上午55所京内外高校在北工大进行高招咨询——《北京考试报》(2009年4月8日)

26. 55所高校北工大高招咨询——《新京报》(2009年4月9日)

27. 首场高招咨询会预揽4万人——《新京报》(2009年4月11日)

28. 首次大规模高招咨询上午开场——《北京晚报》(2009年4月11日)

29. 北京办今年首场大型高招咨询会——《法制晚报》(2009年4月11日)

30. 北京首场高招咨询会上演“生源战”——《现代教育报》(2009年4月13日)

31. 今年首场高招联合咨询会举行——《京华时报》(2009年4月12日)

32. 京首场高招咨询金融专业长线看好——《新京报》(2009年4月12日)

33. 6万人挤爆高招咨询会——《北京晨报》(2009年4月12日)

34. 高招现场咨询　引来数万家长——《北京青年

报》(2009年4月12日)

35. 今年首场高招联合咨询会举行　全国55所高校参加——《京华时报》(2009年4月12日)

36. 北京工业大学启动成功创业试点项目——《科学时报》(2009年4月14日)

37. 华丽转身：奥运场馆“变身”进行时——《人民日报海外版》(2009年4月14日)

38. 北京工业大学推行“双困生就业扶助计划”——《北京考试报》(2009年4月18日)

39. 北京工业大学帮扶百余“双困生”就业——《北京日报》(2009年4月20日)

40. 北工大与北京联通合作研发项目——《科技日报》(2009年4月21日)

41. 北工大材料专业获北京市教育教学特等奖——《北京日报》(2009年4月22日)

42. 北京工大：领导带队遍访政府机关企业——《中国教育报》(2009年4月25日)

43. 信息学与组织符号学国际会议在北工大举行——《光明日报》(2009年4月29日)

44. 立足服务北京 找准突出问题——《光明日报》(2009年5月8日)

45. 立足服务北京 找准突出问题——《人民日报》(2009年5月8日)

46. 极限大师秀滑板——《新京报》(2009年5月10日)

47. 极限高手昨聚北工大——《北京青年报》(2009年5月10日)

48. 第八届市高校乒乓球联赛开战——《北京晚报》(2009年5月10日)

49. 节约用水　科学发展——北京工业大学建设节水型校园纪实——《北京日报》(2009年5月13日)

50. 北京工业大学：应用型创新人才在这里成长——《中国教育报》(2009年5月13日)

51. 精品　这样铸就——《中国教育报》(2009年5月14日)

52. 大学生将进人才市场学求职——《北京晚报》(2009年5月19日)

53. 部分场馆变身　羽毛球馆开放——《京华时报》(2009年5月22日)

54. 北工大与市人才共建就业实践基地——《北京考试报》(2009年5月23日)

55. 北工大学生课外也挣“学分”——《北京日报》(2009年5月25日)

56. 北工大探索人才培养新模式——《北京青年报》(2009年5月26日)

57. 北工大“国家人才培养模式创新实验区”开园——《科技日报》(2009年5月26日)

58. 北工大软件人才创新实验区开园——《北京日报》(2009年5月27日)

59. 模拟创业　大学生比拼真功夫——《北京青年报》(2009年6月2日)

60. 精品专业汗水铸就——记北京工业大学材料科学与工程学科发展——《科学时报》(2009年6月5日)

61. 强化科学定位建设有特色高水平地方大学——《中国教育报》(2009年6月19日)

62. 管理科学与工程学会成立——《北京晚报》(2009年6月27日)

63. 中国管理科学与工程学会成立——《北京青年报》(2009年6月28日)

64. 管理科学与工程学会在京成立——《科技日报》(2009年6月29日)

65. 中国管理科学与工程学会在京成立——《科学时报》(2009年6月30日)

66. 北京高校纪念建党88周年论坛举行——《中国教育报》(2009年7月2日)

67. 部分高校公布提档线——《北京青年报》(2009年7月12日)

68. 一本二次征集志愿——《北京晚报》(2009年7月12日)

69. 专家学者北工大研讨工科研究生教育改革——《科技日报》(2009年7月14日)

70. 北京工业大学开展青年教师社会考察活动——《朝阳报》(2009年7月17日)

71. 北工大中青年教师暑期投身社会调研——《北京日报》(2009年7月22日)

72. 北工大成立马克思主义理论学科部——《北京考试报》(2009年8月5日)

73. 一周年，看“后奥运”财富——《人民日报海外版》(2009年8月8日)

74. 为家长建设绿色休息区——《北京日报》(2009年8月20日)

75. 北工大迎新生　数千家长“报到”——《法制晚报》(2009年8月21日)

76. 北京工业大学绿色通道接待346名新生——《北京考试报》(2009年8月22日)

77. 新学期　首都高校新气象——《北京日报》(2009年8月26日)

78. 彭永臻　让学生在实战中成才——《中国教育报》(2009年9月4日)

79. 北京工业大学青年教师畅谈社会考察心得——《朝阳报》(2009年9月7日)

80. “十一”游园招志愿者了——《法制晚报》

(2009 年 9 月 8 日)

81. 首批国庆游园志愿者开始招募——《光明日报》(2009 年 9 月 9 日)

82. 北京市 30 名学生监督员公交站里讲文明——《现代教育报》(2009 年 9 月 9 日)

83. 国庆游园志愿者开始招募——《信报》(2009 年 9 月 9 日)

84. 用篮球交流感情　用专业指引方向——《首都教育》(2009 年 9 月 10 日)

85. 走进北京工业大学——《光明日报》(2009 年 9 月 11 日)

86. 百姓宣讲团走进北工大——《北京考试报》(2009 年 9 月 12 日)

87. "走进新时代"方阵北工大学生："能让我们参加，很幸运"——《人民日报》(2009 年 9 月 21 日)

88. 北京工业大学的华丽转身——《朝阳报》(2009 年 9 月 23 日)

89. 杂体诗歌概论　日前在京出版——《北京青年报》(2009 年 10 月 12 日)

90. 北工大博士生获国际壳体与空间结构半谷奖——《科学时报》(2009 年 10 月 20 日)

91. 首都高校学子响应"大学生参军去"号召——《北京日报》(2009 年 10 月 27 日)

92. 学界提出拓宽文化研究视角促进文化大发展大繁荣——《光明日报》(2009 年 10 月 27 日)

93. 全国博士生土木工程学术会议在北工大召开——《科技日报》(2009 年 10 月 29 日)

94.《杂体诗歌概论》出版座谈会在北京工业大学召开——《中国教育报》(2009 年 10 月 31 日)

95. 2009 全国博士生学术会议(土木工程)在京召开——《科学时报》(2009 年 11 月 3 日)

96. 北工大奥运纪念馆落成——《北京青年报》(2009 年 11 月 18 日)

97. 北工大奥运纪念馆揭牌　为国内首座高校奥运纪念馆——《中国教育报》(2009 年 11 月 18 日)

98. 北工大设立奥运纪念馆——《北京日报》(2009 年 11 月 18 日)

99. 首座高校奥运纪念馆落成——《京华时报》(2009 年 11 月 18 日)

100. 北京市教育考试院：市属高校有望"加盟"自主招生——《京华时报》(2009 年 11 月 19 日)

101. 北工大　首师大已申请自主招生——《北京青年报》(2009 年 11 月 20 日)

102. 北京市属高校申报自主招生试点——《新京报》(2009 年 11 月 21 日)

103. 2010 年度中央公务员考试北京工业大学考点——《北京青年报》(2009 年 11 月 30 日)

104. 北工大获批教育部"国家集成电路人才培养基地"——《科技日报》(2009 年 12 月 1 日)

105. 北京工业大学获批教育部"国家集成电路人才培养基地"——《科学时报》(2009 年 12 月 1 日)

106. 北工大首场校园招聘会举办——《北京考试报》(2009 年 12 月 9 日)

107. 引智培养并重　构筑人才高地——《现代教育报》(2009 年 12 月 9 日)

108. 中国诗歌研究的新收获——《北京日报》(2009 年 12 月 14 日)

109. 北工大继续教育学院　成招录取半数是专升本——《北京考试报》(2009 年 12 月 16 日)

110. IBM 携手北京工业大学打造云计算实验平台——《科学时报》(2009 年 12 月 9 日)

**网络：**

1. 08 年度中国游戏行业年会举行　推出国产创意明星——中国新闻网(2009 年 1 月 7 日)

2. 北工大奥运场馆迎新赛事　五人制北京站即将开赛——华奥星空网(2009 年 1 月 12 日)

3. 五人制联赛北京站 14 日打响　奥运场馆重投入使用——网易(2009 年 1 月 12 日)

4. 五人制足球北京站将打响　北工大奥运场馆迎新赛事——新华网(2009 年 1 月 13 日)

5. 扩内需保增长：北京高校科技创新助推经济发展——千龙网(2009 年 3 月 10 日)

6. 世界信息学专家云集北京共享最新研究成果——千龙网(2009 年 4 月 11 日)

7. 北京 2009 年高校招生咨询会揭开序幕——中国教育新闻网(2009 年 4 月 12 日)

8. 全球职业极限运动巡回赛中国站中国区选拔赛结束——新华网(2009 年 4 月 19 日)

9. 北京高校奥运场馆赛后利用：优先满足师生需求——新华网(2009 年 4 月 20 日)

10. 北京工业大学落实科学发展观推进学生学业发展——人民网(2009 年 4 月 21 日)

11. 北工大："双困生就业扶助计划"解决学生实际困难——新华网(2009 年 4 月 22 日)

12. 全球职业极限运动巡回赛中国站开赛——新华网(2009 年 5 月 10 日)

13. 北京工业大学：三管齐下着力建设节水型校园——人民网(2009 年 5 月 18 日)

14. 北京工业大学多举措培养应用型创新人才——人民网(2009 年 5 月 21 日)

15. 北工大成立创新实验区　将培养软件创新拔尖通才——千龙网(2009 年 5 月 22 日)

16. 赛灵思联手北工大共建教育部人才培养模式创新实验区——电子产品世界(2009 年 5 月 25 日)

17. 北工大招办主任：新增社会学　有三个国家级重点学科——搜狐网(2009 年 5 月 26 日)

18. 推行"双困生就业扶助计划"北工大巧对就业难题——千龙网(2009 年 7 月 2 日)

19. 北工大与联通再度合作开发研究 5 个科研项目——千龙网(2009 年 7 月 6 日)

20. 北京首批国庆游园志愿者招募启动——新华网(2009 年 9 月 8 日)

21. 大学生踊跃报名国庆游园志愿者——千龙网(2009 年 9 月 9 日)

22. 国庆阅兵与群众游行合唱团：已经就位将唱红歌——中国新闻网(2009 年 10 月 1 日)

23. 北工大教授巧解《水浒传》"吴用题反诗"之谜——千龙网(2009 年 10 月 11 日)

24. 北工大博士邱林波获国际壳体与空间结构半谷奖——千龙网(2009 年 10 月 14 日)

25. 院士称中国无法预报地震　土木工程应是防灾之首——千龙网(2009 年 10 月 28 日)

26. 五人制国足 23 球狂扫关岛　东亚锦标赛目标夺冠军——华奥星空网(2009 年 11 月 25 日)

27. 五人制东亚赛-中国 5：4 胜日本　首次捧得洲际冠军——华奥星空网(2009 年 11 月 29 日)

28. 北工大获批教育部"国家集成电路人才培养基地"——千龙网(2009 年 11 月 29 日)

29. 东亚室内五人制足球赛——人民网(2009 年 11 月 30 日)

30. 北京成立首批高校禁毒志愿者队伍——新华网(2009 年 12 月 5 日)

31. IBM 与北工大合作建设云计算实验平台——新华网(2009 年 12 月 5 日)

32. 北京工业大学与 IBM 携手打造中国首例"科教云"——千龙网(2009 年 12 月 30 日)

**视频：**

1. 2009 年全国首个大型高招咨询会在京举行——中央电视台《新闻联播》(2009 年 4 月 12 日)

2. 春日健身　场馆提前预定——北京电视台《特别关注》(2009 年 4 月 26 日)

3. 北京春日涌动健身潮——北京电视台《北京新闻》(2009 年 4 月 26 日)

4. 09 年世界职业极限运动巡回赛再来北京——中央电视台(2009 年 5 月 11 日)

5. 首都高校结合各自实际推动科学发展——中央电视台《新闻联播》(2009 年 5 月 8 日)

6. 百姓宣讲打动高校学子——北京电视台《北京新闻》(2009 年 9 月 8 日)

7. 高端人才发展的加速器——北工大博士后科研流动站——北京电视台《人才》(2009 年 10 月 31 日)

# 北京工业大学帮扶百余"双困生"就业

北京日报(2009 年 4 月 20 日)

"双困生"即家庭经济困难、就业困难的高校毕业生。北京工业大学日前启动"双困生就业扶助计划"，双困生可获得免费培训、经济资助、优先推荐就业等帮扶。

据统计，北工大今年毕业生中家庭经济困难学生共有 544 人，其中 129 名双困学生中，北京生源 73 人，京外生源 56 人。该校将定期为双困生举办免费计算机技能、求职礼仪、面试技巧培训；对 100 名面临就业的家庭经济困难学生开展经济资助与就业能力的培训；为双困学生开办"就业形势及应对技巧分析"专场讲座，并发放市人才中心印制的"人才登记推荐表"，帮助未落实就业单位的双困学生推荐工作机会。

(刘　玮)

# 北京工业大学落实科学发展观推进学生学业发展

人民网(2009 年 4 月 21 日)

作为高等教育主体的大学生，其学业质量是衡量一所高校办学水平和人才培养质量的重要评价标准，提升学生学业质量，推进学生学业发展则是高等院校教学育人的核心工作，也是学校推进和落实科学发展的重要环节。

北京工业大学在学习实践活动中，坚持贯彻科学发展观“以人为本”的核心，紧密围绕学生发展需求，将学生学业辅导作为学生发展辅导体系中重要的环节加以落实，通过实施三大计划、完善一项机制，切实推进学生学业发展。

**实施三大计划　成长路上共同奋进**

围绕提高人才培养质量，促进学生全面发展这条主线，结合“我与祖国共奋进，与学校共发展，与同学共成长”的主题教育，北工大成立大学生学业指导中心，制定并实施学生学业推进三大计划。

学业困难生手拉手计划。3 月 28 日，学校举行“我与祖国共奋进——与学业困难学生手拉手”主题党日启动仪式，正式实施手拉手活动计划，全校 147 个学生党支部将对 208 名在学业上有困难的同学进行手拉手、一对一的帮助。

试读学生帮扶计划。学校针对试读学生特点，结合实际情况，制订切实可行的帮扶计划，通过搭建与家长交流平台、安排辅导教师专门辅导、安排任课教师定期交流及与宿舍同学定期沟通等方式对全校 64 名试读学生进行学业帮扶。

贫困生学业扶助计划。学校主要针对入学不久的大学一、二年级家庭困难学生开展学业扶助，通过组织学业经验交流会等活动推进贫困生的学业发展。

**完善一项机制　学生辅导走进社区**

北工大在原有学生社区辅导工作机制上，进一步加以完善，搭建学业辅导平台，招募志愿教师，建立专家信息库，充分发挥志愿辅导教师在学业辅导中的作用，开展形式多样、内容丰富、促进学生全面成长的辅导。

学校志愿辅导教师的招募工作得到大家积极响应，目前，报名人数已达百余名，涵盖专业课教师和高数、英语等基础课教师，既有在校研究生，也有教授、博士生导师和学校党政领导干部。

志愿辅导教师由学生社区管理服务中心统一安排值班，随时为学生的学业、心理等问题答疑解惑；配合以电话、BBS、E-mail、聊天室、在线语音等方式进行一对一、一对多或多对一的辅导模式，提升学生学习能力。

**采取诸多举措　内容丰富形式多样**

配合学生学业辅导体系，学校采取诸多举措，改善学习环境、提供学习资源、推进学生学业发展。学校先后在学生社区开设 19 间辅导室用于志愿教师的辅导工作，同时提供网络服务和书籍借阅，扩展学生在课堂和图书馆之外的学习空间。学校调查学生意愿，选取学生呼声较大的《高等数学》和《大学英语》两门基础课，在学生公寓辅导室举办 4 场讲座，辅导学生 800 余人次。学校邀请外籍教师组织辅导，组织定期的英语角活动，吸引了众多学生参与。

通过三大计划的实施和志愿辅导机制的完善，北工大在推进学生学业发展的工作中动脑筋、想办法，切实将科学发展观“以人为本”的理念落实在教书育人的实际工作中。　（刘　玮）

# “双困生就业扶助计划”解决学生实际困难

新华网（2009 年 4 月 22 日）

北京工业大学针对家庭经济困难和就业困难学生的就业现状，本学期制订并实施了“双困生（家庭经济困难、就业困难）就业扶助计划”，对特殊大学生群体实施就业扶助。

据统计，北工大 2009 年毕业生中家庭经济困难学生共有 544 人，其中，家庭经济和就业都困难的学生有 129 人。

为提升“双困学生”的就业能力，北工大实施了“双困生就业扶助计划”，举办了一系列就业扶助活动，包括：定期举办免费的计算机技能、求职礼仪、面试技巧等培训；与有关慈善基金会合作举办“大爱同行”大学生就业扶助项目系列活动，对 100 名面临就业的家庭经济困难学生开展经济资助，并开展就业培训；学校毕业生就业服务中心举办第一届家庭经济困难学生“就业训练营”，同时为“双困学生”开办“就业形势及应对技巧分析”专场讲座，发放就业服务中心和北京市人才中心联合印制的“人才登记推荐表”，为未落实就业单位的“双困学生”推荐工作机会。

北工大一位家境贫寒的外地毕业生，通过参加学校组织的大学生就业扶助项目培训，丢掉了自卑和懦弱，重新建立了自信，有了明确的求职目标。当他因发出去的简历大多杳无音信而开始迷茫时，学校招生就业处的张老师又及时给他“充电”，教他如何写好简历和掌握面试技巧。最终，这名学生找到了一份不错的工作。　（李江涛　刘　玮）

## 北京工大：领导带队遍访政府机关企业

### 中国教育报(2009年4月25日)

“我们正在制订科技交通行动计划，希望更多工大教授能参与。”“希望学校能帮助我们加强人员培训。”七嘴八舌提出这些要求的是北京市交通委员会各部门的负责人，而坐在他们对面埋头记录的是北京工业大学党委书记王守法等校领导。这一幕热闹的场景日前发生在北京市交通委的会议室里。

北京市交通委是北工大校领导带队走访的第12个单位。据了解，学校计划走访北京市政府所属的19个委办局和10多家市属龙头企业。每支调研队伍有2至3名校领导带队，十几位学校相关处室负责人以及学院的院长参与。像这样大规模深入政府机关和企业单位进行调研，在北京工业大学办学历史上还是第一次。

王守法说：“在学习实践科学发展观活动中，学校发现，作为国家重点建设的地方高校，我们服务地方的主动性还不够，贡献率还不高。因此，我们主动上门了解学校所服务的这些对象的需求，可以进一步凝练学校的办学定位和思路。”

“咱们直入正题，提出我对学校发展的一点建议。”北京市交通委主任刘小明直言不讳，“学校应该更加密切关注地方发展建设中的重大变化，比如北京未来几年轨道交通的发展，需要2万人参与管理，其中技术型人才的需求有几千人，这对学校发展来说就是机会，学校应该探索学科建设和人才培养的新途径。”

北工大党委副书记张革连连点头说：“服务地方不是个人行为，应该成为学校意志的体现。请你们开出菜单，需要什么样的培训，哪些类型、哪些专业、怎样知识结构的人才是你们需要的，我们全力满足。”

调研结束，北工大参与调研的每一位校领导和职能部门领导的笔记本上，都密密麻麻地记了好几页纸。王守法说：“利用这次开展学习实践活动的契机，我们要建立和地方政府机关、企业单位定期沟通交流的渠道。” (杨晨光)

## 立足服务北京　找准突出问题

### 人民日报(2009年5月8日)

编者按：按照中央部署，部委及地方所属2263所高等学校参加第二批学习实践活动，目前已进入分析检查阶段。参加活动的高等学校按照“党员干部受教育、科学发展上水平、人民群众得实惠”的总要求，努力提高办学质量，着力突出实践特色，紧密结合保增长、保民生、保稳定的实际，重视解决高校毕业生就业等突出问题。光明日报刊登部分高校在学习实践活动中的主要做法，供参加第二批学习实践活动的有关单位参考、借鉴。

北京工业大学党委以“立足服务北京、坚持科学发展，建设有特色高水平大学”为载体，扎实推进学习调研活动。

一是加强理论学习，提高思想认识。学校提前谋划，认真做好活动前的各项准备工作。同时，加强分类指导，创新学习方式。区别教工、机关、学生、后勤和离退休党员不同群体，制定有针对性的学习活动方案。以校院两级领导班子和党员干部为重点。

二是广泛深入调研，找准突出问题。4月中旬以来，校院两级领导组成了21个调研组，围绕“人文北京、科技北京、绿色北京”建设战略，专访北京委办局与北京高端产业和重点骨干企业，征询意见、了解需求。学校针对查找出的突出问题，开展解放思想大讨论，特别是针对服务北京的工作，召开专题汇报会，整理意见建议60多条，广大党员、干部达成了共识。

三是突出实践特色，注重学习实效。作为国家重点建设的市属大学，立足北京、服务北京是学校的立校之本、发展之道。学校着力积极参与首都大气、水环境治理，为北京“碧水蓝天”工程提供科技支持。把面向国家重大需求，主动投身于国家和首都经济建设主战场，增强为北京经济社会发展服务的能力作为学习实践活动的落脚点。同时，学校围绕人才培养的理念、模式、机制等方面如何适应社会和市场的需求，进一步解放思想。

# 节约用水 科学发展——北京工业大学建设节水型校园纪实

北京日报(2009 年 5 月 13 日)

2008 年 12 月 3 日，首届全国城市节水工作会议在山东青岛召开，北京工业大学荣获全国城市节水工作示范学校称号。近 3 年来，北京工业大学的校区建筑面积由 51 万平方米增加至 66 万平方米，学校用水量却由 82 万立方米降至 59 万立方米，节省资金达 468 万元。

**加强管理，建立节水长效机制**

2008 年，北京工业大学认真贯彻《中华人民共和国水法》、北京市节约用水管理规定以及相关的法律法规，在水资源的开源、节流和合理利用等方面采取一系列措施，取得了较为明显的经济效益和社会效益。

作为北京奥运会羽毛球、艺术体操两项体育赛事的承办地，北京工业大学始终秉承绿色奥运理念，重点加强奥运场馆节水设施设备的保障运行，把节水工作作为建设节约型校园的重要内容。组织成立了校节能小组，健全节水管理机构，结合学校实际制定了《北京工业大学节能减排工作方案》、《北京工业大学用水管理办法》、《北京工业大学环境与节能监察办法》、《北京工业大学后勤节能五年规划》等规章制度，进一步明确了各学院、职能部门的责任目标，完善校内用水设施四级巡视检查和考核机制。

同时，学校设立了节能办公室负责全校节水等能源管理工作。通过履行工作职责，落实用水指标，做好年度指标测算及节水技改项目实施等工作，加强对用水单位的管理监督与考核力度，加强管网巡视查表，及时发现制止浪费用水和治理自来水的“跑、冒、滴、漏”现象，把节水工作落实到管理的每个细节中。

**广泛宣传，加强师生节水意识**

北京工业大学除了建立各项节水机制以外，还将节约用水教育渗透到大学生的思想政治教育中，并充分发挥网络、校刊、广播等宣传媒体，在师生中加强国情教育、资源教育等。每年的世界水日和全国节水宣传周，学校都会开展“节约用水，保护水资源，爱护水环境”等主题的节水宣传活动，广泛宣传节水政策法规、标准规范等相关知识，号召全校师生员工爱水、节水、惜水。

2008 年校后勤处、学生会、研究生会联合举办了“五彩奥运你我同行，节能减排从我做起”宣传，学生工作指导委员会做出“关于做好厉行节约工作”通知，在学生系统推进节水工作，营造了全员参与创建节水型校园的浓厚氛围。

配合开展“节能减排学校行动”，学校还将节能减排教育进课堂。结合学科特点和专业课程进行节约水资源、保护环境的教育。2008 年举办了《当代中国国情与青年的历史责任》、《建设生态文明》等系列讲座。在 2008 年首届全国大学生节能减排社会实践与科技竞赛中，北工大代表队获得大赛二等奖的优异成绩。

**依托科技，合理利用水资源**

推广使用先进的节水技术，加大节水科技投入。加强用水管理，必须依靠先进的节水技术和现代科技手段。北京工业大学先后在校公共浴室、开水房、中蓝学生公寓、游泳馆和奥运场馆安装了智能水控系统，新建奥运场馆广泛采用红外线感应洗手器、红外线感应冲便器等先进节能设施设备，并将用水器具全部更换为节水型龙头并加装节水喉。截至 2008 年，全校累计安装节水控制终端 380 台。投入运行后，仅学校浴室和开水房年节约水、电、气经费就达 200 万元。

收集利用雨水和市政中水，节约水资源。2006 年，北京工业大学投资铺设中水管线，将市政中水引入校园；2008 年，启动了市政中水利用(三期)工程，将各楼宇卫生间接入中水。中水项目的引进，减少了自来水的使用量，实现了水的二次利用，有效地节约了水资源并节省了水费开支。目前，学校近 90%建筑物及部分环境景观，都直接使用市政中水冲厕、浇灌绿地，再生水已成为学校的新水源，三年累计使用中水 22 万吨，节约水费 60 余万元。

建成雨水利用工程。通过对北校区内屋面、硬路面、运动场的雨水进行收集，2006 年，北京工业大学建成了雨水利用工程，将雨水汇集到地下储水池中加以利用，最大储水量 7000 万立方米。2008 年学校运用储水池循环收集利用原理和天然降雨，收集雨水 5000 万立方米，用于浇灌 2 万平方米绿地和冲厕。

提高用水效益，节水初见成效。由于采取一系列措施，北京工业大学在校区建筑面积由 2006 年的 51 万平方米增至 2008 年的 66 万平方米的情况下，学校用水量却由 2006 年的 82 万立方米降至 2008 年的 59 万立方米，节省资金达 468 万元。2008 年 12 月，北工大被评为“2008 年全国城市节水工作示范校园”。

# 北京工业大学：应用型创新人才在这里成长

中国教育报(2009 年 5 月 13 日)

高考的脚步日益临近，《中国教育报》特别开办“高考必读”特刊，介绍各地高校招生的有关情况。5月13日，该报以《北京工业大学：应用型创新人才在这里成长》为题，详细介绍了我校概况和2009年招生特点：

北京工业大学创建于1960年，是一所以工为主，理工、经管、文法相结合的多科性市属重点大学。1981年成为国家教育部门批准的第一批硕士学位授予单位，1985年成为博士学位授予单位。1996年12月学校通过国家“211工程”预审，正式跨入国家21世纪重点建设的百所大学的行列。

1997年以来，学校紧密围绕北京市重点发展的电子信息、生物工程及新医药、光机电一体化、新材料、环境保护与资源、城市建设与管理等高新技术支柱产业及行业需求，学科结构得到大幅度的调整与优化，形成了16个二级学院：机械工程与应用电子技术学院、电子信息与控制工程学院、建筑工程学院、环境与能源工程学院、应用数理学院、计算机学院、材料科学与工程学院、经济与管理学院、人文社会科学学院、软件学院、生命科学与生物工程学院、建筑与城市规划学院、外国语学院、艺术设计学院、实验学院、继续教育学院，另有体育教学部、激光工程研究院、固体微结构与性能研究所、循环经济研究院，高等教育研究所以及与社会力量合作创办的独立学院——北京工业大学耿丹学院。

学校开设45个本科专业；81个硕士学位授予点和18个工程硕士授权培养领域；8个一级学科博士学位授予点，37个二级学科博士学位授予点；13个博士后科研流动站。设有光学、材料学、结构工程3个国家重点学科及18个北京市重点学科、14个北京市重点建设学科。有6个教育部门特色专业、7门国家精品课程、1名国家教学名师、3个国家教学团队，以及力学国家实验教学示范中心、国家集成电路人才培养基地、国家大学生文化素质教育基地等一批优秀教育资源。设有新型功能材料、传热强化与过程节能2个教育部门重点实验室、3个省部共建重点实验室，12个北京市级重点实验室或研究基地，以及精密超精密加工国家工程研究中心、国家产学研激光加工中心、中德激光技术中心、国家教育部门数字社区工程中心、汽车结构部件先进制造技术教育部门工程中心等。

截至2008年5月，教职工总数3280人，其中，专任教师1486人，正高296人、副高770人；有博士生导师197人，硕士生导师723人；拥有两院院士8人，“长江学者奖励计划”3人，国家杰出青年基金获得者6人、国家有突出贡献专家5人、享受政府特殊津贴专家36人。外籍教师21人。学校重视基础性研究、高新技术研究和应用研究，承担着一批包括国家自然科学基金、“973”计划、“863”计划、科技攻关计划、北京市自然科学基金在内的国家和北京市重大、重点项目，2008年，按国家教育部门口径统计，科技投入达到5.4亿元人民币。

目前全日制在校生16787人，其中，全日制研究生4352人(博士生715人、硕士生3637人)，普通本专科生12435人(本科生11623人、专科生812人)。2004年以来，我校学生参加各类科技竞赛103项次，参加9637人次，获得省部级以上(含)科技竞赛奖465项、获奖942人次，其中包括：国际奖19项、全国一等奖34项、全国二等奖66项。重要奖项有：“微软创新杯”3D渲染技术专题全球冠军(2次)、“微软创新杯”界面设计专题全球亚军(2次)、2008年GMC国际企业挑战赛世界亚军、全国大学生电子设计竞赛一等奖、全国大学生数学建模竞赛一等奖、全国大学生机械创新设计竞赛一等奖、全国大学生广告艺术设计竞赛一等奖等。历年就业率都在90%以上。

建校49年来，北京工业大学已为北京经济和社会发展的各个领域培养了约9万名学生，他们在各条战线上发挥着骨干作用。在“立足北京、融入北京、辐射全国、面向世界”的办学定位思想指导下，北京工业大学已经成为北京市高素质、高层次人才的培养基地和科技创新与研究开发基地。

招生特点

1. 招生人数多

北京工业大学是全国各重点高等院校在京招生人数最多的学校之一。2009年学校计划招收本科生情况：

学校招生总计划：3150人

普通类：2770人　艺术类：380人

北京计划招收2346人

其中普通类：2156 人　艺术类 190 人

北工大(代码 1049)

1856 人

理工类　文史类　艺术类

1508 人　158 人　190 人

北工大实验学院(代码 1050)

490 人

理工类　文史类

385 人　105 人

2. 招生专业广

招生专业广，专业口径宽，今年有信息类、环境与能源类、建工类、机电类、材料类、经管类、计算机类、数理类、人文社科类、艺术类共 44 个本科专业招生，其中新增招生专业两个：社会学和软件工程(嵌入式系统实验班)。

3. 热门专业招生人数多

2009 年在京计算机专业招生人数 230 人，电子信息类 190 人，软件工程和数字媒体技术 87 人，生物医学工程 40 人，信息安全 50 人。

4. 录取分数范围大

由于北京工业大学招生人数多，招生计划主要投放在北京，所以在北京的录取分数范围较大，第一志愿报考北京工业大学，考生的选择较多，容易进入理想专业，因报考失误造成遗憾的概率很小。参考往年的情况，如能达到北京市重点分数线上 20 分左右，第一志愿报考北京工业大学，录取的可能性比较大，如果分数较高进入理想专业的把握性更大。

5. 实行分数优先的录取原则

具体办法是将调档分数线上所有考生按分数由高到低排队，按考生分数依次选择考生所填报的 5 个专业，当遇到尚未录满的专业，该考生便可被该专业录取。

6. 设有高分考生比较集中的实验班

学校在“计算机科学与技术专业”、“电子信息工程专业”和“软件工程专业”设立了三个实验班，实验班的培养目标有别于其他专业，有单独教学计划和培养方案，配备导师、配备优秀的任课教师，提供良好的实验和实践学习环境，强化数学、外语基础训练，提高学生的综合素质和创新能力，鼓励学生参加导师科研组的研究工作，注重培养团队精神和协作能力。实验班是作为一个单独专业进行录取的，凡志愿进入实验班学习的考生在填报志愿时，应将“实验班”作为优先填报的专业志愿。如果未被实验班录取，但仍然希望录取到“普通班”，可以将“普通班”专业志愿填写在本人填报的“实验班”专业志愿后面。实验班也录取少量高分二志愿的考生。对高中阶段市级青少年科技大赛一等奖获得者和受市级以上表彰的三好学生及应届市级优秀学生干部，在同等条件下优先录取。

7. 艺术类录取办法

(1)从已取得北工大艺术类专业考试合格证书，并符合考生所在省(自治区、直辖市)艺术类招生条件的考生中择优录取，文理兼收。(2)文化考试总成绩达到所在省(自治区、直辖市)一类本科院校艺术类最低录取控制分数线以上。对于按照文理分科投档的省(自治区、直辖市)，录取时分别按照文理计划录取；对于不按照文理分科投档的省(自治区、直辖市)，录取时不再分别按照文理计划录取。以上都按文化考试成绩加上专业考试成绩进行总分排序，从高分到低分录取，如总分相同按专业考试成绩从高分到低分录取。

8. 允许优秀学生进校一年后选择专业

学校允许在大学一年级学生中，5%的优秀学生根据学习成绩重新选择自己喜爱的专业。

9. 北京工业大学实验学院(代码：1050)

北京工业大学实验学院是北京工业大学与通州区政府部门合作举办的公办性质的北京工业大学的二级学院，办学地点在北京市通州区潞苑南大街 89 号。学生在校期间享受的待遇与北工大其他学院的学生完全相同，毕业的学历证书与学位证书由北京工业大学颁发。

# 精品　这样铸就

## 中国教育报(2009 年 5 月 14 日)

在北京工业大学，有一支由左铁镛院士为学术带头人的优秀团队——材料科学与工程学院。近十年，这支团队硕果累累，获奖无数：国家技术发明奖、国家科技进步奖、国家级高等学校教学名师奖、国家级教学团队、国家特色专业、国家精品课程、国家双语教学示范课、全国优秀博士学位论文等重大成果；在这支团队中，有长江学者、杰出青年、特聘教授、百千万人才工程国家级人选、全国“五一劳动奖章”、高校青年教师奖、巾帼发明奖……一批中青年教师茁壮成长，被授予了“北京市模范集体”。

2009年开学伊始，当春风还未吹绿工大校园，这个团队再传捷报，经过北京市教育委员会严格评选和审定，以左铁镛院士为带头人的“以资源节约与环境友好为主导”的材料专业建设与改革荣获2008年北京市教育教学成果奖（高等教育）特等奖。

在荣誉降临之际、在大家分享之时，我们很想知道，“以资源节约与环境友好为主导”的材料专业在它的发展建设过程中，经历了怎样的改革与创新？我们更想知道，精品，究竟是怎样铸就的？

**一、责任　重于泰山**

众所周知，自然资源短缺和生态环境恶化严重威胁着人类生存、制约着社会经济发展，发达国家从20世纪70年代初开始倡导可持续发展，并实施一系列战略。发展经济需要大量的各类原材料支撑，在我国，钢铁、建材、化工、有色金属等几大类原材料工业的能耗占全国总能耗的44%、工业总能耗的65%，同时，各类污染物排放严重，二氧化硫、废水、固体废弃物、烟尘排放分别占工业总量的32%、48%、60%、94%，加剧了资源能源紧缺、生态环境恶化，人民群众的生命健康已经受到了严重的威胁。

各类材料产业的资源节约与环境友好发展是社会、经济可持续发展的重要物质基础，也是我国工业领域节能减排的主要内容。要解决好经济发展中的资源、环境问题，除了政府的高度重视和全民环保意识的增强等因素外，拥有先进的切实可行的科学技术手段是最有效的解决之道。这是科学技术的新领域，需要教育先行，人才是关键。培养大量掌握资源和环境知识的材料科学与工程技术专业人才，是解决物质生产增长与资源能源环境瓶颈矛盾的急迫需求，更是材料科学与工程专业人才培养必须要考虑到的出发点。

面对这一历史重任，材料科学与工程学科责无旁贷。

20世纪80年代末，国际材料界提出了“生态环境材料（Ecomaterials）”的概念，它要求材料在尽可能满足使用的优异性能的同时，还要力求做到最少的资源、能源消耗，最小的环境污染，并提倡废弃物的回收与循环再利用，使材料的全寿命过程与环境相协调，赋予材料及其产业以环境协调功能。“生态环境材料”的概念一经提出，掀开了国际材料科学与工程的新领域。

生态环境材料作为一个学科新领域，它既是一个研究的问题，同时更是一个教育的问题。但在当时，由于国内缺乏对生态环境材料学科问题的系统深入研究，因此表现在教育形态上，不仅高级人才培养的模式乏善可陈，就连最基本的相关教育计划都还不够完善。生态环境材料领域的这种客观现状，显然成为制约中国材料产业甚至经济社会可持续发展的瓶颈。

左铁镛院士作为国内生态环境材料领域的先驱者，率先开拓了“生态环境材料”的研究，并逐步形成了以其为学术指导，以聂祚仁教授为带头人，以中青年教师为骨干的教学科研团队。

往往，机遇钟情于有准备的人；往往，成功属于敢担当的人。

北京工业大学材料科学与工程学院成立于1997年，而在此之前的材料学科，已经走过48年的风风雨雨。几代从事材料教学与科研的教师自觉地将个人的命运与国家、民族的利益紧紧地捆绑在一起，怀着强烈的社会责任感，凭着一腔至诚的爱国热情，众志成城，励精图治，不仅攻克了一道道科技难关，为国家创造了巨大的物质财富，而且一次又一次探索教育教学改革，并将成果付诸教学实践，培养了大量材料科学与工程技术的适用专业技术人才，形成了独特而鲜明的教育教学特色。他们开拓资源节约、环境友好型材料专业人才培养，增强了学生的社会责任感，树立了我国材料可持续发展专业教育的国际化形象，他们以自己骄人的业绩站在了材料科学与工程教学科研的最前沿。

**二、人才　制胜法宝**

熟悉左铁镛院士的人都知道，左院士经常说的一句话是“众兵易得，一将难求”，充分表现出一位教育家求贤若渴、为长远计的殷殷之情。在左院士的心中，“将”，就是拔尖人才。的确，经过无数实践的检验，证明了这样一个真理，拔尖人才对创新团队能起到至关重要的决定作用。

应该说，左院士的人才培养观对北京工业大学材料科学领域的人才培养理念、目标、模式和体系等都产生了相当重要的影响。可喜的是，经过十余年不懈的奋斗，今天的材料学院终于建立了以资源节约与环境友好为主导的多门类材料专业人才培养体系，为适应首都经济建设和我国可持续发展战略需求做出了突出贡献。

“以资源节约与环境友好为主导”的材料专业建设与改革的成果是材料学院及其生态环境材料方向的教师们的集体成果，他们团结、拼搏、创新的精神和务实、求真、实践的作风构成了这个奋进和谐的团队。

左铁镛院士作为新中国培养的第一代材料学专家，他以超乎常人的敏锐和远见卓识，很早就思考着如何开展材料学科的人才培养工作。经过50年锲而不舍的艰苦奋斗，年逾70的左铁镛院士终于欣喜地看到，他率领的团队不仅在创建资源节约与环境友好的过程中为国家作出了重大贡献，而且他所倡导的高等教育理念也开花结果，一大批中青年专家脱颖而出，成为材料科学领域的中坚力量。

聂祚仁，材料学院院长，作为这支优秀团队的现任“掌门人”，他所领导的材料学院在教学和科研工作中取得了一批突出的标志性成果。而他个人也一直奋战在教书育人第一线，他积极支持年轻科技工作者创建科技创新团队，从多方面努力创建适合创新团队的管理机制。他是三项国家技术发明奖和国家科技进步奖的获得者，是长江学者、杰出青年、百千万人才国家级人选、全国优秀博士学位论文的获得者，是国内生态环境材料的年青学科带头人，是国际该领域公认的专家……一批年龄和知识结构合理，大多具有国外学历的年青教师云集旗下，组成了优秀的人才梯队。老将运筹帷幄身先士卒，众将团结一心努力拼搏，新兵冲锋陷阵攻坚克难，其强大的学术阵容成为构筑这支优秀团队的坚实基石。

**三、目标 教育先行**

设定正确的目标，通常是迈向成功的第一步。然而，正确的目标设定，离不开引领者前瞻性的思维和理念，离不开能召唤出团队勇于前行的激情和动力。

材料科学，林林总总，包罗万象，尤其是对于那些初涉该领域的莘莘学子来说，材料科学的大门云遮雾罩，难以领略其中的奥妙。在这种状态下，毫无疑问，要确定人才培养目标需要非常慎重。

左铁镛院士认为，“教育”是解决这个问题的唯一途径，必须从自己做起，从上好每堂专业课做起。为了让低年级的本科生尽早感受材料科学的魅力，提高他们的学习兴趣，增强他们的社会责任和历史使命感，左院士亲自开设了“材料科学与工程学导论”课程。他用渊博的知识、饱满的激情、海量的信息以及富有创新的思想引领着一个又一个学生跨入了材料科学的殿堂，传授着资源节约、环境友好的材料科学与工程新理念。左院士的“材料科学与工程学导论”后来成为材料学科教学的典范，荣获“国家级精品课程”，他本人荣获国家级高等学校教学名师奖。

左铁镛院士还积极在全国传播资源节约、环境友好的材料专业人才培养新理念。他多次做报告、宣讲、发表教改研究论文等，被欧洲时报，日本、韩国等国报刊和中国教育报、科技日报、中国高等教育、学位与研究生教育等报纸杂志，以及中国教育新闻网等主流媒体多次宣传报导。

榜样的力量是无穷的。在左院士的带动下，近十年来，新的教育理念、优秀的教学团队、优异的教学科研成果在材料学院层出不穷。在这样的良好背景下，他们终于确立了“以资源节约与环境友好理念主导”的材料专业人才培养目标。其具体的内容是：将专业教育与人才培养目标定位在面向人类共同的发展；将资源、环境意识引入材料科学与工程专业教育体系，拓展学科内涵；以生命周期分析(Life Cycle Assessment/LCA)认识材料制备、使用、废弃及再生的全过程对环境的影响；以生态化贯穿材料“成分、结构、制备、性能”传统“四要素”的学习，创立新的材料专业教育教学体系，实现专业教育与素质教育的结合。这既是科学研究的新领域，也是专业教育的新发展。培养具有材料科学与工程技术、资源和环境、循环经济技术等多元知识结构的复合型创新人才，是我国材料学科教育教学改革的重要举措，适应了社会可持续发展的需求。

**四、模式 培育新人**

确立人才培养的正确目标，还只是万里长征的第一步。如何在教学中将传授专业知识与提高综合素质相结合？如何培养学生的社会责任意识？如何保证培养目标的实现？显然这是一个复杂的系统工程。

为此，材料学院根据我国资源特征和产业现状，依托学科发展，积极推进多维知识结构人才培养的新理念，积极探索构建以资源节约与环境友好理念主导的材料专业人才立体化培养新模式，解决了多学科融合的教学方式和多层次学位的整体培养等问题，建立起能够胜任和促进我国材料产业可持续发展要求的材料专业人才培养模式，使材料学院实现了有特色的跨越式发展。

**【多维知识结构模式】** 进入新的历史时期后，随着社会的发展和科技的进步，传统的、单一的人才培养模式已经越来越不能适应社会的需求。只有不断求变创新、与时俱进，才能避免在激烈的竞争中惨遭淘汰出局的厄运。

材料学院根据国家和北京市的发展战略和学科最新发展态势，重新科学定位自己的人才培养模式。他们以构建和谐与环境友好为发展的主旋律，积极推进具备材料科学与工程技术、资源和环境、循环经济技术三维知识结构体系的专业人才培养，把环境和生态知识引入材料专业教学，使生态环境教育融入材料专业教学体系，培养具有现代社会责任感和创新素养的复合型人才，引领了工程技术界的人才发展新实践。

生态环境材料学的专业教育定位，要求培养的人才除了具备材料科学与工程技术专业知识之外，还要掌握资源、环境、循环经济技术等相关知识。学科间的交叉不仅有利于知识复合，还有利于创新意识的提升和创新能力的构建。为此，材料学院建立了生态环境材料特色学科方向，组成以材料环境协调性评价与生态设计为中心，配合典型环境友好材料的课程体系，实现了多学科知识交叉与融合，保持了学科的前沿性。这既是培养面向21世纪的新型材料专业人才必不可少的基本教学内容，也是材料科学与工程学科可持续发展的保障。

**【学科交叉实践教学】** 材料学院在学科、方向、课程多层面上整体推进学科交叉，把资源、环境和生态知识引入材料专业教学。以跨学科科研营造交叉环境，把最新科研成果引入本科教学，推进复合人才培养。他们还通过国际合作交流形式，引入生态环境材料研究和教育的国际知名学者及环境材料专业教育教学工具等优势资源进行教学实践。

根据学科和人才培养的发展趋势，结合承担的科研任务，依托国家重点学科和教育部重点实验室基地，材料学院建立了与科学研究和技术开发相结合的实践教学平台，设立开放式的多层次研究型实践教学，系统地培养学生动手能力；他们依托研究基地，结合科研实践，提供研究型、开放式的多层次教学实验，强化知识、能力和素质培养。理顺研究与工程的关系，将学位培养的理论研究与国家科研项目结合、应用研究依托产学研工程项目，实现了教学与科学研究、新实验技术应用、社会或工程实践的紧密结合。

**【多层次一体化培养】** 为了更具实效地培养创新人才，材料学院不断优化材料学科人才培养方案。他们制定了以本科生为起点、衔接硕博学位各阶段的培养方案，并实现了学分互认和课程、实验互选与衔接，充分了发挥高层次培养阶段的带动作用。

在材料学院，本科生首先按一级学科开设环境材料基础课，注重宽口径培养厚基础，然后在专业方向阶段开设课程重特色，加强相关专业知识的深化学习；硕士生(工程硕士)按二级学科开设环境材料与评价专业课，加深理论与专业素质；博士生开设环境材料学与方法论课程，注重拓宽前沿领域知识面，培养创新能力。

让本科生参与科研，让研究生参与学术交流是提高人才培养质量的有效措施。材料学院凭借着雄厚的学科实力，为本科生导师制提供基础保障。学院通过分层次导师制，引导低年级学生直接参与科研实践，使学生能够及早地接触材料科学发展前沿问题，亲身经历从理论学习到具体知识应用直至集成、创新的全过程，使学生巩固了所学知识，培养了实践能力，激发出创新意识，保证了高水平人才培养质量，效果显著。

**五、体系 保障教学**

教育离不开教学。而教学体系是实施培养模式、实现培养目标的重要保证。如何用科学的方法制订和实施生态环境材料的专业教育教学计划，这个问题曾经长期困扰着材料学院领导班子成员和生态环境材料方向的教师们。

经过多年的摸索与实践，他们将课程、教材、实验与实践环节、教学体系等作为有机整体加以研究，探索建立不断创新教学内容的有效机制，通过把资源能源、生态环境、人与自然等跨学科理论与材料专业知识加以整合、重组和更新，积极发展专业化的学位教育。在材料与环境交叉的科技知识体系构成方面，他们选择生命周期分析、物质流分析和生态效率等新理论为知识纽带，贯穿于各类材料的“四要素”，丰富其知识内涵。新开和更新了本科生理论课两百多学时，占专业课总学时的1/4。解决了复合型专业人才培养的课程、教材、实验与实践等环节的教学体系建设问题，建立了严谨、完整的专业人才培养体系。

**【首创教学课程体系】** 在创建“以资源节约与环境友好为主导”的材料专业人才培养体系过程中，材料学院统筹设计、逐步完善，建设形成了完整的生态环境材料专业教学的本科、硕士、博士课程新体系。

在这个体系中，材料学院将《环境材料基础》作为材料科学与工程一级学科专业基础必修课，让学生首先了解生态环境材料学的概念体系和方法，从而能够解释材料对环境影响的现象。本科生专业模块课程是深入学习不同类别生态环境材料的基本原理，为解决材料环境问题提供思路和方法；硕士生学位课程重点学习材料的生命周期评价（LCA）方法和应用，培养分析实际材料环境负荷的能力；博士生学位课程内容主要集中在目前国际上关于生命周期分析和材料环境协调性评价的材料科学与技术问题。学院组织的学科前沿讲座亦安排该方向动态专题，他们还专门招收环境材料的工程硕士，开设专门课程，深受在职人员欢迎。经过多轮的教学实践完善，在学生中引起了良好的反响和教学效果。

**【出版系列专业教材】** 为了充分适应本科生和研究生各自不同的教学特点，在总结多轮教学和科研积累的基础上，材料学院的老师们不仅撰写了大量与环境材料专业相关的论文，还出版了大量教材，不仅满足了自身专业课程教学的需要，《环境材料基础》、《生态环境材料学》系列教材多次发行上万册，被多所高校采用；开展专业建设改革还新编教材十余本，出版十万册，被大量应用。

他们立足于各类材料实践，研究并提出了生态环境材料学的基本理论与方法，建立的基本框架体系已被我国新近出版的多部相关教材、著作所沿用，实现了理论知识的生产、传播和更新，受到国内外同行的高度评价，被国外生态设计专著收入国际生态设计地图。他们受全球著名 Elsevier 期刊邀请撰写环境材料综述和在国际会议作邀请报告等，成为国外了解我国材料可持续发展的重要窗口。

**【创建实验实践体系】** 根据生态环境材料专业教育的需求，材料学院结合学科建设，围绕材料环境协调性评价、生态建材、电磁防护材料、废旧电子产品资源化与无铅焊料、替代放射性钍阴极材料等建立起了可以开展本科教学与研究生培养的五个环境材料实验教学平台与具体授课模块，设计了许多研究型实验教学内容。

学校在“211”工程建设中重点支持，投入500多万元研建了目前国内最大、环境负荷涉及面最广的材料 LCA 系统。该系统具备了国内外领先的主流 LCA 教育版工具、数据库、专业计算与应用软件、WEB 等六台服务器和 SimaPro、Gabi、UmberTo 等世界著名 LCA 软件系统及网络平台，对材料全寿命过程中抽象的环境影响评价可视化、流程化、自动化，把知识学习变成可触及的实践研究，建成了可供30至40名本科生实验教学和20至30名硕士、博士生专业分析计算的实践工作站。

材料 LCA 特色教学平台不仅为校内外众多学生提供了实践机会，还为社会各界培训教师、专业技术人员及管理干部提供服务，开通的材料 LCA 中心网站已有数十万人次访问交流。依托该平台，材料学院积极参与国际环境友好材料及产业的研究和教育发展，成为全球 LCA 中心联盟中方委员，当选该领域国际最权威学术期刊——国际生命周期分析学报 Int. J. LCA(德国)的编委，是中国材料研究学会环境材料分会会长挂靠单位。该方向学生发表研究论文300多篇，被国际上收入 LCA 基础数据库并广为引用，直接服务于资源节约型、环境友好型社会的建设。

**六、创新 成就精品**

当我们驻足回顾材料学院十余年来的发展历程，不难发现一个“新”字，新材料、新技术、新学科、新领域、新人才、新观念、新目标、新模式、新体系、新成果……的确，敢于求新、善于创新是材料学院在人才培养方面的一个根本性的特点。

十多年来，材料学院锐意进取，不断改革创新教育教学理念，在北京工业大学材料国家重点学科确立了“以资源节约与环境友好为主导”的材料专业人才培养目标，首创了系统的生态环境材料教学的专业课程体系，创新了材料专业教学体系和人才培养模式，体现了国际最新发展。北京市教育委员会组织的专家们鉴定认为：“该成果是一项重大的创新性成果，是国内首创，在高等教育改革方面取得了重大突破。对我国材料等专业教育的改革发展有着重要的引领作用，具有系统性、开创性、普适性和示范性。”

十多年的创新探索，这支优秀的教学科研团队在开拓资源节约、环境友好的新材料技术方面取得了一系列的重大成果，近五年获得了国家技术发明二等奖两项和国家科技进步一等奖一项，以及北京市、教育部等省部科技一等奖四项，不仅适应了首都经济建设和我国可持续发展战略需求，还大力推动了我国资源节约、环境友好的材料教育改革和可持续发展。他们以创新的教育服务社会，得到了国内外同行高度认可。他们的教育教学改革对提高教学质量、实现培养目标作出了突出贡献，不仅应用面广，而且效果明显，辐射与示范作用突出。

在这项教育教学改革实践中，材料学院率先实现了环境友好型材料专业人才的规模培养，已培养毕业材料专业本科、硕士、博士生数千人。他们面向全校开设选修课，使更多学生受益，推动了北京工业大学其他工程、经管等学科的环境友好教育和人才培养新发展。生态环境材料的专业知识教育为毕业生的就业培养了适应当今社会发展趋势的综合素质。自2001年培养出我国第一位材料 LCA 的博士以来，一大批优秀毕业生已逐步成为我国材料行业和北京地区发展环境友好材料的中坚力量。他们受到的生态环境材料教育使之在工作中能创新思维，为发展北京新材料产业及绿色奥运作出了贡献，受到用人单位的好评。

这种模式还对我国材料专业教育形成广泛影响，他们创立的生态环境材料课程体系和相关教材内容与教学经验，为许多院校提供了有价值的参考和借鉴。众多高校的材料类和环境类学科近年陆续开设了相关课程，推动了我国环境友好材料学科方向的人才培养。我国目前有475所高校招收材料专业学生，在校学生近15万人，这项教育教学改革成果有着更广阔的深入研究和发展空间，具有重大的应用推广价值。

初夏的工大校园姹紫嫣红，秋天的果实正在蓄势待发。正如材料学院这支特别能战斗的优秀团队，他们绝不会止步不前，未来的路还很长，要收获更多的丰硕成果，还需要继续付出艰苦的努力。

（贾国伟）

# 北京工业大学多举措培养应用型创新人才

人民网(2009 年 5 月 21 日)

在学习实践科学发展观活动中，北京工业大学紧密结合学校办学定位和发展实际，就“培养什么样的人”、“如何培养人”进行深入思考，进一步明确办学定位，统一认识、积极实践，全面构建创新人才的培养体系，努力为首都社会经济发展培养高素质创造人才。

**梳理培养思路，统一思想认识**

北京工业大学在发展过程中始终将服务北京发展建设作为学校的办学定位和人才培养的落脚点，不断改革发展人才培养模式，几年前在国内率先提出了“实践教学一条线”的教学理念，全面推行实践能力培养不断线的教学改革。围绕培养什么人才、如何培养人才等主题内容，曾先后开展四次全校范围的教育教学大讨论活动。教育教学大讨论活动令师生员工开阔了视野、提高了认识、统一了思想，思路越论越宽，真理越辩越明。北工大人才培养的目标随着社会、历史的发展不断科学前行、与时俱进，最终形成了学校目前大力培养应用型创新人才的人才培养目标。

**调研现实情况，思考存在问题**

北京工业大学在学习实践活动中，认真调研现实情况，深入掌握社会用人需求，全面梳理存在的主要问题，初步形成改革思路。北工大毕业生大多成为北京市各行业的技术骨干和管理骨干，用人单位对北工大毕业生普遍给予了“工作适应快，动手能力强，业务素质高”的评价。以学习实践活动为契机，学校坚持边学边改，进一步探索和创新适应社会需求的人才培养模式，先后走访北京市骨干企业和机关单位，了解、把握社会和市场对毕业生的需求。在深入调研的基础上，学校认真梳理现存问题，如专业的指向性尚待加强、实践教学部分缩水、教学方法和考试方法改革有所滞后、某些教学管理制度和政策尚未达到以人为本的要求等实际问题，并提出进一步解放思想，努力创新人才培养模式，优化课程体系，调整专业设置，增强学生工程实践能力，使学校的人才培养更加符合北京社会经济发展要求，充分发挥学校在“人文北京、科技北京、绿色北京”建设中的人才保障和科技支撑作用。

**推行实际举措，提升创新能力**

根据建设创新型国家的战略目标和学校大力培养应用型创新人才的人才培养目标，北工大立足实际、深入思考、突破改革，积极推行实际举措，全面提升学生的创新能力。

设立创新学分。学校试行在第一课堂设置创新学分，学生可以根据个人的兴趣、专业特点，通过参加校级以上科技竞赛，参与教师的科研课题和企事业单位的研发课题等途径活动。该措施旨在调动学生创新的积极性、挖掘学生创新的潜能。

举办“工程大师论坛”。学校精心组织“工程大师论坛”系列报告，邀请中国工程院院士、著名企业的总裁或总工程师等作报告，涵盖学校主要工程领域、自然科学前沿理论和人文、艺术、经管等学科，受到师生们广泛欢迎。加强工程训练。学校将机械工程训练作为全校本科生必修课程，根据不同专业的特点，学校提出不同要求，制定相应的培养方案，以机械工程训练为切入点，培养大学生对工业和工程的认识，掌握相应的实践动手能力。

到生产一线实习。北工大建立了 100 多个具有稳固关系的校外实习基地，使学生有机会在生产或工程一线得到实际锻炼。建筑学专业学生在北京市多家建筑设计院进行为期 3 个月的实习工作时，直接加入校外导师的设计小组，真刀真枪做项目。北京市科委人才交流中心整合社会企业资源，为北工大自动化专业本科生提供了一大批正规实习岗位，学校组织学生在大三结束后到北京电子类企业实习，创建了一条高校、政府和企业联动的校外实习模式。

鼓励科研探索。为鼓励和支持大学生的科研探索，体验创新过程，学校为本科生设立“星火基金”，使学生受到初步的科研训练，充分发挥学生的想象力和创造力。学校还建立起校、市、国家、国际四级科技竞赛体制，设置各类竞赛 84 项，年参与学生近 3000 人次。通过科技竞赛，学生创新能力得到锻炼，一批创新人才脱颖而出。

推行本科生导师制。学校将本科生吸引到导师的科研实验室和教学实验室，使学科平台同时成为学生的创新平台探索本科层次的职业技能培训。学校还与政府有关部门合作，对本科生进行职业技能培训，并进行理论与实际操作能力考核，通过者获得国家认可的职业技能证书。 (刘 玮)

# 北工大探索人才培养新模式

## 北京青年报(2009 年 5 月 26 日)

日前，北京工业大学与美国赛灵思公司共同申报的“北工大-XILINX 软件工程应用人才联合培养模式创新实验区”获得教育部批准成为“国家人才培养模式创新实验区”。这是北京工业大学在教育部“质量工程”项目建设中取得的重大成果。

“国家人才培养模式创新实验区”是教育部“质量工程”重要建设项目。通过该项目促进有关高等学校大力推进人才培养模式的综合改革，提高人才培养质量，满足国家对社会紧缺的复合型人才和应用型人才的需要。据悉，第二届开放源码硬件及嵌入式大赛已于日前开幕。

# 精品专业汗水铸就——记北京工业大学材料科学与工程学科发展

## 科学时报(2009 年 6 月 15 日)

在北京工业大学有这样一支团队——近十年来，这支团队硕果累累：先后获国家技术发明奖、国家科技进步奖、国家级高等学校教学名师奖、国家级教学团队、国家特色专业、国家精品课程等重大成果；在这支团队中，有长江学者、杰出青年、特聘教授、百千万人才工程国家级人选、全国五一劳动奖章获得者……这便是以中科院院士左铁镛为学术带头人的优秀团队——北京工业大学材料科学与工程学院。

2009 年开学伊始，这一团队再传捷报，经过北京市教育委员会评选和审定，以左铁镛为带头人的“以资源节约与环境友好为主导”的材料专业建设与改革荣获 2008 年北京市教育教学成果奖(高等教育)特等奖。

在荣誉降临之际，人们不禁要问，“以资源节约与环境友好为主导”的材料专业在它的发展建设过程中，经历了怎样的改革与创新？精品是怎样铸就的？

**责任，重于泰山**

作为科学技术的一个新的领域，培养大量掌握资源和环境知识的材料科学与工程技术专业人才，是解决物质生产增长与资源能源环境瓶颈矛盾的急迫需求。面对这一历史重任，材料科学与工程学科责无旁贷。

20 世纪 80 年代末，国际材料界提出了“生态环境材料”的概念，该概念一经提出，便开拓了国际材料科学与工程的新领域。而作为学科新领域，由于当时国内缺乏对其系统深入的研究，因此表现在教育形态上，不仅高级人才培养的模式乏善可陈，就连最基本的相关教育计划都还不够完善。生态环境材料领域的这种客观现状，显然成为制约中国材料产业甚至经济社会可持续发展的瓶颈。

作为国内生态环境材料领域的先驱者，左铁镛率先开拓了“生态环境材料”的研究，并逐步形成了以其为学术指导，以该学院教授聂祚仁为带头人，以中青年教师为骨干的教学科研团队。

**目标，教育先行**

对于那些初涉该领域的莘莘学子来说，材料科学的大门云遮雾罩。在这种状态下，确定人才培养目标无疑要非常慎重。

左铁镛认为，“教育”是解决这个问题的唯一途径，必须从自己做起，从上好每堂专业课做起。为了尽早提高低年级本科生对材料科学的学习兴趣，左铁镛亲自开设了“材料科学与工程学导论”课程，该课程后来成为材料学科教学的典范，荣获国家级精品课程，他本人荣获国家级高等学校教学名师奖。

榜样的力量是无穷的。在左铁镛的带动下，近十年来，新的教育理念、优秀的教学团队、优异的教学科研成果在材料学院层出不穷。在这样的良好背景下，他们最终确立了“以资源节约与环境友好理念为主导”的材料专业人才培养目标。其具体的内容是：将专业教育与人才培养目标定位在面向人类共同的发展，将资源、环境意识引入材料科学与工程专业教育体系，拓展学科内涵，以生命周期分析认识材料制备、使用、废弃及再生的全过程对环境的影响，以生态化贯穿材料的“成分、结构、制备、性能”传统“四要素”的学习，创立新的材料专业教育教学体系，实现专业教育与素质教育的结合。

**模式，培育新人**

如何在教学中将传授专业知识与提高综合能力和素质、培养社会责任意识融为一体，保证培养目标的实现，仍然是一个复杂的系统工程。为此，材料学院的教师们构建了一套以资源节约与环境友好理念主导的材料专业人才立体化培养新模式。

首先是多维知识结构模式。进入新的历史时期以来，材料学院以构建和谐与环境友好为发展的主旋律，积极推进具备材料科学与工程技术、资源和环境、循环经济技术三维知识结构体系的专业人才培养，把环境和生态知识引入材料专业教学，使生态环境教育融入材料专业教学体系，培养具有现代社会责任感和创新素养的复合型人才。

其次是学科交叉实践教学。材料学院在学科、方向、课程多层面上整体推进学科交叉，把资源、环境和生态知识引入材料专业教学；以跨学科科研营造交叉环境，把环境材料科研最新成果引入到本科生的教学，推进复合型人才培养；还通过国际合作交流，引入生态环境材料研究和教育的国际知名学者和环境材料专业教育教学工具等优势资源进行教学实践。

再次是多层次一体化培养。为了更具实效地培养创新型人才，材料学院结合培养模式，制定了以本科生为起点、衔接硕博学位的人才培养方案，实现了学分互认和课程、实验互选与衔接，发挥高层次培养阶段的带动作用。本科生首先按一级学科设置环境材料基础课，注重宽口径培养厚基础；在专业方向阶段开设课程重特色，加强相关专业知识的深化学习；硕士生(工程硕士)按二级学科设置环境材料与评价专业课，加深理论与专业素质；博士生设置环境材料学与方法论课程，注重拓宽前沿领域知识面，培养创新能力。

**体系，保障教学**

如何用科学的方法制订和实施生态环境材料的专业教育教学计划？北京工业大学材料学院领导班子成员和教师们将课程、教材、实验与实践环节、教学体系等作为有机整体加以研究，通过把资源能源、生态环境、人与自然等跨学科理论与材料专业知识整合、重组和更新，积极发展专业化的学位教育。

在材料与环境交叉的科学与技术知识体系构成方面，他们选择生命周期分析、物质流分析和生态效率等新理论为知识纽带，贯穿于各类材料的“四要素”，丰富其知识内涵，新开和更新了本科生理论课200多学时，占专业课总学时的1/4。解决了复合型专业人才培养的课程、教材、实验与实践等环节的教学体系建设问题，建立了严谨完整的本科、硕士、博士专业人才培养体系。

首先，在创建“以资源节约与环境友好为主导”的材料专业人才培养体系过程中，材料学院逐步完善、建设形成了完整的生态环境材料专业教学的本科、硕士、博士课程新体系。

在这个首创的课程体系中，材料学院将“环境材料基础”作为材料科学与工程一级学科专业基础必修课。本科生专业模块课程着重于深入学习不同类别生态环境材料的基本原理，为解决材料环境问题提供思路和方法。硕士生学位课程重点学习材料的生命周期评价方法和应用，培养分析实际材料环境负荷的能力。博士生学位课程内容主要集中在目前国际上关于生命周期的分析和材料环境协调性评价的材料科学与技术问题。经过多轮的教学实践完善，这种课程设计在学生中获得了良好的教学效果。

其次，为了充分适应本科生和研究生各自不同的教学特点，材料学院的教师们不仅撰写了大量与环境材料专业相关的论文，还出版了大量教材，除了满足自身专业课程教学的需要外，《环境材料基础》《生态环境材料学》系列教材多次发行上万册，被多所高校采用；为了开展专业建设改革还新编教材十余本，出版十万册并被大量应用。

再次，根据生态环境材料专业教育的需求，材料学院结合学科建设，围绕材料环境协调性评价、生态建材、电磁防护材料、废旧电子产品资源化与无铅焊料、替代放射性钍阴极材料等建立起了可以开展本科教学与研究生培养的五个环境材料实验教学平台与具体授课模块，设计了许多研究型实验教学内容。

# 强化科学定位建设有特色高水平地方大学

## 中国教育报(2009年6月19日)

2009年6月19日，《中国教育报》“高校学习实践科学发展观笔谈”栏目刊登了校党委书记王守法的笔谈文章《强化科学定位建设有特色高水平地方大学》：

作为一所进入国家“211工程”建设的地方重点大学，北京工业大学在学习实践科学发展观活动中，确立了“立足服务北京，坚持科学发展，凝聚全校力量，建设有特色高水平大学”的主题，突出强化学校的办学定位，深化服务北京的办学思路，着力解决影响和制约学校科学发展的突出问题。

建设高水平大学，科学定位是前提。在这次学习实践活动中，围绕落实和深化立足服务北京的办学定位，围绕服务建设“人文北京、科技北京、绿色北京”发展战略，学校党政领导班子带队遍访北京市政府委办局和主要骨干企业，主动征求服务对象的意见，了解北京产业发展需求，搭建校企合作平台，建立合作的机制和渠道，为企业应对经济危机提供技术服务和智力支持，用实际行动将服务北京的科学定位转化为推动学校科学发展的内在需求和正确思路。经过学习调研，学校对服务北京办学定位的内涵、切入点及工作思路进行了专题研究，形成了广泛的思想共识，目前正在制定学校服务北京的行动计划。

立足服务北京，建设高水平教学研究型大学，首先必须围绕人才培养这个根本任务，扎实推进适应首都社会需要的人才培养的模式改革。学校密切关注北京市经济社会发展对人才的需求变动和产业发展的变化，调整学科专业建设思路和课程结构，突出工程实践能力培养，通过观念创新和制度创新推动适应性强的应用型创新人才培养。

其次必须围绕科学研究这个重要功能，更加关注从服务首都经济社会发展和民生的需求角度定位学校的科学研究，并把这一定位切实落实到学校的科技管理机制和政策导向上。通过搭建平台，建立机制，制定政策，深入开展产学研结合，鼓励和引导校企科研对接，做大项目、干大工程、出大成果，努力提升学校服务北京的能力和贡献度，在服务社会中体现学校的办学特色和水平。

再次必须围绕体制机制这个制度关键，进一步转变管理理念和模式，深化校院两级管理体制改革，构建和完善适应高水平教学研究型大学发展需要的现代大学制度，逐步实现校院两级科学决策、规范管理、统筹协调、有效监督的运行机制。一个科学有效的校院两级管理体制必须有明确的目标管理、清晰的两级权责和完善的考核办法。今年学校要把科学配置资源，优化管理效益，提升办学水平作为深化内部管理体制改革的出发点和归宿，在全校真正建立起能上能下、能进能出的聘用机制和激励机制，使学校的内部管理符合科学发展的需要。

学习实践科学发展观，建设有特色高水平大学，还必须从认识和实践上真正解决“为什么办大学”、“办什么样的大学”和“怎样办大学”的根本问题。学校结合实际提出要解决办学定位、办学思路、校园民生、管理改革、大学文化和作风建设等六个方面的问题，从学习调研中求真知、找答案、谋发展。

（王守法）

# 彭永臻　让学生在实战中成才

## 中国教育报(2009 年 9 月 4 日)

作为全校闻名的教学名师，北京工业大学环境科学与工程学科首席教授彭永臻，总会被问到一些如“指导研究生有什么经验”，“修改学生论文用了多长时间”等问题。对此，彭永臻总是笑称自己从来不看研究生的学位论文。

在他看来，能将普通学校来的学生培养成一流的毕业生，才是一件更有挑战性的工作。“研究生从选题到制定研究方案，从研制实验设备到进行试验研究以及参加各种研讨会和撰写论文，整个培养过程我都把关。”彭永臻说，学生发表的每一篇论文，他都会跟他们共同讨论，有什么问题当面指出来。而在这个过程中，对于论文的数量和质量的标准，他也有一套非常严格的要求。

执行这样一套培养方法，彭永臻所付出的辛劳也是不言而喻的。从选题的设定到试验模型的成型，都是他和学生几经讨论后才决定的，有时针对一篇文章，一连几天，每天都要讨论几个小时。“学生借鉴的模型我不管，但只要是学生自己建立的，我都会和学生讨论上若干次。”

他的一位博士生曾在试验研究中发现了一个以前未见报道过的新现象，这位博士生只是重复试验了一次，便觉得可以把这一现象写成论文发表，但彭永臻却没有同意，而是告诫她“再重复几次试验”，直到一年后，这篇论文才最终发表。

彭永臻总是力求为学生提供良好的学习条件和学术氛围。“凡是我的博士生，只要能在国际会议上得到宣读论文的机会，我都全额资助他们参加国际会议。硕士研究生一定要参加国内的学术会议，这些费用都是从我的科研经费支付的”。

# 走进北京工业大学

## 光明日报(2009 年 9 月 11 日)

2009 年 9 月 11 日,《光明日报》第十版大学生活专栏整版刊登了《走进北京工业大学》,宣传报道学校文化:

**【北工大】寄语**

●范伯元(北工大校长,北京市原副市长)

立足服务北京,办好北京工业大学。

●左铁镛(中国工程院院士,北工大原校长)

科学定位是学校制订规划、配置资源乃至发挥优势和办出特色的前提。一所学校能为社会经济建设更好地服务,就是高水平。

●聂祚仁(长江学者,国家杰出青年基金获得者,北工大材料学院院长)

老老实实做人,踏踏实实做事。

●隋允康(机电学院博士生导师,北京市教学名师)

创新并不神秘,只需做到三点:在别人不想思考的时候再多思考一步,在别人做不下去的时候再多做一步,在别人坚持不住的时候再挺一会儿。

●张在明(中国工程院院士,著名岩土工程专家,北工大双聘院士)

我在北工大主要学了两件事:一是做学问,二是做人。这两件事互相渗透,潜移默化,造就了一代又一代北工大人。

**【北工大】关注:大学教育应贴近社会现实**

嘉宾:

王守法 北工大党委书记

蔡力钢 机电学院教授 北京市特聘教授

王国华 人文学院教授文化创意产业研究所所长

寇 宇 经管学院 06 级硕士研究生

王守法:作为北京市属高校,北京工业大学自诞生之日起,一直遵循"踮起脚、够得着"这一朴素的办学思想。多年来,学校适应时代需求明确提出了"立足北京、服务北京、辐射全国、面向世界"的办学理念。在 50 年的办学进程中,北工大不但将"立足北京、服务北京"作为学校的立校之本、发展之道,更历经几代北工大人的铸就与传承,积淀并凝结成为北工大特有的一种追求、一种风格和一种精神,融入北工大人的血脉之中。

服务首都经济社会发展是学校义不容辞的责任和使命,只有突出服务北京、服务地方经济社会发展,才能孕育和形成北工大的办学特色和办学优势,才能在区域创新体系建设中发挥主导作用,保持可持续发展,实现新跨越。

蔡力钢:在服务北京的过程中,学校的科研工作者大有作为。我们应该将学科建设与企业提升自主创新能力、形成核心技术和核心竞争力的急需紧密联系起来,与北京市相关龙头企业优势互补,建立长期稳定的产、学、研、用合作关系。

机械制造学科目前已与北京第一机床厂为代表的北京数控装备龙头企业建立了长期稳定的合作关系,并与北京装备制造业密切合作建立了精密超精密加工国家工程研究中心、北京市先进制造技术重点实验室等一系列校企创新服务平台。

王国华:北京工业大学提出"立足北京、服务北京"的办学定位,其实就是一种主张"大学教育应当贴近社会现实、贴近大众生活、承担社会义务"的独特学校文化的具体体现,其根本目的就是要培养大批具有创新精神、能够独立思考、能与社会融合、有责任感、有乐观理想的人生态度和科学严谨的治学精神的优秀人才。北京工业大学要更好地实现办学目标,就必须坚持不懈地营造一个富有浓厚人文气氛和独特的创意环境,就必须秉持对优秀传统的继承和对社会现实贴近的办学理念,构建各种能够激发思维想象的文化氛围与物质环境,努力创造文理并重、人文与科学并举的学校文化。

寇宇:我已经在工大度过了九年光阴。感触最深的是学校口径比较宽、基础比较厚、动手能力比较强的人才培养理念。从大二时开始学习的工程实践课程历时近两年,每学期的实践课设随着专业课的深入而加大难度,既相对独立又相互联系。在这个过程中,我们可以将所学知识很好地应用并提高了动手能力。

王守法:百舸争流千帆竞发,服务北京奋楫先行。面对新机遇、新挑战,北京工业大学必将在"不息为体,日新为道"的精神鼓舞下,坚持"立足北京、融入北京、辐射全国、面向世界"的办学理念,以科学发展观为指导,进一步深化改革,为把北京工业大学建设成为高水平大学而努力奋斗。

**【北工大】精神 :北工大精神的四重协奏**

半个世纪以前,在工厂林立的北京东郊九龙山,一个崭新的生命开始在这里孕育。在北京市委书记彭真、刘仁同志的直接领导和关怀下,肩负着为北京地方经济发展培养大批急需专业技术人才重任的北京工业大学诞生了。

她始于国家经济困难之时，虽地处工业厂区附近，但却独享产学联姻的地缘便利；虽远离城市车马喧嚣，但却是北京城最早见到太阳的地方。几代工大人在这里辛勤耕耘，发愤图强，矢志追求大学理想，毋忘人民的重托和期望，精心培育建设英才，演绎着服务北京的办学意志。

50年的沧桑巨变，如今她已成为北京城东南一颗耀眼的明珠，一座培育应用型创新人才的摇篮。在这里，承载工大成长记忆的优美校园融汇历史文化和现代气息，是一代又一代优秀人才辈出的沃土。每逢夜晚华灯初上，新老教学楼、科学楼、奥林匹克体育馆和比邻的中央商务区遥相辉映，似乎在向世人宣告这里就是北京东南角璀璨明亮的地方。然而闪光之处并不只在于此，大楼并不是大学的全部魅力所在。经过几十年的积淀，凭借知行结合的人才培养、服务社会的科技成就和万众瞩目的综合实力，奠定了地方高校排头兵的地位。半个世纪的奋斗历程，绘就一幅壮美如歌的创业画卷，无数辉煌可圈可点，进取精神绵延不息。作为进入国家“211工程”建设的重点大学，其每年招生人数已占全国重点高校在京招生总人数的1/4，人才培养的重要地位足见一斑。建校以来，近十万名毕业生从这里奔向首都经济建设的各条战线奉献才智，成为北京现代化建设不可替代的中坚。

中唐诗豪刘禹锡在《问大钧赋》中有这样一句著名的词句：“以不息为体，以日新为道”。它至今仍被人们当做自强不息、革新进取的精神财富所传诵。这位“怀宰相之才”却因参与“永贞革新”而被贬为连州刺史的诗人，胸怀“功利存乎人民”之志，重教兴学，教泽州人，使地处偏远文化贫瘠的连州不仅培养出了连州第一个进士，而且带动连州文化进入兴盛时期。在此以后的唐宋时期，连州人才辈出，荣登进士第者占广东1/3，在广州科举场上享有“连州科第甲通省”的盛誉。

春秋代序，岁月峥嵘。不息为体，日新为道。1200多年前先哲刘禹锡所倡导的这种精神，深深熔铸在中华民族的传统血脉里，也成为半个世纪以来北工大人生生不息、创新不止的精神动力。回首建校历史，细细品味现实，不息为体，日新为道不仅是铭刻在工大校园建筑上的精神象征，更成为工大几代师生奋斗不息的心灵守望，成为工大不断发展的无价财富。这种精神激励我们攻克艰难困苦，激发我们谱写绚丽华章，引领工大成长壮大。在我看来，这种精神主要包含四重协奏。

协奏一：艰苦奋斗、自强不息的创业精神。1960年建校之初，正遇国家严重自然灾害，似乎有些“生不逢时”。然而条件的艰难并不减先辈们的创业斗志。要在一张白纸上创办一所拥有万人规模的工业大学不仅是北京市委的重托，也是北京工业建设“高、精、尖、新”发展的需要。“天行健，君子以自强不息。”一张白纸可以画出更美的图画。筹备期间，办公条件因陋就简，楼道里就是办公室；教师备课十几个人挤在一间房子里，冬天没有暖气；为了早日建成教学楼和图书馆，很多教师亲自参加建校劳动；虽然几十年没有一栋像样的办公楼，但教学楼和实验楼从来都是校园最恢宏的建筑。困难磨砺斗志，简陋激发创新。物换星移，如今工大的校园变了，变得秀丽宽广，变得欲与日争辉；数万人孜孜耕耘于此，勤学慎思于斯。一届又一届的学生怀抱人生理想走进校园，走向社会。变的是一张张面孔，不变的是艰苦奋斗、勤俭办校的办学传统，是“踮起脚，够得着”的进取精神，是自强不息、昂扬向上的刚强意志。

协奏二：穷究真理、实事求是的科学精神。大学之道，在明明德，在亲民，在止于至善。北工大人从建校开始就胸怀“全心全意为人民服务，为社会主义建设服务，为首都建设服务”的办学之志，确立“立足北京，服务北京”的办学定位，坚持科学至上，探求真知实学，穷究于万事万物之理，成就于实践实干之工。工程师的教育培养了工程师的品性，而工程师的品性就是穷究于理、实事求是。无论是建校之初崭露头角的“真刀真枪”毕业设计，还是全国第一次科技大会喜获丰收的科学荣誉，无论是产学研结合的实践教学特色，还是国内第一台单板机的研制问世，无论是跻身国家“211工程”重点建设行列，还是谋划学校科学发展的美好愿景，无不归功于一丝不苟、兢兢业业的优秀品质，归功于追求真理、实事求是的科学态度。

协奏三：锐意创新、敢为人先的改革精神。建校伊始，北工大就一直站在教育改革大潮的前沿，颇有初生牛犊的弄潮气概。也许因为这是一所新建学校，没有陈规，又充满活力，所以能不断革新故鼎、发展壮大。早在1964年，刘少奇同志提出推行“两种教育制度”，北工大就作为高教部半工半读的试点单位。彭真同志更是提出北工大要实行半工半读的“前三后二”教育模式，即学生前三年在学校学好理论打好基础，后两年深入工厂企业，边学习专业边参加生产劳动，最后半年结合工厂技术革新项目进行毕业设计。这种既打好扎实的理论基础、又培养生产实践能力、深受社会业界欢迎的人才培养模式，至今仍颇具时代的改革启迪。改革开放以来，改革的春风吹绿了工大校园，北工大仍旧是锐意改革的时代先锋。20世纪80年代，以推行岗位责任制为突破口的学校内部管理体制改革，在全国高校产生了广泛的示范影响，至今仍是一段耳熟能详的改革佳话。进入90年代，北工大又被推到了教育与生产劳动相结合的试点前沿，不断强化工程实践教学，突出计算机和外语能力的培养特色。学科调整、教育教学、机关管理、后勤服务和人事分配、财务制度“四个模块、两条主线”的整体改革曾引起社会的广泛关注。在新世纪、新阶段，进一步解放思想，更新观念，创新人才培养模式，深化服务北京，推动科学发展新跨越的诸项举措又无不以改革为圭臬，彰显改革创新、敢为人先的开拓勇气。

协奏四：开放包容、争创一流的团队精神。山不择土，能成其大。海不择流，能成其深。北工大就像一个大团队，与生俱有包容开放、聚纳百川的胸怀。她的创业成员大多是从当时的北大、清华和北航等高校抽调过来的优秀教师，这个优秀团队使得北工大能在一个较高的起点上开始建设。在这里，英才不问出处，不受歧视。为了赶超先进水平，请来名师，出门拜师。在这支名师荟萃的队伍里，有像李晨、秦川、陈明绍这样的政治家和社会活动家，有像朱兆雪、樊恭烋、左铁镛这样的科学家和教育家。21世纪以来，更多来自五湖四海的科技英才为了建设一所有特色高水平地方大学的共同目标，走进北京工大，融入学科团队，实现人生理想，创造事业辉煌。院士名师勇挑大梁，杰出青年担当先锋。在强手如林的竞争面前，北工大人发扬不甘落后、奋力拼搏的团队精神，创新发展，只争朝夕。如今，北工大拥有市属高校最优秀、数量也是最多的教学和科研团队。正是有了这一支支优秀团队，凭着他(她)们顽强拼搏、争创一流的不屈性格，北工大才能在事业发展中绽放异彩。

古人云：苟日新，日日新，又日新。日新之谓盛德。北工大精神最闪耀的特征正是这种盛德的显现。创业成新，科学求新，改革更新，团队创新。科学改革的精神生生不息，团队创业的精神代代相传。北工大精神的四重境界犹如催人奋进的交响韵律，不断演绎着一曲曲不息为体、日新为道的嘉言故事，激励着工大师生奋勇前行。 (李四平)

**【北工大】记忆：一棵思念的树**

五年前，当我拖着重重的行李走进工大的时候，看着陌生而美丽的她，心中充满了对未来的不安和担忧，胆怯得像个怕生的孩子；一年前，当我背起行囊走出工大的时候，心中恋恋的不舍让已经成熟自信的我泪水盈盈，在母校的面前，我永远是个贪恋温暖的孩子……

初入大学的我，如同一株稚嫩的小树苗，在她温柔的春风和明亮的阳光里舒枝展叶，欢快恣意地成长。如今在另外一所大学读研的我清楚地知道，无论将来我有怎样的茂盛枝叶，我的根永远在工大。

我是班里唯一的外地女生。大一那年的中秋节，那个我以为注定要一个人对月思乡落泪的日子，相识不久的同学们不约而同地给我送来了月饼，那十几块口味不同的月饼香甜了我整个大学生活。暖暖的友谊是我在工大萌发的第一片叶子。那抹单纯稚嫩的绿，是张扬而明媚的青春底色，历久弥新。

旧图书馆四层的固定座位、深夜敞开心扉的卧聊会、考前通宵背书的走廊、元旦晚会上奇形怪状的饺子、信息楼后安静美丽的回廊……这些平凡的场景串联起来的是我关于大学最真实的记忆，永远给我浅浅的温暖和思念。工大的每一个角落都收藏着我成长的点点滴滴，它们是树上欢快舞蹈的叶子，沐浴着阳光在风中快乐地歌唱，永不凋零。

三教425，靠近后门的倒数第二排，前座那位考北大的老兄，厚厚的一摞辅导书，深夜骑车回宿舍时刺骨的北风……考研的日子是大学四年最辛苦也最充实的时光。然而，最了解我的付出和努力的，只有工大。想念工大，依恋工大，因为那里有我成长中永远刻下的年轮。

时隔一年再回工大，看着熟悉的美丽风景，听着亲切的校园广播，心中莫名的熨帖和踏实。在工大的四季轮回里，我们生根发芽、枝繁叶茂，未来必将硕果累累。无论离开多久，工大永远是我的根之所在，是我的精神家园。 (董 洁)

**【北工大】地标：**工大校园，四季流转，风物常在，随处可见的人文景观让人流连与眷顾：有灵动欲飞的体育馆、有“登高望远”的科学楼、有神圣之地礼堂、有心灵空间骥亭、有静谧馨香如二教藤萝……这些景观无不诉说着一段历史、一个典故抑或一种情怀，润物无声地昭示着工大的传统、历史和骄傲，让人处处感受到这座高等学府的笃学之风、书卷之气，激励一代又一代工大人只争朝夕地前进。

地标① 体育馆

它秀丽东南，是闪耀在绚烂阳光下的一抹亮银；它灵动欲飞，宛若一只轻盈飞旋的羽毛球落入校园；它刚柔并济，多项科技成果在这里呈现；它承载记忆，铭刻下北工大师生的奥运梦想。作为北京东南区唯一的奥运竞赛场馆，它见证了北京奥运会羽毛球、艺术体操比赛的激情飞扬。奥运盛事后，它是师生运动的新场地，更敞开怀抱迎接四海宾朋。

(刘 玮)

地标② 科学楼

科学楼是工大校园的标志性建筑。楼前的广场展示了工大人宽广包容的胸怀，红色的墙、明净的窗表现了工大人蓬勃的朝气与热情，近60米的高度代表了工大人对待科学“登高望远”的不懈追求。科学楼的一个个夜晚，在满怀热情、投身实践的氛围里，我们尽情挥洒着追求科学真理的激情与汗水，书写着对青春和生命的思考与情怀。（吕 爽）

地标③ 礼堂

这里是工大一块神奇的地方。曾记得我们用手中的相机定格草坪喷泉映射出的一道道亮丽彩虹；曾记得无数个夜晚，我们三俩一伙地坐在这台阶上，或用吉他唱出心中纯洁的情感，或静静遥望天上充满诗意的繁星，或相互间诉说不曾改变的未来梦想……工大礼堂，她如冰，深深吸引着莘莘学子；她如火，点亮每个人深处的灵魂，让我们时刻精神焕发。（李 慈）

地标④ 骥亭

我很喜欢在雨后的清晨走进骥亭，坐在石凳上，傍着霭霭的绿荫，听着喳喳的鸟鸣，嗅着泥土的芬芳，想起童年曾经住过的那间小平房，虽小却温暖，真有陶渊明“园日涉以成趣”之感。今天，这座昔日校友捐赠的骥亭已不知迎来又送走了多少人，她或许只是我们在校园中的一个驿站，但却给我们的大学生活留下一抹美好的回忆。（罗雅静）

地标⑤ 二教

15年前，初入工大的我走进西门不由地伫立凝望：二教的西侧墙上，浩浩荡荡，绵延30余米整整一壁的藤萝！从未见过开得这样盛的藤萝，像一条宽大的瀑布，从空中垂下，不见其发端，也不见其终极。只是深深浅浅的绿，仿佛在流动，在欢笑。时光荏苒，在这绿色的光辉和静谧的馨香中，工大送走了一批批学子，我也在这里留下了成长岁月。（苏雅洁）

## “走进新时代”方阵北工大学生：“能让我们参加，很幸运”

人民日报（2009年9月21日）

9月18日晚7时许，参加新中国成立60周年庆祝大会群众游行的“走进新时代”方阵早已在北京饭店门前集结完毕。这个3000人的方阵几乎由清一色的北京工业大学学生组成，每人胸前都别着表明自己位置的号码牌。这天晚上，他们已经穿上正式游行时的服装——男生身着颜色各异的西服、白裤子，女生穿上了像蝴蝶一样的披肩式彩衣。

据了解，参加这个游行方阵的北工大学生大部分刚上大二。7月13日刚放暑假，他们就投入到紧张的训练中，平均每天训练4个小时。9月份开学以后，利用周末和晚上的时间，仍然坚持继续训练。

为了保证同学们身体健康，暑期训练特地将时间段选在早晨和傍晚，避开最热的时段。尽管如此，经过一个夏天的苦练，许多同学还是晒黑了。“暑假刚刚练完的时候，特别黑。”小张和身边的几个女同学笑着说，“不过挺值得的，这么多年只有一次，能让我们参加，很幸运。”

对方阵里大多数同学而言，刚刚过去的夏天是他们上大学后的第一个暑假，却因为训练不能回家和家人团聚。“父母很支持，认为我们应该锻炼一下。国庆那天他们都会看电视直播。”袁海英说，“去年北京举办奥运会的时候，我们还没上大学，错过了为奥运出一份力的机会。这次赶上国庆60周年，能在方阵里走过天安门，很光荣！”

在3000人方阵的正式队伍之外，还有一个由约80名同学组成的替补队伍。他们全程参与训练和每次演练，但庆典当天有可能不在队伍之中。他们必须随时做好准备，一旦有同学因为身体或其他原因缺席，立刻“顶上”。和由大二学生组成方阵“主力”不同，这支替补队伍主要由高年级的学生和研究生组成，其中不少是党员和学生干部。通信系研二同学、党员李少波告诉记者：“家人和导师都很支持。替补有可能上不了场，会有些遗憾，但也出了一份力，一样光荣。这也是我们这些高年级的同学应该做的。”

整个演练过程中，“走进新时代”方阵从南河沿出发，经过天安门，一直到西四附近开始解散，全程大约要快速步行1小时，“会有些累，但是没关系，同学们在一起很高兴。”2008级学生杜熠琳说，“我想，到国庆当天，我们不会紧张，但一定会很激动。”（王 炜）

# 北京工业大学设立奥运纪念馆

北京日报(2009 年 11 月 18 日)

17 日，位于北京工业大学奥运体育馆的首座高校奥运纪念馆揭牌。

包括林丹夺冠时的最后一球；中国羽毛球队全体队员签名的羽毛球拍；已被阳光照射得略显斑驳的奥运倒计时牌；奥运志愿者的证件、服装等两三百件实物以及上千幅图片入藏奥运纪念馆。

400 多平方米的奥运纪念馆被设立在北工大奥运体育馆的 15 看台，奥运会赛时，这里是贵宾区。在纪念馆中，参观者不仅可以通过 9 块电子显示屏查询体育馆的“身世”，还可以重温奥运会羽毛球、艺术体操比赛的经典瞬间，此外，还可以通过电子虚拟系统，实现与奥运冠军对垒，通过留言留影系统留下观后感。

北工大有关负责人表示，这座纪念馆不仅将是奥运文化的传承地，还将是弘扬志愿精神的教育基地，更是奥运体育馆赛后利用以及文化创意产业的开发基地。

今后每年 9 月，北工大的新生入学后都将来到这里，开始大学的第一课。北工大还将向社会开放奥运纪念馆，普通市民和社会团体可通过预约前往参观。

（刘 昊）

（宣传部 提供）

# 索　　引

**使用说明**

一、本索引采用主题分析索引法编制。除“大事记”外，年鉴中有实质检索意义的内容均予以标引，以供检索使用。

二、本索引基本上按汉语拼音音序排列。具体排列方法如下：以数字开头的标目，排在最前面；以英文字母打头的标目，列于其次；汉字标目则按首字的音序、音调依次排列。首字相同时则以第二个字排序，依此类推。

三、索引标目后的数字，表示检索内容所在的年鉴正文页码，数字后面的英文字母 a、b、c，表示年鉴正文中的栏别，合在一起指该页码及及其所在的版面区域。年鉴中以表格、图形形式反映的内容，则在标目后用括号注明(表)、(图)字，以区别于文字标目。

四、为反映索引款目间的逻辑关系，对于二级标目，采取在一级标目下缩两格的形式编排，之下再按汉语拼音的音序、音调排列。

## 0~9

## A～Z



## A

## B

## C

## D

F



G

## H

## J

K

## R



## S

**T**

## W

## X

## Y

## Z

（王彦祥　毋　栋　编制）

**图书在版编目（CIP）数据**

北京工业大学年鉴．2010/《北京工业大学年鉴》编委会主编．—北京：北京工业大学出版社，2010.9

ISBN 978-7-5639-2485-1

Ⅰ.①北… Ⅱ.①北… Ⅲ.①北京工业大学-2010-年鉴 Ⅳ.①G649.281-54

中国版本图书馆 CIP 数据核字（2010）第 161037 号

**北京工业大学年鉴（2010）**

---

**主　　编**：《北京工业大学年鉴》编委会
**责任编辑**：江飒英　朱　静　丁文健
**封面设计**：刘家峰
**出版发行**：北京工业大学出版社
**地　　址**：北京市朝阳区平乐园 100 号
**邮政编码**：100124
**电　　话**：010-67391106　010-67392308（传真）
**电子信箱**：bgdcbsfxb@163.net
**承印单位**：徐水宏远印刷有限公司
**经销单位**：全国各地新华书店
**开　　本**：787mm×1 092mm　1/16
**印　　张**：30
**字　　数**：866 千字
**版　　次**：2010 年 9 月第 1 版
**印　　次**：2010 年 9 月第 1 次印刷
**标准书号**：ISBN 978-7-5639-2485-1
**定　　价**：75.00 元

---